Frank Bartel

Musiktheorie – endlich verstehen

LEU-VERLAG

2. Auflage:2021

Kolpingstraße 5
86356 Neusäß
www.leu-verlag.de

Idee und Gestaltung: Frank Bartel
Cover: www.delapix.de
Druck: TZ-Verlag & Print GmbH

Printed in Germany 2021
ISBN 978-3-89775-152-2

INHALTSVERZEICHNIS

Musiktheorie – endlich verstehen

DER TON (1)

Ton

Klang

hoch

Wenn man musiziert, dann hört man etwas. Das, was wir dabei hören, nennen wir ***Töne***. Man kann auch ***Klänge*** dazu sagen. Beides bedeutet für uns in der Musik das Gleiche[1].

Wenn man versucht, die verschiedenen Töne voneinander zu unterscheiden, dann fällt einem auf, dass manche sehr hell klingen und man sich beim Singen dieser Töne ziemlich anstrengen muss und diese dann meist auch recht laut sind. Man nennt diese Töne auch ***hoch***.

tief

Auf der anderen Seite gibt es Töne, die sehr dunkel klingen und die man gar nicht so sehr laut singen kann. Diese Töne heißen ***tief***.

Tonhöhe

Unterscheidet man die Töne danach, ob sie hoch oder tief klingen, dann spricht man von der ***Tonhöhe***.

Man kann hohe und tiefe Töne gut dadurch voneinander unterscheiden, indem man sie *singt*. Zum Singen brauchen wir alle unseren Kehlkopf. Der Kehlkopf befindet sich vorn am Hals und ist ziemlich hart. Wenn man (einen nicht zu tiefen Ton[2]) singt und den gesungenen Ton heller/höher oder dunkler/tiefer werden lässt, dann wandert der Kehlkopf mit der Höhe des Tones mit. Wird der Ton höher, wandert der Kehlkopf nach oben; wird der Ton tiefer, wandert er nach unten. Will ich also wissen, welcher Ton hoch und welcher tief ist, kann ich das an meinem Kehlkopf beobachten[3].

FRAGE

Wie trifft man den richtigen Ton?

Manchmal ist es gar nicht so einfach, den *richtigen* Ton zu treffen. Viele Kinder – und auch Erwachsene – wissen nämlich nicht, *woran* man den richtigen Ton erkennt. „Wissen" ist dabei allerdings das falsche Wort, man kann den richtigen Ton nämlich nur *fühlen*. Wenn man einen Ton hört, *fühlt* man dessen Schwingungen[4]; wenn man singt, hört man oder besser fühlt man auch diese Schwingungen in seinem Körper. Wenn man einen Ton „treffen" will, dann geht man folgendermaßen vor:

[1] Dies ist nicht überall so. In der Wissenschaft (z. B. der Akustik) bedeutet ein „Ton" etwas anderes als ein „Klang". Zum Unterschied dazu ⇨ *Der Ton (3)* auf S. 97.

[2] Dies gilt *nur* für die *Kopfstimme*. Tatsächlich bewegt sich der Kehlkopf bei in der *Bruststimme* gesungenen Tönen gar nicht.

[3] Mit den genannten Einschränkungen.

[4] Dies kann man gut nachempfinden, wenn man laut den tiefsten Ton auf dem Klavier spielt und ihn eine Weile klingen lässt. Das „Auf und Ab", das man hören kann, nennt man *Schwingung* oder auch *Frequenz*. Dabei handelt es sich bei *einer* Schwingung für unsere Ohren um ein *einmaliges* Lauter- und Leiserwerden. Gemessen werden Schwingungen mit der Anzahl des Lauter- und Leiserwerdens pro Sekunde. Das nächste Lauter- und Leiserwerden ist dann bereits die nächste Schwingung. Beim tiefsten Ton sind es immerhin 27,5 Schwingungen in einer Sekunde (27,5 Hz; gesprochen Hertz, nach dem deutschen Physiker *Heinrich Hertz*). Der höchste Klavierton hat über 4.186 Hertz. Man sagt: die *Frequenz* beträgt 4.186 Hertz.

Der Ton, den *wir* singen wollen, wird auf einem Instrument gespielt oder von jemand anderem gesungen und dabei möglichst lange ausgehalten oder immer wieder neu zum Erklingen gebracht. Man selbst singt *irgendeinen* Ton und hält diesen aus. Während man diesen Ton aushält, verschiebt man ihn in *eine* Richtung – entweder *nur* nach oben *oder nur* nach unten. Verändert man die Tonhöhe dabei nur langsam[5], muss man ja irgendwann bei dem vorgespielten Ton vorbeikommen[6]. Nähert man sich mit seinem Gesang der gespielten Tonhöhe, dann wird man einen merkwürdigen Effekt bemerken (den man Interferenz nennt). Das bedeutet: Töne, die sehr eng *benachbart* sind, treten beim gleichzeitigen Erklingen in eine Beziehung, bei der sich beide gegenseitig beeinflussen[7]. Der Singende wird diesen Effekt selbst als störend empfinden, da plötzlich der *andere* erklingende Ton Einfluss auf seinen *eigenen* nehmen will. Geht man dann *langsam* in die einmal eingeschlagene Richtung weiter, wird man bemerken, dass die „Störung" irgendwann *schlagartig* aufhört.

Das ist der Moment, wo man genau den Ton singt, den man auch hört.

Man kann die Übereinstimmung der Töne gut daran überprüfen, dass man versuchsweise noch weiter in die einmal eingeschlagene Richtung geht, dann müsste der Effekt der Interferenz ja wieder auftreten – diesmal von der anderen Seite her. Und tatsächlich wird man bemerken, dass dies der Fall ist[8].

---

[5] Für den Lehrer: Zwischen einem Ganzton pro Sekunde und einem Halbton in 2 Sekunden.

[6] Die Reihe der Stammtöne (⇨ S. 8) mit ihren Erweiterungstönen (⇨ S. 20) wiederholt sich in den verschiedenen Oktaven. Für das menschliche Ohr ist beim Hören die Übereinstimmung mit dem Stammton bzw. dessen Veränderung durch Vorzeichen deutlich wichtiger als der korrekte Oktavbereich. Daher können auch Jungen nach dem Stimmbruch denselben vorgespielten Ton nachsingen wie Mädchen, obwohl sie tatsächlich eine Oktave tiefer singen.

[7] Man spiele auf dem Klavier – etwas links von der Mitte – ein *h* und das *c* daneben gleichzeitig mit einer ordentlichen Lautstärke und höre dem Klang eine Weile zu. Man wird gut hören können, wie sich das hörbare Erlebnis der Tonhöhe mal zu dem einen, mal zu dem anderen Ton verschiebt.

[8] Wenn man sich dem klingenden Ton mit seinem Gesang von *oben* nähert, empfindet man die Schwebungen in der Regel als etwas unangenehmer, als wenn man sich ihm von unten nähert. Als ***Schwebung*** bezeichnet man den Unterschied zwischen zwei eng beieinander liegenden Frequenzen. Die *Differenz* der beiden erklingenden Frequenzen wird zur Grundlage für eine weitere Schwingung: der Schwebung. Die Schwebungsfrequenz ist die Differenz der beiden Ausgangsfrequenzen.

Schwebung

Schauen wir uns jetzt noch an, *wo* auf dem Klavier wir die hohen und die tiefen Töne finden: Auf dem Klavier liegen die hohen Töne ⇨ rechts und die tiefen ⇦ links.

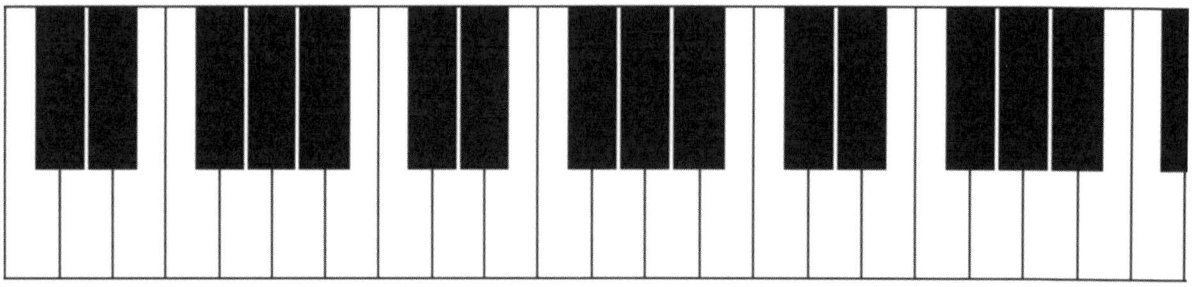

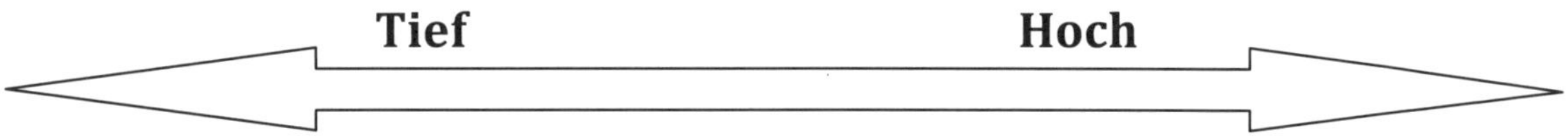

DIE NOTEN (1)

Noten

Die Töne, die man singen kann, kann man auch aufschreiben. Dazu verwenden wir die ***Noten***.

Notenkopf

Den (fast) runden Kreis nennt man ***Notenkopf***.

Notation

Das Aufschreiben von Noten und aller anderen Zeichen nennt man ***Notation***.

DAS NOTENSYSTEM (1)

Hat man hohe und tiefe Töne, kann man sich die Anordnung dieser Töne vorstellen wie bei einer Leiter[9].

Notenlinien

Die Leiter finden wir auch in den ***Notenlinien*** wieder[10].

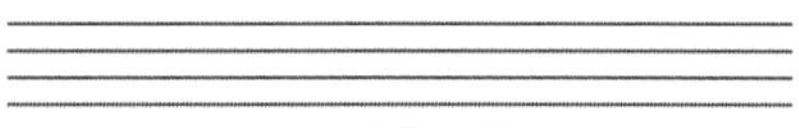

Auf jede Linie können wir einen Ton schreiben[11].

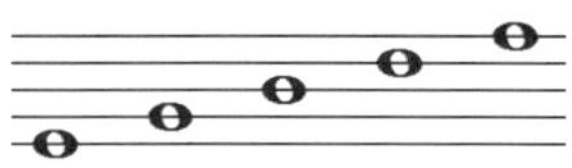

[9] Für kleine Kinder: Verdeutlicht werden kann dies sehr gut mit einem Haus, in dem man entweder in den Keller geht (tief) oder auf den Dachboden steigt (hoch).

[10] Heute verwenden wir 5 Linien, weil dies am besten zu lesen ist. Früher hat man verschieden viele Linien ausprobiert.

[11] *Auf* einer Linie steht eine Note dann, wenn diese Linie *mitten durch* den Notenkopf geht.

5 Linien stehen für 5 Töne. Wir zählen diese Linien von unten nach oben[12] mit den Zahlen 1bis 5.

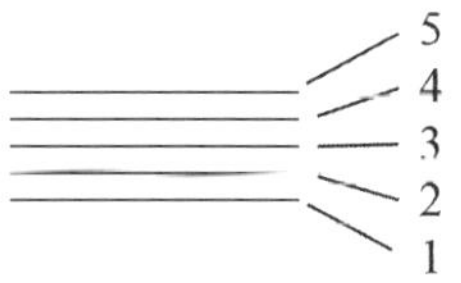

1. Linie, 2. Linie, usw.

Man nennt diese Linien dann ***1. Linie, 2. Linie*** usw.

Zwischenraum

Man kann aber auch den Platz *zwischen* den Linien benutzen, um weitere Töne aufzuschreiben. Diesen Platz zwischen den Linien nennt man ***Zwischenraum***. Es gibt 4 Zwischenräume zwischen den 5 Linien. Auch diese werden von unten nach oben gezählt.

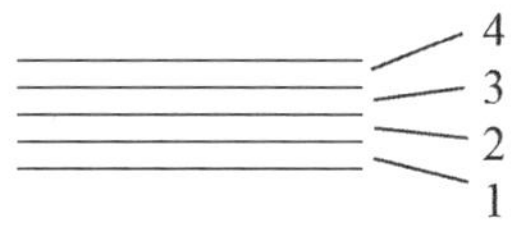

1. Zwischenraum, 2. Zwischenraum

Man nennt diese Zwischenräume dann ***1. Zwischenraum, 2. Zwischenraum*** usw.

In jeden Zwischenraum können wir auch einen Ton schreiben[13].

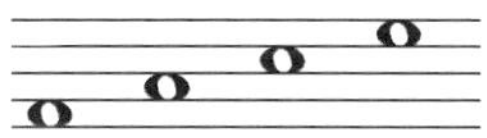

Jetzt können wir schon 9 Töne aufschreiben.

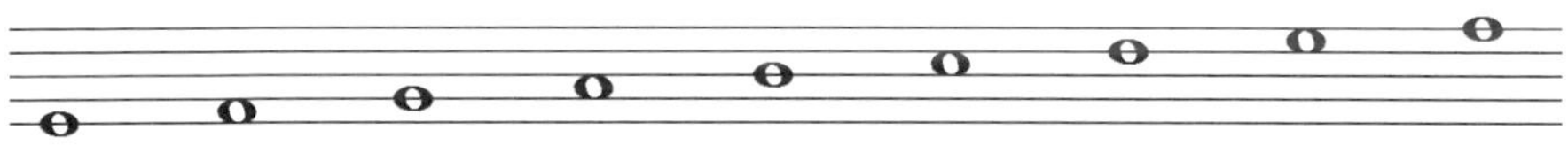

Notensystem

Diese Anordnung der 5 Linien mit ihren 4 Zwischenräumen nennt man ***Notensystem***.

über dem Notensystem, unter dem Notensystem

Wenn man noch *mehr* Töne unterbringen will, dann kann man noch jeweils eine Note ***über dem Notensystem*** schreiben – also oben drauf – und eine ***unter dem Notensystem*** – also unten drunter.

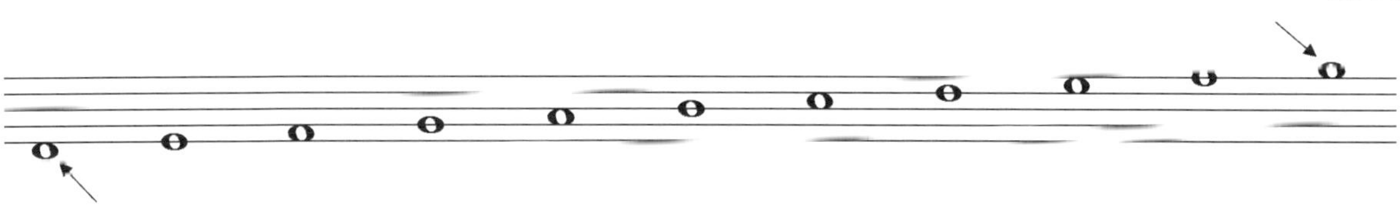

Jetzt haben wir schon 11 Töne.

[12] Hier geht es schon damit los, dass in der Musik einiges anders läuft, als im normalen Leben: Wir sind es gewohnt, alles von oben nach unten abzuarbeiten – die Noten auf einem Notenblatt lesen wir ja auch von oben nach unten – nur bei den Noten*linien* ist es genau umgekehrt. Man kann sich das vielleicht so erklären, dass bei einer Leiter die Stufen, die man hochklettern kann, auch von unten nach oben gezählt werden.

[13] Im Zwischenraum steht eine Note dann, wenn eine oder zwei Linie(n) *seitlich* am Notenkopf vorbeilaufen.

Hilfslinien

Reicht das immer noch nicht, nehmen wir uns einfach weitere Linien zu Hilfe. Entweder oben drüber - *über dem Notensystem* - oder unten drunter - *unter dem Notensystem*. Diese Linien nennt man dann ***Hilfslinien***. Sie sind immer nur *etwas* breiter als die Noten, die man schreiben möchte.

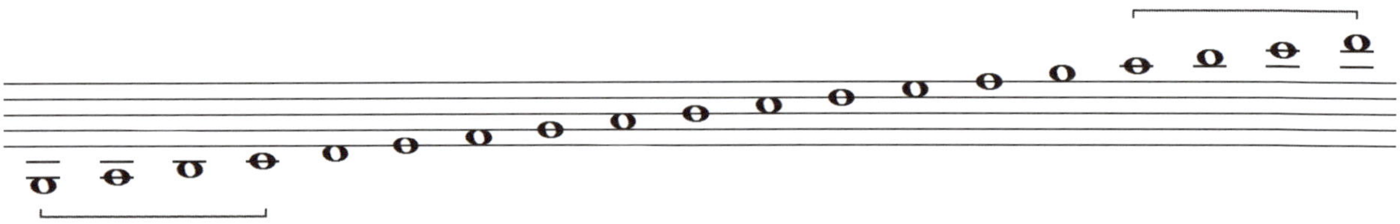

Die Noten nennt man dann - etwas umständlich - *unter der zweiten Hilfslinie unter dem Notensystem* (dies wäre im obigen Beispiel die erste Note) oder *auf der zweiten Hilfslinie über dem Notensystem* (dies wäre im obigen Beispiel die vorletzte Note). Normalerweise verwendet man nicht mehr als 3 Hilfslinien[14]. Will man noch höhere oder tiefere Noten schreiben, dann gibt es dafür ab S. 11 eine andere Lösung.

Aufgabe Nr. 1

DAS MUSIKALISCHE ALPHABET / DIE STAMMTONREIHE

Stammton-reihe

Um die vielen Noten voneinander unterscheiden zu können, erhalten sie alle einen Namen[15]. Es gibt aber nur *sieben* verschiedene Namen im musikalischen Alphabet, welches man auch ***Stammtonreihe*** nennt. Diese Namen sind, wenn man die Töne von unten nach oben betrachtet (also von links nach rechts auf dem Klavier):

c, d, e, f, g, a, h, [c]

Zum Lernen gibt es eine kleine Hilfe: Wenn man sich gemerkt hat, dass es nicht bei *a*, sondern bei *c* losgeht, sagt man das Alphabet - wie man es kennt - auf (c, d, e, f, g)[16] und *dann* fällt einem das Besondere ein: A-Ha!

Ein bisschen verwirrend ist das erst einmal - tatsächlich hieß das Alphabet ganz, ganz früher auch *a, b, c, d, e, f, g*. Im Laufe der Zeit hat man dann aber nicht mehr mit dem Ton *a* begonnen, sondern mit dem Ton *c* und außerdem hat sich auch noch in Deutschland[17] beim b ein Strich in Luft aufgelöst[18] und fortan hieß der Ton dann h .

Oktav-bereich

Oktave

Am Ende des Alphabets steht wieder der erste Ton. Dies besagt, dass das Alphabet von neuem beginnt. Der Ton *d* zum Beispiel kommt *mehrmals* vor - immer *nach* dem *c* und *vor* dem *e*. Um diese (gleichen) Töne voneinander zu unterscheiden, erhalten sie noch einen weiteren Namen[19]. Dieser Name bezeichnet den ***Oktavbereich***, womit man den Unterschied zwischen dem *einen* „c" und dem *nächsten* „c" kenntlich macht. ***Oktave*** ist lateinisch und bedeutet *Acht*. Nach 8 Tönen geht es wieder von vorn los.

---

[14] Bei einer Geige können nach oben allerdings auch deutlich mehr Hilfslinien verwendet werden.

[15] So wie auch jeder Mensch einen Namen besitzt.

[16] Für kleinere Kinder: die 5 Buchstaben des Alphabets entsprechen den 5 Fingern einer Hand. So kann man vermeiden, dass entweder zu viele oder zu wenige Buchstaben genannt werden, bevor das „Besondere" kommt.

[17] Und in einigen anderen Ländern. Jedoch in England und den USA blieb es bis heute beim „b". Dort heißt unser „h" „"B" und unser „b" heißt dort „Bb" (gesprochen: Bi-Flät).

[18] Ein bisschen komplizierter war es dann doch schon.

[19] So wie man selbst neben dem Vornamen noch einen Nachnamen hat, haben diese Noten neben ihrem eigentlichen Namen noch einen *erklärenden* Namen.

Die schwarzen oder weißen „Dinger“ auf dem Klavier nennt man ***Taste***n, das Ganze – also *alle* Tasten – nennt man die ***Tastatur***. Nun müssen wir noch wissen, *wo* auf dem Klavier die Töne zu finden sind. Man kann sich das ziemlich einfach merken: Es gibt neben den vielen weißen Tasten immer eine Gruppe mit *zwei* schwarzen Tasten[20] und eine Gruppe mit *drei* schwarzen Tasten[21].

Taste, Tastatur

Die weiße Taste <u>links</u> neben den zwei schwarzen Tasten heißt *c*.

Haben wir diesen Ton gefunden, gehen wir eine weiße Taste nach der anderen nach oben – also nach rechts – und sagen dabei das musikalische Alphabet auf:

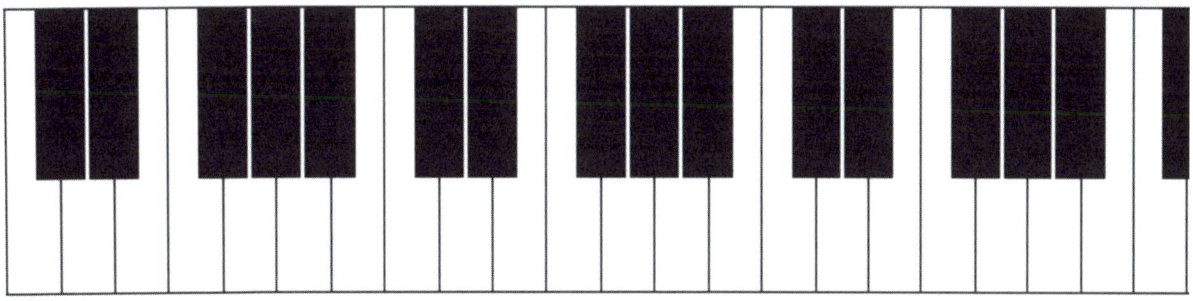

c d e f g a h c

Aufgabe Nr. 2

Da man Töne nicht nur von unten nach oben singen kann, sondern auch von oben nach unten, müssen wir das musikalische Alphabet auch *rückwärts* können.

Rückwärts: c, h, a, g, f, e, d, c

Das musikalische Alphabet rückwärts zu lernen ist für viele Kleinere gar nicht so einfach. Man kann sich mit einem kleinen Trick behelfen, bei dem gleichzeitig auch die Zuordnung der Töne des Alphabets *zu den Tasten* des Klavieres gelernt wird: Man sagt das musikalische Alphabet vorwärts laut (!) auf und spielt dabei die entsprechenden Tasten (also immer eine weiße Taste weiter nach rechts gehend) auf dem Klavier mit[22]. Dabei soll man ganz bewusst *auf die Tastatur* sehen, um sich – bewusst oder unbewusst – die Lage der Töne auf der Tastatur einzuprägen. Nach einer (nicht zu kurzen) Zeit des Immer-wieder-*aufwärts*-Spielens kann man sich daran machen, das Ganze rückwärts zu probieren. Am besten zuerst nur ein, zwei Töne rückwärts und danach mehr.

Sollte es Probleme geben, kann jederzeit in Gedanken wieder vorwärts gezählt werden, um den – rückwärts betrachtet – vorhergehenden Ton zu finden. Z. B. weiß der Schüler den Ton *vor* dem „c“ nicht, dann kann er das ganze Alphabet vorwärts sprechen, bis zum „c“ und versuchen, sich anschließend zu erinnern, welchen Ton er *vor* dem „c“ gesprochen hat. Dies ist bis zu einem bestimmten Alter für Kinder eine durchaus anspruchsvolle Aufgabe, die jedoch das Abstraktionsvermögen deutlich verbessern hilft.

[20] Kleinere Kinder nennen sie auch gern „Zwillinge“.
[21] Die werden auch als „Drillinge“ bezeichnet.
[22] Am besten dabei die 8 Töne gleich auf zwei Hände verteilen.

Die sonst übliche Methode, das Alphabet rückwärts einfach *auswendig* zu lernen, ist zwar im ersten Moment schneller, hat aber den Nachteil, dass genau das für das Musizieren so wichtige Abstraktionsvermögen und die Konzentrationsfähigkeit auf einzelne, (später auch selbst-)ausgewählte Details *nicht* trainiert werden.

Da wir nach jeweils 8 Tönen mit unseren Stammtönen wieder von vorn anfangen – das *c* z. B. also mehrmals vorkommt –, müssen wir die gleichen Töne irgendwie voneinander unterscheiden. Dazu bekommt jeder Oktavbereich seinen eigenen Namen. Leider sind diese Namen nicht so wirklich gelungen; man muss sich da schon einiges merken. Am Anfang ist es noch einfach:

Schlüssel-C

Zuerst suchen wir uns auf dem Klavier den Ton *c*, der so ziemlich in der Mitte liegt[23], da, wo meist auch der Schlüssel zum Verschließen des Klaviers zu finden ist[24] – daher auch der Name ***Schlüssel-C***.

1. Oktave, 2. Oktave usw. c^1, c^2 usw.

Dieses *c* heißt c^1 (gesprochen: „C-Eins"). Die Zahl wird hochgestellt, weil es nach *oben* geht. Der Oktavbereich (vom c^1 bis zum darüber liegenden *h*, dem h^1) heißt ***erste Oktave***. Darüber geht es dann mit der ***zweiten*** ***Oktave*** weiter (c^2, d^2, usw.), danach kommen die dritte und die vierte Oktave. Der *letzte* Ton auf dem Klavier ist das c^5.

kleine Oktave, große Oktave c, C

Etwas komplizierter wird es bei den tiefen Tönen. *Unterhalb* der ersten Oktave – also links davon – kommt zuerst die ***kleine Oktave***, darunter dann die ***große Oktave***[25]. Dargestellt werden die Notennamen mit einem kleinen Buchstaben für die kleine Oktave (z. B. *f*, gesprochen: „kleines f") und einem großen Buchstaben für die große Oktave[26] (z. B. *F*, gesprochen: „großes f").

Kontra-Oktave, Subkontra-Oktave C_1, A_2

Für noch tiefere Töne musste man sich *wieder* etwas Neues einfallen lassen: dieser Oktavbereich heißt jetzt ***Kontra-Oktave***. Geschrieben wird ein großer Buchstabe mit einer tiefgestellten „1" (C_1, gesprochen: „Kontra-C"). Da es weiter links, also darunter, auf dem Klavier noch ein paar Töne gibt, hat man diesen Oktavbereich dann ***Subkontra-Oktave*** genannt („unter" heißt auf lateinisch *sub*). Geschrieben wird ein großer Buchstabe mit einer tiefgestellten „2" (C_2, gesprochen: „Subkontra-C")[27]. Geschafft!

Jetzt kennen wir *Noten*, mit denen wir *Töne* aufschreiben können und wissen, dass diese Töne auch einen *Namen* haben. Nun müssen wir noch wissen, *welchen* Namen eine Note hat.

[23] Ein wenig *links* davon, da die genaue Mitte in der Regel zwischen „e" und „f" liegt.

[24] Zumindest bei älteren Klavieren. E-Pianos haben generell keinen Schließmechanismus mehr.

[25] Die Begriffe „groß" und „klein" haben nichts mit den später bei den Intervallen verwendeten Angaben zu tun (⇨ S. 64).

[26] Die Töne der *kleinen* Oktave bestehen also nur aus einem *kleinen* Buchstaben, die der *großen* Oktave aus *großen* Buchstaben – beide ohne eine Zahl.

[27] Tatsächlich geht es auf dem Klavier nur bis zum A_2 (*Subkontra-A*) und ganz selten auch mal bis zum F_2.

G-Schlüssel, F-Schlüssel, C-Schlüssel

Ein Schlüssel schließt einem eine Tür[28] auf – jeder Schlüssel eine *bestimmte* Tür. In der Musik gibt es auch verschiedene Schlüssel, die einem die verschiedenen, hohen oder tiefen Töne/Noten „aufschließen". Je nachdem, welcher Ton/welche Note „aufgeschlossen" wird, haben die Notenschlüssel auch verschiedene Namen. Es gibt heute[29] noch einen ***G-Schlüssel***, einen ***F-Schlüssel*** und einen ***C-Schlüssel***. Wie der Name es sagt, zeigen diese Schlüssel, wo im Notensystem dieser genannte Ton zu finden ist[30].

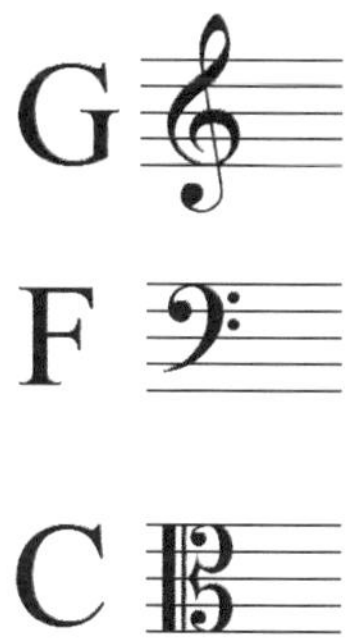

Wenn man die Notenschlüssel von Hand schreibt, sehen sie noch ein bisschen anders aus:

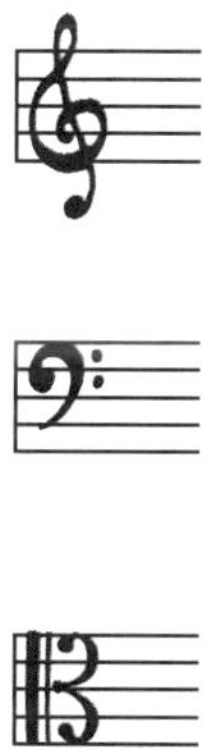

Der C-Schlüssel wird von Hand manchmal auch so geschrieben, dass sich zwischen den beiden waagerechten Linien das c^1 befindet (es sieht ein bisschen so aus, als wenn man zweimal den Buchstaben *H* schriebe).

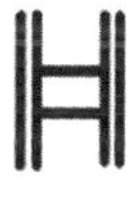

[28] Oder manchmal auch ein Klavier.

[29] Früher gab es noch weitere, verschiedene Notenschlüssel, die zudem auch noch unterschiedlich hoch oder tief auf dem Liniensystem platziert waren.

[30] Tatsächlich hat man früher einfach nur diese *Buchstaben* notiert. Beim G-Schlüssel wurde das „G" im Laufe der Zeit reichlich verschnörkelt. Beim F-Schlüssel wurden aus den beiden waagerechten Strichen des Buchstaben „F" die zwei Punkte. Beim C-Schlüssel haben sich in der Mitte die beiden Enden des „C"s wieder miteinander verbunden.

Violinschlüssel

Beim G-Schlüssel finden wir das *g* auf der 2. Linie[31]. Die hier verwendete Form[32] wird als ***Violinschlüssel***[33] bezeichnet. Wenn man den Notenschlüssel mit Hand schreibt, setzt man auch heute noch auf dieser 2. Linie einen dicken Punkt und beginnt von dort den Schlüssel zu zeichnen.

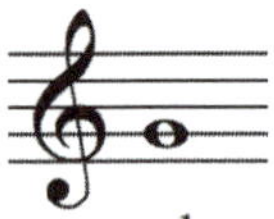

g^1

Bassschlüssel

Beim F-Schlüssel finden wir das *f* auf der 4. Linie[34]. Die hier verwendete Form wird als ***Bassschlüssel*** bezeichnet. Den Ton *f* erkennt man gut daran, dass dort auf der 4. Linie ein dicker Punkt steht. Man kann sich auch merken, dass sich das *f zwischen* den beiden Punkten auf der rechten Seite des Schlüssels – die früher einmal die waagerechten Striche vom „F" waren – befindet.

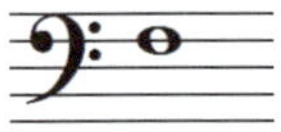

f

Altschlüssel

Der C-Schlüssel legt fest, wo sich das c^1 befindet. Bei der hier verwendeten Form[35] befindet sich das c^1 auf der 3. Linie, der mittleren Linie. Dieser Schlüssel wird als ***Altschlüssel*** bezeichnet. Man kann das *c* gut daran erkennen, dass sich in der gedruckten Fassung die Bögen dort (auf der 3. Linie) wieder treffen und in der (hand)-geschriebenen Fassung diese Linie umrahmt ist.

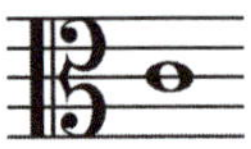

c^1

Diskant

Diskantschlüssel

Tenorschlüssel

Sopranschlüssel

[31] Bei diesem *g* handelt es sich um das g^1.

[32] Wie schon angedeutet (Fußnote 29, S. 11), kann man die Schlüssel auch höher oder tiefer auf dem Notensystem platzieren.

[33] Für den Bereich der hohen Töne verwendet man auch den Begriff ***Diskant***. Allerdings sollte man diesen Notenschlüssel nicht mit dem ***Diskantschlüssel*** verwechseln. Dieser ist nämlich ein C-Schlüssel und befindet sich auf der 1. Linie (⇨ Sopranschlüssel weiter unten).

[34] Bei diesem *f* handelt es sich um das (kleine) f.

[35] Ebenso wie beim G- und beim F-Schlüssel kann man den C-Schlüssel im Notensystem höher oder tiefer platzieren, so dass entweder mehr tiefere oder mehr höhere Töne notiert werden können. 2 Beispiele:
Bei diesem C-Schlüssel liegt das c^1 auf der 4. Linie. Dadurch können mehr tiefere Töne (als das c^1) notiert werden. Dieser Notenschlüssel heißt ***Tenorschlüssel***. Er wird heute noch bei verschiedenen Instrumenten (Cello ⇨ S. 167, Fagott ⇨ S. 175, Tenorposaune ⇨ S. 178) verwendet.

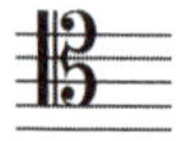

Hier wiederum liegt das c^1 auf der 1. Linie. Dadurch können deutlich mehr höhere Töne (als das c^1) notiert werden. Dieser Notenschlüssel heißt ***Sopranschlüssel***. Dieser Schlüssel ist heute kaum noch in Gebrauch. Manchmal findet man ihn noch in älteren Chornoten.

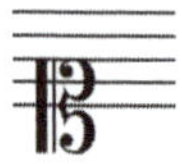

Wir wollen die verschiedenen Schlüssel auf dem Klavier miteinander vergleichen. Dazu schauen wir uns auf der Tastatur an, welche drei Töne durch die drei Notenschlüssel „aufgeschlossen" werden.

Wir suchen unser c^1, das „Schlüssel-C" und vergleichen nun den Abstand unserer drei Töne, die die drei Notenschlüssel „aufschließen":

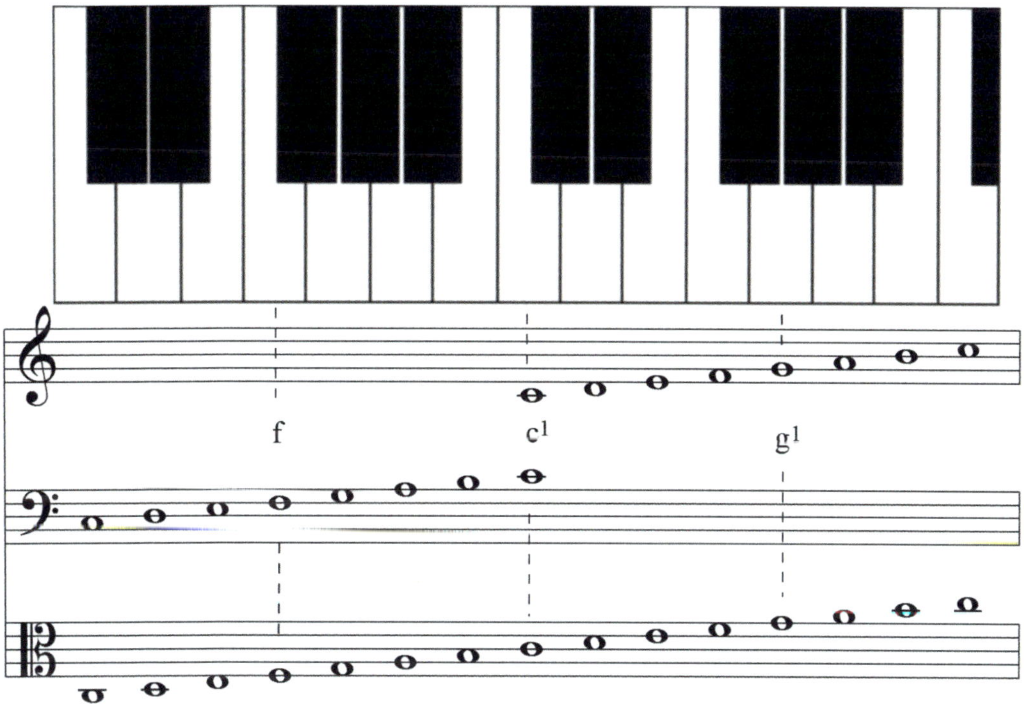

Stammtöne

Jetzt können wir ganz gut sehen, wie weit diese Töne voneinander entfernt sind. Zählen wir die weißen Tasten – unsere ***Stammtöne*** – und zählen dabei den ersten Ton als „1", dann beträgt der Abstand jeweils fünf Töne[36].

Der Notenschlüssel, der den Ton g^1 festlegt – der Violinschlüssel – liegt auf dem 5. Ton *über* dem Ton c^1 (den der Altschlüssel aufschließt);

der Notenschlüssel, der den Ton *f* (kleines „f") festlegt – der Bassschlüssel – liegt auf dem 5. Ton *unter* dem Ton c^1.

Die vielen verschiedenen Instrumente, die es gibt, können unterschiedlich hohe oder tiefe Töne spielen. Und weil das so ist, müssen die Instrumente auch unterschiedliche Notenschlüssel verwenden. Das Instrument, welches höhere Töne spielt, verwendet den Notenschlüssel, der ihm einen hohen Ton „aufschließt", ein Instrument, das tiefe Töne spielt, verwendet den Schlüssel, der einen tiefen Ton „aufschließt".

Aufgaben Nr. 3 und 4

[36] In der Musik hat man anfangs die *Zahl der Töne* gezählt und nicht den *Abstand zwischen* den Tönen – daher wird auch der erste Ton als „1" gezählt, obwohl er ja eigentlich die „Null" wäre.

Einige Dinge vorweg:

neben-einander = nach-einander

Wenn die Noten ***nebeneinander*** stehen, spielt man sie nacheinander.

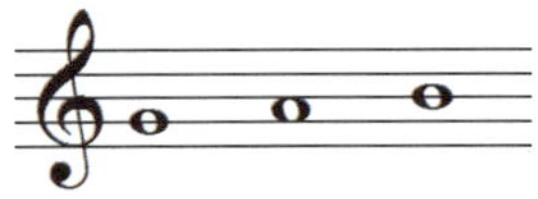

über-einander = gleichzeitig

Stehen die Noten ***übereinander***, spielt man sie gleichzeitig.

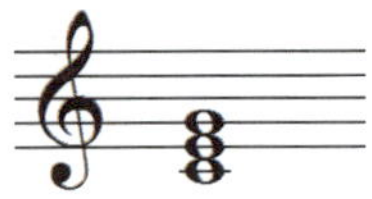

Man kann – wie auf einer Treppe – immer eine Stufe nach der anderen hinauf- bzw. hinuntergehen oder man kann auch eine oder mehrere Stufen auslassen, d.h. springen.

Stufe

Geht man zur *nächsten* Stufe, die es gibt[37], dann nennt man das auch eine ***Stufe***[38].

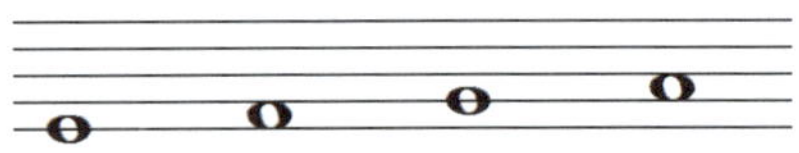

Bei einer *Stufe* gibt es immer einen Wechsel von einer Note *auf* einer *Linie* (die Linie geht durch den Kopf *hindurch*) zu einer Note *in* einem *Zwischenraum*[39] (die Linie geht bzw. die Linien gehen am Notenkopf *vorbei*) oder aber von einer Note im Zwischenraum zu einer Note auf einer Linie[40].

Sprung

Lässt man die eine oder andere Stufe aus, dann nennt man dies einen ***Sprung***.

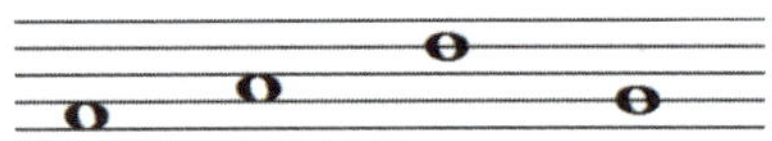

Sprünge zu lesen erscheint im ersten Moment schwierig, da man die Abstände ja abzählen muss, und das kostet Zeit. Diese Zeit sollte man sich am Anfang tatsächlich nehmen und auch ruhig mit dem Finger den Abstand zum nächsten Ton abzählen[41]. Denn dann erkennt man schnell, dass unser Notensystem hervorragend zum Lesen geeignet ist:

Tonschritt, Schritt

[37] Also immer von einer Linie zum nächsten Zwischenraum und dann wieder zur nächsten Linie.

[38] Manchmal auch als ***Tonschritt*** bzw. ***Schritt*** bezeichnet.

[39] Und zwar zur Note im nächstmöglichen Zwischenraum.

[40] Auch wenn dies wie selbstverständlich klingt, liegt im Nichtverstehen bzw. Nichtsehen und -erkennen dieses Zusammenhanges der Hauptgrund, weshalb kleine Kinder oft keine Noten lesen können und wollen – sie wissen schlicht nicht, *worauf* sie beim Lesen achten sollen.

[41] Dies ist sehr hilfreich bei *allen* Instrumenten, vor allem bei denen, die mit festen Griffen für eine Note arbeiten. Bei diesen Instrumenten lernen die Schüler nämlich mitnichten eine *Note* zu erkennen, sondern sie lernen lediglich den *Griff* auf ihrem Instrument und wie er sich anfühlt. Damit kann man zwar eine Melodie durch Aneinanderreihung der Griffe auf *seinem* Instrument spielen, aber das Erkennen eines inneren Zusammenhangs einer Melodie (⇨ *Die Melodie (1)* S. 130) wird dadurch nicht erlernt.

- Von einer Linie zur *nächsten* Linie[42] - Von Zwischenraum zum *nächsten* Zwischenraum	Terz	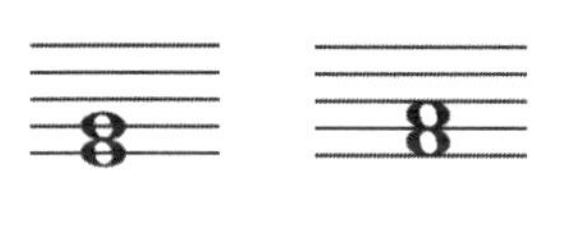
- Von einer Linie zu einem Zwischenraum mit einem Abstand[43] - Von einem Zwischenraum zu einer Linie mit einem Abstand[44]	Quarte	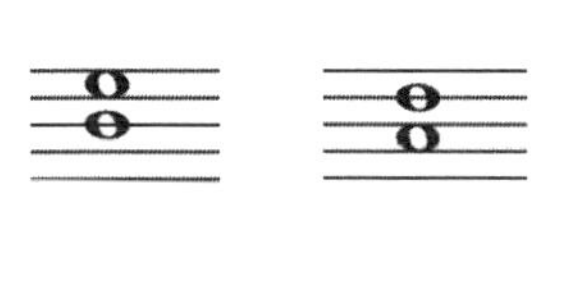
- Von Linie zu Linie mit Abstand - Von Zwischenraum zu Zwischenraum mit Abstand	Quinte	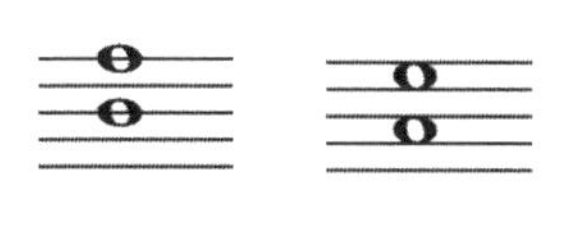
- Wechsel von Linie und Zwischenraum (*gefühlt weiter Abstand*[45])	Sexte	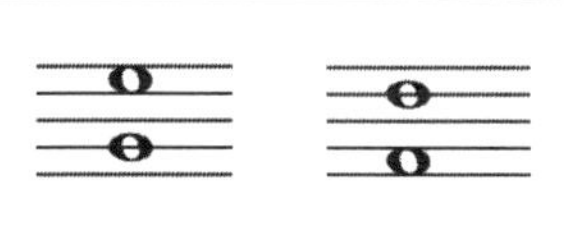
- *Kein* Wechsel zwischen Linie und Zwischenraum (*gefühlt weiter Abstand*[46])	Septime	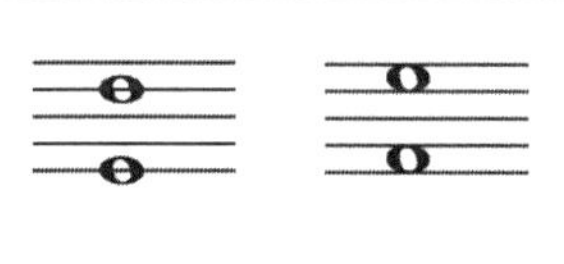
- Wechsel von Linie und Zwischenraum (*großer Abstand*[47])	Oktave	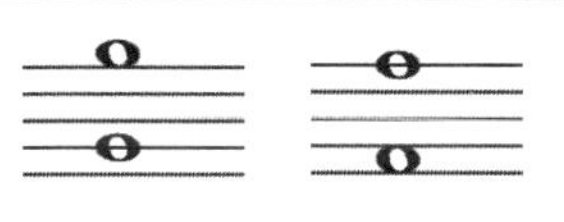

Beim Lesen von Noten machen es sich die meisten zu schwer, weil sie möglichst *alles* lesen wollen, was an Informationen dasteht; aber es geht auch deutlich einfacher, da man mit *ziemlich wenig* Informationen auskommen kann.

Viele versuchen, bei einer Note den Noten*namen* herauszubekommen. Das ist zwar am *Anfang* eines Stückes ganz wichtig, damit man weiß, mit *welchem* Ton man beginnt; *danach* reicht es aber vollkommen aus, nur noch zu lesen, was sich *verändert*; also ob der nächste Ton der *gleiche*, ein *höherer* oder ein *tieferer* ist[48].

---

[42] Optisch handelt es sich hier jeweils um *zwei gleiche* Informationen. Diese sind besonders leicht und schnell lesbar.

[43] Also *nicht* zum *nächsten* Zwischenraum. Optisch findet hier *immer* ein Wechsel zwischen Linie und Zwischenraum statt.

[44] Also *nicht* zur *nächsten* Linie.

[45] Tatsächlich funktionieren derart diffuse Angaben – da sie *emotionale* Angaben sind – besonders sicher. Jeder muss dabei für sich selbst das *zutreffende* Maß finden ob dabei die Beschreibung für die Entfernung mit *etwas weit* ausreichend ist oder ob es *ziemlich weit* ist.

[46] Optisch also wieder *gleiche* Informationen.

[47] Optisch umfasst die Oktave fast das gesamte Notensystem. Wir haben bei der Orientierung im Notensystem ein gutes *Gefühl* für diesen „Umfang" des Notensystems und können diesen Abstand auch ohne Probleme auf Noten übertragen. Aber Achtung: es geht um ein *Gefühl* für den Abstand. Dieses kann und sollte man trainieren.

[48] Hintergrund dafür ist, dass einem der *Name* eines Tons beim Spielen auf dem Klavier gar keine Information darüber liefert, *was* zu tun ist – also *welcher* Finger als nächstes dran ist –, denn man kann z. B. den Ton „*c*" mit *jedem* Finger spielen. (Dies ist einer der wichtigsten spieltechnischen Unterschiede zu den meisten anderen Instrumenten.) Die eigentlich wichtige Information beim Notenlesen lautet: *welcher Finger* muss spielen und die gewinnt man aus der *Veränderung*, die man liest (z. B. ein Ton höher = nächster Finger rechts).

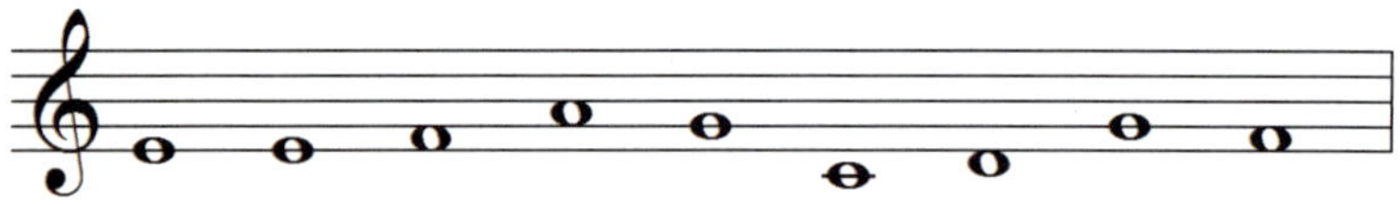

Damit der *erste* Ton, den man auf dem Klavier spielt, auch richtig ist, muss der konkrete Name des ersten Tones gelesen werden (e^1). Danach sucht man sich einen Finger aus[49], mit dem man dieses e^1 spielt und zum Schluss muss man noch *auf die Tasten* sehen, um mit dem (2.) Finger den Ton e^1 zu spielen. Man merkt schon, wie aufwändig das - der Anfang - ist. Einfacher geht es anschließend weiter. Man stelle sich beim Notenlesen immer wieder die gleichen drei Fragen:

1. Bleibt der Ton liegen? ⇨ Ich spiele denselben Ton noch einmal[50].
2. Ist der Ton tiefer oder höher? ⇨ Es wird klar, in *welche Richtung* ich mich bewegen muss[51].
3. Handelt es sich um eine Stufe oder einen Sprung ⇨ Es wird klar, *wie weit* ich mich bewegen muss[52].

Schafft man es, bei diesem Lesevorgang *nicht* auf die Tasten zu schauen, sondern lediglich auf den *Noten* zu verweilen, dann hat man eine gute Chance, die *Beziehung der Töne* zueinander - z. B. Liegenbleiben, etwas tiefer, zurück, Stufen hinaufsteigen usw. - *direkt* vom Lesen in ein Spielgefühl umzuwandeln, ohne dabei groß den Umweg über den Verstand gehen zu müssen. Der Verstand übersetzt nämlich die Noten erst einmal in eine andere (nämlich eine Verstandes-)Sprache, und muss anschließend sein Wissen für das Spielen wieder zurückzuübersetzen - in die Sprache des Spiel*gefühls*. Das dauert nicht nur ziemlich lange, sondern es passieren dabei auch haufenweise Fehler, die man dann meist noch nicht einmal bemerkt.

DIE INTERVALLE (1)

Intervall

Den *Abstand* zwischen zwei Tönen nennt man ***Intervall***. Dabei ist es egal, ob die Töne nacheinander oder gleichzeitig erklingen. Das Intervall *schließt* dabei den oberen und den unteren Ton *mit ein*.

Melodie

Eine *sinnvolle*[53] Folge von gleichen oder verschiedenen Intervallen nennt man eine ***Melodie***.

Im alten Griechenland vor etwa 2500 Jahren hat man sich viele Gedanken über die Musik und vor allem über die Tonabstände gemacht, dennoch verwenden wir heute *lateinische* Namen, um die Intervalle zu bezeichnen. Namen, die sich erst viel später

[49] Den günstigsten Finger findet man dadurch, dass man schaut, wie weit nach *oben* und *unten* gespielt werden muss. Danach wählt man den Finger aus, mit welchem man so *einfach* wie möglich dieses Teilstück spielen kann. Dazu kann z. B. auch das Untersetzen des Daumens oder das Übersetzen der Hand bzw. Spreizen oder Engmachen der Hand oder evtl. das Versetzen der Hand gehören.

[50] Es ist keine Überlegung nötig wie der Ton heißt und mit welchem Finger dieser Ton gespielt wird. Das „auf die Tasten schauen" ist damit auch nicht erforderlich.

[51] Bin ich (mit der rechten Hand) z. B. beim Daumen und es geht weiter nach *unten*, muss ich mit einem anderen Finger übersetzen. Oder aber ich habe den 4. Finger und es geht noch deutlich weiter *höher*, dann sollte ich den Daumen untersetzen.

[52] Die allermeisten Veränderungen sind Stufen, d.h. man kann *sofort* eine Spielanweisung entnehmen: es ist der *nächste* Finger dran.

[53] Zum Begriff des *Sinnvollen* gibt es später nähere Erläuterungen (⇨ S. 131).

gebildet haben und denen leider ein Mangel anhaftet, der leicht zu Missverständnissen führen kann: Man bezeichnete mit dem lateinischen Zahlwort die Stufe/den Platz[54] innerhalb einer Reihe von Tönen, also den Stand*ort* und nicht den *Abstand* zweier Töne zueinander. Wenn ich also zweimal den gleichen Ton spiele, habe ich ja eigentlich den Abstand *Null*; in der Musik wird dies jedoch bereits als *Eins* bezeichnet.

Und nun heißt es: Namen einfach lernen. Vielleicht sind ja einige Worte auch von woanders her schon bekannt.

Zweimal den gleichen Ton, also	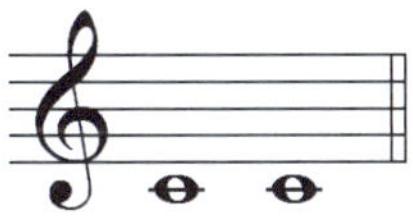	(als Intervall wäre das eine „1") nennt man	*Prime*
Den Abstand zum nächsten Stammton, also	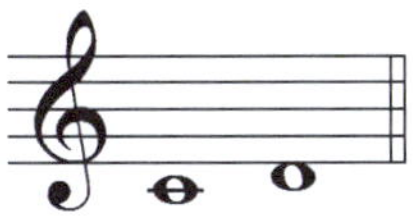	(als Intervall wäre das eine „2") nennt man	*Sekunde*
Den Abstand zum übernächsten Stammton, also	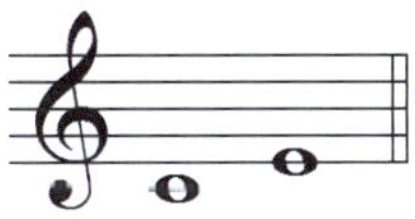	(als Intervall wäre das eine „3") nennt man	*Terz*
Drei[55] Stammtöne weiter, also	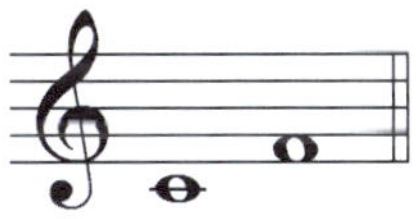	(als Intervall wäre das eine „4") nennt man	*Quarte*
Vier Stammtöne weiter, also	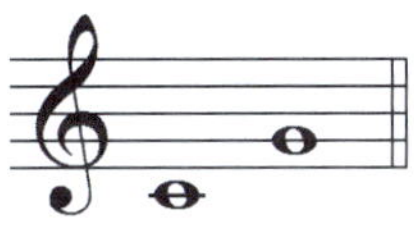	(als Intervall wäre das eine „5") nennt man	*Quinte*
Fünf Stammtöne weiter, also	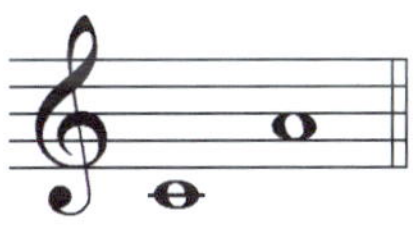	(als Intervall wäre das eine „6") nennt man	*Sexte*
Sechs Stammtöne weiter, also	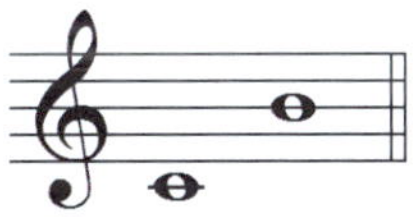	(als Intervall wäre das eine „7") nennt man	*Septime*[56]
Sieben Stammtöne weiter, also	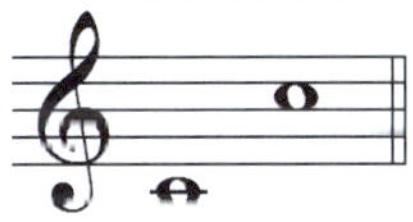	(als Intervall wäre das eine „8") nennt man	*Oktave*

Wenn man diese Intervalle auf dem Klavier spielt, wird man bemerken, dass nicht alle Töne erfasst sind und dass der Abstand manchmal *mehr* zunimmt und manchmal *weniger*. Darüber und über weitere Intervalle später mehr.

Aufgabe Nr. 5

[54] Auf unsere Stammtonreihe bezogen heißt das: *c* wäre „die Erste", *d* „die Zweite" usw.

[55] Der Unterschied zwischen einem *Schritt* („Drei Stammtöne weiter") und dem Abzählen der hierfür benötigten Töne ist zu beachten. Beim Abzählen habe ich immer *einen Ton mehr* als bei den Schritten.

[56] Hierzu kann man auch *Septe* sagen.

Schauen wir uns unser musikalisches Alphabet/unsere Stammtonreihe im Violinschlüssel einmal an:

1.

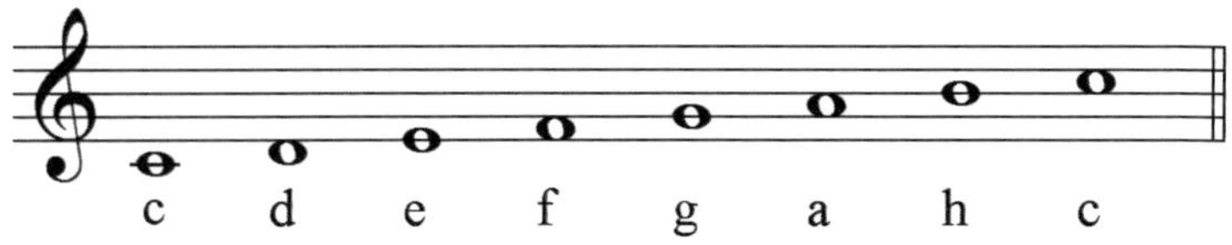

Tonleiter, Skala, Skale

Grundton

Eine solche Folge von Tönen, die sich entweder nach oben oder nach unten Schritt für Schritt vorwärts bewegt – als Intervall ausgedrückt: in Sekunden –, nennt man eine ***Tonleiter***[57] oder auch eine ***Skala***, als eingedeutschtes Wort auch ***Skale***. Den Ausgangspunkt unserer Tonleiter – normalerweise den tiefsten Ton – nennt man den ***Grundton***. Es gibt ganz viele verschiedene Tonleitern, je nachdem, mit welchem Ton man beginnt – und damit auch endet[58].

Nehmen wir *dieselben* Töne unseres musikalischen Alphabets und fangen bei einem *anderen* Ton an – und enden damit auch bei einem anderen Ton –, dann klingt das Ganze plötzlich völlig anders.

2.

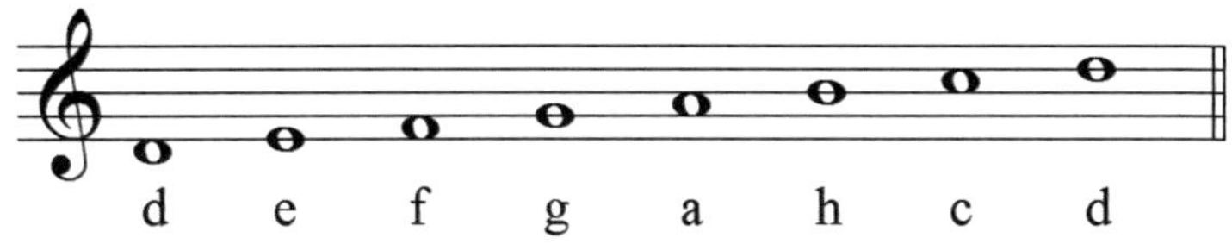

Hier sind noch die anderen Möglichkeiten, unser musikalisches Alphabet zu sortieren:

3.

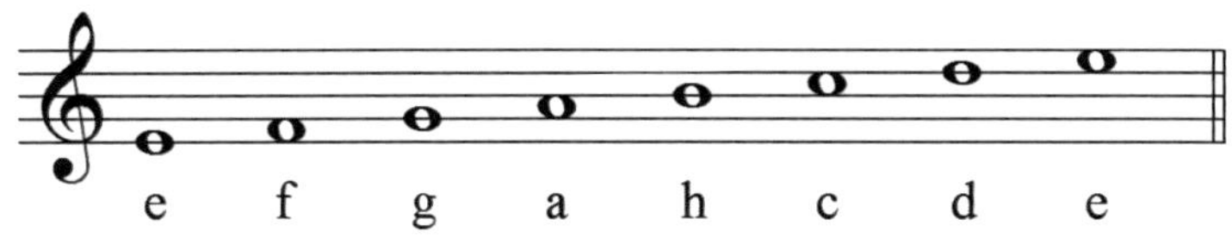

4.

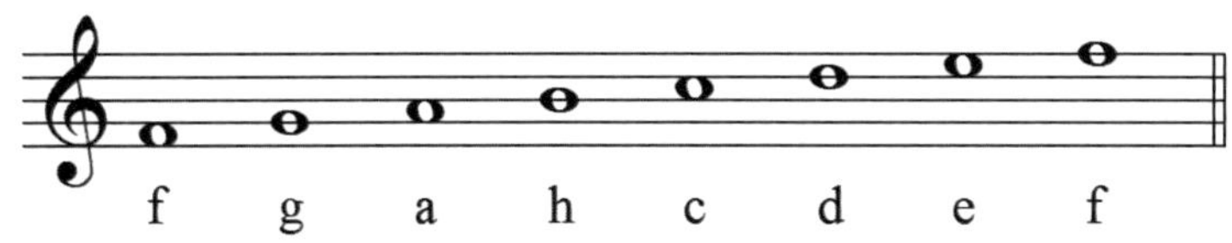

5.

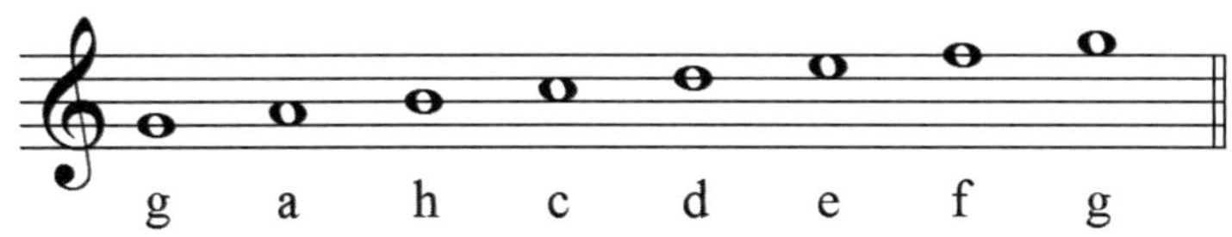

6.

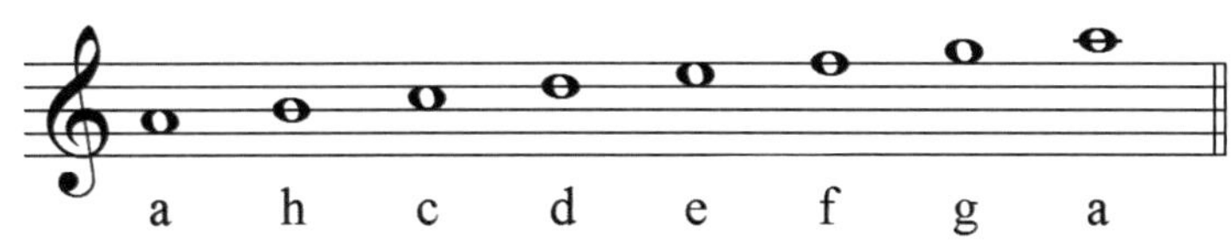

7.

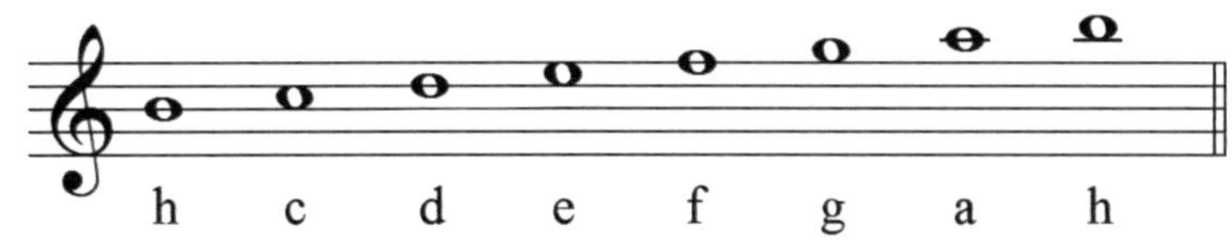

[57] Der Anfangs- und der Endton einer Tonleiter sind dabei immer gleich.
[58] Ganz früher schrieb man Tonleitern von oben nach unten, heute von unten nach oben.

Dur-Tonleiter

Moll-Tonleiter

Jedes Mal klingt die Tonleiter – also die Folge der Töne – anders. Jede dieser Tonleitern hat einen eigenen Namen. *Zwei* dieser Skalen[59] kommen in unserer Musik ziemlich häufig vor. Es ist die 1. Tonleiter (mit dem „c" beginnend) – die wir als ***Dur-Tonleiter*** bezeichnen – und es ist die 6. Tonleiter (mit dem „a" beginnend) – die wir ***Moll-Tonleiter*** nennen[60].

Man sollte einmal alle Tonleitern durchspielen und die Töne nachsingen – es reicht auch erst einmal, wenn man es mit der Dur- und der Moll-Tonleiter probiert. Zuerst einen Ton spielen und diesen dann singen, den nächsten Ton spielen, dann singen usw. Es wird gar nicht lange dauern, bis man die eine oder andere Tonleiter singen kann, ohne dass man noch auf dem Instrument mitspielen muss.

Fängt man bei einer Tonleiter mit einem Ton an – z. B. mit dem „c" wie in unserer ersten Tonleiter – und spielt dann eine Weile die Töne in beliebiger Reihenfolge, ohne darauf zu achten, dass es oben und unten *immer* beim „c" wieder in die andere Richtung wechselt, und endet dann vielleicht auf dem Ton „a", dann kann durchaus der Eindruck entstehen, dass es sich nun um die 6. Tonleiter gehandelt hat.

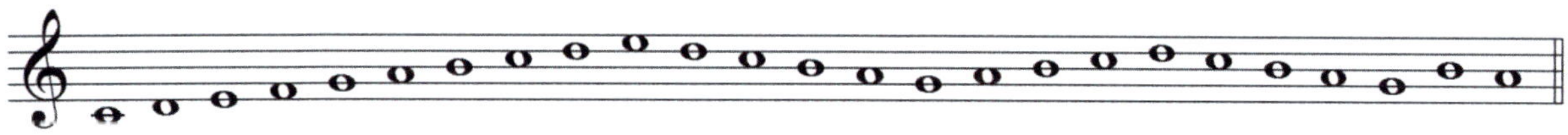

Tonalität

Diese *klangliche Wirkung* einer Tonleiter, die sich aus der *bestimmten Anordnung* der (Tonleiter-)Töne ergibt, nennt man ***Tonalität***. Und obgleich man mit *denselben* Tönen spielt, kann – weil man einen anderen Ton als Grundton hört – ein völlig anderer Klangeindruck entstehen. Die Tonalitäten wechseln, z. B. von *Dur* nach *Moll*[61].

---

[59] Skalen ist die Mehrzahl von Skala bzw. Skale.

[60] Hier die Namen *aller* Tonleitern: 1. Ionisch (≙Dur), 2. Dorisch, 3. Phrygisch, 4. Lydisch, 5. Mixolydisch, 6. Äolisch (≙Moll) und 7. Hypophrygisch (manchmal – vor allem im Jazz ⇨ S. 226 – auch als Lokrisch bezeichnet).

[61] Nähere Erläuterung dazu: Dur ⇨ S. 55, Moll ⇨ S. 67.

DIE VORZEICHEN (1)

Die 7 verschiedenen Töne, die wir im musikalischen Alphabet kennengelernt haben, sind jedoch *nicht alle* Töne, die es in unserer Musik gibt; das kann man auch gut an der Klaviertastatur sehen: beim musikalischen Alphabet spielen wir nur weiße Tasten – die schwarzen kommen dabei gar nicht vor. Zusammen mit den schwarzen Tasten haben wir dann in jeder Oktave 12 verschiedene Töne zur Verfügung.

Im Grunde genommen gibt es sogar noch viel mehr Töne, die in jeder Oktave wiederkehren. Man hat diese Vielzahl an Tönen – damit es einfacher wird – jedoch zu 12 Tönen zusammengefasst. Tatsächlich steht jeder Ton eigentlich für (mindestens)[62] zwei Töne und besitzt daher auch (mindestens) zwei Namen.

FRAGEN

Warum verwendet man nicht gleich 12 oder 24 oder noch mehr Töne in jeder Oktave?
Warum besteht unser (musikalisches) Alphabet aus nur 7 Tönen?

Die Melodien unserer Lieder kommen mit nur wenigen Tönen aus. Um genau zu sein, mit maximal *sieben*[63] verschiedenen Tönen, die dann in jeder Oktave wiederkehren (können). Es können aus unseren 12 (bzw. 24 oder noch mehr) möglichen Tönen auch immer *verschiedene* ausgewählt werden, aber die *Anzahl* der ausgewählten Töne beträgt in der Regel (höchstens) sieben. Daher ist es tatsächlich einfacher, nur sieben (Basis- oder Stamm-)Töne zu nehmen und diese – je nach Situation – zu verändern, als immer *alle* 12 (24 oder noch mehr) Töne *gleichberechtigt* zu verwenden. An dieser vorsichtigen Wortwahl merkt man schon, dass es hier anfängt, tatsächlich etwas schwieriger zu werden.

Musik spielt immer wieder mit dem Neuen, mit dem, was anders ist als das Bisherige, spielt also auch damit, dass das, was man als „normal", als Regel bezeichnet, immer wieder gebrochen werden kann (oder sollte).

[62] Wieso es auch noch mehr Töne und Namen sein können, dazu mehr unter den Punkten *Die Intervalle (2)* auf S. 64 und *Die Vorzeichen (4) / Die Stimmung* auf S 186.

[63] In anderen Ländern hat man manchmal sogar nur 6 oder 5 Töne pro Oktave zur Verfügung (hier stimmt dann der Name Oktave für „Acht" dann eigentlich nicht mehr). ⇨ *Die Tonleiter (5)* auf S. 92.

Wenn wir die Töne unseres musikalischen Alphabets verändern wollen, gibt es nur zwei Möglichkeiten: der Ton kann höher werden oder er kann tiefer werden.

Wollen wir, dass der Ton *höher* wird, verwenden wird dieses Zeichen: ♯ (gesprochen: ***Kreuz***).

Kreuz

♯

Das ♯ bedeutet, dass der Ton, der dem Kreuz folgt, um *einen* Ton[64] erhöht wird.

Auf dem Klavier bedeutet dies, dass wir die nächstmögliche Taste *rechts* spielen. Wenn die nächstmögliche Taste rechts eine schwarze Taste ist, dann nehmen wir diese, ist die nächstmögliche Taste eine weiße, dann nehmen wir die weiße Taste. Der so veränderte Ton besitzt auch einen Namen. Es ist der Name des (Stamm)-Tones und der sich daran anschließenden Endsilbe *-is*.

Aus dem *c* wird mit dem ♯ davor ein *cis* (gesprochen: *ciss*),

aus dem *d* wird mit dem ♯ davor ein *dis*,

aus dem *e* wird mit dem ♯ davor ein *eis* (sieht aus wie „Eis" wird aber *„e-is"* gesprochen),

aus dem *f* wird mit dem ♯ davor ein *fis*,

aus dem *g* wird mit dem ♯ davor ein *gis*,

aus dem *a* wird mit dem ♯ davor ein *ais* (auch hier spricht man getrennt, nämlich *„a-is"*),

aus dem *h* wird mit dem ♯ davor ein *his*.

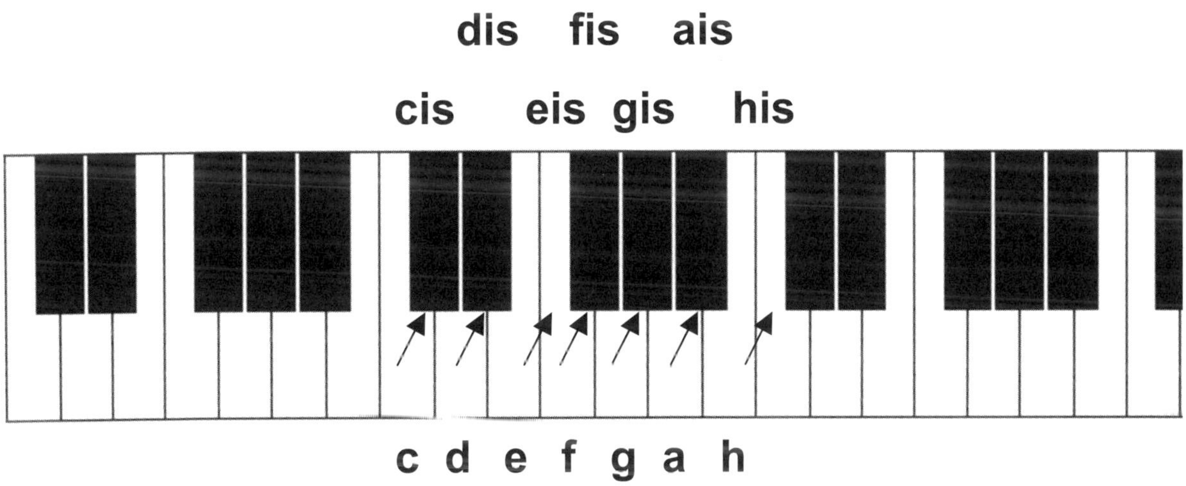

[64] Eigentlich heißt der Abstand *Halbton*. Warum dieser Ton den Namen *Halb*ton besitzt, wird unter *Die Tonleiter (2) / Dur* auf Seite 55 erklärt.

B

♭

Wollen wir, dass der Ton *tiefer* wird, verwenden wird dieses Zeichen: ♭ (gesprochen: ***Be***).

Das ♭ bedeutet, dass der Ton, der dem *Be* folgt, um *einen* Ton[65] erniedrigt[66] wird.

Auf dem Klavier bedeutet dies, dass wir die nächstmögliche Taste *links* spielen. Wenn die nächstmögliche Taste links eine schwarze Taste ist, dann nehmen wir diese, ist die nächstmögliche Taste eine weiße, dann nehmen wir die weiße Taste. Der so veränderte Ton besitzt ebenfalls einen Namen. Es ist der Name des Tones und der sich daran anschließenden Endsilbe *-es*.

Aus dem *c* wird mit dem ♭ davor ein *ces* (gesprochen: *cess*),

aus dem *d* wird mit dem ♭ davor ein *des*,

aus dem *e* wird mit dem ♭ davor ein *es* (hier fällt das zweite „e" einfach weg),

aus dem *f* wird mit dem ♭ davor ein *fes*,

aus dem *g* wird mit dem ♭ davor ein *ges*

aus dem *a* wird mit dem ♭ davor ein *as* (auch hier fällt das „e" einfach weg),

aus dem *h* wird mit dem ♭ davor ein *hes*. Dieser Ton hat jedoch in unserem normalen Sprachgebrauch den Namen *b* erhalten[67] (⇨ dazu auch das auf S. 8 unter Trennung von *h* und *b* Gesagte).

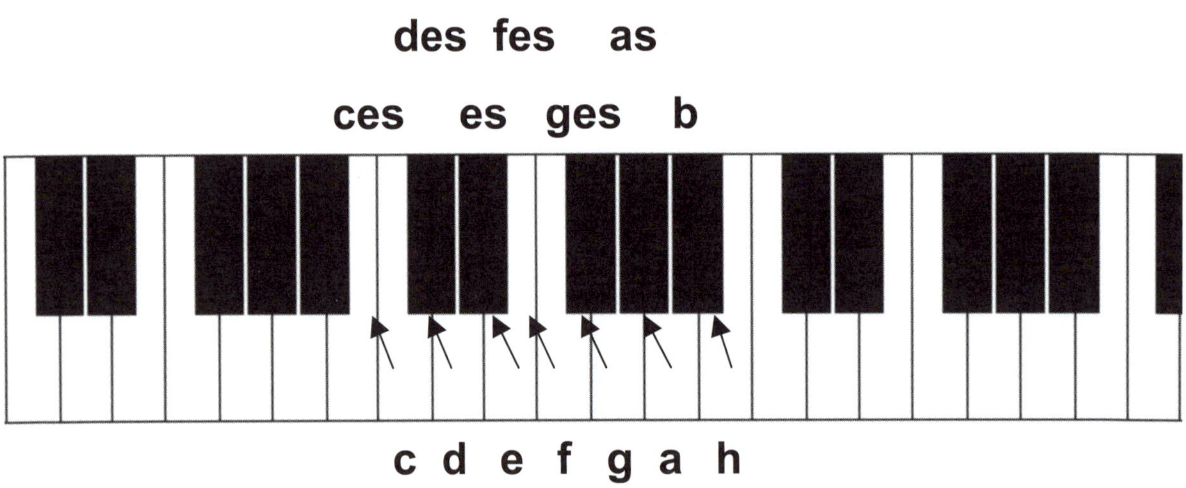

[65] Auch hier müsste es eigentlich *Halbton* heißen (⇨ unter *Die Tonleiter (2) / Dur* auf Seite 55).

[66] „Erniedrigen" klingt komisch, wird aber für das „tiefer machen", das „kleiner machen" so verwendet.

[67] Gesprochen: „be".

Diese Zeichen (♯ oder ♭), die wir *vor* eine Note geschrieben haben und die diese Note nach oben oder unten verändern, verschieben bzw. *versetzen*, heißen daher auch ***Versetzungszeichen***[68]. Oft werden sie auch ***Vorzeichen*** genannt. Da es aber noch eine andere Bedeutung für das Wort *Vorzeichen* gibt (⇨ S. 62), ist es klarer, wenn man *Versetzungszeichen* sagt.

Versetzungs-zeichen

Vorzeichen

Wenn man nun die Stammtöne durch Vorzeichen nach oben oder unten verändern kann, muss es doch auch möglich sein, diese Veränderung – z. B. bei einem späteren Ton – wieder *rückgängig* zu machen. Tatsächlich gibt es *ein* (!) Zeichen dafür, welches das, was vorher verändert wurde, wieder rückgängig macht. Man sagt in der Musik dazu: es wird *aufgelöst*. Das dazu gehörige Zeichen heißt ***Auflösungszeichen*** und sieht so aus:

Auflösungs-zeichen

♮

Die Note, die *nach* einem Auflösungszeichen steht, erhält wieder ihren alten (Stammton-)Namen. Aus einem *ces* wird wieder ein *c* und aus einem *fis* wird wieder ein *f*.

Schreibt man Vorzeichen vor Noten, die auf Hilfslinien stehen, erhält das Vorzeichen selbst *keine* Hilfslinie.

Aufgaben Nr. 6 und 7

DIE PAUSEN (1)

Wir hatten ziemlich am Anfang unsere erste Note kennen gelernt (S. 6). Wenn man eine Note nach der anderen singt oder spielt, dann braucht man irgendwann auch einmal eine *Pause*[69]. Und auch dafür gibt es ein Zeichen[70]:

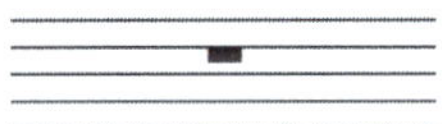

Diese Pause – ein schwarzes Rechteck, das *unter* einer Notenlinie hängt – nennt man eine ***ganze Pause***[71].

Ganze Pause

Akzidenzien

Schweige-zeichen

Tonzeichen, Klinge-zeichen

[68] In der Fachsprache auch als ***Akzidenzien*** bezeichnet.

[69] Z. B. weil man beim Singen Luft holen muss oder weil es einfach auch mal schön ist, eine Zeit lang *nichts* zu hören.

[70] Früher wurden Pausen auch ***Schweigezeichen*** genannt und im Gegensatz dazu die Noten als ***Tonzeichen*** bzw. ***Klingezeichen***.

[71] Warum es *ganze* heißt wird im nächsten Abschnitt erklärt.

Noten zeigen uns aufgrund ihrer *Lage* im Notensystem – also ob höher oder tiefer gelegen – welche Ton*höhe* sie haben. Sie können uns aber auch zeigen, *wie lang* sie klingen.

Töne, die erklingen, *fangen* zu einem bestimmten Zeitpunkt *an* und *hören* auch irgendwann *auf* zu klingen. Manchmal verklingen sie einfach, d.h. sie werden immer leiser, bis früher oder später nichts mehr zu hören ist, aber manchmal enden sie auch schlagartig, sodass man *genau* sagen kann, *wann* sie aufgehört haben zu klingen.

Noten haben ebenfalls einen Anfang und *ein Ende*. Was so einfach klingt, wird aber gern übersehen. Meistens kümmert man sich zwar darum, wann eine Note *beginnt*, aber wann sie zu Ende ist, wird oft vernachlässigt, weil man sich schon wieder darum kümmern will, wann die *nächste* Note beginnt. Das klingt kompliziert und – wenn man das Ende einer Note vergisst – ist es das auch.

> Wie geht es einfacher? Schauen wir uns zuerst einmal an, wie das mit dem Ende einer Note ist.

Ein Beispiel: Unsere Note beginnt um „1 Uhr" und dauert 2 „Stunden". Dann endet sie also um „3 Uhr". Steht nach meiner ersten Note noch eine weitere Note, dann beginnt diese *genau zum selben* Zeitpunkt wie die davor stehende aufhört[72]. Man kann sich das auch etwa so vorstellen, als wenn man oben auf einer Wippe säße und der Mensch gegenüber würde sich auf einen Schlag von unten abstoßen, so dass man nun selbst unten wäre. Unten bedeutet, dass ein Ton klingt. Um – oder besser *auf* - „3" kippt der bisher klingende erste Ton auf einen Schlag in den neuen, zweiten Ton um. Zum selben Zeitpunkt geschehen also *zwei* Dinge: der eine Ton hört auf und der andere beginnt.

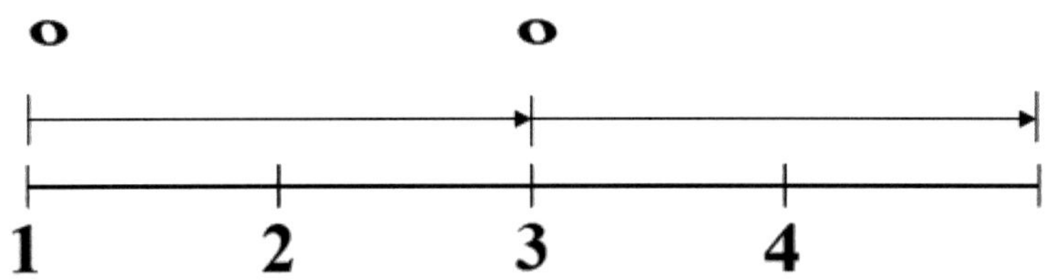

Normalerweise ist das eigentlich kein Problem, denn solange immer wieder eine neue *Note* kommt, merkt man ja gar nicht wirklich, dass das Ende der alten Note und der Anfang der neuen Noten zusammenfallen. Interessanter wird es dann, wenn eine Note endet, ohne dass eine neue erklingt, also wenn eine *Pause* kommt.

Auch Pausen sind Musik!

Denn so wie man mit dem, *was* man sagt und *wie* man es sagt, etwas ausdrücken kann, genauso kann man es auch mit dem, was man *nicht* sagt, z. B. indem man ...... schweigt.

---

[72] Wenn der Musikunterricht für den Schüler um „3" *aufhört*, dann *fängt* um „3" auch die Pause – oder der nächste Unterricht – *an*.

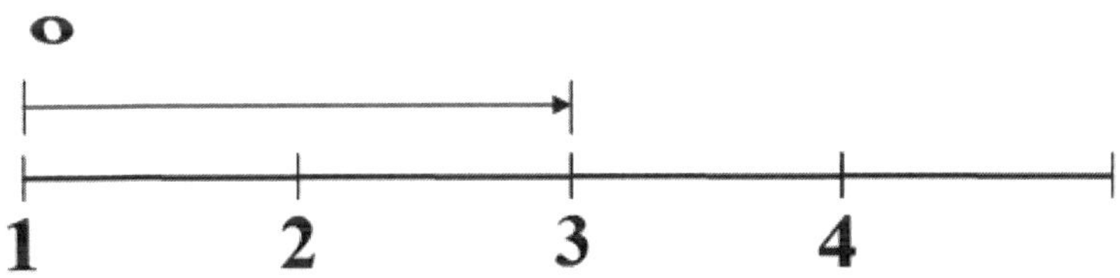

In diesem Beispiel beginnt meine Note auf „1“ und endet auf „3“ – indem der Ton schlagartig aufhört zu klingen. Auf „4“ z. B. ist nichts zu hören, ebenso hört man auch schon kurz nach der „3“ nichts mehr.

Rhythmus, Rhythmen

Die wechselnde Folge von gleich und unterschiedlich langen Noten und Pausen nennt man ***Rhythmus***. Die Mehrzahl lautet ***Rhythmen***.

Da es bei einem Rhythmus also darum geht, längere und/oder kürzere Töne darzustellen, muss man diesen Noten auch eine längere bzw. kürzere Bedeutung geben.

Wir gehen von der uns bisher bekannten Note aus:

ganze Note, Ganze

Diese Note bezeichnet man als ***ganze Note***. Sie besteht nur aus einem „hohlen“ Notenkopf. Der Name selbst (***Ganze***) hat eigentlich keine Bedeutung[73]; er dient nur dazu, das Verhältnis von *mehr* oder *weniger*, *länger* oder *kürzer* zu erklären. *Ganze* meint dabei: *lang*. Von dieser Note ausgehend werden die kürzeren Noten hergeleitet.

halbe Note, Halbe

Halb so lang wie eine ganze Note ist die ***halbe Note***, auch ***Halbe*** genannt.

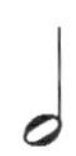

Notenhals

Sie sieht ähnlich[74] aus wie eine ganze Note – mit einem „hohlen“ Kopf – und einem zusätzlichen Strich vom Kopf ausgehend. Der Strich sieht ein bisschen so aus wie ein *Hals* an einem Kopf, am (Noten-)Kopf und heißt daher auch ***Notenhals***.

Mit einem solchen Hals ist eine Note schon recht groß. Stellen wir uns einmal vor, *wo* im Notensystem überall Noten stehen können, werden wir schnell merken, dass die Hälse öfter auch einmal ganz weit aus dem Notensystem herausgucken.

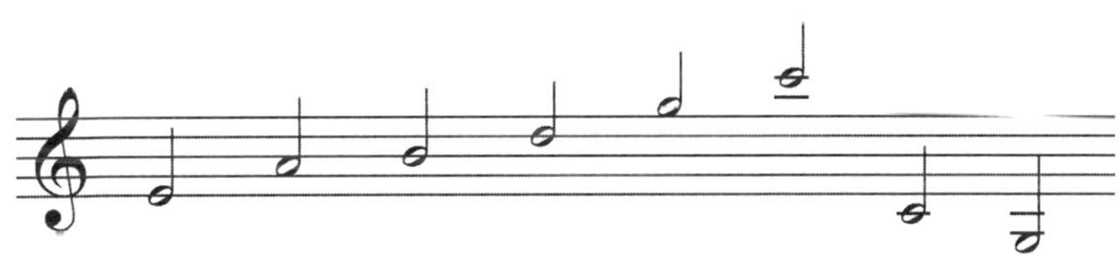

Notenhalsrichtung

Damit das nicht so ist, sondern alle Noten immer möglichst gleichmäßig verteilt *aussehen*, wird der Hals – je nachdem *wo* sich der Notenkopf befindet – also auf welcher *Höhe* im Notensystem – mal nach unten und mal nach oben geschrieben. Die ***Notenhalsrichtung*** ändert sich, sagt man auch.

---

[73] Im Grunde müsste man sagen: keine Bedeutung *mehr*. Zu früheren Zeiten wurde damit – allerdings unter einem anderen Namen – durchaus eine Bedeutung verbunden.

[74] Während die gedruckte ganze Note scheinbar waagerecht liegt, erscheint der gedruckte Notenkopf der halben Note leicht schräg. Von Hand geschrieben, gibt es meist keinen Unterschied.

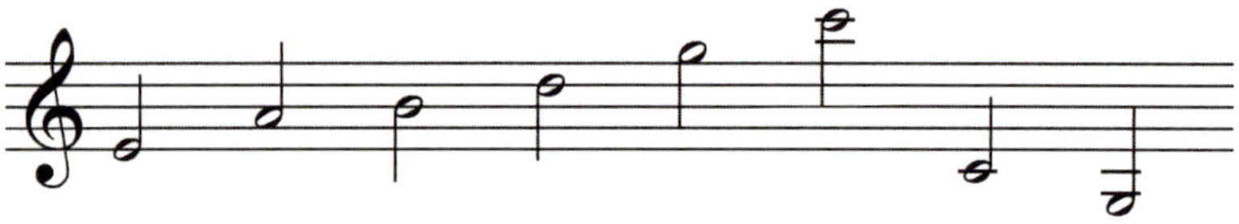

Alle Noten, die sich *unterhalb* der dritten Linie befinden[75], erhalten den Hals nach *oben* – auf der *rechten* Seite des Notenkopfes –, alle Noten *über* der dritten Linie bekommen den Hals nach unten – und zwar auf der *linken* Seite des Notenkopfes[76].

Bei Noten *auf* der dritten Linie nimmt man heutzutage *immer* den Hals nach *unten*[77].

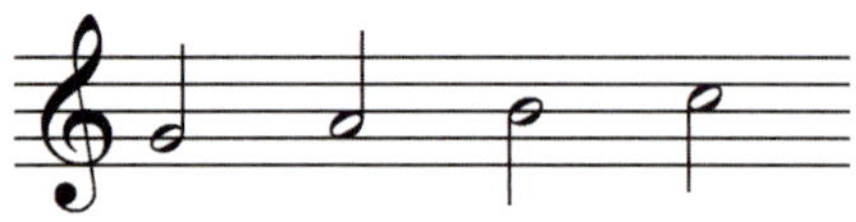

Viertelnote, Viertel

Halbieren wir nun die Notenlängen weiter, dann erhalten wir eine Note, die nur halb so lang ist wie die halbe Note – diese heißt ***Viertelnote*** oder auch ***Viertel***.

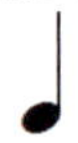

Sie sieht aus wie eine halbe Note, aber zusätzlich ist ihr *Notenkopf* nicht mehr hohl, sondern ausgefüllt.

Achtelnote, Achtel

Wir können das Spiel immer weiter spielen: halb so lang wie eine Viertelnote ist die ***Achtelnote***, auch ***Achtel*** genannt.

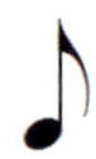

Fähnchen

Sie sieht aus wie eine Viertelnote, aber zusätzlich erhält sie noch ein so genanntes ***Fähnchen***. Das Fähnchen befindet sich *immer* auf der rechten Seite des Notenhalses, egal ob der Hals nach oben oder unten zeigt[78].

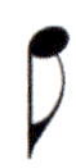

[75] Die ersten beiden Noten und die letzten beiden.

[76] Früher war es üblich, den Notenhals *immer* auf der rechten Seite zu schreiben, siehe nebenstehenden, handschriftlichen Ausschnitt aus der Feuerwerksmusik von *Georg Friedrich Händel* (1685-1759).

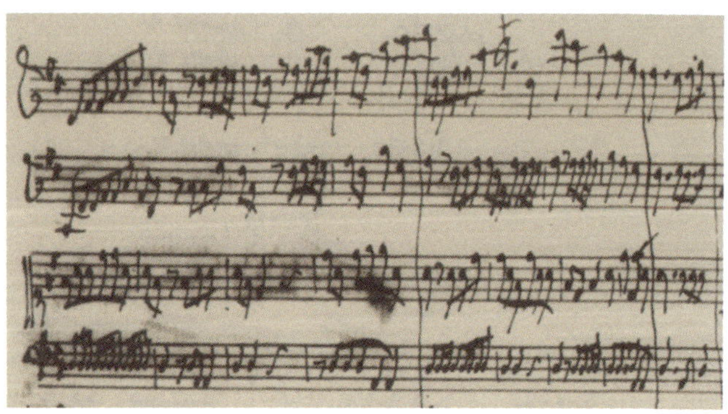

[77] Allerdings ist manchmal auch noch die – durchaus sinnvolle –, ältere Notation zu finden, bei der man nach dem Umfeld entschieden hat, *meist* den Hals nach unten, aber manchmal eben auch nach oben.

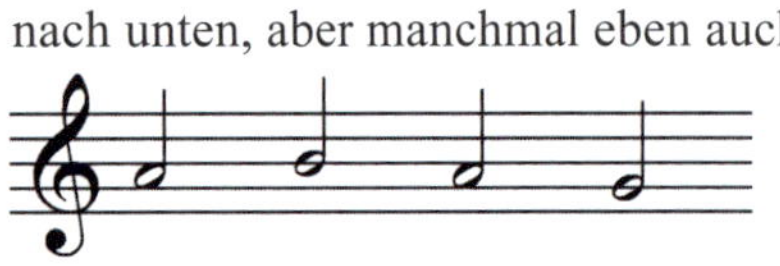

In diesem Beispiel wurde der Hals nach oben genommen, damit das Notenbild gleichmäßiger aussieht und dadurch auch besser zu lesen ist.

[78] Manchmal wird das Fähnchen nicht geschwungen geschrieben, sondern als schräger Strich. Das ist aber eher unüblich.

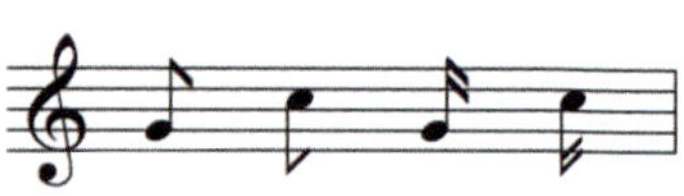

Balken

Hat man *viele* dieser Achtelnoten hintereinander – und damit viele, viele Fähnchen – fasst man diese durch so genannte ***Balken*** zu Gruppen zusammen. Dadurch kann man die Achtelnoten leichter lesen[79].

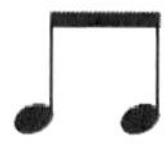

Auch hier – wie bei allen weiteren Notenwerten – gilt: *unterhalb* der dritten Linie wird der Notenhals nach oben geschrieben, *über* und *auf* der dritten Linie nach unten.

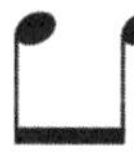

Sechzehntel-note, Sechzehntel

Die Hälfte einer Achtelnote ist die ***Sechzehntelnote***, auch ***Sechzehntel*** genannt.

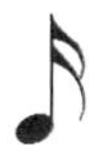

Die Sechzehntelnote sieht aus wie eine Achtelnote, hat aber noch ein weiteres Fähnchen hinzubekommen. Auch hier verbindet man mehrere Sechzehntelnoten mit einem Balken und da es *zwei* Fähnchen sind, gibt es auch *zwei* Balken übereinander.

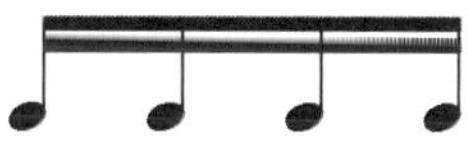

Möchte man unterschiedlich lang Noten mithilfe von Balken miteinander verbinden, sieht das Ganze dann so:

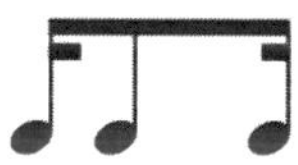

Balkenstück

Es werden nur noch *Teile* von Balken geschrieben, so genannte ***Balkenstück***e. Dabei zeigt das Balkenstück *immer* in die Richtung des größeren Notenwertes (hier wäre der größere Notenwert die Achtel).

Zweiund-dreißigstel-note, Zweiund-dreißigstel

Die Hälfte einer Sechzehntelnote ist die ***Zweiunddreißigstelnote***, auch ***Zweiunddreißigstel*** genannt.

Hier bekommt die Sechzehntelnote noch ein weiteres – ein drittes – Fähnchen. Und auch hier werden mehrere Noten wieder *verbalkt*[80].

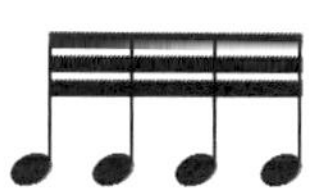

[79] Man kann z. B. Gruppen von jeweils vier Achteln zusammenfassen und sieht dann sehr schnell, wie viele Achtel insgesamt zu spielen sind (20 Achtel sind dann 5 Gruppen zu je 4 Achteln).

[80] Man sagt das tatsächlich so.

Vierundsechzigstelnote, Vierundsechzigstel

Unser Spiel ist fast zu Ende: Noch kleiner als die Zweiunddreißigstelnote – nämlich wiederum genau halb so lang – ist die ***Vierundsechzigstelnote***, auch ***Vierundsechzigstel*** genannt.

Vier Fähnchen am Notenhals oder vier Balken übereinander, wenn mehrere Noten davon hintereinander stehen.

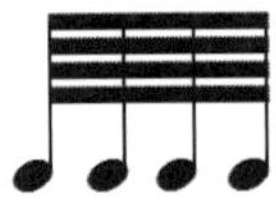

Die Regeln für das Setzen von Balken sind dieselben wie bei der Achtelnote.

Nachdem wir nun die verschiedenen Längen für die *Noten* kennen, schauen wir uns noch die dazugehörenden Längen der *Pausen* an:

Halbe Pause

Die ***halbe Pause***:

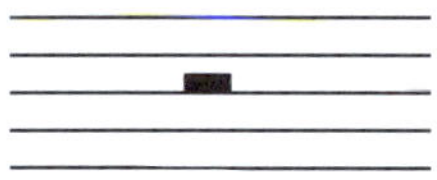

Der Unterschied zur ganzen Pause ist kaum zu sehen: bei der halben Pause *liegt* das schwarze Rechteck *auf* einer Linie[81] – es muss dabei auch nicht immer die 3. Linie sein.

Viertelpause

Die ***Viertelpause*** sieht recht ungewöhnlich aus:

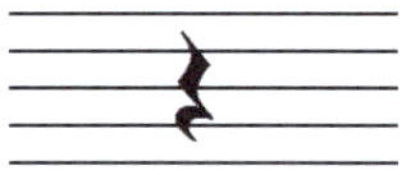

Achtelpause

Ab der ***Achtelpause*** wird es dann wieder übersichtlicher:

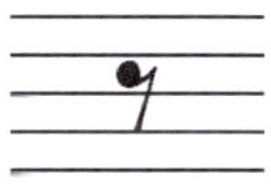

Aus diesem einen Häkchen – von links nach rechts – werden nun immer mehr.

Sechzehntelpause

Hier die ***Sechzehntelpause***:

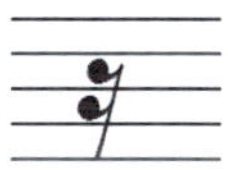

Zweiunddreißigstelpause

Dann die ***Zweiunddreißigstelpause***:

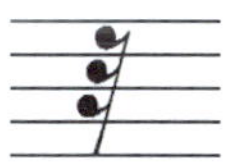

Vierundsechzigstelpause

Und zum Schluss die ***Vierundsechzigstelpause***:

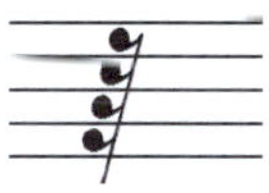

Nun kennen wir alle Zeichen, mit denen wir die *Länge* von Noten und Pausen und damit auch den Rhythmus darstellen können.

Aufgabe Nr. 8

[81] Mithilfe einer einfachen „Eselsbrücke" kann man sich den Unterschied zwischen einer *ganzen* und einer *halben* Pause ganz gut merken: Wenn man beim Fleischer einkauft, dann sieht man, dass die *ganze* Wurst hängt und die *halbe* Wurst dagegen (in der Auslage) liegt.

DER TON (2)

Lautstärke, Dynamik

Ganz am Anfang haben wir erfahren, dass Töne hoch oder tief sein können. Sie besitzen aber noch andere Eigenschaften, so können Töne *laut* oder *leise* sein. Das nennt man dann die ***Lautstärke*** oder mit dem Fachbegriff die ***Dynamik***.

Artikulation

Die verschiedenen Töne, die nacheinander erklingen, können auf unterschiedliche Art und Weise miteinander verbunden werden. Dieses miteinander Verbinden oder auch Nicht-verbinden nennt man ***Artikulation***.

DIE DYNAMIK (1)

Einen ganz lauten Ton kann man sehr gut von einem ganz leisen unterscheiden – er hat nämlich mehr Kraft. Oder mit dem Fachbegriff: er besitzt mehr Energie. Je lauter ein Ton ist, desto deutlicher ist er zu hören oder manchmal sogar zu spüren. *Laute, tiefe* Töne hört man nämlich gar nicht so sehr mit den Ohren, sondern sehr stark auch mit den Knochen. Man sagt dann dazu, man spürt den Ton im Bauch oder im Magen.

Laute, hohe Töne können schnell sehr unangenehm wirken. Das ist beim Kreischen oder Quietschen der Fall.

Leise Töne – egal ob tief oder hoch – sind dagegen viel schwieriger zu hören. Man muss schon ordentlich hinhören, sich konzentrieren, um leise Töne wahrnehmen zu können. Deshalb ist es manchmal besser, etwas leise zu sagen – z. B. zu flüstern –, um gut gehört zu werden.

In der Musik kann man Töne von ganz, ganz leise bis ganz, ganz laut verwenden.

forte (laut)
f
piano (leise)
p

Will man klarmachen, wie laut ein Ton oder ein Teil eines Liedes gespielt wird, dann benutzt man Zeichen, die angeben, wie laut bzw. wie stark die Musik an dieser Stelle empfunden werden soll. Es wird also gar nicht gesagt, wie laut oder leise es *tatsächlich* ist, sondern nur, wie laut oder leise es der Musiker *empfinden* soll. Deshalb spielen zwei verschiedene Menschen das gleiche Musikstück auch immer ein bisschen anders.

fortissimo (sehr laut)
ff
pianissimo (sehr leise)
pp

Die Zeichen, die man verwendet, sind die italienischen Abkürzungen für die Worte laut ***f*** (forte[82]) und leise ***p*** (piano). Von diesen ausgehend bildet man die anderen Namen: lauter als laut, also *sehr laut* heißt ***ff*** (fortissimo) und leiser als leise, also *sehr leise* heißt ***pp*** (pianissimo).

Es gibt noch zwei Lautstärken, die zwischen ***f*** und ***p*** liegen, zum einen *mittellaut* ***mf*** (mezzoforte) und zum anderen *mittelleise* ***mp*** (mezzopiano).

mezzoforte
mf
mezzopiano
mp

Als die „normale“ Spiellautstärke verwendet man meist das ***mf*** und bezieht die anderen Bezeichnungen dann auf dieses mezzoforte. Also wäre das ***f*** dann etwas lauter als das ***mf*** und das ***mp*** dann etwas leiser als das ***mf***. Das ***p*** wäre dagegen deutlich leiser als das ***mf***.

[82] Forte bedeutet eigentlich *stark, kräftig*.

An dieser Beschreibung merkt man schon gut, dass es bei der Dynamik in einem Lied gar nicht so sehr um die *wirkliche* Lautstärke geht, sondern eigentlich darum, in welcher Lautstärke-*Beziehung* die einzelnen Teile eines Stückes stehen. Entscheidend bei der Dynamik ist also nicht die Einteilung in *laut* und *leise*, sondern in laut*er* und leis*er*.

Die dynamischen Zeichen ***f***, ***mf***, ***mp*** und ***p*** geben an, welcher Teil lauter und welcher leiser gespielt werden soll. Dieser Unterschied tritt dann an der Stelle, an der das Dynamikzeichen steht, *plötzlich* auf; es gibt einen richtigen Lautstärke-„Ruck". Möchte man dagegen, dass sich die Lautstärke *fließend* verändert, verwendet man andere Zeichen.

crescendo, cresc.

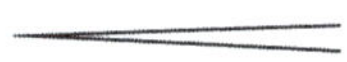

Möchte man die Lautstärke allmählich ansteigen lassen, schreibt man entweder ***crescendo***[83] (abgekürzt: ***cresc.***) oder man verwendet dieses Zeichen:

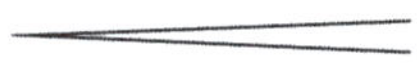

decrescendo, decresc.

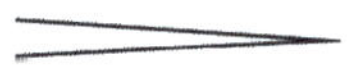

Möchte man dagegen die Lautstärke allmählich weniger werden lassen, schreibt man entweder ***decrescendo***[84] (abgekürzt: ***decresc.***) oder man verwendet dieses Zeichen:

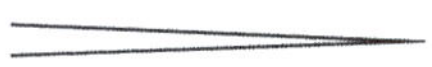

diminuendo, dim.

Ein Wort, welches dieselbe Bedeutung besitzt wie *decrescendo* ist ***diminuendo*** (abgekürzt: ***dim.***) .

Wie sich dabei die Lautstärke verändert – ob sie sich erst ganz allmählich ändert und sich zum Schluss stärker ändert oder ob sie sich ganz gleichmäßig verändert – entscheidet der Spieler. Meist wird er es gar nicht bemerken, *was* sich *wie* ändert. Der Spieler wird sich eher auf einen *Gefühlsausdruck* konzentrieren. In einem Gefühl und im Ausdrücken dieses Gefühls ist die genaue Art der Veränderung[85] bereits enthalten. Man muss sich also um diese feinen Abstufungen der Lautstärke gar nicht selbst – gemeint ist damit *bewusst* – kümmern, sondern kann sich ganz seinem Gefühl überlassen.

Aufgabe Nr. 9

Akzent

Manchmal möchte man beim Spielen *einzelne* Noten hervorheben. Für diese Hervorhebung gibt es ein extra Zeichen, welches sich immer auf der dem Notenhals abgewandten Seite[86] über oder unter dem Notenkopf befindet: den ***Akzent***

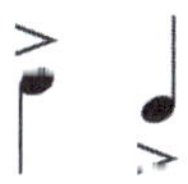

Wie stark der Lautstärkeunterschied gegenüber der „normalen" Lautstärke ausfällt, hängt vom Geschmack des Spielers ab.

---

[83] Gesprochen: kreschendo.
[84] Gesprochen: dekreschendo.
[85] Auch z. B. ob es sich um eine fließende oder eine ruckartige Veränderung handelt.
[86] Sollten zwei Stimmen in einem Notensystem geschrieben sein (⇨ *Die Noten (5)* ab S. 108), steht der Akzent – um Missverständnisse mit der anderen Stimme zu vermeiden – auf der Halsseite.

Spielt man verschiedene Töne, können diese auf verschiedene Art und Weise miteinander *verbunden* werden. Je nachdem *wie* die Töne miteinander verbunden werden, klingen diese Töne mal kürzer oder länger als notiert. Diese Veränderung in der (klingenden) Notenlänge ist aber nicht an den Notenwerten zu erkennen! Der Notenwert, der aufgeschrieben dasteht, sagt nichts über die *tatsächliche* Klangdauer aus[87]; er gibt nur den *Zeitraum* an, der für diesen Ton – klingend oder nicht klingend (im letzten Fall also als Pause) – *reserviert* ist.

legato, leg., gebunden

So wie im Abschnitt *Die Noten (2) / Der Rhythmus (1)* auf Seite 24 beschrieben, ist das *Ende* des einen (klingenden) Tones gleichzeitig der *Beginn* des nächsten Tones. Zwischen diesen verschiedenen Tönen gibt es *keine* Pause. Diese Art, Töne miteinander zu *verbinden*, nennt man ***legato*** (abgekürzt: ***leg.***)[88], auf Deutsch: ***gebunden***.

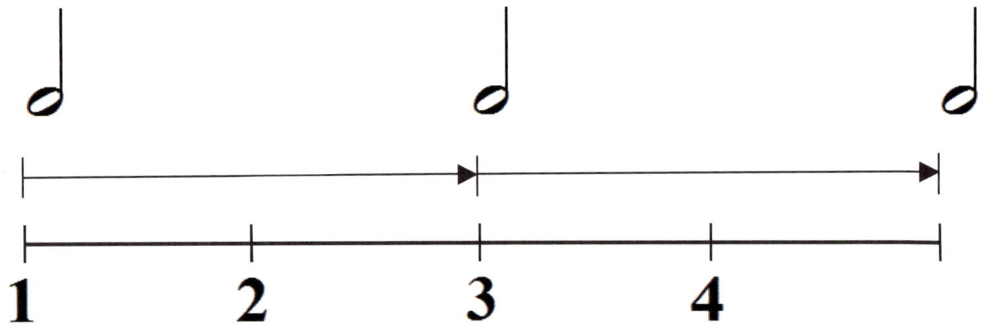

Legatobogen

Das *legato* ist die normalerweise übliche Art des Spielens. Es wird daher nicht extra in den Noten vermerkt[89]. Manchmal findet man jedoch auch einen Bogen *über* oder *unter* den Noten, der anzeigt, dass diese Noten gebunden zu spielen sind. Diesen Bogen nennt man ***Legatobogen***. Dieser Bogen sagt etwas über die *Artikulation* beim Spielen aus.

Phrasierungsbogen

Es gibt auch einen Bogen, der genauso aussieht, aber etwas anderes meint, den ***Phrasierungsbogen***. Er kennzeichnet eine so genannte Phrase. Eine Phrase kann man sich als einen *Zusammenhang* vorstellen, ähnlich einem Satz, den man spricht. Den möchte man ja auch gern *zusammenhängend* erzählen – und nicht nur in einzelnen Worten –, denn dann ist der Satz besser zu verstehen. Allerdings ist das mit dem Phrasierungsbogen nicht immer so einfach. Wenn man etwas Zusammenhängendes mitteilen möchte, kann man dabei natürlich auch absetzen, sich unterschiedlich artikulieren (⇨ portato S. 33 und staccato S. 34). *Obwohl* also manchmal einige Noten kürzer oder kurz gespielt werden, kann etwas *insgesamt* unter einem Phrasierungsbogen stehen und damit anzeigen, dass es zusammengehört.

Die Unterscheidung der beiden Bogenarten ist nicht immer einfach. Eine kleine Hilfe dazu: *legato* bezieht sich auf (eine meist überschaubare Anzahl) *Töne*, die *Phrase* hingegen auf einen (meist größeren) *Zusammenhang*.

[87] Es gibt ja auch Klänge – z. B. beim Klavier –, da wird der Ton immer leiser und ist irgendwann gar nicht mehr zu hören, egal wie lange man die Taste gedrückt hält.

[88] Wie auch die anderen Begriffe stammt das Wort *legato* aus dem Italienischen.

[89] Bei einem Streichinstrument ist das aber anders: dort ist das *non legato* – nicht gebunden – die übliche Spielweise, welche nicht extra vermerkt wird (Wechsel zwischen Auf- und Abstrich). Dafür erhält jedes *legato* einen Bogen über die zu verbindenden Noten.

Spielt man verschiedene Töne, können diese jedoch auch *getrennt* voneinander gespielt werden; sie werden *einzeln* gespielt, ***nicht gebunden***. Man nennt das auch ***non legato***.

non legato, nicht gebunden

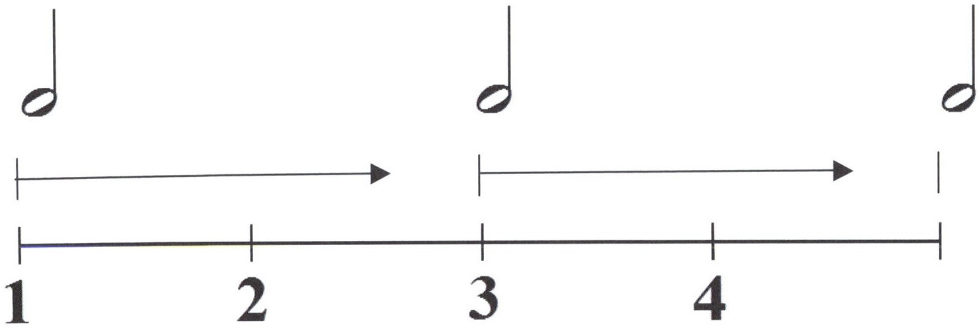

Wichtig beim *non legato* ist, dass es eine *kleine Lücke* zwischen den Tönen gibt.

Nun gibt es verschiedene Möglichkeiten, die Töne voneinander zu *trennen*: unterbricht man sie nur *ganz kurz*, um gleich darauf den nächsten Ton zu spielen, dann nennt man das *non legato*. Ist die Lücke hingegen *etwas größer*, dann nennt man das auch ***absetzen*** oder mit dem italienischen Fachbegriff ***portato*** (abgekürzt: ***port.***)[90]. Der Übergang vom einem zum anderen ist dabei fließend, wird jedoch meist an der *Deutlichkeit* des Absetzens festgemacht.

portato, port., abgesetzt

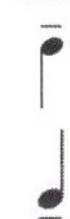

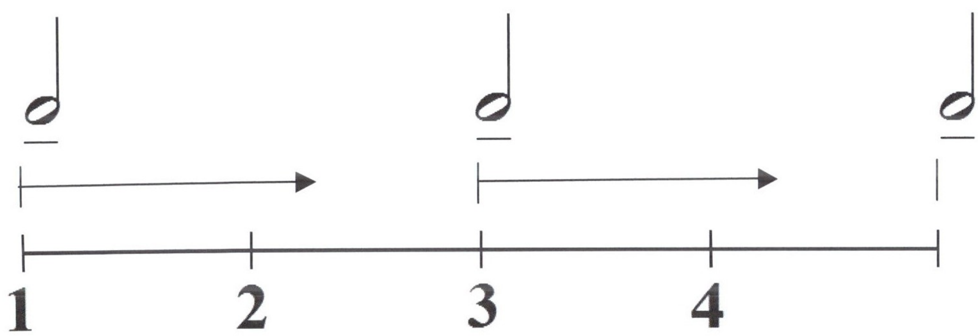

Es gibt eine *deutlich hörbare* Lücke zwischen den Tönen.

[90] Das musikalische Zeichen hierfür ist ein kurzer Strich *über* oder *unter* einem Notenkopf.

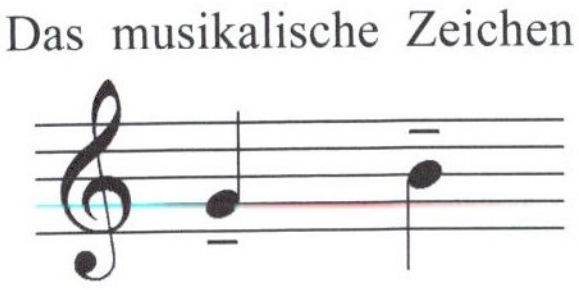

staccato, stacc., kurz

Spielt man dagegen einen Ton nur **kurz** – gefolgt von einer Pause, die *länger* ist als der gerade erklungene Ton –, dann spricht man vom ***staccato*** (abgekürzt: ***stacc.***)[91].

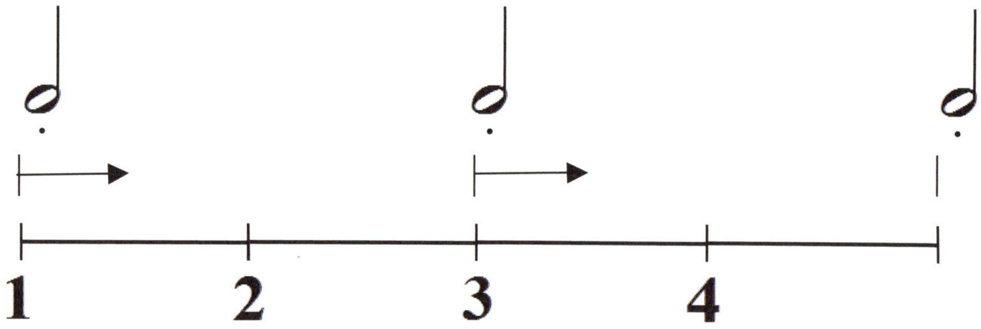

Der Übergang zwischen *portato* und *staccato* ist ebenfalls fließend. Jede denkbare Kombination von Klang und Pause ist möglich. Ab wann genau die eine Artikulation als *portato* und ab wann sie als *staccato* bezeichnet wird, unterliegt der persönlichen Einschätzung der Begriffe *abgesetzt* und *kurz*. Also auch hier gilt: Die persönliche Auffassung ist entscheidend!

Das gilt vor allem auch deshalb, weil die Artikulation nicht immer klar und deutlich dargestellt wird. Manchmal soll ein *portato* gespielt werden, ohne dass es extra hingeschrieben wurde[92].

Aber auch die *Klarheit in der Ausführung* gehört zur Artikulation. So wie manche Menschen deutlich sprechen[93] – und man sie daher gut versteht –, sprechen andere dagegen sehr undeutlich. Dies richtet sich danach, mit welcher Spannkraft oder Intensität ich etwas tue. Nun *muss* man in der Musik nicht immer alles ganz klar und deutlich spielen, denn man kann ja auch durchaus ein Stück mit einem müden und traurigen Charakter spielen wollen. Dann wäre eine eher undeutliche (unterspannte) Artikulation sogar angebracht.

Die Artikulation *und* die Dynamik bilden beim Spielen normalerweise eine Einheit, so dass die *Art der Verbindung* zwischen den Tönen, gekoppelt mit deren *Lautstärke* und der jeweiligen *Klarheit in der Umsetzung* dann erst den endgültigen Ton/Klang ergeben.

Aufgabe Nr. 10

[91] Das musikalische Zeichen hierfür ist ein Punkt *über* oder *unter* einem Notenkopf.

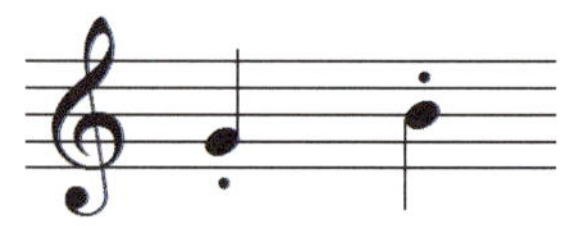

[92] Zu Zeiten von *Johann Sebastian Bach* (1685-1750) wurden – von Ausnahmen abgesehen – Viertelnoten *portato* gespielt und Achtelnoten *staccato*, und dies, ohne dass es in den Noten stand. Alle Sechzehntelnoten wurden *legato* gespielt.

[93] Das hat sehr viel mit der Spannung (der Lippen) zu tun. Wenn mir z. B. etwas wichtig ist, werde ich auch versuchen, es mit den Lippen – wie man so schön sagt – *auf den Punkt* zu bringen.

Wenn man Töne unterschiedlich lange spielt, also manche schnell hintereinander, andere dafür langsamer, dazwischen auch mal Pausen einfügt, dann nennt man das einen *Rhythmus*. Wobei man statt „spielen" eigentlich sagen müsste, dass es beim Rhythmus darum geht, wann die Töne oder die Pausen *anfangen*. Erklingen z. B. 3 Töne schnell hintereinander, anschließend passiert kurze Zeit nichts (Pause), danach kommen 3 Töne langsam hintereinander und zum Schluss noch einmal 3 schnelle Töne, dann stellt dies einen Rhythmus dar[94]. Man merkt schon an der Beschreibung, dass ein Rhythmus schnell etwas kompliziert wirken kann. Doch mithilfe der Notenschrift kann man einen Rhythmus ziemlich übersichtlich aufschreiben.

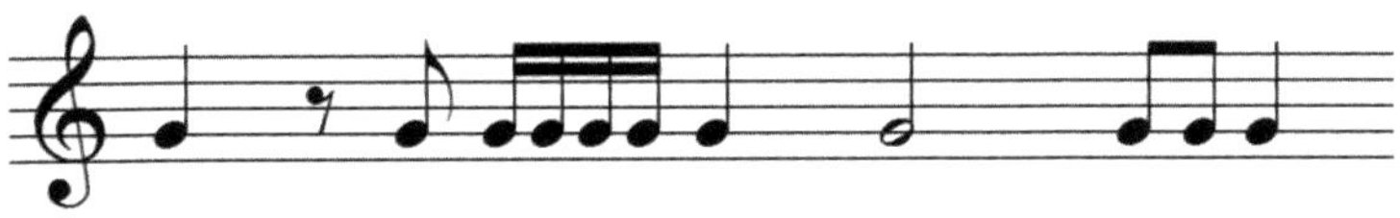

In diesem Beispiel kann man die verschiedenen Längen*verhältnisse* an den Notenwerten ablesen. Nach einer Notenlänge[95] (Viertel) kommt eine halb so lange Pause, gefolgt von einer Note, die genauso lang ist wie die vorhergehende Pause. Danach folgen vier Noten, die jeweils halb so lang sind wie die Achtel; danach wieder eine Viertel (die ist hier plötzlich *viermal* so lang wie die davor stehenden Sechzehntel). Danach wird es noch ruhiger: die halbe Note wirkt hier schon fast wie ein Schlusston, nach der die beiden Achtel wiederum mehr Bewegung hineinbringen, um dann auf der Anfangslänge (Viertel) zu enden.

Anhand dieser Beschreibung kann man die *Wirkung* eines Rhythmus' ganz gut ablesen. Nicht die tatsächliche Länge[96] einer Note bestimmt die Wirkung, sondern das *Verhältnis*, in dem diese Notenlänge zu den anderen Notenlängen steht.

Rhythmus

Man kann einen ***Rhythmus*** also auch als *das Verhältnis klingender und nichtklingender musikalischer Ereignisse* bezeichnen.

[94] In diesem Fall den Morserhythmus für S.O.S. (dreimal kurz, dreimal lang, dreimal kurz).

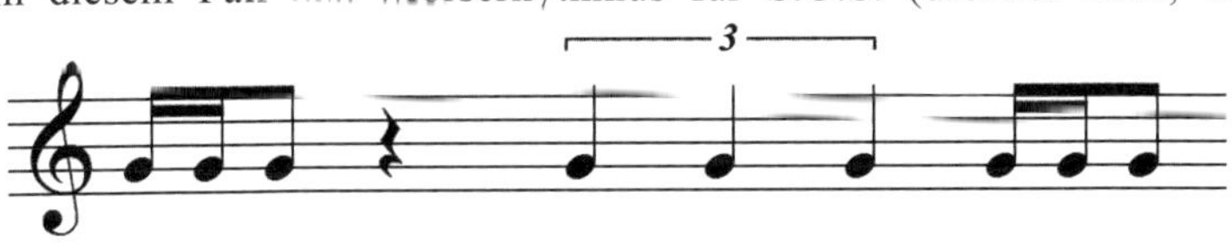

Die Erklärung der Triole (*dreimal lang*) erfolgt unter *Der Rhythmus (4)* auf S. 79.

[95] Wie *lang* diese Viertel tatsächlich gespielt wird, ist von der gewählten Geschwindigkeit des Spielens abhängig. Spielt man sehr langsam, dauert die Viertelnote natürlich deutlich länger als wenn man sehr schnell spielen würde.

[96] Die tatsächlich klingende Länge eines Tones ist ja noch von vielen anderen Dingen abhängig: die *Artikulation* (stacc., port.) verändert die Klangdauer ja erheblich; der Klang des Instrumentes selbst hat großen Einfluss darauf (beim Klavier wird der angeschlagene Ton immer leiser, bei einer Gitarre klingt ein Ton generell kurz).

punktierte Note, Punkt hinter einer Note

Nun können wir mit den bisher bekannten Notenwerten zwar schon viele Längenverhältnisse darstellen (1:2:4:8 usw.), aber es fehlen natürlich noch eine ganze Menge anderer Verhältnisse (z. B. die Verhältnisse mit der 3 oder der 6 usw.). Hierfür gibt es in der Musik ein extra Zeichen: den ***Punkt hinter einer Note***; man nennt diese Note dann auch eine ***punktierte Note***.

Steht ein Punkt *hinter*[97] einer Note, verlängert der Punkt die davor stehende Note um die Hälfte ihres Wertes.

Das klingt jetzt erst einmal ziemlich kompliziert, weil sich hier das Eine immer auf ein Anderes bezieht. Wir schauen uns das einmal im Einzelnen an:

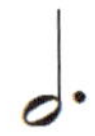

Wir haben hier eine halbe Note mit einem Punkt dahinter. Nach unserer Festlegung wird durch den Punkt etwas *verlängert*. Dies bedeutet also, es kommt etwas hinzu (deshalb das Plus-Zeichen). Hinzugefügt werden soll die Hälfte unseres Notenwertes. Dazu nehmen wir *den* Notenwert, der halb so groß ist wie die Note *vor* dem Punkt (in unserem Fall ist die Viertel halb so lang wie die Halbe). Nun müssen wir das nur noch zusammenrechnen.

punktierte Halbe, Dreiviertelnote

punktierte Ganze, Dreihalbenote

punktierte Viertel, Dreiachtelnote

punktierte Achtel, Dreisechzehntelnote

Um das mit der „Hälfte des Wertes" besser zusammenzählen zu können, rechnen wir unsere Note in die nächst*kleinere* Einheit um (hier wären das die Viertel). Eine Halbe beinhaltet 2 Viertel[98]. Dazu kommt noch eine Viertel durch den Punkt hinter der Note; macht zusammen eine Länge von 3 Vierteln. Man bezeichnet diese Note entweder als ***punktierte Halbe*** oder als ***Dreiviertelnote***. Dementsprechend werden auch die anderen punktierten Noten bezeichnet: die Ganze mit einem Punkt dahinter als ***punktierte Ganze*** oder ***Dreihalbenote***, die Viertel mit einem Punkt dahinter als ***punktierte Viertel*** oder ***Dreiachtelnote***, die Achtel mit einem Punkt dahinter als ***punktierte Achtel*** oder ***Dreisechzehntelnote*** usw.[99].

punktierte Pausen

Wenn man hinter eine *Note* einen Punkt setzen kann, um diese zu verlängern, dann geht das natürlich auch mit einer *Pause*[100]. Man benennt diese dann genauso wie bei den Noten als ***punktierte ganze Pause***, ***punktierte halbe Pause***, ***punktierte Viertelpause***, ***punktierte Achtelpause*** usw.

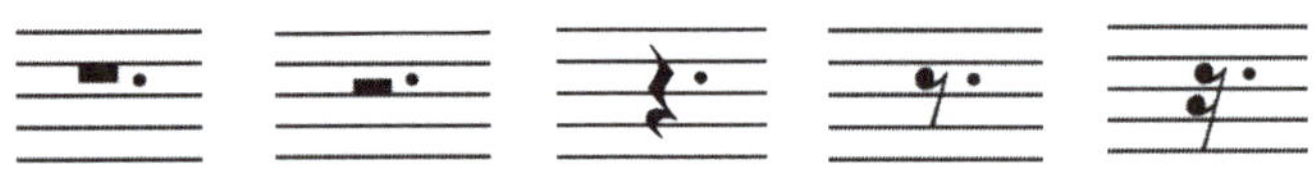

[97] Da es auch einen Punkt *über* oder *unter* einem Notenkopf gibt (staccato-Punkt, S. 34) ist dies besonders zu beachten.

[98] Dementsprechend beinhaltet eine Viertel 2 Achtel, eine Achtel 2 Sechzehntel usw.

[99] Bei einer Note in einem Zwischenraum steht der Punkt auch in diesem Zwischenraum, bei einer Note auf einer Linie steht der Punkt in dem *darüber* liegenden Zwischenraum (auf einer Linie geschrieben würde man sonst den Punkt eventuell nicht richtig erkennen können).

[100] Auch hier steht der Punkt immer im Zwischenraum (⇨ Fußnote 99).

Nun fehlen uns immer noch ein paar Notenlängen. Wie kann man z. B. eine 5 oder eine 7 darstellen? Dazu bedient man sich einer einfachen Idee: wir zerlegen die gewünschte Länge in uns bekannte Längen.

Eine 5 ist so viel wie eine 4 plus einer 1. Und so wird sie auch notiert. Man schreibt eine Note, die für den Wert 4 steht (z. B. eine halbe Note, die für vier Achtel steht) und schreibt dahinter noch die 1 (in unserem Fall eine Achtel).

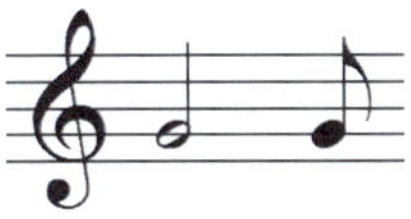

Damit man beide Noten aber als nur *eine einzige* Note spielt, verbindet man diese Noten mit einem Bogen. Dieser besagt: der Ton wird ausgehalten und nicht noch einmal angeschlagen.

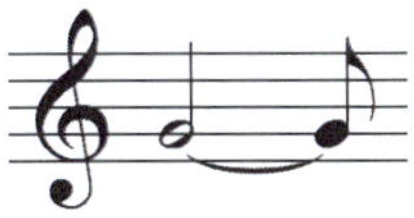

Halte-bogen, Ligatur

Und mit dieser einfachen Methode, dem ***Haltebogen***, kann man dann (fast[101]) alles, was wir bisher noch nicht darstellen konnten, notieren. Ein ***Haltebogen*** steht zwischen *aufeinanderfolgenden* Noten *gleicher* Tonhöhe und zeigt an, dass die *folgende* Note nicht erneut gespielt, sondern *ausgehalten* wird[102]. Als ein anderes Wort für den Haltebogen findet man auch die Bezeichnung ***Ligatur***[103].

Die Wölbung des Haltebogens geht normalerweise[104] immer hin zu der Seite, auf der sich *nicht* der Notenhals befindet bzw. bei ganzen Noten, wo sich nicht der (gedachte) Notenhals befinden würde.

Längere *Pausen* werden im Übrigen *nicht* mit einem Haltebogen versehen.

Aufgabe Nr. 11

[101] Was noch fehlt ⇨ *Der Rhythmus (4)* auf S. 79.
[102] Und wenn man etwas aushält, dann *muss* das selbstverständlich die gleiche Tonhöhe sein.
[103] Aus dem Lateinischen kommend steht es für *Bindung*.
[104] Zu den Ausnahmen ⇨ *Die Noten (5)* ab S. 108.

Was jetzt kommt, ist tatsächlich ein bisschen schwierig zu verstehen, denn es geht um etwas, was man nicht direkt (in den Noten) *sehen* und auch nicht direkt *hören* kann: das Metrum.

Wir kennen aus unserem normalen Leben Dinge, die sich *regelmäßig* wiederholen, ohne dabei jedoch immer exakt gleich zu sein, etwa den Wechsel von Tag und Nacht: auf einen Tag folgt eine Nacht, auf eine Nacht ein Tag und immer so weiter. Trotzdem ist jeder Tag und jede Nacht ein bisschen anders. Die Tage werden z. B. immer länger oder kürzer oder es gibt Tage und Nächte, die bleiben einem angenehm in Erinnerung (vielleicht durch einen Urlaub), andere wiederum sind ein wenig stressig (z. B. wegen der Schule). Das, was so *beständig wiederkehrt*, erhält dadurch für uns eine jeweils andere Bedeutung. Eine bestimmte (Ge-)Wichtung[105].

Schwerpunkte

In der Musik gibt es *auch* etwas, das immer regelmäßig wiederkehrt, sich beständig wiederholt, ohne dabei aber immer gleich zu sein. Wir nennen dies die ***Schwerpunkte***. Meist erklingen an diesen Stellen Töne, die besonders lang oder auch breit sind; oft sind sie auch lauter als die anderen, damit man sie besser erkennen kann; das *muss* aber *nicht* unbedingt so sein[106]. Manchmal erklingt auf einem Schwerpunkt gar nichts und trotzdem hat man das Gefühl, diesen Schwerpunkt zu empfinden[107]. Die Schwerpunkte selbst besitzen dabei alle ein *unterschiedliches* Gewicht, man kann eine *bestimmte Abfolge* innerhalb der Schwerpunkte erkennen. Jeweils *einer* dieser Schwerpunkte wird von den meisten Menschen als ein *Haupt*schwerpunkt wahrgenommen, der in regelmäßigen Abständen wiederkehrt.

Wenn man jedoch etwas einen *Schwerpunkt* nennt, dann muss es auch etwas geben, dass *kein* Schwerpunkt ist, nämlich etwas „weniger Schweres", meist als *leicht*[108] bezeichnet. All diese Schwerpunkte und „Nicht"-Schwerpunkte sind etwas, dass man *nur fühlen* kann. Und wie das mit Gefühlen so ist, kann man diese schwer beschreiben und noch schwerer notieren. Diese sich regelmäßig abwechselnde Wiederkehr von Schwerpunkten und weniger schweren Punkten nennt man ***Metrum***. Manchmal wird das Metrum auch als ***Puls*** bezeichnet.

Metrum, Puls

Zählzeiten

Um sich das ein bisschen greifbarer vorstellen zu können, *zählt* man die Schwerpunkte und nennt sie ***Zählzeiten***. Das *nur fühlbare* Metrum kann sich in vielen hörbaren Dingen äußern, beispielsweise im *Rhythmus*[109], aber auch in der *Dynamik* oder in der *Artikulation*. Da es bei diesem Wechsel zwischen Schwerpunkten und „Nicht"-Schwerpunkten ganz viel darum geht, wie *man selbst* als Zuhörer bzw. als Spieler das empfindet, ist das Metrum also auch nicht etwas, das man klar vorschreiben kann, sondern es entsteht in jedem Spieler und jedem Zuhörer auf seine *eigene* Art und Weise[110].

Wichtung

[105] Das „(Ge-)" verwendet man in der Musik für das Metrum nicht, sondern nur den Begriff „***Wichtung***". Dennoch hört man oft davon, etwas mit einem besonderen „Gewicht" zu versehen, also mit einer besonderen Bedeutung. Welche *konkrete* Bedeutung damit dann verbunden ist, kann jeder für sich selbst entscheiden.

[106] Die in allen Büchern zu findende „Betonung" ist ein *möglicher* Zusatz, aber kein „Muss"!

[107] Im Musikstil (⇨ S. 221) Reggae (⇨ S. 226) kommt dies durchaus vor.

[108] Hier steht das Wort *leicht* nicht in der Bedeutung, dass es einfach ist, sondern dass es weniger, wenig oder kaum *Gewicht* besitzt.

[109] Wenn man es genau nimmt, dann stellt der Rhythmus nur den *tatsächlich* erklingenden, *hörbaren* Anteil des Metrums dar.

[110] Achtet man beim Hören z. B. auf *bestimmte* Klänge und nimmt dafür andere nicht so deutlich wahr, dann hat man logischerweise auch einen *anderen* Eindruck von dem gespielten Metrum: man empfindet dann das Metrum etwas anders als der Zuhörer neben sich. **Und das ist gut so!**

Wenn man das Metrum *nur fühlen* kann, dann kann man sich sicherlich gut vorstellen, dass man dieses Metrum auch nur ganz schwer aufschreiben kann. Versucht wird das mithilfe des ***Takt***es. Der Takt ist der Abstand zwischen zwei Hauptschwerpunkten. Er symbolisiert eine beständig wiederkehrende Anzahl von Schwerpunkten. *Welche* Notenwerte dabei meine Schwerpunkte darstellen und *wie viele* es davon in einem Takt gibt, wird durch zwei Zahlen ausgedrückt, die am Anfang eines Stückes stehen.

Takt

$$\frac{3}{4}$$

Die *untere* Zahl gibt an, *was* „benannt“ wird[111] – z. B. Viertelnoten oder Achtelnoten – und darüber ist angegeben, *wie viele* dieser Noten sich in einem Takt befinden – z. B. 3 oder 4.

In regelmäßigen Abständen erscheint in den Noten ein senkrechter Strich – der ***Taktstrich***. Er zeigt an, wo das Metrum erneut beginnt.

Taktstrich

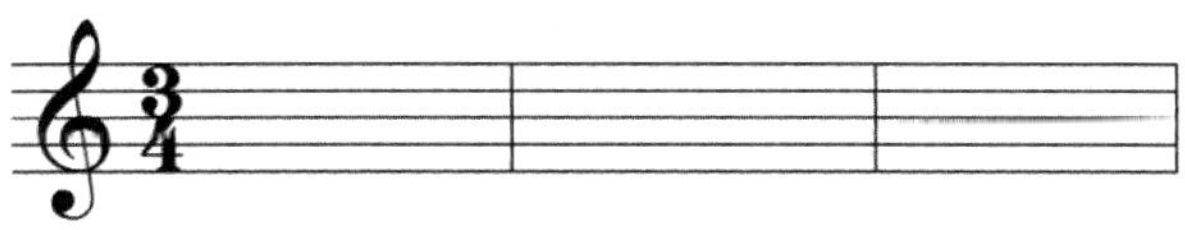

Wenn man so einen Taktstrich sieht, könnte man leicht denken, dass an dieser Stelle – also beim Strich – der Takt zu Ende ist. Das ist aber ein Irrtum. Nehmen wir noch einmal unser Beispiel von Tag und Nacht: Der Tag endet mit dem Beginn der Nacht, die Nacht endet mit dem Beginn des Tages. Es gibt hierbei gar kein eigentliches Ende, nach dem erst einmal nichts passiert, sondern alles geht fließend ineinander über. So verhält es sich auch beim Metrum und dem Takt, der offiziell als „grafische Darstellung des Metrums“[112] bezeichnet wird.

Jeder Takt *beginnt* mit einem ersten Schwerpunkt. Dieser wird auch *immer* als Zählzeit „1“ bezeichnet. Danach kommen die anderen Schwerpunkte, die auch als ***Grundschläge***[113] bezeichnet werden[114]; je nachdem wie viele sich davon in einem Takt befinden. Das *Ende* eines Taktes fällt dann – so wie bei Tag und Nacht – mit dem *Beginn* des nächsten Taktes zusammen. Ein Takt endet also auch *immer* auf „1“.

Grundschlag

***Jeder* Takt endet auf „1“.**

Wir schauen uns einige Beispiele für unterschiedliche Arten von Takten an, den so genannten ***Taktarten***:

Taktart

[111] Dies kann man sich wie bei einem Bruch in der Mathematik vorstellen: unten steht der *Nenner* und oben der *Zähler*.

[112] Besser wäre: der *Versuch* einer grafischen Darstellung.

[113] Der Unterschied zwischen *Grundschlag* und *Zählzeit* ist gar nicht so groß: beide meinen dasselbe, jedoch unterscheidet die Zählzeit dabei genauer zwischen Schwerpunkten und weniger schweren Punkten – was der Grundschlag *nicht* macht.

[114] Manchmal werden die Grundschläge auch als *Schläge* bezeichnet, aber das ist nicht wirklich eindeutig ausgedrückt. Man sollte also *Grund*schläge sagen, um klarzumachen, dass man die in der *Taktartangabe* angegebenen Einheiten meint.

DER 3/4-TAKT

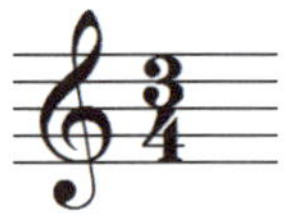

(gesprochen: Drei-Viertel-Takt)

Zählzeiten

Die untere Zahl gibt an, welche *Einheiten* wir zählen bzw. empfinden. In unserem Fall sind das Viertelnoten. Die obere Zahl zeigt an, *wie viele* dieser Einheiten regelmäßig wiederkehren: nämlich 3. Diese Anzahl nennt man die ***Zählzeiten***. Will man die Zählzeiten und damit auch den Rhythmus wirklich gut verstehen, kann man das hier am Beispiel einer „normalen" Uhr einmal üben. Wir stellen uns vor, unsere Viertelnoten wären solang wie eine Stunde. Und da unser Takt nur 3 dieser Viertelnoten enthält, besitzt unsere Uhr auch nur 3 Stunden. Danach geht es wieder von vorne los.

Zählen wir unsere *erste* Viertelnote, dann beginnt sie auf Zählzeit „1" (*um* 1 Uhr) und geht bis Zählzeit „2" (eine Stunde lang, also bis *um* „2"). Auf Zählzeit „2" (*um* 2 Uhr) beginnt die nächste Viertelnote und dauert bis Zählzeit „3" (auch wieder eine Stunde, bis *um* 3 Uhr). Auf Zählzeit „3" (*um* 3 Uhr) fängt unsere letzte Viertelnote an und dauert ebenfalls eine Zählzeit (eine Stunde). Diese nächste Zählzeit heißt dann aber schon wieder „1" (nach 3 Uhr kommt auf unserer Uhr wieder 1 Uhr). Und so dreht sich alles immer aufs Neue im Kreis.

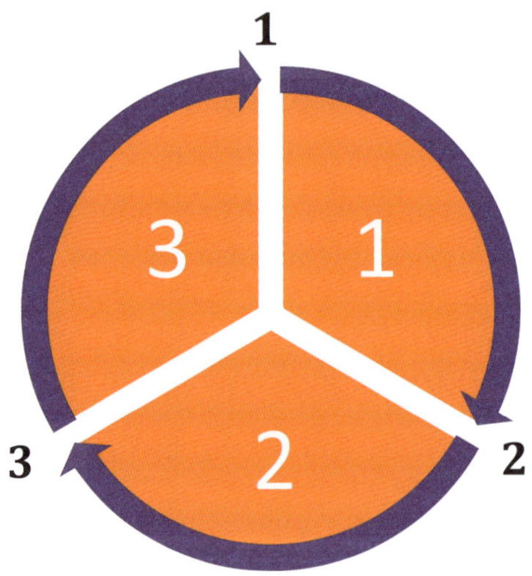

Um das ganz klar und deutlich zu sagen: die Viertelnote, die auf „3" beginnt, endet nicht etwa *vor* dem Taktstrich, sie endet auch nicht «nach der „3"», sondern exakt *auf* „1"!

Nun besteht ein Rhythmus manchmal auch aus *kleineren* Werten als nur aus Viertelnoten. Deshalb brauchen wir auch eine Möglichkeit, mit der wir diese kleineren Notenwerte zählen können. Die Zahlen für die Zählzeiten selbst können wir nicht verändern, denn es ist ja festgelegt worden, dass wir – in unserem Beispiel – in jedem Takt *3* Viertelnoten zählen. Kleinere Noten müssen also mit *anderen* Worten „gezählt" werden.

Wird die festgelegte Einheit – in unserem Beispiel die Viertelnote – halbiert[115], dann zählen wir zwischen den Zahlen (1, 2, 3) das Wort „und". Wenn wir also ganz viele Achtelnoten hintereinander hätten, würden wir in unserem Beispiel folgendermaßen zählen: „1 und 2 und 3 und 1 und 2 und 3 und 1 usw.".

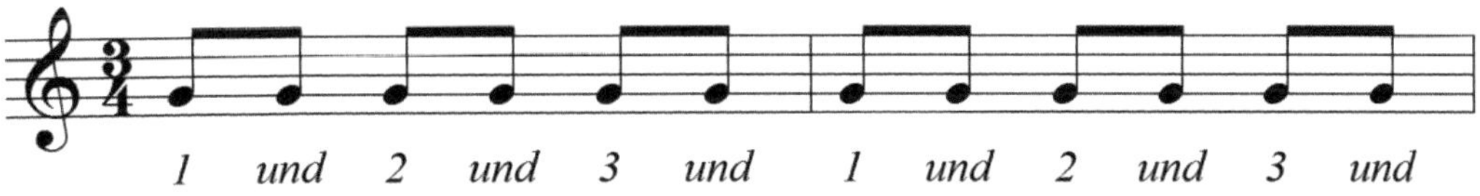

Gibt es noch *kleinere* Notenwerte – in unserem Beispiel wären das die Sechzehntelnoten – dann bräuchten wir noch eine *weitere* Unterteilung für die Zählzeiten. Dazu hängen wir an jedes Wort einfach den Buchstaben „e" an und sprechen das Ganze dann sehr lässig aus: „1 e und e 2 e und e 3 e und e" (das wird dann so gesprochen: „Ei-ne un-te Zwei-je un-te Drei-je un-te"[116]).

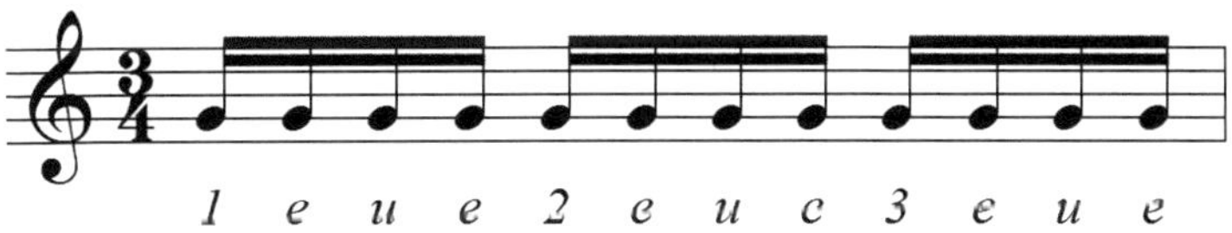

Der Einfachheit halber *schreibt* man die Zählzeiten wie im obigen Beispiel. Das „und" wird dabei nur durch ein „u" oder ein „+" dargestellt.

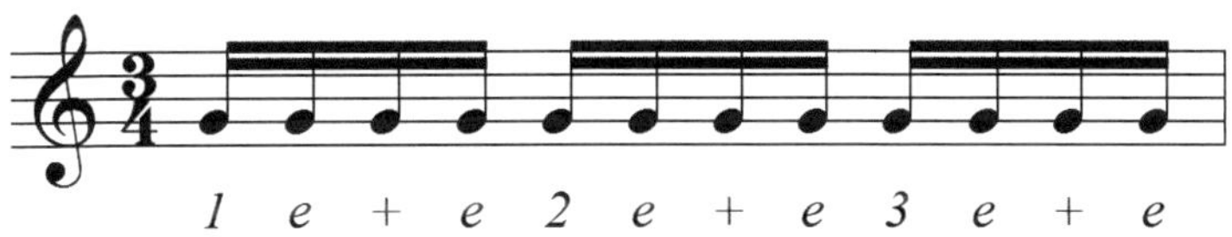

Will man eine *bestimmte* Note im letzten Beispiel herausgreifen, dann sagt man z. B. „Die Note auf der 2 un-te". Damit meint man die 8. Note. Oder wenn man die 10. Note meint, dann sagt man „Auf 3-je".

Eine weitere Unterteilung zu zählen, wäre zwar denkbar, aber völlig unpraktisch. Sollte es dennoch notwendig sein, noch kleinere Unterteilungen zählen zu müssen, geht man zu *Übungszwecken* davon aus, dass die nächstkleinere Einheit – also die Achtel – die *Grundlage* des Zählens bildet. Dann kann man 16tel mit „und" zählen und 32tel mit „e". Hat man den Ablauf eines Rhythmus' dann verstanden, kehrt man auf den ursprünglichen Grundschlag zurück und spielt die ganz kleinen rhythmischen Werte *nach Gefühl*.

Walzer

Der 3/4-Takt wird auch oft als ***Walzer*** bezeichnet.

[115] D.h. also, wenn *Achtel*noten mit ins Spiel kommen.

[116] Das „d" vom „und" wird – damit es etwas „knalliger" klingt – zu einem „t".

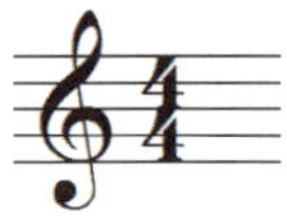

(gesprochen: Vier-Viertel-Takt)

Oft wird für den 4/4-Takt auch dieses Symbol verwendet:

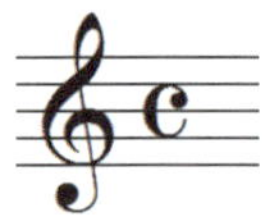

Breve-Zeichen

Dieses Zeichen, dass ein bisschen wie ein „C" aussieht, nennt man das ***Breve-Zeichen***. Dementsprechend heißt die Taktart auch Breve-Takt (⇨ auch S. 48), aber seltsamerweise benutzt kaum jemand diesen Namen, sondern alle sprechen bei diesem Zeichen vom 4/4-Takt.

Das, was wir uns beim 3/4-Takt angesehen haben, funktioniert genauso auch beim 4/4-Takt. Nur das hier ein Takt immer *4* Viertelnoten lang ist (unsere Uhr besitzt also jetzt immer *vier* Stunden, bis alles wieder von vorn beginnt).

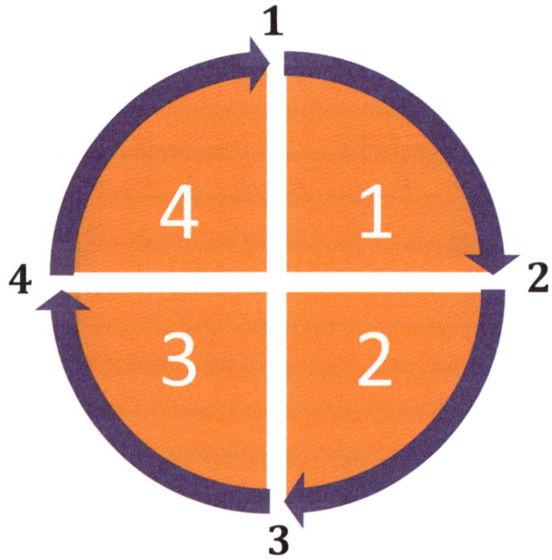

Auch bei den Unterteilungen der Grundschläge – hier Viertelnoten – verfährt man bei den Zählzeiten ebenso wie beim 3/4-Takt gesehen.

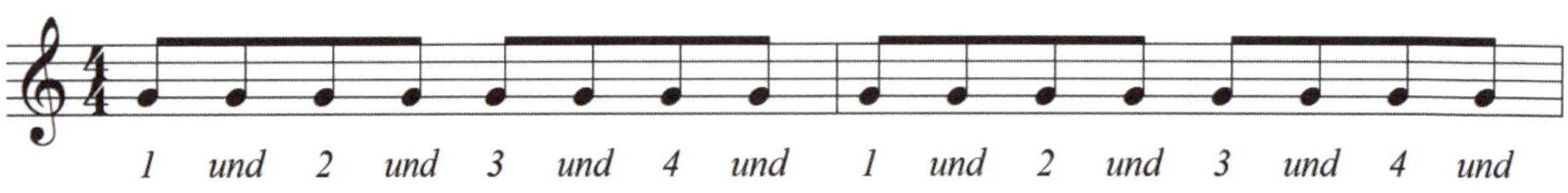

Hier das Beispiel für eine weitere (kleinere) Unterteilung der Zählzeiten.

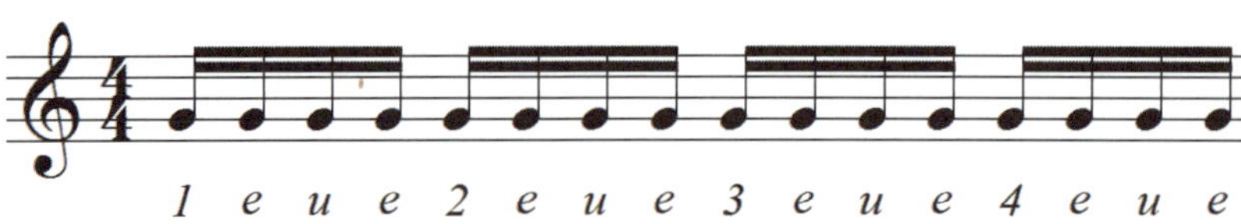

DER 5/4-TAKT

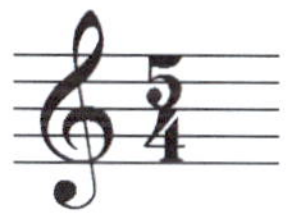

(gesprochen: Fünf-Viertel-Takt)

An einem weiteren Beispiel soll gezeigt werden, dass es tatsächlich *alle* möglichen Taktarten geben kann. Hier haben wir einen Takt, der immer *5* Viertelnoten lang ist. Normalerweise unterteilt man diese 5 Einheiten – wie bereits erwähnt, werden diese Einheiten auch *Grundschläge* genannt – in eine kurze und eine lange Untereinheit. Entweder 2/4+3/4 oder aber 3/4+2/4.

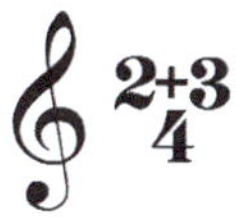 oder 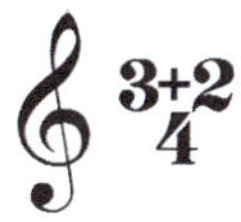

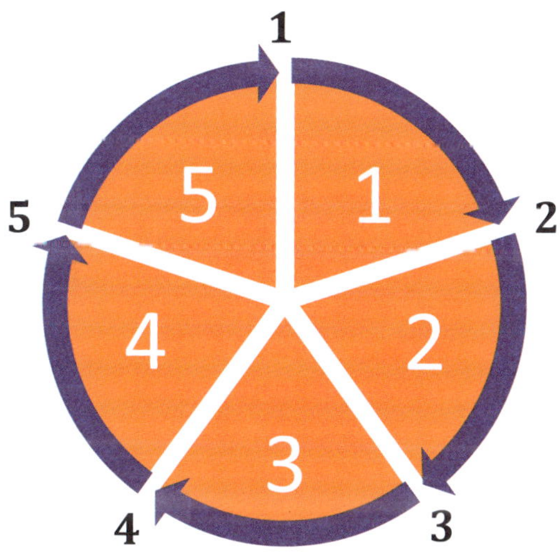

Wir haben in einem 5/4-Takt also eigentlich immer *zwei* Takte in einem. Jeweils einen kürzeren und einen längeren (⇨ dazu auch S. 219). Das finden wir auch bei allen anderen Taktarten, bei denen oben eine 5 oder eine größere Zahl steht. Diese großen Zahlen werden in Gruppen zu kleineren Zahlen unterteilt. Dabei versucht man möglichst *gleichlange* Unterteilungen zu finden (natürlich nur da, wo es geht). Dazu ⇨ auch S. 46 und S. 47.

Ansonsten gilt alles bisher Gesagte auch bei diesen Taktarten einschließlich der Unterteilung der Zählzeiten.

DER 4/8-TAKT

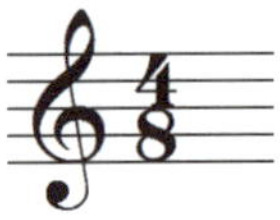

(gesprochen: Vier-Achtel-Takt)

Bisher haben wir immer nur von *Viertel*noten als Basis gesprochen. Das Ganze geht natürlich auch mit Achteln oder mit Halben Noten. Nehmen wir, wie in unserem Beispiel, jetzt Achtelnoten zur Grundlage, dann funktioniert das Zählen der Zählzeiten ganz genauso wie bisher. An der „Uhr" unten kann man gut sehen, dass es eigentlich dasselbe ist wie beim 4/4-Takt.

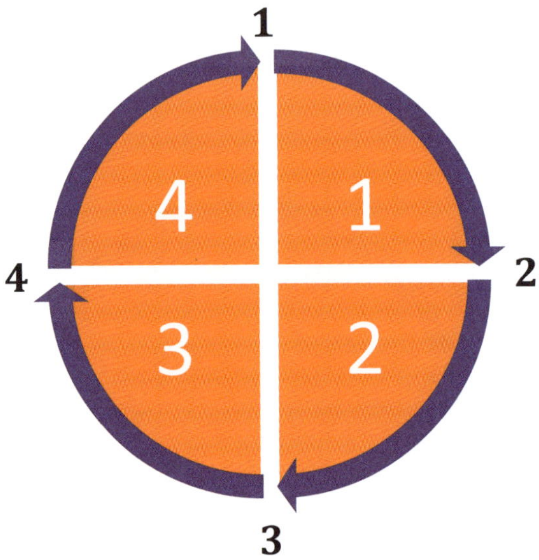

Aber eben nur *eigentlich*. Die (Zähl-)Zeiten ändern sich nicht, aber das, *was* wir zählen ist nun etwas anderes. Eine Achtelnote besitzt vom Empfinden her kein so großes *Gewicht* wie eine Viertelnote. Eine Halbe Note hat dagegen *mehr* Gewicht als eine Viertelnote. Aus diesem *weniger* bzw. *mehr* an Gewicht ergibt sich auch eine andere Empfindung für den Schwerpunkt. Auf der einen Seite wäre er ein leichterer, nicht so sehr in die Tiefe gehender Schwerpunkt (Achtel als Basis)[117], auf der anderen Seite ein eher mit großem Gewicht deutlich federnder Schwerpunkt (Halbe Note als Basis). Man merkt schon an der Beschreibung, dass das jeder Mensch ein wenig anders auffassen kann und daher gibt es tatsächlich manche Lieder, die von dem einen Menschen im Vierteltakt empfunden werden und von einem anderen als z. B. im Halbetakt stehend.

[117] Meist empfindet man die Achtel als „schwebend" im Gegensatz zu den Vierteln, die als „gehend" – also mit dem Gewicht des ganzen Körpers sich bewegend – interpretiert werden.

Auch beim Zählen verfahren wir ebenso wie bisher, aber Achtung, wir zählen jetzt *Achtel* als Grundschlag und deshalb ist die Sechzehntelnote die *erste* Unterteilung des Grundschlages.

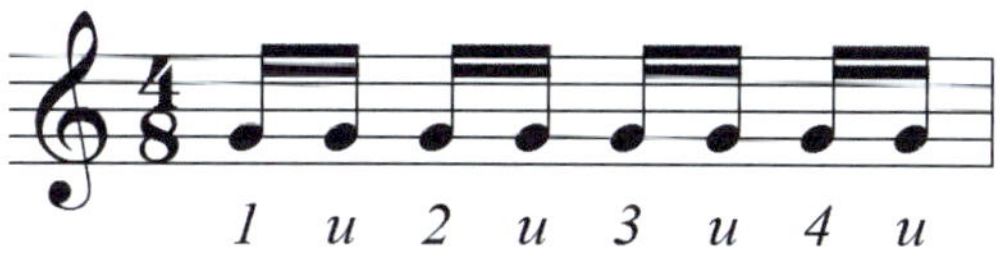

Wenn noch kleinere Notenwerte hinzukommen – hier die 32tel – verwenden wir wieder das *e*.

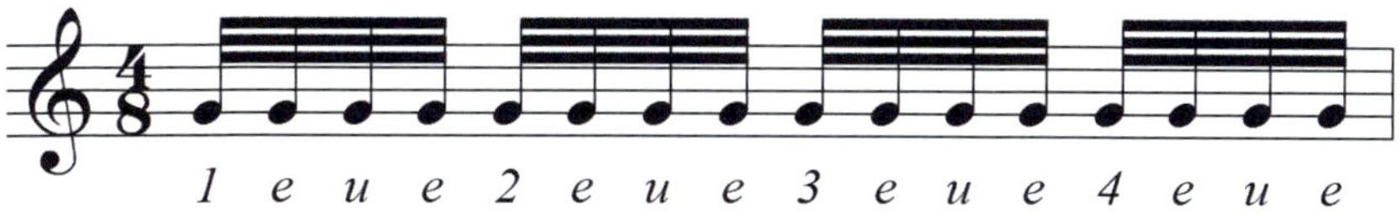

Der ***Tango*** ist zum Beispiel ein Tanz, der sehr oft im 4/8-Takt steht.

Tango

DER 6/8-TAKT / DER 12/8-TAKT

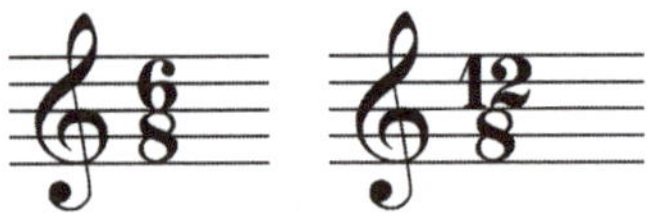

Der 6/8-Takt stellt unter den Taktarten schon eine kleine Besonderheit dar. Man fasst damit normalerweise zwei 3/8-Takte zusammen.

Wenn sich Dinge wie ein „Hin" (erster 3/8-Takt) und ein „Her" (zweiter 3/8-Takt) verhalten, dann gehören sie auch zusammen, so dass man dieses dann auch zusammen aufschreiben kann. Der 6/8-Takt besteht zwar eigentlich aus 6 *einzelnen* Achteln, aber wir hören immer gerne etwas in einem Zusammenhang – in einem Metrum – und deshalb sortieren wir beim Hören ganz unbewusst nach schweren und weniger schweren Zählzeiten. Und dann kommt (meistens) diese Aufteilung dabei heraus: zwei 3/8-Takte.

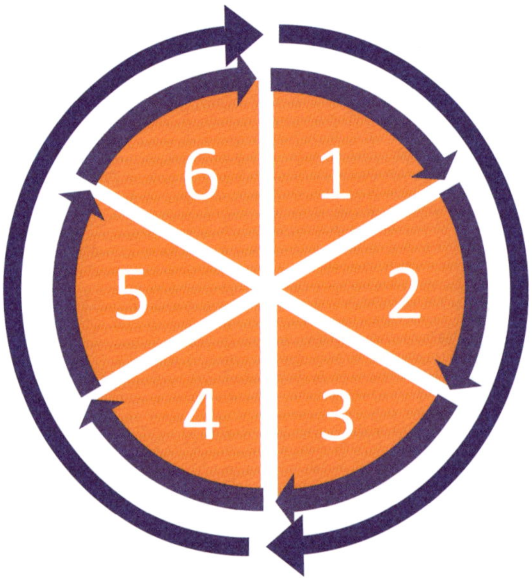

Es ginge aber auch anders: genauso gut könnte man nämlich sagen, dass es eigentlich drei 2/8-Takte wären, und diesen Takt dementsprechend spielen[118]. In der Musik macht man sich diese Möglichkeit, etwas auch *anders* aufzufassen, gern zunutze, indem man in einem 6/8-Stück *fast immer* zwei 3/8-Takte spielt, aber *manchmal* so tut, als wenn es drei 2/8-Takte wären – also ein Walzer. Man ändert also klammheimlich das Metrum. Das klingt recht interessant und macht auch viel Spaß, besonders wenn man als Zuhörer erst dahinterkommen muss, *dass* sich im Metrum etwas verändert hat und *was* sich verändert hat (⇨ auch S. 204).

Wenn wir uns das obere Bild noch einmal genauer anschauen, stellen wir fest, dass unsere *beiden* „Zählzeiten" (die beiden äußeren Pfeile) jeweils in *drei* „Unter"-Zählzeiten eingeteilt sind[119]. Dies ist – neben der *Zweier*-Unterteilung, die wir bisher kennen – die *andere* Möglichkeit, eine Zählzeit zu unterteilen (nämlich in *drei* gleichlange Teile).

Gezählt wird wie gewohnt, nur dass als Grundlage des Zählens Achtel dienen.

---

[118] Das wäre dann natürlich (fast) dasselbe wie bei einem 3/4-Takt.

[119] Zu dieser Art der Unterteilung gibt es weiter hinten (S. 79) noch eine nähere Erklärung.

Das Zusammenfügen von kleineren Takteinheiten zu größeren Einheiten wird auch manchmal so weit getrieben, dass man einen 4er-Takt – also vier einzelne Zählzeiten – mit jeweils einer 3er-Unterteilung finden kann. Dies ist der so genannte 12/8-Takt. Er klingt ähnlich wie ein 4/4-Takt; jedoch wird bei ihm jede Zählzeit *dreifach* unterteilt.

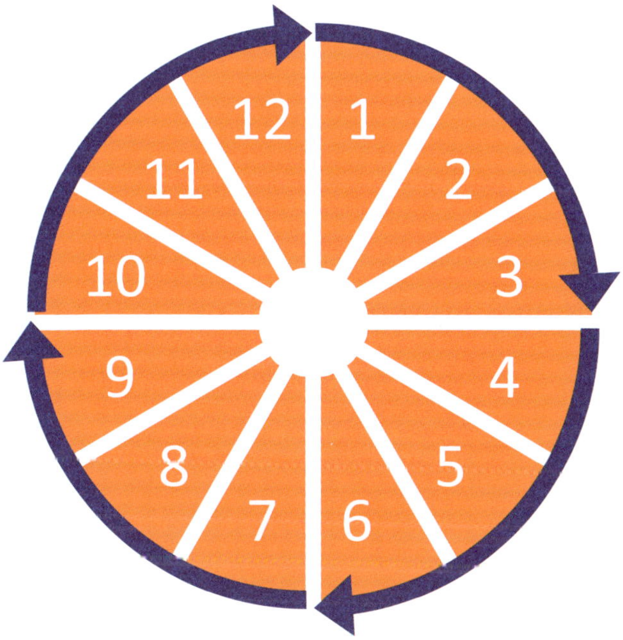

Zählen kann man diese Taktart natürlich, indem man alle 12 Zeiten abarbeitet – also von 1 bis 12 zählt[120]. Sinnvoller ist aber in der Regel[121] das Zählen in 4 Hauptzählzeiten – das geschieht mit den Zahlen 1 bis 4 – und deren Unterteilung in jeweils drei kleinere Einheiten. Wir verwenden dazu das bekannte *und* sowie das ebenfalls bekannte *-e* (zusammen gesprochen: *un-te*).

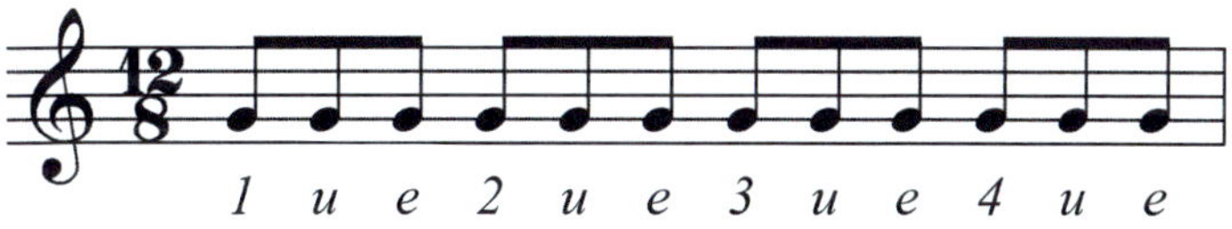

Sollten noch kleinere Notenwerte als Achtel gezählt werden müssen, verfährt man wie beim *Zählen zu Übungszwecken* auf S. 41 erklärt.

[120] Hier ist die Bedeutung der einzelnen Zählzeiten, also die Verteilung der Schwerpunkte, ganz wichtig: 1, 2, 3, 4, 5, 6, 7, 8, 9, 10, 11, 12.

[121] Schon allein, um sich nicht beim Zählen zu verheddern.

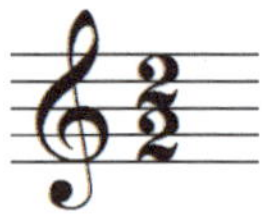

(gesprochen: Zwei-Halbe-Takt)

Meist wird der 2/2-Takt jedoch mit dieser Bezeichnung verwendet:

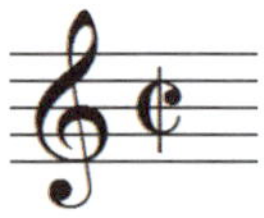

Alla-Breve-Takt

Dieses Zeichen nennt man das Alla-Breve-Zeichen und die Taktart dementsprechend den ***Alla-Breve-Takt***. Zu den Unterschieden beim Empfinden und Zählen der Halben Noten ⇨ S. 44.

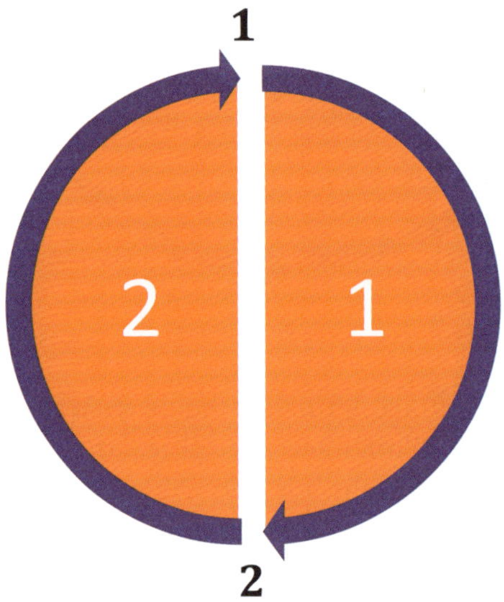

Zum Abschluss noch ein *Zähl*-Beispiel mit Halben Noten als Basis:

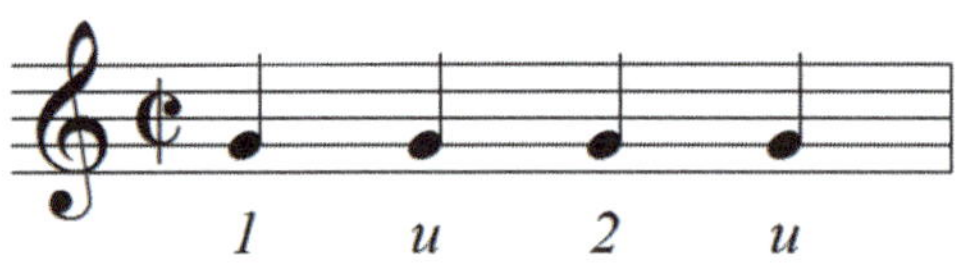

Da wir Halbe Noten zählen, stellen die Viertelnoten die *erste* Unterteilung unseres Grundschlages dar. Bei noch kleineren Notenwerten – hier Achtel – sieht die Zählweise dann so aus:

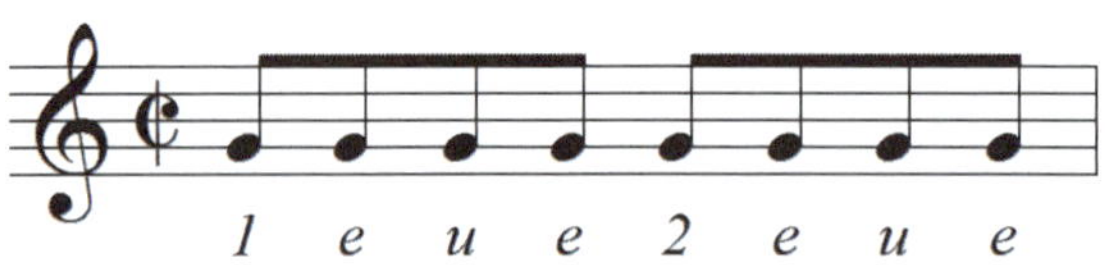

Aufgaben Nr. 12 und 13

DER RHYTHMUS (3)

Manchmal möchte oder muss man Notenwerte aufschreiben, die in *einem* Takt beginnen und bis in den *nächsten* Takt hinüberreichen. Mit dem Haltebogen können wir das Problem lösen, Noten zu schreiben, die *länger* als ein Takt sind bzw. die bis in den nächsten Takt hineinreichen.

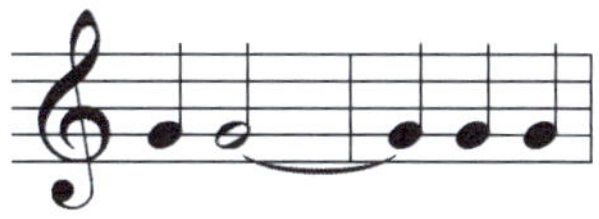

In diesem Beispiel ist die Halbe Note mit der angebundenen[122] Viertel zusammengenommen zwar nicht länger als ein Takt (könnte also eigentlich auch als Halbe Note mit Punkt geschrieben werden), aber sie reicht über den ersten Takt hinaus und *muss* daher durch einen Haltebogen dargestellt werden.

Und hier noch das klassische Beispiel für einen Note, die länger als ein Takt ist und *nur* mithilfe eines Haltebogens aufgeschrieben werden kann.

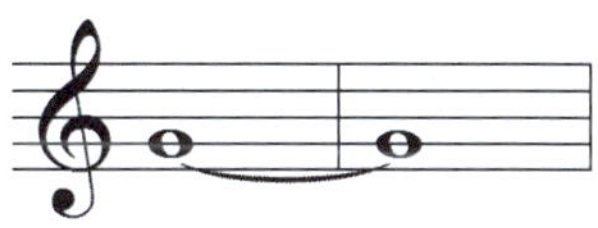

Aufgabe Nr. 14

DAS TEMPO (1)

Nun haben wir schon viel über Noten, Rhythmus und Taktarten gehört, aber *eine* wichtige Sache fehlt noch: nämlich *wie schnell* etwas gespielt wird[123].

Wie langsam oder wie schnell die Noten nacheinander gespielt werden, regelt das ***Tempo***[124]. Das Tempo gibt die *Geschwindigkeit* eines Liedes an - nicht der Rhythmus!

Tempo, Tempi

Möchte man also ein Lied in einem bestimmten Tempo gespielt haben, kann man angeben, *wie viele gleichlange Noten in einer bestimmten Zeit* gespielt werden sollen. Dies geschieht manchmal durch eine solche Angabe:

♩ - 120

Hier wird gesagt, dass in einer Minute[125] diese Anzahl an (Viertel-)Noten[126] *gezählt* werden sollen, die sich hinter dem Gleichheitszeichen befindet. *Gespielt* wird dann natürlich der Rhythmus, der in dem Stück aufgeschrieben steht.

[122] So bezeichnet man das Verbinden durch einen Haltebogen.

[123] Nicht verwechseln: der Rhythmus sagt nur, in welchem *Verhältnis* – also ob läng*er* oder kürz*er* – die Noten gespielt werden, aber nichts darüber, *wie lang* z. B. eine Viertelnote *tatsächlich* ist.

[124] Die Mehrzahl heißt: *Tempi*.

[125] Das muss man wissen; es steht nicht extra da.

[126] Bzw. was jeweils als Notenwert angegeben ist. Das kann neben einer Viertelnote auch eine Achtel- oder Halbe Note oder selten auch eine Sechzehntelnote sein. Manchmal findet man auch eine *punktierte* Viertelnote (z. B. im 3/8-Takt oder im 12/8-Takt).

Etwas klarer in der Notation – dafür aber auf Englisch – ist diese Möglichkeit, ein Tempo zu notieren:

120 bpm

bpm, b.p.m., beats per minute

Bpm steht für ***beats per minute*** und heißt übersetzt „Schläge pro Minute".

Manchmal findet man auch eine ältere, deutsche Bezeichnung dafür, nämlich

M.M. ♩ = 120

M.M.

M.M. bedeutet: Mälzels Metronom. *Johann Nepomuk Mälzel* (1772-1838) erfand – nicht als erster – ein Metronom. Das ist ein Gerät, mit dem das Tempo[127] gemessen werden kann. Auch hier wird die Anzahl der Schläge (Viertel, Halbe oder Achtel) pro Minute gemessen.

Ländler

Wenn man einmal ein Stück in einem ganz langsamen Tempo spielt und anschließend das gleiche Stück in einem schnellen Tempo, fällt einem auf, dass sich nicht nur das Tempo ändert, sondern dass sich mit dem Tempo auch der *Charakter* des Stückes verändert. Tatsächlich lassen sich Tempo und Ausdruckscharakter kaum voneinander trennen. Es gibt sogar Tänze wie den Walzer und den ***Ländler***, – beide im 3/4-Takt – die sich von den Noten her überhaupt nicht unterscheiden, aber vom Charakter her *vollkommen* verschieden sind. Während beim Walzer das Metrum – also die Auslegung vom *Gewicht* der einzelnen Zählzeiten – als *sehr leicht* aufgefasst wird, werden die(-selben Viertel-)Zählzeiten beim Ländler *sehr gewichtig*, meist noch *zusätzlich* mit Akzent (⇨ S. 31) gespielt. Bei einem derartigen Stück bräuchte man also zusätzlich zur Tempoangabe noch eine Information darüber, welcher *Charakter* dargestellt werden soll. In unserem Beispiel bräuchte man noch die Information „Walzer" bzw. „Ländler"[128].

Tempovortragsbezeichnung

In vielen Musikstücken soll aber vielleicht noch viel feiner unterschieden werden. Zum Beispiel möchte man, dass ein Teil des Liedes *„traurig"* und ein anderer *„mit Feuer"* gespielt werden soll. Nun wird man sehr wahrscheinlich *„Traurigkeit"* auch immer mit einem *langsameren Tempo* verbinden und dagegen *„mit Feuer"* mit einem *schnelleren Tempo*. Aus diesem Grunde hat sich in der Musik eine Verbindung aus *beidem* entwickelt: dem Tempo *und* dem Ausdruckscharakter, der auch als Vortragsweise bezeichnet wird: die ***Tempovortragsbezeichnung***.

Vortragsbezeichnung

Hier kann man dann so verschiedene Angaben wie „gehend" (**andante**), „mit Feuer" (**con fuoco**) oder „singend" (**cantabile**) finden. Es gibt eine Unmenge dieser Angaben. Da einige dieser Angaben gar nicht mehr Bezug auf ein Tempo nehmen, sondern *nur* einen Charakter des Spielens bezeichnen, findet man auch oft lediglich den Begriff ***Vortragsbezeichnung*** dafür. Hier eine kleine Auswahl der am Häufigsten zu findenden Begriffe[129]:

[127] Das *Tempo* und nicht wie fälschlicherweise aus dem Namen geschlossen werden könnte, das Metrum.

[128] Das reicht aus, weil der Walzer *immer* durch die o.g. Leichtigkeit im Metrum gekennzeichnet ist und der Ländler dagegen *immer* durch die Schwere der Zählzeiten.

[129] Wie immer handelt es sich um italienische Begriffe.

adagio	langsam[130]
agitato	aufgeregt, ungestüm, getrieben
allegretto	munter, lebhaft[131]
allegro	heiter, lustig, schnell, rasch[132]
andante	(ruhig) gehend
andantino	(etwas) schneller als andante
animato	beseelt, belebt, lebhaft
calando	abnehmend, verhallend, nachlassend
cantabile	gesanglich, singend
comodo	bequem, gemächlich, gemütlich
con brio	mit Schwung, mit Ausgelassenheit
con fuoco	mit Feuer, feurig
con spirito	belebt, feurig, mit Geist
dolce	sanft, lieblich, zart, weich
energico	energisch, entschlossen, kraftvoll
espressivo	ausdrucksvoll
furioso	wild, wütend, rasend
grave	schwer[133], bedächtig, feierlich
larghetto	etwas breit
larghissimo	sehr breit, äußerst langsam
largo	breit[134], langsam
lento	langsam[135], träge
maestoso	majestätisch, festlich, erhaben
martellato	gehämmert
meno	weniger
misterioso	geheimnisvoll
moderato	gemäßigt, mäßig bewegt
molto[136]	viel, sehr
morendo	ersterbend, schwächer werdend

[130] Im Sinne von: gemächlich.
[131] Aber (etwas) langsamer als *allegro*.
[132] Schneller als *andante* und langsamer als *presto*.
[133] Langsamer als *adagio*.
[134] Langsamer und gewichtiger als *adagio*.
[135] Zwischen *largo* und *adagio*.
[136] Z. B. *molto cresc.*: die Lautstärke stark anheben, stark anschwellend.

mosso	bewegt
moto	Bewegung[137]
pesante	gewichtig, schwerfällig, wuchtig
più	mehr
poco	wenig
poco a poco	nach und nach
prestissimo	äußerst schnell
presto	schnell[138], sehr schnell
scherzando	scherzend, neckisch
sempre	immer, stets
semplice	einfach, schlicht, ohne Verzierungen (⇨ S. 160)
smorzando	ersterbend, verlöschend
sostenuto	gehalten (im Tempo), auch in der Bedeutung: zurückgehalten
subito	plötzlich, sofort
tenuto	gehalten[139]
tranquillo	ruhig, beruhigt
troppo	zu viel, zu sehr[140]
vivace	(sehr) lebhaft
vivacissimo	äußerst lebhaft, sehr schnell

Einige Worte können auch in mehreren Formen auftreten. Die Endsilben *-etto* (larghetto – ein wenig breit), *-ino* (andantino – etwas ruhig) sind italienische Verkleinerungsformen; die Endsilbe *-issimo* (prestissimo – äußerst schnell) ist eine italienische Steigerungsform.

Fermate 𝄐

Möchte man an einer Stelle des Stückes das Tempo vollständig aus dem Spiel nehmen – die Musik also *anhalten* lassen, dann verwendet man dieses Zeichen 𝄐. Es steht entweder *über*

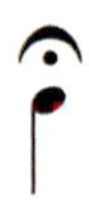

oder *unter*

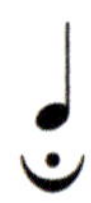

Ruhezeichen

einem Notenkopf[141] und heißt ***Fermate***. Bei einer ***Fermate*** kommt das Tempo zum Stillstand. Sie wird daher auch als ein *Haltepunkt*[142] bezeichnet.

[137] Z. B. *con moto*: mit Bewegung.
[138] Schneller als allegro.
[139] Im Sinne von ausgehalten.
[140] Z. B. *Allegro ma non troppo* = schnell, aber nicht zu sehr

Wie so vieles im Leben wird auch in der Musik ganz viel wiederholt. Manchmal wird etwas komplett zweimal gespielt, manchmal nur ein Teil wiederholt oder manchmal kommt ein Stückchen vom Anfang weiter hinten in einem Lied noch einmal vor. Für all diese Fälle gibt es Zeichen, die uns das mehrmalige Aufschreiben und Lesen derselben Noten ersparen.

Das einfachste Zeichen ist das ***Wiederholungszeichen***. Es besteht aus einem Anfangszeichen und einem Endezeichen.

Wiederholungszeichen

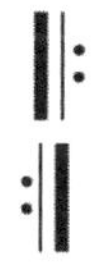

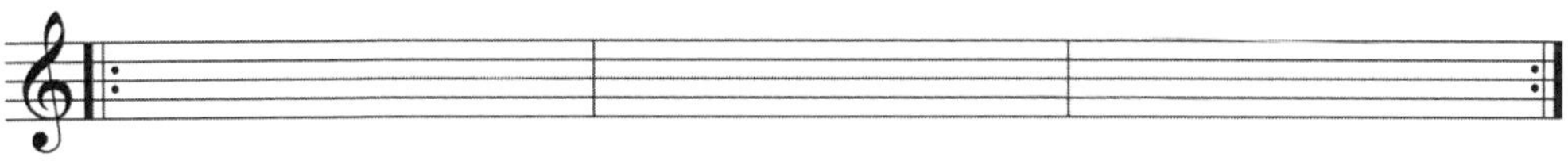

Den *Anfang* erkennt man daran, dass *zuerst* der dicke Strich steht, danach kommen der dünne Strich und – also eigentlich auf der „Innenseite" der zu wiederholenden Takte – die zwei Punkte (als Überbleibsel einer „immer dünner werdenden" Linie).

Das *Ende* einer Wiederholung sieht genau umgedreht aus: *am Ende* steht der dicke Strich, davor der dünne und zuerst – also wieder auf der „Innenseite" der zu wiederholenden Takte – die zwei Punkte.

Wenn das Anfangszeichen einer Wiederholung ganz *am Anfang eines Stückes* steht, lässt man dieses auch heutzutage noch oft weg. Früher hat man es *immer* weggelassen.

Heutzutage verwendet man das Wiederholungszeichen nur *zusammen* mit einem Taktstrich – es werden also immer *ganze* Takte wiederholt. In älteren Noten findet man es auch manchmal *mitten* im Takt. Dann wird nur *der* Teil des Taktes wiederholt, der sich *innerhalb* des Wiederholungszeichens befindet, dabei müssen beide *unvollständigen* Takte – der am Beginn der Wiederholung und der am Ende – einen *vollständigen* Takt ergeben.

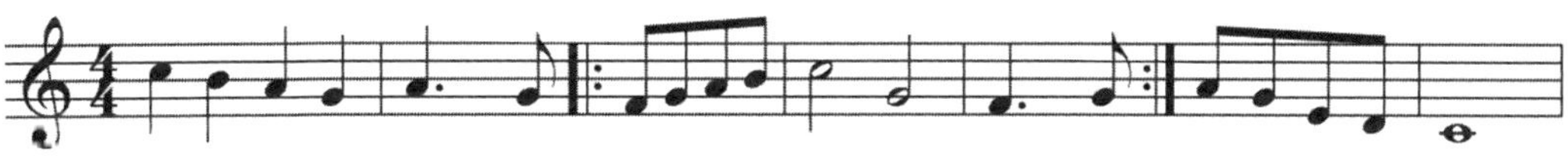

[141] Und zwar generell *über* dem Notensystem (also *außerhalb* des Notensystems). Manchmal kann man gegen diese Regel auch verstoßen, nämlich dann, wenn es dadurch übersichtlicher und auch klarer zu lesen ist.

[142] Kindern erklärt man das gern auch als Halte*stelle*; früher wurde es ***Ruhezeichen*** genannt.

Klammer, Kasten

1.

2.

Sehr häufig kommt es vor, dass man nur die ersten paar Takte wiederholt, die letzten Takte sich aber *ändern*. Auch dafür gibt es ein Zeichen, nämlich die ***Klammer***, die auch ***Kasten*** genannt wird.

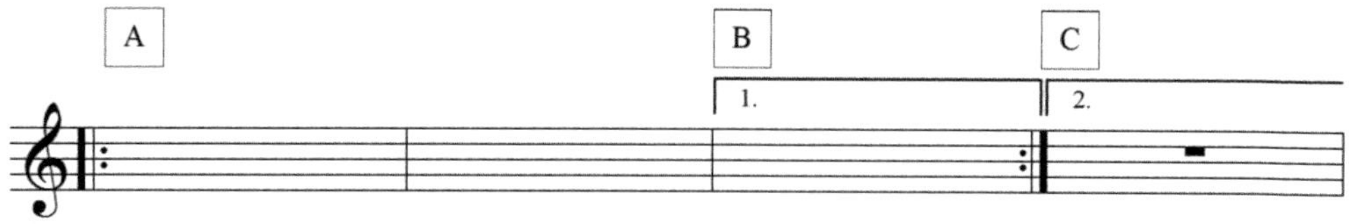

Wenn man die ersten beiden Takte gespielt hat (Teil A), trifft man auf die Klammer, in der „1." steht (Teil B). Dies bedeutet, dass man das, was sich in dieser Klammer befindet, beim *ersten* Mal spielen soll. Am Ende der „Klammer 1" – so der vollständige Name dieses Zeichens[143] – steht das Wiederholungszeichen, das uns sagt, dass wir wieder nach vorn zum Anfang der Wiederholung gehen sollen. Haben wir zum *zweiten* Male die ersten beiden Takte gespielt (Teil A), müssen wir anschließend zur Klammer 2 *springen* (Teil C)[144].

prima volta

seconda volta

[143] Oder „Kasten 1". Früher auch mit den italienischen Worten ***prima volta*** (*erstes Mal*) bezeichnet.

[144] Der Teil B wird nicht noch einmal gespielt! Ebenso wenig spielt man nach Teil B gleich den Teil C! Die Klammer 2 wurde früher auch als ***seconda volta*** (italienisch für *zweites Mal*) bezeichnet.

Unter dem Punkt *Die Tonleiter (1)* ab S. 18 haben wir verschiedene Möglichkeiten kennengelernt, Töne hintereinander anzuordnen. Mit einer davon – der Dur-Tonleiter – wollen wir uns etwas näher beschäftigen. Wir schauen uns einmal genauer an, wie diese Tonleiter aufgebaut ist und machen dann ein kleines Spiel mit der Dur-Tonleiter.

Der *Abstand* zwischen den einzelnen Tönen der Tonleiter ist nicht immer gleich, sondern es liegt meist zwischen den einzelnen, benachbarten Tönen noch eine weitere (in unserem Beispiel eine schwarze) Taste auf dem Klavier dazwischen (unten zu erkennen an diesem Zeichen └─┘). Nur zweimal geht es direkt weiter (zu erkennen an diesem Zeichen ‿).

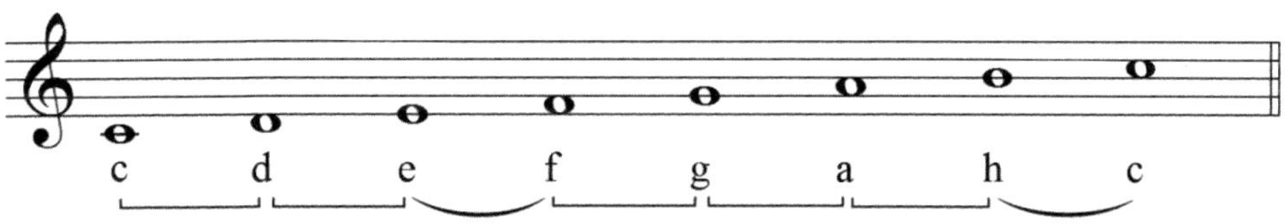

Ganzton

Halbton

Liegt zwischen zwei Tönen noch ein weiterer Ton, – auf dem Klavier: befindet sich noch *eine* weitere Taste, egal ob schwarz oder weiß, zwischen diesen Tönen – dann nennt man das einen ***Ganzton***. Liegt zwischen zwei Tönen *kein weiterer* Ton, – auf dem Klavier: keine mögliche Taste – dann spricht man von einem ***Halbton***[145].

Dur

Ton-geschlecht

Wenn die Halbtonschritte zwischen dem 3. und dem 4. Ton sowie zwischen dem 7. und dem 8. Ton liegen, dann sprechen wir von einer ***Dur***-Tonleiter. Die Anordnung der Tonleitertöne, die man Dur nennt, wird auch als ein ***Tongeschlecht*** bezeichnet. Und wie es bei Geschlechtern so ist, muss es also noch mindestens ein weiteres geben (⇨ S. 67).

Tonart

Verwendet ein Lied (hauptsächlich) Töne einer *bestimmten* Tonleiter – z. B. die Töne aus dem obigen Beispiel – spricht man auch von einer ***Tonart***.

Ein Punkt, der durchaus sehr wichtig und den meisten unbewusst auch klar ist, wird jedoch in kaum einem Buch erwähnt. Wir sprechen, wenn wir vom 3. oder 4. Ton reden, immer davon, dass wir unsere Tonfolge von *unten nach oben* betrachten. Nur dann stimmen unsere Angaben.

[145] Dass man von *Ganz*tönen und von *Halb*tönen spricht – obwohl alle diese Töne ja *richtige* Töne sind – hängt mit den alten Griechen zusammen. Sie haben viel gerechnet und das natürlich auch bei den Intervallen (⇨ S. 64). Wenn man von einer Quinte eine Quarte abzieht, dann bleibt *ein Ton* übrig. Dieser Ton wurde zur Grundlage weiterer Berechnungen; man hat ihn z. B. geteilt (halbiert, gedrittelt usw.) … und fröhlich weiter gerechnet. Im Tonsystem erhalten haben sich dann bis heute der (Ganz-)Ton und der Halbton. Der Name sagt jedoch überhaupt nichts über den Wert oder die Bedeutung aus, sondern ist *nur* von der Mathematik her begründet. Übrigens gehörte die Musik*theorie* bis zum Mittelalter zur Mathematik und war eines der vier Teilgebiete der Mathematik.

Nun kommen wir zu dem angekündigten Spiel:

Tetrachord

Wenn wir uns den Aufbau der Dur-Tonleiter ansehen, können wir bemerken, dass die Töne 1-4 *dieselbe* Abfolge von Ganz- und Halbtonschritten besitzen wie die Töne 5-8, nämlich Ganzton, Ganzton, Halbton. So eine Vier-Ton-Gruppe nennt man auch ***Tetrachord*** (griechisch für „4 Töne").

C-Dur (kein Vorzeichen)

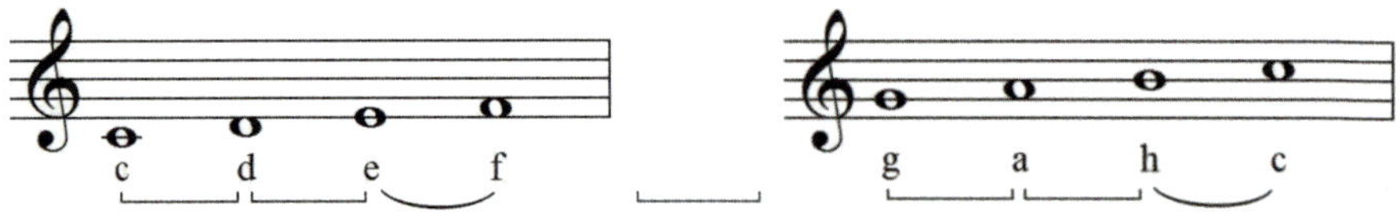

Zusammen ergeben sie die Dur-Tonleiter[146]. Der *Name* einer Tonart ergibt sich immer aus dem Anfangston – der dann gleichzeitig auch der Endton ist. Unsere erste Tonart heißt demzufolge ***C-Dur***.

Nun kann man ja auch sagen: der *zweite* Tetrachord – in unserem Beispiel die Töne *g, a, h* und *c* – könnte doch genauso gut auch der *erste* sein. Dann müsste unsere Reihe folgendermaßen aussehen:

G-Dur 1 Vorzeichen fis

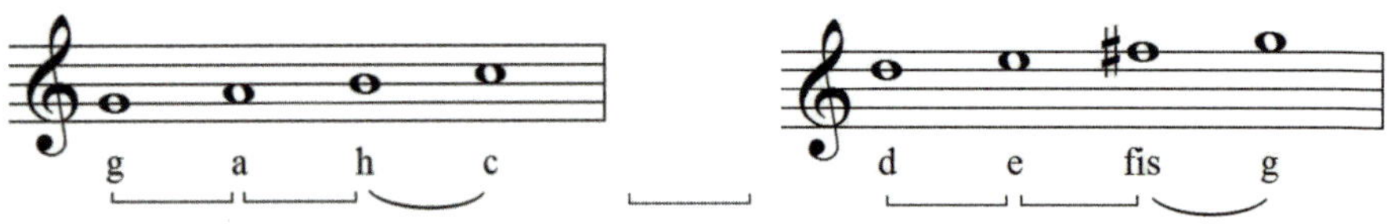

Zählt man *ordentlich* die Abstände zwischen den Tönen – die *Intervalle* – ab, dann erhält man *einen veränderten* Ton, nämlich das *fis*[147]. Unsere Tonleiter fängt jetzt bei *g* an – und hört auch bei *g* wieder auf – und heißt daher ***G-Dur***-Tonleiter. Die *G-Dur*-Tonleiter besitzt einen veränderten Ton (1 ♯), das *fis*.

Diese beiden Tonleitern unterscheiden sich – abgesehen vom Anfangston – nur durch *einen* Ton, dem *fis*. Beide Tonarten – also unser erstes *C-Dur* und unser zweites *G-Dur* – sind deshalb ganz eng miteinander „verwandt"[148].

Nun können wir dieses Spiel immer so weiter fortsetzen, also den ursprünglich zweiten Tetrachord als den neuen ersten Tetrachord nehmen und erhalten immer wieder eine neue Tonart.

D-Dur 2 Vorzeichen fis, cis

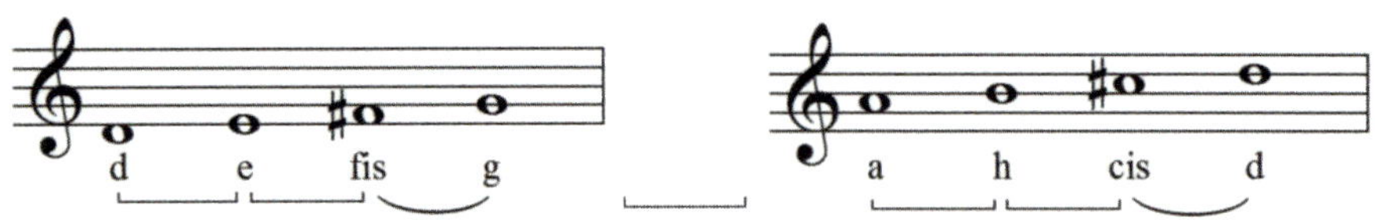

Dies ist die ***D-Dur***-Tonleiter. Sie besitzt zwei veränderte Töne (2 ♯), das *fis* und das *cis*.

Diázeuxis

[146] Zwischen den beiden Tetrachorden gibt es noch einen festgelegten Abstand von einem Ganzton, die *Diázeuxis* (griechisch für *Trennung*). In unserem Beispiel zwischen *f* und *g*.

[147] Das *f* ist nur einen *Halbton* von *e* entfernt, daher muss man noch einen *weiteren* Ton / eine *weitere* Taste höher gehen – das *f* also mit einem ♯ erhöhen –, so dass aus dem *f* dann ein *fis* entsteht.

[148] So nennt man das in der Musik, wenn die Ähnlichkeit besonders groß ist.

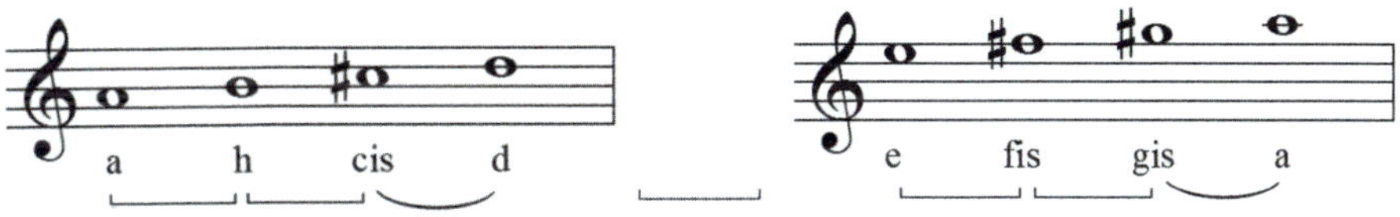

A-Dur
3 Vorzeichen
fis, cis, gis

Dies ist die ***A-Dur***-Tonleiter. Sie besitzt drei veränderte Töne (3 ♯), das *fis*, das *cis* und das *gis*.

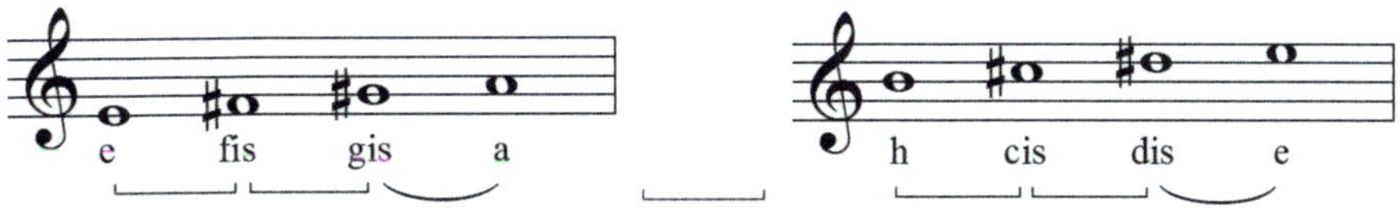

E-Dur
4 Vorzeichen
fis, cis, gis, dis

Dies ist die ***E-Dur***-Tonleiter. Sie besitzt vier veränderte Töne (4 ♯), das *fis*, das *cis*, das *gis* und das *dis*.

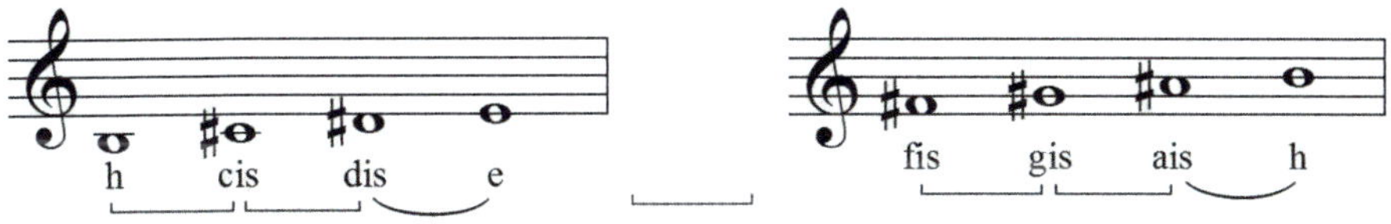

H-Dur
5 Vorzeichen
fis, cis, gis, dis, ais

Dies ist die ***H-Dur***-Tonleiter. Sie besitzt fünf veränderte Töne (5 ♯), das *fis*, das *cis*, das *gis*, das *dis* und das *ais*.

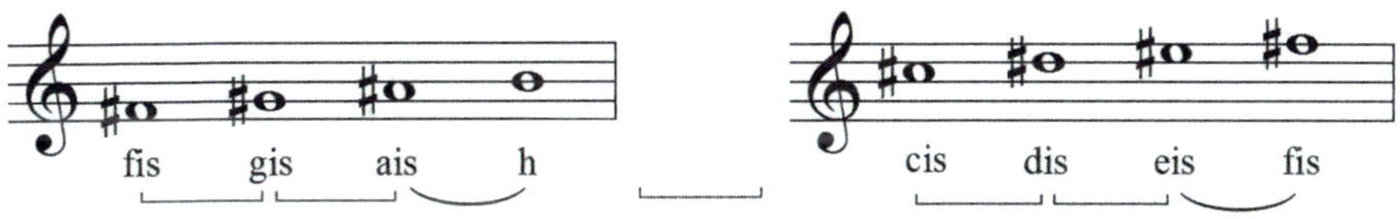

F♯-*Dur*,
Fis-Dur
6 Vorzeichen
fis, cis, gis, dis, ais, eis

Dies ist die F♯***-Dur***-Tonleiter[149] oder auch ***Fis-Dur***-Tonleiter. Sie besitzt sechs veränderte Töne (6 ♯), das *fis*, das *cis*, das *gis*, das *dis*, das *ais* und das *eis*.

Gemeinsam ist diesen *benachbarten* Tonarten, dass sie sich jeweils nur in *einem* Ton voneinander unterscheiden. In allen diesen Tonarten bleibt dabei die *Reihenfolge* unseres musikalischen Alphabets, der Stammtonreihe, erhalten[150].

Um sich diese – miteinander verwandten – Tonarten leichter merken zu können, gibt es eine so genannte „Eselsbrücke“: **G**eh **D**u **A**lter **E**sel **H**ol‘ **Fis**che!

Geh
Du
Alter
Esel
Hol‘
Fische!

Man könnte das Spiel jetzt noch weiter führen (7, 8, 9 und mehr Kreuze), aber das wird dann doch zu unübersichtlich und schwierig und daher belässt man es bei (meist[151]) 6 Vorzeichen, denn es gibt noch eine weitere Möglichkeit, auf andere Tonarten zu kommen.

---

[149] Diese Tonart wird *F* ♯ geschrieben und *Fis* gesprochen.
[150] Nach einem Ton mit *c* (z. B. *cis*) kommt immer ein Ton mit *d* (z. B. *dis*), danach immer einer mit *e* usw.
[151] *Manchmal* ist es schon notwendig, auch eine Tonleiter mit 7 Kreuzen (oder 7 Bes) zu verwenden.

Wir können nämlich mit den Tetrachorden auch in die *andere* Richtung gehen. Bisher sind wir immer nach *oben* gegangen. Allerdings kann man natürlich auch nach *unten* gehen.

Unsere C-Dur-Tonleiter sähe dann also so aus:

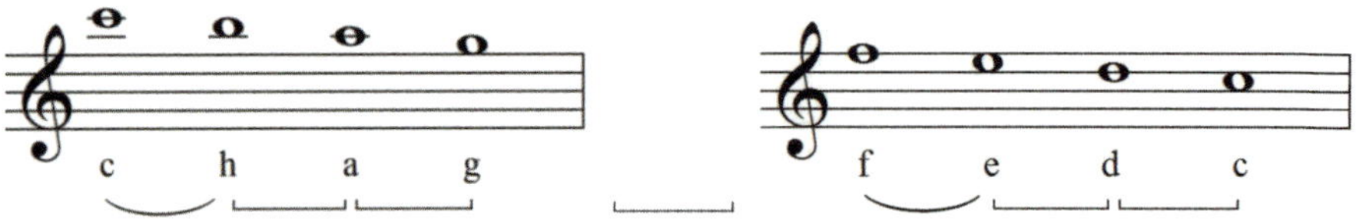

Unser zweiter Tetrachord ist jetzt – da wir von oben nach unten gehen – dieser:

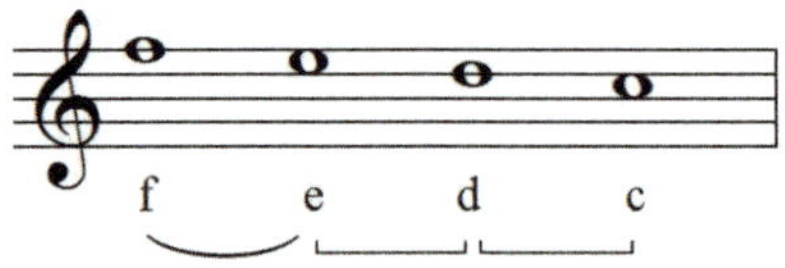

Dieser zweite Tetrachord wird nun zum neuen ersten Tetrachord, und wir fügen[152] einen zweiten Tetrachord nach unten hin dazu. Unsere Tonleiter geht nun nicht mehr nach *oben*, sondern nach *unten*[153]. Fügen wir den „neuen“ Tetrachord hinzu, sieht unsere Tonleiter folgendermaßen aus:

F-Dur
1 Vorzeichen
b

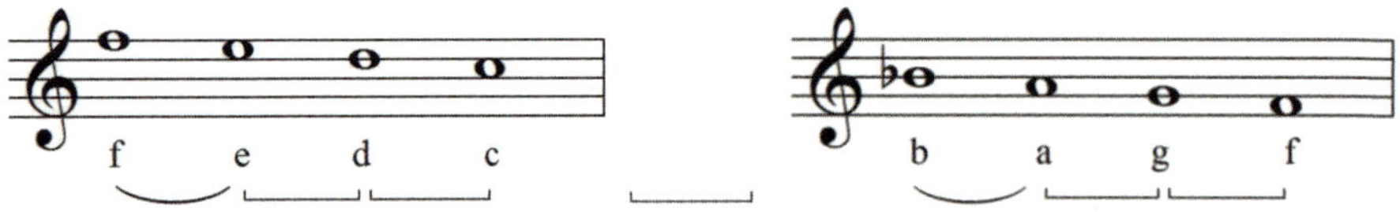

Das eigentlich Neue passiert jetzt gar nicht mehr *innerhalb* der beiden Tetrachorde, sondern *zwischen* den Tetrachorden. Beide Tetrachorde stehen im Abstand eines Ganztons zueinander; wir müssen also vom *c* zweimal einen (Halbton)-Schritt nach unten (links) gehen. Zuerst zum *h* und dann noch einen zum *b*. Vom *b* geht es dann in den bekannten Schritten weiter abwärts.

Die Tonart, die jetzt entsteht, besitzt *auch* nur *einen* anderen Ton als die *C-Dur*-Tonleiter, nämlich den Ton *b*. Da die Tonleiter auf *f* beginnt (und endet), heißt sie daher auch ***F-Dur***-Tonleiter.

F-Dur besitzt ein ♭ als Vorzeichen, wohingegen ***G-Dur*** ein ♯ als Vorzeichen hat. Sowohl G-Dur als auch F-Dur sind die nächsten Verwandten von C-Dur. Die eine Tonart befindet sich 5 Töne (eine Quinte) *oberhalb* von C-Dur – nämlich G-Dur – und die andere 5 Töne (eine Quinte) *unterhalb* von C-Dur – nämlich F-Dur.

Nun wollen wir *weiter* in die Richtung der ♭-Vorzeichen gehen:

[152] Unter Beachtung der *Diázeuxis* (⇨ S. 56)

[153] Hier kommt also *zuerst* der Halbtonschritt und darauf folgen die beiden Ganztonschritte.

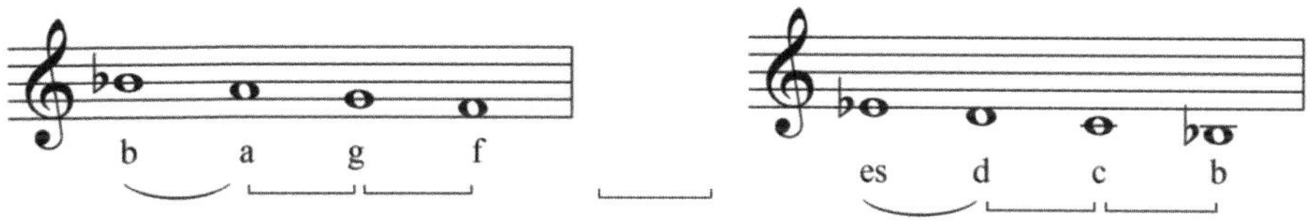

Dies ist die ***B♭-Dur***-Tonleiter[154] (gesprochen: *Be-Dur*). Sie besitzt zwei veränderte Töne (2 ♭), das *b* und das *es*.

B♭-Dur, B-Dur 2 Vorzeichen b, es

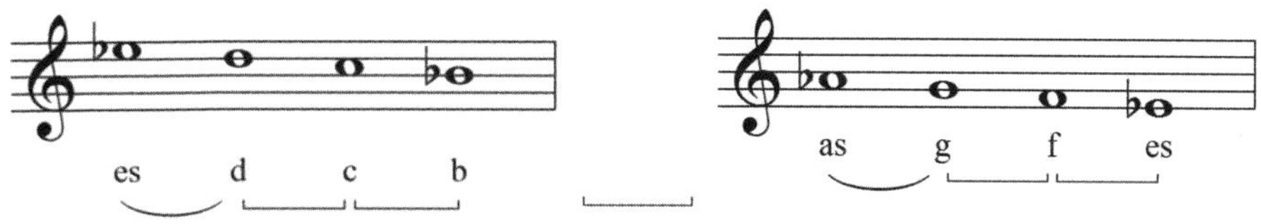

Dies ist die ***E♭-Dur***-Tonleiter (gesprochen: *Es-Dur*). Sie besitzt drei veränderte Töne (3 ♭), das *b*, das *es* und das *as*.

E♭-Dur, Es-Dur 3 Vorzeichen b, es, as

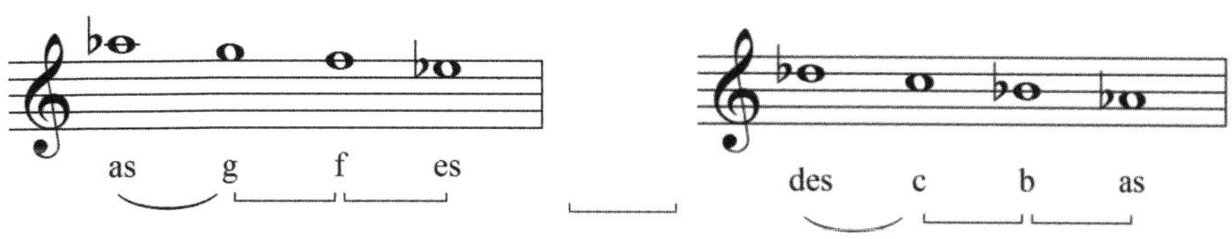

Dies ist die ***A♭-Dur***-Tonleiter (gesprochen: *As-Dur*). Sie besitzt vier veränderte Töne (4 ♭), das *b*, das *es*, das *as* und das *des*.

A♭-Dur, As-Dur 4 Vorzeichen b, es, as, des

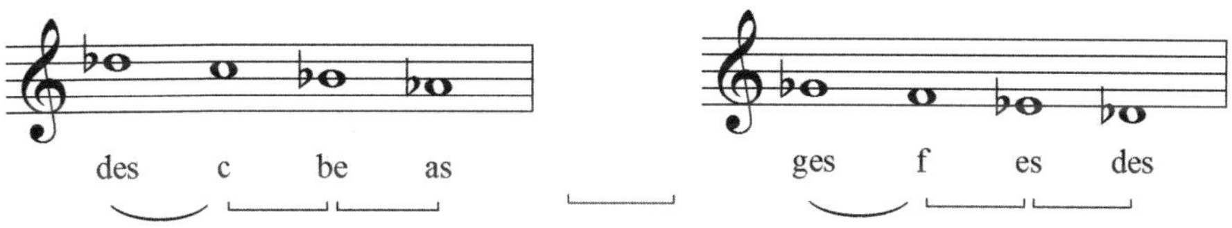

Dies ist die ***D♭-Dur***-Tonleiter (gesprochen *Des-Dur*). Sie besitzt fünf veränderte Töne (5 ♭), das *b*, das *es*, das *as*, das *des* und das *ges*.

D♭-Dur, Des-Dur 5 Vorzeichen b, es, as, des, ges

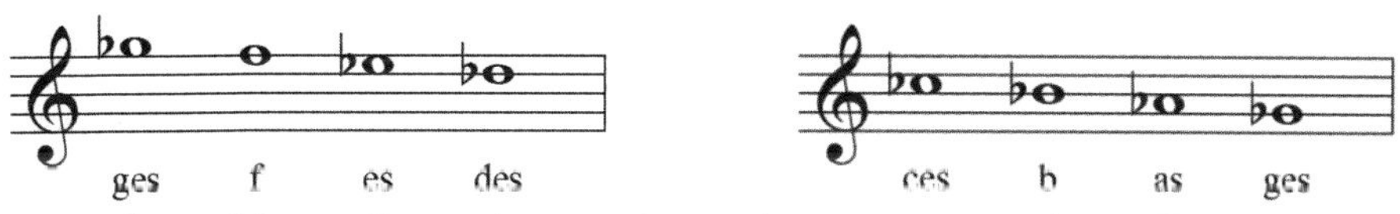

Und dies ist die ***G♭-Dur***-Tonleiter (gesprochen: *Ges-Dur*). Sie besitzt sechs veränderte Töne (6 ♭), das *b*, das *es*, das *as*, das *des*, das *ges* und das *ces*.

G♭-Dur, Ges-Dur 6 Vorzeichen b, es, as, des, ges, ces

[154] Manchmal schreibt man für diese Tonleiter auch nur *B-Dur* (ohne ♭). Dies ist aber nicht ganz klar ausgedrückt, da in vielen ausländischen Noten (vor allem im englischsprachigen Raum) mit dem Ton *B* unser Ton *H* gemeint ist. Damit es hier keine Verwechslungen gibt, sollte man daher die eindeutige Bezeichnung B♭ verwenden.

Frische
Brezeln
Essen
Assessoren
Des
Gesangs

Familie
Beim
Essen
Asiatischer
Desserts
Gesichtet

Auch für diese - miteinander verwandten - Tonarten gibt es eine „Eselsbrücke“, mit deren Hilfe man sich die verschiedenen Tonarten leichter merken kann:

Familie **B**eim **Es**sen **As**iatischer **Des**serts **Ges**ichtet oder:

Frische **B**rezeln **Es**sen **As**sessoren **Des Ges**angs[155].

Oder man merkt sich diesen Satz:

Cäsar **F**and **B**eim **Es**sen **As**tern **Des Ges**andten[156].

[155] Als Assessor wurde früher an den Hochschulen auch der Assistent eines Professors bezeichnet. Ersatzweise ist auch die etwas neuere Variante dieser „Eselsbrücke“ zu finden: **F**rische **B**rezeln **Es**sen **As**se **Des Ges**angs.

[156] Hier ist sogar noch unsere Ausgangstonart (*C-Dur*) mit enthalten. Allerdings stiftet dieser Spruch eher Verwirrung, weil die erste aufgezählte Tonart ja gar kein Vorzeichen besitzt. Bei den Kreuztonarten beginnt der Spruch aber direkt beim *ersten* Vorzeichen!

Wenn man sich nun die Tonart mit den 6 ♯ und die Tonart mit den 6 ♭ anschaut, fällt auf, dass es sich hierbei auf dem Klavier[157] um dieselben Tasten handelt. An dieser Stelle schließt sich der Kreis unserer Tonarten[158]. *Jede* Tonart befindet sich genau *eine (reine*[159]*) Quinte* von ihrem nächsten Verwandten entfernt. Den Zusammenhang zwischen den verschiedenen Tonarten kann man also sehr gut am Intervall der Quinte erkennen. Aus diesem Grunde nennt man diese Konstruktion, diesen Aufbau auch ***Quintenzirkel***.

Quintenzirkel der Dur-Tonarten

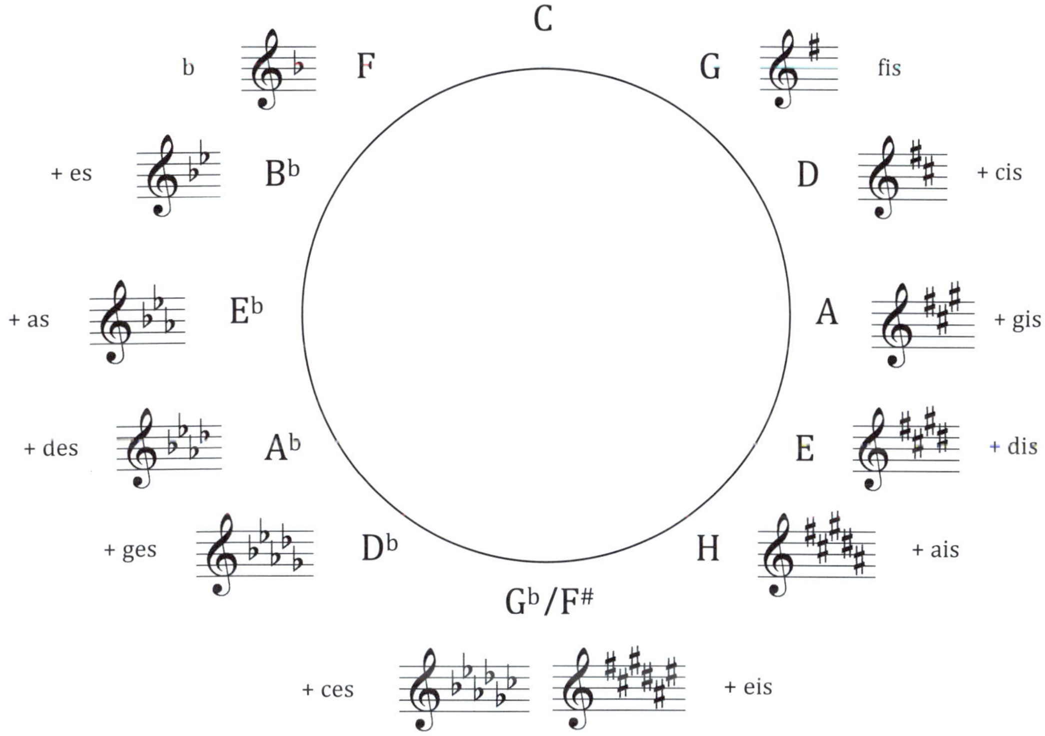

Da wir nur 12 verschiedene Töne verwenden, reicht es auch aus, die Tonarten nur bis zu jeweils 6 Vorzeichen zu betrachten, weil mit einer Tonart ohne Vorzeichen (*C-Dur*), 6 Kreuz-Tonarten und fünf Be-Tonarten[160] alle möglichen Tonarten erfasst sind.

Aufgaben Nr. 15 und 16

---

[157] Dies betrifft aber tatsächlich nur das Klavier und einige andere Instrumente; ansonsten gibt es schon einen (wenn auch geringen) Unterschied zwischen *fis* und *ges*.

[158] Wobei man auch hier genauerweise sagen muss, dass es sich eben nicht um einen Kreis, auch nicht – wie fast überall in den Büchern zu finden – um einen *Zirkel* handelt, sondern um eine *Spirale*, die sich nach oben bzw. nach unten von ihrem Ausgangspunkt (*C-Dur*) entfernt, sich aber *nicht* wieder *trifft*. Dennoch hat sich der Name „Zirkel" so sehr eingeprägt, dass er auch hier verwendet wird. (Wir wissen ja inzwischen, dass nicht alle Dinge *den* Namen tragen, der zutreffend wäre: ein Halbton ist kein halber Ton, das Metronom zählt nicht das Metrum, ein Intervall zählt die Töne und nicht den Abstand *zwischen* den Tönen.)

[159] ⇨ S. 64.

[160] Oder mit 5 Kreuz-Tonarten und 6 Be-Tonarten.

Neben den Vorzeichen, die wir bereits kennen – nämlich den Vorzeichen *direkt vor einer Note*, auch Versetzungszeichen (⇨ S. 23) genannt –, gibt es noch eine andere Art von Vorzeichen. Manche Lieder stehen in einer bestimmten Tonart, in der manche (Stamm-)Töne *überhaupt nicht* vorkommen (⇨ S. 56). So gibt es in *G-Dur* kein *f*, sondern stattdessen wird immer ein *fis* gespielt. In diesem Fall schreibt man das Vorzeichen nicht mehr *vor jede* einzelne Note, sondern man notiert das Vorzeichen nur noch *einmal* an *jedem Zeilenanfang*[161].

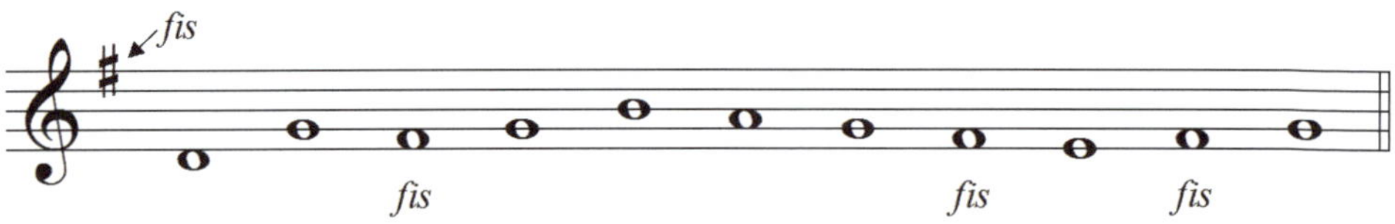

Vorzeichnung

Generalvorzeichen

Dieses Vorzeichen am Anfang nennt man ***Vorzeichnung***, manchmal wird es auch ***Generalvorzeichen***[162] genannt. Steht eine solche Vorzeichnung am Anfang einer Zeile bedeutet dies, dass der entsprechende Ton – also der Ton, der sich auf der Höhe des Vorzeichens befindet – *immer* mit diesem Vorzeichen versehen ist und zwar nicht nur der Ton in *der* Tonhöhe, bei der das Vorzeichen am Anfang geschrieben steht, sondern *jeder* dieser Töne, in *jedem* Oktavbereich, wird entsprechend verändert.

Hier noch ein weiteres Beispiel für die Anwendung des ♭-Vorzeichens:

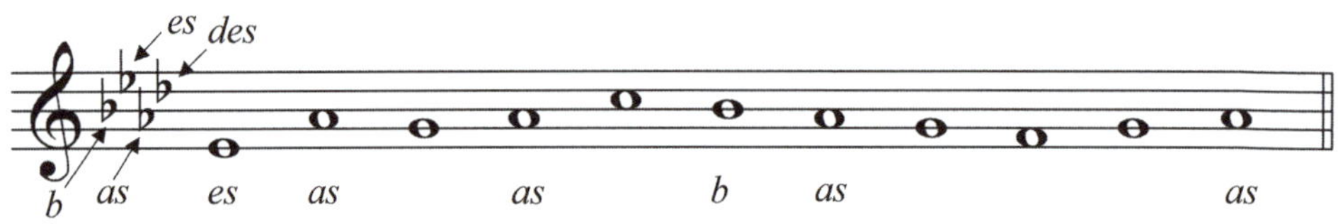

Bei längeren Stücken kann man sich sicherlich gut vorstellen, dass die Vorzeichen am Anfang der Zeile – auch wenn es wie hier immerhin vier an der Zahl sind – das Lesen der Noten deutlich vereinfachen können[163]. In diesem kurzen Ausschnitt befinden sich immerhin schon 6 veränderte Noten!

---

[161] Dass das *fis* auf der fünften Linie notiert wird und nicht – wie es naheliegender wäre – im ersten Zwischenraum, hat optische Gründe.

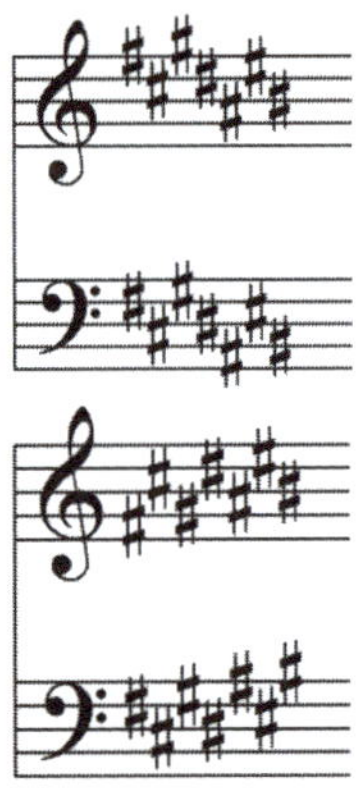

Schreibt man – wie beim Klavier – Violin- und Bass-Schlüssel übereinander, sieht man eine gleichmäßigere Anordnung als es mit einem Kreuz im ersten Zwischenraum der Fall wäre. Die untere Anordnung der Kreuze wurde im 19. Jh. tatsächlich noch verwendet (*Johann Sebastian Bach, Das wohltemperierte Klavier I*, Bach-Gesellschaft-Ausgabe / Breitkopf & Härtel, 1866). Das Bild wirkt aber sehr unruhig.

In alten Handschriften findet sich sogar folgende, nicht unübliche Anordnung (hier aus dem 18. Jh.): Da hier zwei Kreuze übereinander verschmolzen sind, wirkt der optische Eindruck recht ruhig.

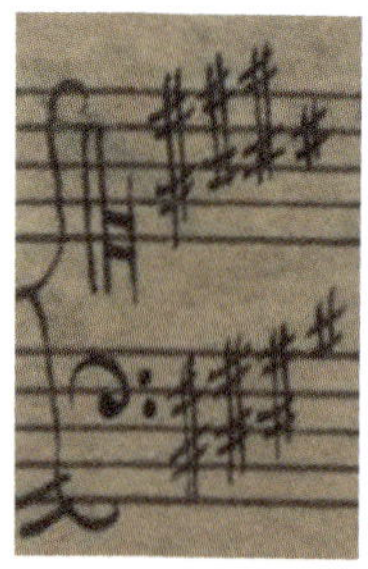

[162] Eigentlich ist diese Bezeichnung besser geeignet, um Verwechslungen auszuschließen – Vorzeichen (der allgemein übliche Name für *Versetzungszeichen*) und Vorzeichnung klingen doch schon recht ähnlich.

[163] Dazu muss man „nur" wissen, in welcher Tonart man spielt und welche (7) verschiedenen Töne es in dieser Tonart gibt. Z. B. in D-Dur gibt es kein *f* und kein *c*. Stattdessen spielt man *fis* und *cis*. Also Quintenzirkel auswendig lernen!

Vorzeichen vor einer Note

Versetzungszeichen

Steht ein ***Vorzeichen direkt vor einer Note*** – bezeichnet auch als ***Versetzungszeichen*** (⇨ S. 23) – gilt dieses Vorzeichen ab der folgenden Note *für die Dauer des Taktes*, in dem es steht und *nur für diesen Oktavbereich*[164].

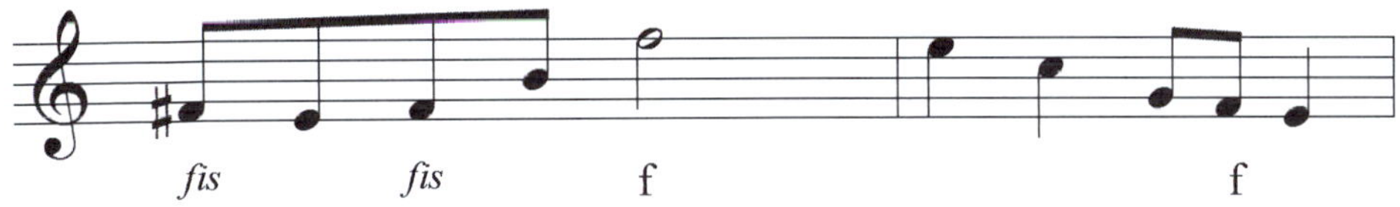

Aufgaben Nr. 17 und 18

DIE INTERVALLE (2)

Wir kennen nun schon die beiden Abstände, die *nebeneinanderliegende* Töne zueinander haben können: den Halbton und den Ganzton (⇨ S. 55). Nun ergibt sich daraus für weiter auseinanderliegende Intervalle eine ganze Reihe von Möglichkeiten. Wir kehren zu unserem Beispiel zurück, das wir ganz am Anfang gesehen haben:

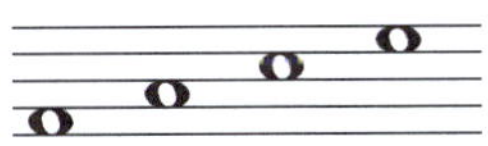

Hier auf den Noten sieht der Abstand der Töne zueinander gleich aus. Stellen wir uns einen Violinschlüssel (G-Schlüssel) am Anfang des Notensystems vor und zählen auf dem Klavier nach, wie viele Töne zwischen den Noten (*f*, *a*, *c* und *e*) liegen, werden wir entdecken, dass zwischen dem *f* und dem *a* 3 Tasten liegen und zwischen dem *a* und dem *c* nur 2. Zwischen dem *c* und dem *e* sind es dann wieder 3 Tasten. In den Noten – so scheint es – werden *nicht alle* Abstände (Intervalle) gleich behandelt.

Tatsächlich betrachtet man die Intervalle auf zwei unterschiedliche Arten *nacheinander*.

Zuerst schaut man, welchen Abstand die Töne in der *Stammtonreihe* (dem musikalischen Alphabet) besitzen. Wir zählen dazu in der Musik den Ton, mit dem wir anfangen – den Ton, von dem wir also ausgehen – als „1"[165]. Der nächste Ton wäre dann die „2" und der übernächste die „3" usw. In unserem Beispiel oben hätten wir also *immer* ein *Intervall* von „3", unsere *Terz* wie wir sie schon kennengelernt haben.

Erst *danach* schaut man sich an, wie viele *(Halb-)Töne* es ganz konkret sind. Das wollen wir jetzt betrachten.

In unserem Beispiel bedeutet das: den Noten nach sind alle Abstände Terzen, nur dass eine Terz etwas kleiner ist als die andere. Aus diesem Grunde nennt man die eine Terz auch *kleine Terz* und die andere *große Terz*.

[164] D.h. es gilt eine Oktave höher bzw. tiefer *nicht*! Und es gilt auch nicht für die Noten, die in diesem Takt *vor* dem Vorzeichen stehen!

[165] ⇨ dazu auch S. 17.

Intervall

Um das Ganze etwas besser zu verstehen, sehen wir uns noch einmal an, wie wir *Intervall* definiert haben: als den Abstand zwischen zwei Tönen. Jeder Ton besitzt dabei eine Ton*höhe*, so dass der Abstand zwischen zwei Tönen also meint: das *Verhältnis* dieser beiden Tonhöhen[166]. Ein ***Intervall*** ist also das *Verhältnis*, welches zwei Töne mit ihren Tonhöhen bilden.

[167]Diese Verhältnisse können ganz *einfach* sein oder auch *komplizierter*. Einfache Verhältnisse sind 1:1 (also zweimal dieselbe Tonhöhe; das bezeichnen wir als Prime), 1:2 (die Tonhöhe des gleichen Stammtons eine Lage höher ist genau doppelt so hoch; das bezeichnen wir als Oktave), 2:3 (dieses Verhältnis heißt Quinte) und 3:4 (dieses Verhältnis wird als Quarte bezeichnet). Damit enden die einfachen Verhältnisse. Danach kommen die (etwas) komplizierteren Verhältnisse: 4:5 (das Verhältnis steht in etwa für eine große Terz; aber eben nur in etwa. Tatsächlich stimmen ab hier alle anderen Verhältnisse nur noch im Großen und Ganzen, aber eben nicht genau). Weiter geht es mit 5:6 (in etwa die kleine Terz); dann fehlen die nächsten, die kommen müssten und es geht weiter bei 8:9 (der großen Sekunde) und 9:10 (ebenfalls der großen Sekunde)[168]. Zum Schluss noch 15:16 (die kleine Sekunde)[169]. Damit können wir (fast) alle Intervalle (ziemlich) genau bestimmen.

reine Intervalle

große und kleine Intervalle

r, g, k

Intervalle, die ein *einfaches Verhältnis* besitzen, nennt man ***reine Intervalle***. Intervalle, bei denen das etwas schwieriger wird, teilt man in ***große*** und ***kleine Intervalle*** auf. Will man Intervalle exakt beschreiben, verwendet man dafür auch folgende Kurzschreibweise[170]:

rein	***r***
groß	***g***
klein	***k***

Hier nun eine Übersicht über fast alle Intervalle[171]:

großer Ganzton

kleiner Ganzton

großer Halbton

kleiner Halbton

[166] Die Tonhöhe selbst ist eine bestimmte Frequenz (⇨ Fußnote 4), eine Anzahl von Wiederkehrungen (Schwingungen) pro Sekunde, angegeben in Hertz.

[167] Der folgende Absatz dient nur dem besseren Verständnis. *Wissen* muss man das nicht.

[168] Das ist natürlich schon ein bisschen ein Schwindel, *zwei* verschiedene Verhältnisse (und damit zwei verschiedene Intervalle) als *eines* auszugeben. Tatsächlich aber gibt es in unserem Tonsystem eine große große Sekunde (genannt ***großer Ganzton***, 8:9, von *c* nach *d*) und eine kleine große Sekunde (genannt ***kleiner Ganzton***, 9:10, von *d* nach *e*). Beide Abstände unterscheiden sich *etwas* voneinander, werden aber z. B. auf dem Klavier zu Tönen mit gleichem Abstand zusammengefasst.

[169] Auch als ***großer Halbton*** bezeichnet. Ehrlicherweise muss man sagen, dass es auch noch eine zweite kleine Sekunde gibt (mit dem Verhältnis 243:265 [***kleiner Halbton***]). Und wenn man noch genauer nachfragt, gibt es so viele verschiedene Verhältnisse, dass einem schwindelig werden kann.

[170] Eine große Sekunde schriebe man als g2 und eine reine Oktave als r8.

[171] Den Rest gibt es dann unter *Die Intervalle (3)* S. 72, *Die Intervalle (4)* S. 83 und *Die Intervalle (5)* S. 199.

Prime	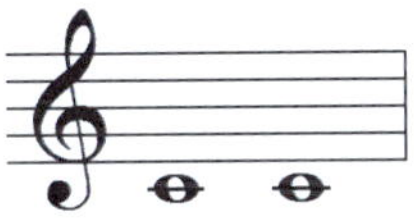	1 Halbton oder 0 Halbtonschritte[172]	*reine Prime*
Sekunde	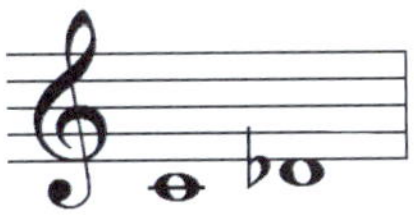	2 Halbtöne oder 1 Halbtonschritt	*kleine Sekunde*
Sekunde	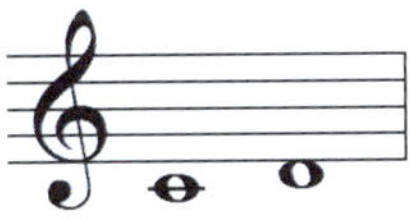	3 Halbtöne oder 2 Halbtonschritte	*große Sekunde*
Terz	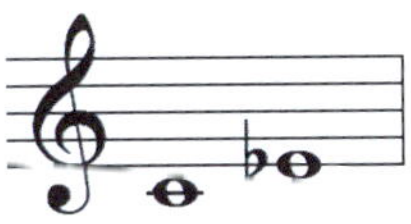	4 Halbtöne oder 3 Halbtonschritte	*kleine Terz*
Terz	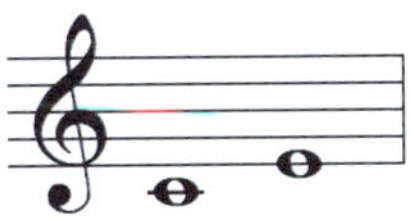	5 Halbtöne oder 4 Halbtonschritte	*große Terz*[173]
Quarte	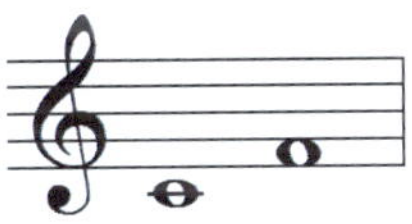	6 Halbtöne oder 5 Halbtonschritte	*reine Quarte*
Quinte	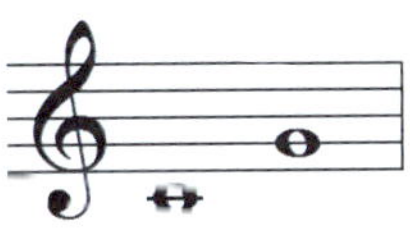	8 Halbtöne oder 7 Halbtonschritte	*reine Quinte*
Sexte	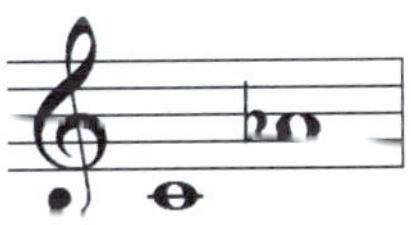	9 Halbtöne oder 8 Halbtonschritte	*kleine Sexte*

[172] Manche zählen den *tatsächlichen* Abstand (die *Schritte*), manche das Intervall (die *Halbtöne*). Um Missverständnisse zu vermeiden, muss man sich hier sehr klar ausdrücken. **Empfehlung: alles in Halb*tönen* beschreiben.**

[173] Die große Terz ist das kennzeichnende Intervall für die Dur-Tonleiter (⇨ S. 55).

Sexte	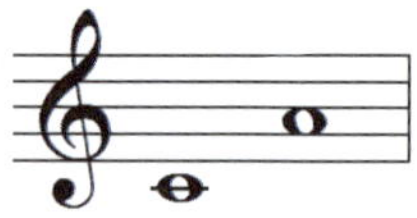	10 Halbtöne oder 9 Halbtonschritte	*große Sexte*
Septime	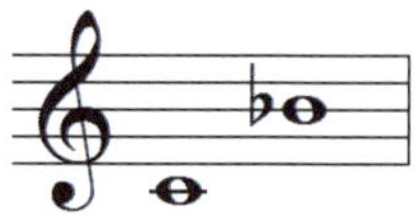	11 Halbtöne oder 10 Halbtonschritte	*kleine Septime*
Septime	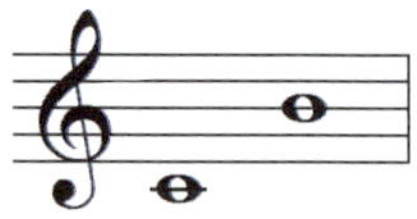	12 Halbtöne oder 11 Halbtonschritte	*große Septime*
Oktave	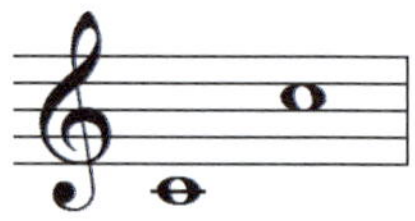	13 Halbtöne oder 12 Halbtonschritte	*reine Oktave*

Aufgaben Nr. 19, 20, 21, 22 und 23

DIE TONLEITER (3) / MOLL

Unter dem Punkt *Die Tonleiter (2) / Dur* auf S. 55 haben wir *eine* wichtige Tonleiter kennengelernt (*Dur*), die wir in unserer Musik verwenden. Es gibt aber noch eine andere Tonleiter, die sehr häufig bei uns verwendet wird: die *Moll*-Tonleiter.

Ähnlich wie bei der Dur-Tonleiter besteht Moll ebenfalls aus 7 verschiedenen Tönen, die in verschiedenen Abständen von Halb- und Ganztönen[174] angeordnet sind. Nur diesmal ist die Reihenfolge eine andere.

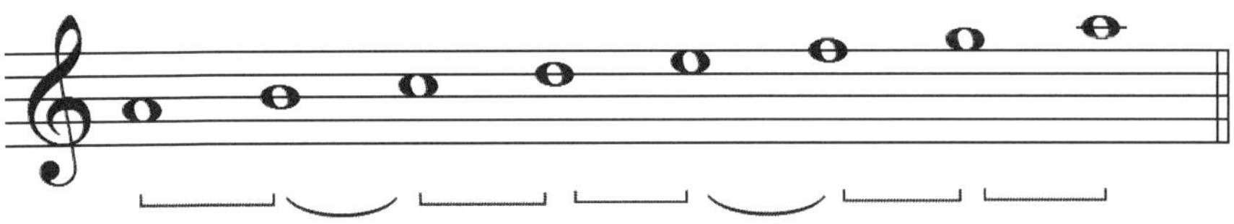

Die Ganztonschritte sind wieder an diesem Zeichen zu erkennen (⌴) und die Halbtonschritte an diesem Zeichen (‿).

Moll

Wenn die Halbtonschritte zwischen dem 2. und dem 3. Ton sowie zwischen dem 5. und dem 6. Ton liegen, dann sprechen wir von einer ***Moll***-Tonleiter. Die kleine Terz (hier *a-c*) ist das kennzeichnende Intervall für die Moll-Tonleiter[175]. Bei Moll handelt es sich um das zweite ***Tongeschlecht*** (⇨ S. 55) in unserer Musik.

Tongeschlecht

DIE TONARTEN (2) / DER QUINTENZIRKEL (2) – MOLL

Nun können wir mit der Moll-Tonleiter ein ähnliches Spiel spielen wie zuvor mit der Dur-Tonleiter. Und das geht, obwohl die beiden 4-Ton-Gruppen (Tetrachorde) hier *nicht gleich* aufgebaut sind[176]. Denn *immer* wenn wir im Abstand einer *reinen Quinte* – entweder über oder unter dem vorhergehenden Grundton – eine Tonleiter aufbauen, entsteht eine Tonleiter, die sich nur in *einem* Ton von der vorhergehenden unterscheidet (wir werden das gleich sehen). Aus unserer Moll-Tonleiter entsteht so immer wieder eine Moll-Tonleiter, die mit der alten ganz eng verwandt ist.

Schauen wir unsere erste Moll-Tonleiter noch einmal genau an, so fällt uns auf, dass sie dieselben Töne enthält wie die C-Dur-Tonleiter: sie besitzt keine Vorzeichen. Da beide Tonleitern dieselben Töne[177] besitzen, sind sie also *noch stärker* verwandt, als wenn sie sich in *einem* Ton unterscheiden würden[178]. Wir nennen die Dur- und die Moll[179]-Tonleitern, die dieselben Töne verwenden ***parallele Tonleitern*** oder auch nur ***Parallele***.

Parallele, parallele Tonleiter

[174] Auch hier sind es wieder 2 Halbtonschritte und 5 Ganztonschritte.

[175] Dur und Moll können also gut anhand der entweder *großen* Terz (Dur) oder der *kleinen* Terz (Moll) unterschieden werden.

[176] Der erste Tetrachord hat den Aufbau große 2, kleine 2 und große 2; der zweite Tetrachord den Aufbau kleine 2, große 2, große 2. Die *Diázeuxis* (⇨ S. 56) von einem Ganzton bleibt.

[177] Nur von einem anderen Ausgangston beginnend.

[178] Denn sie unterscheiden sich ja in *keinem* Ton voneinander.

[179] Achtung: Mit Moll-Tonleiter ist nur *genau* der oben beschriebene Aufbau gemeint. Die auf Seite 18 unter 2. und 3. zu findenden Tonleitern sehen (und klingen) im ersten Moment auch wie Moll-Tonleitern; sie sind aber nicht *die* Moll-Tonleiter.

Bei den gleichen verwendeten Tönen befindet sich die Dur-Tonleiter eine kleine Terz (also 4 Halbtöne bzw. 3 Halbtonschritte) *über* der Moll-Tonleiter bzw. die Moll-Tonleiter befindet sich eine kleine Terz *unter* der Dur-Tonleiter[180].

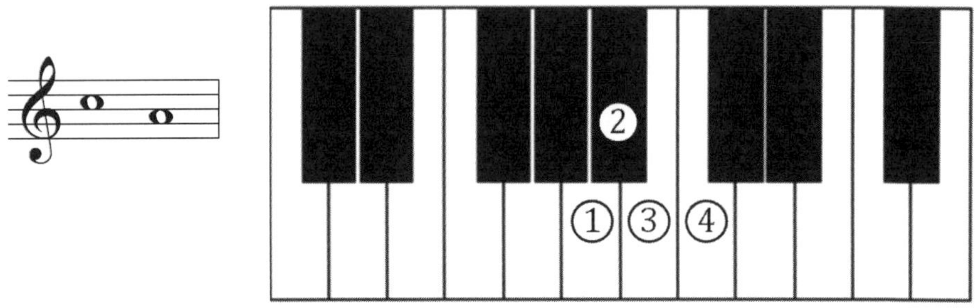

Nun schauen wir uns einmal alle Moll-Tonarten an[181].

A-Moll (kein Vorzeichen)

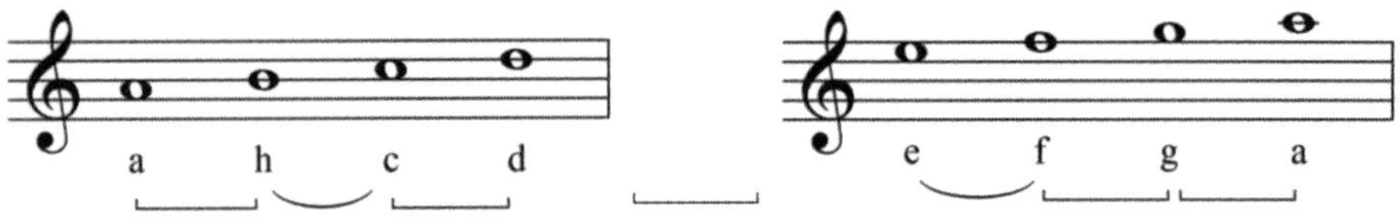

Genauso wie bei den Dur-Tonleitern gibt der Ausgangs- und Endton den Namen der Tonleiter an und daher heißt diese Leiter ***A-Moll***-Tonleiter.

Nun beginnen wir eine reine Quinte höher (bzw. eine reine Quarte tiefer). Gleich nach dem ersten Ton müssen wir in unserem Tetrachord das *f* zu einem *fis* verändern, um unseren Ganzton zu erhalten.

E-Moll
1 Vorzeichen
fis

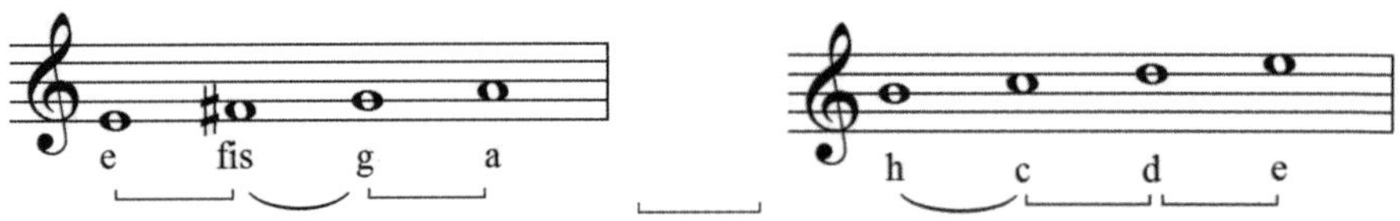

Diese Tonleiter heißt ***E-Moll***-Tonleiter. Sie besitzt einen veränderten Ton (1 ♯), das *fis*.

Auch diese beiden Tonleitern (*A-Moll* und *E-Moll*) unterscheiden sich – abgesehen vom Anfangston – nur durch *einen* Ton, dem *fis*. Die beiden Tonarten *A-Moll* und *E-Moll* – sind deshalb ebenfalls ganz eng miteinander „verwandt".

Hier kommen jetzt alle weiteren Tonarten in Moll, zuerst diejenigen mit ♯ (Kreuzen), danach die mit ♭ (Bes).

H-Moll
2 Vorzeichen
fis, cis

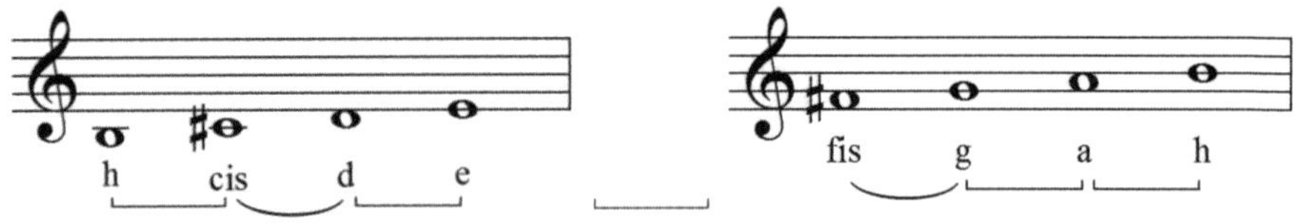

Dies ist die ***H-Moll***-Tonleiter. Sie besitzt zwei veränderte Töne (2 ♯), das *fis* und das *cis*.

[180] Man könnte auch sagen: Moll liegt eine große *Sexte* über Dur bzw. Dur eine kleine Sexte unter dem Moll, aber das ist eher unpraktisch und wird daher auch nicht verwendet.

[181] Wie bereits erwähnt, haben wir auch bei den Moll-Tonarten zwischen den beiden Tetrachorden einen Abstand von einem Ganzton (die *Diázeuxis*).

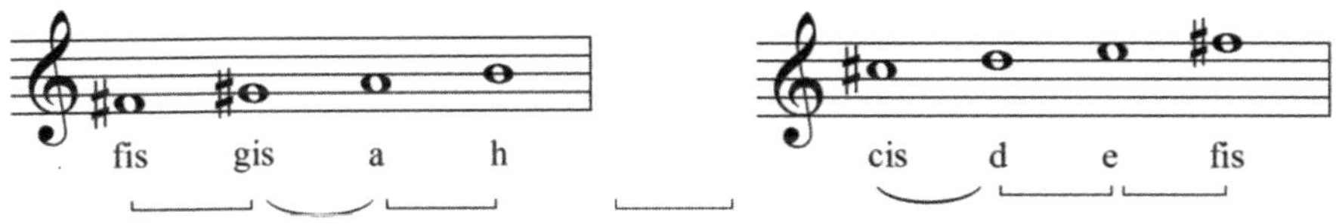

F#-Moll,
Fis-Moll
3 Vorzeichen
fis, cis, gis

Dies ist die F♯-***Moll***-Tonleiter. Sie besitzt drei veränderte Töne (3 ♯), das *fis*, das *cis* und das *gis*.

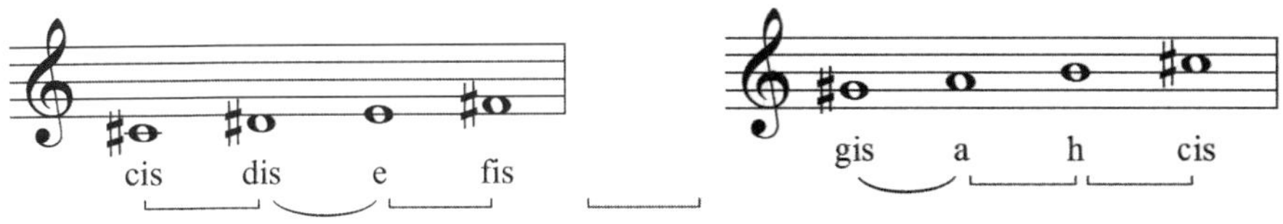

C#-Moll,
Cis-Moll
4 Vorzeichen
fis, cis, gis, dis

Dies ist die C♯-***Moll***-Tonleiter. Sie besitzt vier veränderte Töne (4 ♯), das *fis*, das *cis*, das *gis* und das *dis*.

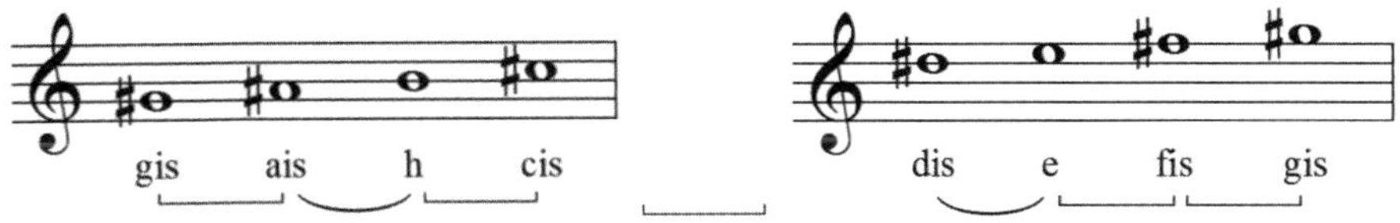

G#-Moll,
Gis-Moll
5 Vorzeichen
fis, cis, gis, dis, ais

Dies ist die G♯-***Moll***-Tonleiter. Sie besitzt fünf veränderte Töne (5 ♯), das *fis*, das *cis*, das *gis*, das *dis* und das *ais*.

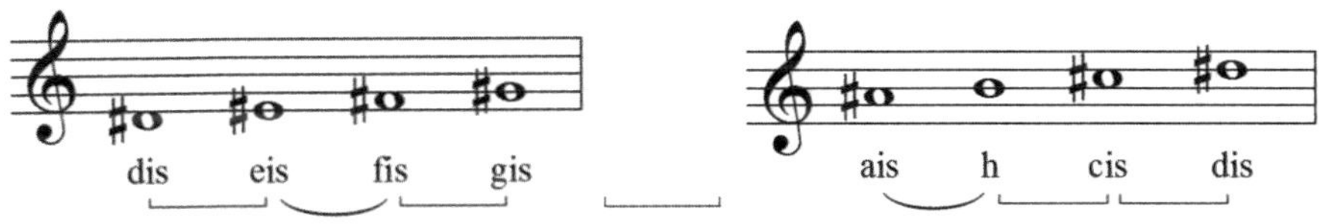

D#-Moll,
Dis-Moll
6 Vorzeichen
fis, cis, gis, dis, ais, eis

Dies ist die D♯-***Moll***-Tonleiter. Sie besitzt sechs veränderte Töne (6 ♯), das *fis*, das *cis*, das *gis*, das *dis*, das *ais* und das *eis*.

Bei den nun folgenden Tonleitern mit den ♭-Vorzeichen werden die Tetrachorde der besseren Lesbarkeit wegen weiterhin *aufwärts* notiert[182].

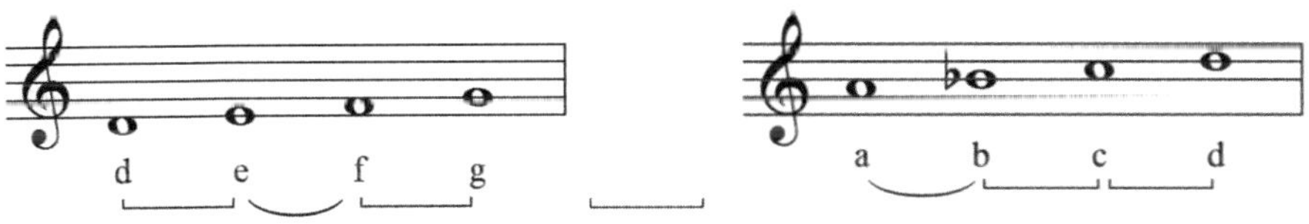

D-Moll
1 Vorzeichen
b

Dies ist die ***D-Moll***-Tonleiter. Sie besitzt einen veränderten Ton (1 ♭), das *b*.

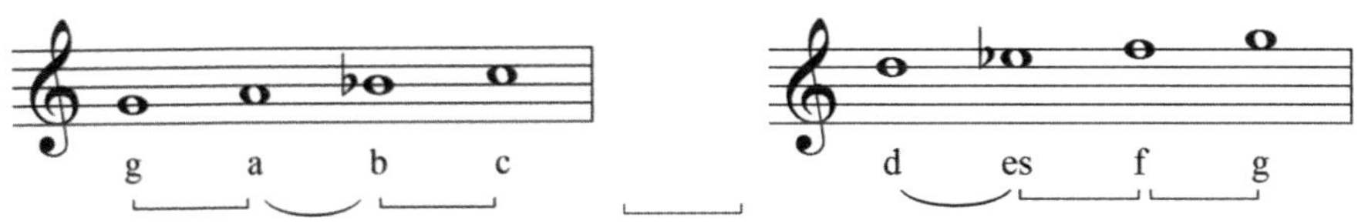

G-Moll
2 Vorzeichen
b, es

Dies ist die ***G-Moll***-Tonleiter. Sie besitzt zwei veränderte Töne (2 ♭), das *b* und das *es*.

---

[182] Da wir kein „Verwechslungsspiel" zwischen zwei gleichen Tetrachorden mehr betreiben müssen, brauchen wir die Töne jetzt auch nicht mehr abwärts schreiben.

C-Moll
3 Vorzeichen
b, es, as

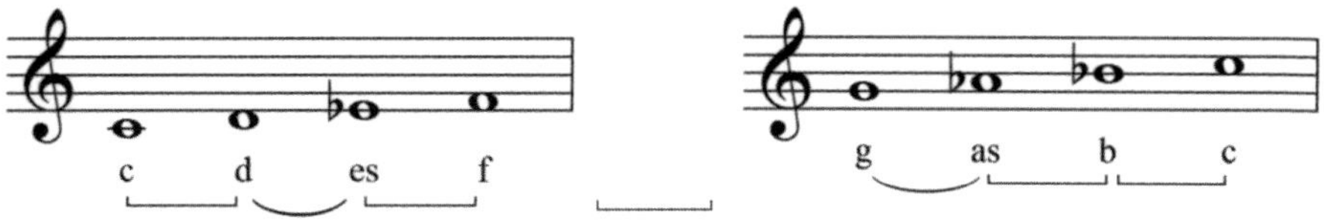

Dies ist die ***C-Moll***-Tonleiter. Sie besitzt drei veränderte Töne (3 ♭), das *b*, das *es* und das *as*.

F-Moll
4 Vorzeichen
b, es, as,
des

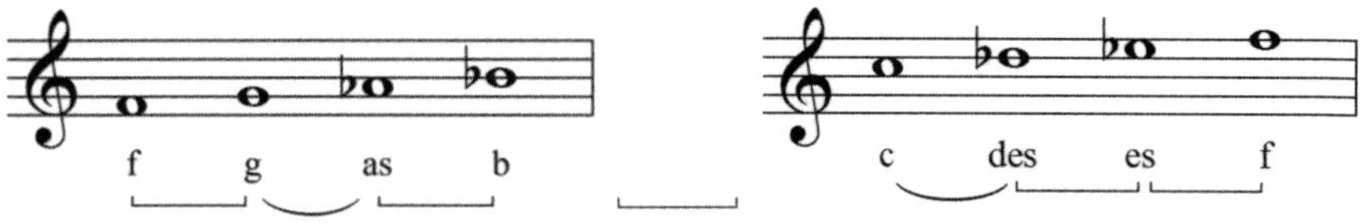

Dies ist die ***F-Moll***-Tonleiter. Sie besitzt vier veränderte Töne (4 ♭), das *b*, das *es*, das *as* und das *des*.

B♭-Moll,
B-Moll
5 Vorzeichen
b, es, as, des,
ges

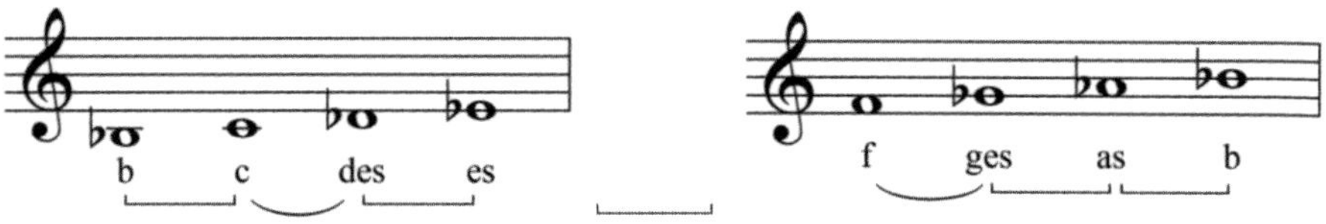

Dies ist die ***B♭-Moll***-Tonleiter. Sie besitzt fünf veränderte Töne (5 ♭), das *b*, das *es*, das *as*, das *des* und das *ges*.

E♭-Moll,
Es-Moll
6 Vorzeichen
b, es, as, des,
ges, ces

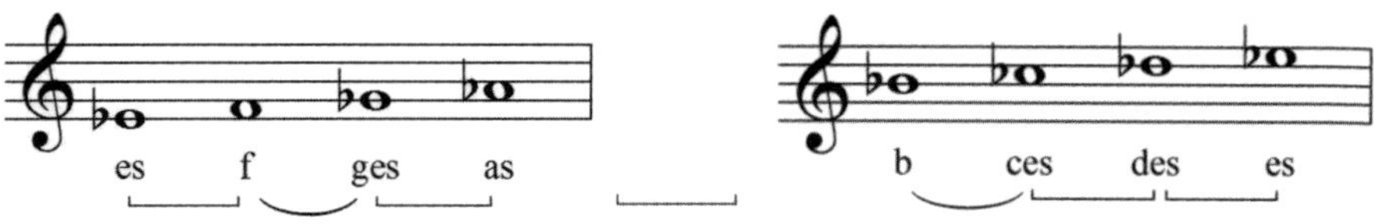

Dies ist die ***E♭-Moll***-Tonleiter. Sie besitzt sechs veränderte Töne (6 ♭), das *b*, das *es*, das *as*, das *des*, das *ges* und das *ces*.

Auch für die Tonleitern in Moll hat man sich zum besseren Einprägen „Eselsbrücken“ ausgedacht, jedoch sind diese z.T. so merkwürdig, dass man sie nicht verwendet. Außerdem kann man über die Verbindung zur parallelen Dur-Tonleiter sehr viel einfacher auf die entsprechenden Vorzeichen kommen.

Quintenzirkel der Moll-Tonarten

Hier finden wir zusammengefasst den Quintenzirkel für die Moll-Tonarten:

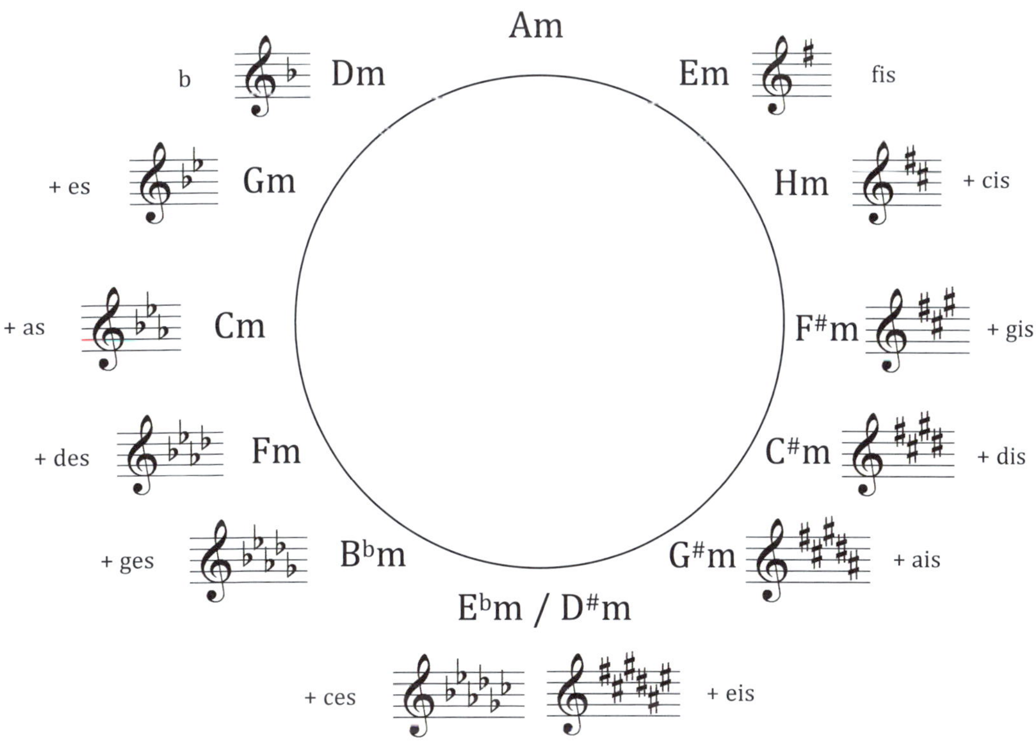

Quintenzirkel der Dur- und Moll-Tonarten

Zum Schluss dann noch der Quintenzirkel mit allen Dur- und Moll-Tonarten:

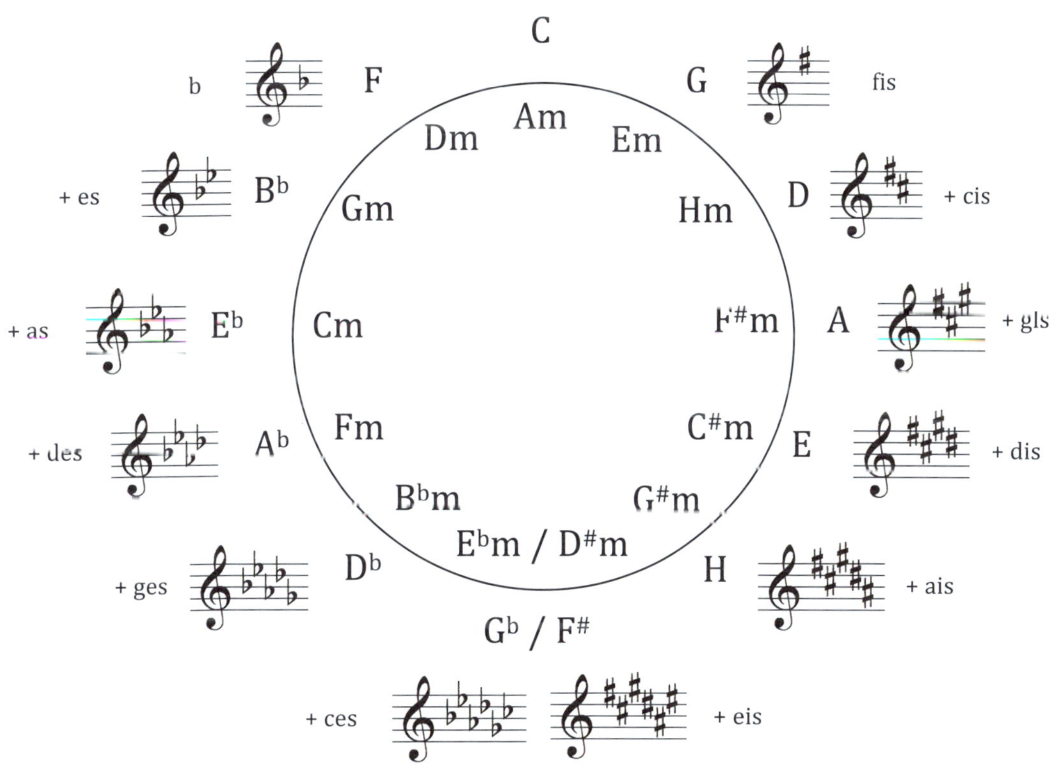

Aufgaben Nr. 24 und 25

Unter *Die Intervalle (2)* auf S. 63 haben wir uns mit den *reinen* sowie den *großen* und *kleinen* Intervallen beschäftigt. *Einen* Ton haben wir dabei bisher immer ausgelassen. Nämlich diesen Abstand:

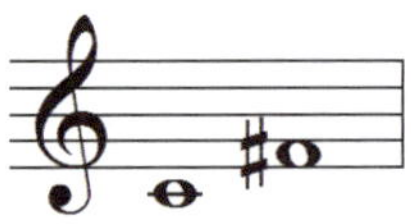 bzw. 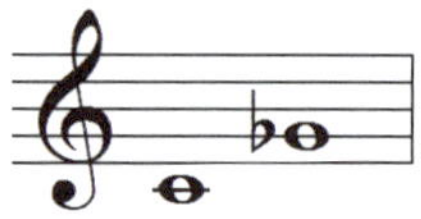.

Das hatte seinen Grund, da dieser Abstand weder als rein noch als groß noch als klein bezeichnet wird. Weiter vorn haben wir die Möglichkeit kennengelernt, Töne durch ein Vorzeichen entweder zu erhöhen oder zu erniedrigen. Dies geht natürlich auch mit unseren reinen, großen und kleinen Intervallen.

übermäßig, ü

Wird ein reines – oder ein großes[183] – Intervall erhöht (durch ein Kreuz oder ein Auflösungszeichen), spricht man von einem ***übermäßigen*** Intervall (Abkürzung: ***ü***).

vermindert, v

Wird ein reines – oder ein kleines – Intervall erniedrigt (durch ein B oder ein Auflösungszeichen), spricht man von einem ***verminderten*** Intervall (Abkürzung: ***v***).

Wir fassen die – bis hierhin bekannten – gebräuchlichen Abkürzungen für Intervalle zusammen:

rein	***r***
groß	***g***
klein	***k***
übermäßig	***ü***
vermindert	***v***

Tritonus, Tritoni

In unseren Beispielen oben haben wir es also zuerst mit einer übermäßigen Quarte zu tun und danach mit einer verminderten Quinte. Auf dem Klavier ist das derselbe Ton, aber – man ahnt es schon – tatsächlich unterscheiden sie sich etwas voneinander[184]. Dieses Intervall nennt man auch Tritonus[185], weil es so groß ist wie 3 Ganztöne[186] Mit dem ***Tritonus*** bezeichnet man die übermäßige Quarte – die jedoch auf dem Klavier identisch mit der verminderten Quinte ist.

[183] Das erste *große* Intervall, das zusätzlich noch *erhöht* wird, lernen wir unter *Die Tonleiter (4)* ab S. 76 kennen.

[184] Jetzt wird's ganz verrückt: gleich *drei* verschiedene Verhältnisse gibt es für die übermäßige Quarte (5:7 oder 32:45 oder 512:729 [letzteres wäre der Tritonus]) und *zwei* verschiedene Verhältnisse für die verminderte Quinte (7:10 oder 45:64).

[185] Übersetzt werden kann es mit „Drei-Ton". Da das Wort aus dem Lateinischen kommt, heißt die Mehrzahl dazu dann ***Tritoni***.

[186] Man nimmt als Beispiel dafür gern den Abstand vom *f* zum darüber liegenden *h*. Die drei Ganztöne sind *f-g*, *g-a* und *a-h*.

DAS TEMPO (2)

Am Schluss eines Musikstückes wird das Tempo oft langsamer bis es dann am Ende zum Stehen kommt. Für dieses Langsamer-Werden[187] gibt es auch ein eigenes Wort: das ***ritardando,*** abgekürzt: ***rit.***.

ritardando, rit.

Manchmal wird ein Musikstück im Tempo auch schneller, dann spricht man vom ***accelerando***[188], abgekürzt: ***acc.***

accelerando, acc.

Möchte man irgendwann wieder das ursprüngliche - das erste - Tempo haben, verwendet man die (ebenfalls italienischen) Worte ***a tempo***.

a tempo

DAS NOTENSYSTEM (2)

Bei Klaviernoten spielen normalerweise zwei Hände etwas Unterschiedliches. Für jede Hand gibt es dafür ein *eigenes* Notensystem, in dem die jeweiligen Noten stehen. Wir haben also *zwei* Notensysteme, die jedoch *gleichzeitig* gespielt werden. Fasst man zwei oder mehrere Notensysteme zu einer *Einheit* zusammen, nennt man das eine ***Notenzeile***. Dies erkennt man daran, dass die Taktstriche - zumindest am Anfang der Zeile - immer vom oberen zum unteren Notensystem durchgezogen werden. Beim Klavier gibt es *zusätzlich* noch am Beginn *jeder* Notenzeile eine ***geschweifte***[189] ***Klammer***. Diese Klammern, die mehrerer Notensysteme zu einer Einheit verbinden, nennt man ***Akkolade***.

Notenzeile

geschweifte Klammer

Akkolade

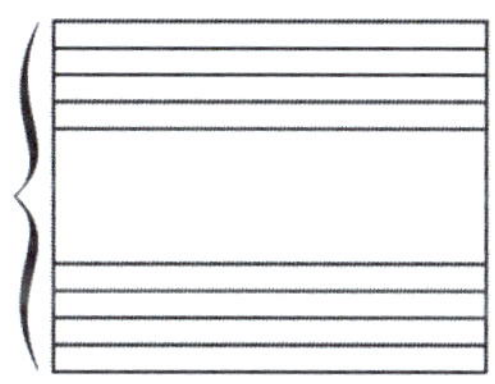

Nun muss ein Notensystem nicht immer aus unbedingt *5* Linien bestehen. Möchte man z.B. einfach nur mit den Händen einen Rhythmus klatschen, benötigt man zum Aufschreiben eigentlich nur *eine* Linie, auf der zu erkennen ist, *wann* man klatschen soll. Und aus diesem Grunde gibt es auch ein ***Ein-Linien-***(Noten-)***System***. Bei dieser Notation kann man einen normal langen Taktstrich verwenden (oben) oder einen entsprechend kürzeren Taktstrich (unten).

Ein-Linien-System

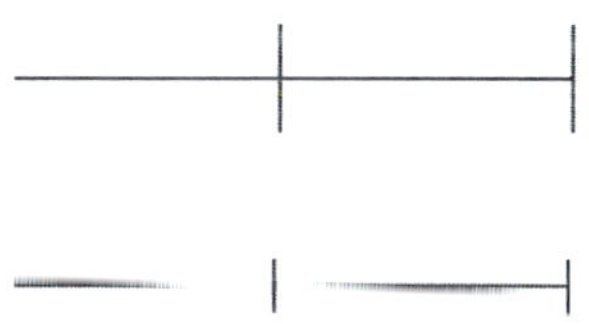

[187] Langsamer werden kann man natürlich nicht *nur* am Schluss, sondern immer.
[188] Gesprochen: atschellerando.
[189] Später (S. 163) werden wir noch weitere Akkoladen-Klammern kennenlernen.

Wenn man Musik auch manchmal mit nur *einer* Linie aufschreiben kann, dann ist in diesem Fall ein Notenschlüssel, wie wir ihn bisher kenngelernt haben[190], gar nicht mehr nötig. Und dafür gibt es einen extra Notenschlüssel, der lediglich zum Ausdruck bringt, dass durch ihn *keine* Tonhöhe festgelegt wird. Verwendung findet er bei Instrumenten, die dann auch keine *klar festgelegten* Tonhöhen (⇨ S. 4) besitzen – man kann mit ihnen also keine Melodien spielen!

Man schreibt den Schlüssel entweder so:

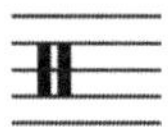 oder so: 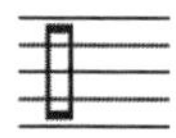

oder so: 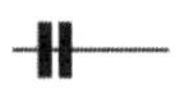 oder so: 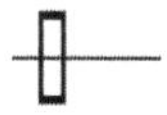

Von den Instrumenten, die diesen Notenschlüssel verwenden, gibt es sogar relativ viele: es handelt sich um eine Reihe von Schlaginstrumenten (⇨ S. 104), die auch als Perkussionsinstrumente bezeichnet werden. Dazu unter *Die Instrumente (1)* ab S. 99 mehr.

Perkussionsschlüssel

Weil dieser Schlüssel vorwiegend[191] für Schlag- oder eben Perkussionsinstrumente verwendet wird, nennt man ihn auch ***Perkussionsschlüssel***.

[190] Also ein Notenschlüssel, der eine Ton*höhe* festlegt.

[191] Er wird auch für *die* Instrumente verwendet, die nicht angeschlagen, sondern z. B. gestrichen werden (wie beispielsweise ein Becken mit dem Bogen eines Kontrabasses zum Klingen gebracht werden kann). Dieser Notenschlüssel steht für eine nicht fest gelegte *Tonhöhe*. Die Bezeichnung *Perkussions*schlüssel ist also nicht ganz korrekt.

Man kann Noten auch von *einer* Tonart in eine *andere* Tonart übertragen. Hat man z.B. ein Stück in D-Dur und kann die Töne dieser Melodie nicht alle singen, weil sie z.B. zu hoch sind, dann wäre es gut, diese Melodie insgesamt tiefer zu notieren. Damit diese dann – zwar tiefer – aber genau wie die gewünschte Melodie klingt, muss man dabei auch die Tonart entsprechend verändern, denn nur so bleiben die Abstände zwischen den einzelnen Tönen exakt erhalten. Dieses Übertragen in eine andere Tonart nennt man ***Transponieren***. Dazu ein Beispiel:

Transponieren

1 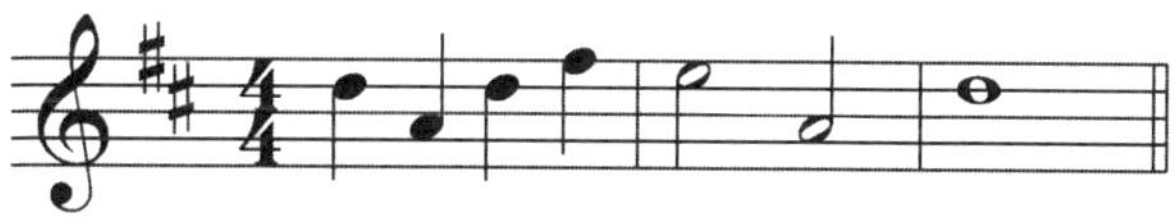

Nur wenn man die Tonart ändert, bleiben die korrekten Abstände der Noten erhalten. Die Melodie beginnt in Beispiel 1 und 2 beim Grundton.

2 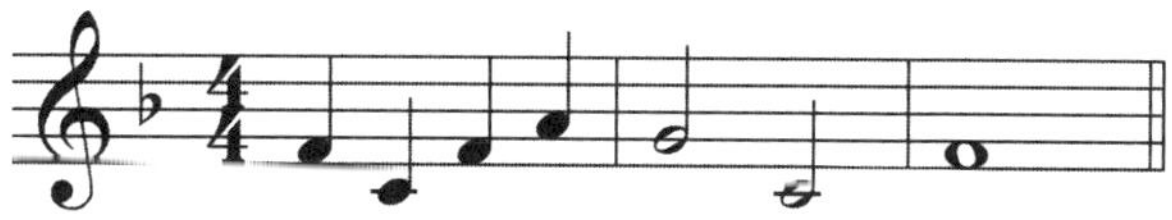

Verschiebt man jedoch lediglich die (notierten) Töne nach unten, ohne die Tonart anzupassen, ändert sich u. U. der gesamte Klangeindruck, weil die Abstände der Noten zueinander nicht mehr stimmen. Da die Tonart in Beispiel 3, und damit auch die Vorzeichen, nicht angepasst wurden, beginnt die Melodie mit der Terz statt dem Grundton. Zwischen dem 3. und 4. Ton liegt keine g3 mehr[192], sondern nur eine k3. Zwischen dem 5. und 6. entsteht eine v5 statt einer r5.

3 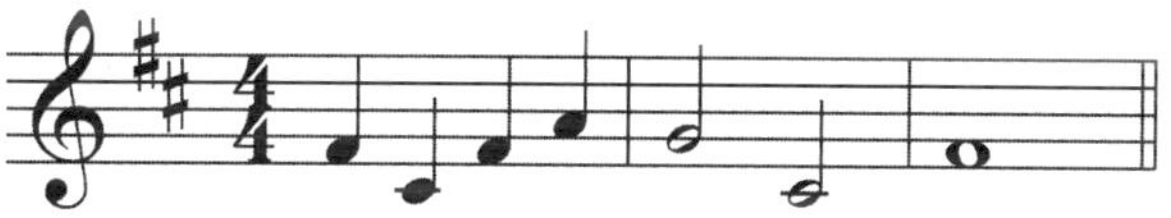

Die transponierten Noten bezeichnet man auch als ***Transposition***. Mit Transposition ist die Notation oder das Spiel von Musik in einer anderen als der ursprünglichen Tonart gemeint[193].

Transposition

[192] Zu den Abkürzungen bei Intervallen ⇨ S. 72.

[193] Tatsächlich gibt es Musiker, die können Noten *sofort* in einer anderen Tonart spielen. Zwei Möglichkeiten, wie dies bewerkstelligt werden kann, finden sich ab S. 234.

Nachdem wir mit dem Quintenzirkel für die Dur- und Moll-Tonarten etwas Ordnung in die verschiedenen Tonleitern gebracht haben, werden wir diese Ordnung gleich wieder durcheinander bringen: bei der Moll-Tonleiter gibt es nämlich nicht nur *eine*, sondern gleich *drei* (!) gebräuchliche[194]. Das heißt, alles, was wir bisher über Moll erfahren haben, bezieht sich *gleichermaßen* auf drei Moll-Tonleitern.

reines Moll

Die bisher besprochene Moll-Tonleiter nennt man ***reines Moll*** oder auch die ***reine Moll-Tonleiter***.

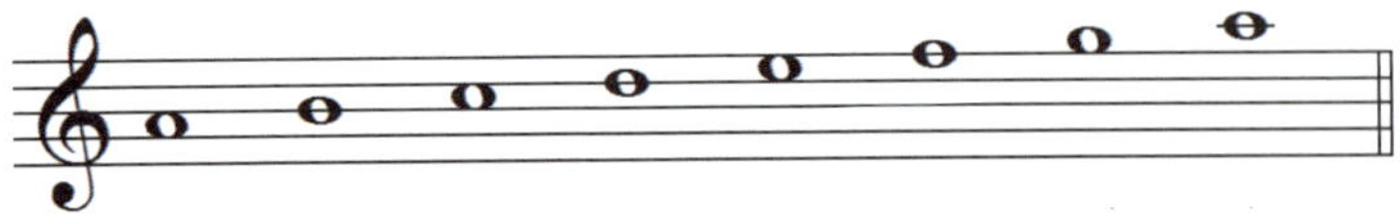

harmonisch Moll

Darüber hinaus gibt es noch eine Molltonleiter, die versucht, ein Problem zu lösen, welches mit dem weiter hinten behandelten Auftreten von Akkorden verbunden ist (⇨ S. 212): die ***harmonische Moll-Tonleiter***, die auch als ***harmonisch Moll*** bezeichnet wird.

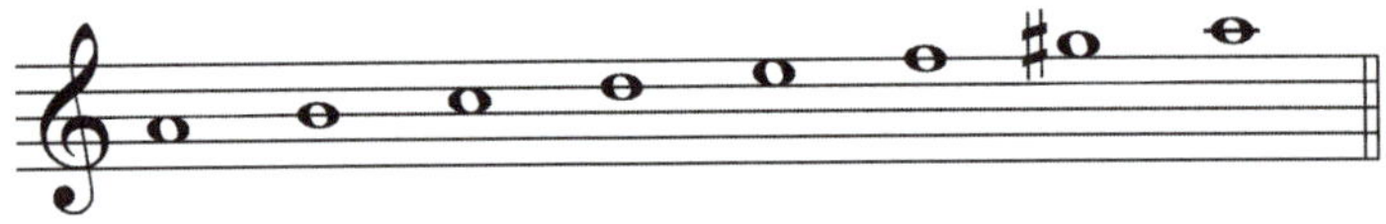

harmonisch Moll

Hier wird der siebte Ton erhöht. Haben wir bisher in unseren Tonleitern immer nur Halbtöne oder Ganztöne verwendet (⇨ S. 55), taucht hier das erste Mal ein übermäßiger (⇨ S. 72) Tonschritt auf. Die große Sekunde von *f* zum *g* wird durch ein Kreuz erhöht, so dass nun eine übermäßige Sekunde vom sechsten zum siebten Ton der Tonleiter entsteht. Dieser übermäßige Sekundschritt stellt die Besonderheit der ***harmonische***n ***Moll-Tonleiter*** dar.

melodisch Moll

Die dritte gebräuchliche Moll-Tonleiter ist von besonderer Art: sie verwendet nämlich – zumindest sagt man das im Allgemeinen so – *aufwärts* andere Töne als wenn sie *abwärts* gespielt würde. Wegen dieser „melodischen" Wirkung beim Spielen der Tonleiter hat sie den Namen ***melodische Moll-Tonleiter*** oder auch ***melodisch Moll*** erhalten[195].

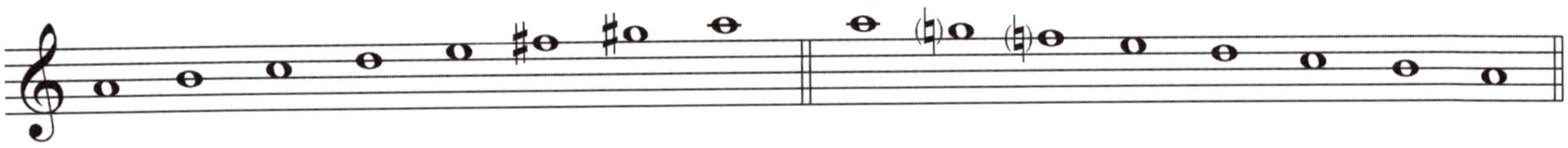

Natürlich ist es schon etwas merkwürdig, die Töne einer Tonleiter danach auszusuchen, ob die Melodie aufwärts oder abwärts geht. Tatsächlich hält man sich nicht gar so streng an diese Vorschrift[196].

---

194 Darüber hinaus gibt es noch weitere Moll-Tonleitern – wie es im Übrigen auch weitere Dur-Tonleitern gibt (⇨ S. 94).

195 Wobei der Hintergrund hierfür der ist, dass große Intervalle (aufwärts die große Sexte und die große Septime) nach *oben* streben und kleine Intervalle (abwärts die kleine Sexte sowie die kleine Septime) nach *unten*. Weitere Erläuterungen zu den Auflösungsbestrebungen bestimmter Töne ab S. 147. Zu früheren Zeiten hat man Melodien sehr auf bestimmte *Ziel*töne hin ausgerichtet und deshalb die Töne *davor*, je nach beabsichtigter Wirkung beim Erreichen des Zieltones, entsprechend angepasst.

196 Der eigentlich große Vorteil dieser Tonleiter besteht – neben der erweiterten Auswahl an Tönen für das Melodiespiel – in einem deutlich interessanteren Umgang mit Akkorden (⇨ ab S. 212).

Bei den Vorzeichen, die wir bisher kennen, kommt es öfters vor, dass ein Ton bzw. eine Taste auf dem Klavier zwei Namen hat (z. B. gibt es für den Ton *b* auch den Namen *ais*). Manchmal ist es sogar sinnvoll, den Namen des Tones zu wechseln. Im Quintenzirkel (Dur) haben wir gesehen, dass an der Stelle, an der die Tonart mit 6 Kreuzen steht (F♯-Dur) *auch* die Tonart mit den 6 ♭'s steht (G♭-Dur). Wenn man im Quintenzirkel immer weiter in eine Richtung geht (es z. B. von Tonart zu Tonart immer mehr Kreuze werden), ist es sinnvoll, irgendwann auf die ♭'s „umzusteigen". Wir wechseln also den *Namen* des Tones, ohne den eigentlichen Ton zu verändern. Dieses Umdeuten eines Tonnamens in einen anderen nennt man ***enharmonisch verwechseln***[197].

enharmonisch verwechseln

Hier ein einige Beispiele für eine enharmonische Umdeutung:

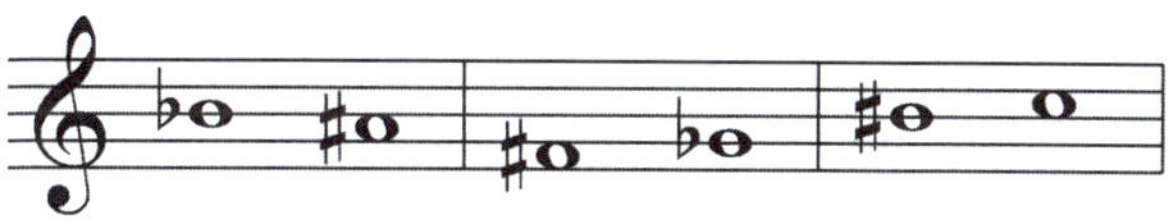

b - ais fis - ges his - c

Einige Vorzeichen werden manchmal auch in Klammern notiert:

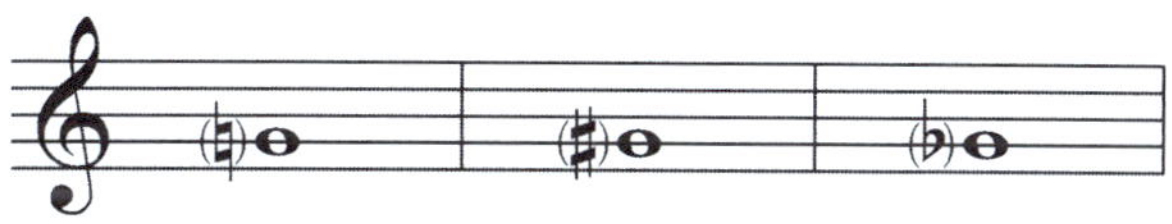

Die Bedeutung dieser Klammersetzung besteht darin, dass man dadurch daran *erinnert* werden soll, dass eine bestimmte Veränderung – nämlich die durch das in Klammern stehende Vorzeichen signalisierte – *eigentlich selbstverständlich* wäre[198]. Aus diesem Grund der „Erinnerung" nennt man diese in Klammern[199] stehenden Vorzeichen ***Erinnerungsvorzeichen***.

Erinnerungsvorzeichen

[197] Näheres dazu ⇨ S.187.

[198] Zum Beispiel weil ein Vorzeichen vom Takt zuvor nun nicht mehr gilt.

[199] Oft – vor allem in älteren Noten – stehen diese Vorzeichen, die nur der Erinnerung dienen, also *keine wirkliche* Veränderung bewirken, *ohne* Klammer da. Dies stiftet beim Spieler manchmal Verwirrung, weil er sich nicht sicher ist, ob sich hier nun etwas ändert oder nicht. Diese Notation ist aus heutiger Sicht unkorrekt. Früher hat man die Möglichkeit der Klammersetzung nicht genutzt bzw. nicht in Betracht gezogen.

Doppelstrich

Manche Musikstücke sind durchaus so lang, dass man auch mit Taktstrichen schnell den Überblick verlieren kann. Um auch in die *Vielzahl* von Takten etwas Ordnung hineinzubringen, setzt man manchmal so genannte ***Doppelstrich***e – das sind zwei dicht nebeneinander stehende Taktstriche. Sie stehen am *Übergang* von einem Teil zum nächsten[200].

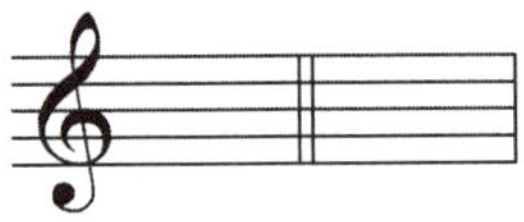

Endstrich

Eine weitere Kleinigkeit ist auch noch ganz wichtig: am *Ende* eines Stückes steht ein besonderer Taktstrich, der ***Endstrich***[201]. Er zeigt an, dass es nicht mehr weiter geht. Das Stück ist zu Ende.

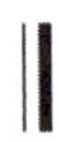

Auftakt

Nicht immer beginnt eine Melodie oder ein Lied auf dem *ersten* Grundschlag eines Taktes – also auf der „1". Manchmal fängt ein Lied auch *mitten* im Takt an – und bei Melodien ist es sogar *fast immer* so. Den Beginn einer Musik *vor* der Zählzeit „1" nennt man ***Auftakt***. Der Name erklärt auch, warum es eben hieß *vor* der Zählzeit „1" und nicht *danach*. Eine Melodie, manchmal auch als Melodie*linie* bezeichnet, strebt *immer* zu einem Ziel hin; meist der nächsten „1", manchmal auch über mehrere Takte hinweg – also *auf* einen (besser: *zu* einem) *Takt* hin.

Ganz genauso wie ein Rhythmus – der, auch wenn er auf „1" beginnt – immer zu einem neuen Ziel – der nächsten „1" – hinstrebt.

Damit in einem Stück, in dem am *Anfang* ein Auftakt steht, auch alles seine Ordnung hat, schreibt man im *letzten Takt* nur noch die (am Anfang) fehlenden Notenwerte hinein[202].

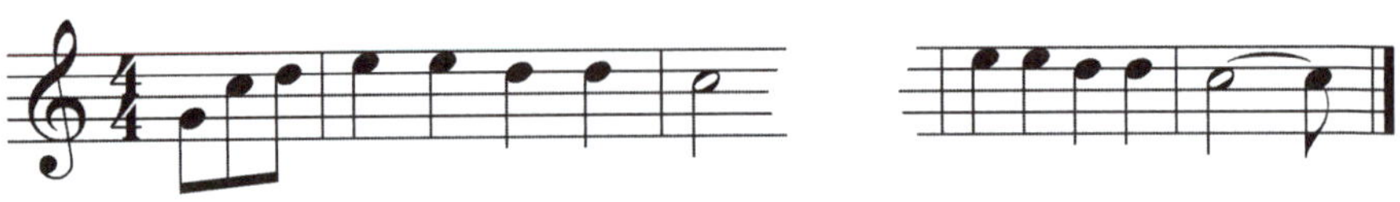

Aufgabe Nr. 26

[200] Z. B. von einer Strophe zum Refrain oder auch an Stellen, wo musikalisch etwas „Neues" beginnt.

[201] Der Endstrich sieht ein wenig aus wie ein Wiederholungszeichen – jedoch fehlen die zwei Punkte.

[202] Auch, wenn das manchmal recht merkwürdig aussieht, wie in unserem Notenbeispiel.

Bisher haben wir Rhythmen mit *halb* oder *doppelt* so langen Notenwerten kennengelernt (ganze Note ⇔ halbe Note, Achtel ⇔ Viertel), mit dem *Punkt* hinter einer Note, der um die *Hälfte* verlängert sowie dem *Haltebogen*. Damit können wir aber *nicht jeden* Rhythmus aufschreiben. Es fehlt uns z. B. noch die Möglichkeit, einen Notenwert in *drei gleich lange* Notenwerte zu unterteilen. Ein Beispiel hierfür haben wir bereits unter *Der Rhythmus (2) / Die Pausen (3)* auf S. 35 gesehen.

Triole

Unterteilt man einen Notenwert in *drei gleich lange Teile*[203], dann spricht man von einer ***Triole***. Zu erkennen ist eine Triole an einer *3* über oder unter den zusammengehörenden Noten[204]. Ist der Zusammenhang nicht klar zu sehen, verwendet man zusätzlich eine Klammer oder einen Bogen, um deutlich zu machen, *welche drei* Noten zu *einer* Zählzeit gehören. Die Notenwerte heißen dann *Triolen-Achtel*, *Triolen-Viertel* usw.

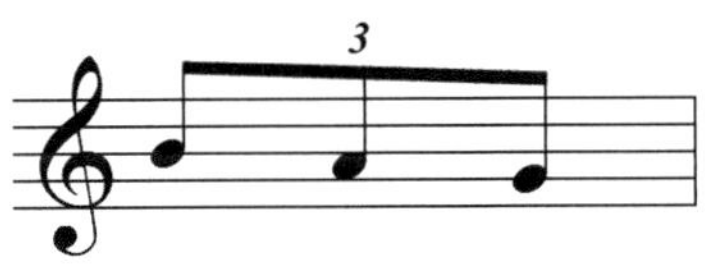

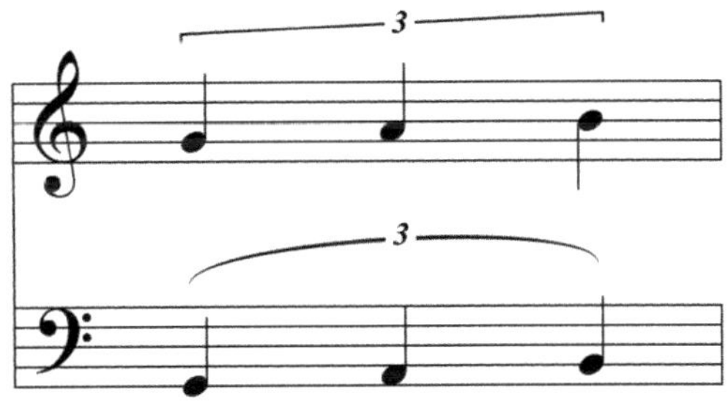

Zum Zählen einer Triole benötigt man neben dem „und" noch ein weiteres Wort. Wir nehmen unsere bekannte Endsilbe, den Vokal „-e" und sprechen das „und" mit dem nachfolgenden „-e" zusammen als „un-, -te"[205].

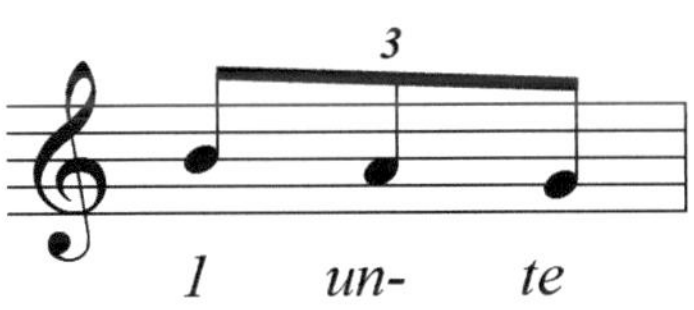

Im folgenden Beispiel gestaltet sich das Zählen schon weitaus schwieriger:

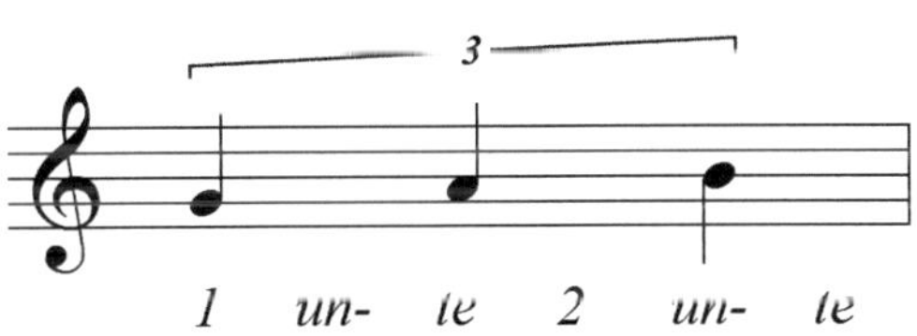

Jede Triolen-*Viertel* besitzt die Länge von *zwei* Triolen-*Achteln*; dadurch klingt die Triole immer ein bisschen wie „verschoben".

---

[203] In einigen Büchern ist bei einer Triole auch von *unregelmäßiger Unterteilung* die Rede (z.B. Ziegenrücker, *Praktische Musiklehre*, Bd. 2, S. 52). Dies ist in der Wortwahl allerdings irreführend, da *drei gleich lange* Teile sehr wohl eine *regelmäßige* Unterteilung darstellen.

[204] In der Regel steht die Zahl auf der Notenhalsseite.

[205] Mit dem „t" ist natürlich das „d" aus dem „und" gemeint. Es wird – damit man es besser hört – eben nur „knalliger" ausgesprochen.

Mit dem „Verschieben“ spielt man in der Musik übrigens recht häufig: man tut so, als wenn etwas ganz anders als in Wirklichkeit wäre. Die Viertel-Triole z. B. wirkt so, als wenn sie gar nicht zu einem Viertel-Metrum gehörte.
Und dann gibt es noch einen Rhythmus, der auch so tut, als wenn er nicht mehr zu einem Viertel-Metrum gehören würde.

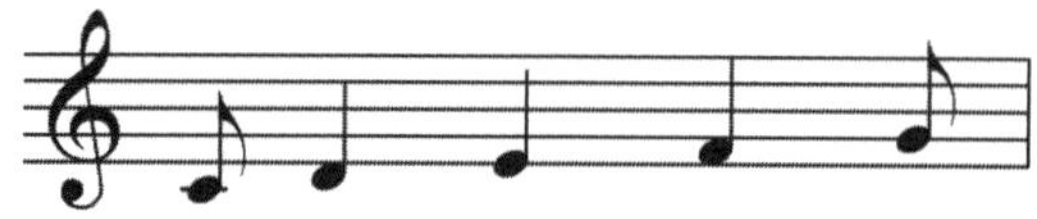

Wenn wir alle Noten in diesem Takt zusammenrechnen, erhalten wir insgesamt 4 Viertel. Also eigentlich alles in Ordnung. Aber irgendwie sieht es merkwürdig aus. Wir schauen uns mal die Zählzeiten dazu an:

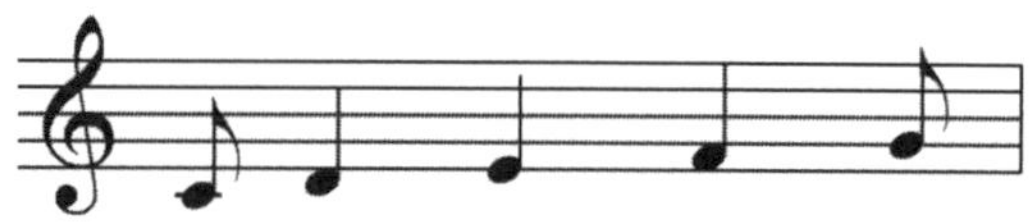

Tatsächlich werden alle Noten außer der ersten *nicht* auf einer *Zählzeit* gespielt, sondern: danach oder davor? Das ist hier die Frage. Die „2 und“ könnte zur „2“ gehören und nach *hinten* verschoben sein oder aber zur „3“ gehören und dann nach *vorn* verschoben worden sein. Wenn man einmal versucht, gleichmäßig (langsam) zu zählen und *dazu* den Rhythmus zu spielen, wird man schnell merken, dass die Noten auf „und“ den Hang haben, sich in die *folgende* Zählzeit hinein „zu entspannen“. Tatsächlich handelt es sich hier um Noten, die von ihrem angestammten Platz („2“, „3“ und „4“) nach *vorn* verschoben worden sind. Es handelt sich also um Töne, die mit ihrer metrischen Bedeutung *früher* erscheinen, als es ihnen „eigentlich“ zukäme. Diese Noten werden auch manchmal als ***vorgezogene Note**n* bezeichnet[206]. Beim Spielen dieser Noten ist entscheidend, dass die Töne tatsächlich mit der ihnen zustehenden, *eigentlichen* metrischen Bedeutung gespielt werden – also *schwer. Nur dann* wird für den Zuhörer auch klar, *wohin* diese Töne streben – nämlich zu dem *nachfolgenden* Schwerpunkt.

vorgezogene Note

Synkope

Eine rhythmische Figur mit dem Verhältnis 1:2:1 oder auch 1:2:2: ... :1 nennt man eine ***Synkope***. Dabei wird ebenfalls der eigentliche *Schwerpunkt nach vorn verschoben*. Was jetzt sehr mathematisch klingt, meint nichts anderes, als dass nach *einer* kürzeren Note bzw. Pause eine oder mehrere *doppelt so lange Noten* (die Synkopen[207]) erklingen und am Ende wieder eine kurze Note bzw. Pause erscheint. Hier das „normale“ Auftreten einer Synkope:

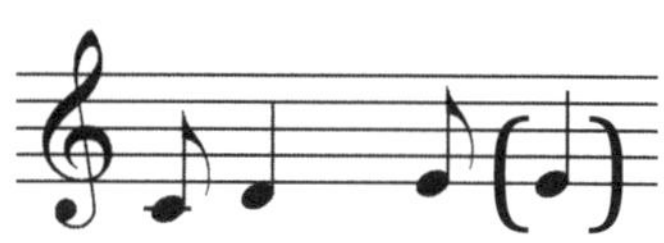

[206] Besonders dann, wenn sie nur einzeln auftreten, z. B. als eine vorgezogene „1“ (notiert dann meist auf „4 und“).

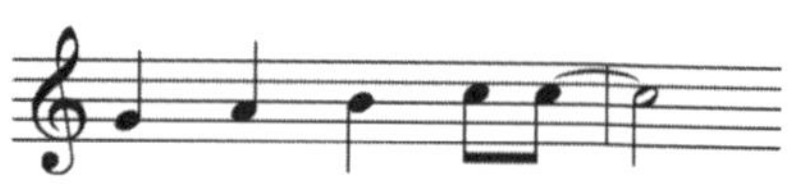

[207] Die Synkope *enthält* also immer eine oder mehrere vorgezogene Note(n).

Dieses typische Beispiel einer Synkope kann auch so aussehen:

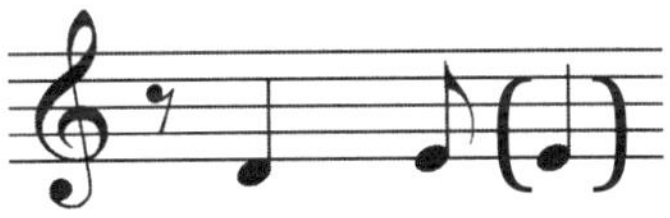

1 und 2 und

Es ist also völlig egal, ob tatsächlich die *kurze* Note am Anfang gespielt wird oder ob es sich um eine Pause handelt[208]. Wichtig ist nur die für diesen Noten- bzw. Pausenwert *reservierte* Zeit. Das gilt auch für die kurze Note am *Schluss* einer Synkope. Oftmals ist überhaupt nicht zu sehen, dass es diese kurze Note überhaupt gibt – entweder erscheint sie nur als Pause oder sie wird in der Verlängerung einer vorhergehenden Note „versteckt".

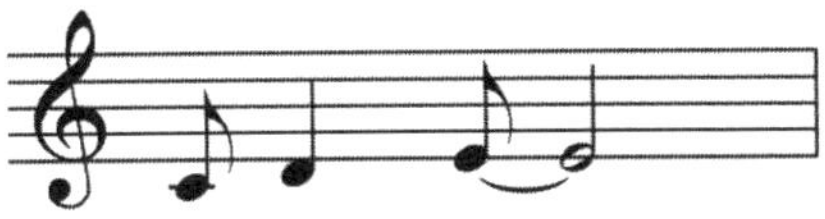

Hier ist die Synkope *länger* als im Beispiel davor. Der Ton *e* ist jetzt *auch* ein *Schwer*punkt (eine vorgezogene Note). Die Achtel *e* ist somit nicht das *Ende* der Synkope (das ... :1), sondern selbst noch Synkope.

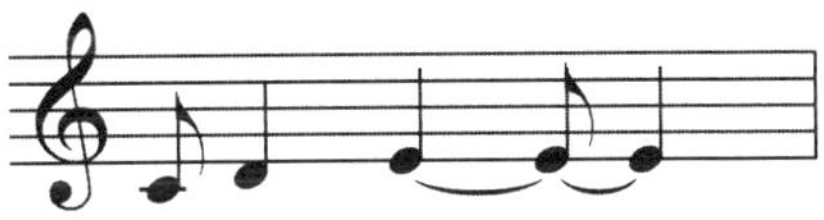

Diese Notation ist zwar verkehrt, aber sie zeigt den *inneren* Zusammenhang der Synkope: Metrisch haben wir es hier mit dem Verhältnis 1:2:2:1:(2) zu tun. Das Ende der Synkope (:1)kann man nicht sehen, aber fühlen. Wem dies jetzt *zu konstruiert* erscheint, der sehe sich das gleiche Beispiel – nur *leicht* verändert – an, so wie es am Ende vieler Lieder vorkommt:

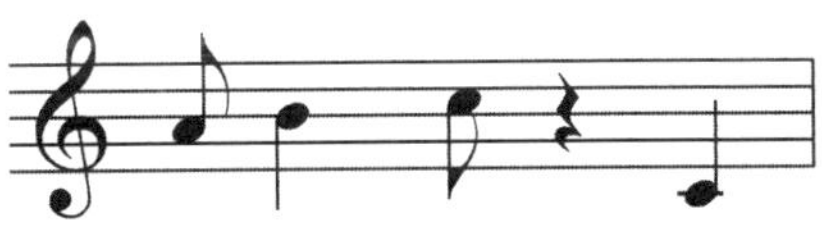

Spielt man auf „3" nämlich eine *Pause*, kann man sehr schön *empfinden*, dass sich die „2 und" erst in der *folgenden* Zahlzeit „entspannt". Was als Achtel notiert ist, wirkt in Wirklichkeit wie eine Viertelnote[209].

Wenn wir noch einmal unser erstgenanntes Beispiel nehmen, sehen wir, dass es sich dabei um eine *Folge* von Synkopen handelt.

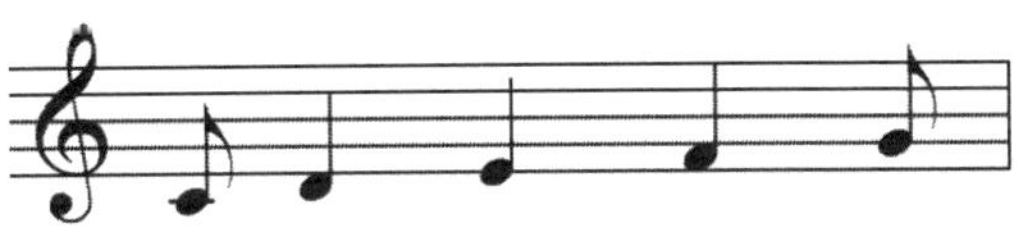

1 und 2 und 3 und 4 und

---

[208] An der („1 und") ist deutlich die Verwandtschaft zur vorgezogenen Note zu erkennen.

[209] Und entspricht damit rhythmisch dem vorhergehenden Beispiel (1:2:2:1[:2]).

lange Synkope

kurze Synkope

Man spricht von einer ***lange*n *Synkope***, wenn sich *mehrere* vorgezogene Noten nahtlos aneinanderreihen. Dagegen spricht man von einer ***kurze*n *Synkope***, wenn nur *eine* Note vorgezogen wird (1:2:1).

Im folgenden Beispiel sehen wir *mehrere kurze Synkopen*, weil immer wieder der gleiche komplette, kurze oder auch einfache Synkopenaufbau erscheint.

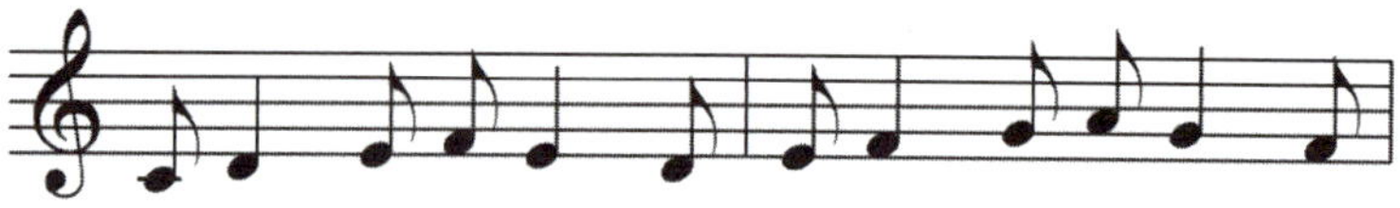

Aufgaben Nr. 27 und 28

DIE NOTEN (3)

Wenn man mehrere Achtelnoten miteinander „verbalkt" (⇨ S. 27) – also mit einem Balken versieht – können sich in dieser Achtelgruppe sowohl Noten mit dem Hals nach *oben* als auch Noten mit dem Hals nach *unten* befinden. Zur richtigen Balkensetzung wäre die *einfache* Regel: man schaut, welche Note in dieser Gruppe sich am *weitesten* von der dritten Linie entfernt befindet. *Diese* Note legt fest, ob die Hälse – und damit auch der Balken – nach oben oder unten geschrieben werden.

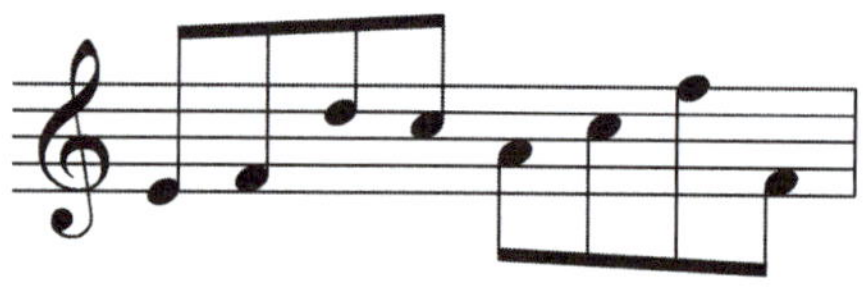

Sind über- und unterhalb der dritten Linie zwei Noten *gleichweit* entfernt – so dass deren Mitte also *auf* der dritten Linie liegt – wird es etwas komplizierter. Die einfache Variante ist, auszuprobieren auf welcher Seite der Balken besser aussieht und damit auch leichter zu lesen ist. Ganz korrekt wäre es, den *Mittelwert aller* Noten, die unter einen Balken sollen, zu bestimmen. Dieser Mittelwert gibt die Halsrichtung an.

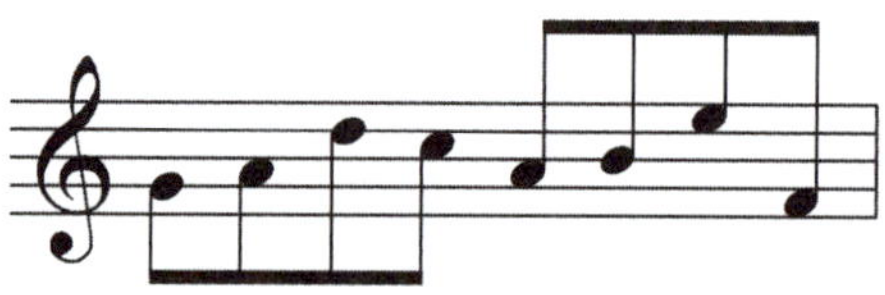
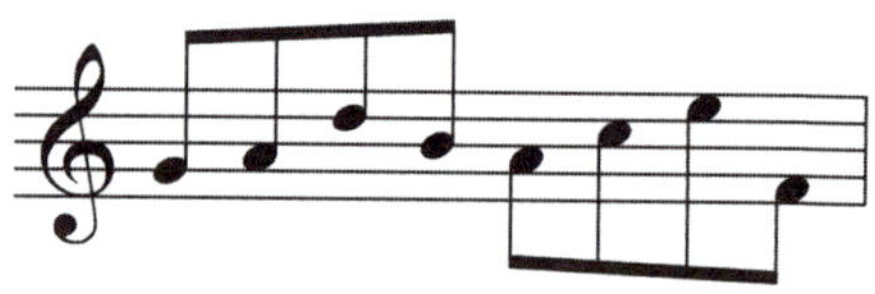

Im ersten Takt sind jeweils zwei Noten *gleich* weit von der dritten Linie entfernt (*g*, *a* und *d*, *c*), daher geht der Hals nach unten. Danach sind zwar *e* und *f* gleich weit von der dritten Linie entfernt, aber da das *h* als „neutraler" Ton für die Halsrichtung ausscheidet, entscheidet das *a* über die Halsrichtung.

Im zweiten Takt wurde in jeder Gruppe nur jeweils *ein* Ton verändert. Das *h* scheidet bei der Betrachtung aus, so dass es mit dem *g* und dem *a* **zwei** Töne *für* den Hals nach *oben* gibt, gegen **einen** Ton (*d*) *für* den Hals nach *unten* – der Hals geht also nach oben. Danach liegt – bei gleichem Abstand von *e* und *f* zur dritten Linie – die Mitte von *a* und *c auf* der dritten Linie, so dass der Hals demzufolge nach unten zeigt.

Wem das zu kompliziert ist, der kann in solchen Spezialfällen einfach nach der besseren Lesbarkeit entscheiden – *die* ist letztendlich der Maßstab, der auch zu den vorher genannten Regeln geführt hat.

Jetzt folgt eine Liste der Intervalle, die *größer als eine Oktave* sind. Intervalle, die größer als *2 Oktaven* sind, benennt man nicht mehr mit einem eigenen Namen, sondern nimmt Intervalle, die *kleiner* als eine Oktave sind und vermerkt die zusätzlichen Oktaven extra, z. B. eine Terz plus drei Oktaven.

Eine Oktave + den Abstand zum nächsten Stammton, also Oktave + Sekunde,	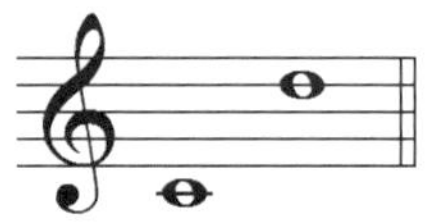	(als Intervall wäre das eine „9“) nennt man	*None*
Eine Oktave + den Abstand zum übernächsten Stammton, also Oktave + Terz,	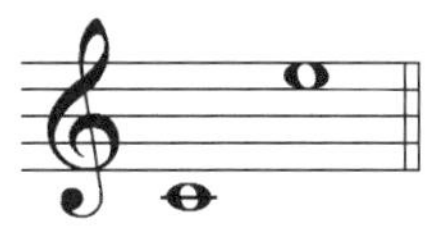	(als Intervall wäre das eine „10“) nennt man	*Dezime*
Eine Oktave + eine Quarte,	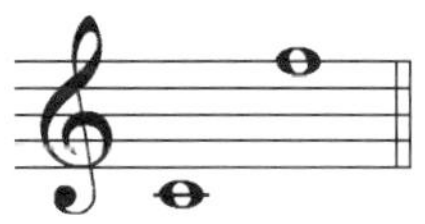	(als Intervall wäre das eine „11“) nennt man	*Undezime*
Eine Oktave + eine Quinte,	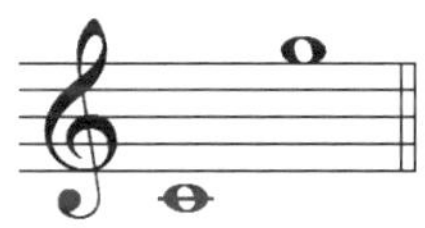	(als Intervall wäre das eine „12“) nennt man	*Duodezime*
Eine Oktave + eine Sexte,	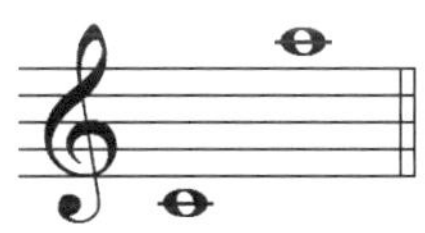	(als Intervall wäre das eine „13“) nennt man	*Tredezime*
Eine Oktave + eine Septime,	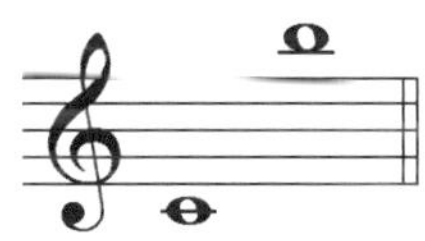	(als Intervall wäre das eine „14“) nennt man	*Quartdezime*
Dies sind jetzt genau 2 Oktaven	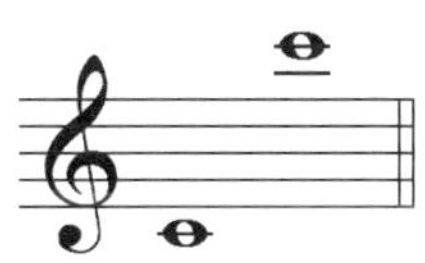	(als Intervall wäre das eine „15“) nennt man	*Quintdezime*[210] *oder Doppeloktave*

[210] Der Abstand von zwei Oktaven, also die Doppeloktave wird gern auch mit der Ziffer „16“ umschrieben, weil es eben zweimal eine Oktave (zweimal „8“) als Intervall ist. Dies ist aber falsch. Da man den Ausgangston bereits als „1“ bezeichnet, darf man die Oktave in der Mitte nicht zweimal zählen – nämlich einmal als „8“ und dann nochmal zusätzlich als neue „1“ der nächsten Oktave.

Okta-vierungs-zeichen

Hier noch zwei Zeichen, die die notierte Tonhöhe um ein oder zwei Oktaven verändern; der *gespielte* Ton wird dadurch ein anderer als der *notierte* Ton. Man nennt diese Zeichen ***Oktavierungszeichen***.

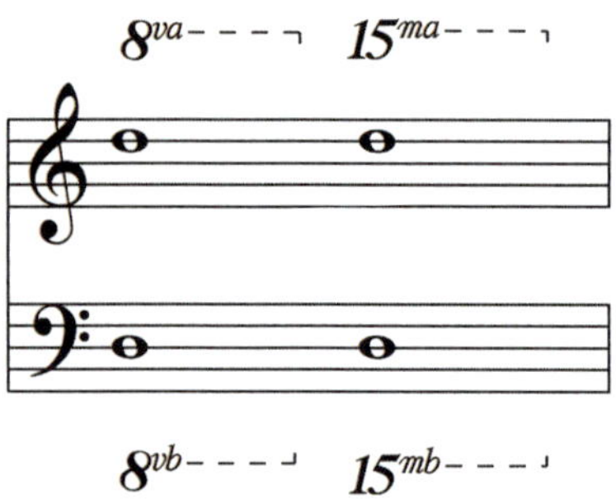

ottava alta 8va

8va ist die Abkürzung für die italienischen Worte ***ottava alta*** und bedeutet eine Oktave höher. Manchmal wird noch extra dazu gesagt: Wenn dieses Zeichen *über* einer Note steht, besagt es, dass dieser Ton eine Oktave höher gespielt werden soll. Wobei die Wortbedeutung bereits eindeutig klarstellt, *dass* es höher gespielt werden soll.

ottava bassa 8vb

8vb ist die Abkürzung für die italienischen Worte ***ottava bassa*** und bedeutet eine Oktave tiefer. Manchmal wird auch hier noch extra dazu gesagt: Wenn dieses Zeichen *unter* einer Note steht, besagt es, dass dieser Ton eine Oktave tiefer gespielt werden soll. Wobei auch hier die Wortbedeutung bereits eindeutig klarstellt, *dass* es tiefer gespielt werden soll.

quin-dicesima alta 15ma

15ma ist die Abkürzung für die italienischen Worte ***quindicesima alta*** und bedeutet zwei Oktaven höher[211]. Auch hier ist es nicht notwendig, das Darüberstehen des Zeichens über der Note extra zu betonen.

quin-dicesima bassa 15^{mb}

15^{mb} ist die Abkürzung für die italienischen Worte ***quindicesima bassa*** und bedeutet zwei Oktaven tiefer.

Die jeweils an die Oktavierungszeichen angrenzenden, weiterführenden Linien geben den Geltungsbereich dieser Versetzung an. Die Versetzung endet an der Stelle, an der diese Verlängerung mit einem Haken abgeschlossen wird.

loco

Damit das Ende einer solchen Versetzung wirklich mit Klarheit angegeben wird, gibt es auch noch das (zusätzliche) italienische Wort ***loco***, welches „am Ort" – also am ursprünglich notierten Ort bedeutet.

[211] Weshalb *quindicesima* (fünfzehnter) gleichbedeutend mit zwei Oktaven ist, ⇨ S. 83.

Harmonie

Nun haben wir schon viel über die verschiedenen Intervalle gehört. Erinnern wir uns noch einmal, was ganz am Anfang über das Intervall gesagt wurde: Den Abstand zwischen zwei Tönen nennt man ein ***Intervall***. Dabei ist es egal, ob sie nacheinander oder gleichzeitig erklingen. (⇨ S. 16) Nun sind wir *bislang* immer davon ausgegangen, dass die Töne *nacheinander* erklingen. Werden sie jedoch *gleichzeitig* (⇨ S. 14) gespielt, kann man darin einen so genannten *Akkord* erkennen oder wie man auch sagt: eine *Harmonie.* Nun ist die Festlegung, was einen Akkord bzw. eine Harmonie ausmacht, nicht ganz so einfach wie es erscheint. Normalerweise sagt man, dass **mindestens drei verschiedene Töne gleichzeitig erklingen** müssen. Tatsächlich können diese Töne auch *nacheinander* erklingen und so über die Zeit, die dabei vergeht, einen geschichteten Klang aufbauen[212]. Aber auch lediglich *zwei* verschiedene Töne machen es möglich, schon einen (vollständigen) Akkord wahrzunehmen[213]. Nun verwendet man auch (meistens) nicht alle x-beliebigen (verschiedenen) Töne, um einen Akkord zu bilden, sondern nur ganz bestimmte, im Abstand einer Terz[214].

Um diesen schwierigen Begriff etwas klarer werden zu lassen, fassen wir zusammen:

Akkord

Als Akkord bezeichnet man den Zusammenklang von mindestens zwei verschiedenen Tönen.

Zusammenklang

- In der Regel wird es sich um *drei* oder mehr verschiedene Töne handeln.
- Ein **Zusammenklang** entsteht, wenn Töne *gleichzeitig* erklingen, aber man kann ihn auch erhalten, wenn man die einzelnen Töne (kurz) *nacheinander* spielt. Dann werden die einzelnen Töne durch unser Gehirn zu einem zusammengehörenden Klang verbunden.
- Normalerweise[215] verwendet man für einen Akkord Töne, die ein Intervall von einer Terz[216] zueinander bilden; man nennt das: ***die Töne eines Akkordes werden in Terzen übereinandergeschichtet.*** Es ist jedoch unwichtig, ob die einzelnen Töne auch tatsächlich in *dieser* (Terz)-Schichtung gespielt werden oder ob sie durcheinander gewürfelt erklingen – *umgekehrt werden*, wie man in der Musik sagt.
- Der **Name eines Akkordes** richtet sich danach, welcher Ton innerhalb der Terzschichtung ganz unten liegt. Der *unterste* Ton wird als ***Grundton*** des Akkordes bezeichnet und gibt der Harmonie seinen Namen. Die anderen Töne des Akkordes charakterisieren diesen Akkord dann noch näher.

Grundton

[212] Also einen *Zusammen*klang, bei dem mehrere nacheinander gespielte, *einzelne* Töne den Gesamtklang ergeben. Natürlich sollte zwischen den Tönen nicht zu viel Zeit vergehen, denn nur, wenn man eine *Verbindung* zwischen den Tönen herstellen kann, lässt sich darin auch eine Harmonie erkennen.

[213] Ein gutes Beispiel dafür ist das Intervall der großen Sexte. Spielt man gleichzeitig – oder besser sogar kurz nacheinander, indem man den ersten Ton dabei aushält – die Töne *g* und das darüber liegende *e*, hören bzw. empfinden die meisten Menschen sehr schnell noch einen weiteren Ton: nämlich das dazwischen liegende *c*.

[214] Auch hiervon gibt es Ausnahmen, die aber tatsächlich auch nur ausnahmsweise auftreten.

[215] Es gibt auch Musikrichtungen, in denen man eher dazu neigt, die Töne eines Akkordes in Quarten zu schichten, z. B. im Jazz (⇨ S. 236).

[216] Es ist dabei erst einmal egal, ob es sich um eine große oder kleine Terz handelt. Dies wäre dann nur wichtig für den *konkreten Klang* des Akkordes und für seinen Namen.

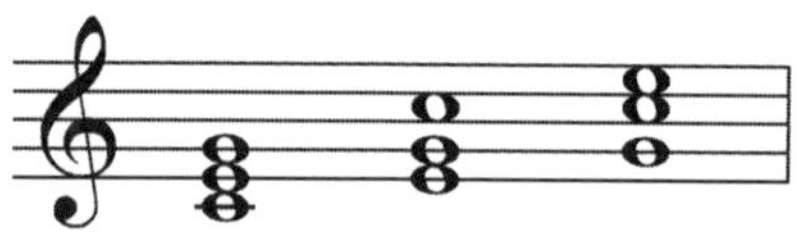

Beim ersten Akkord kann man sehr schön sehen, wie über dem Ton *c* zwei weitere Töne in Terzen geschichtet[217] sind. Der Akkord besteht aus den Tönen *c*, *e* und *g*. Aber auch der zweite Akkord besteht aus den Tönen *c*, *e* und *g* – nur in einer anderen Reihenfolge. Ebenso verhält es sich mit dem dritten Akkord. In *welcher* Reihenfolge die Töne einer Harmonie auftreten, spielt für den Akkord selbst keine Rolle; der Klang verändert sich durch die Umschichtung zwar etwas, aber der *eigentliche* (Klang)-*Charakter* bleibt dabei erhalten. Dieses Umschichten der (immer gleichen) Töne nennt man ***Umkehrung***[218] oder auch ***Stellung***. Sind alle Töne in *Terzen* übereinandergeschichtet, spricht man von der ***Grundstellung***; dabei ist der tiefste Ton der so genannte Grundton[219].

Umkehrung

Stellung

Grundstellung

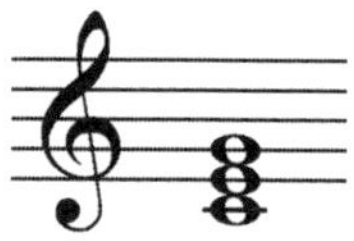

Stimme

Kanon

Jeden einzelnen *Ton* eines Akkordes bezeichnet man als ***Stimme***. Ein *dreistimmiger* Akkord besteht somit auch aus drei Tönen. Ebenso verhält es sich bei mehreren, gleichzeitig erklingenden Melodien. Auch diese werden als ***Stimme***n bezeichnet. In einem ***Kanon*** z.B. singen bzw. spielen mehrere Musiker *dieselbe* Melodie, aber immer *etwas später* beginnend.

Stimme

Die Stimme hat aber auch noch andere Bedeutungen in der Musik: zum einen ist damit die *menschliche* ***Stimme***, also die Gesangs*stimme*, gemeint. Zum anderen wird das Notenblatt jedes einzelnen Musikers, aus dem er spielt, ebenfalls als ***Stimme*** bezeichnet.

1. Umkehrung, 2. Umkehrung usw.

Wird der Grundton unseres dreistimmigen Akkordes nach oben verlagert, so dass die eigentliche Terz des Akkordes (also in unserem Falle das *e*) unten liegt, spricht man von der ***1. Umkehrung***. Wurde auch die Terz nach oben verlagert, so dass die Quinte *g* unten liegt, dann nennt man das die ***2. Umkehrung***. Da unser Akkord nur drei verschiedene Töne besitzt, gibt es auch nur 3 Möglichkeiten, diese Töne zu ordnen (Grundstellung, 1. und 2. Umkehrung).

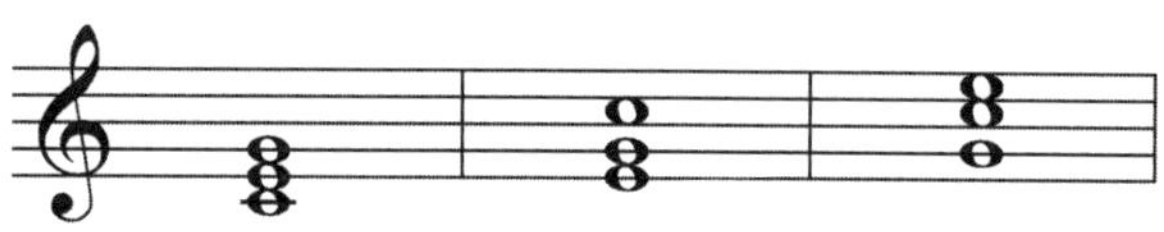

Grundstellung 1. Umkehrung 2. Umkehrung

---

[217] Hier das Beispiel für das nacheinander Erklingen:

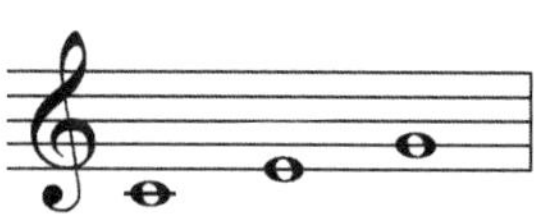

[218] Dabei wird ein Ton des Akkordes in die Oktave nach oben oder nach unten versetzt. Je nachdem, um welchen Akkordton es sich handelt und in welche Richtung er versetzt wird, entstehen dann verschiedene Umkehrungen bzw. Lagen (⇨ Lage (2) S. 115). Zu einer weiteren Bedeutung von *Umkehrung* ⇨ S. 133.

[219] Das kennen wir schon von den Tonleitern her (⇨ S. 18).

Nun schauen wir uns einen Akkord an, der aus 4 Tönen besteht:

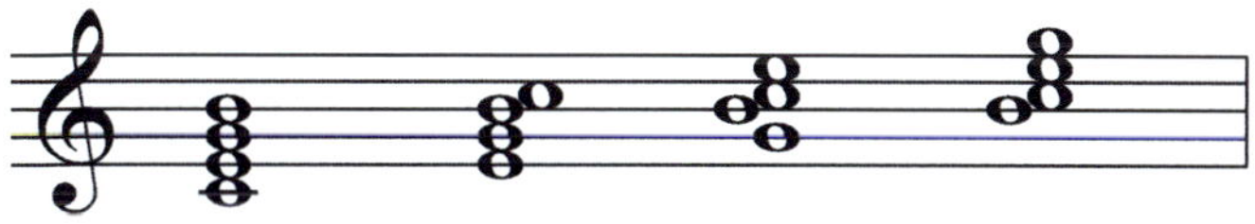

Hier gibt es jetzt 4 Möglichkeiten, diese Töne übereinander zu schichten.

Den ersten Akkord nennt man wieder die ***Grundstellung***,

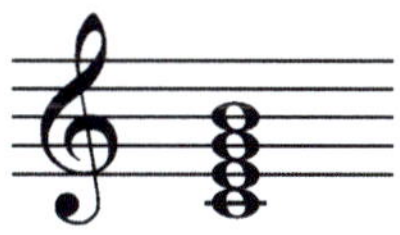

den zweiten die ***1. Umkehrung***, dann kommt die ***2. Umkehrung*** und zum Schluss die ***3. Umkehrung***. Hier baut sich der Akkord auf der (eigentlichen) Septime auf.

Nun hat die 1. Umkehrung im Beispiel mit den *drei* verschiedenen Tönen zwar denselben Namen wie die 1. Umkehrung im Beispiel mit den *vier* Tönen, aber tatsächlich unterscheiden sich beide Akkorde gewaltig (auch vom Klang her). Wir brauchen also einen *eindeutigen* Namen, der *jeden* Akkord klar bezeichnet.

Können wir die Töne eines Akkordes ausschließlich in Terzen übereinanderschichten, dann sprechen wir – wie schon erwähnt – von der Grundstellung. Der tiefste Ton ist dabei der Grundton; es spielt hierbei auch keine Rolle, ob der Akkord aus drei, vier oder noch mehr verschiedenen Tönen besteht.

Lage (1)

Quintlage

Für einen derartigen Akkord gibt es noch eine weitere Möglichkeit der Bezeichnung als *Grundstellung*. Dabei geht man nicht von den übereinander geschichteten Intervallen aus (der *Stellung*), sondern von der so genannten *Lage*. Die ***Lage***[220] bezeichnet *den* Intervall-Ton des *Akkordes* – dabei ausgehend von der *Grundstellung* –, der sich in der jeweiligen Umkehrung ganz oben befindet[221]. Der höchste Ton im unten stehenden Beispiel ist die Quinte *g*. Daher nennt man diese Lage auch ***Quintlage***.

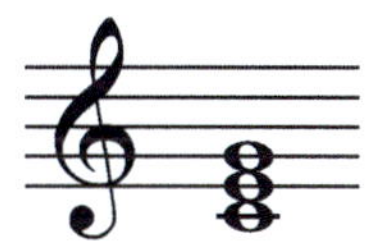

Wandert der Grundton unseres *dreistimmigen* Akkordes nach oben, so dass die (eigentliche) Terz ganz unten zu liegen kommt, ergibt sich folgendes Bild:

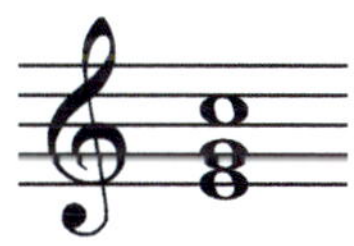

[220] Es gibt noch weitere Bedeutungen für *Lage* (einmal ⇨ S. 115). Zum anderen wird bei den meisten Saiteninstrumenten (⇨ S. 100) mit *Lage* der Ort auf dem Griffbrett bezeichnet von dem aus man mit seinen Fingern (1, 2, 3 usw.) verschiedene Töne spielen kann – je weiter weg vom oberen Ende desto höher die Lage und die Töne.

[221] Das ist leider so verwirrend. Und tatsächlich ist der Gebrauch dieser Lagenbezeichnungen alles andere als hilfreich (⇨ Oktavlage und Terzlage S. 88)

Terz-Sext-Akkord

Sext-Akkord

Oktavlage

Jetzt wird es ein bisschen unlogisch: Wir gehen jetzt nämlich nicht mehr von den Intervallen unserer *Grundstellung* aus, sondern von den *tatsächlich* gespielten Tönen. Nimmt man nun die (eigentliche) Terz des Akkordes – das *e* – als neuen *tiefsten* Ton und beschreibt die Tonabstände (Intervalle) von diesem tiefsten Ton aus, dann erhalten wir eine Terz über dem *e* und eine Sexte über dem *e*. Aus diesem Grunde heißt dieser Akkord dann auch ***Terz-Sext-Akkord***[222] oder normalerweise abgekürzt: ***Sext-Akkord***. Der Sext-Akkord bezeichnet die 1. Umkehrung bei dreistimmigen Akkorden. Auch hier gibt es eine Lagenbezeichnung: Der höchste Ton befindet sich jetzt auf Höhe der Oktave[223]. Daher nennt man diese Lage ***Oktavlage***.

Wandert nun auch noch das *e* nach oben, so dass das *g* neuer tiefster Ton wird, erhalten wir folgendes Bild:

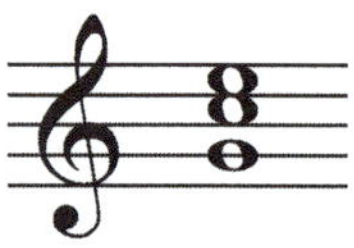

Quart-Sext-Akkord

Terzlage

Schauen wir uns die über dem tiefsten Ton entstandenen Intervalle an, haben wir auch den Namen dieser Umkehrung: es ist eine Quarte über dem *g* und eine Sexte über dem *g*. Daher heißt dieser Akkord auch ***Quart-Sext-Akkord***. Der Quart-Sext-Akkord bezeichnet die *2. Umkehrung bei dreistimmigen Akkorden*. Auch hier noch die Lagenbezeichnung: Der höchste Ton befindet sich jetzt auf Höhe der Terz[224]. Daher nennt man diese Lage ***Terzlage***.

Nun zu den vierstimmigen Akkorden:

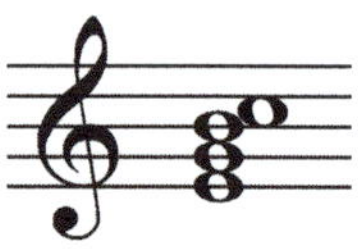

Quint-Sext-Akkord

Auch hier wandert zuerst wieder der Grundton nach oben. Geht man dann von der (eigentlichen) Terz des Akkordes – dem *e* – als neuen tiefsten Ton aus und beschreibt wieder die Intervalle von diesem tiefsten Ton aus, dann erhalten wir eine Terz über dem *e*, eine Quinte über dem *e* und eine Sexte über dem *e*. Dieser Terz-Quint-Sext-Akkord wird abgekürzt als ***Quint-Sext-Akkord***[225] bezeichnet. Der Quint-Sext-Akkord bezeichnet die *1. Umkehrung bei vierstimmigen Akkorden*. Eine Lagenbezeichnung bei vierstimmigen Akkorden hat sich wegen der großen Verwechslungsgefahr nicht durchgesetzt[226]. Man verwendet bei vierstimmigen Akkorden ausschließlich die Namen der *Stellung*.

---

[222] Natürlich hat dieser Begriff *Terz* nichts mit der Terz des eigentlichen Akkordes zu tun, sondern *hier* werden die Intervalle *neu* gezählt. Der Hintergrund ist der, dass man vor mehreren hundert Jahren bei der Betrachtung solcher Tonzusammenstellungen *nicht* von Akkorden und deren Umkehrungen ausgegangen ist, sondern *jede* Ansammlung von Tönen für sich gesehen hat (als eine Tonschichtung) und deshalb auch jeweils *für sich* bezeichnete. Von unten nach oben.

[223] Es handelt sich dabei ja um den Grundton, so dass die Lage eigentlich Primlage heißen müsste.

[224] Hier wäre *Dezimlage* jetzt die richtige Bezeichnung, aber in der Musiktheorie versucht man möglichst alles auf den Raum einer Oktave zu konzentrieren und verschiebt zu diesem Zweck schon mal das eine oder andere Intervall um eine Oktave nach oben oder unten.

[225] Für die Namensgebung werden nur die *kennzeichnenden* Intervalle verwendet. Bei vierstimmigen Akkorden ist dabei das Auftreten des Sekundintervalls von besonderer Bedeutung. In der Grundstellung tritt es *nicht* auf (da nur Terzen geschichtet sind) und in allen anderen Umkehrungen erscheint die Sekunde immer an einer *anderen* Stelle und kann daher hervorragend zur Unterscheidung der einzelnen Umkehrungen herangezogen werden.

[226] In der Grundstellung wäre es die *Sept-* oder *Septimlage*, in der 1. Umkehrung die *Oktavlage* (Verwechslungsgefahr!), in der 2. Umkehrung die *Terzlage* (Verwechslungsgefahr!) und in der 3. Umkehrung die *Quintlage* (ebenfalls Verwechslungsgefahr!).

Verlagern wir auch das *e* nach oben entsteht dieser Akkord:

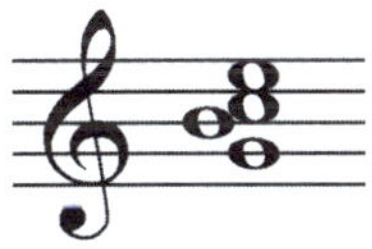

Wir haben jetzt eine Terz über dem *g*, eine Quarte über dem *g* und eine Sexte über dem *g*. Dieser Terz-Quart-Sext-Akkord wird abgekürzt als ***Terz-Quart-Akkord*** bezeichnet. Der Terz-Quart-Akkord bezeichnet die *2. Umkehrung bei vierstimmigen Akkorden.*

Terz-Quart-Akkord

Nun nehmen wir noch das *g* nach oben und erhalten die letzte Möglichkeit zur Umkehrung:

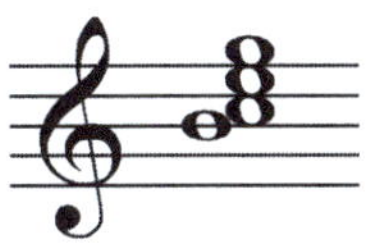

Hier finden wir eine Sekunde über dem *h*, eine Quarte über dem *h* und eine Sexte über dem *h*. Dieser Sekund-Quart-Sext-Akkord wird abgekürzt als ***Sekund-Akkord*** bezeichnet. Der Sekund-Akkord bezeichnet die *3. Umkehrung bei vierstimmigen Akkorden.*

Sekund-Akkord

Um die *Namensgebung* von Harmonien verstehen zu können, gehen wir noch einmal zurück zu den terzgeschichteten Tönen:

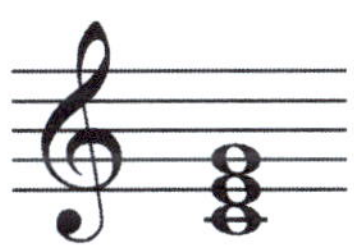

Da *c* der tiefste Ton ist, gibt er der Harmonie auch seinen Namen: *C*. Aber die Terz *e* und die Quinte *g* verraten noch mehr über diesen Akkord: die Töne dieses Akkordes entstammen nämlich einer Tonleiter, der *C-Dur*-Tonleiter. Tatsächlich gehört zu jeder *Harmonie* auch (mindestens) eine *Tonleiter*. Wobei man besser sagen sollte: Zu jeder *Tonleiter* gehört auch (mindestens) ein *Akkord*.

Akkord

Daher sagt man auch: ***Akkorde stellen Ausschnitte von Tonleitern dar.***

Harmonie

Akkordaufbau: Akkorde enthalten immer den ersten Ton der Tonleiter (die Prime), den dritten (die Terz) und den fünften (die Quinte). Bei vierstimmigen Akkorden kommt dann noch der siebente Ton (die Septime) hinzu. Bestehen die Akkorde aus weiteren Tönen, ist der nächste der neunte Ton (die None), dann kommt der elfte (die Undezime) und zum Schluss der dreizehnte Ton (die Tredezime) hinzu. Weiter geht es nicht, da mit der Tredezime bereits *alle* Töne der Tonleiter (nämlich sieben verschiedene Töne) im Akkord verwendet wurden, und Verdoppelungen eines Tones ändern den Charakter eines Akkordes *nicht* und werden daher in der Akkordbezeichnung auch nicht berücksichtigt[227].

Akkord-aufbau

[227] Es gibt natürlich wieder eine Ausnahme, dazu auf S. 95 und 122 mehr.

Entstammen die Töne des Akkordes einer Dur-Tonleiter, wird die Terz über dem Grundton demnach eine große Terz sein (⇨ S. 55 und 65) und dadurch klingt der Akkord nach Dur. Bei einer Moll-Tonleiter handelt es sich um eine kleine Terz über dem Grundton (⇨ S. 65 und 67) und dies spiegelt sich auch im Akkordklang wider. Der Grundton gibt einem Akkord eine *Basis* (den Namen) und die Terz einen *Charakter* (Dur oder Moll). Die Quinte ist normalerweise (bei allen Dur- und bei fast allen Moll-Tonleitern) eine reine Quinte. Sie *kann* aber auch gelegentlich in verminderter oder übermäßiger Form auftreten.

Akkord-symbol

Vielfach werden Akkorde nicht mit ihren *einzelnen* Tönen notiert, sondern in einer Kurzform, nämlich mithilfe eines ***Akkordsymbols***. Dann steht lediglich die *Bezeichnung* für den Akkord (z.B. *C* für einen C-Dur-Akkord) in den Noten und die genaue Ausführung wird dem Musiker überlassen.

Akkordtypen

Um es nicht zu verwirrend werden zu lassen, folgt unter dem Punkt *Der Akkord / Die Harmonie (2)* ab S. 96 eine Übersicht über die (gebräuchlichen) *Formen* von Akkorden – den so genannten ***Akkordtypen***.

DIE NOTEN (4)

Bei den Akkorden auf den vorhergehenden Seiten konnten wir sehen, dass einige Töne *neben* anderen Tönen notiert worden sind anstatt darüber oder darunter.

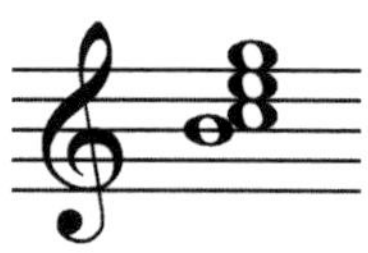

Hat man Töne im Sekundabstand zu notieren, muss man diese Noten – um sie noch lesen zu können – *versetzt* notieren. Diese Noten *müssen* sich *berühren*, damit man sehen kann, dass sie zueinander gehören – also *gleichzeitig* gespielt werden und nicht nacheinander. Eine oder mehrere Noten stehen dann auf der „verkehrten" (Hals-)Seite.

Der *tiefere* der beiden zur Sekunde gehörenden Töne steht dabei *links*.

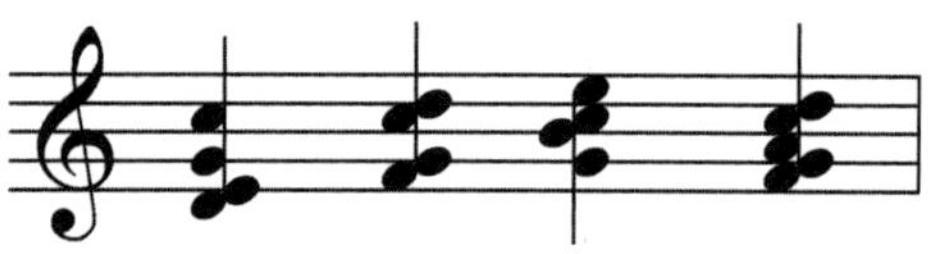

Bei *zwei* nebeneinanderliegenden Sekunden, schreibt man die – aus den zwei Sekunden entstehende – Terz korrekt und die dazwischenliegende Sekunde auf der „verkehrten" Seite[228].

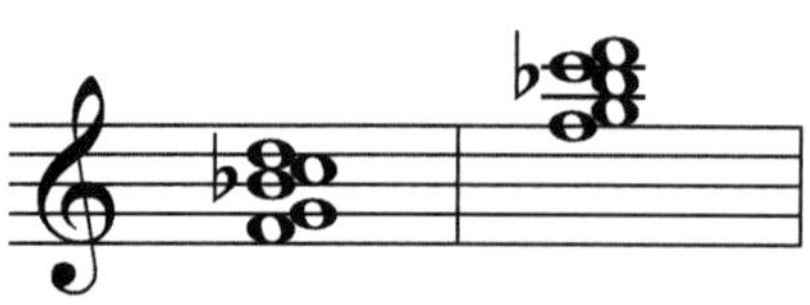

Im ersten Takt steht das *f links* (da es tiefer ist) und das *g* rechts; von den Tönen *b*, *c* und *d* bilden *b* und *d* eine Terz, so dass das *c* auf die „verkehrte" Seite rutscht – der

[228] Auch bei *ganzen* Noten „denkt" man sich einen Notenhals, um zu wissen, welches die „richtige" Seite ist.

„gedachte“ Notenhals geht wegen der Tonhöhen nach oben. Im zweiten Takt[229] gilt für alle Töne dasselbe, nur das der „gedachte“ Hals aufgrund der Tonhöhen jetzt nach *unten* zeigt. Daher steht das *f* nun nicht mehr auf der „richtigen“ Seite, sondern auf der „verkehrten“, denn bei nur *einer* Sekunde steht der tiefere Ton *immer* links – egal wohin der (gedachte) Notenhals geht. Nur bei *mehreren* nebeneinanderliegenden Sekunden spielt die Halsrichtung eine Rolle.

Im Zweifelsfalle gilt immer die wichtigste Notationsregel:

Es muss gut lesbar sein.

Cluster, Tontraube

Im obigen Bild finden wir viele benachbarte Noten, die gleichzeitig gespielt werden. Eine solche Ansammlung nennt man auch einen ***Cluster***[230]. Die deutsche Bezeichnung hierfür lautet: ***Tontraube***.

Hier ein typisches Beispiel für einen Cluster:

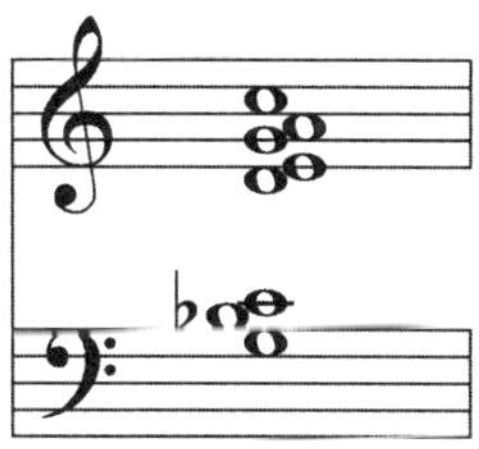

---

impro-visieren, Impro-visation

Wenn hier in diesem Buch ganz viel über Noten geschrieben wird, sollten wir nicht vergessen, dass man selbstverständlich auch *ohne* Noten musizieren kann. *Eine* Form dieses Musizierens besteht darin, dass man ohne einen Plan einfach drauflos spielt. Die Musik entsteht erst in dem Moment, in dem man sie spielt. Diese Art nennt man ***improvisieren*** und das, was dabei entsteht, ist eine ***Improvisation***.

[229] Der *gleiche* Akkord wie im ersten Takt – nur eine Oktave höher.

[230] Ausgesprochen: „Klaster“. Englisch für Traube, Haufen, Zusammenballung, Ansammlung, Gruppe…

penta-tonische Skala, penta-tonische Tonleiter

Bisher sind wir immer davon ausgegangen, dass Tonleitern aus 7 verschiedenen Tönen bestehen. Man kann aber Skalen (⇨ S. 18) auch aus *mehr* oder *weniger* Tönen bauen. Eine bekannte und auf der ganzen Welt auch sehr verbreitete Möglichkeit ist es, nur 5 verschiedene Töne zu verwenden. Im Griechischen heißt *Fünf* Penta und aus diesem Grunde nennt man eine Tonleiter, die nur aus fünf Tönen besteht, eine ***pentatonische Skala*** oder auch ***pentatonische Tonleiter***. Es gibt sehr viele verschiedene Tonleitern mit fünf Tönen. Hier die gebräuchlichsten zwei:

Dur-Pentatonik

Die so genannte ***Dur-Pentatonik***

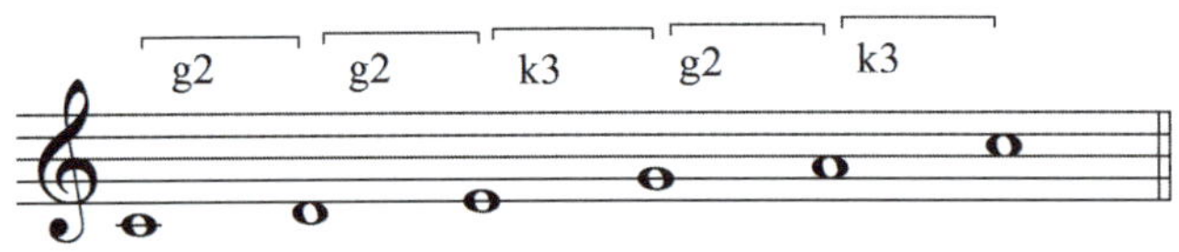

Moll-Pentatonik

Die so genannte ***Moll-Pentatonik***

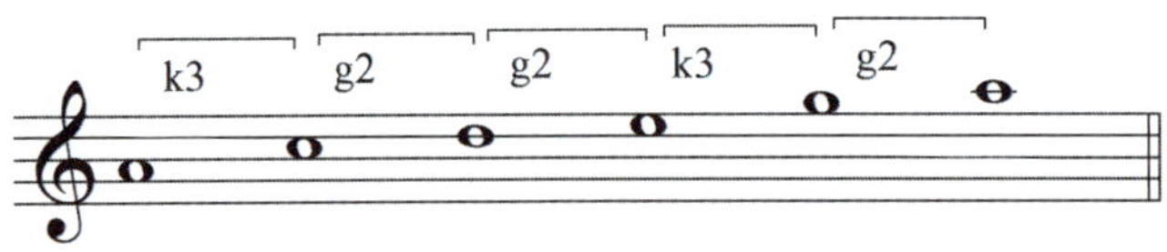

Wie die (Vor-)Namen es schon verraten, klingt die erste pentatonische Skala ein bisschen nach Dur und die zweite eher nach Moll. Das heißt aber nur, dass es eine *klangliche Nähe* zu diesen Tonalitäten (⇨ S. 19) gibt. Eine Pentatonik ist jedoch weder Dur noch Moll, sondern eine eigene Tonalität, ein eigenes tonales System/Gefüge. Man kann diese Dinge nicht miteinander vergleichen, weil sie auf unterschiedlichen Voraussetzungen aufbauen – nämlich einmal auf *fünf* verschiedenen Tönen und zum anderen auf *sieben*[231].

Modus, Modi

Wenn man genau hinsieht, merkt man, dass beide Skalen *dieselben* Töne verwenden. Auch hier handelt es sich – wie bei den Tonleitern auf S. 18 – nur um eine andere Reihenfolge. Man nennt diese verschiedenen Möglichkeiten, eine Tonleiter mit jeweils einem anderen Ton zu beginnen, auch ***Modus*** (Mehrzahl: ***Modi***)[232].

---

[231] Der *ganze* Charakter einer Dur-Tonleiter kommt erst dadurch zum Tragen, dass es sich um ein Gefüge aus *sieben* verschiedenen Tönen handelt. Das Vorhandensein einer großen Terz gleich als Dur zu bezeichnen, reicht da nicht aus. Man spiele die so genannte Dur-Pentatonik im Wechsel mit einer vollständigen Dur-Tonleiter, dann hört man die grundlegend unterschiedliche Beschaffenheit (z. B. die Besonderheit des siebten Tones als deutliche Hinführung zur Oktave [⇨ Leitton S. 147] – dies fehlt in der Pentatonik vollkommen).

[232] Wenn man es genau nimmt, sind Dur und Moll auch nur Modi.

Auch aus *sechs* verschiedenen Tönen kann man eine Tonleiter bauen. Die bekannteste ist die so genannte ***Ganztonleiter***. Sie heißt deshalb so, weil es in ihr nur *Ganztöne* als Tonabstand gibt.

Ganzton-leiter

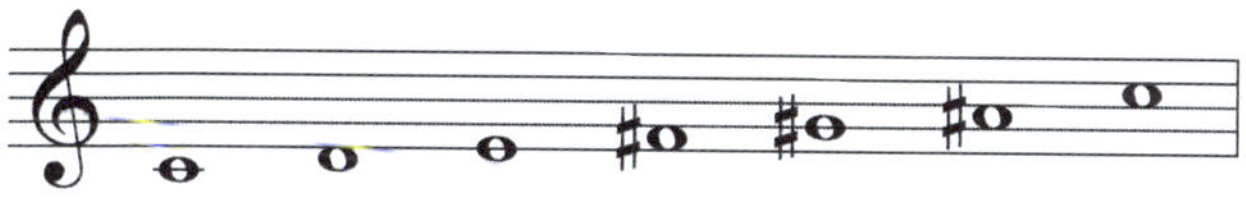

Da wir hier nur sechs statt unser üblichen sieben Töne pro Oktave haben, muss man beim Notieren auch *eine Tonstufe auslassen* – im obigen Beispiel gibt es keinen Ton auf der dritten Linie. Man kann die Ganztonleiter auch mit anderen Tönen darstellen, indem man diese enharmonisch (⇨ S. 77) verwechselt, wie z. B. *b* statt *ais* (dann fehlt im zweiten Zwischenraum eine Note).

Man ahnt es vielleicht schon: es gibt auch Tonleitern, die aus *mehr* als 7 verschiedenen Tönen bestehen.

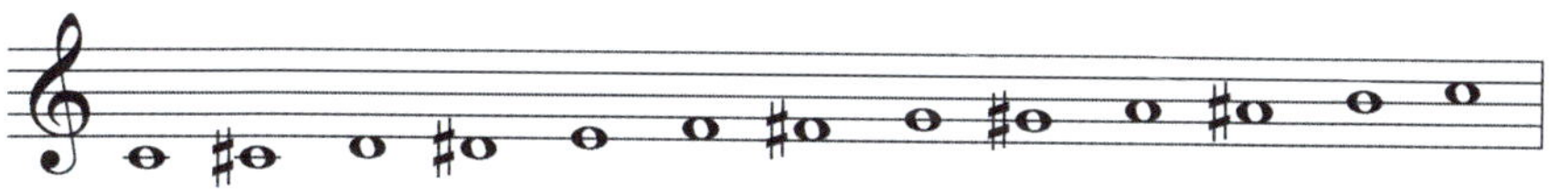

Die ***chromatische***[233] ***Tonleiter*** enthält *alle* möglichen Töne unseres Tonsystems. Sie besteht also aus 12 verschiedenen Tönen. Bei der Notation der Töne richtet man sich nach der Lesbarkeit. Gehen die Töne nach oben, verwendet man *eher* ein ♯ oder den nächsten Stammton; gehen sie nach unten, verwendet man ein ♭ oder den nächsten Stammton.

chro-matische Tonleiter

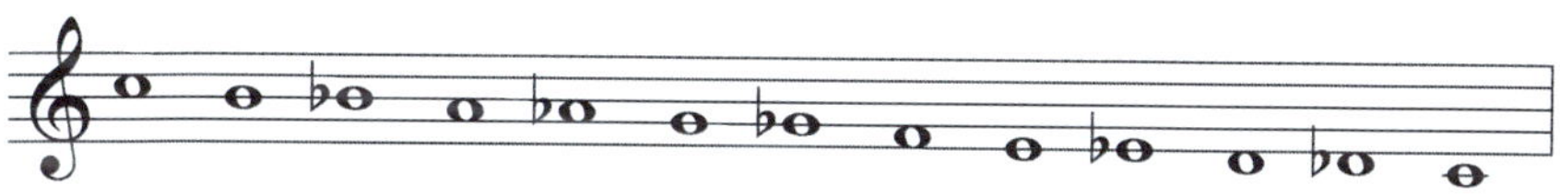

Auch wenn man eine Tonleiter baut, bei der die Töne immer abwechselnd einen Halbton und einen Ganzton voneinander entfernt liegen, entsteht bis zum Erreichen der Oktave eine Skala mit mehr als 7 verschiedenen Tönen, nämlich mit 8 Tönen[234].

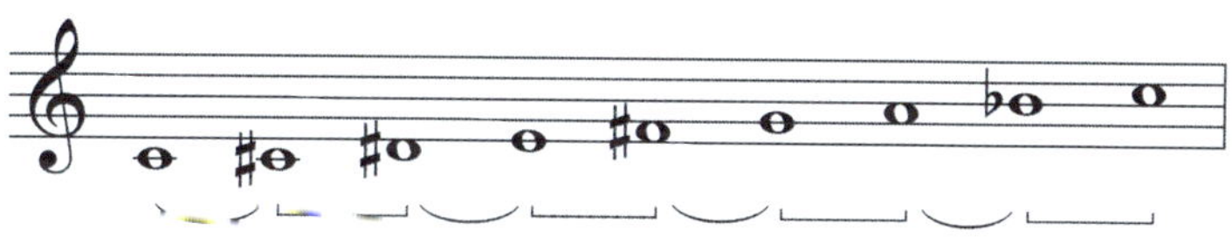

Da der *Aufbau* dieser Tonleiter *immer gleich* ist, wird sie daher auch ***Halbton-Ganzton-Skala*** genannt oder auch kurz ***HTGT***. Im Beispiel ist der Halbton am Bogen erkennbar und der Ganzton an der Klammer.

Halbton-Ganzton-Skala, HTGT

Nun kann man eine derartige Tonleiter auch in der umgekehrten Reihenfolge bauen, indem auf einen Ganzton ein Halbton folgt. Diese Skala nennt man dann folgerichtig ***Ganzton-Halbton-Skala*** oder abgekürzt ***GTHT***.

Ganzton-Halbton-Skala, GTHT

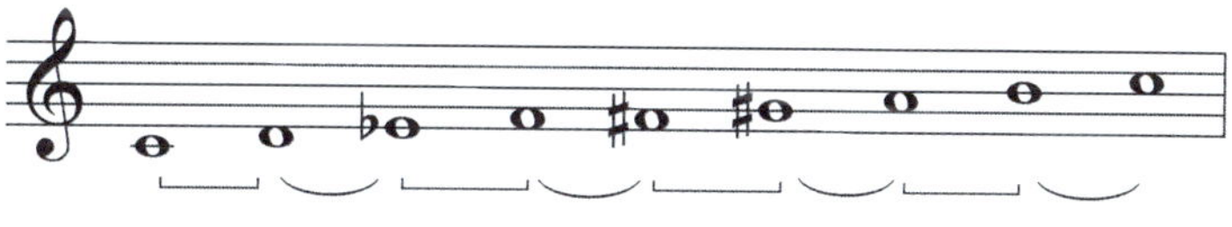

233 Das griechische Wort *chrṓma* bedeutet *Farbe*.

234 Da wir nur *7* verschiedene Tonstufen in unserem Notensystem notieren können, muss *eine* Tonstufe zweimal erscheinen – im Beispiel das *c* und das *cis*

Es gibt noch viele weitere Skalen, die in der Musik verwendet werden (können). Zum Abschluss aber noch zwei Tonleitern mit unseren „normalen“ *sieben* Tönen, die jedoch in unseren Ohren so gar nicht gewohnt klingen. Bevor wie uns diese Tonleiter jedoch ansehen, müssen wir noch einen „neuen“ Begriff kennenlernen: Uns ist ja schon lange bekannt, dass man durch ein Vorzeichen (egal ob ♯ , ♭ oder ♮) einen angestammten Ton[235] verändern kann. Diese

Alterieren

Veränderung hat auch einen eigenen Namen: alterieren. Das ***Alterieren*** bezeichnet das Verändern eines *angestammten* Tones. Dies geschieht bei der Notation (⇨ S. 6) mittels Vorzeichen.

Eine solche Tonleiter mit zwei[236] alterierten Tönen ist die Zigeunertonleiter. Der alleinige Begriff *Zigeuner* ist heute wegen seiner verächtlichen Bedeutung nicht mehr gebräuchlich, stattdessen verwendet man dafür die neutralere Bezeichnung *Sinti und Roma*. Der Name Zigeuner*tonleiter* besteht jedoch nach wie vor.

Zigeuner-tonleiter

Die ***Zigeunertonleiter*** ist charakterisiert durch zwei übermäßige Sekundschritte (entstanden durch eine zweimalige Alterierung).

Dur-Zigeuner-tonleiter

Tief-alterieren

Wir finden in der Musik zwei Formen der Zigeunertonleiter: zum einen die so genannte ***Dur-Zigeunertonleiter***, deren Name sich aus dem Vorhandensein der großen Terz (über dem Grundton) ableitet. Die beiden übermäßigen Tonschritte entstehen hier durch das Nach-unten-Alterieren dem so genannten ***Tiefalterieren***. Dass hier tatsächlich gegenüber einer normalen Dur-Tonleiter zwei Töne (die Sekunde und die Sexte nach unten alteriert wurden, erkennt man am zweiten Beispiel sehr gut).

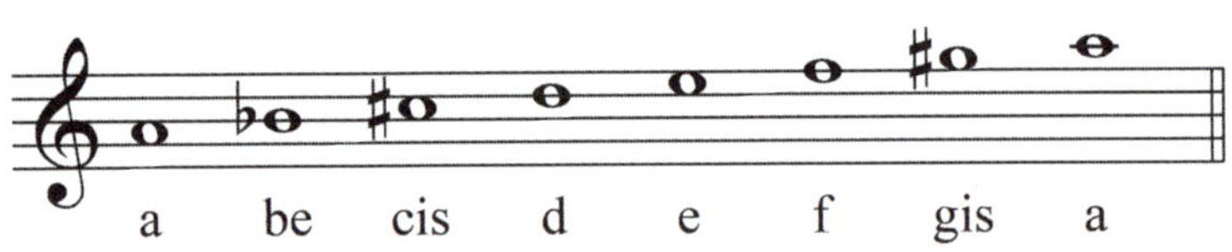

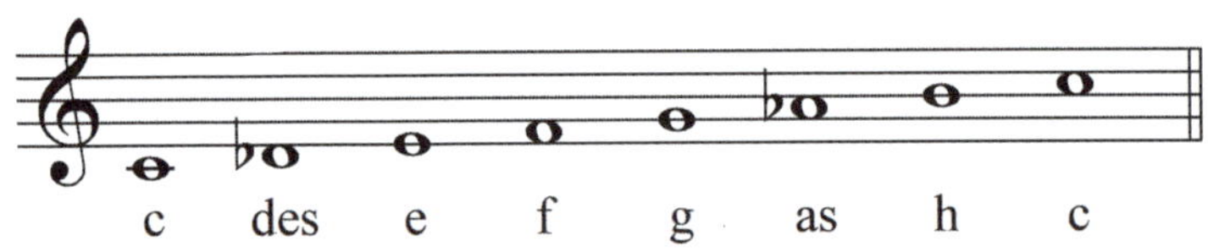

Moll-Zigeuner-tonleiter

Hoch-alterieren

Zum anderen die ***Moll-Zigeunertonleiter***, deren Name sich dementsprechend aus dem Vorhandensein der kleinen Terz (über dem Grundton) ableitet. Hier entstehen die beiden übermäßigen Intervalle durch das Nach-oben-Alterieren[237], dem ***Hochalterieren***.

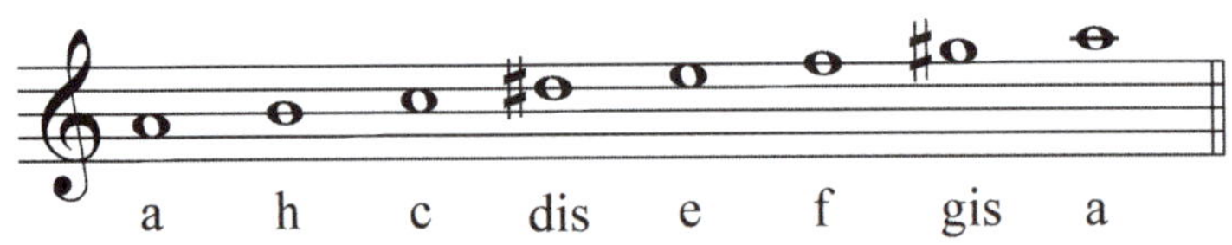

[235] Als „angestammt“ betrachtet man die Töne, die der dem Grundton zugehörenden Dur- oder Moll-Tonleiter entstammen (nicht zu verwechseln mit den Stammtönen).

[236] Natürlich gibt es auch eine Tonleiter mit nur *einem* alterierten Ton, z.B. die harmonische Moll-Tonleiter (⇨ S. 76).

[237] Der Quarte und Septime.

Und jetzt folgt noch die so genannte ***alterierte Tonleiter*** oder ***alterierte Skala***.

alterierte Skala, alterierte Tonleiter

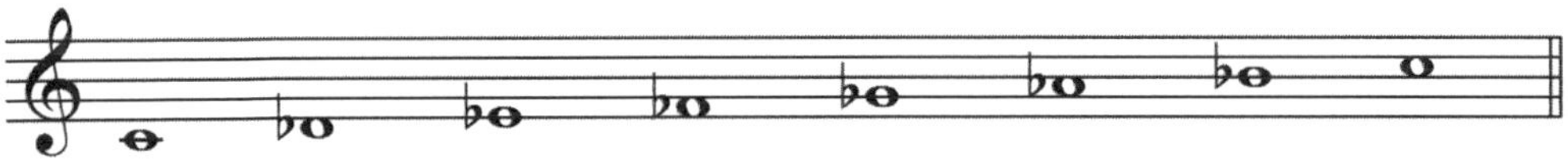

Den Namen dieser Tonleiter kann man sich anhand des obigen Bildes recht gut selbst erklären: *ohne Vorzeichen* würde hier eine ganz normale Dur-Tonleiter stehen. Wie man aber sehen kann, ist bis auf den Grundton *jeder* Ton durch ein ♭ nach unten alteriert worden. Dies ist – im Gegensatz zu den meist zu findenden Beschreibungen – eine einfache und nachvollziehbare Erklärung, die auch zeigt, wie es zu der großen klanglichen Besonderheit dieser alterierten Skala kommt – nämlich dem *gleichzeitigen* Vorhandensein einer kleinen und großen Terz (das *fes* klingt ja als ein *e*)[238].

Benutzt man in einer Melodie Töne, die *aus der aktuellen Tonleiter* stammen, bezeichnet man das als ***diatonisch***[239] – der Tonleiter folgend. Das Substantiv ist die ***Diatonik***. Töne, die *nicht* aus der verwendeten Tonleiter stammen, heißen ***chromatisch***. Es handelt sich dann um ***Chromatik***.

diatonisch, Diatonik

chromatisch, Chromatik

---

[238] In vielen Büchern steht hierfür eine deutlich kompliziertere Auslegung, die dazu noch auf einen Ton zurückgreift (die None), welcher in einer Tonleiter – die *immer* bei der Oktave endet – gar nicht vorkommt.
Der zu der alterierten Skala gehörende alterierte Akkord besitzt – da er klanglich sowohl die kleine Terz als auch die große Terz enthält – einen Klang-Charakter, der weder zu Dur, noch zu Moll gehört. Der alterierte Akkord spiegelt ein wenig den Charakter eines Tonsystems wider, das nicht zu unserem europäischen Tonsystem gehört. Gemeint ist hier – aus unserer Sicht – das *andere* Tonsystem mit dem Namen *Blues* (⇨ S. 221). Blues verwendet ganz *andere* Töne, als wir sie bisher kennengelernt haben. Diese Töne gibt es z. B. auf dem Klavier gar nicht. Wenn wir Blues – und das gilt auch für andere Tonsysteme wie dem arabischen, dem indischen und vielen weiteren – dennoch mithilfe *unseres* Tonsystems musizieren wollen, dann müssen wir Kompromisse eingehen und Töne verwenden, die nur *in etwa* richtig sind. Aber eben *nicht genau* richtig. Will man *Blues* in unserem Tonsystem spielen, hat man daher die Auswahl zwischen mindestens drei verschiedenen Tonleitern, die aber alle immer nur *einen* Teil des typischen Blues-Charakters erfassen. Diese drei Tonleitern werden ab S. 227 erklärt.

[239] Aus dem Griechischen abgeleitet.

Nun zu den angekündigten verschiedenen Arten/Typen von Akkorden:

Dur

Nehmen wir eine Dur-Tonleiter als Basis für einen Akkord, so ist die erste Terz über dem Grundton eine große Terz und über diesem (Terz-)Ton folgt eine kleine Terz – bzw. vom Grundton aus betrachtet folgt eine reine Quinte. Diesen Akkordtyp nennt man ***Dur***.

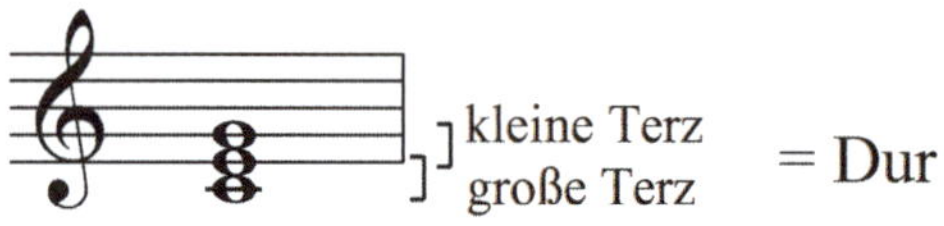

Moll

Nehmen wir dagegen eine Moll-Tonleiter als Ausgangspunkt für den Akkord, so kommt zuerst eine kleine Terz über dem Grundton und danach – über dieser Terz – eine große Terz. Oder aber vom Grundton aus gesehen wieder eine reine Quinte. Diesen Akkordtyp nennt man ***Moll***.

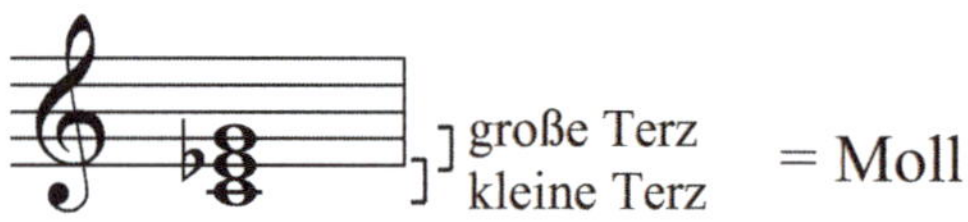

verminderter Akkord, verminderter Dreiklang

Nun kann man aber auch zwei kleine bzw. zwei große Terzen übereinander schichten[240]. Besteht ein Akkord aus zwei kleinen Terzen übereinander, heißt dieser Akkord ***verminderter Akkord*** oder ***verminderter Dreiklang***[241]. Bei dem höchsten Ton handelt es sich um eine verminderte Quinte über dem Grundton – daher auch der Name. Im Englischen wird dafür die Bezeichnung ***diminished***, abgekürzt ***dim.***, verwendet[242].

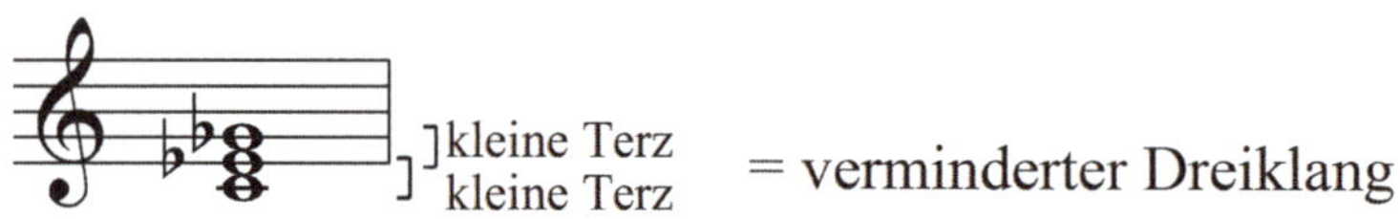

übermäßiger Akkord, übermäßiger Dreiklang

Enthält er dagegen zwei große Terzen übereinander, dann heißt er ***übermäßiger Akkord*** oder ***übermäßiger Dreiklang***[243]. Der Name rührt daher, weil sich der oberste Ton diesmal eine übermäßige Quinte über dem Grundton befindet. Im Englischen wird dafür die Bezeichnung ***augmented***, abgekürzt ***aug.***, verwendet[244].

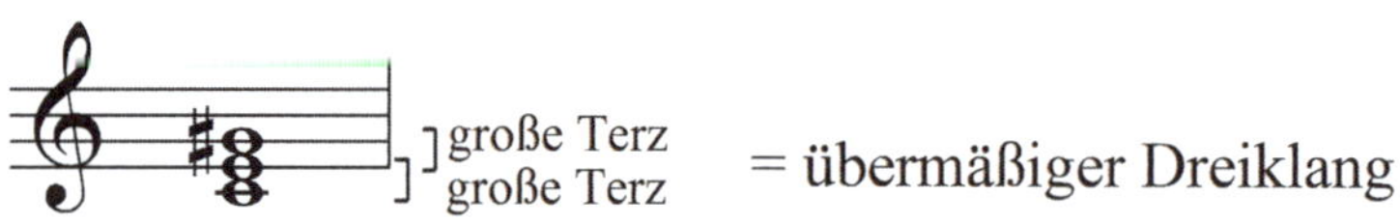

Aufgaben Nr. 29 und 30

[240] Tatsächlich gibt es auch hierfür Tonleitern bzw. Skalen (⇨ S. 18) als Ausgangspunkt.

[241] Als Grundlage für diesen Akkord kommt die Halbton-Ganzton-Skala oder die Ganzton-Halbton-Skala oder auch die alterierte Skala in Frage (⇨ S. 93ff).

[242] Der Begriff stammt vom lateinischen *deminutio* ab und bedeutet *Verkleinerung* oder *Verringerung*.

[243] Als Basis könnte die Ganztonleiter (⇨ S. 93) oder ebenfalls die alterierte Skala (⇨ S. 95) dienen.

[244] Der Begriff stammt vom lateinischen *augmentum* ab und bedeutet *Zuwachs* oder *Vermehrung*.

Hier müssen wir jetzt noch zwei Begriffe kennenlernen, die in der Musik eine *sehr* große Rolle spielen, nämlich die ***Konsonanz***[245] und die ***Dissonanz***[246]. Schon beim Hören von *Intervallen* taucht eine interessante Erscheinung auf, nämlich die, dass man manche Intervalle als *schön* klingend empfindet und andere als eher nicht so schön oder sogar als schräg. Bei den Akkorden – die ja meist aus mehr als nur zwei verschiedenen Tönen bestehen – ist das sogar noch viel deutlicher wahrzunehmen. Das, was man als schön klingend und angenehm empfindet, wäre eine Konsonanz[247], das, was eher merkwürdig, ungewöhnlich oder sogar schräg klingt, eine Dissonanz[248]. Nun empfindet jedoch jeder Mensch anders und dementsprechend wäre eine Konsonanz also für jeden Menschen ein klein wenig etwas Anderes. Richtig! Aber die Musiktheorie wäre keine Theorie, wenn sie nicht auch noch das *Empfinden* klar definieren würde – zumindest versucht sie es. Denn die Festlegung, was eine Konsonanz und was eine Dissonanz ist, gestaltet sich sehr schwierig und hat sich im Laufe der Jahrhunderte auch deutlich verändert.

Konsonanz

Im Wesentlichen kann man sagen: eine ***Konsonanz*** bezeichnet ein einfaches Schwingungsverhältnis[249] (⇨ S. 64). Konsonanzen verschmelzen gut miteinander, so dass sie leicht wie *ein* Ton wirken *können*.

konsonant

Von der Antike (⇨ S. 222) bis zum Mittelalter (⇨ S. 223) betrachtete man nur die ganz einfachen Verhältnisse als ***konsonant***, nämlich die Prime (Schwingungsverhältnis 1:1), die Oktave (1:2), die Quinte (2:3) und die Quarte (3:4)[250]. Später – so ab der Renaissance (⇨ S. 223) – kamen noch die Terzen (große Terz: 4:5; kleine Terz: 5:6) und die Sexten (große Sexte: 3:5; kleine Sexte: 5:8) hinzu[251]. Diese Intervalle betrachten wir auch noch heute als Konsonanzen. Dazu zählen auch die Intervalle, die um eine Oktave größer sind als die eben beschriebenen.

Dissonanz, dissonant

Dementsprechend bezeichnet eine ***Dissonanz*** ein *komplexeres* Schwingungsverhältnis. Dissonanzen sind reich an Schwebungen (⇨ S. 5). Sie haben das Bestreben, sich zu verändern – hin zu einer Konsonanz.

Hier die bis heute mehr oder weniger[252] als Dissonanzen geltenden Intervalle: Das sind die kleine und die große Sekunde[253] sowie die kleine und die große Septime[254]. Und dann fehlt noch ein Intervall, nämlich der Tritonus (5:7 und andere ⇨ S. 72).

[245] Konsonanz kommt von *consonare (lat.)* und bedeutet *zusammenklingen* im Sinne von miteinander harmonieren.

[246] Dissonanz kommt von *dissonare (lat.)* und bedeutet *auseinanderklingen* im Sinne von *nicht* miteinander harmonieren.

[247] Das Adjektiv dazu: konsonant

[248] Das Adjektiv dazu: dissonant

[249] Das ist das Verhältnis zweier Tonhöhen zueinander.

[250] Dies sind die so genannten *vollkommenen* Konsonanzen.

[251] Die so genannten *unvollkommenen* Konsonanzen.

[252] Das hängt davon ab, ob man die Dissonanz aus der Sicht klassischer Musik betrachtet (damit ist die europäische Kunstmusik ⇨ S. 222 gemeint, nicht die Epoche der Klassik ⇨ S. 224) oder z. B. aus der Sicht des Jazz ⇨ S. 226.

[253] Zum einen der kleine Halbton (243:265), dann der große Halbton (15:16), die kleine große Sekunde (kleiner Ganzton 9:10) und die große große Sekunde (großer Ganzton 8:9 [⇨ auch S. 64]).

[254] Die kleine Septime besitzt das Verhältnis 9:16 (das manchmal zu findende Verhältnis 4:7 wird als Naturseptime bezeichnet und ist etwas kleiner als die Septime auf dem Klavier) sowie die große Septime mit 8:15.

Auch die jeweils um eine Oktave größeren Intervalle zählen zu den Dissonanzen sowie die möglichen enharmonischen Verwechslungen (⇨ S. 77).

Nun können nicht nur *Intervalle* mehr oder weniger konsonant, schön oder weniger schön klingen, sondern sogar ein einzelner Ton kann Schwebungen besitzen. Diese Schwebungen haben ihre Ursache in einer *weiteren* Eigenschaft von Tönen:

Oberton

Grund-frequenz

Teilton

Hört man einen Ton, sind wir bisher immer davon ausgegangen, dass es sich nur um *eine* Frequenz handelt[255]. Tatsächlich besteht jeder Ton aus einer *Grundfrequenz*[256] und vielen weiteren Frequenzen bzw. Schwingungen. Diese anderen „Töne" schwingen alle (theoretisch) mit einem Vielfachen der Grundfrequenz[257]. Man nennt diese anderen Schwingungen Obertöne. ***Obertöne*** sind die Vielfachen einer Grundfrequenz[258]. Wobei die ***Grundfrequenz*** der tiefste Ton aller möglichen[259] Frequenzen ist. Alle Obertöne *zusammen* mit der Grundfrequenz nennt man ***Teiltöne***[260]. Teiltöne gibt es also immer *einen mehr* als Obertöne.

Unter *Der Ton (2)* auf S. 30 haben wir erfahren, dass Töne als *eine* wichtige Eigenschaft eine Lautstärke besitzen. Stellen wir uns nun vor, dass jeder gesungene oder auf einem Instrument gespielte (Grund-)Ton noch von mindestens 20 (hörbaren[261]) Obertönen begleitet wird und jeder dieser Teiltöne eine eigene Lautstärke besitzt, dann können wir uns gut ausmalen, dass es eine unendliche Fülle von Kombinationsmöglichkeiten gibt. Das Vorhandensein bzw. das Fehlen bestimmter Teiltöne sowie die Lautstärke-Verteilung aller Teiltöne ergeben eine jeweils charakteristische Zusammenstellung[262]. Dies bezeichnet man als ***Klang***.

Klang

Und weil es eben so viele verschiedene Möglichkeiten gibt, aus vielen einzelnen Teiltönen einen Klang zu bauen, hört sich derselbe Ton (z. B. *a*¹) auf einem Klavier oder mit einer Flöte gespielt, von einer Frau oder einem Mann gesungen, so unterschiedlich an.

---

255 Zum Begriff Frequenz und deren Bezeichnung ⇨ Fußnote 4, S. 4.

256 Manchmal wird die Grundfrequenz auch als Grundton bezeichnet. Diese an sich korrekte Bezeichnung verwenden wir wegen der Verwechslungsgefahr mit den anderen Grundton-bedeutungen (Grundton einer Tonleiter und Grundton eines Akkordes) aber nicht weiter.

257 Wenn also z. B. die Grundfrequenz 100 Hz beträgt, schwingen die weiteren Töne mit 200 Hz, 300 Hz, 400 Hz usw.

258 Ganz korrekt müsste es heißen: die *harmonischen* Obertöne sind die Vielfachen einer Grundfrequenz, denn tatsächlich gibt es (oftmals) auch noch ganz andere (so genannte *unharmonische*) Obertöne, die einen Klang bereichern.

259 Wenn ich mit einem Messgerät *nur* die Frequenzen 500 Hz, 400 Hz, 300 Hz und 200 Hz messen kann, *muss* die Grundfrequenz 100 Hz betragen (denn nur dann sind 500 Hz, 400 Hz, 300 Hz und 200 Hz Vielfache *einer* Grundfrequenz). Und dies auch dann, wenn die Grundfrequenz selbst gar nicht erklingt. Dieser Fall ist gar nicht so selten: z. B. werden über ein normales Telefon meist nur die Frequenzen zwischen 300 und 3.400 Hz übertragen. Da Männer bei etwa 100 Hz und Frauen bei etwa 200 Hz sprechen, fehlt bei beiden zumindest der Grundton; trotzdem kann man sich verstehen.

Partialton, Naturton

Naturton-reihe

260 Eine weitere Bezeichnung hierfür ist ***Partialtöne*** oder auch ***Naturtöne***. Alle Teiltöne zusammen werden auch als ***Naturtonreihe*** bezeichnet.

261 Wenn der Hörbereich des Menschen bei etwa 20.000 Hz endet, bedeutet das nicht, dass darüber hinaus keine Obertöne mehr existieren – wir *hören* sie nur nicht mehr. In der Regel handelt es sich sogar um deutlich mehr als nur 20 Obertöne, aber die Lautstärke der weiter oben liegenden Teiltöne ist dann so gering, dass sie den Klang nicht mehr wirklich beeinflussen. Bei z. B. einer Grundfrequenz von 220 Hz (kleines *a*) gibt es bis 20.000 Hz gut 90 Obertöne.

262 Auch hier ist die Wahrheit noch ein bisschen komplizierter: das Vorhandensein und die Qualität/Lautstärke *geräuschhafter* Frequenzen (so genannter *unharmonischer* Teiltöne, also aller Frequenzen, die *nicht* in das Schema der Teiltöne passen) beeinflusst den Klang manchmal ebenfalls in durchaus erheblichem Maße.

Wenn wir nun wissen, dass jeder Ton in Wirklichkeit aus vielen verschiedenen einzelnen „Tönen“ besteht, dann kann man sich gut vorstellen, dass es auch zwischen *diesen*, sich in *einem* Ton befindlichen Teiltönen zu Wechselwirkungen kommt. Denn die Vielfachen der Grundfrequenz sind ja Intervalle (100 Hz:200 Hz≙1:2=Oktave; 200 Hz:300 Hz≙2:3=Quinte usw.) Diese Beziehungen der Teiltöne können dann ebenfalls als konsonant oder dissonant oder – meist – als irgendwo dazwischen liegend wahrgenommen werden. Daher kommt es auch, dass zwei Menschen, die denselben Ton singen, nicht nur anders klingen, sondern der eine auch *schöner* klingen kann als der andere.

Man kann sich sicher gut ausmalen, dass das bisher zu den Konsonanzen und den Dissonanzen Gesagte auf Akkorde *in besonderem* Maße zutrifft, denn hier geht es nicht nur um einen oder zwei Töne, sondern (meist) um deutlich mehr Töne. Und damit werden auch die Möglichkeiten, konsonant, dissonant oder dazwischen liegend zu klingen, deutlich größer.

DIE INSTRUMENTE (1)

Wir haben schon sehr viel über Noten, Rhythmus und Akkorde erfahren, aber noch kaum etwas über die Instrumente[263], die die Musik erst zum Klingen bringen[264]. Es gibt sehr viele und sehr unterschiedliche Instrumente, bei denen es nicht leicht ist, den Überblick zu behalten. Und entsprechend schwer ist es, diese Instrumente in Gruppen zu sortieren. Wir werden dies nach ihrem wichtigsten Merkmal tun, nämlich wie der Klang, also der Ton, (zumindest hauptsächlich) erzeugt wird[265].

Später (⇨ S. 166) wird dies noch ausführlicher geschehen.

Jeder Körper, der auf irgendeine Art und Weise zum Erzeugen von Klängen verwendet werden kann, *kann* als ***Instrument*** bezeichnet werden. Im Alltag meint man damit natürlich nicht die leere Plasteflasche, auf der man sehr wohl tolle Rhythmen spielen kann, sondern meist sehr aufwändig hergestellte Geräte, mit denen sich die heutige, meist sehr kunstvolle Musik, umsetzen lässt.

Instrument

Musikalisch verwendbares Klangmaterial kann auf folgende Art und Weise *erzeugt* werden:

1. Eine Saite[266] wird in Schwingung versetzt
2. Eine Luftsäule wird in Schwingung versetzt
3. Ein Fell wird in Schwingung versetzt
4. Ein Körper selbst wird in Schwingung versetzt[267]
5. Auf elektronischem Wege werden Schwingungen erzeugt.

[263] Obwohl wir Instrumente bereits ganz am Anfang erwähnt haben (z.B. auf S. 5).
[264] Zu diesen Instrumenten gehört übrigens auch die menschliche Stimme.
[265] Man merkt schon, dass es in Wirklichkeit doch wieder komplizierter ist.
[266] Eine ***Saite*** ist eine dünne Schnur bzw. ein dünner Strang aus verschiedensten Materialien wie z.B. Naturdarm, Metall, Kunststoff u.a., die durch das feste Aufspannen in einem Instrument in Schwingung versetzt werden kann und so einen Ton erzeugt.

Saite

[267] Natürlich handelt es sich bei einer Saite und einem Fell auch um einen Körper, aber da eine Saite (und meist auch das Fell) sehr, sehr leise schwingt, benötigen sie zusätzlich immer noch eine Verstärkung (meist einen Resonanzkörper, also einen „Verstärkungs“körper; manchmal geschieht diese Verstärkung auch elektrisch). Hier sind *die* Körper gemeint, die bereits von sich aus gut hörbar klingen.

Saiteninstrument, Chordophon

Saite

Streichinstrument

Geige, Violine

Bratsche, Viola

Cello, Violoncello, Kniegeige

Kontrabass, Stehbass

Zupfinstrument

Gitarre, E-Gitarre, Ukulele, Banjo, Mandoline, Zither

Cembalo

Harfe

pizzicato, pizz.

arco

Plektrum

Zu 1.) ***Eine Saite wird in Schwingung versetzt***

Diese Instrumente werden als ***Saiteninstrumente*** bezeichnet (der Fachbegriff dafür lautet: ***Chordophone*** von griechisch *chordē* für ***Saite*** und *phōnē* für Ton/Klang, also zusammen „Saitenklinger").

Zu diesen Instrumenten zählen viele verschiedene Instrumente, die man wiederum danach unterscheidet, *wie* die Saite zum Klingen gebracht wird.

a. Die Saite wird mit einem Bogen gestrichen. Man nennt diese Instrumente auch ***Streichinstrumente***.

Dabei fährt ein mit Haaren bespannter Stab quer über die Saite und versetzt diese durch die dabei auftretende Reibung je nach ausgeübtem Druck mehr oder weniger stark (also mehr oder weniger laut) in Schwingung (⇨ S. 4).

Zu den Instrumenten, die (vorwiegend) auf diese Art gespielt werden, zählt die ***Geige***, auch ***Violine*** genannt, mit all ihren zur sogenannten *Familie* gehörenden Verwandten[268]: der ***Bratsche***, auch ***Viola*** genannt; dem ***Cello*** oder auch ***Violoncello*** (früher als ***Kniegeige*** bezeichnet) und dem ***Kontrabass*** (selten auch ***Stehbass*** genannt). Die Geige ist dabei das kleinste Instrument und bis zum Kontrabass wird es immer größer.

b. Die Saite wird gezupft. Man nennt diese Instrumente auch ***Zupfinstrumente***.

Zupfen meint, dass man mit einem mehr oder weniger harten Gegenstand (meist der Fingerkuppe, dem Fingernagel oder auch verschieden harten Plektren[269] [Einzahl: Plektrum]) die Saite quer zur Spannrichtung anreißt.

Zu den Instrumenten, die auf diese Art gespielt werden, zählen die ***Gitarre*** (auch die ***E-Gitarre***[270], abgekürzt für *elektrische Gitarre* ⇨ S. 107), die ***Ukulele***, das ***Banjo***, die ***Mandoline*** sowie die ***Zither***. Aber auch das ***Cembalo***, bei dem ein Federkiel die Saite anreißt, zählt zu den Zupfinstrumenten, sowie die ***Harfe***.

Nun kann man aber auch die unter Punkt 1a genannten Saiteninstrumente (Geige usw.) z.B. mit dem Finger zupfen. Diese (besondere) Spielweise nennt man ***pizzicato*** (abgekürzt ***pizz.***) und sie wird entsprechend in den Noten vermerkt[271]. Das Pizzicato gibt es bei allen zur Geigenfamilie gehörenden Instrumenten[272]. Will man demgegenüber *wieder mit dem Bogen* über die Saiten streichen, schreibt man in den Noten ***arco*** (italienisch für *Bogen*[273]).

---

[268] Damit bezeichnet man ähnlich aufgebaute und funktionierende Instrumente.

[269] Ein ***Plektrum*** ist ein meist aus Plaste, aber durchaus aus Metall bestehendes Plättchen, das spitz zuläuft und so ein genaues Anreißen der Saite ermöglicht.

[270] Hierzu zählt dann auch der ***E-Bass*** (⇨ S. 107)

[271] Das Wort stammt vom italienischen *pizzicare* für kneifen, zupfen ab. Die Angabe *pizzicato* ist für Streichinstrumente sinnvoll, da das Zupfen für *diese* eine Besonderheit darstellt.

[272] Ehrlicherweise muss man sagen, dass es das ***pizzicato*** auch bei der Gitarre gibt. Dort möchte man den typischen Geigen-Pizzicato-Klang nämlich *„trocken"* und *kurz* nachahmen. Dies erreicht man auf der Gitarre dadurch, dass man die Saite bereits *vor* dem Anzupfen – was allgemein als Anschlagen bezeichnet wird – mit der anschlagenden Hand abdämpft. Die Saiten werden also an ihrem freien und ungehinderten Schwingen gehindert.

[273] Früher schrieb man noch ***coll'arco***, übersetzt: *mit dem Bogen*.

c. **Die Saite wird geschlagen.** Dann heißen diese Instrumente ***Schlaginstrument*e**. Zu den Schlaginstrumenten zählen jedoch noch viele weitere, die keine Saite zur Klangerzeugung verwenden.

Schlag-instrument

Saiteninstrumente, die geschlagenen werden, gibt es nur wenige. Das bekannteste davon ist das ***Klavier***, bei dem ein Hammer – ausgelöst durch das Niederdrücken der Taste – gegen eine gespannte Saite geschleudert wird und dadurch den Klang erzeugt. Dabei gibt es von der Klangerzeugung her keinen Unterschied zu einem ***Flügel***. Dieser ist jedoch größer – weil die gespannten Saiten nicht mehr *stehen*, sondern *liegen* – und nimmt dadurch mehr Platz im Raum ein. Dafür klingt ein Flügel meist auch ansprechender. Aber auch das ***Zymbal*** (manchmal auch als ***Hackbrett***[274] bezeichnet), ein typisch ungarisches Instrument[275], gehört zu dieser Gruppe.

Klavier, Flügel

Zymbal, Hackbrett

Zu 2.) ***Eine Luftsäule wird in Schwingung versetzt***

Diese Instrumente werden als ***Aerophon*e** bezeichnet (von griechisch *αέρο (aero)* für Luft und *phōnē* für Ton/Klang, also zusammen ***„Luftklinger“***). Bei diesen Instrumenten wird Luft, die an einem geeigneten Hindernis vorbeiströmt, direkt zu Schwingungen angeregt. Die Schallwellen gehen von dieser schwingenden Luftmenge aus. Auch hier gibt es wieder mehrere Möglichkeiten, Klänge zu produzieren:

Aerophon, Luftklinger

a. **Die Luftsäule wird durch den Atem eines Bläsers erzeugt**. Man nennt diese Instrumente ***Blasinstrument*e**[276]. Die allermeisten Aerophone sind Blasinstrumente.
Zu den Blasinstrumenten zählen auch wieder viele, verschiedene Instrumente, die wir in zwei große Gruppen unterteilen:

Blas-instrument

◆ Die ***Holzblasinstrument*e**

Holzblasinstrumente müssen – entgegen ihrem Namen – nicht unbedingt aus Holz gebaut sein, sondern wichtig ist die Art, wodurch ein Ton erzeugt wird: ein Luftstrom trifft entweder auf eine (Anblas)-Kante[277] oder versetzt ein oder zwei Rohrblätter[278] in Schwingung. Die entstehende Luftsäule im Inneren des Instrumentes wird über das Öffnen bzw. Abdecken von Tonlöchern verlängert oder verkürzt[279].
Instrumente mit Anblaskante sind die ***Blockflöte*** und die ***Querflöte***. *Ein* Rohrblatt verwendet die ***Klarinette***, aber auch das ***Saxophon***. *Zwei* Rohrblätter finden wir bei der ***Oboe*** und dem ***Fagott***.

Holzblas-instrument

Blockflöte, Querflöte

Klarinette, Saxophon

Oboe, Fagott

[274] Hackbretter sind weltweit verbreitet und kommen in zahlreichen Formen vor.

[275] Das Zymbal (auch Cymbal) hat ein ähnliches Aussehen wie eine Zither (⇨ S. 169), nur größer, bei dem die Saiten nicht angerissen werden, sondern mit Klöppeln – kleinen mit Filz oder ähnlichem Material bespannten oder umwickelten Stäben – geschlagen werden.

[276] Der englische Begriff hierfür ist auch oft zu finden: ***reeds***.

reeds

[277] Diesen Effekt kennt man, wenn man auf dem Rand einer Flasche bläst.

[278] Tatsächlich oft noch aus Schilfrohr hergestellt, heutzutage aber auch aus Kunststoff.

[279] Je länger die Luftsäule (also je weiter weg vom Mund des Spielers die Luft aus dem Instrument strömen kann) desto tiefer der Ton und umgedreht: je kürzer desto höher.

Trillerpfeife

Orgel, Labium, Lippenpfeife, Labialpfeife

Register

Übrigens gehört auch die ***Trillerpfeife***[280] zu den Instrumenten mit Anblaskante. Und auch die meisten Pfeifen einer ***Orgel*** funktionieren so, dass ein Luftstrom gegen eine schmale Kante, das ***Labium***, auch Lippe genannt, geblasen wird. Diese Pfeifen nennt man deshalb auch ***Labialpfeife***n oder ***Lippenpfeife***n[281]. Eine komplette Reihe[282] *gleichgebauter* Orgelpfeifen – die dadurch einen gleichartigen Klang haben – nennt man ***Register***. Das Wort Register bezieht sich bei anderen Instrumenten auf den Bereich eines annähernd ähnlichen Klanges.

transponierendes Instrument

Bei einigen Holzblasinstrumenten[283] gibt es noch eine Besonderheit: der Ton, der auf dem Instrument gespielt wird, entspricht *nicht* der Tonhöhe, die dann erklingt. Wir haben gerade gehört, dass je größer das Instrument ist, desto tiefer wird dessen Klang. Bei den Klarinetten z.B. gibt es viele verschieden große Bauformen. Jede Klarinette – wie auch jedes andere Blasinstrument – hat dabei einen Grundton, von dem aus sich alle anderen Töne ableiten[284]. Bei den Klarinetten, wie bei allen Holzblasinstrumenten, ist dies der *tiefste* Ton. Durch Verkürzen der Rohrlänge können die Töne *nur höher* werden. Nun gibt es eine Klarinette in A, eine in B^b und eine in E^b (um nur die häufigsten zu nennen). Die A-Klarinette ist dabei am längsten, etwas kürzer ist die B^b-Klarinette und deutlich kleiner ist die Klarinette in E^b. Spielt man auf allen dreien den gleichen Griff, hört man unterschiedliche Töne. Bei einem gegriffenen c^1 [285] hört man auf der A-Klarinette ein (kleines) *a*, auf der B^b-Klarinette ein (kleines) *b* und auf der E^b-Klarinette ein es^1. Diese Eigenschaft, einen anderen Ton erklingen zu lassen, als man spielt, nennt man Transponieren. Diese Instrumente sind ***transponierende Instrumente***[286]. Für die meisten ist dies sehr verwirrend, für den betroffenen Musiker hat dies aber auch Vorteile. Durch die Wahl eines geeigneten Instrumentes kann eine schwierige Melodie durchaus deutlich einfacher gespielt werden[287].

---

[280] Eine bewegliche Kugel verändert durch den Luftstrom beständig den Querschnitt der Luftsäule und erzeugt so im Wechsel *zwei verschiedene*, dicht nebeneinanderliegende Töne, die unser Ohr als *gleichzeitig erklingend* wahrnimmt.

[281] Ursprünglich bestand die Orgel nur aus Labialpfeifen. Die anderen, die Lingualpfeifen (⇨ S. 103), kamen erst ab dem 15. Jh. dazu.

[282] Gemeint ist damit die ununterbrochene, chromatische Folge vom tiefsten zum höchsten Ton.

[283] Und später auch noch bei anderen Instrumenten.

[284] Bei den Blechblasinstrumenten ist es immer die Naturtonreihe, die durch Züge oder Ventile verändert werden kann (⇨ weiter unten).

[285] Dieser Griff für *c* ist vom Grunde her nur eine einmalig getätigte, willkürliche Festlegung.

[286] Die Ähnlichkeit mit dem Transponieren (⇨ S. 75) ist nicht zufällig.

[287] Wobei heutzutage der tatsächliche Hintergrund für die Verwendung einer A- und einer E^b-Klarinette darin begründet liegt, dass beide einen deutlich voneinander unterscheidbaren Klangcharakter besitzen (dies gilt auch für die anderen transponierenden Instrumente).

◆ Die ***Blechblasinstrumente***

Blechblasinstrumente sind fast immer aus Metall hergestellt, obwohl dies nicht zwingend erforderlich ist[288]. Auch hier entscheidet die Ton*entstehung* über die Zugehörigkeit: die Lippen des Spielers *vibrieren* am Mundstück des Instrumentes und erzeugen so den Ton, der durch das Instrument verstärkt wird. Mit den Lippen lassen sich immer nur die Töne der Naturtonreihe (⇨ S. 98) des Instrumentes spielen. Der Grundton[289] des Instrumentes wird durch die Rohrlänge bestimmt. Weitere Töne werden nur möglich durch Veränderung der Rohrlänge. Mit einem so genannten *Zug*[290] kann man die Länge größer und so den Ton tiefer werden lassen. Dies ist bei der ***Posaune*** der Fall. Andere Instrumente verwenden Ventile, die man niederdrücken kann. Dadurch strömt die Luft durch einen anderen, längeren Teil des Rohres, und der Ton erklingt tiefer. Beispiele hierfür sind die ***Trompete*** und das ***Horn***. Die beiden letztgenannten sind ebenfalls transponierende Instrumente (die Trompete meist in B^b, das Horn in F). Die Blechblasinstrumente werden auch mit dem englischen Wort ***Brass*** bezeichnet.

Blechblas-instrument

Posaune

Trompete, Horn

Brass

b. **Die Luftsäule strömt an einer sich bewegenden Metallzunge vorbei.**
Man nennt diese Instrumente auch ***Harmonikainstrumente***. Dazu zählen das ***Akkordeon*** und die ***Mundharmonika***. Und auch einige Pfeifen der ***Orgel*** gehören in diese Kategorie, nämlich die sogenannten ***Zungenpfeifen*** (Fachbegriff: ***Lingualpfeifen***). Der Ton entsteht dadurch, dass eine in einem Windkanal montierte, leichtgebogene Metallzunge durch vorbeiströmende Luft in Schwingung versetzt wird.

Harmonika-instrument

Akkordeon

Mundhar-monika

Orgel, Zungen-pfeife, Lingual-pfeife

[288] Heutzutage gibt es auch Instrumente aus Kunststoff, die einen durchaus ansprechenden Klang bieten.

[289] Und damit auch alle weiteren Naturtöne.

[290] Der Name kommt von *Ziehen*.

Fellklinger, Membranophon, Trommel

Schlaginstrument

Bongos, Conga

Tamburin

Kleine Trommel, Große Trommel

Pauke

Zu 3.) ***Ein Fell wird in Schwingung versetzt***

Diese Instrumente werden als ***Fellklinger*** bezeichnet (der Fachbegriff dafür lautet: ***Membranophon***e von lateinisch *membrāna* für Häutchen und griechisch *phōnē* für Ton/Klang). Der Einfachheit halber kann man alle Membranophone auch als ***Trommel***n bezeichnen. Bei diesen Instrumenten wird eine Haut[291] über einen (meist runden) Körper gespannt, der durch seine Eigenresonanz den Klang verstärkt. Gespielt werden diese Instrumente in der Regel durch Darauf-Schlagen (mit den Händen, Holzstöcken oder Filzschlägeln); man kann sie also auch als ***Schlaginstrument***e[292] bezeichnen. Es gibt Trommeln, die nur auf der Oberseite ein Fell besitzen und unten offen sind (Einfell-Trommel). Hierzu gehören die ***Bongos***[293], die ***Conga***[294] und das ***Tamburin***[295]. Andere Trommeln besitzen zwei Felle (Zweifell-Trommel), eines auf der Ober- und eines auf der Unterseite (z.B. die ***Kleine Trommel***[296] und die ***Große Trommel***[297]).
Der Vollständigkeit halber sollte noch erwähnt werden, dass es auch Trommeln gibt, die gerieben[298] oder (seltener) gezupft werden.

Bis auf wenige Ausnahmen können Trommeln gar keine *verschiedenen* Töne spielen, weil sie keine klar bestimmbare Tonhöhe produzieren, sondern lediglich ein Frequenzgemisch[299], welches wir als *einen* Klang bzw. *ein* Geräusch wahrnehmen. Eine Ausnahme bildet die ***Pauke***. Hier ist der Anteil der harmonischen Schwingungen gegenüber den unharmonischen noch so groß, dass man eine Tonhöhe bestimmen kann und es so möglich wird, *verschiedene* Töne zu spielen.

[291] Traditionell handelt es sich dabei um Tierhäute, heutzutage verwendet man aber häufig Felle aus Kunststoff. Manchmal taucht in diesem Zusammenhang auch der Begriff *Pergament* auf. Hierbei handelt es sich um eine Tierhaut, die nicht gegerbt, sondern nur luftgetrocknet wurde.

[292] Wie auch das Klavier eines ist.

[293] Ein kleineres Trommelpaar unterschiedlicher Größe.

[294] Ebenfalls paarweise gespielt, aber größer im Durchmesser als Bongos und sehr viel höher.

[295] Eine Handtrommel mit nur geringer Höhe – man kann das Tamburin dadurch gut in der Hand halten. Oft sind bei einem Tamburin im (Holz-)Körper noch kleine Schellen (⇨ Idiophone, S. 105) montiert, die beim Schlagen zusätzlich einen hellen Klang hervorbringen.

[296] Zu finden im Schlagzeug einer Rockband und – etwas anders gebaut – auch im klassischen Orchester.

[297] Auch beim Schlagzeug der Rockband zu finden und – etwas anders gebaut – im klassischen Orchester.

[298] Z.B. der Brummtopf, den es in Europa zwischen dem 15. und 18. Jh. häufig gab.

[299] Die Klänge der bisher behandelten Instrumente enthalten im Wesentlichen den Grundton mit den ganzzahligen Vielfachen von dessen Frequenz. Dies bezeichnet man als harmonische Teiltöne (⇨ S. 98), weil sie ein klar bestimmbares Verhältnis zum Grundton besitzen. *Jedes* Instrument erzeugt darüber hinaus mehr oder weniger ausgeprägt noch eine Reihe weiterer Frequenzen, die nicht in dieses Schema passen, sogenannte *unharmonische Teiltöne*. Überwiegt der Anteil der unharmonischen Frequenzen, kann man einen Grundton nicht mehr klar bestimmen, das Instrument besitzt damit keine (klar feststellbare) Tonhöhe.

Zu 4.) ***Ein Körper selbst wird in Schwingung versetzt***

Selbst-klinger, Idiophon

Die so genannten ***Selbstklinger*** (Fachbegriff: ***Idiophon***, von griechisch *ἴδιος* (idios) für *eigen* und *phōnē* für Ton/Klang sind Instrumente, die entweder als Ganzes schwingen und so den Klang erzeugen, oder aber *ein Teil* dieses Instrumentes (das weder ein Fell noch eine Saite ist) kann schwingen.

Schlag-instrument

Auch hier *schlägt* man meist mit Holzstöcken oder Filzschlägeln auf das Instrument. Es handelt sich damit ebenfalls um ***Schlaginstrumente***.

Röhren-glocke

Das bekannteste Idiophon dürfte wohl die Kirchenglocke sein. In der Musik gibt es ein vergleichbares Musikinstrument: die ***Röhrenglocke***[300].

Triangel, Becken, Gong

Klanghölzer, Claves

Rassel, Maracas, Kastag-netten, Holzblock

Maul-trommel

Dieses Instrument – wie auch die Kirchenglocke – *schwingt als Ganzes.* Zu dieser Gruppe gehören auch der/die oder das ***Triangel***[301], das ***Becken***[302], der ***Gong***[303], die ***Klanghölzer***[304], auch ***Claves***[305] genannt (zu einer anderen Bedeutung von Claves ⇨ auch S. 219), die ***Rassel***[306] (***Maracas***), die ***Kastagnetten***[307], der ***Holzblock***[308] und auch die ***Maultrommel***[309].

Xylophon, Marimba, Marimba-phon

Glockenspiel, Vibraphon

Instrumente, bei denen nur *ein Teil* für sich *schwingt*, sind das ***Xylophon***[310], die ***Marimba***[311] bzw. das ***Marimbaphon***, das ***Glockenspiel***[312], das ***Vibraphon***[313].

Die Schellen eines Tamburins (⇨ S 104) gehören zu den Idiophonen. Das Tamburin mit Schellen ist also gleichzeitig ein Membranophon und ein Idiophon.

Schlagzeug

Ein Instrument, das ebenfalls aus diesen beiden Gruppen besteht, ist das ***Schlagzeug***. Mehrere, verschieden große Trommeln werden ergänzt durch mehrere verschiedene Becken[314].

---

300 Die Form ist anders als bei Kirchenglocken, nämlich eine Röhre mit konstantem Durchmesser und für die verschiedenen Töne mit unterschiedlicher Länge. Röhrenglocken hängen frei beweglich und werden von außen mit einem speziellen Hammer gespielt.

301 Mit einem Metallstab schlägt man gegen ein nicht ganz geschlossenes Metalldreieck.

302 Meist wie ein Dach geformte Metallscheibe, die mit Holz- oder Metallstäben gespielt wird.

303 Ähnlich einem Becken, die Form ist meist gewölbter und wird in der Regel hängend gespielt.

304 Zwei gleichlange Holzstäbe werden gegeneinandergeschlagen, wobei ein Stab locker in der Hand liegen muss.

305 Der Übersetzung aus dem Spanischen nach oft als *Schlüssel* bezeichnet, tatsächlich aber von den im Schiffsbau verwendeten Hartholznägeln *clavos* herstammend. Wobei die Übersetzung *clave* mit *Notenschlüssel* durchaus auch seine Berechtigung hat, denn die zweite Bedeutung von Clave (⇨ S. 219) schließt eine metrische Struktur auf.

306 In einem Hohlkörper schlagen viele sandkorn- bis nussgroße, harte Körper gegeneinander und gegen die Wand des Hohlkörpers und erzeugen so einen charakteristischen Klang.

307 Zwei muschelförmige Holzklappen, die gegeneinandergeschlagen werden.

308 Meist *zwei* unterschiedlich große Holzkästchen, die dadurch auch unterschiedlich hoch klingen.

309 An einem u-förmigen Rahmen ist eine Blattfeder befestigt, die frei schwingen kann. Ist die Maultrommel aus Metall, spielt man sie im Mundraum, mit dem man den Klang auch beeinflussen kann. Es gibt aber auch Maultrommeln aus Bambus, die mittels Finger oder Schnur gespielt werden. Wobei man der Korrektheit halber sagen muss, dass die Maultrommel auch funktioniert, wenn lediglich Luft an der Feder *vorbeiströmt*. Also so wie bei einem Akkordeon – damit gehörte sie dann zu den Aerophonen.

310 Holzplatten liegen auf einem weichen Untergrund und werden mit Holzstäben gespielt.

311 Wie Xylophon nur das sich unter den Platten Röhren befinden, die den Klang verstärken.

312 Metallplatten liegen auf einem weichen Untergrund und werden mit Holzstäben gespielt.

313 Ähnlich dem Glockenspiel nur dass sich unter den Metallplatten Röhren befinden, die die Resonanz verstärken. Oder ähnlich der Marimba nur mit Metallplatten.

Hänge becken, Hi-Hat

314 In der Regel zwei verschieden klingende ***Hängebecken*** (diese werden durch ein Loch in der Mitte des Beckens beweglich auf einem Ständer gelagert) sowie einem Doppelbecken, bei dem beide waagerecht liegenden Becken mithilfe einer Fußmechanik gegeneinander geschlagen werden. Dies nennt man ***Hi-Hat***.

Zu 5.) ***Auf elektronischem Wege werden Schwingungen erzeugt.***

Elektroklinger, Elektrophon

elektronisches Musikinstrument

Die so genannten ***Elektroklinger*** (Fachbegriff: ***Elektrophon***, von griechisch *élektron* für Bernstein[315] und *phōnē* für Ton/Klang. Im allgemeinen Sprachgebrauch werden sie meist als ***elektronische Musikinstrumente*** bezeichnet. Die Schwingungen werden hier auf elektronischem Wege erzeugt. Diese sind – wenn man sie zum Hörbarmachen an einen Lautsprecher anschließen würde – extrem leise und müssen daher *immer* noch elektrisch[316] verstärkt werden, damit sie gehört werden können.

Synthesizer

a. **Das Gerät erzeugt die Schwingungen *selbst* auf elektronischem Wege.**
Dies ist beim ***Synthesizer***[317] der Fall. Es gibt verschiedene Möglichkeiten, auf elektronischem Wege Schwingungen herzustellen. Die häufigste ist der Oszillator, der *alle* möglichen Obertöne einer Grundfrequenz *gleichzeitig* zur Verfügung stellt. Aus dieser Vielzahl von Frequenzen filtert man dann *einige* Frequenzen heraus – man *sperrt* sie quasi aus bzw. regelt sie leiser – und übrig bleibt ein Gemisch aus vielen Obertönen, die sehr interessante und auch ungewohnte Klänge ergeben können[318].

Sample, Sampler

b. **Das Gerät verarbeitet *vorhandene* (vorgefertigte) Schwingungen auf elektronischem Wege.**
Solche vorgefertigten Schwingungen nennt man ***Samples***[319] und die Geräte, die diese Klang-Samples, die man dann *Audio*[320]*-Samples* nennt, *weiterverarbeiten*, heißen ***Sampler***. Sampler erzeugen ihren Klang also *nicht elektronisch*, sondern eine bereits aufgenommene Klangstruktur[321] – egal welcher Art – wird abgespielt und als *Ausgangsmaterial für die elektronische Weiterverarbeitung* verwendet. Hierzu zählen gleichfalls sämtliche ***Drum-Computer*** – also Geräte, die ein Schlagzeug nachahmen.

Drum-Computer

Keyboard

Das sehr weitverbreitete „***Keyboard***[322]" – ursprünglich als *Personal Keyboard* bezeichnet – arbeitet zwar ebenfalls nur mit vorgefertigten Schwingungen. Allerdings gibt es bei den meisten Keyboards gar keine Möglichkeit, diese Schwingungen auch elektronisch zu *bearbeiten*. Außer der Veränderung des Tempos beim Abspielen der Samples für den Rhythmus sowie einer Änderung in der Zuordnung der erklingenden Tonhöhen zu den gespielten Tasten (Transponieren, ⇨ S. 75) kann man nur zwischen – meist sehr vielen – Samples *wechseln*.

---

[315] Die (Reibungs-)Elektrizität wurde zuerst am Bernstein beobachtet.

[316] Sehr vereinfacht ausgedrückt bezieht sich *elektrisch* auf alles, bei dem ein Strom fließt und *elektronisch* auf alles, was diesen Strom regelt oder verarbeitet (z.B. Bauelemente, die den Klang [u.a. die Wellenform] ändern oder diesen verstärken). Eine Schwingung kann auf verschiedene Art und Weise lauter und leiser werden. Diese Art nennt man Wellen*form*. Hier ein paar Beispiele: Sinusschwingung, Sägezahnschwingung und Rechteckschwingung

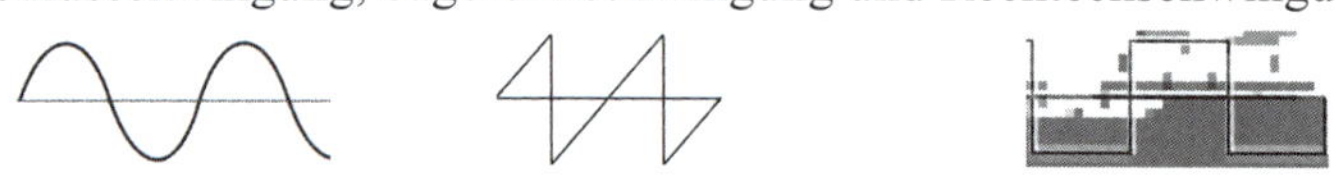

[317] Der Name kommt vom Begriff *Synthese* für *Zusammenfügen* her.

Workstation

[318] Eine Weiterentwicklung des Synthesizers mit mehr Möglichkeiten, ist die ***Workstation***.

[319] Aus dem Englischen für Muster oder Probe.

[320] Vom Lateinischen *audire* stammend für *hören*.

[321] Dieser Klang liegt dann in digitaler Form vor.

[322] *Keyboard* ist Englisch und bedeutet übersetzt: *Tastenbrett*, und sagt damit also nur etwas darüber aus, dass es sich um *ein Gerät mit Tasten* handelt.

c. **Instrumente, die ihren Klang zwar auf *natürliche* Art und Weise *erzeugen*, dieser aber unbedingt *elektrisch verstärkt* werden muss, um gehört zu werden.**
Streng genommen, sind diese Instrumente *keine Elektroklinger* – auch wenn sie fast immer als solche bezeichnet werden. Denn das würde bedeuten, dass *jedes* Instrument, welches elektrisch verstärkt wird, automatisch zu einem Elektroklinger würde, also auch ein Mensch, der in ein Mikrofon sänge, und dessen Klang dann über einen Lautsprecher wiedergegeben würde.

elektro-mechanisches Musikinstrument

Instrumente, die unbedingt eine elektrische Verstärkung benötigen, sind z.B. die ***E-Gitarre*** sowie der ***E-Bass*** (Abkürzung für: elektrischer Bass). Der E-Bass ist größer als die E-Gitarre und klingt 1 Oktave tiefer als diese. Diese Instrumente werden richtigerweise als ***elektro-mechanische Musikinstrumente*** bezeichnet, da sie ihren Klang eben auf *mechanische* Weise (wie auch alle sonstigen Instrumente) erzeugen und dieser Klang dann nur *elektrisch verstärkt* wird. Die Umwandlung des mechanisch erzeugten, akustischen Klangs in ein elektrisches Signal[323] erfolgt durch sogenannte ***Tonabnehmer***[324].

Tonabnehmer

Fender-Piano, Wurlitzer-Piano, Hohner Clavinet, Hammond-Orgel

Zu dieser Gruppe gehören auch das ***Fender-Piano***[325], das ***Wurlitzer-Piano***[326] sowie das ***Hohner Clavinet***[327] gehören zu dieser Kategorie. Und die ***Hammond-Orgel***[328].

[323] Damit ist dann immer ein *fließender Strom* gemeint.

[324] Das Prinzip beruht darauf, dass durch eine (mechanische) Bewegung eine elektrische Spannung erzeugt wird. Z.B. verursacht das Schwingen einer metallischen Saite im Magnetfeld einer Spule eine ebensolche (elektrische) Schwingung. Aber auch ohne Metall funktioniert dies: das Mitschwingen eines Instrumentenkörpers (die sogenannte Resonanz) erzeugt in bestimmten Materialien ebenfalls eine elektrische Spannung (Piezoeffekt). Natürlich kann man auch ein Mikrofon nehmen: hierbei trifft der hörbare Klang – das sind Druckschwankungen der Luft in unterschiedlichen Frequenzen – auf eine Membran (⇨ S. 104), versetzt diese in Bewegung und kann so ebenfalls elektrische Spannung erzeugen.

[325] Hier werden, ausgelöst durch das Niederdrücken einer Taste, kleine *Metallstäbchen* durch einen Hammer zum Klingen gebracht.

[326] Hier wird, ebenfalls durch Tastendruck, eine *Metallzunge* durch einen Hammer zum Klingen gebracht.

[327] Hier wird eine *Saite* mittels eines Bolzens *auf einen Amboss geschlagen.*

[328] Bei dieser Orgel rotieren Tonräder mit einem gewellten Rand an einem Magneten vorbei und erzeugen so eine fast sinusartige Schwingung, also eine Schwingung, die ganz gleichmäßig größer und kleiner wird.

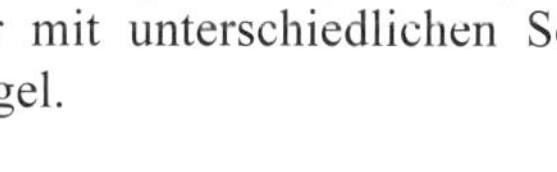

Überlagern sich mehrere Tonräder mit unterschiedlichen Schwingungen, entstehen Klänge ähnlich wie bei einer „richtigen" Orgel.

Gar nicht so selten findet man in *einem* (Klavier-)Notensystem *zwei* – oder manchmal sogar noch mehr – verschiedene Melodien. Diese verschiedenen Melodien nennt man, wie schon gesagt, auch ***Stimme***n (⇨ S. 86). Um diese notieren zu können, greift man zu einem Trick. Bei *zwei* Melodien bekommt eine Stimme *immer* den Notenhals nach oben geschrieben und die andere Stimme *immer* den Notenhals nach unten.

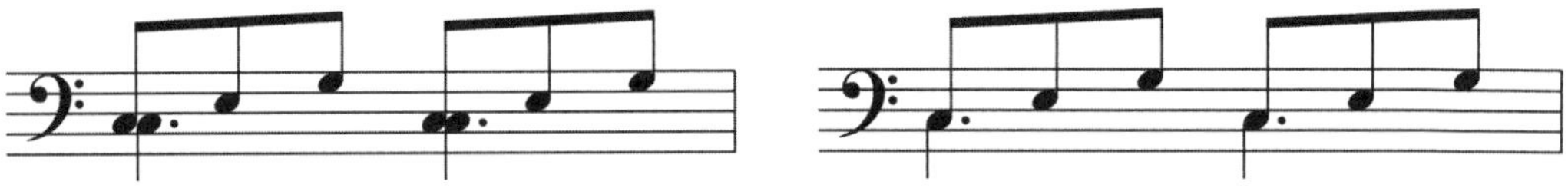

Im ersten Beispiel sieht man wie die beiden Stimmen jede für sich (mit dem Hals entweder nach oben oder nach unten) notiert sind. Im zweiten Beispiel sind die beiden Notenköpfe, die zur gleichen Zeit erklingen, zu *einem* Notenkopf verschmolzen. Dies findet man in den Noten am Häufigsten, da man hier nicht so unübersichtlich viele Noten zu lesen hat. Es muss jedoch dazu gesagt werden, dass dies natürlich nur mit *gleichartigen* Notenköpfen geht. *Verschiedene* Notenköpfe kann man nicht miteinander verschmelzen.

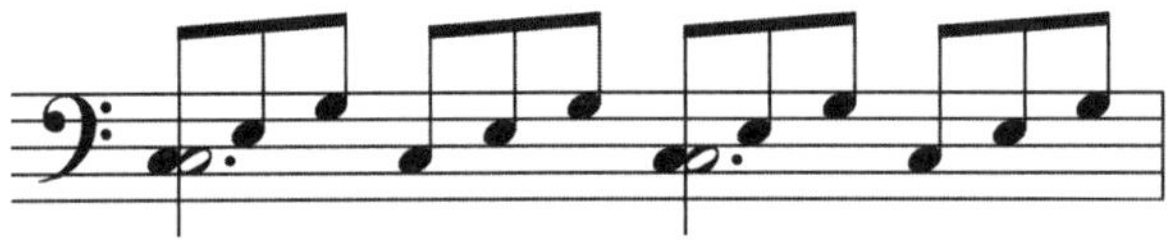

Schwieriger wird es, wenn *mehr als zwei* Melodien zu notieren sind. Dann muss man zwei Stimmen die *gleiche* Halsrichtung geben und dabei sehen, wie dennoch alles gut lesbar ist.

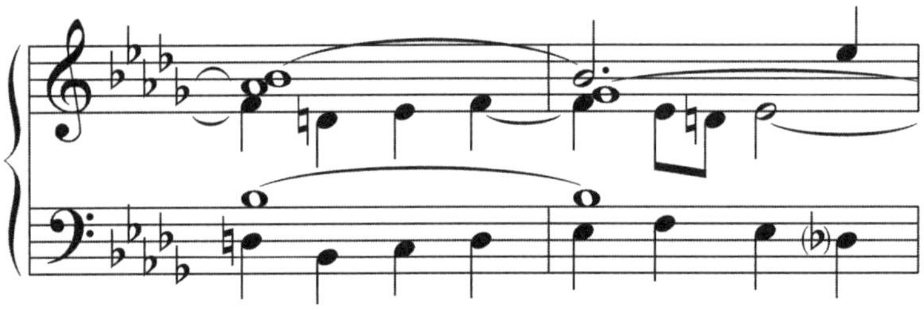

Die Takte 17 und 18 aus der Fuge Nr. 22 (fünfstimmig), Wohltemperiertes Klavier, Band 1, von Johann Sebastian Bach sehen so aus.

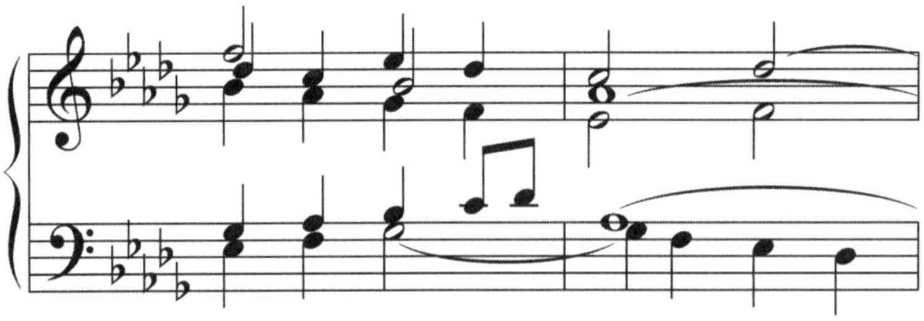

Und dies die Takte 22 und 23 aus demselben Werk.

Bei mehreren Stimmen in einem Notensystem kommt es manchmal auch zu Grenzfällen, was die Lesbarkeit betrifft. So ist die folgende Notation zwar formal korrekt, aber oft führt dies zu Unsicherheiten, ob tatsächlich *beide* Stimmen punktiert sind. Ja, das sind sie!

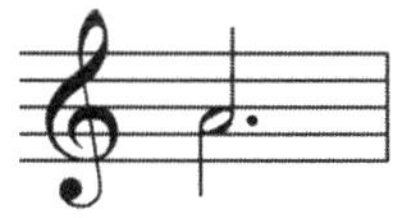

Insbesondere, wenn mehrere Musiker aus einem Notenblatt spielen – wie z.B. in einem Chor oder bei Streicher- und Bläsergruppen – stiftet das Auftauchen nur *einer* Note Verwirrung. Auch verunsichert manchmal die Tatsache, dass nur *ein* Punkt zu sehen ist. Daher findet sich auch diese Schreibweise:

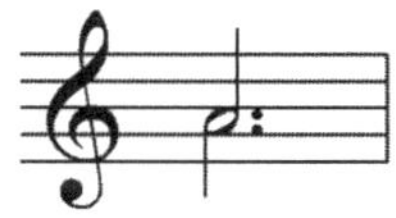

Normalerweise trennt man die Notenköpfe nur dann, wenn sie unterschiedlich lang sind

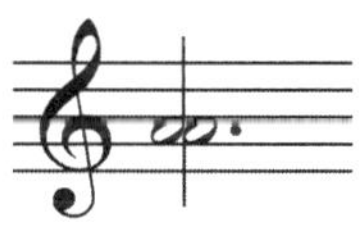

Hier haben wir eine halbe Note sowie gleichzeitig eine Halbe mit Punkt[329]. Durch den weiteren Fortgang der Notation erschließt sich meist der korrekte Zusammenhang.

[329] Dabei wird die Note mit Punkt immer als zweite Note geschrieben, außer bei diesem Sonderfall (beide Punktierungsarten sind möglich):

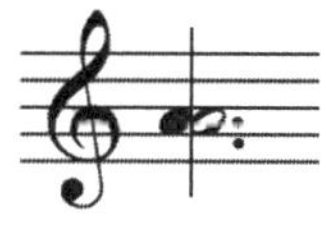

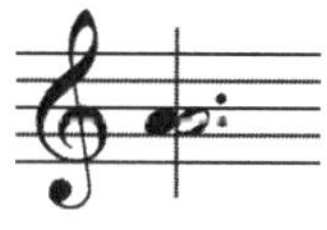

Nun findet sich in Noten manchmal auch eine eher ungewöhnliche Schreibweise. Da tauchen plötzlich nämlich *kleingeschriebene* Noten auf.

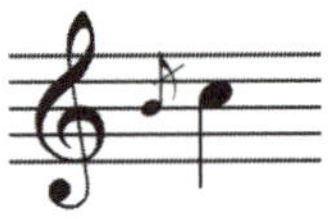 oder 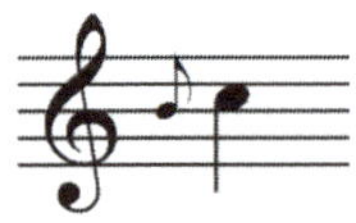 oder 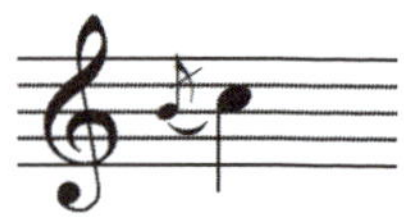

oder

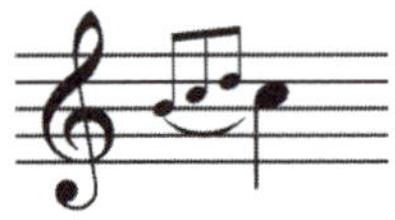

Vorschlag, Vorschlagsnote

Hauptnote

Diese kleinen Noten – egal, ob diese Noten durchgestrichen sind oder nicht oder ob sie durch einem Bogen mit der nachfolgenden Note verbunden sind[330] – stellen eine Besonderheit dar, denn sie haben hauptsächlich eine *metrische* Bedeutung. Man nennt sie ***Vorschlag***snoten. Ein ***Vorschlag*** erklingt, dem Namen nach, *vor* der normal geschriebenen Note, der so genannten ***Hauptnote***.

langer Vorschlag

Ist eine Vorschlagsnote *nicht* durchgestrichen, dann handelt es sich um einen ***langen Vorschlag***. Hierbei *beginnt* die Vorschlagsnote auf der Zählzeit der Hauptnote[331]. Dieser lange Vorschlag entzieht also der Hauptnote etwas von ihrem Wert. Hat die Hauptnote keinen Punkt, dann nimmt der Vorschlag ihr die Hälfte der Länge. Hat die Hauptnote einen Punkt, dann erhält der Vorschlag sogar zwei Drittel – ist also wirklich ein langer Vorschlag[332].

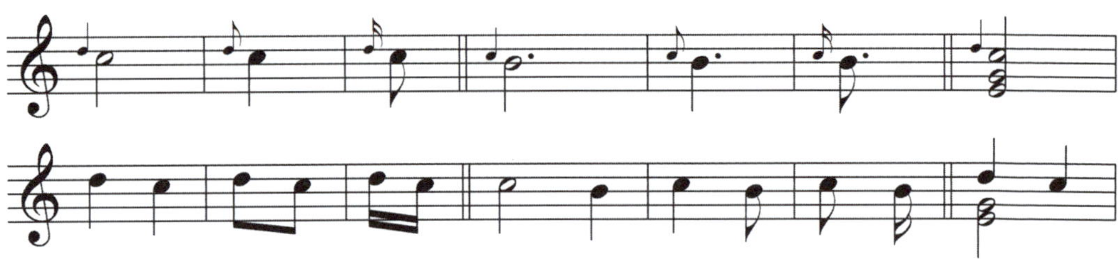

kurzer Vorschlag

Ist die Vorschlagsnote *durchgestrichen*, spricht man von einem ***kurzen Vorschlag***. Diese Vorschläge sollen so kurz wie möglich gespielt werden[333]. Der kurze Vorschlag entzieht der Hauptnote nur wenig von ihrem Wert.

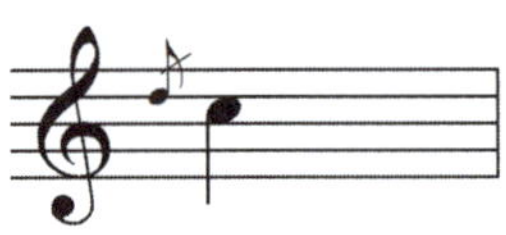

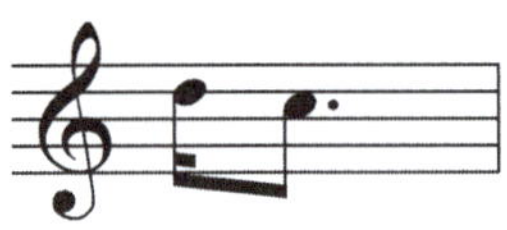

[330] Dieser kleine Unterschied ist beim Spielen von großer Bedeutung!

[331] Man erkennt sehr gut, dass der Wortsinn – ein (Vor-)Schlag, also ein Klang *vor* der Hauptnote – nicht automatisch bedeutet, dass es auch *vor der Zählzeit* kommen muss.

[332] Diese langen Vorschläge finden sich hauptsächlich in älterer Musik (Barock bis Klassik, ⇨ S. 223 und 224). In neueren Notenausgaben wird oft bereits die tatsächliche Ausführung notiert – was besser zu lesen ist und die Umsetzung deutlich erleichtert.

[333] Auch hier liegt „das Kurze“ im Ermessensbereich des Spielers.

Verbindet ein *Bogen* die Vorschlagsnote/n mit der Hauptnote handelt es sich um einen Vorschlag, der auch tatsächlich *vor* der notierten Zählzeit erklingt (***Vorschlag mit Bogen***). Der Vorschlag kürzt hierbei nicht die Hauptnote, sondern die Note (oder Pause) *davor*.

Vorschlag mit Bogen

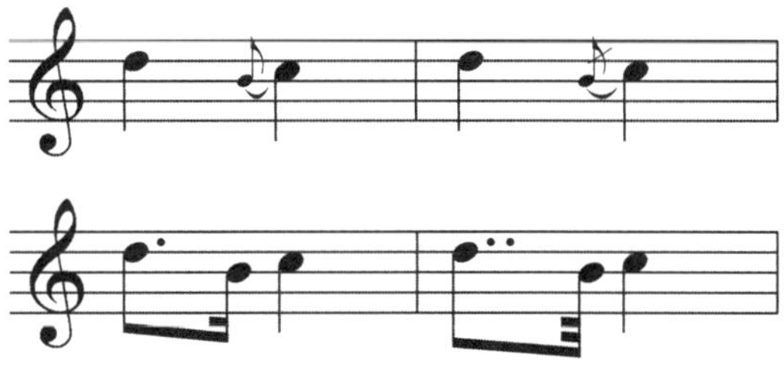

Wenn ein Bogen zur Hauptnote hinführt, wird bei der Ausführung nicht immer nach einem langen *Vorschlag (1. Takt) oder einem* kurzen *Vorschlag (2. Takt) unterschieden.*

Der Vorschlag kann auch aus mehreren Noten bestehen. Bei der Umsetzung ist normalerweise nur wichtig, ob es einen Bogen zur Hauptnote hin gibt oder nicht. *Mit Bogen* erklingen alle Vorschlagsnoten *vor der Zählzeit* der Hauptnote, *ohne Bogen* beginnen die Vorschlagsnoten *auf der Zählzeit* der Hauptnote. Es ist nicht üblich bei mehreren Vorschlagsnoten einen Unterschied zwischen durchgestrichen (kurzer Vorschlag) und nicht durchgestrichen (langer Vorschlag) zu machen, da man immer davon ausgeht, dass es sich um einen kurzen Vorschlag handelt[334].

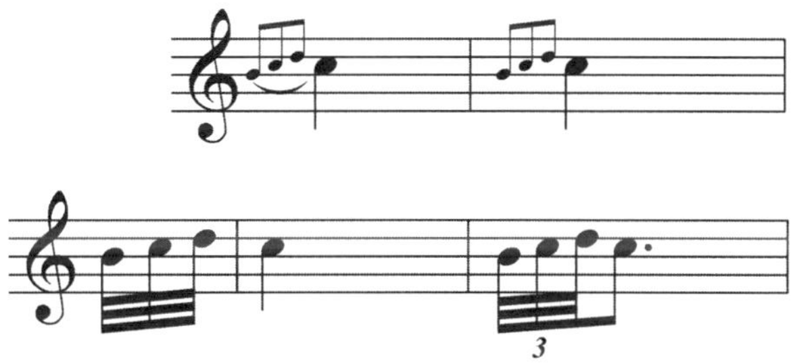

Um es noch einmal zusammenzufassen: metrisch betrachtet *führen* Vorschlagsnoten immer zur Hauptnote *hin*. Dies kann auf dreierlei Art geschehen.

1. Der Vorschlag erklingt *vor* der notierten *Zählzeit* der Hauptnote.

   Dadurch muss *die zuvor gespielte Note* bzw. auch eine eventuelle Pause entsprechend *gekürzt werden*. Dies ist der Fall, wenn die Vorschlagsnote mit einem Bogen versehen ist.

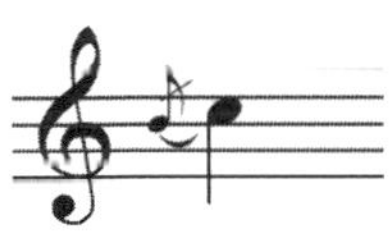 gespielt (in etwa[335]) so: 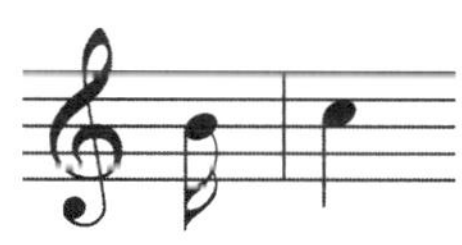

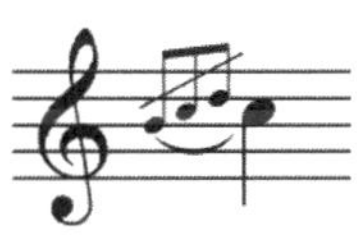 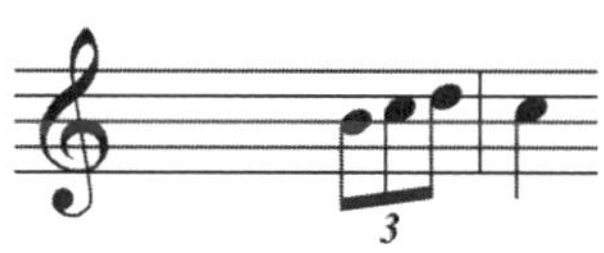

[334] Das Durchstreichen eines Mehrfachvorschlages, wie manchmal zu finden, ist also nicht nötig.

[335] Ganz exakt kann man die Ausführung nicht angeben, da das Metrum ja die *persönliche* Sichtweise des Spielers auf das Stück ausdrückt und dadurch durchaus auch sehr unterschiedlich aufgefasst werden kann.

2. Der Vorschlag erklingt *auf* der notierten *Zählzeit* der Hauptnote.

   Dadurch wird die Hauptnote gekürzt; diese erklingt also etwas später als notiert. Dafür erhält die Vorschlagsnote die metrische Bedeutung der Hauptnote[336]. Dies trifft auf den kurzen und den langen Vorschlag zu.

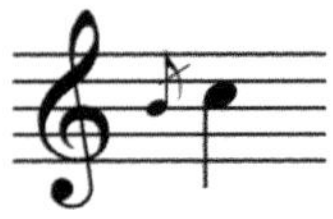 gespielt (in etwa) so: 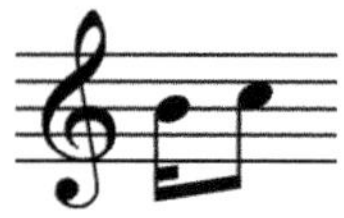

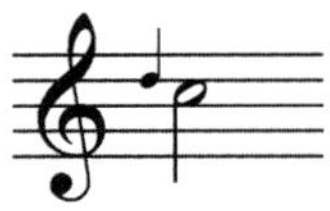 ausgeführt so: 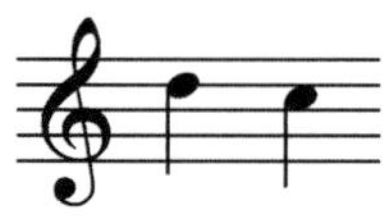

3. Der Vorschlag erklingt *auf* der notierten *Zählzeit* der Hauptnote und *gemeinsam* mit der Hauptnote.

   Auf dem Klavier ist in manchen Musikstilen (⇨ S. 221) z.B. im Blues (⇨ S. 226ff.) ein derartig notierter Vorschlag oft *nicht* als *Vorschlag* gemeint, sondern erklingt *gleichzeitig* mit der Hauptnote und wird *sofort* wieder losgelassen. Die Vorschlagsnote ist also nur ganz kurz – zusammen mit der Hauptnote – zu hören und sorgt dafür, dass unser Ohr über die tatsächliche Tonhöhe der beiden gleichzeitig gespielten Töne getäuscht wird. Durch die Kürze der eine kleine Sekunde tiefer erklingenden Vorschlagsnote erscheint uns der (Gesamt-)Ton *etwas tiefer* als die Tonhöhe der Hauptnote. Dies ist auch im Wesentlichen der Trick, mit dem man auf Instrumenten mit nicht veränderbarer Tonhöhe (Klavier, Akkordeon, Marimbaphon, Orgel u.a.) *scheinbar* andere Tonhöhen erzeugen kann.

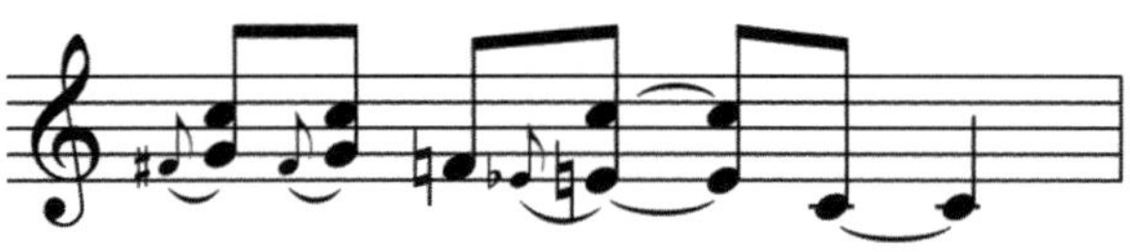

[336] Diese Wirkung nennt man auch ***Vorhalt*** (⇨ S. 159)

Unter *Der Rhythmus (4)* auf S. 79 haben wir die *Triole* kennengelernt, die einen Notenwert – der normalerweise in *zwei gleich lange* Teile unterteilt wird – in *drei gleich lange* Teile gliedert. Wie verhält es sich nun im umgekehrten Fall, wenn man in einem Metrum spielt, das z. B. eine punktierte Viertel-Note[337] als Grundlage hat und man dieses Metrum in zwei gleich lange Noten aufteilen möchte? Auch das geht ohne Probleme, man schreibt einfach „nur" zwei Noten hin und versieht sie mit der Zahl „2".

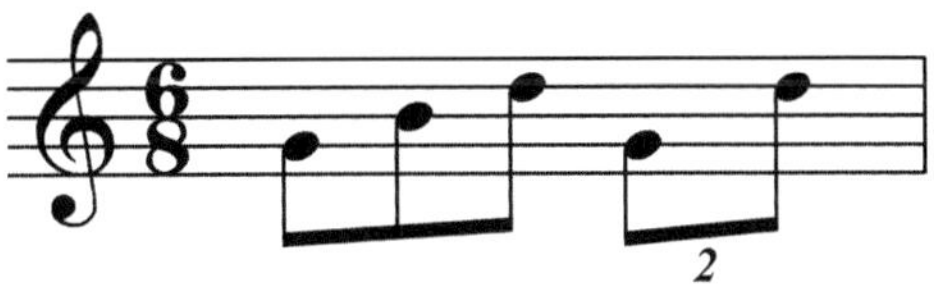

Duole

Unterteilt man ein 3er-Metrum in *zwei gleich lange* Teile spricht man von einer ***Duole***.

Zur Schreibweise der Zahl bzw. bei eventuell notwendiger Klammer- oder Bogensetzung ⇨ das zur Triole Gesagte (S. 79). Gezählt werden Duolen wie „normale" Achtel, also mit „1", „und", „2", „und" usw. gegen das dreigeteilte Metrum.

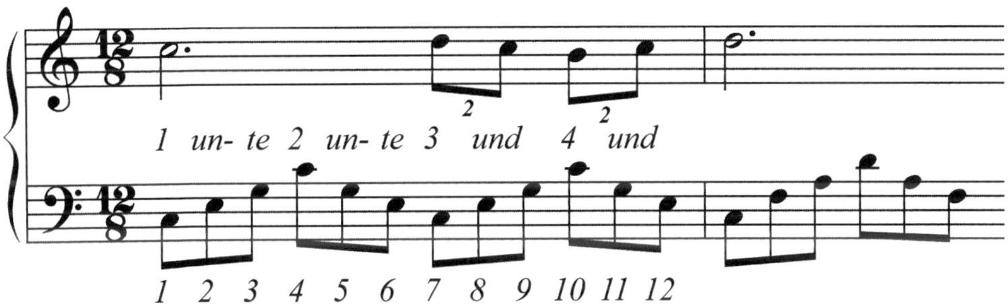

Den 12/8-Takt (Zwölf-Achtel-Takt) könnte man auch als einen 4/4-Takt mit triolischer Unterteilung auffassen[338]. Dadurch wird das Zählen von Duolen einfacher. Gefühlt ist eine Duole immer *sehr breit*, als wenn man etwas „zur Seite schieben" müsste.

Zu einer weiteren Form der Duole ⇨ S. 204.

[337] Das entspricht *drei gleich langen* Achteln und damit einem *drei*geteilten Notenwert.
[338] Wobei dies nicht ganz korrekt wäre.

Tonika, tonales Zentrum

Nun haben wir schon mehrfach über *einzelne* Akkorde gesprochen, aber in der Musik treten normalerweise *mehrere* Akkorde nacheinander auf und bilden durch diesen Wechsel der Harmonien ein bestimmtes *geordnetes Gefüge*. Zumindest hat man beim Hören von Musik in der Regel den Eindruck, dass *bestimmte* Harmonien einen *besonderen* Charakter besitzen. So klingt (normalerweise) der letzte Akkord eines Stückes besonders angenehm und entspannend, so als ob man endlich ans Ziel gekommen wäre und nun ausruhen könne. Tatsächlich besitzen *alle* Akkorde eines Stückes eine bestimmte Bedeutung[339], und dieser letzte Akkord ist in der Regel *der* Akkord, um den sich alle anderen Harmonien drehen – das Akkord-*Zentrum* des Stückes. Dieses Zentrum, das auch ***tonales Zentrum*** genannt wird, heißt mit dem Fachbegriff ***Tonika***. Die Tonika ist der Akkord auf dem *Grundton einer Tonart*. Steht ein Stück in Eb-Dur (mit drei ♭ als Vorzeichen), verwendet es damit die Töne der Eb-Dur-Tonleiter. Und der Akkord, den man aus dieser Tonleiter bilden kann, ist der Eb-Dur-Dreiklang. Diesen Grundakkord einer Tonart nennt man Tonika.

Funktion

Wenn in einem Stück außer der Tonika noch andere Akkorde vorkommen, müssen diese auch eine *andere* Bedeutung besitzen als es die Tonika als *Zentrum* hat. Alle diese anderen Akkorde sind sozusagen *Nicht-Tonika* und stehen zu der Tonika in irgendeiner Beziehung. Diese Beziehung – zu der wir später Näheres erfahren werden – nennt man ***Funktion***. Eine Funktion stellt – da Akkorde ja immer Ausschnitte aus Tonleitern sind – damit auch eine Beziehung zwischen den verschiedenen Tonleitern her. Funktionen bilden den unterschiedlichen Grad von Nähe bzw. Ähnlichkeit im *Bau der Tonleitern* ab, aus denen die Akkorde gebildet werden.

Tonart bestimmen

Hat man ein Blatt mit Noten vor sich, ergibt sich in der Praxis oft das Problem, dass man nicht genau weiß, in *welcher* ***Tonart*** das Lied steht. Die Vorzeichen am Anfang der Notenzeilen geben den wichtigen Hinweis, *welche* Töne verwendet werden. Sie geben aber nicht den Hinweis, in welcher *Reihenfolge* diese Töne verwendet werden – also mit welchem Ton die Tonleiter *beginnt*. Bei z. B. drei Kreuzen kann es sich einerseits um *A-Dur* handeln; es kann aber genauso gut auch *Fis-Moll* sein[340]. Erkennen kann man die Tonart meist daran, womit das Stück aufhört. Wäre der letzte Ton ein *fis*, sollte es sich eher um Fis-Moll als um A-Dur handeln. Ist der letzte Ton jedoch ein *a*, könnte es sich sowohl um *A-Dur*[341] als auch um *Fis-Moll*[342] handeln. Da bei fast allen Stücken am Ende nicht nur *ein* Ton erklingt, sondern meist mehrere, kann man aus diesen verschiedenen Tönen einen Akkord herauslesen. Bei diesem Akkord handelt es sich dann (fast immer) um die Tonika – also den Akkord, der zu dieser *Tonart* gehört. Mit Hilfe dieses Akkordes kann man dann die Tonart ziemlich sicher bestimmen (näheres dazu unter Punkt *Der Akkord / Die Harmonie (4)* ab S. 143).

339 Dazu mehr unter dem Punkt *Die Funktionen (2)* auf S. 145.

340 Es wären sogar noch andere Tonarten denkbar, denn auch die verschiedenen Tonleitern auf S. 18 verwenden sämtliche die gleichen Töne – und haben somit auch die gleichen Vorzeichen.

341 Das Stück endet auf dem Grundton – kommt relativ häufig vor.

342 Das Stück endet dann auf der Terz – auch nicht so ungewöhnlich.

Wenn man – wie bei einem Akkord – mehrere Töne gleichzeitig spielen kann, dann kann man sich auch gut vorstellen, dass es für den Klang nicht nur wichtig ist, in welcher *Umkehrung* ein Akkord gespielt wird – also ob z. B. in Oktavlage (⇨ Lage (1), S. 87) –, sondern auch *wie weit* die einzelnen Töne voneinander entfernt sind. Die folgenden Beispiele beinhalten zwar alle einen *C-Dur-Akkord* (Dreiklang[343]) in Oktavlage, klingen aber doch recht unterschiedlich.

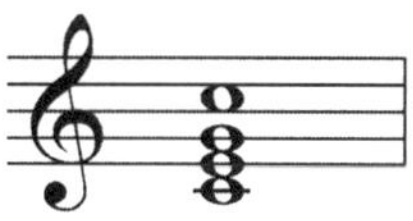

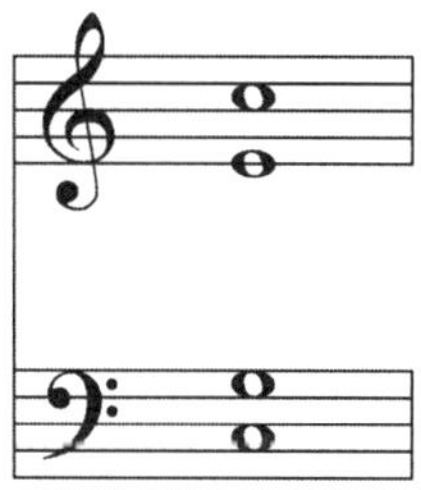

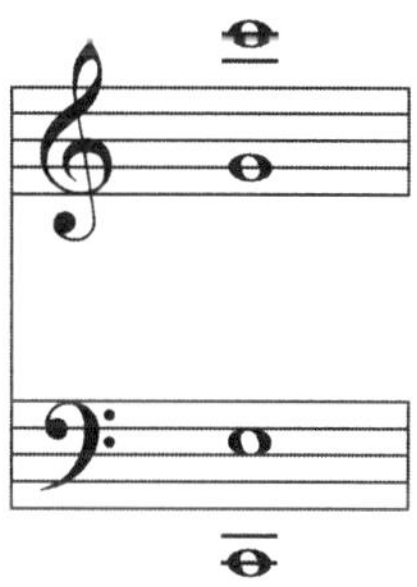

Dieser klangliche Unterschied rührt vom *räumlichen Abstand* der gespielten Töne her. Im ersten Beispiel liegen die Töne ganz eng beieinander. Im zweiten und dritten Beispiel liegen die Töne weit bzw. ganz weit auseinander.

Den *Abstand* der gespielten Töne eines Akkordes zueinander bezeichnet man als ***Lage***.

Lage (2)

Liegen die Töne eines Akkordes so eng beieinander, dass *kein* weiterer Akkordton mehr dazwischen passen würde, spricht man von einer ***enge**n **Lage***.

enge Lage

Würde noch *mindestens ein* weiterer Akkordton zwischen zwei benachbarte Akkordtöne passen, dann spricht man von einer ***weite**n **Lage***[344]. Im dritten Beispiel ist die Lage sogar sehr weit – es passen mehrere Akkord-Töne dazwischen. Trotzdem wird hier nicht weiter unterschieden. Mischt man jedoch enge und weite Lage, dann spricht man von der ***gemischte**n **Lage***. Von einer gemischten Lage spricht man auch, wenn sich Akkorde in enger und weiter Lage abwechseln.

weite Lage

gemischte Lage

---

[343] Der Akkord ist zwar immer vier*stimmig*, bleibt aber dennoch ein Dreiklang, da er nur drei *verschiedene* Töne besitzt.

[344] Manchmal bezieht man diese Festlegung für die weite Lage nicht auf alle Töne, sondern nur auf die obersten Töne. Der tiefste Ton, der Bass-Ton, wird dann nicht mit einbezogen.

Es folgt jetzt eine Übersicht über die Namensgebung von Akkorden und die Möglichkeiten, Akkorde mit zusätzlichen Zeichen zu versehen[345].

Grundton des Akkordes	• Der ***Grundton eines Akkordes*** wird durch einen *Groß*buchstaben bezeichnet.	C
Moll / Dur	• Steht hinter dem Großbuchstaben ein kleines *m*, handelt es sich um ***Moll***[346], steht nichts weiter da, handelt es sich um ***Dur***. Manchmal wird für das kleine *m* auch ein - (Minuszeichen) verwendet. Dieses Minuszeichen wird, um Verwechslungen zu vermeiden, aber nicht hochgestellt geschrieben, sondern auf normaler Schreibhöhe.	C 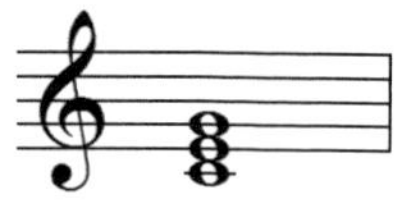 Cm C- 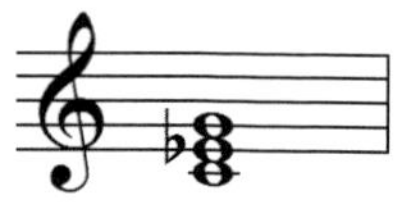
Ziffern, Zahlen *Zusatztöne* *Optionstöne*	• Bei allen (hochgestellten) ***Zahlen/Ziffern*** handelt es sich – mit einer Ausnahme – um Töne, die der dem Grundton entsprechenden *Dur*-Tonleiter entstammen[347]. Die Intervalle sind also entweder groß oder rein (große Sekunde/None, große Dezime, reine Quarte/Undezime, große Sexte/Tredezime)[348]. Diese Zahlen werden auch als ***Zusatztöne*** bzw. ***Optionstöne*** bezeichnet. 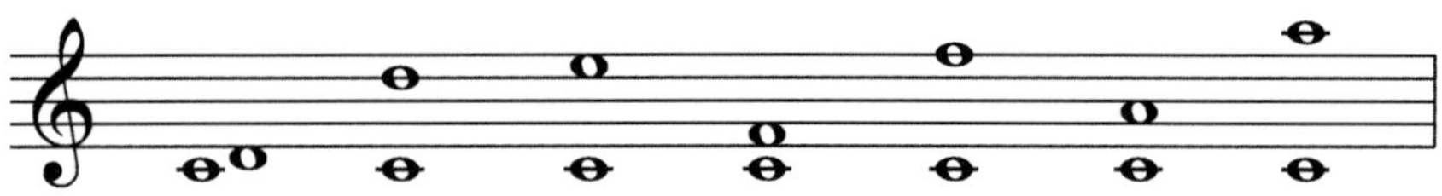	
Septime	• Es gibt eine ***Ausnahme***: die Septime. Die Ziffer ^{7} meint – ohne verändernde Zusatzzeichen – *immer* die *kleine* Septime[349].	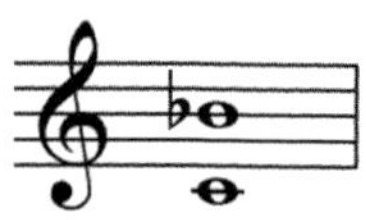

345 Bei den nachfolgenden Notenbeispielen wird immer nur die (übersichtlichere) Grundstellung verwendet. Tatsächlich können die Töne aber in (fast) jeder beliebigen Umkehrung auftreten.

346 In vielen Schulbüchern und zum Teil auch in Gesangsbüchern wird noch die alte – heutzutage nicht mehr so gebräuchliche – Schreibweise mit einem kleinen Buchstaben (kleines *c*) verwendet. Bei der Unterscheidung zwischen (großem) *C* und (kleinem) *c* im Notentext kann diese Schreibweise jedoch manchmal zu Verwechslungen führen und darüber hinaus hat sich international die Verwendung ausschließlich großer Buchstaben durchgesetzt.

347 Ohne Ausnahmeregelung würde Mixolydisch funktionieren (⇨ S. 19), jedoch ist diese Tonleiter in ihrem Aufbau nicht so bekannt, so dass sich *Dur mit Ausnahme der Septime* leichter merken lässt.

348 Die nicht aufgezählten Intervalle (Terz und Quinte) sind im Akkord bereits enthalten und die Duodezime wird in Akkordbezeichnungen überhaupt nicht verwendet.

349 Warum das so ist, wird unter dem Punkt *Die Funktionen (3)* erklärt (ab S. 147).

Ziffern, Zahlen

Sept-Akkord

- Bei der Bezeichnung eines Akkordes mit ***Ziffern/Zahlen*** geht man davon aus, dass auch *tatsächlich* in Terzen geschichtet wird. Eine ^{7} meint daher auch immer ^{1}, ^{3}, ^{5} und ^{7}. Man spricht: ***Sept-Akkord***.

C^7

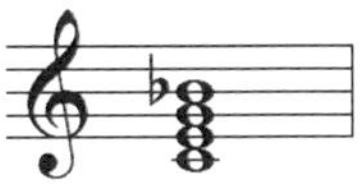

Cm^7

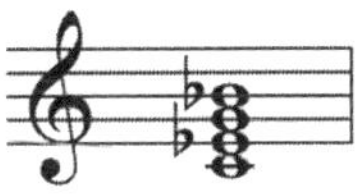

Non-Akkord

Eine ^{9} meint daher auch immer ^{1}, ^{3}, ^{5}, ^{7} und ^{9}. Man spricht: ***Non-Akkord***.

C^9

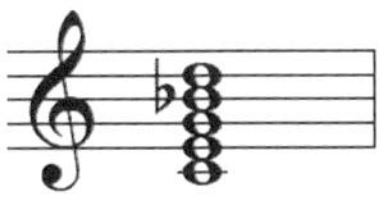

Cm^9

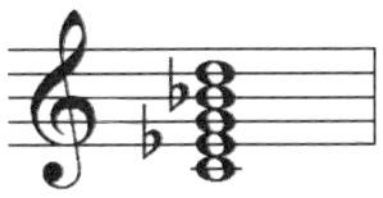

Elfer-Akkord, Undezim-Akkord

Eine ^{11} meint ^{1}, ^{3}, ^{5}, ^{7}, ^{9} und ^{11}. Man spricht von einem ***Elfer-Akkord*** (also z.B. *C-Elf*). Die Bezeichnung ***Undezim-Akkord*** ist in der Praxis (unter Musikern) unüblich.

C^{11}

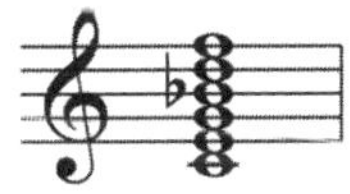

Cm^{11}

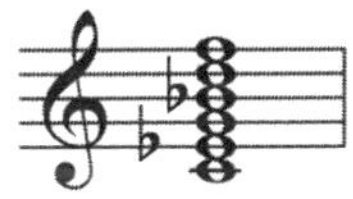

Dreizehner-Akkord, Tredezim-Akkord

Eine ^{13} *sollte* die ^{1}, ^{3}, ^{5}, ^{7}, ^{9}, ^{11} und ^{13} meinen. Man spricht von einem ***Dreizehner-Akkord*** (also z.B. *C-Dreizehn*). Die Bezeichnung ***Tredezim-Akkord*** ist in der Praxis (unter Musikern) unüblich.
Leider gibt es bei der Deutung der Töne eines ^{13}-er-Akkordes aber doch manchmal Uneinigkeit, da manchmal ein Akkord, der eigentlich mit ^{6} zu bezeichnen wäre, als ^{13} geschrieben wird.
Aber eine ^{6} meint nur die Töne ^{1}, ^{3}, ^{5} *und* ^{6}!

C^{13}

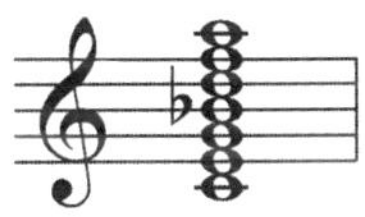

Cm^{13}

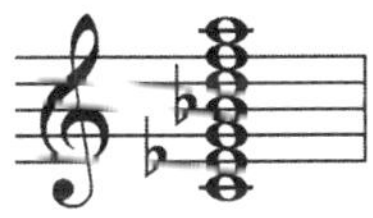

Tatsächlich *müssen nicht alle* (in Terzen geschichteten) Töne eines solchen Akkordes auch gespielt werden (z.B. klingt bei einem C^{11} das Intervall zwischen dem *e* und dem *f* eine None höher nicht besonders gut. Aus diesem Grunde – um Dissonanzen zu vermeiden – lässt man in der Praxis die Terz *e* dann weg[350]). Natürlich sollten *die* Töne, die etwas Besonderes darstellen (z.B. eine None), auch unbedingt im Akkord erklingen.

[350] Auch ohne Terz klingt dieser Akkord nach Dur. Das kann man sehr schön im Vergleich mit dem Cm^{11} – hier *mit* gespielter kleiner Terz – hören.

Will man von der Reihenfolge der Terzschichtung abweichen, muss dies extra kenntlich gemacht werden:

add	• ***add*** (Abkürzung von *added*, englisch für *hinzugefügt*) bezeichnet einen Intervallton, der außerhalb der üblichen Terzschichtung hinzukommt (Beispiel C^{add9} enthält die Töne *c*, *e*, *g* und *d*; die Septime fehlt also).	C^{add9} 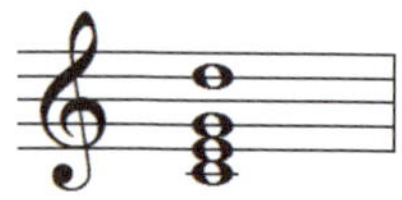
6 *add6*	• ^{6} (eine hochgestellte Sechs) steht für eine *hinzugefügte* Sexte. Eigentlich müsste der Akkord korrekt C^{add6} heißen, aber auch hier hat sich eine kürzere Schreibweise durchgesetzt. (Das Beispiel C^{add6} enthält die Töne *c*, *e*, *g* und *a*). Dies gilt auch für Moll (*Cm*^{6} enthält die Töne *c*, *es*, *g*, *a*). Ebenso verhält es sich bei der Ziffer ^{2}. (Hier wird manchmal auch der Grundton weggelassen.)	C^{6} C^{add6} 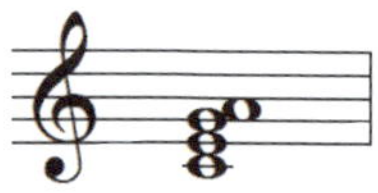 C^{2} C^{add2} 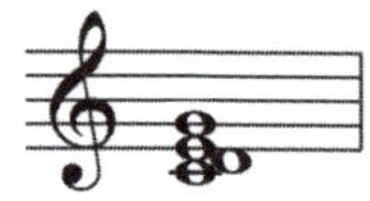
2 *add2*		
sus, *sus4*	• ***sus*** (Abkürzung von *suspended*, englisch für *ausgeschlossen* im Sinne von etwas ausschließen *und* durch ein anderes *ersetzen*) bezeichnet einen Intervallton, der einen anderen ersetzt. Häufigstes Beispiel ist die ^{4}. Die Quarte ersetzt dabei die Terz[351]. Nun wird dieses Ersetzen bereits über Jahrhunderte in der Musik häufig angewendet, so dass meistens *nur* die ^{4} notiert wird – also ohne *sus* –, wobei die ^{4} aber trotzdem die Terz *ersetzt*. Da Akkorde, bei denen die Terz durch die Quarte ersetzt worden ist, logischerweise *keine* Terz mehr enthalten, wird auch kein Tongeschlecht angegeben. Findet man jedoch eine Akkordbezeichnung mit Moll-Angabe (z. B. C*m*$^{4/7}$), ist die Quarte entweder eine *hinzugefügte* Quarte (also eigentlich $Cm^{add4/7}$, wobei hier die kürzere Schreibweise einfach besser lesbar ist und auch keine Verwechslungen zulässt) oder aber die Quarte ersetzt die Quinte.	C^{sus} C^{sus4} 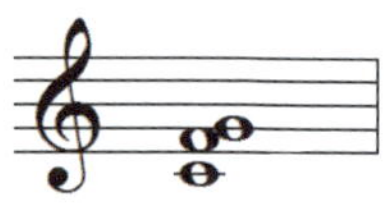
omit *no third,* *no 3rd*	• Möchte man in einem Akkord einen üblicherweise gespielten Ton (meist handelt es um die Terz) *weglassen*, muss dies extra vermerkt werden. Im Allgemeinen verwendet man das Wort ***omit***[352], gefolgt vom Intervall (also meist *3*). Manchmal findet man auch die Bezeichnung ***no third*** (englisch für: *keine Terz*) oder auch die im Englischen übliche Abkürzung für Zahlwörter: ***no 3rd***.	C^{omit3} $C^{no\ 3rd}$ 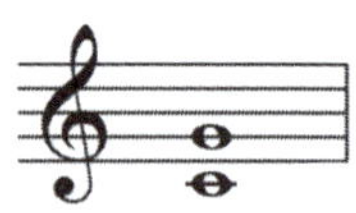

351 Gelegentlich (⇨ S. 127 unten) ersetzt die ^{4} auch die ^{5}.

352 Vom Lateinischen *omittere* für *etwas auslassen, übergehen*.

- Sollen bestimmte Töne des Akkordes gegenüber dem normalen Auftreten verändert werden, verwendet man die üblichen Zeichen wie ♯, ♭ und ♮. Diese Veränderung nennt man Alterierung (⇨ S. 94). Ersatzweise wird für das ♯ auch ein + (Pluszeichen) verwendet, für das ♭ ein - (Minuszeichen). Ob das Vorzeichen *vor* oder *hinter* einer Zahl geschrieben wird, hat hauptsächlich etwas mit der Lesbarkeit zu tun. Bei mehreren Zahlen werden diese meist durch einen Schrägstrich voneinander getrennt, seltener in Klammern gesetzt. Manchmal werden sie auch zum Teil übereinander geschrieben. Der besseren Lesbarkeit wegen hat man auch einige Kurzzeichen eingeführt, um deren Bedeutung man wissen muss.

C^{11} ♯

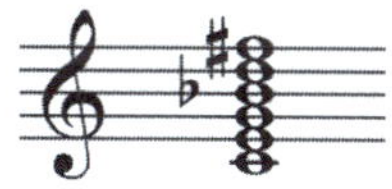

C^{9} ♭

C$^{7(♭9)}$

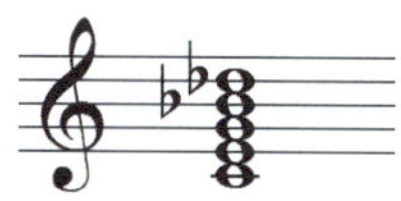

C^{5} ♭

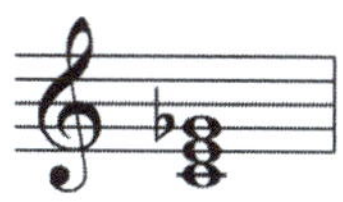

♯

\+ *(Plus)*

♭

\- *(Minus)*

C $^{7/5}$ ♯ und C $^{5♯}$ werden auch mit dem englischen Wort ***augmented*** oder dessen Abkürzung ***aug.*** (⇨ S. 96) bezeichnet (C aug).

C $^{7/5}$ ♯

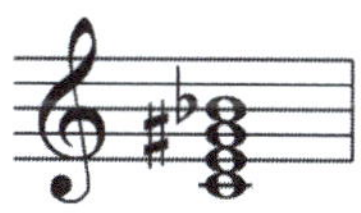

C $^{5♯}$

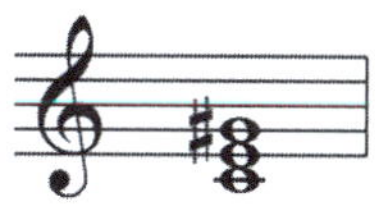

augmented, aug.

Das ♮ wird hauptsächlich mit der ^{7} verwendet. Da die in der Akkordschreibweise verwendete „normale“ Septime eine kleine ist, die von ihrem ursprünglichen Platz (nämlich der großen Septime) mittels eines ♭'s tiefalteriert wurde, muss man diese ^{7} (will man daraus wieder eine *große* Septime machen) mittels ♮ auflösen. Es klingt ein bisschen wie um die Ecke herum gedacht - und ist auch nicht ganz korrekt[353] -, aber es hat sich so eingebürgert. Statt des ♮'s gibt es auch oft die Schreibweise als Wort: ***maj*** (die Abkürzung für major[354]); damit ist immer das *große* Intervall gemeint[355]. So wie es für Moll ein Kurzzeichen gibt, gibt es das auch fur eine große Septime: hier verwendet man ein hochgestelltes Dreieck mit der Spitze nach oben (C△).

C^{7maj}

C^{7} ♮

C$^{△}$

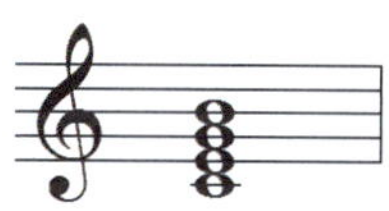

[353] Bei dieser Überlegung geht man davon aus, dass man ein ♭ verwenden muss, um eine k7 zu erhalten. Das ist für den Akkord über *C* auch zutreffend und die Musiktheorie bezieht eigentlich alles gern auf den Ton *c*. Aber in *G* sieht das schon ganz anders aus: hier muss man ein ♮ verwenden, um aus der großen Septime (*fis*) eine kleine Septime (*f*) entstehen zu lassen. Anschließend – um aus k7 wieder eine große entstehen zu lassen – bräuchte man dann ein ♯.

[354] Meist wird es als aus dem Englischen kommend erklärt (dort bedeutet es *Dur*); tatsächlich stammt es aber vom lateinischen *major* ab und bedeutet *größer, stärker*.

[355] Im Übrigen steht das kleine *m* für Moll hinter dem Akkordbuchstaben für das Wort *minor*. Es wird ebenfalls gern als aus dem Englischen kommend erklärt, aber auch hier stammt das Wort aus dem Lateinischen und besitzt die Bedeutung *kleiner, geringer* und bezieht sich auf die *kleine* Terz.

Null-Akkord
o

- Eine Besonderheit stellt ein Akkord dar, der *nur* aus kleinen Terzen besteht – der so genannte ***Null-Akkord***[356]. Dementsprechend erhält dieser Akkord auch das (hochgestellte) Zeichen einer Null als Symbol.
  Manchmal bezieht sich die Null auf einen dreistimmigen Akkord – dann meint er *zwei* kleine Terzen übereinander –; meist jedoch bezieht er sich auf einen vierstimmigen Akkord – dann handelt es sich um *drei* kleine Terzen übereinander. Um ganz sicher zu gehen, könnte man bei einem vierstimmigen Akkord C^{o7} schreiben; in der Regel muss man aber aus dem *Zusammenhang der Akkorde* selbst herausfinden, ob es sich um einen drei- oder vierstimmigen Akkord handelt[357].
  Wenn man einen Null-Akkord in Noten aufschreibt, wird dieser durch die vielen Alterierungen schnell unleserlich. Daher werden normalerweise einige Töne enharmonisch[358] verwechselt, um das Lesen und damit auch das Spielen zu erleichtern. In unserer Gegenüberstellung unten lässt sich der zweite Akkord deutlich leichter lesen als der erste[359].
  Oft wird dieser Akkord auch als ***verminderter Sept-Akkord***, ***doppelt verminderter Sept-Akkord*** oder gar als ***vollverminderter Sept-Akkord*** bezeichnet[360]. Im Englischen findet man auch manchmal die Bezeichnung ***diminished***, abgekürzt ***dim.***, sowohl für den drei- als auch den vierstimmigen Akkord.

C°

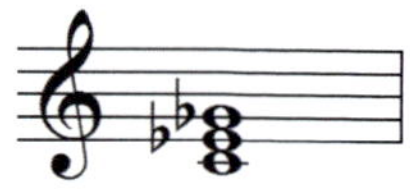

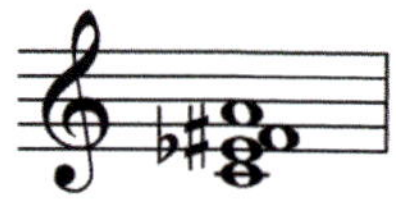

vermin-derter Sept-Akkord

doppelt vermin-derter Sept-Akkord

vollvermin-derter Sept-Akkord

diminished, dim.

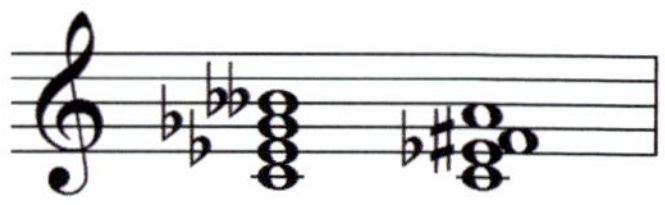

[356] Alle Intervalle dieses Akkordes wurden immer weiter verkleinert (aus der g3 wurde eine kleine; aus der r5 eine verminderte und – beim vierstimmigen Akkord – aus der k7 eine verminderte Septime [unten in der Tabelle der erste Akkord]). Daher kann man sich die Bedeutung des Namens *Null* ganz gut merken.

[357] Normalerweise wird dieser Akkord heutzutage vierstimmig gebraucht.

[358] ⇨ S. 77.

[359] Welche Töne dabei enharmonisch verwechselt werden, hat sehr viel mit der konkreten Lage der Töne zu tun. Oberstes Gebot ist jedoch die Lesbarkeit.

[360] Die Namensgebungen sind alle etwas unglücklich gewählt. Im Akkord gibt es *zwei* verminderte Intervalle (die verminderte Quinte und die verminderte Septime). Das könnte schon einmal den Namen *doppelt vermindert* erklären, wobei man dazu sagen muss, dass es sich nicht um eine *doppelte* Verminderung *eines* Intervalls handelt, sondern nur um eine *einfache* Verminderung *zweier* Intervalle. Dieser Name ist also missverständlich. Noch ärger wird es bei *vollvermindert*, denn da denkt man ja, dass *alle* Intervalle vermindert seien. Die Terz ist aber lediglich eine kleine. Dieser Name ist also noch schwerer vermittelbar. Am Ehesten ginge es noch mit dem allgemeinen Namen *vermindert*. Hier legt man sich nicht fest, *worauf* sich vermindert bezieht und ist damit auf der sicheren Seite. Tatsächlich wird *vermindert* – neben *Null-Akkord* – auch am häufigsten verwendet.

• Noch einen weiteren Akkord mit besonderem Zeichen gibt es: Einen Moll-Sept-Akkord mit verminderter Quinte – den so genannten ***halbverminderten Sept-Akkord*** oder auch kurz ***halbverminderten Akkord***[361]. Für diesen Akkord verwendet man auch oft das hochgestellte Durchschnittszeichen ø[362]. Öfters wird dieser Akkord jedoch ganz anders, mit einem vollständig anderen Akkordsymbol bezeichnet, nämlich als *Ebm*^{6}. Die Töne beider Akkorde sind tatsächlich dieselben, aber die *Bedeutung* der beiden Akkorde ist doch ziemlich unterschiedlich, denn der erste hat etwas mit *C*-Moll zu tun, der andere etwas mit *Eb*-Moll[363]. Welche Akkordbezeichnung die eigentlich zutreffende ist, ergibt sich aus dem Zusammenhang der Harmonien *davor* und *danach*, also aus den Funktionen, die Akkorde ausüben können[364].	$Cm^{7/5\flat}$ $C^{ø}$ 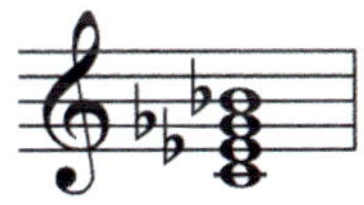
• Manchmal möchte man an einer Stelle eines Liedes gar keinen Akkord haben, sondern nur *einen* Ton. Dann verwendet man die (englische) Abkürzung ***n.c.***. Sie steht für ***no chord*** (kein Akkord).	$C^{n.c.}$ 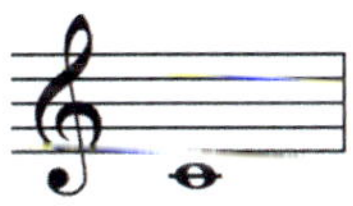
• Ab und zu findet man auch sehr ungewöhnliche Akkorde wie z.B. einen Dur-Akkord mit übermäßiger Quarte (Dur-Kreuz-Vier)[365]. Wir haben es hier *nicht* mit einer verminderten Quinte zu tun, wie man bei den in der Fußnote aufgeführten Beispielen gut hören kann.	$C^{4\sharp}$ 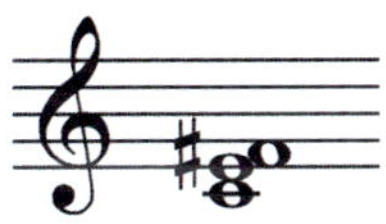

halbverminderter Sept-Akkord,

halbverminderter Akkord

ø

n.c., no chord

[361] Zur Klärung dieses Namens müssen wir zuerst vom *verminderten* Akkord bzw. dem so genannten *doppeltverminderten* Sept-Akkord ausgehen. Wenn man von den dortigen zwei verminderten Intervallen *ein* Intervall – nämlich die Septime – *nicht* vermindert, dann entsteht der so genannte *halb*verminderte Sept-Akkord, bei dem sich das „halb-" darauf bezieht, dass von dem, was vormals doppelt – also in Wirklichkeit *zweimal* – vermindert war, jetzt nur noch einfach – korrekt natürlich *einmal* – vermindert ist. Und da nun mal *einmal* die **Hälfte** von *doppelt* ist, heißt dieser Akkordtyp daher „folgerichtig" halbverminderter Akkord. Ich hoffe, das „Um-die-Ecke-Denken" ist deutlich geworden. Auch diese Namensgebung reiht sich ein in die zahlreichen Kuriositäten in der Musik (siehe auch die Anmerkung zu den Tonarten auf S. 61, das Zählen der Linien auf S. 7 und andere Merkwürdigkeiten).

[362] Das symbolisiert die „Hälfte von Null".

[363] Tatsächlich handelt es sich bei vielen in Notenausgaben als *Ebm*^{6} bezeichneten Akkorden in Wirklichkeit um einen *Cm*$^{7/b5}$.

[364] Dazu mehr unter dem Punkt *Die Funktionen (2)* ab S. 145. Handelt es sich um eine Subdominante (⇨ S. 146), dann wäre die Bezeichnung *Cm*^{6} – oder wie in unserem Beispiel *Ebm*^{6} – meist zutreffend, nimmt der Akkord jedoch die Funktion einer Dominante (⇨ S. 145) ein, dann wäre es der halbverminderte Akkord (*Am*$^{7/b5}$ oder wie in unserem Beispiel *Cm*$^{7/b5}$).

[365] Zu finden in „Maria" aus der „West Side Story" von Leonard Bernstein (Anfang), in „Mungojerrie and Rumpelteazer" aus „Cats" von Andrew Lloyd Webber (Anfang) sowie „My heart will go on" von Will Jennigs/James Horner (Ende des Refrains).

Alle vorhergenannten Dinge können auch – soweit es sinnvoll ist – miteinander kombiniert werden.

• Ein ***sus***-Akkord zusammen mit einer ***Septime*** (natürlich einer kleinen Septime[366])	$C^{sus/7}$ $C^{sus4/7}$ 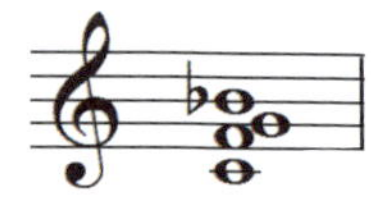
• Das Alterieren ($\flat 9$) gemeinsam mit dem Hinzufügen eines Tones (^{13}). Eigentlich müsste es hier ^{add13} heißen, denn bei dem Akkord fehlt ja die ^{11} (das *f)*, so dass die 13 als einzelner hinzugefügter Ton betrachtet werden muss. Aber meist nehmen sich Musiker und Notenschreiber nicht die Zeit, Akkorde wirklich sorgfältig zu notieren[367]. Manchmal findet man für diesen (im Jazz, ⇨ S. 226, recht häufigen) Akkord auch die Bezeichnung $C7^{6}_{\flat 9}$. Man umgeht hier durch die ^{6} das Problem, das *a* als einen *hinzugefügten* Ton zu bezeichnen, denn die Sexte ist *immer* hinzugefügt. Gleichzeitig zeigt man durch die *über* der $^{\flat 9}$ stehenden ^{6} an, dass die Sexte *über* der None gespielt werden soll.	$C7^{13}_{\flat 9}$ 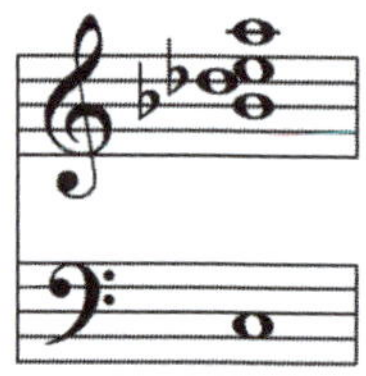
• Ein Hoch-Alterieren (mittels $\sharp$) gemeinsam mit einem Tief-Alterieren (mittels $\flat$).	$C7^{\flat 9}_{\sharp 5}$ 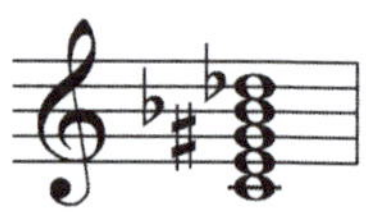
• Dem vorhergehenden Akkord könnte man die alterierte Tonleiter zugrunde legen (*gis* ≙ *as*). Damit wäre dieser Akkord ein so genannter ***alterierter Akkord***. In besonderem Maße trifft das jedoch auf *nebenstehenden* Akkord zu, da er – neben der kleinen Septime und der hochalterierten Quinte (so klingt das *as* in der Regel) – auch *gleichzeitig* die kleine und große Terz enthält. Das obere Notenbeispiel zeigt die gängige Notation in der Praxis, das untere Beispiel zeigt den Terzschichtungsaufbau.	C^{alt} 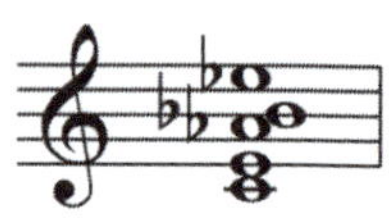 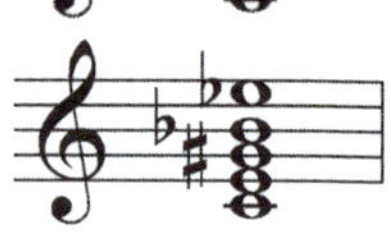

alterierter Akkord

Aufgaben Nr. 31 und 32

366 Zwar wäre auch ein *sus*-Akkord mit großer Septime denkbar, aber er klingt nicht besonders und wird daher auch nicht verwendet.

367 Das ist leider ein generelles Problem. In fast allen Liedern, die Akkordsymbole verwenden, entstehen zahlreiche Missverständnisse *dadurch*, dass nicht sorgfältig notiert wurde, was eigentlich mit dem Akkord gemeint ist.

Manchmal sind die Akkorde, die bezeichnet werden sollen, jedoch so ungewöhnlich, dass das Aufschreiben mit den bisher genannten Mitteln eher verwirrend als hilfreich ist. Daher gibt es auch noch eine weitere Möglichkeit, Akkorde zu bezeichnen, die oft viel leichter zu *lesen* und damit auch zu *spielen* ist. Man schreibt *das* auf, was man *spielt*– und nicht das, was es *bedeutet*[368]. Die so genannte ***Bruchstrich-Schreibweise*** unterteilt einen Akkord in zwei Teile – oben einen Akkord und unten einen Extra-*Ton*. Auf dem Klavier spielt die rechte Hand die obere Bezeichnung und die linke Hand die untere Bezeichnung[369].

Bruchstrich-Schreibweise

Hat man z. B. einen G^{11}-Akkord, müsste man eigentlich sechs verschiedene Töne spielen (*g*, *h*, *d*, *f*, *a*, und *c*).

G11

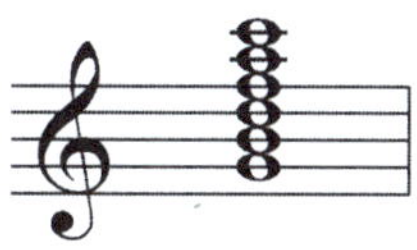

In der Praxis ist das oft zu viel[370], daher lässt man einige der für den Klang des jeweiligen Akkordes nicht so wichtigen Töne weg. Für den G^{11}-Akkord findet man daher auch oft die Schreibweise $\frac{F}{G}$ oder F/G oder $^{F}/_{G}$. Alle Fassungen bedeuten dasselbe. Das *obere* bzw. *erste* Symbol bedeutet: spiele diesen *Akkord* mit *allen* zu diesem Akkord gehörenden Tönen (in unserem Beispiel *f*, *a* und *c*). Das *untere* bzw. *zweite* Symbol bedeutet: spiele nur diesen *einen* Ton.

G11
F/G

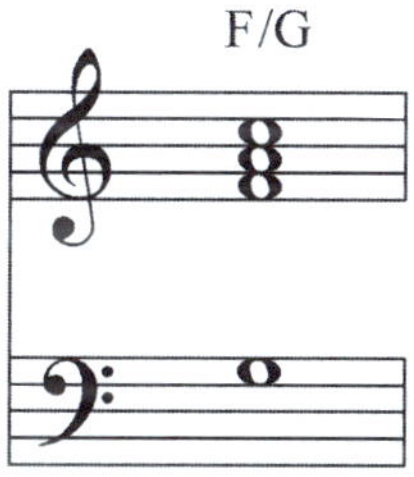

Die *reine* Bruchstrichschreibweise ($\frac{F}{G}$) nimmt sehr viel Platz in der Höhe ein, so dass oft die Schreibweise mit einem *Schräg*strich verwendet wird. Man spricht dann von ***Slash-Akkord***en[371]. Dabei ist es unerheblich, ob die Schreibweise *nebeneinander* verwendet wird (F/G) oder die leicht versetzte Schreibweise ($^{F}/_{G}$).

Slash-Akkord

[368] Hier wird kein Akkord im Sinne einer Funktion dargestellt, sondern lediglich die *Vereinfachung* eines Akkordes, nämlich das, was zu *spielen* ist.

[369] Für die Gitarre reicht normalerweise das Spielen des oberen Akkordes aus.

[370] Nicht nur vom Spielen der Töne her, sondern auch vom Klang her, der – wenn denn immer alle Töne eines Akkordes gespielt würden – schnell sehr massig wirkt.

[371] Slash (engl.) meint den *Schrägstrich*.

Hier eine Übersicht, wie man den Namen eines Akkordes herausfinden kann – Voraussetzung hierfür ist allerdings die korrekte Schichtung in Terzen[372]:

Dur-Akkord

Moll-Akkord

5♭ *(gesprochen: Be-Fünf)*

vermin-derter Dreiklang

dim.

5♯ *gesprochen: Kreuz-Fünf)*

über-mäßiger Dreiklang

aug.

(kleiner) Sept-Akkord

großer Sept-Akkord

Major-Akkord

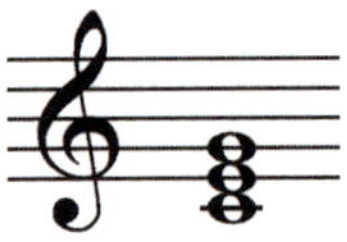	Über dem *c* wird eine *große* Terz (*e*) gespielt. Die Quinte ist rein. Daher heißt dieser Akkord *C-Dur*. Als Symbol verwendet man den Großbuchstaben *C*.
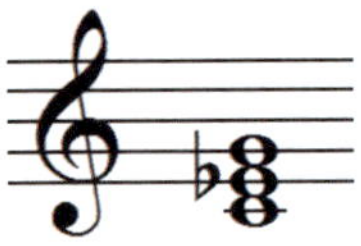	Über dem *c* wird eine *kleine* Terz (*es*) gespielt. Die Quinte ist rein. Daher heißt dieser Akkord *C-Moll*. Als Symbol verwendet man den Großbuchstaben *C*, gefolgt von dem kleinen Buchstaben *m*, also *Cm*.
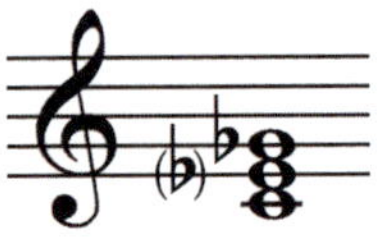	Über dem *c* wird eine *verminderte* Quinte (*ges*) gespielt. Daher erhält dieser Akkord den Zusatz 5♭ (gesprochen: *Be-Fünf*)[373]. In Moll besitzt dieser Akkord auch noch den Namen *verminderter Dreiklang* (englisch: *diminished*, abgekürzt: *dim.*).
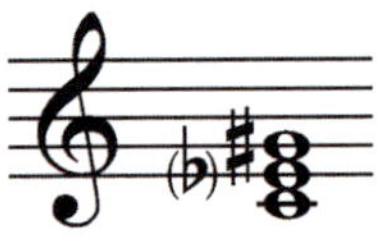	Über dem *c* wird eine *übermäßige* Quinte (*gis*) gespielt. Daher erhält dieser Akkord den Zusatz 5♯ (gesprochen: *Kreuz-Fünf*). Bei einer reinen Quinte erfolgt keine nähere Bezeichnung der Quinte[374]. In Dur besitzt dieser Akkord auch noch den Namen *übermäßiger Dreiklang* (englisch: *augmented*, abgekürzt: *aug.*).
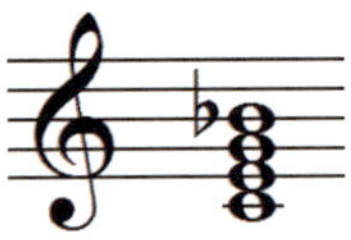	Über dem *c* wird (außer den Dreiklangs-Tönen) eine *kleine* Septime (*be*) gespielt. Daher erhält dieser Akkord lediglich den Zusatz ^{7}. In unserem Beispiel heißt der Akkord C^7.
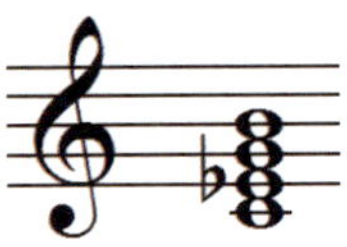	Über dem *c* wird (außer den Dreiklangs-Tönen) eine *große* Septime (*h*) gespielt. Daher erhält dieser Akkord den Zusatz ^{maj7} oder ^{7}♮ oder △ (in allen Varianten gesprochen: *Major-Sieben* oder *Sieben-Major*). In unserem Beispiel heißt der Akkord Cm^{maj7}.

[372] Es werden nicht alle Möglichkeiten aufgelistet, sondern nur die gebräuchlichsten.

[373] Bei einer reinen Quinte erfolgt keine nähere Bezeichnung der Quinte.

[374] Der Dreiklang in *Moll* klingt im ersten Moment ein bisschen nach Dur, aber es gibt diesen Akkord tatsächlich, z. B. verewigt im „James-Bond-Motiv" (Musik: Monty Norman).

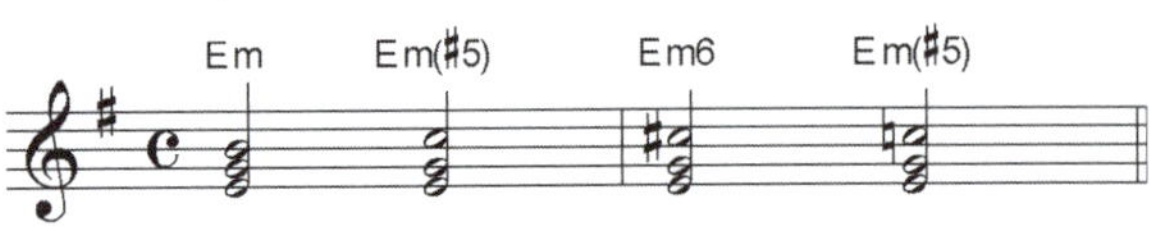

<table>
<tr><td>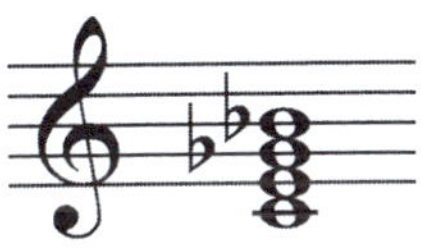</td><td>Über dem c wird eine große Terz (e) – daher Dur –, eine verminderte Quinte (ges) und eine kleine Septime (be) gespielt. Daher erhält dieser Akkord zusätzlich zur ^{7} noch den Zusatz 5♭ (gesprochen: Be-Fünf).

In unserem Beispiel heißt der Akkord $C^{7/5b}$.</td><td>(Dur-) Sept-Akkord mit verminderter Quinte</td></tr>
<tr><td>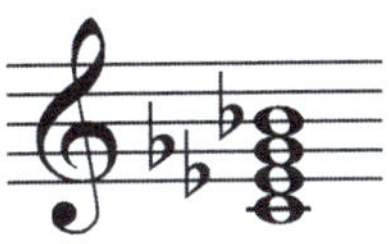</td><td>Über dem c wird eine kleine Terz (es) – daher Moll –, eine verminderte Quinte (ges) und eine kleine Septime (be) gespielt. Daher erhält dieser Akkord den Zusatz $m^{7/5b}$.

In unserem Beispiel heißt der Akkord $Cm^{7/5b}$ oder einfach $C^{\varnothing}$ (gesprochen: C-halbvermindert).</td><td>halbverminderter (Sept)-Akkord

Moll-7/5b</td></tr>
<tr><td>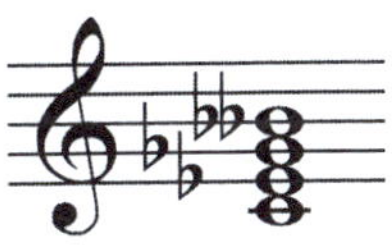

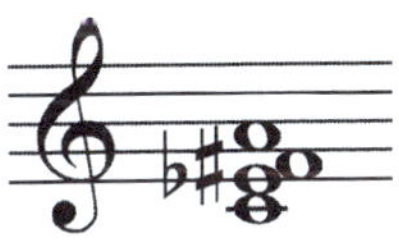</td><td>Über dem c wird eine kleine Terz (es), eine verminderte Quinte (ges) und eine verminderte Septime (heses) gespielt. Daher erhält dieser Akkord den Zusatz ° .

In unserem Beispiel heißt der Akkord C° (gesprochen: C-Null).

Der besseren Lesbarkeit halber werden meist ein oder zwei Töne enharmonisch verwechselt (im unteren Beispiel wird so die verminderte Quinte zu einer übermäßigen Quarte und die verminderte Septime zu einer großen Sexte.</td><td>verminderter (Sept)-Akkord

Null-Akkord</td></tr>
<tr><td>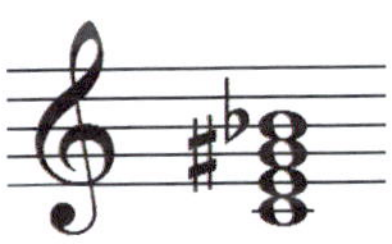</td><td>Über dem c wird eine übermäßige Quinte (gis) und eine kleine Septime (be) gespielt. Daher erhält dieser Akkord zusätzlich zur ^{7} noch die Bezeichnung 5♯ (gesprochen: Kreuz-Fünf).

Der Name übermäßiger Sept-Akkord ist etwas irreführend, da man denken könnte, dass er in direktem Gegensatz zum verminderten Sept-Akkord stehe. Dies ist aber nicht der Fall, denn das „übermäßig“ bezieht sich auf die Quinte und nicht auf die Septime.

In unserem Beispiel heißt der Akkord $C^{7/5\#}$.

Diesen Sept-Akkord gibt es auch nur in Dur, da er in Moll einen – gar nicht nach Moll klingenden – anderen Charakter bekäme (⇨ Im Gegensatz dazu auch Fußnote 374 zum 5♯ -Akkord).

Zu diesem Akkord ⇨ auch S. 209.</td><td>übermäßiger Sept-Akkord</td></tr>
</table>

Non-Akkord	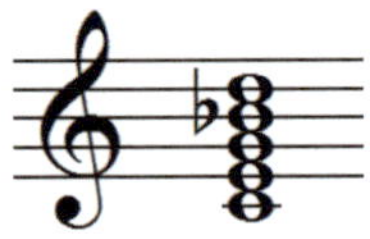	Über dem *c* wird eine *kleine* Septime (*be*) und eine *große* None (*d*) gespielt. Daher erhält dieser Akkord den Zusatz ^{9}. In unserem Beispiel heißt der Akkord C^{9}.
Non-Akkord mit großer Septime *Major-7/9*	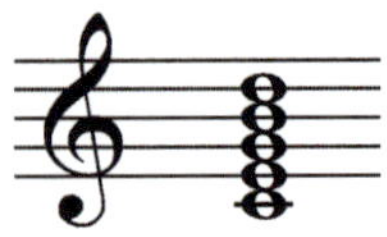	Über dem *c* wird eine *große* Septime (*h*) und eine *große* None (*d*) gespielt. Daher erhält dieser Akkord den Zusatz $^{maj7/9}$. In unserem Beispiel heißt der Akkord $C^{maj7/9}$ (gesprochen: *C-major-neun*).
kleiner Non-Akkord *9b-Akkord (gesprochen: Be-Neun-Akkord)*	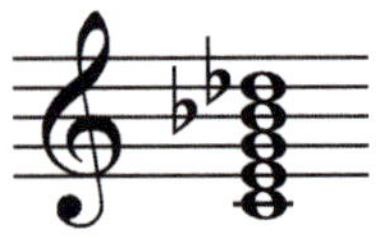	Über dem *c* wird eine *kleine* Septime (*be*) und eine *kleine* None (*des*) gespielt. Daher erhält dieser Akkord den Zusatz ^{9b}. In unserem Beispiel heißt der Akkord C^{9b} (gesprochen: *C-Be-Neun*).
Akkord mit hinzugefüg-ter None (klein oder groß)	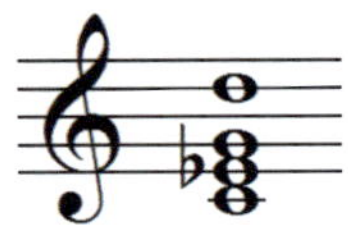 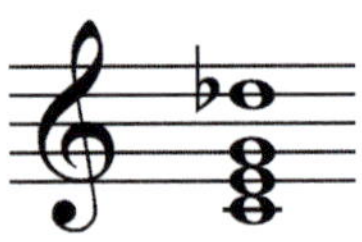	Über dem *c* wird (außer den Dreiklangs-Tönen) nur eine *große* None (*d*) gespielt (aber eben *keine* Septime). Daher erhält dieser Akkord den Zusatz ^{add9}. In unserem Beispiel heißt der Akkord Cm^{add9}. Hinzugefügt werden kann natürlich auch eine kleine None. Im unteren Beispiel heißt der Akkord C^{add9b} (gesprochen: *C-added-Be-Neun*).
Akkord mit hinzugefüg-ter Sekunde	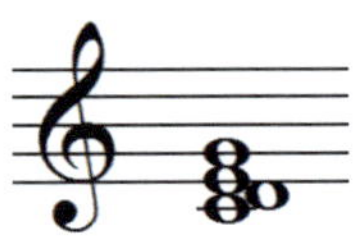	Zusätzlich zum Dreiklang über dem *c* wird noch eine *große* Sekunde (*d*) gespielt. Daher erhält dieser Akkord den Zusatz ^{add2} oder auch ^{2}. Bei der Beschriftung C^{add9} oder C^{add2} wird oft sehr nachlässig verfahren: es wird C^{9} geschrieben, wo C^{add9} gemeint ist oder C^{add9} wo C^{add2} stehen müsste. In unserem Beispiel heißt der Akkord C^{add2} bzw. C^{2}.
Moll-Akkord mit hinzu-gefügter Quarte	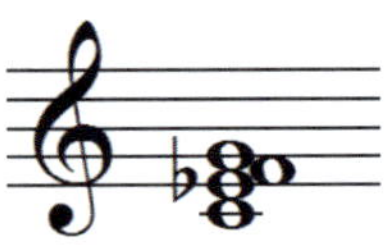	Zusätzlich zum Moll-Dreiklang[375] über dem *c* wird noch eine *reine* Quarte (*f*) gespielt. Daher erhält dieser Akkord den Zusatz ^{add4} oder auch ^{4}. In unserem Beispiel heißt der Akkord Cm^{add4} bzw. Cm^{4}.
Akkord mit hinzugefüg-ter Sexte *sixte ajoutée*	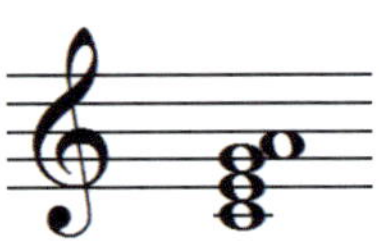	Zusätzlich zum Dreiklang über dem *c* wird noch eine *große* Sexte (*a*) gespielt. Daher erhält dieser Akkord den Zusatz ^{add6} oder auch nur ^{6}. Dieser Akkord heißt auch ***sixte ajoutée***[376]. In unserem Beispiel heißt der Akkord C^{add6} oder einfach nur C^{6}.

[375] Diesen Akkord gibt es in Dur nicht.
[376] Französisch für *Sexte hinzugefügt*.

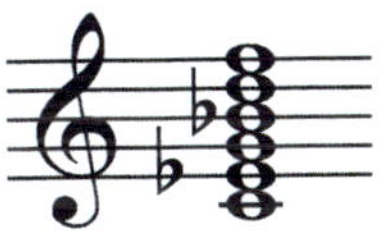	Über dem *c* wird eine *kleine* Septime (*be*), eine *große* None (*d*) und eine (reine) Undezime (*f*) gespielt. Daher erhält dieser Akkord den Zusatz ^{11}. In unserem Beispiel heißt der Akkord Cm^{11}.	*Undezim-Akkord*
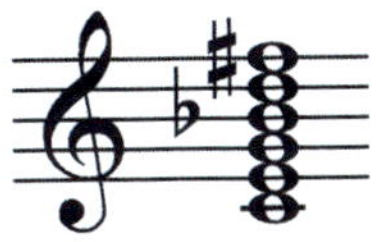	Über dem *c* wird eine *kleine* Septime (*be*), eine *große* None (*d*) und eine *übermäßige* Undezime (*fis*) gespielt. Daher erhält dieser Akkord den Zusatz 11♯ (gesprochen: Kreuz-Elf). In unserem Beispiel heißt der Akkord $C^{11\#}$.	11♯ *(gesprochen: Kreuz-Elf)* *übermäßiger Undezim-Akkord*
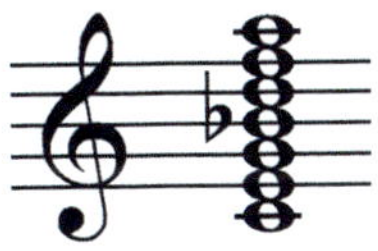	Über dem *c* wird eine *kleine* Septime (*be*), eine *große* None (*d*), eine (reine) Undezime (*f*) und eine (große) Tredezime (*a*) gespielt. Daher erhält dieser Akkord den Zusatz ^{13}. In unserem Beispiel heißt der Akkord C^{13}.	*Tredezim-Akkord*
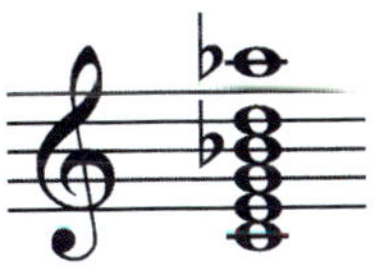	Über dem *c* wird eine *kleine* Septime (*be*), eine *große* None (*d*) und eine *kleine* Tredezime (*as*) gespielt. Daher erhält dieser Akkord den Zusatz $^{7/9/13b}$. Da keine ^{11} enthalten ist, werden alle Zusatztöne / Optionstöne (⇨ S. 116) *extra* bezeichnet. In unserem Beispiel hieße der Akkord $C^{7/9/13b}$, aber oft findet man auch nur die Bezeichnung $C^{9/13b}$.	*Non-Akkord mit kleiner Tredezime*
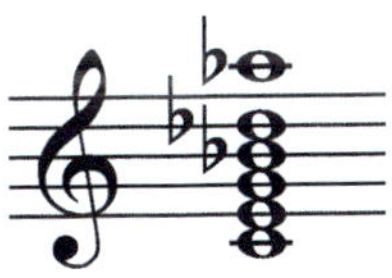	Über dem *c* wird eine *kleine* Septime (*be*), eine *kleine* None (*des*) und eine *kleine* Tredezime (*as*) gespielt. Daher erhält dieser Akkord den Zusatz $^{7/9b/13b}$. Da keine ^{11} enthalten ist, werden alle Zusatztöne / Optionstöne (⇨ S. 116) *extra* bezeichnet. In unserem Beispiel hieße der Akkord $C^{7/9b/13b}$, aber oft findet man auch nur die Bezeichnung $C^{9b/13b}$.	*kleiner Non-Akkord mit kleiner Tredezime*
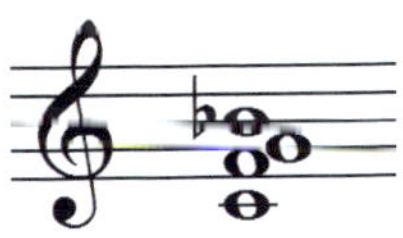 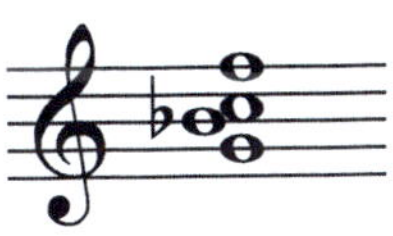	Bei *sus*-Akkorden ist eine Schichtung in Terzen nicht immer einfach zu bewerkstelligen, da ja *eine* Terz durch das *sus* ersetzt wurde und daher fehlt. Hier ist eine Deutung nach $C^{4/7}$ möglich (die 4 ersetzt die 3) oder eine Deutung nach $Gm^{4/7}$ (die 4 ersetzt die 5). Welche Variante die richtige ist, ergibt sich meist aus dem Zusammenhang.	

Oftmals ergibt sich beim Spielen eines Liedes mit Akkordsymbolen das Problem, dass man nicht weiß, welche Töne *genau* zu spielen sind, um diesen Akkord darzustellen. Dafür gibt es eine einfache Lösung:

Da alle (bisherig behandelten[377]) Akkorde aus übereinandergeschichteten Terzen bestehen, benötigt man zum einen die Stammtonreihe (⇨ S. 8) - um die Terzen zu finden - und, da Akkorde außerdem Ausschnitte aus Tonleitern darstellen, braucht man darüber hinaus noch den Quintenzirkel (⇨ S. 71) für die *veränderten* Stammtöne. Los geht's!

A$^{7/\flat 9}$

Terzen schichten	Man benötigt den 1., 3., 5., 7. und den 9. Ton der Stammtonreihe (alles Terzen übereinander[378]).	a, c, e, g, h
Tonart	Aus dem Quintenzirkel erfährt man, welche Stammtöne durch Tonart-Vorzeichen verändert worden sind (fis, cis, gis).	a, cis, e, gis, h
Optionen	Zum Schluss passt man die Akkordtöne entsprechend den näheren Angaben (be oder Kreuz) sowie die korrekte Septime an. Die ^{7} meint *immer* die kleine Septime und damit <u>*nicht*</u> die Septime der *Dur*[379]-Tonleiter (hier: *g* statt *gis*). Das ♭ vor der None erniedrigt den Ton *h* zu einem *b*.	a, cis, e, g, b 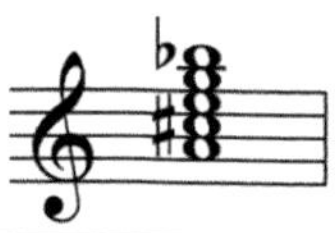

E$^{9(13)}$

Terzen schichten	Man benötigt den 1., 3., 5., 7., 9. und 13. Ton der Stammtonreihe. Die Erwähnung von ^{9} und ^{13} zeigt an, dass die ^{11} ausgelassen werden soll[380], sonst stünde nur ^{13} da.	e, g, h, d, f, c
Tonart	Aus dem Quintenzirkel erfährt man, welche Stammtöne durch Tonart-Vorzeichen verändert worden sind (fis, cis, gis, dis).	e, gis, h, dis, fis, cis
Optionen	Zum Schluss passt man die Akkordtöne entsprechend den näheren Angaben (be oder Kreuz) sowie die korrekte Septime an. Die ^{7} ist eine kleine Septime (daher *d*).	e, gis, h, d, fis, cis 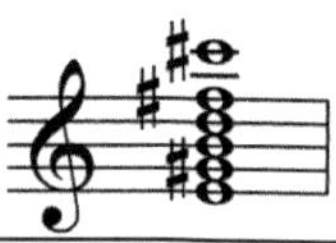

[377] Dass Akkorde auch anders als in Terzen geschichtet werden können, wird unter *Der Akkord / Die Harmonie (5)* (S. 236) näher erläutert.

[378] Ob es sich dabei um eine kleine, große oder gar um eine übermäßige oder verminderte Terz handelt, spielt *jetzt* noch keine Rolle.

[379] Die Dur-Tonleiter nehmen wir der Konsequenz halber auch bei z.B. Gm7 als Grundlage.

[380] Es ist dabei egal, ob die ^{13} in Klammern steht oder nach einem Schrägstrich (/) erscheint oder gar über der ^{9} steht.

$Gm^{4/7}$

Terzen schichten	Man benötigt den 1., 3., 5. und 7. Ton der Stammtonreihe.	g, h, d, f
Tonart	Aus dem Quintenzirkel erfährt man, welche Stammtöne durch Tonart-Vorzeichen verändert worden sind (be, es).	g, be, d, f
Optionen	Zum Schluss passt man die Akkordtöne entsprechend den näheren Angaben (be oder Kreuz) sowie die korrekte Septime an. Die 4 ersetzt zwar normalerweise die 3, aber da Moll in diesem Akkord bezeichnet ist, muss die kleine Terz also auch vorhanden sein, so dass hier die 4 die 5 ersetzt. Eine weitere Möglichkeit bestünde darin, dass mit der 4 ein *add4* gemeint wäre und der Akkord dann aus den Tönen *g*, *be*, *c*, *d* und *f* bestünde.	g, be, c, f 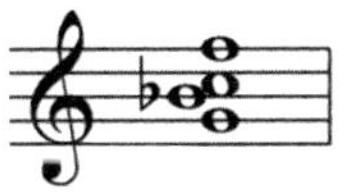

$A^{\flat}m^{6/9}$

Terzen schichten	Man benötigt den 1., 3., 5., 7. und 9. Ton der Stammtonreihe.	a, c, e, g, h
Tonart	Aus dem Quintenzirkel erfährt man normalerweise, welche Stammtöne durch Tonart-Vorzeichen verändert worden sind. Allerdings ist $A^{\flat}m$ im Quintenzirkel nicht direkt zu finden. Wir behelfen uns mit einer enharmonischen Umdeutung: $A^{\flat}m = G^{\sharp}m$. Wir finden als Vorzeichen 5 ♯, was bedeutet, dass es 7 ♭ 's sein müssen (zusammen sind es immer 12 – so viel wie es Töne gibt). Unser fehlendes, siebtes ♭ ist eine Quinte unter dem *ces* zu finden. Wenn man vom c eine Quinte tiefer geht, kommt man zum *f*. Fügt man danach jeweils die Endsilbe -is daran, hat man die Lösung: eine Quinte unter *ces* steht *fes*. Die Vorzeichen lauten: be, es, as, des, ges, ces, fes.	as, ces, es, ges, be
Optionen	Zum Schluss passt man die Akkordtöne entsprechend den näheren Angaben (be oder Kreuz) sowie die korrekte Septime an. Die ^{6} ist normalerweise ein hinzugefügtes Intervall. Da dann aber ^{5}, ^{6} und ^{7} nebeneinander erklingen müssten und dies nicht im Sinne einer Terzschichtung wäre, bedeutet diese Angabe, dass hier die ^{7} durch die ^{6} ersetzt wird. Achtung! Die ^{6} ist immer groß!	as, ces, es, f, be 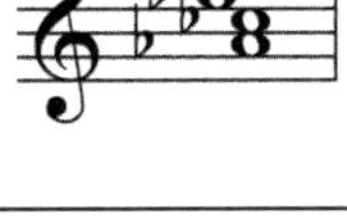

B♭°

Terzen schichten	Man benötigt den 1., 3., 5. und 7. Ton der Stammtonreihe.	h, d, f, a
Tonart	Aus dem Quintenzirkel erfährt man, welche Stammtöne durch Tonart-Vorzeichen verändert worden sind (be, es).	be, d, f, a
Optionen	Zum Schluss passt man die Akkordtöne entsprechend den näheren Angaben (be oder Kreuz) sowie die korrekte Septime an. Die ° bedeutet, dass alle Terzen klein sind. Die erste Terz wäre dann wie bei Moll (*des*), die zweite Terz - die dann die Quinte ergibt - wäre eine verminderte Quinte (*fes*). Die letzte Terz wäre die kleine Septime (*as*) noch einmal verkleinert hin zur verminderten Septime (*asas*).	be, des, fes, asas oder besser lesbar: be, des, e, g 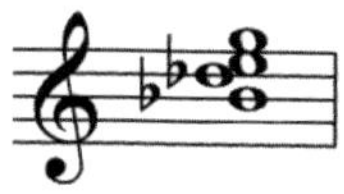

F♯13(♯11)

Terzen schichten	Man benötigt den 1., 3., 5., 7., 9., 11. und den 13. Ton der Stammtonreihe (alles Terzen übereinander).	f, a, c, e, g, h, d
Tonart	Aus dem Quintenzirkel erfährt man, welche Stammtöne durch Tonart-Vorzeichen verändert worden sind (fis, cis, gis, dis, ais, eis).	fis, ais, cis, eis, gis, h, dis
Optionen	Zum Schluss passt man die Akkordtöne entsprechend den näheren Angaben (be oder Kreuz) sowie die korrekte Septime an. Die [7] ist eine kleine Septime (daher *e*). Das ♯ vor der Undezime erhöht den Ton *h* zu einem *his*.	fis, ais, cis, e, gis, his, dis 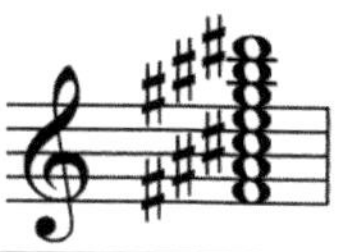

Auf S. 16 haben wir die ***Melodie*** als eine *sinnvolle* Folge von gleichen oder verschiedenen Intervallen kennen gelernt.

Melodie

FRAGE

Was ist „sinnvoll"?

Etwas Sinnvolles ist immer etwas Nachvollziehbares – man *versteht* einen *Zusammenhang* –, der dann aber auch vorhanden sein sollte.

Möchte man etwas nachvollziehen können, muss man diesen (vorhandenen) Zusammenhang auch *erkennen* können. Dabei ist es egal, ob man diese Beziehung *bewusst* erfasst oder eher *unbewusst* – z. B. weil man sie als „selbstverständlich" empfindet. Als „selbstverständlich" nehmen wir generell 3 verschiedene Formen von Beziehungen wahr:

1. Die Wiederholung
   Wir alle lieben die Wiederholung – vor allem von angenehmen Dingen. Sie ist „gefahrlos". Sie birgt keine Überraschungen, weil wir bereits alles wissen und so das weitere Geschehen vorhersehen können. Wir *wissen*, was passieren *wird*[381].
2. Die Veränderung
   Tritt die Wiederholung mit (überschaubaren) Abwandlungen auf, werden wir von diesen unvorhergesehenen Dingen zwar überrascht, aber wir befinden uns immer noch auf bekanntem Gebiet, so dass wir weiter zu wissen glauben, was die Zukunft bringen wird. Wir *ahnen*, was passieren *kann*[382].
3. Den Gegensatz
   Tritt etwas auf, dass wir überhaupt nicht in unsere Schublade vom „Bekannten" einordnen können – also weder als Wiederholung noch als (überschaubare) Veränderung erkennen –, dann werden wir *überrascht*. Das „Besondere" hat sich ereignet – wir sind (erst einmal) irritiert. Wir wissen in diesem Moment nicht mehr, was auf uns zukommen wird und was dies bedeutet. Damit wird nicht nur der *bisher* bestehende Zusammenhang durchbrochen, sondern es scheint uns sogar *jeglicher* Zusammenhang genommen worden zu sein. Aber auch dieser Nicht-Zusammenhang stellt eine ganz wichtige Form von Beziehung dar, da dieses „Überrascht-Sein" ja nur wirksam werden kann, wenn es *vorher* einen Zusammenhang gegeben hat[383]. Wir *wissen nicht*, was *passiert* – stellen uns aber nach einer gewissen Zeit der Gewöhnung auch auf das Unerwartete ein.

[381] Die Zukunft ist klar. Es wird ein Gefühl von Sicherheit vermittelt.

[382] Die Zukunft ist planbar. Es wird – je nach dem Grad der Veränderung – ein Gefühl zwischen Neugierde und Ablehnung vermittelt. Ob es mehr das Eine oder das Andere ist, hängt dabei in hohem Maße davon ab, welche (bewusste oder unbewusste) Bewertung die betreffende Person zu den Veränderungen trifft.

[383] Die Zukunft ist ungewiss.
Wenn man beispielsweise eine Vielzahl von hin und her hüpfenden staccato-Tönen hört und plötzlich ein langanhaltender Ton erklingt, überrascht dies. Hört man andererseits viele lange Töne und plötzlich erklingen einige kurze, springende Töne, ist auch das überraschend bzw. irritierend.

Am oben Gesagten sind nicht nur die Prinzipien erkennbar, nach denen Wahrnehmung generell funktioniert, sondern man kann feststellen, dass auch das „Sinnvolle" wieder in starkem Maße von der jeweiligen *Person* abhängig ist.

Ein (Sinn-)Zusammenhang muss nicht nur *vorhanden* sein, sondern er muss als solcher auch *erkannt/wahrgenommen* werden (können).

Nun kann sich das Sinnvolle nicht nur auf Intervalle beziehen und damit eine Melodie ergeben, sondern auch beim Rhythmus treten diese Beziehungen auf. Etwas Sinnvolles entsteht aber auch durch eine Beziehung zwischen verschiedenen Akkorden, was wir als Funktion bezeichnen (⇨ S. 114).

Motiv

Die *kleinste sinnvolle* Einheit in der Musik bezeichnet man als ***Motiv***. Ein Motiv sollte unverwechselbar sein, etwas Charakteristisches besitzen, damit sich daraus das weitere Geschehen entwickeln kann. Denn wie wir gesehen haben, wollen wir gar nicht andauernd etwas *Anderes* wahrnehmen, sondern wir mögen die *Wiederholung* sowie die *Veränderung* und nur ausnahmsweise „das Andere". Ein Motiv muss einen gewissen Umfang besitzen, um das Unverwechselbare erkennbar werden zu lassen. Im Motiv kann das melodische, das harmonische aber auch das rhythmische Element *überwiegen*. Ein Intervallsprung oder eine zufällige Tonfolge ergeben noch kein Motiv. Es sollte ein „nachvollziehbarer musikalischer Gedanke" erkennbar sein. Dieser Gedanke – dieses Motiv – wird dann im weiteren Verlauf eines Liedes fortgeführt, indem man ihn/es wiederholt, leicht verändert, stark verändert oder Teile davon verwendet. Verwendet man von einem Motiv nur einen Teil[384], spricht man von einem ***Teilmotiv***.

Teilmotiv

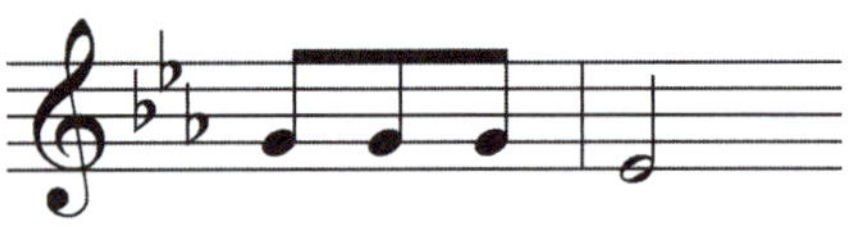

Ludwig van Beethovens (1770-1827) berühmtes „Klopf"-Motiv am Beginn seiner 5. Sinfonie stellt die wohl kürzeste (und charakteristischste) Form eines Motivs dar.

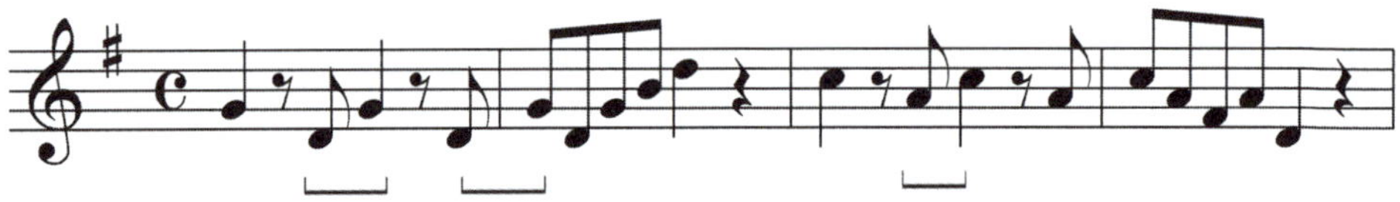

Der Anfang von Wolfgang Amadeus Mozarts (1756-1791) wohl bekanntester Komposition „Eine kleine Nachtmusik".

Dieses Beispiel zeigt exemplarisch wie man ausgehend von nur *einem* (rhythmisch strukturierten) Intervall ein eingängiges Motiv erschaffen kann. Steht der erste Ton (scheinbar) noch für sich allein, wirkt jedoch unterschwellig bereits das arbeitende (Achtel-)Metrum und gibt dem folgenden Quartsprung einen deutlichen Schwung (Klammer). Zuerst noch rhythmisch vollständig wiederholt (nächste Klammer) erfolgt anschließend eine Diminution mit einer abschließenden Weiterführung nach oben – damit ist das Motiv beendet. In Takt 3 und 4 folgt dann eine Variation dieses Motivs, indem die Terz verwendet wird und der Abschluss diesmal nach unten geht.

[384] Da kann es sich durchaus nur um *ein* Element handeln, z.B. den Rhythmus, welches man weiterverwendet, ohne dabei Bezug auf den (ursprünglichen) Melodieverlauf zu nehmen.

Wie kann man mit einem Motiv[385] umgehen?

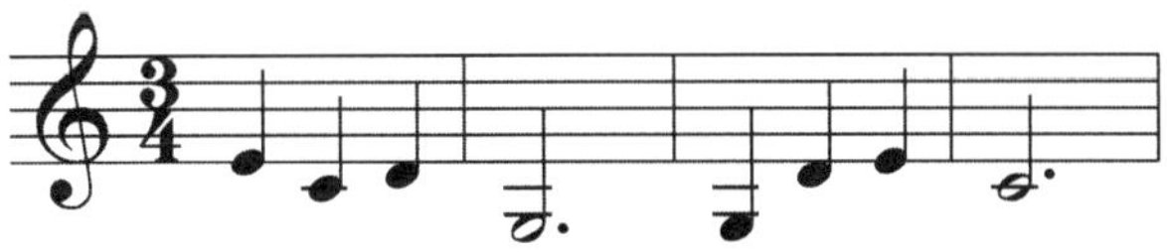

Zwei der fünf Melodien der Glocken vom Elizabeth Tower in London (im Original in E-Dur)

Imitation

Sequenz

Spiegelung, Umkehrung

Krebs

Variation

diatonische Spiegelung

chromatische Spiegelung

Wenn man ein Motiv oder eine Melodie nach seinem/ihrem Erklingen von einem anderen Instrument oder einer anderen Stimme wiederholen lässt[386], nennt man das eine ***Imitation***[387]. Neben der *vollständigen* Wiederholung kann man auch verschiedene *Veränderungen* in eine Wiederholung einbauen. Nimmt man das Motiv und wiederholt es auf einer *anderen Tonstufe* – also von einem anderen Ton aus – spricht man von einer ***Sequenz***[388]. Eine weitere Möglichkeit ist die ***Spiegelung***, bei der man sich eine waagerechte Linie denkt, die dann als Spiegelfläche dient und so ein seitenverkehrtes Abbild schafft[389]. Dies wurde früher auch ***Umkehrung*** genannt – allerdings neigt dieser Begriff dazu, durch seinen Gebrauch bei Akkorden (⇨ S. 86) schnell missverständlich zu werden. Spiegelt man das Motiv nicht an einer waagerechten Linie, sondern an einer senkrechten, entsteht der so genannte ***Krebs***. Man kann bei einer senkrechten Spiegelung auch sagen, dass das Motiv von hinten nach vorn gespielt wird[390]. Es gibt sehr viele Möglichkeiten, ein Motiv zu

[385] Bzw. einem Teilmotiv.

[386] Während das bisherige Instrument (oder Stimme) dazu etwas Anderes spielt.

[387] Von lateinisch *imitatio*: Nachahmung

[388] Die Beispiele ① und ② zeigen die völlig unterschiedlichen Klangeindrücke, die dadurch entstehen können (für die bessere Lesbarkeit 1 Oktave höher notiert).

[389] Hierbei gibt es verschiedene Möglichkeiten: das Motiv (③) kann *an seinem ersten Ton* gespiegelt werden (geht die Melodie nach unten, geht sie in der Spiegelung nach oben), dadurch entsteht eine ***diatonische*** (⇨ S. 95) ***Spiegelung*** ④:
Soll die Spiegelung korrekt sein, kommt die ***chromatische*** (⇨ S. 95) ***Spiegelung*** infrage, bei der die *genauen* Intervallabstände erhalten bleiben ⑤:
Es können aber auch beliebige *andere* Töne als Spiegelebene fungieren (bzw. auch gar keine real existierenden Töne – wie bei ⑥ ersichtlich). Allen entstehenden Melodien ist gemeinsam, dass sie sich *immer entgegengesetzt* zum Original *bewegen.*

[390] Das Beispiel unserer Melodie würde dann so aussehen:
- rhythmisch wie das Original (⑦)
- der Rhythmus wurde mitgespiegelt (⑧).

①
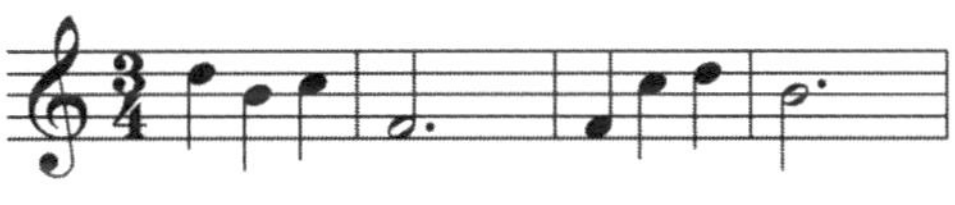

②
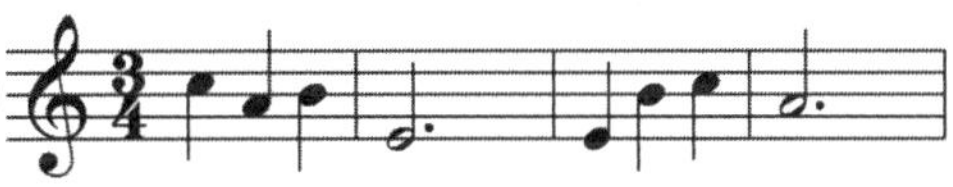

③
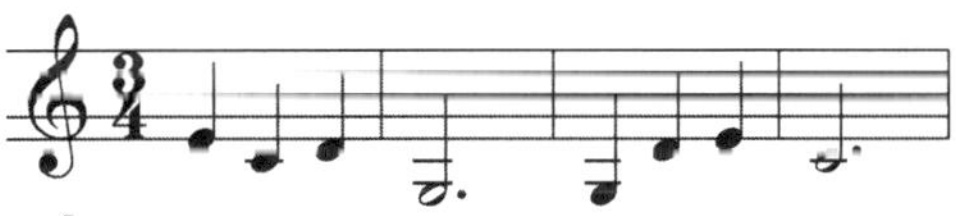

④
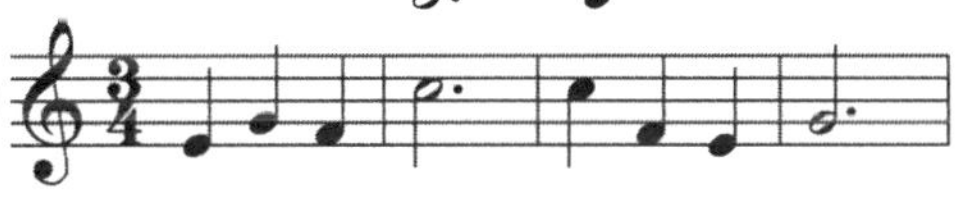

⑤
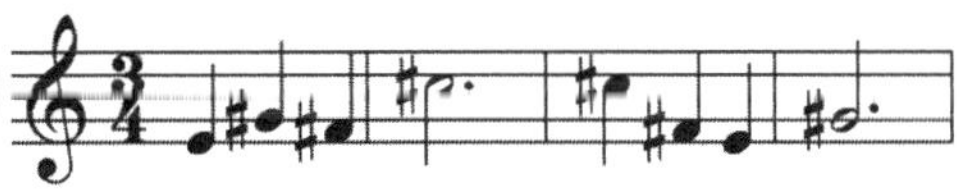

⑥
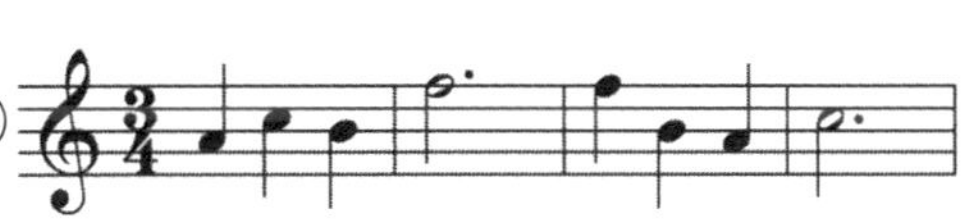

⑦
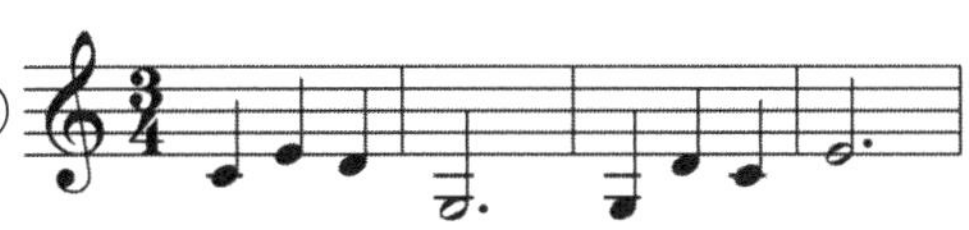

⑧
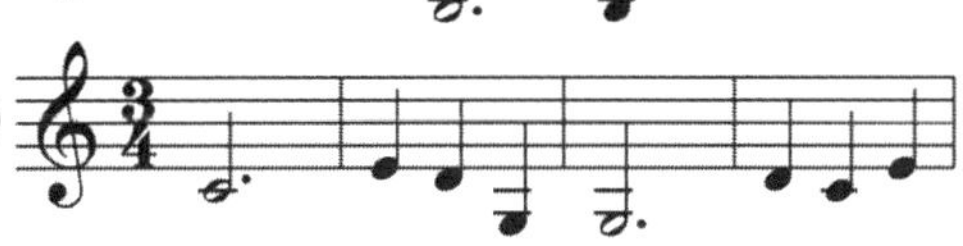

verändern – alle diese Veränderungen werden insgesamt als ***Variation***[391] bezeichnet.

Die – bewusst oder unbewusst – wahrgenommenen Beziehungen der Veränderungen zum Original wirken in der Musik sowohl im Großen wie auch im Kleinen:

Im Großen werden *ganze* Teile von Musik wiederholt (⇨ S. 53), oder sie werden mit Veränderungen wiederholt (⇨ S. 54), oder aber es kommt ein zweiter Teil, der ganz anders gestaltet ist, als der erste Teil[392].

Im Kleinen finden sich diese Grundsätze auch, z. B. in einer einfachen Melodie:

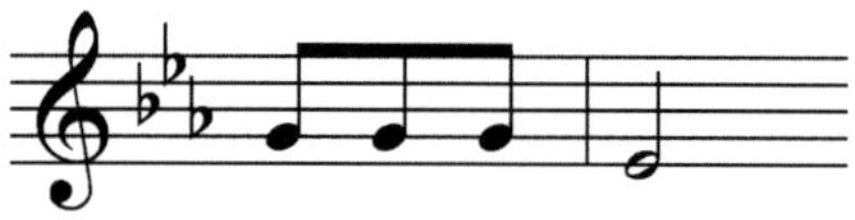

Das bereits erwähnte „Klopf"-Motiv am Beginn der 5. Sinfonie von Ludwig van Beethoven besteht aus der zweifachen Wiederholung des ersten Tons, gefolgt von einem „anderen" Ton.

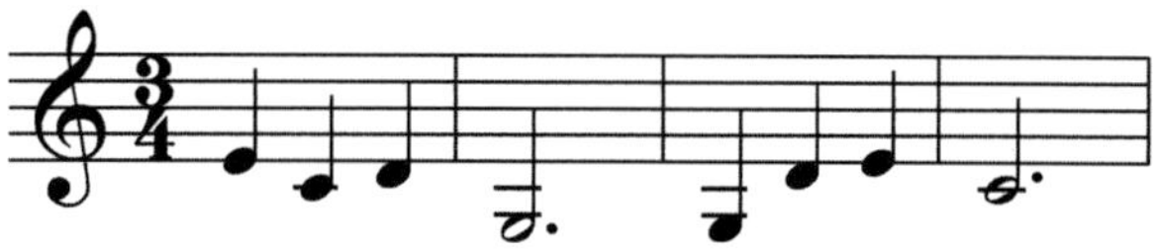

Augmentation

Die sehr bekannte Glockenmelodie, die gern auch als Big Ben[393] bezeichnet wird, besteht aus einem abwärts gehenden Intervall (Terz) gefolgt von einer Wiederholung dieses abwärts gehenden Intervalls, allerdings mit der Vergrößerung auf eine Quinte (diese Vergrößerung wird ***Augmentation*** genannt; ⇨ die Erläuterung in der *Fußnote 244* auf S. 96). Anschließend geht es die Quinte wieder rückwärts und am Ende folgt der Anfang[394].

Diminution

Das Gegenteil von einer Augmentation wäre die ***Diminution*** (⇨ *Fußnote 242*, S. 96).

[391] Je stärker die Veränderungen werden, desto geringer wird der Bezug zum Original-Motiv. Hier gibt die (individuelle) menschliche Wahrnehmung die Grenze zum *Gegensatz* (⇨ S. 131) vor.

[392] Hierbei ist es tatsächlich wichtig, dass es *deutliche* Unterschiede gibt, damit der zweite Teil nicht „aus Versehen", als eine Veränderung des ersten Teils aufgefasst wird.

[393] Dies ist jedoch nur der Name der größten der 5 Glocken.

[394] Wenn wir so wollen, besteht das Motiv aus nur *einem* abwärtsgehenden Intervall, welches augmentiert wird. Anschließend folgt ein (Teil-)Krebs mit der abschließenden Wiederholung des Anfangs

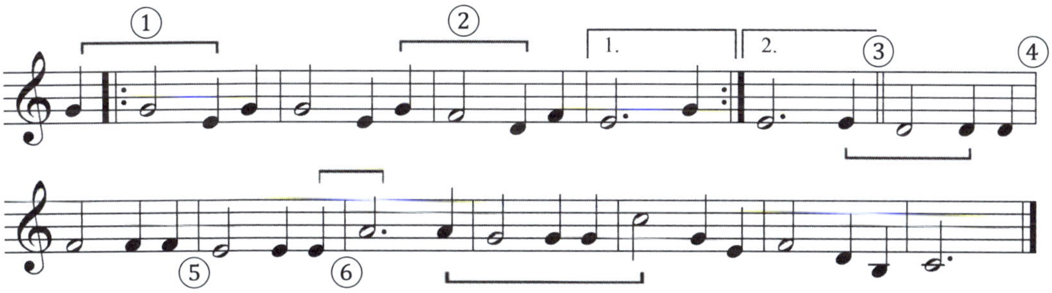

„Ihr Kinderlein, kommet" Musik: Johann Abraham Peter Schulz, Text: Johann Christoph Friedrich von Schmid (in der heute meist üblichen, veränderten Schlussfassung von 1832).

Dieses Beispiel ist in seinem Rhythmus komplett gleichbleibend[395] – nur am Schluss einer jeden Phrase (alle 4 Takte) folgt ein etwas längerer Ton. Wenn wir den Melodieverlauf betrachten, sehen wir: Der erste Ton wird wiederholt, dann erfolgt ein Sprung (Terz) nach unten (dies wäre das *Teil*motiv ①). Nun werden diese drei Töne komplett wiederholt. Die darauffolgende Wiederholung wird etwas abgewandelt, indem sich die Melodie einen Ton nach unten bewegt (der Sprung mit der Terz bleibt ②). Die nächste Wiederholung (eine Sequenz) besteht nur noch aus der Abwärtsbewegung. Dieser gesamte Teil (die ersten 4 Takte bilden das Motiv) wird vollständig wiederholt. Danach folgt erneut ein Schritt nach unten (wieder eine Sequenz ③), gefolgt von einer Tonwiederholung. Diese drei Töne bilden ebenso eine Einheit wie die ganz am Anfang unter der Klammer stehenden Töne. Der nächste Ton erscheint im ersten Moment wie eine erneute Wiederholung, führt jedoch das Prinzip, nach unten zu gehen, in die entgegengesetzte Richtung (Spiegelung) mit einem Terzsprung fort. Dann geht es wieder nach unten (inklusive der Tonwiederholung, wenn man so will: die Spiegelung der Spiegelung), dann wieder nach oben (diesmal eine Quarte – Klammer). In diesem Teil finden wir eine Augmentation in den Intervallbewegungen (Sekunde abwärts ③, Terz aufwärts ④ – Sekunde abwärts ⑤, Quarte aufwärts ⑥). Danach folgt normalerweise – so auch hier – ein Abschluss der Melodieführung, der sich nicht mehr so klar an identifizierbaren Veränderungen des Originalmotivs orientiert, sondern durchaus auch Neues oder Gegensätzliches einbezieht[396] (unter Beibehaltung des Rhythmus' folgt eine Abwärtsbewegung mit Tonwiederholung, ein Quartsprung nach oben – allerdings springt diesmal die Melodie die Quarte wieder zurück –, dann folgen, wenn man so will[397], zwei gespiegelte Ausschnitte der Melodie, die abschließend zum Grundton führen).

Mit nur wenigen Intervallen, aber einer *geschickten Verknüpfung* von Wiederholungen und Veränderungen kann so eine sehr eingängige Melodie entstehen. Und tatsächlich schafft man es – in Verbindung mit Metrum, Rhythmus, Akkorden, Artikulation u.a. – immer wieder *neue* Melodien zu erfinden. Dieses „Erfinden" von Musik, bei dem eine Melodie zumindest mit einem Rhythmus verbunden wird, nennt man ***Komposition*** und den „Erfinder" ***Komponist***. Damit ist also das *Erschaffen* von Musik gemeint, obwohl das lateinische Wort *compositio* eigentlich *Zusammenstellung* bedeutet. Die Zusammenstellung einer Komposition für z.B. unterschiedliche Instrumenten-Besetzungen oder Anlässe (z.B. Kurz- oder Langfassung eines Liedes) nennt man hingegen ***Arrangement***.

Komposition, Komponist

Arrangement

Isorhythmus

[395] Einen derartig gleichbleibenden Rhythmus – trotz sich ändernder Tonhöhen – bezeichnet man auch als ***Isorhythmus***.

[396] Wobei man hier durchaus sagen könnte, dass die bei ⑤ und ⑥ zu findende Melodie als Sequenz wiederkehrt (Klammer).

[397] Tatsächlich gibt es bei der Interpretation (⇨ S. 198) immer auch verschiedene Möglichkeiten der Auslegung, was durch die Vielzahl an entstehenden Querverbindungen bedingt ist, welche es ermöglichen, bei jedem Hören, etwas Anderes entdecken zu können.

Thema

Kombiniert man zwei (oder mehr) sich unterscheidende[398] Motive miteinander und setzt diese in eine Beziehung zueinander, entsteht ein ***Thema***. Ein Thema ist ein musikalischer Gedanke, der nach den weiter oben erläuterten Prinzipien (⇨ S. 131) ein Werk wesentlich trägt und gestaltet.

Was dann *tatsächlich* als Thema betrachtet wird, kann allerdings sehr weit auseinanderliegen. Ein *Thema mit Variationen* (⇨ *Fußnote 399*) muss in der Regel die strenge Anforderung zweier kontrastierender Motive nicht erfüllen. Genauso wenig wie die Imitation (⇨ S. 133). Um noch weitere Gestaltungsmöglichkeiten zu haben, verwenden Komponisten oft zwei oder sogar mehrere Themen.

Variation

Die *Veränderung* von bereits bekannten musikalischen Strukturen (wie z. B. Melodien, Rhythmen, Akkorden, Funktionen (⇨ S. 114), aber auch Dynamiken und Artikulationen nennt man ***Variation***[399].

Hier ein Beispiel für eine sehr einfache - aber wirkungsvolle - Veränderung: die Melodie wird zweimal komplett gleich gespielt, aber die Harmonie, die zu dieser Melodie erklingt, ändert sich (von der Tonika zur Dominate)[400].

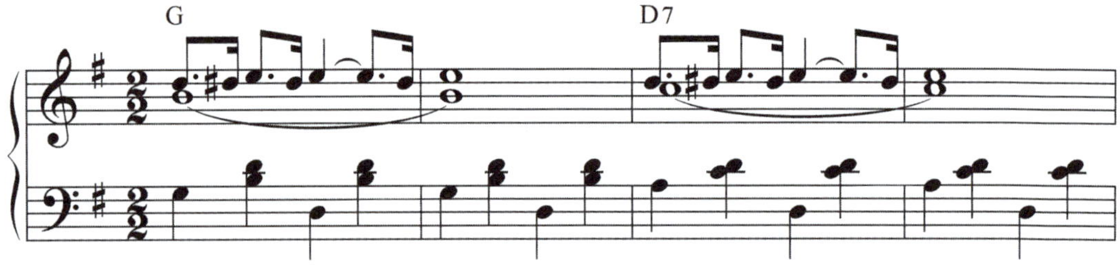

Das „Harry-Lime-Theme" aus dem Film „Der 3. Mann", Musik: Anton Karas.

Kontrast, Kontrapunkt

Der *Gegensatz* wird im Allgemeinen als ***Kontrast*** bezeichnet bzw. in der Musik meist als - allerdings nicht ganz zutreffend[401] - ***Kontrapunkt***.

Kontrapunkt

cantus firmus

---

[398] Man spricht hier von *kontrastierenden* Motiven.

[399] Es gibt dafür sogar eine eigene musikalische Form: *Thema mit Variationen*, bei der ein *Thema* vorgestellt wird und dann – als „das Bekannte" – mit mehr oder weniger großen Veränderungen immer aufs Neue wiederholt wird.

[400] Die Unterstimme im oberen System gehört mit zur Harmonie.

[401] Tatsächlich handelt es sich beim ***Kontrapunkt*** um eine *Komposition*stechnik, bei der man zu einer vorhandenen Melodie (früher meist ***cantus firmus*** genannt – lateinisch für *feststehende(r) Stimme/Gesang*) eine weitere Stimme hinzufügt. Dem Wortsinn nach *punctus contra punctus* (lateinisch für *Note gegen Note*).

Noten können manchmal auch mit *besonderen* Noten*köpfen* versehen sein. Dies hat unterschiedliche Gründe:

Zum einen gibt es Instrumente, die gar keine unterschiedlich hohen Töne spielen können (z.B. viele Schlaginstrumente ⇨ 104f.). Für diese ist es ausreichend, anhand der Notenköpfe schnell zu erkennen, was *rhythmisch* gemeint ist. Wie wir gesehen haben, kann man dafür auch ein Notensystem mit nur *einer* Linie verwenden (⇨ S. 73).

Zum anderen können einige Instrumente Akkorde spielen. Spielt man nun jedoch *viele Akkorde* hintereinander, kann man sich gut vorstellen, dass es mit dem Lesen von *einzelnen* Noten schnell schwierig werden kann. Um es sich einfacher zu machen, schreibt man daher die Akkordsymbole (⇨ S. 90) *extra* auf, so dass darüber hinaus nur noch das Aufschreiben des Rhythmus' notwendig ist.

rhythmische Notation, Rhythmusnotation

Am Häufigsten anzutreffen ist die so genannte ***rhythmische Notation*** oder auch ***Rhythmusnotation***. Hierbei ist der Notenkopf viel größer als normalerweise und dadurch auch schneller lesbar[402]. Die oberen beiden Beispiele sind in Verbindung mit Akkordsymbolen z.B. häufig bei einer Gitarre zu finden[403].

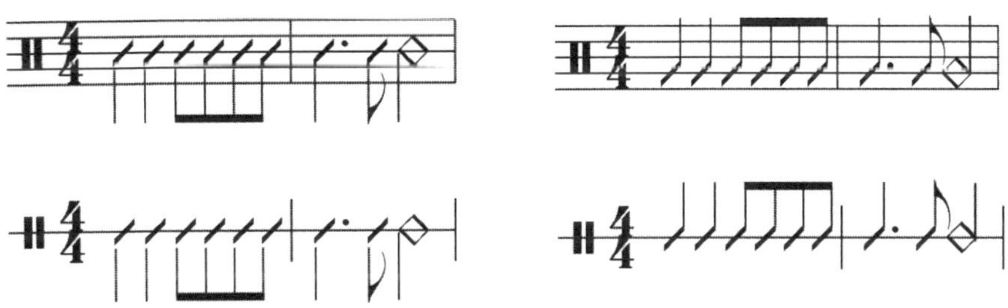

Weitere Notenköpfe werden beim Schlagzeug (⇨ S. 105) verwendet, wobei die x-Notenköpfe *immer* für ein Becken (⇨ S. 105) stehen und die „normal" aussehenden Notenköpfe *immer* für eine Trommel.

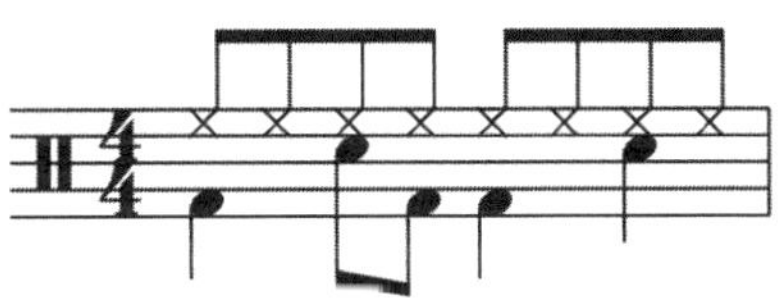

Es gibt noch zahlreiche weitere Notenköpfe, die zum Teil sehr speziell aussehen und deren Bedeutung nicht immer eindeutig geregelt ist.

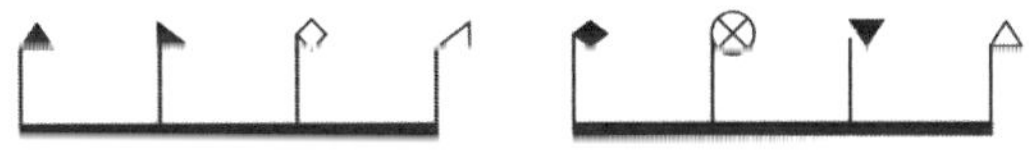

[402] Ob dabei der Notenhals nach oben oder unten geht, liegt im Ermessen desjenigen, der die Noten schreibt – allerdings sollte sich beim 5-Linien-System der Notenkopf auch auf einer entsprechenden Höhe befinden. Beim Ein-Linien-System muss der Notenkopf *immer* durch die Linie gehen.

[403] Dann würde es bei der Gitarre – unter Verwendung von 5 Linien und einem Violinschlüssel – etwa so aussehen (wenn der Rhythmus *ohne* Akkordsymbol dasteht, bedeutet dies, dass die bisherige Harmonie nochmal gespielt wird):

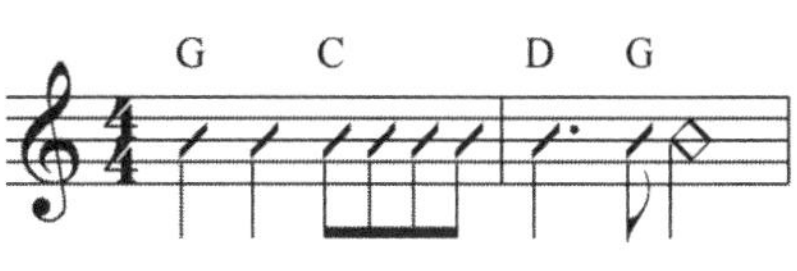

Nicht immer ist das, was sich wiederholt, so einfach aufzuschreiben z. B. weil es nur als *Ausschnitt* wiederholt wird oder erst *sehr viel später* erneut gespielt werden soll[404].

Hat man viele, viele Takte gespielt und es kommt wieder ein Teil, der weiter vorn liegt, kann man dies sehr schlecht mithilfe der bisherigen Wiederholungszeichen lösen. Man braucht jetzt ein Zeichen, mit dem man einfach *irgendwohin* springen kann[405]. In der Musik hat man das Wort „Zeichen" genommen – natürlich auf Italienisch: also „Segno" – und die Abkürzung dafür („S") in die Noten geschrieben. Damit das „Segno" ein wenig schöner aussieht, gibt's noch ein paar Verzierungen und fertig ist unser Zeichen zum Weg-Springen, aber auch unser Zeichen zum Hin-Springen.

Segno
𝄋

𝄋

Finden wir dieses Zeichen – das Segno – in den Noten, dann wissen wir, dass dies ein Ort ist, *zu* dem oder *von* dem gesprungen wird. Ob es sich um das eine oder das andere handelt, erkennt man immer daran, dass nur an *der* Stelle, von der wir *weg*springen sollen, noch ein zusätzlicher Text steht, nämlich eine Erklärung, was nun zu tun ist. Diesen Text finden wir auch wieder auf Italienisch.

Coda

Kopf
𝄌

Kurz vor Ende eines Musikstückes findet sich manchmal die Angabe ***Coda***. Auch diese Wort ist italienisch und bedeutet: *Schwanz*. Es handelt sich dabei also um ein Anhängsel, etwas, das den Schluss bildet. Meist tritt die *Coda* in Verbindung mit dem so genannten ***Kopf*** 𝄌 auf. Damit ist ein Punkt gemeint, von dem man wegspringt oder hinspringt. Im Normalfall wird es sich beim Sprung vom 𝄌 zum 𝄌 um einen Sprung in die Coda handeln (siehe das 2. Beispiel auf S. 140). Manchmal schreibt man nur 𝄌, manchmal 𝄌 und das Wort *Coda*, manchmal nur *Coda*. Aber alles meint dasselbe.

---

404 Allzu lange Klammern bzw. Kästen sollte man nicht verwenden, denn es geht beim Aufschreiben von Musik immer darum, dass es einfach und gut lesbar sein soll.

405 Dieses Zeichen hat die Bedeutung einer so genannten „Absprung-Marke" („Springe von hier aus weg") und gleichzeitig auch die Bedeutung einer „Hinspring-Marke" („Springe hierhin").

Da es einige Möglichkeiten gibt, Wiederholungen zu notieren, hier erst einmal die verwendeten Worte bzw. Abkürzungen und anschließend die konkreten Beispiele.

D.	steht für *Dal* oder *Da*	und meint *vom* bzw. *von*
S.	steht für *Segno*	also unser *Zeichen* 𝄋 [406] oder aber dieses Zeichen § [407]. (Es besteht aus drei übereinanderstehenden und ineinander geschobenen Buchstaben „S".)
al	(klein geschrieben)	heißt *bis*
Fine		Das Wort heißt übersetzt *Ende* und meint tatsächlich, dass an dieser Stelle – meist zum Ende des Taktes oder einem klar ersichtlichen Punkt in diesem Takt – das Stück beendet ist[408].
con		*mit*
senza		*ohne*
rep.	Die Abkürzung für *replica*[409]	*Wiederholung*
C.	steht für *Capo*	und meint *Anfang* (im Sinne von *Kopf, Anführer*) Die gebräuchliche Verwendung ist: *D.C.* (*Da Capo* – von vorn bzw. vom Anfang); oft auch ausgeschrieben.
𝄌	Dieses Symbol heißt *Kopf*	und meint ein weiteres Zeichen zum Weg- bzw. Hinspringen

Segno §

Dal Segno

al Fine

senza, con

rep.

Da Capo

𝄌

Aus diesen Worten und Abkürzungen lassen sich viele Kombinationen bilden – und damit kann man viel Platz sparen.

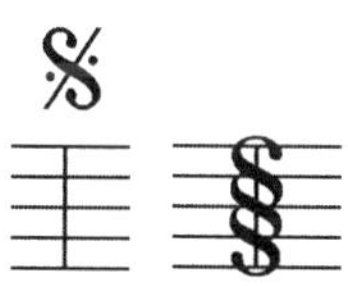

[406] Notiert wird es *über* dem Taktstrich, von dem weg- bzw. zu dem hin gesprungen wird.

[407] Notiert wird es *auf* dem Taktstrich, geht über alle 5 Linien hinweg und überlagert den Taktstrich.

[408] In einem solchen Stück befindet sich am Ende des *letzten notierten* Taktes dann kein Endstrich. (Oder es sollte sich zumindest keiner befinden. Dies wird oft falsch notiert).

[409] In zahlreichen Büchern ist als Erklärung *repetizione* zu finden. Dies klingt auch recht naheliegend für das Wort *Wiederholung*; allerdings ist es nicht korrekt. Es ist nicht einmal ein italienisches Wort.

Zwei Beispiele:

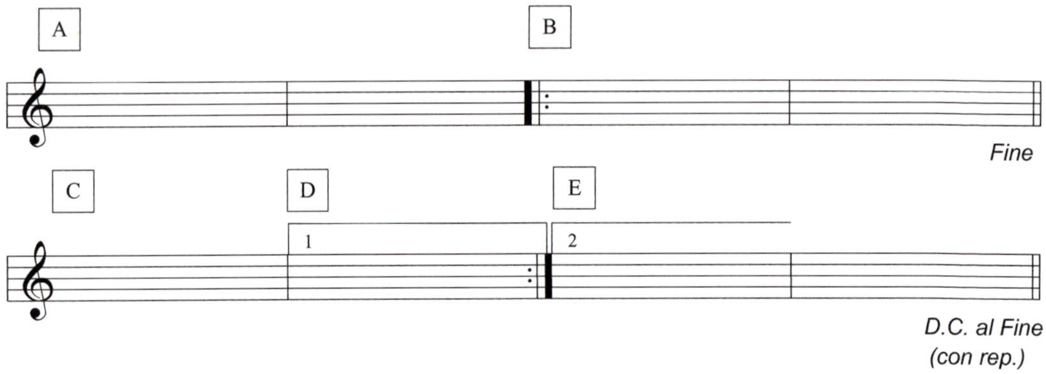

Nach dem Teil A folgt eine Wiederholung mit Klammer 1 und 2 (die Teile B, C und D, danach wieder die Teile B, C und dann Teil E). Anschließend kommt eine Sprunganweisung, die besagt, dass man ganz nach vorn gehen soll (Teil A) und die darauf folgende Wiederholung ebenfalls spielen soll – man geht also in die Klammer 1 (Teile B, C und D) und springt danach wieder zum Anfang der Wiederholung zurück (Teil B). Daraufhin soll man noch bis zu *Fine* spielen und dann ist das Stück beendet.

Obwohl jeder Teil in den Noten nur ein einziges Mal erscheint, wird der Teil A 2x, der Teil B 4x, der Teil C 3x und der Teil D 2x gespielt – also ein Mehrfaches dessen, was notiert ist.

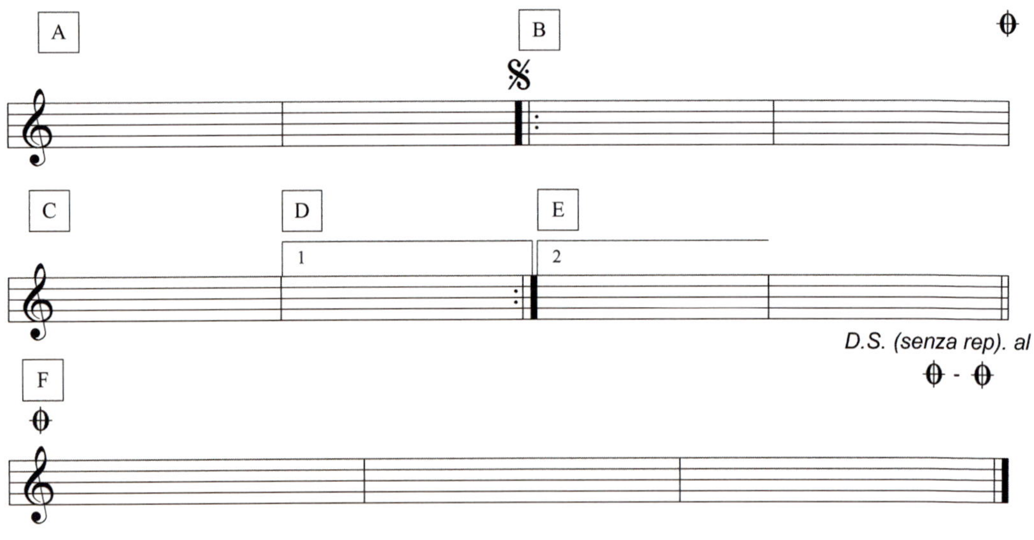

Nach dem Teil A folgt eine Wiederholung mit Klammer 1 und 2 (Teile B, C und D, danach wieder Teile B, C sowie danach der Teil E). Jetzt kommt die Sprunganweisung, die besagt, dass man zum Zeichen (𝄋) springen soll (Teil B) und ohne Wiederholung gleich in den Kopf (𝄌 Teil F) gehen soll. Auch hier kommt wieder eine bunt gemischte Reihenfolge aller Teile zusammen, obwohl jeder Teil nur einmal notiert ist (der Teil B erscheint immerhin 3x).

Aufgaben Nr. 33, 34 und 35

Unter *Der Rhythmus (2) / Die Pausen (3)* haben wir auf S. 36 den *Punkt* hinter einer Note kennen gelernt. Nun kann man diesen Punkt nicht nur *einmal* hinter eine Note setzen, sondern auch *mehrmals*. Bei jedem Mal wird durch den nächsten Punkt *die Hälfte* des vorhergehenden Notenwertes[410] hinzugefügt. Das klingt wieder sehr kompliziert, deshalb das Ganze bildlich dargestellt:

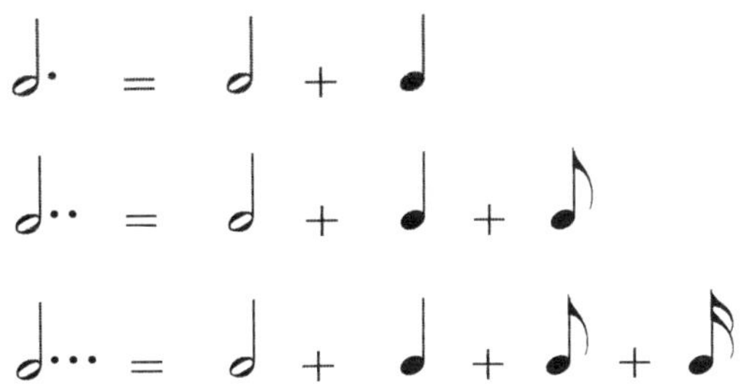

Dreiviertel-note

Der erste Punkt verlängert die halbe Note um eine Viertelnote – man nennt sie dann ***Dreiviertelnote***.

doppelt punktierte Halbe

Der zweite Punkt verlängert wieder um die Hälfte, jedoch diesmal um die Hälfte der Viertel, die durch den ersten Punkt hinzugefügt wurde. Es kommt dann also eine Achtelnote hinzu. Diese Note mit den zwei Punkten wird manchmal auch als 7/8tel-Note bezeichnet (gesprochen *Sieben-Achtelnote*), aber in der Regel sagt man ***doppelt punktierte Halbe***.

dreifach punktierte Halbe

Der dritte Punkt wiederum verlängert noch einmal, diesmal um die Hälfte der Achtelnote, die durch den zweiten Punkt hinzukam. Es kommt jetzt noch eine Sechzehntelnote dazu. Es handelt sich um eine ***dreifach punktierte Halbe***, sehr selten wird sie auch als 15/16tel-Note bezeichnet (gesprochen *Fünfzehn-Sechzehntelnote*).

Das Ganze nun mit einer punktierten *Viertel*:

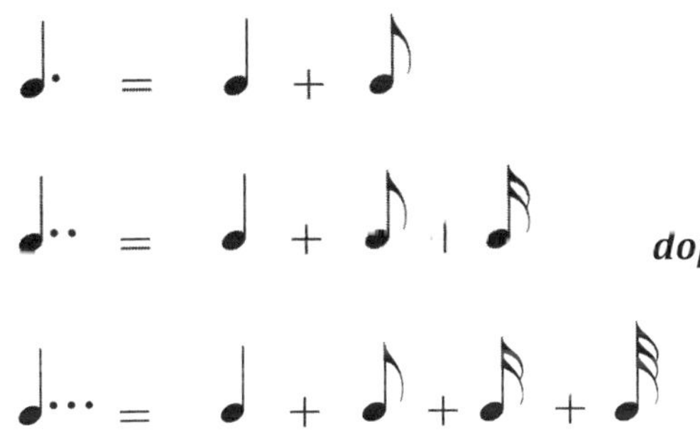

punktierte Viertel oder ***Dreiachtelnote***

doppelt punktierte Viertel oder ***7/16tel-Note***

dreifach punktierte Viertel[411]

Dreiachtel-note

doppelt punktierte Viertel

dreifach punktierte Viertel

Bei allen anderen Notenwerten wird entsprechend verfahren. Natürlich darf die *Noten*länge die Länge des *Taktes* dabei nicht überschreiten.

[410] Für den zweiten Punkt bedeutet dies, dass sich dieser auf den Notenwert des *ersten* Punktes bezieht.

[411] Die vom Namen her mögliche Bezeichnung *15/32tel-Note* verwendet man nicht mehr. Es ist zu unverständlich.

Wir haben ja schon gesehen, dass die *klingenden* Töne nicht immer übereinstimmend sein müssen mit den *notierten* Tönen (z. B. klingt eine Note durch einen staccato-Punkt viel kürzer, als sie eigentlich notiert ist und für den Rest der notierten Zeit wird pausiert).

Swing

Manchmal wird auch *das Metrum* nicht so aufgefasst, wie es notiert erscheint. Der ***Swing*** unterteilt ein gleichmäßiges Metrum[412] in zwei ungleichmäßige Abschnitte[413]. Zuerst *immer* einen längeren und dann einen kürzeren.

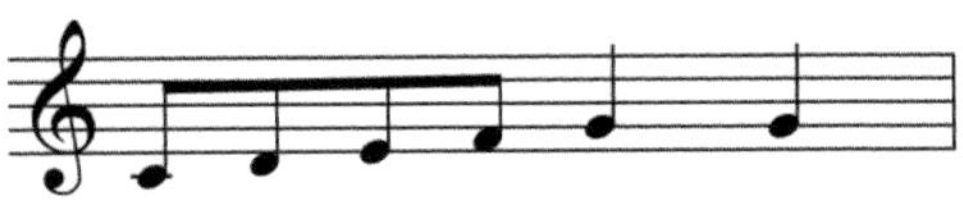

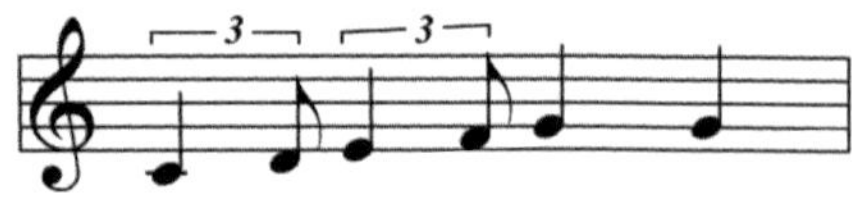

Stehen in einem swingigen[414] Stück Achtelnoten, dann richtet sich die tatsächlich gespielte Länge danach, ob diese Achtel *auf der* (metrischen) *Zählzeit* liegt – dann ist sie länger – oder ob sie sich *nicht auf der Zählzeit* befindet – dann ist sie kürzer als notiert. Im obigen Beispiel finden wir im ersten Takt die Notation und im zweiten Takt, wie diese Notation tatsächlich gespielt wird: nämlich triolisch. Im Ergebnis ist die Note *auf* der Zählzeit doppelt so lang wie die Note, die sich *nicht auf* der Zählzeit befindet[415].

Damit man weiß, ob ein Stück swingig gespielt wird, steht am Anfang eines Stückes entweder die Bezeichnung *Swing* oder aber ein Hinweis darauf, wie Achtelnoten aufzufassen sind:

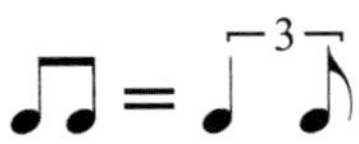

Interessant wird das Ganze, wenn einmal auf einer Zählzeit *nichts neu* gespielt wird:

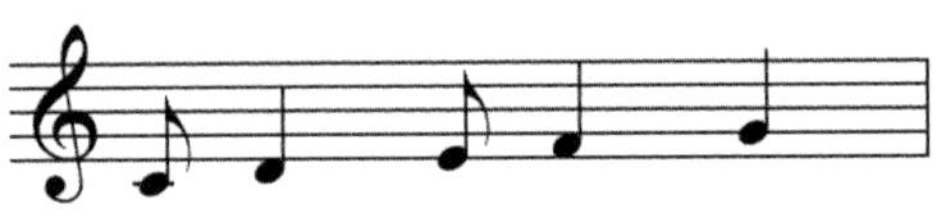

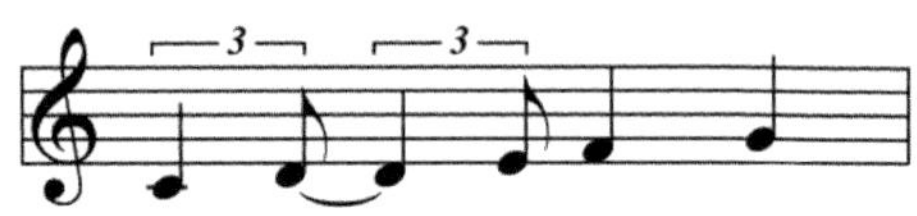

---

412 Normalerweise die Viertelnoten (manchmal, z. B. im Reggae ⇨ S. 226, auch die Achtelnoten).

413 Bei in der Regel Viertelnoten als Metrum wären das dann die Achtel, die ungleichmäßig unterteilt werden.

414 Man verwendet dieses englische Wort so, als wäre es ein deutsches.

415 Man könnte also eigentlich zählen, als wenn man „echte“ Triolen spielen würde („1“, „un-“, „te“), aber das würde die Sache nur schwerer machen. Stattdessen stellt man sich vor, als wenn man schaukeln würde – *schwingen*, engl. *Swing* – und zählt dann „automatisch“ ungleichmäßig, nämlich zuerst etwas Längeres und dann etwas Kürzeres. Tatsächlich wird der Swing nicht wirklich exakt triolisch gespielt. Je nachdem, wie man das „Längere“ und das „Kürzere“ auffasst, ist er minimal unterschiedlich. Das macht dann auch den besonderen Reiz dieser Spielweise aus.
Vorstellen kann man sich diesen Unterschied etwa in der Art wie man auf einer Schaukel unterschiedlich schwingen kann. Wenn man *vorsichtig* schaukelt, hat man das Gefühl, dass das Vor- und Zurückschwingen fast gleichlang sind (gleichmäßige Achtel). Schwingt man etwas stärker, empfindet man die unterschiedlichen Längen zwischen dem *Unten* und *Oben*, wobei das gezählte „und“ immer der (mehr oder weniger) kurze Moment ist, indem man nach dem Stillstand wieder Fahrt nach unten aufnimmt (etwa triolische Achtel). Wenn man sehr mutig schaukelt und eine große Höhe erreicht, dann ist die Zeit der Bewegung bis zum Stillstand am höchsten Punkt relativ lang und das Wiederaufnehmen der Fahrt nach unten erscheint – im Vergleich dazu – deutlich kürzer (das wäre notiert dann schon fast eine punktierte Achtel mit einer 16tel).

Dem Aussehen nach handelt es sich um eine „normale“ Synkope (⇨ S. 80). Im Swing verschiebt sich der Einsatz der vorgezogenen Note etwas nach hinten[416]. Wenn man nicht klar und deutlich zählt – und sich dabei auch *nur* auf das Zählen konzentriert – kann man da ziemlich schnell durcheinander geraten.

Aufgabe Nr. 36

DER AKKORD / DIE HARMONIE (4)

Bisher haben wir schon kennengelernt, wie man bei einer Akkordbezeichnung (z. B. *G^7*) die *richtigen* Töne herausfindet, um diese dann so umzustellen, dass es sich entweder gut spielt oder gut klingt oder besser noch: Beides. Jedoch den umgekehrten Weg zu gehen – nämlich aus einer Ansammlung verschiedener Töne die zutreffende *Harmoniebezeichnung* zu finden – ist schon deutlich schwieriger. Aber beachtet man die Regeln des Akkordaufbaus (nämlich in Terzen) und die verschiedenen Ausnahmemöglichkeiten (⇨ S. 118), wird es schon einfacher. Dann fällt es auch deutlich leichter, durch das Herausfinden der Tonika (⇨ S. 114) eine Tonart genau zu bestimmen.

Hier ein paar Beispiele, wie man die Töne eines Akkordes, den man nicht kennt, so umschichtet, dass eine Folge von übereinander geschichteten Terzen entsteht.

Tipp: Wenn man den Ton, der *nicht* in die Terzschichtung[417] hineinpasst, um eine Oktave nach oben oder nach unten versetzt, wechselt er immer von einem Zwischenraum zu einer Linie oder von einer Linie zu einem Zwischenraum.

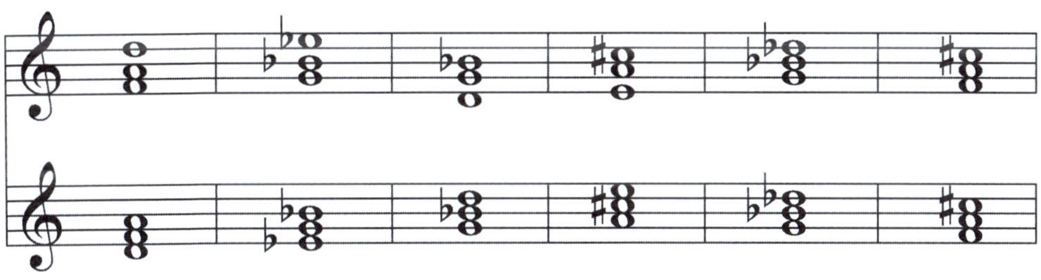

In der unteren Zeile wurden die darüberstehenden Akkorde in Terzen umgeschichtet, so dass der tiefste Ton nun der Grundton und damit auch der Namensgeber ist.

Im ersten Beispiel befinden sich zwei Töne in einem Zwischenraum und einer auf einer Linie. Versetzen wir diesen einen Ton um eine Oktave nach unten, befindet sich auch *dieser* in einem Zwischenraum. Nun haben wir eine Terzschichtung. Über dem Grundton *d* baut sich ein Moll-Akkord auf (kleine Terz *d-f* sowie reine Quinte *d-a*). Der Akkord heißt daher: *Dm* (gesprochen: *D-Moll*). Zum genauen Aufbau eines Moll-Akkordes ⇨ S. 96.

Im zweiten Beispiel befinden sich zwei Töne auf einer Linie und einer in einem Zwischenraum. Diesen Ton versetzen wir um eine Oktave (nach unten) und erhalten unsere Terzschichtung. Über dem Grundton *es* baut sich ein Dur-Akkord auf (große

[416] Das „Vorziehen“ erfolgt ja auf die kürzere, zweite Achtelnote. Dafür wird dann aber der längere Teil der Achtel hinten angebunden und es entsteht wieder eine vollständige Viertelnote.

[417] Eine Terzschichtung erkennt man immer daran, dass die Töne entweder *alle* auf einer Linie oder *alle* in einem Zwischenraum liegen.

Terz *es-g* sowie reine Quinte *es-b*). Der Akkord heißt daher: E^b (gesprochen: *Es-Dur*). Zum genauen Aufbau eines Dur-Akkordes ⇨ S. 96.

Im dritten Beispiel können wir den Ton, der aus der schon vorhandenen Terzschichtung (*g-b*) herausfällt (nämlich das *d*), durch Oktavversetzung nach oben auf eine Linie bringen. Es entsteht über dem Grundton *g* ein Moll-Akkord (kleine Terz *g-b* sowie reine Quinte *g-d*): *Gm* (gesprochen: *G-Moll*).

Beim vierten Akkord gehen wir genauso vor: eine Terz (*a-cis*) ist bereits vorhanden; der Ton, der nicht dazu passt (*e*), wird um eine Oktave versetzt (nach oben), und wir erhalten eine Terzschichtung (große Terz *a-cis* sowie reine Quinte *a-e*) über dem Ton *a*. Der Akkord heißt *A* (gesprochen: *A-Dur*).

Im fünften und sechsten Beispiel haben wir bereits Akkorde, die in Terzen geschichtet sind. Der unterste Ton ist daher der Grundton der Akkorde. Schauen wir uns die Terzen genauer an, können wir herausfinden, um welche Akkordtypen (⇨ S. 96) es sich handelt[418].

Schwierigster Teil bei der Namensfindung eines Akkordes ist es, die „richtige" Terzschichtung wiederherzustellen; denn ob es sich z. B. bei dem nächsten Akkord um ein C^6 oder um ein Am^7 in der ersten Umkehrung (Quint-Sext-Akkord) handelt, ist nicht so einfach zu entscheiden.

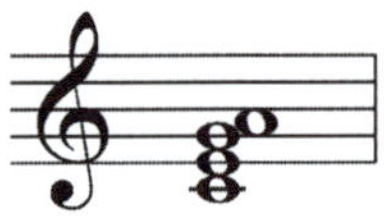

Es kann nämlich beides zutreffen. Erst durch den Zusammenhang, in dem dieser Akkord auftaucht – also durch dessen *Funktion* –, entsteht beim Zuhörer eine klangliche Vorstellung, ob der Akkord nach Dur klingt (dann wäre es ein C^6) oder ob er nach Moll klingt (dann wäre es ein Am^7). Für sich allein gespielt, werden einige sagen, er klinge eher nach Dur, andere dagegen, dass er nach Moll klinge. Ein Beispiel:

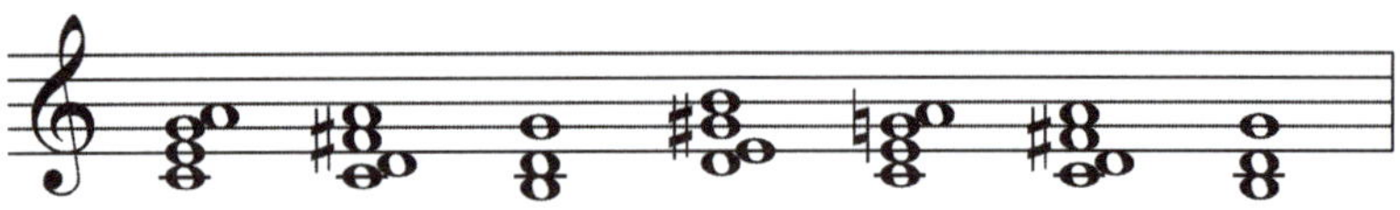

Wenn man diese Folge von Akkorden spielt, kann man am Anfang durchaus den Eindruck gewinnen, beim ersten Akkord handele es sich um einen Dur-Akkord. Beim fünften Akkord – der ja aus denselben Tönen besteht – klingt das durchaus schon anders.

Im nachfolgenden Kapitel werden die Beziehungen *zwischen* den verschiedenen Akkorden näher beleuchtet.

Aufgaben Nr. 37 und 38

[418] Beim fünften Akkord handelt es sich um einen verminderten Dreiklang und beim sechsten Akkord um einen übermäßigen Dreiklang.

Unter den Punkten *Die Tonarten (1) / Der Quintenzirkel (1) – Dur* und *Die Tonarten (2) / Der Quintenzirkel (2) – Moll* haben wir diejenigen Tonleitern kennengelernt, die sehr eng miteinander verwandt sind. Diese enge Verwandtschaft stellt nicht nur eine Beziehung zwischen den *Tonleitern* her, sondern auch zwischen den dazugehörenden *Akkorden*[419]. Da die *C-Dur-* und die *G-Dur-*Tonleiter sowie die *C-Dur-* und *F-Dur-*Tonleiter so stark miteinander verwandt sind, findet man diese enge Beziehung auch in den entsprechenden Akkorden wieder, das heißt: man *hört* die Verwandtschaft. Wir spielen einmal diese Akkorde:

1 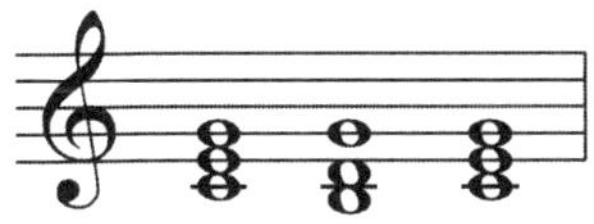 2 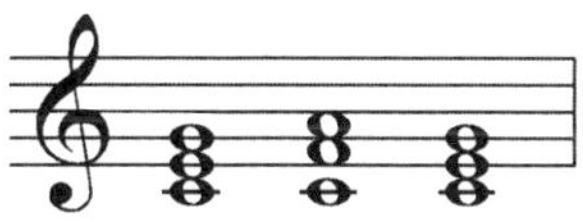

Nach einem *C-Dur-Akkord* folgen ein *G-Dur-Akkord*[420] und dann wieder ein *C-Dur-Akkord*. Diese 3 Harmonien klingen wie etwas, das zusammen gehört. Ebenso verhält es sich mit dem zweiten Beispiel: hier folgt nach dem *C-Dur-Akkord* ein *F-Dur-Akkord*[421], um danach wieder zum *C-Dur-Akkord* zurückzukehren. Auch diese Abfolge klingt sehr zusammengehörend.

Nun haben wir bereits die Tonika[422], das tonale Zentrum einer Tonart, kennengelernt (⇨ S. 114) und wollen jetzt – ausgehend von der Tonika – die Beziehungen zu den anderen Akkorden erkunden.

Wenn wir also im obigen Beispiel davon ausgehen, dass der erste Akkord (*C-Dur*) unsere Tonika sei[423], dann wäre die zweite Harmonie (*G-Dur*) im Quintenzirkel betrachtet der nächste Verwandte *über* der Tonika. Wenn etwas *über* einer Sache steht, dann kann man es leicht als einen *Beherrscher* bzw. einen *Bestimmer* betrachten. Auch wenn es in diesem Fall nur ein naher *Verwandter* ist – und kein „Beherrschender" – verwendet man für diese Akkordbeziehung das hierfür entsprechende lateinische Wort, nämlich ***Dominante***[424]. Die Dominante befindet sich immer eine Quinte *über* der Tonika. Im Quintenzirkel betrachtet wäre es der nächste Akkord in Uhrzeigerrichtung. Als Abkürzung dient der große Buchstabe ***D*** für die Dominante in Dur und der kleine Buchstabe ***d*** für eine Dominante in Moll.

Dominante, D, d

T, t

[419] Der Quintenzirkel beschreibt tatsächlich nicht nur die Beziehung der *Tonleitern* zueinander, sondern auch die der *Akkorde*.

[420] Wir erinnern uns: haben wir alle Töne eines Akkordes in Terzen übereinander geschichtet, dann ist der unterste Ton der Grundton des Akkordes und damit auch der Namensgeber (⇨ S. 85 sowie S. 143). Hier wäre die „richtige" Reihenfolge der Akkordtöne von unten nach oben *g*, *h* und *d*. Das *G-Dur* wird als *Sext-Akkord* (⇨ S. 88) gespielt.

[421] Zur Umstellung der Töne ⇨ S. 143.

[422] Als Abkürzung dient der große Buchstabe ***T*** für die Tonika in Dur und der kleine Buchstabe ***t*** für eine Tonika in Moll.

[423] Man muss das in diesem Fall so vorsichtig formulieren, da nicht bekannt ist, von welcher *Tonart* man ausgehen müsste. Es gibt hier auch keinen *weiteren* Zusammenhang, aus dem man darauf schließen kann, dass es sich *tatsächlich* um die Tonika handelt, außer dass keine Vorzeichen vorhanden sind.

[424] Hier wird *dominieren* im – eher unüblichen – Wortsinn von *darüber stehen* gebraucht.

Subdominante, S, s

Im zweiten Beispiel wechselt die Tonika nach *F-Dur*, dem Akkord, der im Quintenzirkel als nächster Verwandter *unterhalb* der Tonika zu finden ist. Das „unter“ kann auch mit der lateinischen Vorsilbe *-sub* übersetzt werden[425]. Dementsprechend heißt die „Dominante darunter“[426] ***Subdominante***. Als Abkürzung dient der große Buchstabe ***S*** für die Subdominante in Dur und der kleine Buchstabe ***s*** für eine Subdominante in Moll.

Jetzt kommt aber noch etwas sehr Wichtiges hinzu:

Die zu den Akkorden *F-Dur* und *G-Dur* gehörenden Skalen verwenden *beide* die Töne der Tonleiter von der Tonika C-*Dur*! Das heißt, während der *G-Dur*-Akkord erklingt, gibt es kein *fis* in der Melodie, sondern ein *f* und während des *F-Dur*-Akkordes spielt man kein *be*, sondern ein *h*!

Es ist sicherlich nachvollziehbar, dass ein Stück, welches in *C-Dur* steht, auch die Töne der *C-Dur*-Skala benutzen sollte und nicht bei jedem neuen Akkord die Tonart wechselt. Denn man kann ja eine Tonika nur erkennen, wenn man auch die *Tonleiter* der Tonika (weitestgehend) verwendet.

Nun haben wir – ausgehend von unserer Tonika – bereits zwei Akkordbeziehungen kennengelernt: die Dominante (der nächste Verwandte im Quintenzirkel nach oben [nach rechts]) und die Subdominante (der nächste Verwandte im Quintenzirkel nach unten [nach links]). Beide zusammen bilden die *Funktions*beziehung *Dominante*[427].

Parallele, Parallel-Akkord, P, p

Eine weitere wichtige Funktion zwischen Akkorden kennen wir bereits, ohne es zu wissen. Eine Dur-Tonleiter und die Moll-Tonleiter mit *denselben* Vorzeichen bilden zwei, zueinander gehörende Tonleitern im Abstand einer kleinen Terz, die dieselben Töne verwenden. Diese nennt man die *Parallel-Tonleiter* (⇨ S. 67) bzw. bei den aus der Tonleiter gebildeten Akkorden heißen sie ***Parallel-Akkord***e. Es gibt – so nennt man das dann – zu jeder Moll-Tonleiter bzw. zu jedem Moll-Akkord eine ***Parallele***. Ebenso gibt es zu jeder Dur-Tonleiter bzw. jedem Dur-Akkord eine Parallele in Moll[428]. Abgekürzt wird die Parallele mit einem (großen) ***P*** für die Parallele in Dur sowie einem (kleinen) ***p*** für die Parallele in Moll.

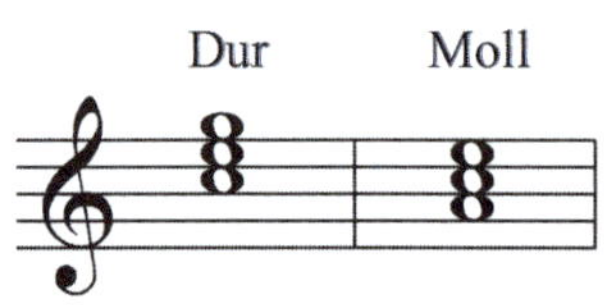

Dur-Moll-Tonalität

Da die Musik in unserem Kulturkreis sehr stark von einem (unterschiedlich ausgeprägten) Wechsel von Dur- und Moll-Akkorden geprägt wird, spricht man hier auch von der ***Dur-Moll-Tonalität***.

[425] Zu finden z.B. in den englischen Worten *subway* oder *submarine*.
[426] Also vom Wortsinn her der „untere Beherrscher“.
[427] Obere und untere Dominante könnte man das auch nennen.
[428] Zum Merken: Dur ist oben und Moll unten – beim Abstand der kleinen Terz.

Manchmal ist es gar nicht so einfach, herauszufinden, *welcher* Akkord die Tonika ist. Nehmen wir ein Beispiel:

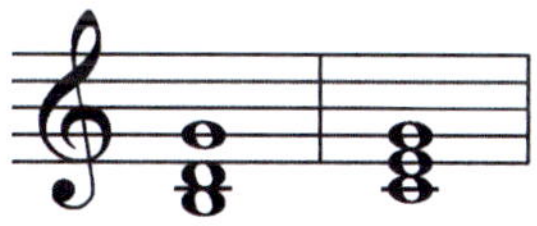

Welche der beiden Harmonien nun die Tonika ist, kann hier nicht so einfach geklärt werden. Die Tonika könnte *C-Dur* sein und *G-Dur* die (vorangestellte) Dominante. Die Tonika könnte aber auch *G-Dur* sein und *C-Dur* deren Subdominante. Woran erkennt man, welcher Akkord welche Funktion besitzt?

Eins vorweg: es gibt keine Garantie!

Das (tonale) Zentrum ist immer etwas, das man *persönlich* als ein solches Zentrum *empfindet*. Es kann im Verlaufe eines Liedes viele Hinweise auf dieses Zentrum geben[429], aber es muss keine *eindeutige* Festlegung und schon gar keine dauerhafte sein (⇨ Modulation S. 212).

Dominant-Sept-Akkord

Einer der klarsten Hinweise auf die Tonika ist der Einsatz der kleinen Septime auf der *Dominante*; es entsteht der ***Dominant-Sept-Akkord***.

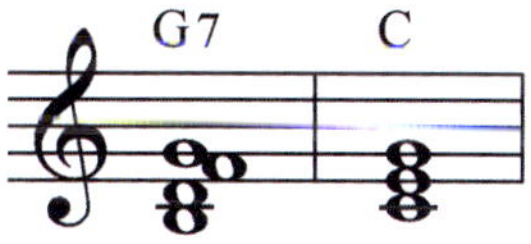

Traditionell fügt man dem Akkord auf der Dominante *oft* eine Septime hinzu. In der Tonleiter der Tonika (auf *c* bezogen wäre das *c, d, e, f, g, a, h, c*) besteht die Tonleiter der Dominante aus den Tönen *g, a, h, c, d, e, f, g* (⇨ S. 146, Verwendung der Skala der Tonika auf der Dominante). Der siebte Ton wäre also ein *f*. Die Dominante (*G-Dur*) müsste daher mit der Septime *f* gespielt werden – also mit einer *kleinen* Septime.

Im obigen Noten-Beispiel wirkt das *C-Dur* deshalb recht überzeugend als Tonika, da zu hören ist, dass der Akkord *G-Dur* ein *f* verwendet – also einen Ton, der *nicht* in der *G-Dur*-Tonleiter vorkommt, sondern in der *C-Dur*-Tonleiter. Der G^7-Akkord ist hier der entscheidende Hinweis: er verweist nämlich auf einen *anderen* Akkord (*C-Dur*) als Tonika. Der Ton *f* leitet zum Ton *e* der Tonika *C-Dur* über.

Leitton

Töne, die ein starkes Bestreben haben, sich woandershin (in eine Konsonanz hin) aufzulösen, bezeichnet man als ***Leitton***: diese Töne leiten bzw. streben zu einem anderen Ton hin. Generell kann man sagen: kleine Intervalle neigen dazu, nach unten zu gehen; große Intervalle streben nach oben.

[429] Z. B. die klar im Vordergrund stehende Verwendung einer bestimmten Tonleiter – der Tonleiter der Tonika.

Spielt man einen Dominant-Sept-Akkord in Dur, enthält dieser nicht nur eine kleine Septime[430], die sich nach unten (innen – dazu gleich mehr) auflösen möchte, sondern auch noch eine große Terz, die ein recht starkes Bestreben besitzt, nach oben (außen) zu gehen[431]. Wir finden im Dominant-Sept-Akkord *zwei* Leittöne.

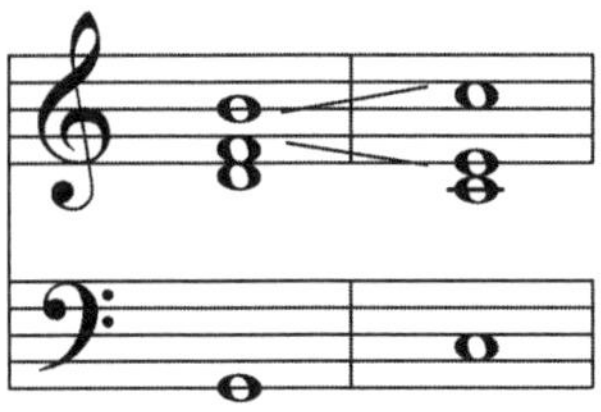

Verwendet man also einen Dur-Akkord mit einer kleinen Septime, entsteht der – recht starke – Eindruck, dass anschließend eine Auflösung hin zur Tonika erfolgt. Besonders spannend wird dieser Zusammenhang, wenn man zu einer Dominante noch eine weitere Dominante bildet und diese nacheinander spielt, da man nun – nämlich aufgrund der zwangsläufig *tatsächlich* wechselnden Tonarten – sich über die Tonika nicht mehr sicher sein kann (⇨ auch S. 210). An welcher Stelle im Harmonieverlauf welche Tonleiter gewechselt wird, kann der Zuhörer dann eigentlich nur noch erahnen.

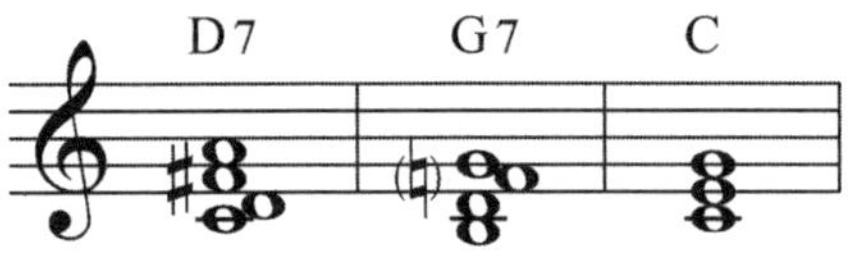

Im ersten Takt[432] taucht ein *fis* auf, welches absolut nicht zur Tonika *C-Dur* gehören kann. Der Ton *c* im ersten Takt zeigt klar an, dass *D-Dur* nicht die Tonleiter der Tonika sein kann. Aber vielleicht ist *G-Dur* die Tonika? Jedoch sieht man im zweiten Takt, dass auch hier ein Ton auftaucht, der *nicht* zur Skala der Tonika *G-Dur* gehört (das *f*). Bleibt nur, darauf zu hoffen, dass das *C-Dur* im dritten Takt dann auch tatsächlich die Tonika ist, denn gar nicht so selten kommt es vor, dass man durch Akkorde und ihre Funktionszusammenhänge ganz *bewusst* in die Irre geführt wird[433]. Doch dazu unter dem Punkt *Die Funktionen (4)* ab S. 210 mehr.

---

[430] Auch wenn in diesem Beispiel das *g* und das *f* nicht nur eine k7 (⇨ S. 72), sondern noch zusätzlich eine r8 voneinander entfernt sind, zählt dies vom Hören her als k7.

[431] Hintergrund hierfür ist, dass die Terz der Dominante (das *h*) gleichzeitig in der Tonleiter der darauf folgenden Tonika die (große) Septime ist. Die große Septime in einer Dur-Tonleiter besitzt ein besonders starkes Bestreben, sich nach oben zum Grundton aufzulösen.

[432] In der Terzschichtung erkennt man, dass es sich um einen D^7-Akkord handelt.

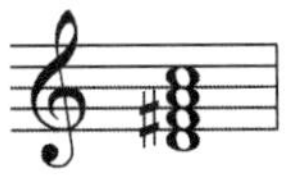

[433] Das wäre dann eine Modulation (⇨ S. 212).

Wie wir schon früher (⇨ S. 97) gesehen haben, verfügen die verschiedenen Intervalle über unterschiedliche Eigenschaften im Hinblick auf das Konsonanz- und Dissonanz-Verhalten. Wie bereits erwähnt, neigen *kleine*[434] Intervalle generell dazu, sich in ein noch kleineres aufzulösen. Wohingegen *große*[435] Intervalle meist das Bestreben haben, noch größer werden zu wollen.

Aber Achtung: wie stark dieses Bestreben tatsächlich ist, hängt in hohem Maße noch von vielen weiteren Dingen ab wie z. B. dem Melodieverlauf, dem harmonischen Zusammenhang und dem bisher vom Hören her gewohnten Auflösungsverhalten[436].

Die kleine Septime verfügt über ein starkes Bestreben, sich nach *innen*[437] – hin zur Sexte – aufzulösen.

Dagegen besitzt die große Septime ein starkes Bestreben, sich nach *außen*[438] – hin zur Oktave – aufzulösen[439].

---

[434] *Klein* meint hier nicht die Größe, sondern die unterschiedliche *Erscheinungsform* einiger Intervalle als kleine Sekunde, kleine Terz, kleine Sexte und kleine Septime.

[435] *Groß* bezieht sich ebenfalls auf die unterschiedliche Erscheinungsform einiger Intervalle als große Sekunde, große Terz, große Sexte und große Septime.

[436] Tatsächlich hören – und das trifft im Übrigen auch auf das Sehen zu – wir mehr in *die* Richtung, in der wir es *gewohnt* sind, etwas zu interpretieren, also auf bestimmte Zusammenhänge hin ausgerichtet, die wir kennen, als dass wir „objektiv" wahrnehmen. Die Gewohnheit kann einen da schon mal ganz schön in die Irre führen.

[437] Im Normalfall – also bei Klarheit über den Grundton – fällt die kleine Septime nach *unten*.

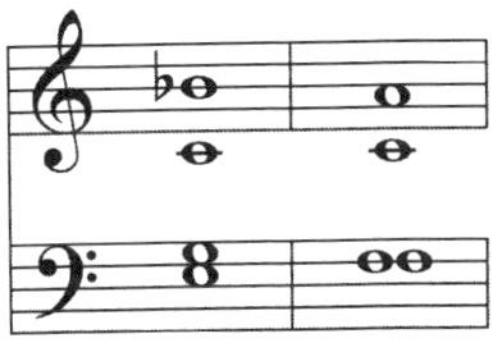

Aber Achtung: es ginge auch anders. Die kleine Septime *c-b* kann sich auch nach *des-b* oder *d-b* auflösen. In allen Fällen löst sie sich aber in das *Innere* des Intervalls auf.

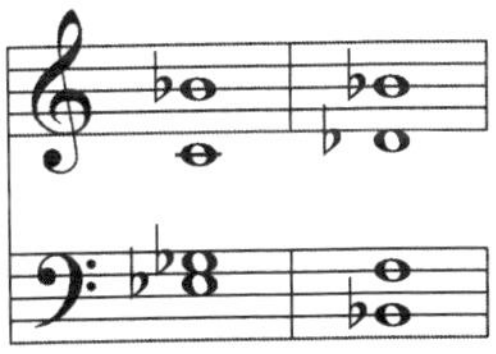

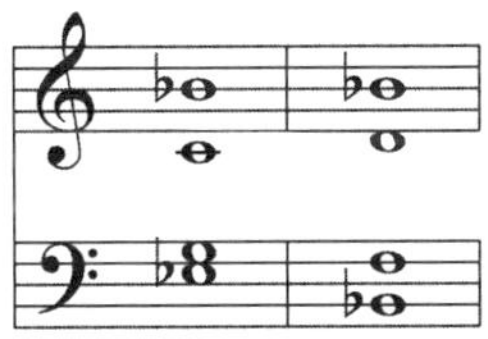

Ähnlich verhält es sich mit der großen Sekunde, die mit der kleinen Septime zusammen ein so genanntes ***Komplementärintervall*** bildet. Komplementärintervalle sind Intervalle, die sich zur (reinen) Oktave ergänzen. Sie besitzen ähnliche, allerdings *gespiegelte* Eigenschaften. Zur *kleinen* Septime gehört die *große* Sekunde. Die große Sekunde (von *bc* zu *c*) möchte sich vom Hören her gern nach *außen* auflösen (gespiegelte Eigenschaft im Verhältnis zur kleinen Septime). Im Allgemeinen spricht man davon, dass sie sich nach *unten*, hin zur Terz, auflöst.

Komplementärintervall

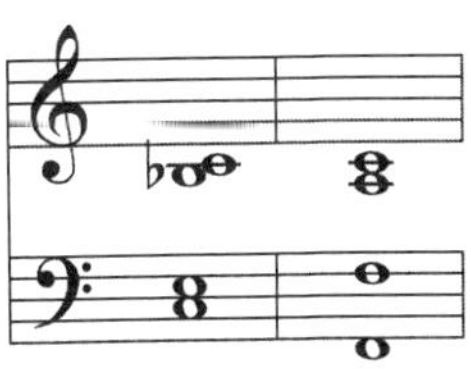

Aber es ginge – ähnlich wie bei der kleinen Septime – auch anders. In allen Fällen löst sich das Intervall jedoch nach *außen* auf.

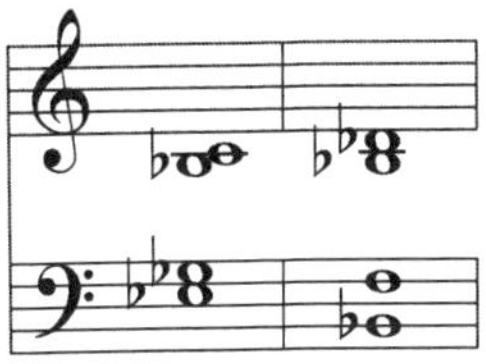

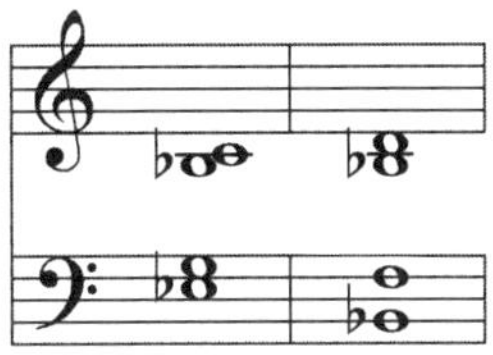

In unserer Dur-Moll-Tonalität (⇨ S. 146) finden wir eine *große* Septime im Akkord der Tonika (*c, d, e, f, g, a, h, c*) und der Subdominante (*f, g, a, h, c, d, e, f*).

Jedoch *nur* bei der Dominante gibt es einen *Dur*-Akkord mit *kleiner* Septime[440].

---

[438] Im Normalfall – also bei Klarheit über den Grundton – steigt die große Septime nach <u>*oben*</u>

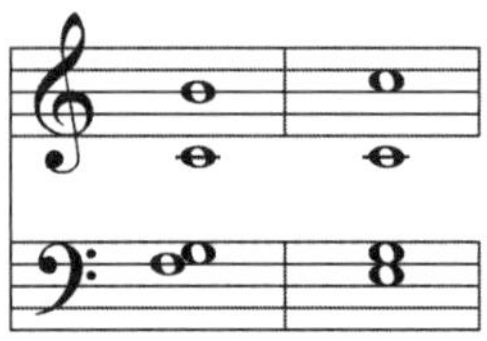

Aber Achtung: es ginge auch anders. Die große Septime *c-h* kann sich auch nach *h-h* auflösen.

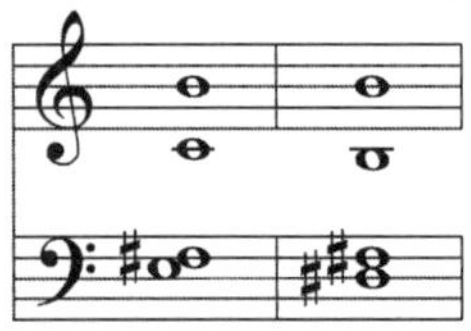

In jedem Fall löst sie sich aber nach *außen* hin auf.
Für das Komplementärintervall – die kleine Sekunde – gilt (spiegelverkehrt) Ähnliches. So möchte sich die kleine Sekunde vom Hören her gern nach *innen* auflösen. Im Allgemeinen spricht man davon, dass sie sich nach *oben*, hin zur Prime, auflöst.

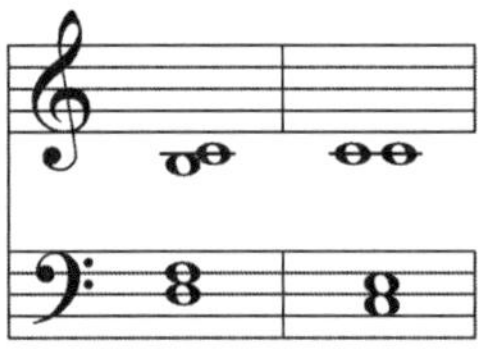

Aber es ginge – ähnlich wie bei der großen Septime – auch anders. In allen Fällen löst sich das Intervall jedoch nach *innen* auf.

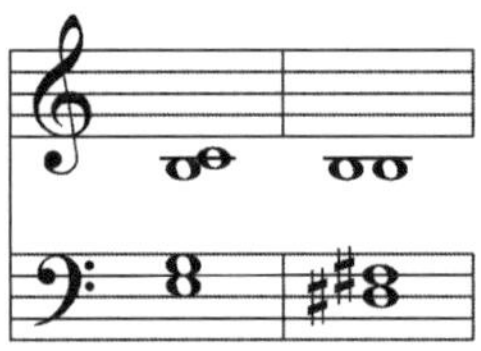

[439] Die zwei noch fehlenden Intervalle mit großer Auflösungstendenz sind die übermäßige Quarte und die verminderte Quinte.

Die ü4 will sich nach oben zur r5 auflösen.

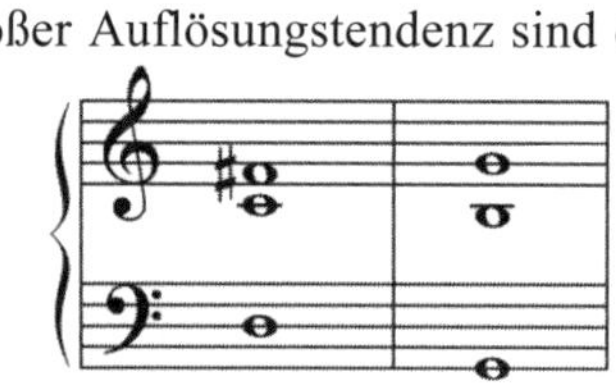

Die v5 will sich nach unten zur r4 auflösen.

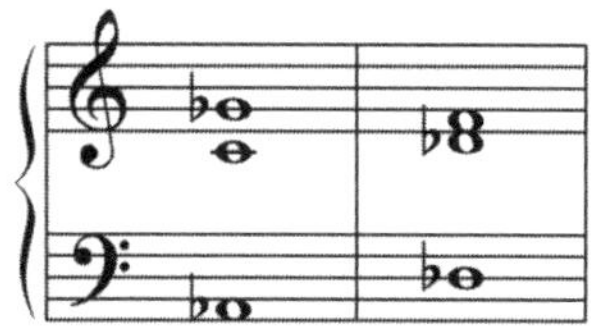

[440] Sehen wir uns entsprechend der Tonleitern auf S. 18 die weiteren Möglichkeiten an, aus den Skalen Akkorde zu bauen:

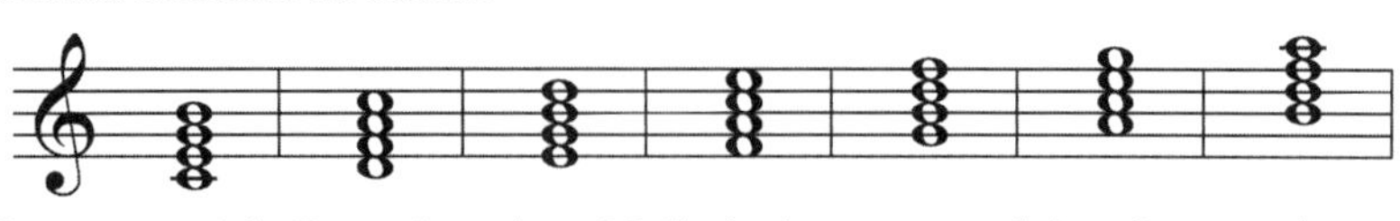

Legt man nicht Dur oder reines Moll als Ausgangstonleiter fest, sondern z. B. harmonisch Moll (⇨ S. 76), dann entstehen weitere Akkordmöglichkeiten, die hier aber nicht weiter behandelt werden.
Die (kleine) Septime auf der Dominante entspricht im Übrigen genau der mixolydischen Skala.

Über diese Funktionen hinaus gibt es noch weitere Möglichkeiten, Beziehungen zwischen Akkorden herzustellen.

Diese weiteren Beziehungen können sein:

Rückung

Verschiebung

Die ***Verschiebung*** – oder auch ***Rückung*** genannt (ein Akkord wird ganz oder in Teilen in Sekundschritten – egal ob groß oder klein – verschoben)[441].

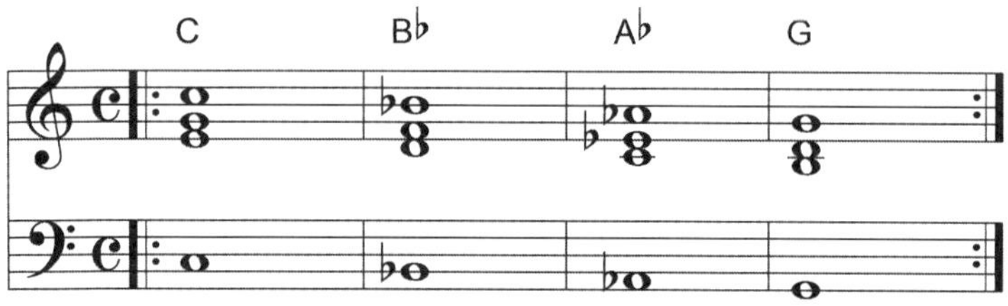

Variantklang

Varianttonart

Der ***Variantklang*** (das Tongeschlecht[442] des Akkordes wird verändert). Die neue Tonart nennt man die ***Varianttonart***.

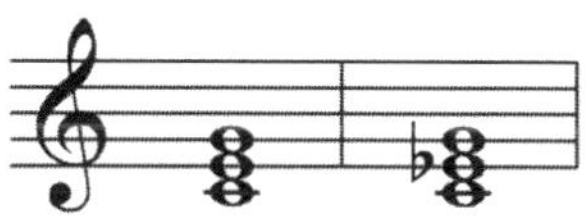

Mediante

Medianttonart

Die ***Mediante***[443] (die Akkorde werden unter Beachtung der im nächsten Kapitel erläuterten Stimmführungsregeln als – kleine oder große – Terz nach oben oder unten *verschoben*). Ein Dur-Akkord bleibt als Mediante also ein Dur-Akkord und ein Moll-Akkord bleibt ein Moll-Akkord. Die neue Tonart heißt ***Medianttonart***.

Dur

Moll

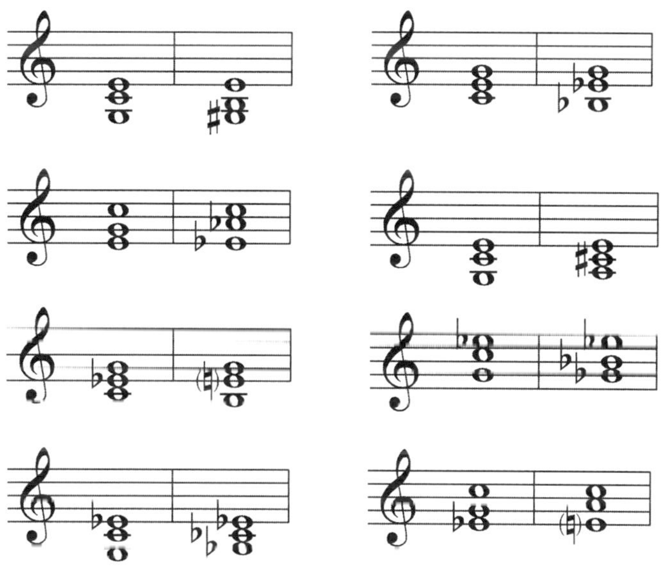

[441] Eine Verschiebung stellt streng genommen keine *Funktions*beziehung zu einem anderen Akkord her, sondern lediglich eine *räumliche Nähe*. Verschiebungen können daher in beliebiger Form, Erscheinung und Häufung auftreten, je nachdem wie nah oder weit man sich vom Ausgangspunkt entfernen möchte.

[442] Aus Dur wird Moll bzw. aus Moll wird Dur.

[443] Vom Lateinischen *medius* : der in der Mitte Liegende. Auf dem Weg vom Grundton zur Quinte liegt die Terz in der Mitte.

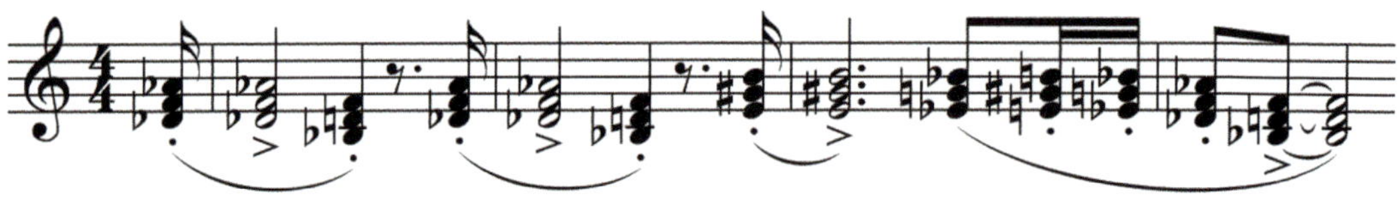

In diesem Beispiel aus dem Haupt-Thema von „Star Wars" (Musik: John Williams) vereinen sich die Verwendung von Medianten sowie Rückungen auf besonders eindrucksvolle Weise.

Tritonus-substitut, Tritonus-substitution

Abschließend folgt noch das ***Tritonussubstitut*** bzw. die ***Tritonussubstitution***[444] (es wird ein Akkord einen Tritonus über dem Urprungsakkord aufgebaut [z. B. aus C 7(♭5) wird F♯7(♭5)]).

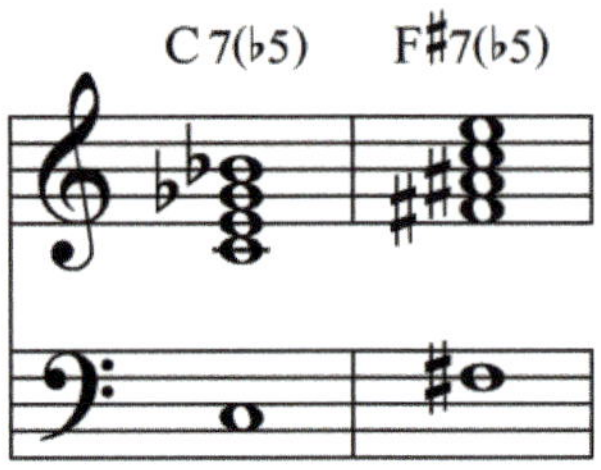

Im Jazz (⇨ S. 226) wird diese Akkordbeziehung gern als ein *Stellvertreter* für die Dominante gebraucht[445].

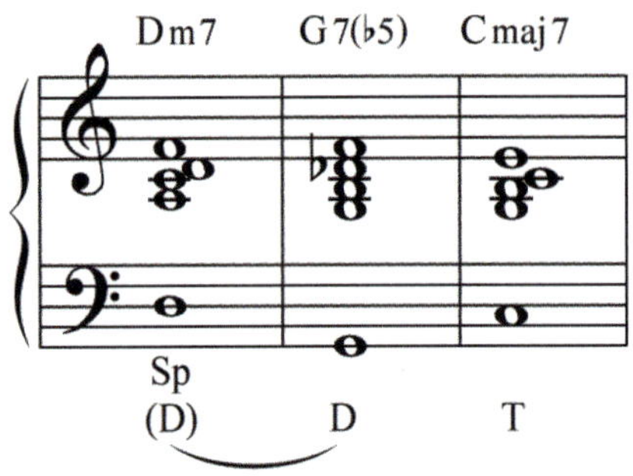

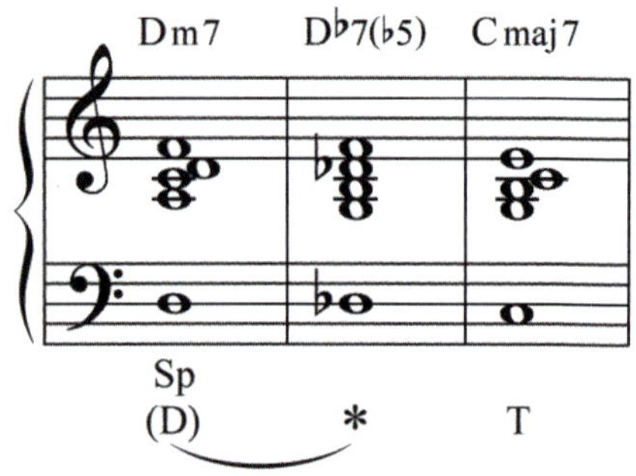

Im ersten Beispiel finden wir nach der Subdominantparallele, Sp (oder wahlweise der Doppeldominante) die „normale" Dominante (angereichert mit einer v5). Im zweiten Beispiel wurde die Dominante (∗) durch den Akkord auf dem Tritonus substituiert – also ersetzt. Wie man sieht, bleibt dabei sogar der Charakter des Akkordes (7(♭5)) erhalten[446].

Aufgabe Nr. 39

[444] Substitution stammt vom lateinischen Wort *substitutio* ab und bedeutet *An-die-Stelle-setzen.*

[445] Wobei der Einsatz der Tritonussubstitution bereits in der Romantik (⇨ S. 224) nicht ungewöhnlich war.

[446] In diesem Akkord befindet sich nicht nur der *eine*, normale Tritonus zwischen g3 und k7, sondern darüber hinaus noch ein Tritonus zwischen Grundton und v5. Durch diese Konstellation gibt es von den Tönen her letztendlich keinen Unterschied mehr zwischen dem Dominant-Akkord und seinem Tritonussubstitut.

Auf S. 86 haben wir gehört, dass jeder einzelne Ton eines Akkordes als Stimme bezeichnet wird. Welche Stimme man *wohin* setzt - also z. B. welche Lage (⇨ S. 87 und 115) man verwendet - nennt man den musikalischen ***Satz*** oder auch den ***Satzbau***. Die einzelnen Stimmen besitzen dabei einen eigenen Namen, die die gleichen sind, wie beim Singen in einem Chor: die oberste Stimme heißt ***Sopran***, die darunter liegende zweite Stimme ***Alt***[447]. Als dritte Stimme kommt der ***Tenor*** und ganz unten der ***Bass***[448]. Dies wären die Namen in einem vierstimmigen Satz; hat man weniger Stimmen, lässt man eine weg, hat man mehr Stimmen, erhalten einige noch zusätzlich eine Zahl (z. B. Sopran 2).

Satz, Satzbau

Sopran, Alt, Tenor, Bass

Die Bewegung einer jeden einzelnen Stimme stellt eine - wenn auch noch so kleine und unscheinbare - Melodie (⇨ S. 16) dar. Das Führen einer Stimme oder mehrerer Stimmen über viele verschiedene Akkorde hinweg, nennt man ***Stimmführung***. Wenn bei der Führung vieler verschiedener Stimmen über viele verschiedene Akkorde hinweg diese Stimmen *gleichzeitig* auch noch wie eine Melodie behandelt werden sollen, dann kann man sich gut vorstellen, dass es schnell kompliziert werden kann.

Stimmführung

Darüber hinaus achtet man noch darauf, dass möglichst *alle* zu einem Akkord gehörenden Töne gespielt werden (wobei dass nicht immer möglich ist[449]).

Eine weitere Rolle spielt die Frage: hat die *melodische* Führung einer Stimme - also der waagerechte Verlauf, das Gehen von einem Ton zum nächsten - Vorrang oder steht der *harmonische* Charakter im Vordergrund - also *alle* senkrechten, gleichzeitig vorkommenden Töne eines Akkordes sollen in möglichst klangvoller Stellung (Lage) auftreten? Oder besteht gar ein ausgewogenes Verhältnis zwischen Beidem? Wie ist es, wenn die Melodie springt; springen dann auch alle anderen Stimmen mit?

Unter rein melodischen Gesichtspunkten sind insbesondere die *Leittöne* interessant. Die kleine Septime führt nach unten (meist eine kleine Sekunde, seltener eine große). Die große Terz leitet oft (eine kleine Sekunde) nach oben (⇨ S. 147ff.).

Unter harmonischen Gesichtspunkten spielt die *Vollständigkeit* des Akkordes eine wichtige Rolle, da sich daran insbesondere der Klang festmacht.

Melodische *und* harmonische Aspekte unter einen Hut zu bringen ist da nicht einfach. Tatsächlich haben sich im Laufe der Zeit verwirrend viele Regeln herausgebildet, die Anleitung für eine „richtige" Stimmführung geben. Wir wollen uns auf die wichtigsten - und einfachsten - beschränken. Normalerweise reichen diese auch vollkommen aus, um eine schone, wohlklingende Stimmführung zu erreichen[450].

[447] Im Chor sind Sopran und Alt Frauenstimmen (⇨ S. 180).

[448] Im Chor sind Tenor und Bass Männerstimmen (⇨ S. 180).

[449] Manchmal gibt es eben nur einen Weg, wenn man dabei mindestens *eine* Regel missachtet.

[450] Um es klar und deutlich zu sagen: diese Stimmführungsregeln treffen im Wesentlichen nur auf die *klassische* Musik (⇨ Kunstmusik S. 222) zu. Sie werden – teilweise – in der populären Musik verwendet, aber sie sind *nicht die einzige Wahrheit* in der Welt der Musik.

Stimmführungsregeln

0. Es sollen *möglichst alle* Töne eines Akkordes erklingen. In den meisten Lehrbüchern wird dieser Umstand gar nicht erwähnt, aber *nur* unter dieser Bedingung sind die folgenden Regeln überhaupt sinnvoll.
1. ***Gleiche Töne bleiben liegen***. Wenn sich ein Ton nicht bewegen *muss*, dann bleibt er einfach da, wo er sich gerade befindet.
2. ***Die anderen Stimmen gehen kurze Wege***. Lässt man die Töne weg, die einfach liegenbleiben (Regel Nr. 1), gehen die anderen Stimmen *meist* den *kürzesten* Weg[451]. Nicht selten jedoch sind *zuerst* die Leittöne (⇨ S. 147) zu beachten, deren (melodischer) Tendenz, sich aufzulösen, man in der Regel folgt[452], so dass erst für die *weiteren* Stimmen Regel Nr. 2 gilt.
3. ***Um Oktav- und Quintparallelen zu vermeiden, werden die (betreffenden) Stimmen in Gegenbewegung geführt***. Oktaven und Quinten besitzen ein hohes Maß an Konsonanz (⇨ S. 97). Dadurch wirken sie leicht wie nur ein *einziger* Ton; sie verschmelzen miteinander. Bewegt man ein solches Intervall von einem Akkord zum nächsten *parallel*, fehlt dann scheinbar eine Stimme. Man „hört" z. B. in einem dreistimmigen Satz plötzlich nur noch zwei. Da dies das Gleichgewicht innerhalb des Satzbaus stört, versucht man diese Parallelen zu vermeiden[453]. Damit Stimmen nicht parallel verlaufen, führt man diese einfach in Gegenbewegung (also nach innen oder nach außen).
4. ***Es ist auf Ausgewogenheit im (vertikalen) Abstand der einzelnen Stimmen zueinander zu achten***. Wenn der Abstand der einzelnen Stimmen *eines* Akkordes von unten nach oben allmählich kleiner wird, klingt dieser Akkord besonders ausgewogen und schön. Man versucht möglichst, einen derartigen Satzbau anzustreben[454]. So sollten Abstände zwischen einzelnen Stimmen, die eine Oktave und mehr umfassen, vermieden werden[455]. Größere Änderungen im Klang eines Akkordes (also im Satzbau) sollten nur dann zum Einsatz kommen, wenn man es musikalisch *möchte* und nicht, weil es aus Versehen passiert ist.

Und nun noch die wichtigste Regel: Wenn ich meine Musik nach (völlig) anderen Regeln gestalten möchte, dann kann ich das selbstverständlich tun.

Allerdings muss ich mich dann auch beharrlich an diese *anderen* Regeln halten. Denn das Besondere an Musik wird nicht an der *Art und Weise* der verwendeten Regel erkennbar, sondern an der *Konsequenz ihrer Umsetzung*.

---

[451] Manchmal muss man sich bei gleichem Abstand entscheiden, entweder nach oben oder nach unten zu gehen. Dann richtet man sich entweder nach der Nützlichkeit für den weiteren Verlauf (Regeln Nr. 3 und 4) oder aber nach seinem persönlichen Geschmack. Hat man im Bass einen Grundton, dann *springt* dieser auch sehr oft zum neuen Grundton.

[452] Allerdings kann man durchaus auch selbst entscheiden, ob man der *melodischen* Tendenz eines Leittones folgen möchte oder nicht. Die folgende Auflösung/Stimmführung ist zwar nicht regelgerecht, aber dafür häufig anzutreffen. Hier ist der *harmonische* Fortgang entscheidend. Und darum darf man das dann auch so spielen!

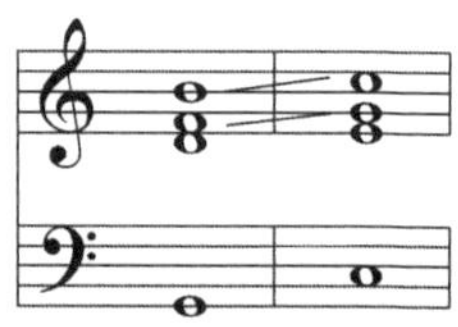

[453] Es gab Zeiten, da fand man parallele Quinten ganz schick (im Mittelalter). Und in der heutigen Rockmusik dürfen diese auch nicht fehlen. Zur konsequenten Handhabung in der Klassik ⇨ auch die Quint- und Oktavparallelen in den Takten 5-7 der linken Hand im Beispiel von *Beethoven* auf S. 215.

[454] Man kann auch jede andere Zusammenstellung, die klingt, verwenden, aber man sollte dann auch dabei *bleiben*.

[455] Zwischen Bass und Tenor hält man sich an diese Regel nicht gar so streng.

Dass der Punkt 0 (Null) auf der vorhergehenden Seite durchaus seine Berechtigung hat, zeigt ein Beispiel mit unterschiedlicher Stimmenanzahl: Ein B♭9 -Akkord soll zu einem E♭6 -Akkord aufgelöst werden.

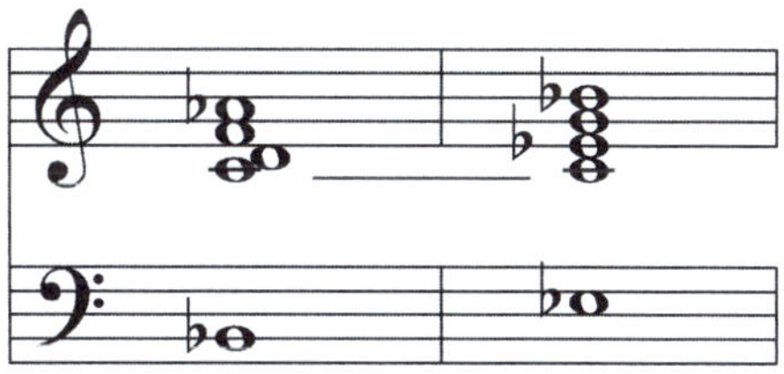

In dieser Fassung wurde entsprechend der Regeln aufgelöst: da gleiche Töne liegen bleiben (*c*), müssten die anderen Stimmen nach oben gehen, um die Vollständigkeit des Akkordes zu gewährleisten. Gingen sie nach unten – wie es die kleine Septime (*as*) verlangt – wäre der Akkord nicht mehr vollständig (das *be* fehlte und wir hätten zweimal das *es*). Zwar wäre dies klanglich für die Akkorddarstellung nicht so wichtig, allerdings würde man dann beim Wechsel von vorher 5 verschiedenen Tönen auf nunmehr nur noch 3 verschiedene Töne doch einen sehr deutlichen Unterschied in der Klangqualität bemerken. Daher wäre für eine solche Konstellation die korrekte Lösung folgende:

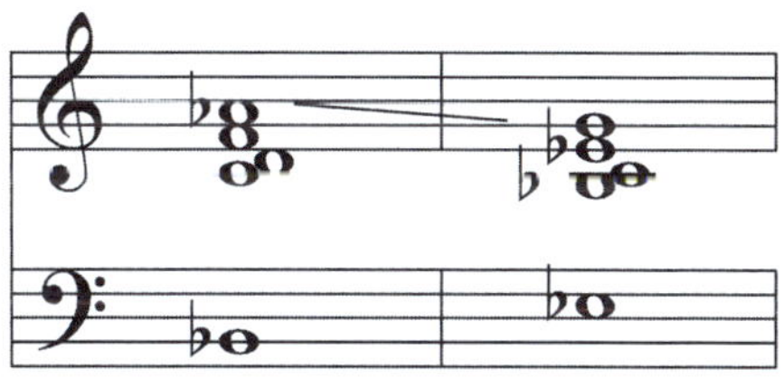

Der *fünfte* Ton des ersten Akkordes (die None *c* von B♭9) wird in seiner Leittonwirkung (nach unten) berücksichtigt[456]. Deshalb gilt für diesen Ton *c* die Regel 1 *nicht*! Das *c* wird gemeinsam mit dem *as* nach unten geführt. Das *f* könnte nach oben *oder* unten gehen (Regel 2), aber der obere Ton (*g*) ist bereits vorhanden, sodass das *f* zum *es* geht. Die Auflösung der Terz (*d*) – regulär nach *es* – wird der Vollständigkeit des Akkordes untergeordnet (Regel 0) und geht daher auch nach unten zum *c*. Diese „fehlerhafte“ Stimmführung sorgt für ein *ausgewogenes Klangbild*.

Würde auch der zweite Akkord ein fünfstimmiger Akkord sein, wäre die Auflösung deutlich einfacher:

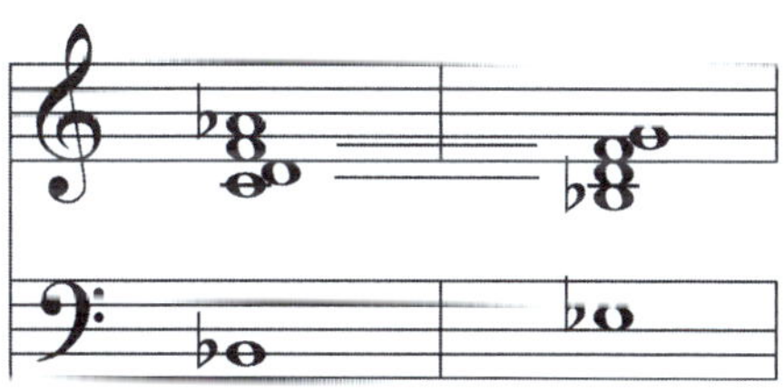

Aufgabe Nr. 40

[456] Das *c* bildet die Terz über dem Leitton *as* (k7) und hat *dadurch* selbst Leittoncharakter.

Kadenz

Fügen sich mehrere Akkorde mit ihren Funktionen zu einer *sinnvollen* Folge zusammen, spricht man von einer Kadenz. Eine ***Kadenz***[457] bezeichnet eine in sich geschlossene, harmonische Abfolge, besser gesagt: eine *nachvollziehbare* harmonische Abfolge[458]. Da einem der Begriff „sinnvoll" meist etwas „tatsächlich Vorhandenes" vortäuscht, erscheint die Bezeichnung „nachvollziehbar" hier zutreffender, weil der letztgenannte Begriff sich auf einen Menschen bezieht[459].

Es gibt Standardformen von Kadenzen, die hier kurz aufgezeigt werden:

einfache Kadenz

Die sogenannte ***einfache Kadenz*** umfasst die Tonika, die Subdominante und die Dominante in der Reihenfolge T-S-D-T (zu den Abkürzungen ⇨ S. 145f.)[460].

1

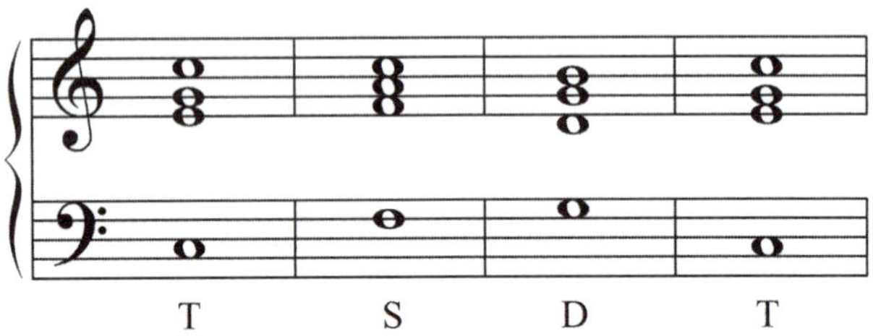

authentisch

Am Ende der Kadenz steht die Kombination D-T. Diese (Schluss-)Wendung bezeichnet man als ***authentisch***[461]. Authentische Wendungen kommen oft in Volksliedern vor.

Die Anordnung der 3 Akkordfunktionen kann natürlich auch getauscht werden. Dann hieße sie:

2

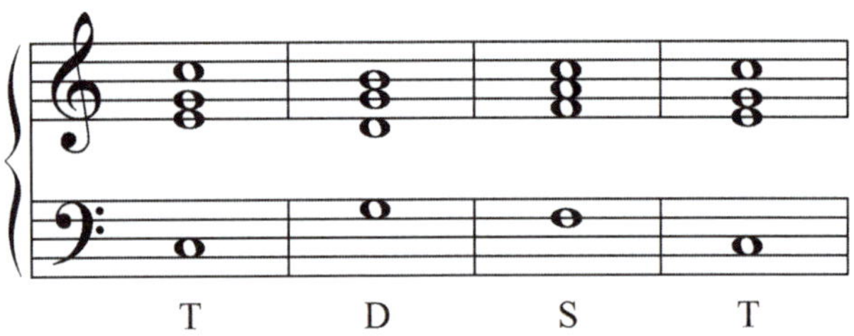

Auch dies wäre eine einfache Kadenz wie die obere, allerdings wird nur die Reihenfolge T-S-D-T (Beispiel 1) als einfache Kadenz bezeichnet.

plagal

Am Ende der Kadenz steht die Kombination S-T. Diese (Schluss-)Wendung bezeichnet man als ***plagal***[462]. Plagale Wendungen sind häufig in der Kirchenmusik anzutreffen.

gemischte Kadenz

---

[457] *Kadenz* besitzt noch zwei weitere Bedeutungen (einmal die heute unter dem Namen *Klausel* verwendete *ursprüngliche* Bedeutung von lat. *cadere* [zu einem Schluss] *fallen*. Zum anderen die kurz vor Schluss eines Solokonzertes (⇨ S. 224) auftretende mehr oder weniger freie Improvisation (⇨ S. 91) des Solisten.

[458] Oft findet man noch recht umständliche Erklärungen für diesen Begriff – vor allem wird die Auffassung vertreten, nur eine *ganz bestimmte* Folge von Harmonien verdiene diesen Namen. Jedoch steht die *Nachvollziehbarkeit* einer Harmoniefolge und damit ihre *Sinnhaftigkeit* immer im Mittelpunkt einer Kadenz.

[459] Sinn entsteht also schon aufgrund von Nachvollziehbarkeit. Hieran kann man wieder sehr deutlich das Besondere an Musik erkennen: sie ist immer etwas zutiefst Persönliches.

[460] Früher nannte man diese Form der Kadenz ***gemischte Kadenz*** (weil aus dem authentischen Schluss D-T und dem plagalen Schluss S-T zusammengesetzt).

[461] Abgeleitet vom griechischen Wort *authentikós* für *glaubwürdig* oder *echt*. Dieser Wendung kann man also (vermeintlich) abnehmen, dass die Kadenz zu Ende ist.

[462] Abgeleitet vom griechischen *plagios* für Seiten- bzw. Neben-. Also nicht der übliche Weg (Dominante), sondern der *Neben*weg (die Subdominante).

Diese einfache Kadenz gibt es natürlich auch in Moll. Zuerst die authentische Form:

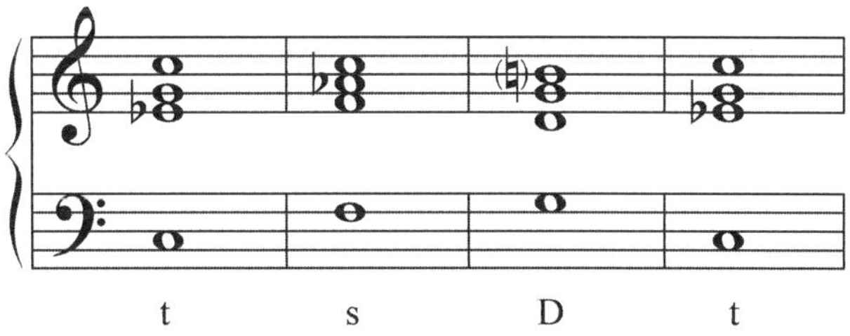

Und nun die plagale Variante, wobei zu beachten ist, dass der *direkte* Wechsel von der Dominante *D* zur Moll-Subdominante *s* nur selten vorkommt und in der Regel die hier notierte Variante verwendet wird.

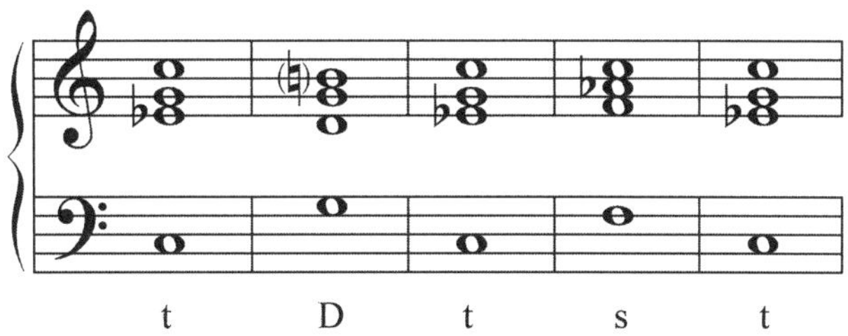

erweiterte Kadenz

Neben der einfachen Kadenz gibt es auch ***erweiterte Kadenz***en. Im Prinzip macht *jede zusätzliche* Funktion aus einer einfachen Kadenz eine erweiterte. Ein typisches Beispiel:

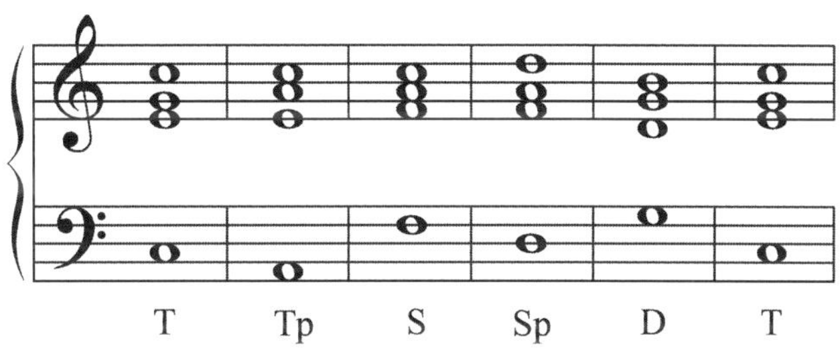

Dominant-Quart-Sext-Vorhalt

Dominant-Quart-Sext-Akkord

Hier wurden die Grundfunktionen *D* und *S* um ihre Parallelen *Dp* (Dominantparallele) und *Sp* (Subdominantparallele) erweitert. Am Ende der Kadenz (*Sp* zu *D*) fällt die Stimmführung mit dem großen Sprung auf. Um diese Kadenz klanglich eleganter abzuschließen, verwendet man *vor* der Dominante den ***Dominant-Quart-Sext-Vorhalt*** auch ***Dominant-Quart-Sext-Akkord*** genannt. Dieser Akkord ist der Quart-Sext-Vorhalt (⇨ S. 160) auf der Dominante.

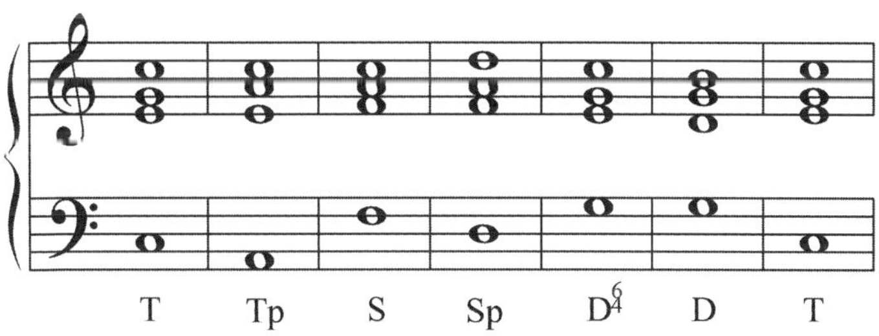

Unter *Die Melodie (1)* ab S. 131 haben wir besprochen, was unter *sinnvoll* zu verstehen wäre. Aber damit fangen die Fragen erst an:

FRAGE

Wie kann man beim Erfinden einer Melodie mit gleichen und/oder verschiedenen Intervallen (sinnvoll) umgehen?

Indem man die Töne in *verschiedene* Zusammenhänge stellt. Diese Zusammenhänge sollten nachvollziehbar sein[463], allerdings auch nicht zu sehr, um es nicht langweilig werden zu lassen, weil man bereits alles voraussehen kann. Man verknüpft dabei unterschiedliche Formen von Zusammenhängen miteinander (⇨ weiter unten) - von ganz einfachen über vielschichtige bis hin zu *Nicht*-Zusammenhängen, also Überraschungen. Nutzt man dann noch die Möglichkeiten von Wiederholung (z.B. Imitation), Veränderung (z.B. Sequenz) und Gegensatz (⇨ S. 131), ergeben sich unendlich viele Möglichkeiten, Melodien zu erfinden. Aus diesen kleinen Bausteinen entstehen dann auch das Motiv (⇨ S. 132) und das Thema (⇨ S. 136).

Es ist dabei wie mit vielen Dingen - es sind nicht so sehr die *Zutaten*, die man verwendet, sondern die *Art und Weise*, wie man mit diesen umgeht. Dadurch entsteht dann eine ganz *persönliche* Melodie.

Um einen einfachen und auch typischen Zusammenhang in der Musik handelt es sich, wenn sich z. B. etwas von *einem* Punkt (Ton) zu einem *anderen* Punkt (Ton) *Schritt für Schritt* bewegt. Ganz so als wäre es Teil einer Tonleiter. Diesen Zusammenhang nennt man ***Durchgang***. Ein Durchgang ist eine *stufige*[464] Bewegung von einem Ton zu einem anderen. Wobei man in der Regel noch weiter einschränkt, dass diese beiden (Außen-)Töne zu einem *Akkord* gehören sollen, denn die Töne eines (dreistimmigen) Akkordes sind konsonant (⇨ S. 97) und klingen daher als Melodietöne besonders gut.

Durchgang

Eine Melodie kann also von einem Ton zu einem anderen *springen* oder man kann diesen Sprung mit Tönen *auffüllen*. Beide Male wird man beim Hören das Gefühl haben, dass es sich irgendwie um verwandte Melodieverläufe handelt.

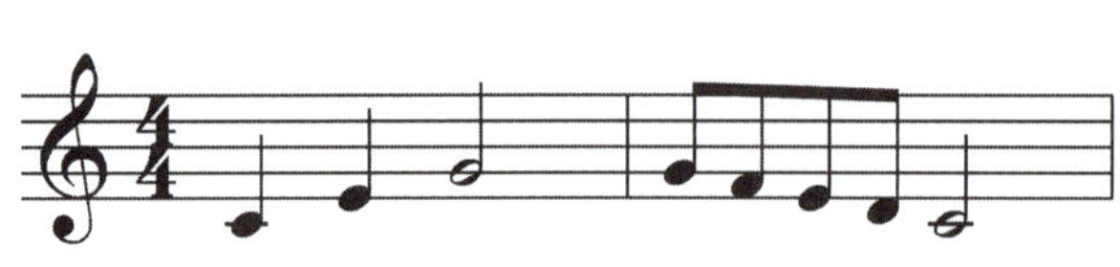

„ABC – die Katze lief im Schnee". Im zweiten Takt wird das, was im ersten Takt in Form von Akkordtönen nach oben springt, mittels Durchgangstönen in einer Abwärtsbewegung aufgefüllt.

diatonisch, chromatisch

Durchgangstöne können einerseits aus der aktuellen Tonleiter stammen (man sagt dazu: sie sind ***diatonisch*** ⇨ S. 95), sie können ***chromatisch*** (⇨ S. 95) verlaufen oder beides im freien Wechsel.

[463] Man muss sie als solche also auch wahrnehmen (können).

[464] ⇨ S. 14

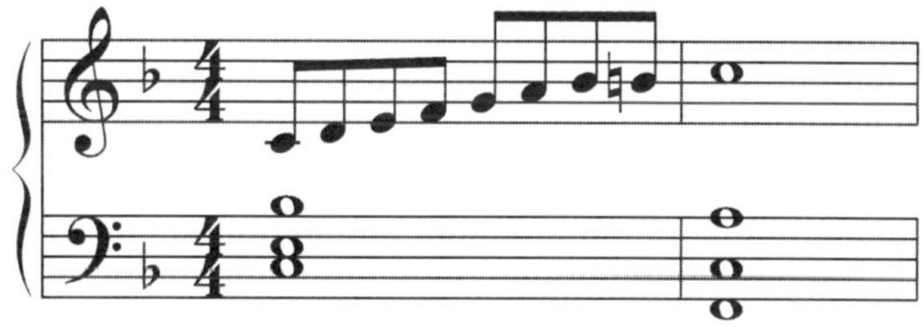

Dies ist eine typische Überleitung vom Dominant-Sept-Akkord zur Tonika bzw. zu einem neuen Teil: aus der Tonleiter stammende Durchgangstöne werden am Ende durch einen chromatischen Durchgang ergänzt, damit die Anzahl der zu spielenden Töne aufgeht.

Im folgenden Beispiel finden wir – bis auf eine Ausnahme ① – nur *chromatische* Durchgangsnoten. Auch wenn sie manchmal wie diatonisch aussehen, so ist ihre klangliche Wirkung doch ganz klar chromatisch.

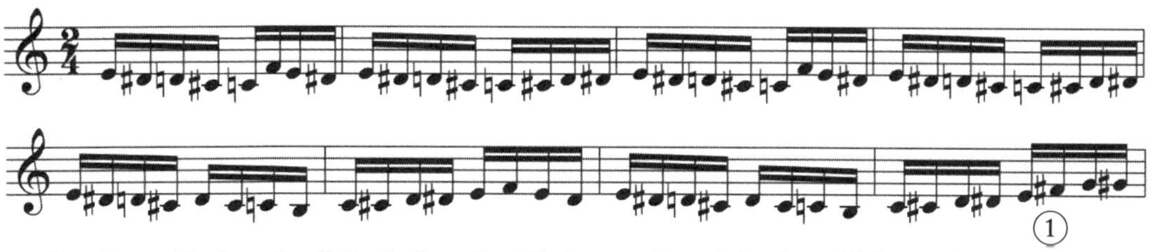

Der „Hummelflug" aus dem 3. Akt der Oper „Das Märchen vom Zaren Saltan" von Nikolai Rimski-Korsakow. Im Anschluss wird das Motiv eine Quarte höher – bis auf die letzten drei 16tel – komplett wiederholt (Sequenz).

Eine andere Möglichkeit, einen Zusammenhang herzustellen, besteht darin, kurzzeitig vom gespielten Ton wegzugehen, um dann wieder zu ihm zurückzukehren. Dieses Hin und Her nennt man ***Wechselnote(n)***. Eine Wechselnote ist derjenige (meist stufige) Ton, der sich *zwischen* zwei Tönen *gleicher* Tonhöhe befindet. Wechselnoten können durchaus auch sehr umfangreich sein. Man spricht von einer ***untere***n ***Wechselnote*** und einer ***obere***n ***Wechselnote***.

Wechselnote, untere Wechselnote, obere Wechselnote

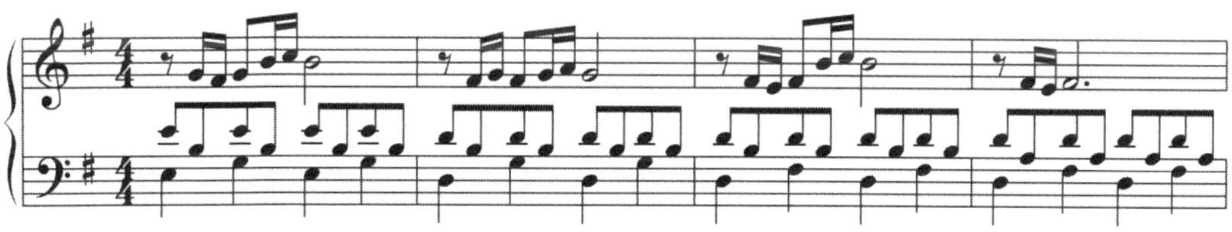

„Comptine d'un autre été: l'après-midi" Musik: Yann Tiersen.
Die Melodie besteht am Anfang des Stückes ausschließlich aus Wechselnoten. Takt 1: Hauptnoten (⇨ S. 110) sind die Akkordtöne g *und* h *(Akkord:* E-Moll*); Takt 2: die Hauptnoten* fis *und* g *bilden mit der linken Hand zusammen den (schwebungsreichen) Akkord* G^{7maj}/D*; Takt 3: hier sind es das* fis *und das* h *(Akkord:* H-Moll/D*) und in Takt 4: die Terz* fis *von D-Dur.*

Manchmal möchte man den eigentlich wichtigen und/oder schönen Ton noch etwas hinauszögern, um die Spannung zu erhöhen. Dann kann man *vor* diesem Ton einen anderen spielen, der sich (in der Regel) in der Nähe befindet, aber nicht ganz so schön klingt wie das eigentliche Ziel. Meist handelt es sich dabei um einen Wechsel von einem *dissonanten* Ton hin zu einem *konsonanten* – von Spannung hin zur Entspannung. Erklingt dieser „vorgehaltene" Ton dann noch auf einem metrischen *Schwerpunkt* wird die Spannung noch mehr erhöht und die „Auflösung" der Spannung durch den nachfolgenden Zielton wirkt dann besonders schön. Diese Form eines harmoniefremden Tones auf einem Schwerpunkt nennt man ***Vorhalt***.

Vorhalt

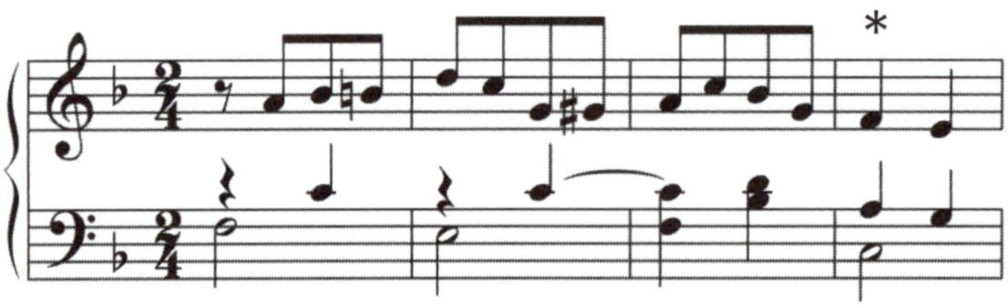

„Impromptu" aus dem „Album für die Jugend" op. 140 von Cornelius Gurlitt.
Im ersten Takt erklingen Durchgangstöne vom a *bis zum (vermuteten) Zielton* c [465]*. Dieser wird aber erst nach dem Vorhaltston* d *erreicht. Am Ende des Taktes geht es erneut chromatisch nach oben. Diesmal wird der Zieltonauch auch erreicht. Im dritten Takt wechselt die Melodie zwischen den Akkordtönen, um im vierten Takt (optisch ein Durchgang) einen längeren – und deshalb auch intensiver wirkenden – Vorhalt sowie dessen Auflösung zu erreichen.*

Vorhalte werden auch häufig im harmonischen Zusammenhang eingesetzt: Ein beliebter Vorhalt ist der *sus-Akkord* (⇨ S. 118), bei dem die Terz durch die Quarte ersetzt wird und der dadurch eine starke Tendenz besitzt, sich in den die Terz enthaltenden Akkord aufzulösen. Benutzt man gar zwei Vorhaltstöne gleichzeitig – nämlich dazu noch den Vorhalt der 6 vor der 5 – entsteht der ***Quart-Sext-Vorhalt***. Er ist – trotz des gleichen Aussehens – *nicht* mit der Umkehrung eines Dreiklanges zu verwechseln.

Quart-Sext-Vorhalt

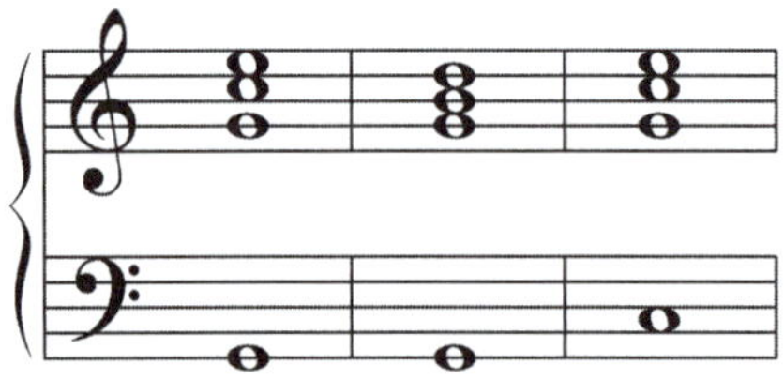

Zu erkennen ist der Vorhalt am Basston. Ohne ihn würde man nur eine einfache (authentische[466]) Kadenz hören. *Durch den Bass* entsteht die Vorhaltswirkung der Quarte *c* vor der Terz *h* sowie der Sexte *e* vor der Quinte *d*. Der Akkord im ersten Takt ist also – von der klanglichen Wirkung und damit auch von der Funktion her – ein G-Dur-Akkord! Im obigen Musikstück ist der Quart-Sext-Vorhalt beim * zu finden.

Dominant-Quart-Sext-Akkord

Hauptsächlich wird dieser Vorhaltsakkord auf der Dominante verwendet und heißt daher dann auch ***Dominant-Quart-Sext-Akkord***.

Verzierung

Hauptnote

Eine besondere und in der Musik des Barock (⇨ S. 223) und der Klassik (⇨ S. 224) weit verbreitete Form mit Melodien umzugehen, nennt man ***Verzierung***en. Diese besondere Technik besteht darin, der Melodie *neue Töne hinzuzufügen*, die dann mit der ursprünglichen Note (auch ***Hauptnote*** genannt ⇨ S. 110) in eine Beziehung treten. In der Regel handelt es sich dabei um die *rasche* Folge von Hauptnote, oberer Sekunde zurück zur Hauptnote[467].

Einen wichtigen Teil dieser Verzierungen – nämlich den Vorschlag – haben wir schon kennengelernt (⇨ S. 110f.). Aber es gibt noch andere Möglichkeiten:

[465] Letztendlich lässt sich nicht klären, ob der Schritt vom *a* zum *b* ein diatonischer oder ein chromatischer Schritt ist. Der Übergang von diatonischer zu chromatischer Durchgangsnote ist hier ideal.

[466] ⇨ S. 156.

[467] Im Barock lautete die Folge: zuerst obere Wechselnote, dann Hauptnote usw.

Die *Wechselnote* ist eine solche: geht man von der Hauptnote *mehrmals* zur *oberen* Wechselnote und dann wieder zurück – und das meist recht schnell –, wird das ***Triller*** genannt. Das Zeichen hierfür ist die Abkürzung des Wortes „Triller“:

Triller

tr

tr

Diese Triller gibt es heutzutage noch mit mehreren Zusatzzeichen. Nachfolgend eine Übersicht über deren Ausführung (unter Beachtung der *Fußnote 467* auf S. 160):

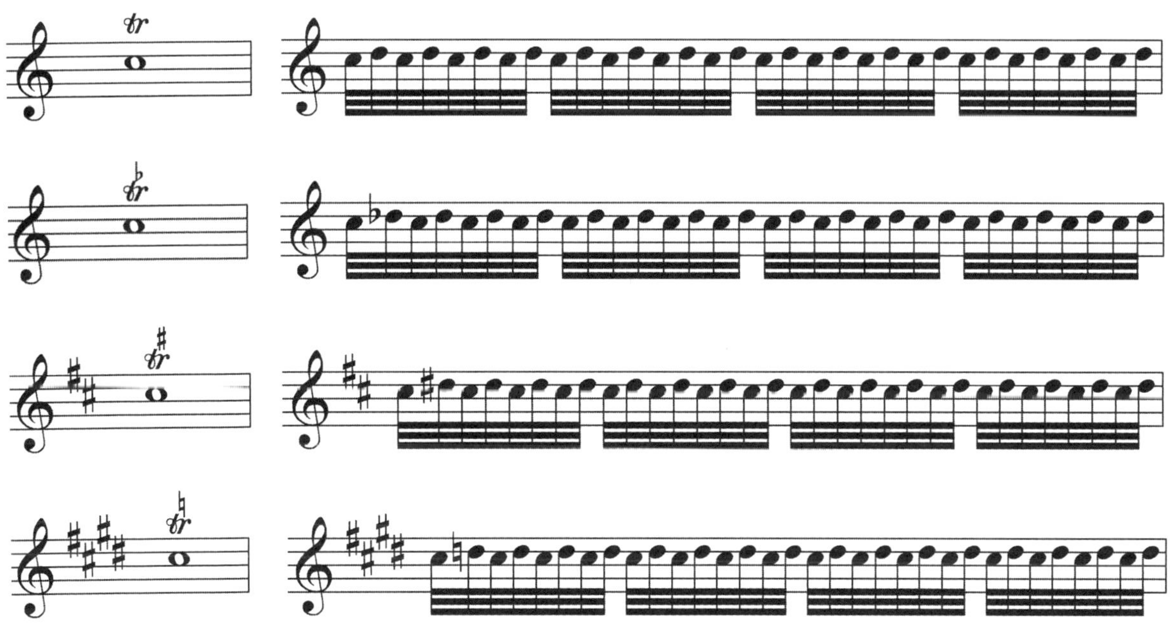

Nicht nur der *Anfang* eines Trillers, sondern auch das *Ende* kann verschieden sein. In der Zeit des Barock nahm man die Zielnote gern vornweg. Ab der Klassik wurde noch eine untere Wechselnote gespielt.

Barock	Klassik
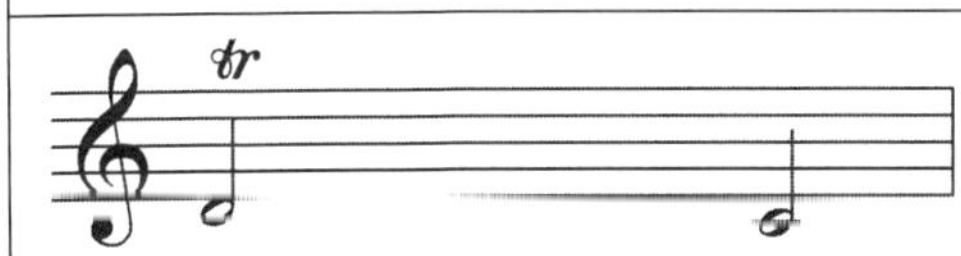	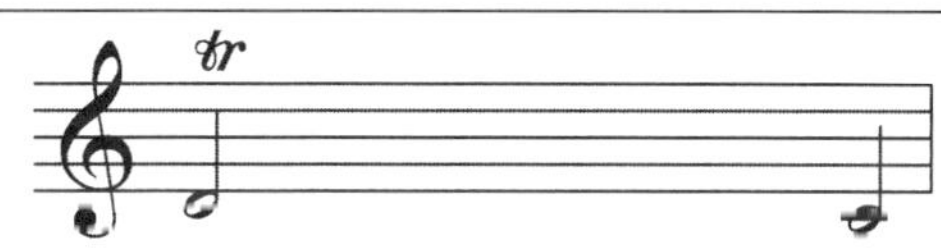
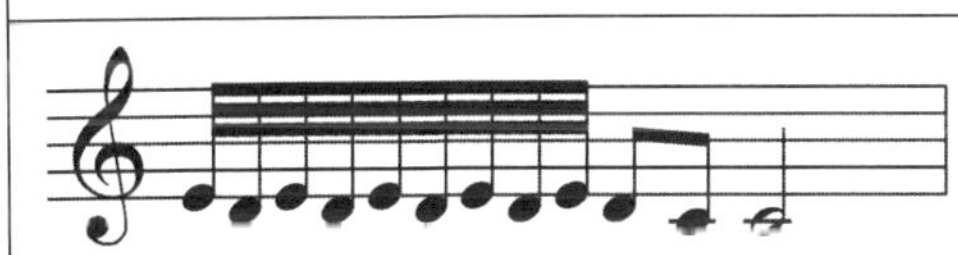	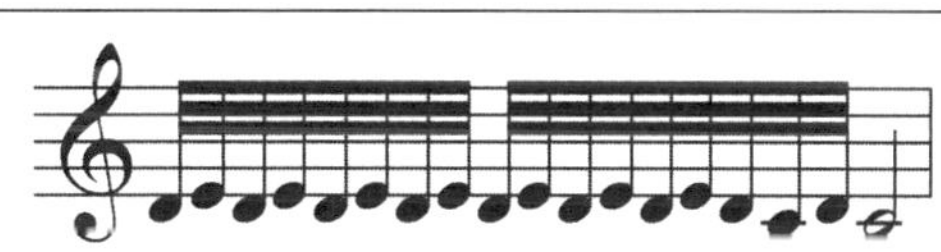

Erfolgt die Bewegung von der Hauptnote nur *einmal* zur *oberen* (leitereigenen) Wechselnote und dann wieder zurück – auch das meist recht schnell –, wird das ***Pralltriller*** genannt.

Pralltriller

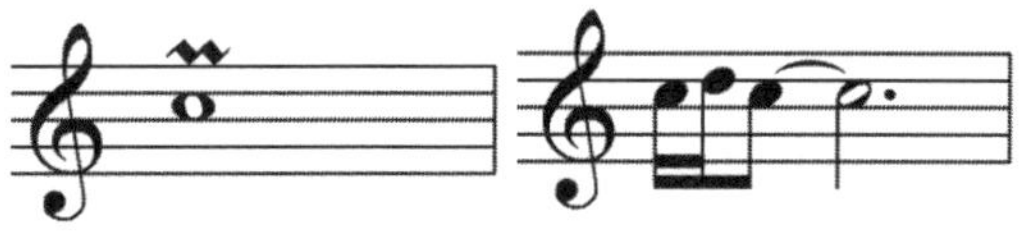

Erfolgt die Bewegung von der Hauptnote nur *einmal* zur *unteren* (leitereigenen) Wechselnote und dann wieder zurück – auch das meist recht schnell –, wird das ***Mordent*** genannt.

Mordent

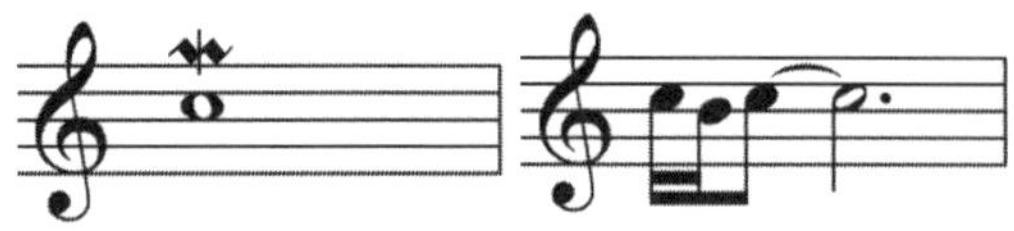

Auch den Mordent gibt es mit den beim Triller erwähnten Zusatzzeichen.

Umspielung, Doppelschlag

Die ***Umspielung*** verbindet eine untere *und* obere Wechselnote miteinander. Früher sagte man dazu ***Doppelschlag***. Es gibt auch ein eigenes Zeichen dafür: 𝄕. Die Ausführung hängt davon ab, *wo* sich dieses Zeichen befindet. *Über* der Note stehend *beginnt* man auf der *oberen* Wechselnote. *Zwischen* zwei Noten stehend spielt man *zuerst die Hauptnote* gefolgt von der oberen Wechselnote.

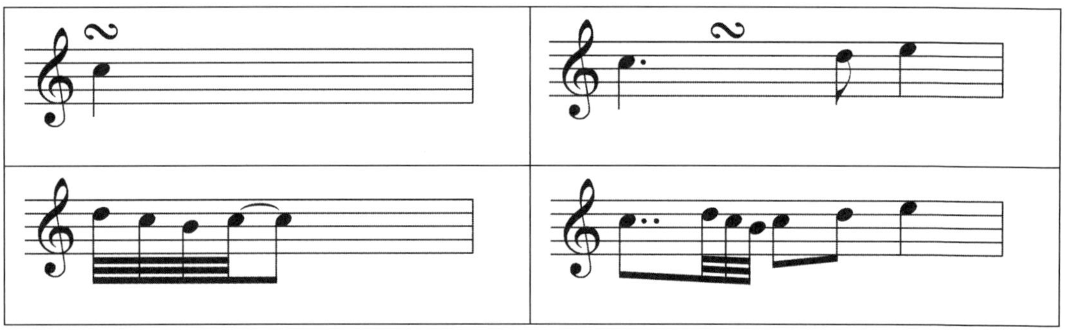

Akkoladen (⇨ S. 73) gibt es nicht nur beim Klavier, sondern auch bei anderen Instrumenten, die über einen großen Umfang an Tönen[468] verfügen (z.B. einer Harfe ⇨ S. 100 und 170 oder einem Marimbaphon ⇨ S. 105 und 182).

Partitur

Komponisten (⇨ S. 135) verwenden sie vor allem in ihren ***Partitur***en. Dies sind Aufzeichnungen, in denen *alle* Instrumente mit ihren jeweiligen Noten aufgeschrieben sind. Instrumente, die dabei zu einer Instrumentenfamilie (⇨ S. 100) bzw. einer -gruppe[469] gehören, werden dabei ebenfalls mit einer Akkolade zusammengefasst. Das Aussehen dieser Akkoladen kann unterschiedlich sein. Prinzipiell verwendet man gerade, so genannte ***Balkenklammer***n oder auch ***eckige Klammer***n, deren Enden unterschiedlich gestaltet sein können – wichtig ist, dass die *Zusammengehörigkeit* der Instrumente ersichtlich wird. Die geschweifte Klammer (⇨ S. 73) wird *nur* zur Darstellung der Zugehörigkeit zu *einem* Instrument verwendet.

Balkenklammer, eckige Klammer

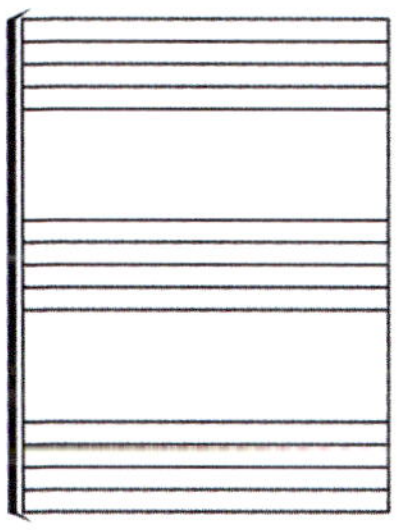

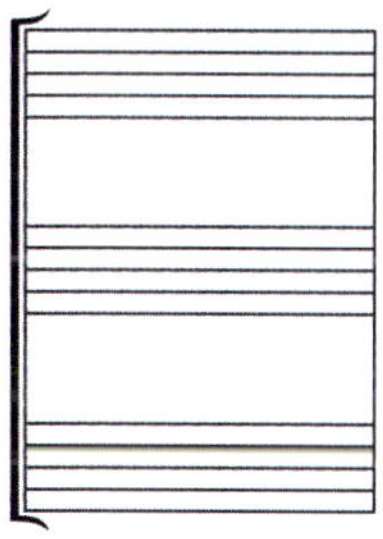

Stimme

Jedes Instrument spielt dann aus seiner eigenen ***Stimme*** (⇨ S. 86), in der nur das steht, was man selbst zu spielen hat – was aber nicht das Gleiche sein muss, was der Musiker neben einem selbst zu spielen hat. Den Überblick über *alles*, was zu spielen ist, hat nur der ***Dirigent***, der das ***Ensemble***[470], welches ab einer bestimmten[471] Größe auch als ***Orchester*** bezeichnet wird, leitet. In der Partitur steht, *welche* Instrumente bei einem Stück mitspielen. Dies nennt man die ***Besetzung***.

Dirigent, Ensemble, Orchester

Besetzung

Eine Besonderheit gibt es manchmal noch: in einer Partitur steht normalerweise jeder Ton so notiert wie er auch in den einzelnen Stimmen zu finden ist, also eventuell auch *transponiert*. Partituren, in denen *alles* klingend notiert[472] ist – und in denen darüber hinaus die Musik noch auf wenige Notensysteme zusammengefasst ist – nennt man ***Particell*** (gesprochen: *Parti-tschell*).

Particell

Partituren sind oft sehr umfangreich und enthalten – wie auch die Einzelstimmen – *viele* Takte. Beim Üben eines solchen Stückes, wo oft auch mittendrin etwas ausprobiert werden muss, ist eine *einfache Orientierung* sehr wichtig. Meist stehen am Anfang einer Zeile oder an besonderen Stellen *über* oder *unter* dem Notensystem ***Taktzahl***en[473], die das Auffinden einer bestimmten Stelle erleichtern. Ebenso kann man in regelmäßigen Abständen (meist bei einem Doppelstrich ⇨ S. 78) auch gesonderte Buchstaben- oder Zahlenangaben finden[474]. Diese geben den einzelnen Teilen einen Namen, so dass man die gewünschte Stelle im Stück leichter finden kann.

Taktzahl

Tonumfang

[468] Dies wird auch als ***Tonumfang*** bezeichnet.

[469] Damit sind *gleichartige* Instrumente gemeint oder aber Instrumente, die in diesem Stück eine (Unter-)*Gemeinschaft* bilden.

[470] Das ist eine Gemeinschaft von Musikern, die miteinander musizieren.

[471] Ab welcher Größe man das Ensemble dann Orchester nennt, liegt ganz im eigenen Ermessen.

[472] Also so, als wenn *alles* von *nicht transponierenden* Instrumenten gespielt würde.

[473] *Jeder* Takt (ohne einen eventuellen Auftakt) wird fortlaufend nummeriert.

[474] Um derartige Zahlenangaben nicht mit Taktzahlen zu verwechseln, sollten Zahlen *besonders* kenntlich gemacht werden z.B. indem sie eingekreist werden. Buchstabenangaben sind

G-Schlüssel, F-Schlüssel

Von den drei Notenschlüsseln, die wir auf S. 11 kennen gelernt haben, gibt es zwei, die manchmal eine Besonderheit aufweisen. Beim ***G-Schlüssel*** (und seltener beim ***F-Schlüssel***) findet man manchmal eine kleine *„8"* *unter* oder *über* dem Schlüssel. Diese Zahl hat die Bedeutung, dass der Ton, der durch den Schlüssel bestimmt wird – also entweder das g^1 oder das f – eine Oktave *tiefer* oder *höher* als notiert klingen soll.

Dieser Schlüssel	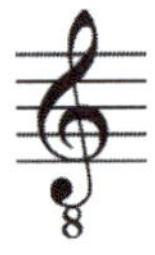	bedeutet, dass auf der 2. Linie dieser Ton festgelegt wird.	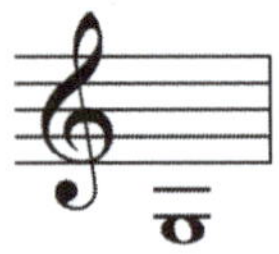	Alles klingt eine Oktave *tiefer* als (ohne *„8"*) notiert.
Dieser Schlüssel	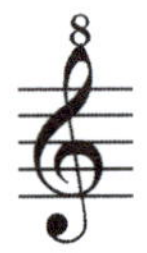	bedeutet, dass auf der 2. Linie dieser Ton festgelegt wird.	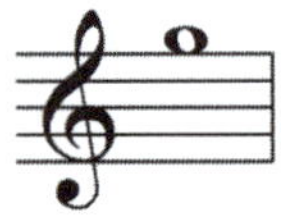	Alles klingt eine Oktave *höher* als (ohne *„8"*) notiert.
Dieser Schlüssel	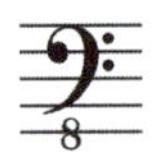	bedeutet, dass auf der 4. Linie dieser Ton festgelegt wird.	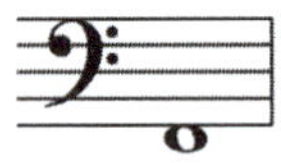	Alles klingt eine Oktave *tiefer* als (ohne *„8"*) notiert.
Dieser Schlüssel		bedeutet, dass auf der 4. Linie dieser Ton festgelegt wird.	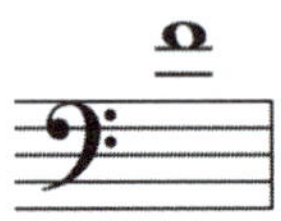	Alles klingt eine Oktave *höher* als (ohne *„8"*) notiert.

oktavierter G-Schlüssel, oktavierter Violin-schlüssel

oktavierter F-Schlüssel, oktavierter Bass-schlüssel

Diese Schlüssel besitzen interessanterweise keinen eigenen Namen. Wenn überhaupt über sie geschrieben wird, dann findet man vorwiegend die Bezeichnung ***oktavierter Violin-*** bzw. ***oktavierter Bassschlüssel***.

Anwendung findet vor allem der G-Schlüssel mit der tief gestellten *„8"*. Im Chor steht er beim Tenor[475], so dass die gesungenen Töne eine Oktave tiefer erklingen als sie notiert werden. Aber auch bei der Gitarre[476] sollte dieser Schlüssel stehen[477].

Der Kontrabass (⇨ S. 167) wie auch der E-Bass (⇨ S. 168) klingen beide ebenfalls eine Oktave tiefer als sie notiert werden, daher sollte auch bei diesen Instrumenten dieser 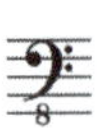 Schlüssel Verwendung finden.

Im Orchester sollte man den G-Schlüssel mit der hoch gestellten *„8"* bei der Piccolo-Flöte (⇨ S. 172) finden – was selten der Fall ist –, die dadurch eine Oktave höher klingt als sie notiert ist.

Der hochoktavierte Bassschlüssel wird nicht verwendet.

eindeutiger und werden heute meist bevorzugt. Sollte das Alphabet dabei nicht ausreichen, folgt nach dem „Z" ein „AA", „AB" usw.

[475] Man könnte natürlich auch einfach den Tenorschlüssel (C-Schlüssel) ⇨ S. 12 nehmen. Das war früher auch so üblich, aber heutzutage verwendet man im Chor nur noch zwei verschiedene Schlüsselarten, weil die meisten den C-Schlüssel nicht mehr lesen können.

[476] Egal ob Akustische Gitarre oder E-Gitarre.

[477] Das ist leider oft nicht der Fall. Nichtsdestotrotz klingen die Töne einer Gitarre (⇨ S. 168) immer eine Oktave tiefer als sie notiert werden.

Die Verwendung dieser (oktavierenden) Schlüssel ist nicht ganz einheitlich. Im professionellen Bereich geht man davon aus, dass im Chor ein Tenor eine Oktave tiefer klingt als er notiert wird. Daher wird die „8" oft weggelassen, in manchen Noten wird sie dagegen verwendet. Dies gilt ebenso beim Kontrabass, wo eine Notierung mit oktaviertem Bassschlüssel vollkommen unüblich ist. Wenn man also das Oktavierungszeichen verwendet, dann dient es (meist) nur der Klarstellung, ansonsten gibt die Angabe eines Instrumentennamens bereits einen eindeutigen Hinweis.

Festzuhalten bleibt, dass die Verwendung des Oktavierungszeichens am Notenschlüssel bei Instrumenten, die oktaviert klingen (vor allem bei der Gitarre), natürlich auf alle Fälle die korrekte Form darstellt.

DIE ARTIKULATION (2)

Auf S. 31 haben wir den Akzent kennen gelernt. Nun kann die Art des Hervorhebens bzw. des Betonens einzelner Töne sehr unterschiedlich sein. Daher gibt es für die einzelnen Abstufungen noch extra Namen und Zeichen: soll der Akzent sehr *stechend* klingen, die einzelnen Töne also *deutlich markiert* werden, verwendet man das italienische Wort ***marcato*** und schreibt über bzw. unter den Notenkopf dieses Zeichen:

marcato, marc.

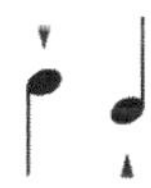

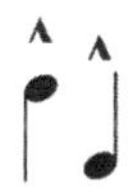

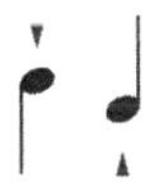

Aber auch dieses Zeichen kann für die Bedeutung *marcato* stehen[478]:

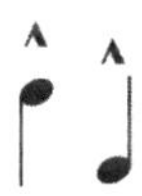

Um Missverständnisse ganz zu vermeiden, ist es hilfreich, das Wort *marcato* bzw. dessen Abkürzung ***marc.*** zu vermerken.

[478] Bei diesem „Hütchen" steht das Zeichen *immer oberhalb* der Note.

Das Thema transponierende Instrumente (⇨ S. 102) soll hier noch einmal etwas ausführlicher behandelt werden. Wir wissen schon, dass bei diesen Instrumenten der gespielte Ton nicht der erklingende ist. Manchmal klingt er höher, meistens jedoch tiefer als notiert. *Wohin* ein Instrument transponiert, steht oft (aber leider nicht immer) im Namen (z.B. *A*-Klarinette). Dabei geht man *immer* davon aus, dass auf dem Instrument der Ton *c* gespielt/gegriffen wird. Der dann erklingende Ton gibt der Transposition den Namen. Generell kann man davon ausgehen, dass transponierende Instrumente in F, G, A oder B^b [479] *tiefer* klingen als notiert, Instrumente in D und E *höher*[480].

transponieren

Als wichtigster Anhaltspunkt für das Schreiben ***transponieren***der Stimmen sollte das optische Erscheinungsbild dienen. Wenn es in der Melodie eine Terz hoch geht, *muss* es auch in der Transposition[481] eine Terz hoch gehen. Es gilt: transponiert oder nicht: der *innere* Verlauf einer Melodie *muss* gleich sein!

Dies erreicht man dadurch, dass *zuerst die Tonart* entsprechend angepasst wird. Will man eine C-Dur-Tonleiter aufwärts für ein Instrument notieren, welches eine große Sekunde *tiefer* erklingt (Instrument in B^b), muss man die Tonart eine g2 *höher* wählen (also eine D-Dur-Tonleiter aufwärts schreiben). Ein notiertes *d* klingt auf diesem Instrument eine große Sekunde tiefer – es erklingt also ein *c*. Man darf sich hier nicht verwirren lassen, *in welche Richtung* man denken sollte:

Auf der einen Seite steht der Klang – auf der anderen Seite die Notation.

Wenn man weiß, welche Seite gegeben ist[482], kann man leicht zur anderen Seite wechseln. Hat man z.B. die (transponierte) Stimme eines transponierenden Instrumentes und möchte wissen, welche Töne erklingen, dann geht man von der Seite der Notation zur Seite des Klanges (in obigen Beispiel also eine g2 tiefer, da das Instrument ja eine g2 tiefer erklingt).

Möchte man dagegen bestimmte (*klingende*) Töne für ein transponierendes Instrument aufschreiben, befindet man sich auf der Seite des Klanges und muss auf die Seite der Notation wechseln (ist der *Klang* eine g2 *tiefer* als notiert, muss die *Notation* eine g2 *höher* erfolgen). In der Instrumententabelle (ab ⇨ S. 167) findet sich bei den *transponierenden* Instrumenten ein kleiner, schräger Pfeil. Dieser soll Hilfe dafür sein, in *welche* Richtung es von der Seite des Klanges zur Seite der Notation geht.

Nachfolgend eine Tabelle mit den gebräuchlichsten Instrumenten – also auch den nichttransponierenden – mit ihren Tonumfängen. Die Tabelle folgt der Einteilung wie unter *Die Instrumente (1)* auf S. 99 beschrieben. Instrumente, bei denen hinter „höchster Ton" ein * steht, können noch höhere Töne spielen. Ebenfalls zu finden sind die allgemeinen Abkürzungen dieser Instrumente[483]. Bei den Abkürzungen ist es durchaus üblich, den Punkt wegzulassen oder die Abkürzung groß zu schreiben.

---

[479] Eine Ausnahme gilt für die Piccolo-Trompete (⇨ S. 177), sie klingt eine g7 höher.

[480] Tatsächlich gibt es sehr viele Transpositionen. Was es *nicht* gibt, sind die Transpositionen in D^b, $F^\#$, A^b und H.

[481] Das Gleiche gilt auch für die umgekehrte Variante, wenn man die (transponierende) Notation in die klingende Notation umschreiben möchte.

[482] Hat man Noten, die für ein transponierendes Instrument aufgeschrieben werden sollen, befindet man sich auf der Seite des Klangs. Möchte man wissen, welche Töne zu hören sein werden, wenn die Noten aus der Stimme des transponierenden Instrumentes gespielt werden, befindet man sich auf der Seite der Notation.

[483] In Noten findet man oft noch andere Abkürzungen. Die meisten stammen von den englischen bzw. französischen Namen der Instrumente. Alle aufzuführen sprengt aber den Rahmen.

Name	Ab-kürzung	transponierend?	Klang		Notation	tiefster (notierter) Ton	höchster (notierter) Ton
Violine	***vio.*** Streicher allgemein werden mit ***str.*** abgekürzt	nein Saiten					Laie Fortgeschritten * Profis etwa 1 Oktave höher
Viola	***va.*** oder ***vla.***	nein Saiten					Laie Fortgeschritten * Profis etwa 1 Sexte höher
Cello	***vc.*** oder ***vlc.***	nein Saiten					Laie Fortgeschritten * Profis etwa 1 Sexte höher
Kontrabass	***kb.*** oder ***D.B.***[484] Saiten	nein, klingt jedoch eine Oktave tiefer als notiert				mit 4 Saiten mit 5 Saiten	* Profis:

vio.,
va., vla.,
vc., vcl.,
kb., D.B.

[484] Diese Abkürzung steht für das englische Wort für Kontrabass: *Double Bass*.

Name	Ab-kürzung	transponierend?	Klang		Notation	tiefster (notierter) Ton	höchster (notierter) Ton
Gitarre ***E-Gitarre***	***git.*** ***e-git.*** ***a-git.***[485]	nein, klingt jedoch eine Oktave tiefer als notiert (korrekterweise müsste unterhalb des Noten-schlüssels immer eine „8“ stehen)	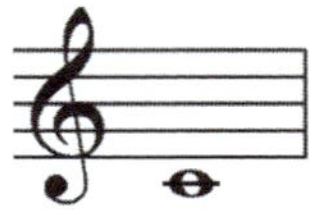		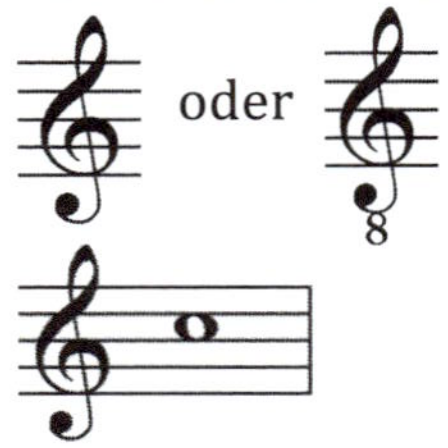	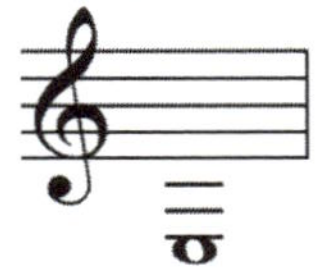	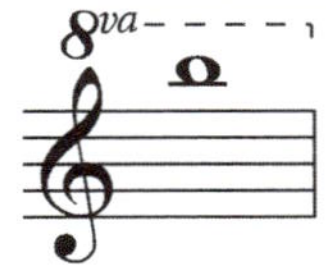 je nach Ausführung umfasst die Konzert-gitarre meist 18 Bünde[486] 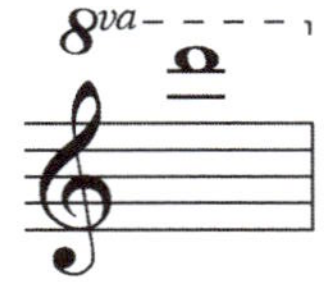 und die verschiedenen E-Gitarren-Arten 21 (bis maximal 24) Bünde[487] * auch ohne Bünde kann noch höher gespielt werden
	Saiten	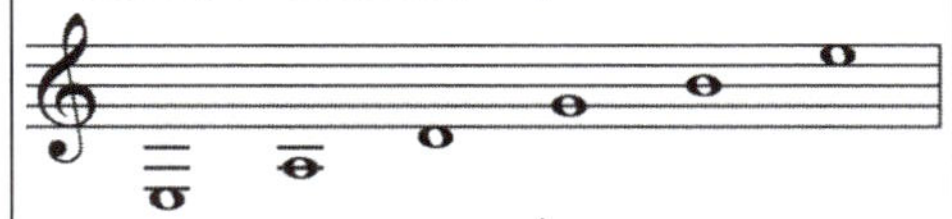					
E-Bass	***bg.***	nein, klingt jedoch eine Oktave tiefer als notiert[488]	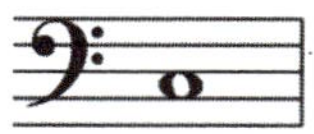		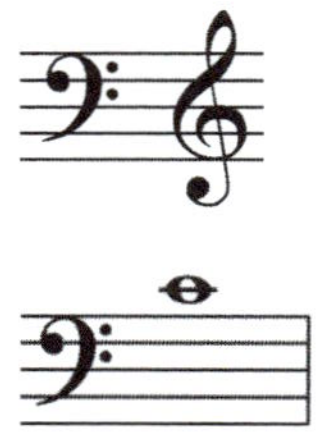	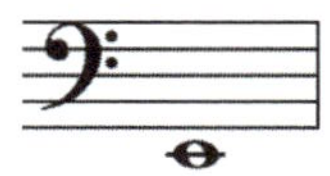 mit 4 Saiten 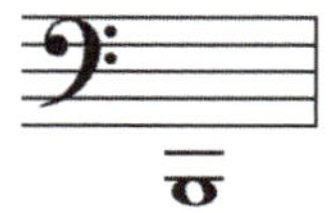 mit 5 Saiten	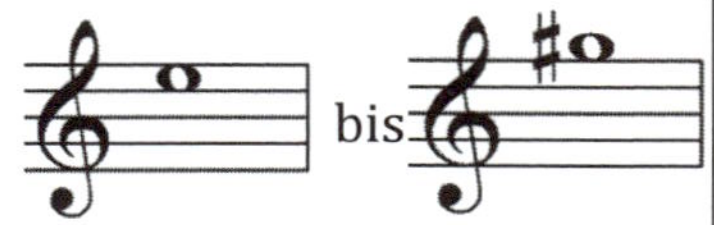 je nach Ausführung 20-24 Bünde * auch ohne Bünde kann noch höher gespielt werden
	Saiten	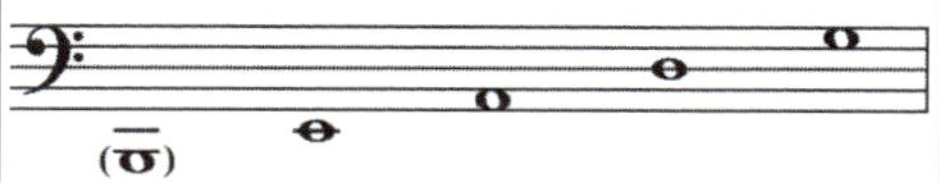					

git., e-git., a-git.

bg.

[485] Diese Abkürzung steht für *Acoustic Guitar* (engl.) also *Akustische Gitarre* und meint die „normale“ Gitarre mit ihrem Resonanzkörper.

[486] Mit ***Bund*** bezeichnet man eine querverlaufende Erhebung auf dem Griffbrett des Instruments (in der Regel aus Metall), mit der sich eine klar definierte Tonhöhe spielen lässt (je Bund einen Halbton Unterschied).

[487] Die Norm sind 21 und 22 Bünde.

[488] Hier ist interessanterweise die „8“ unterhalb des Notenschlüssels nicht üblich.

Bund

Name	Ab-kürzung	transponierend?	Klang		Notation	tiefster (notierter) Ton	höchster (notierter) Ton
Ukulele	Saiten[489]	nein 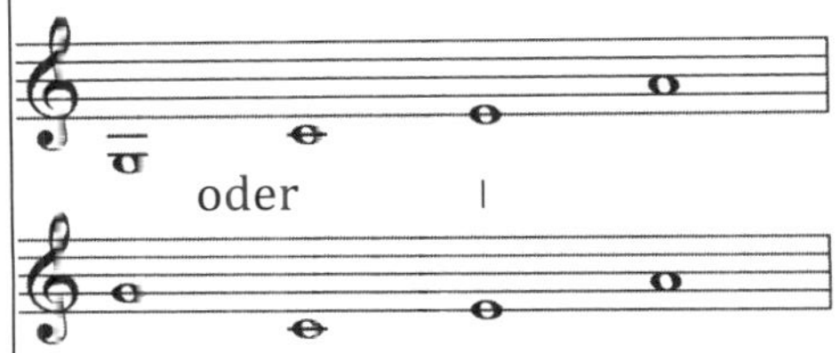 oder			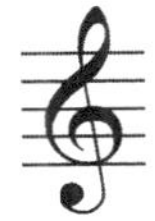	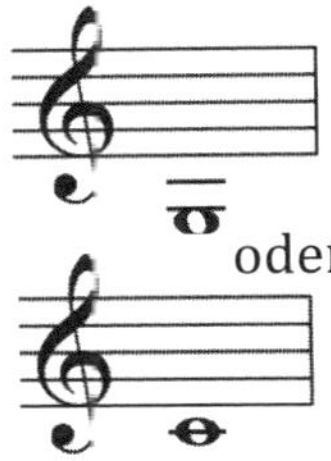 oder	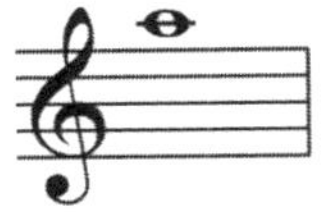 * je nach Ausführung bis eine Quarte höher
Banjo mit 6 Saiten wie Gitarre spielbar, mit 8 Saiten wie eine Mandoline	***bj.*** Das ***Tenor-banjo*** hat 4 Saiten Bei 5 Saiten	nein, klingt jedoch eine Oktave tiefer 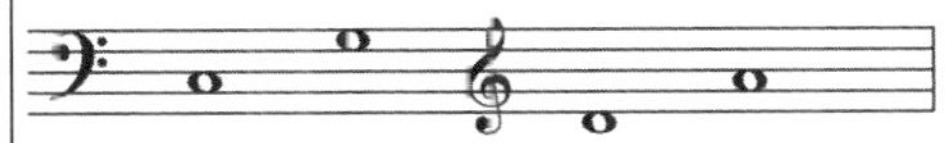 oder … oder … kurze Saite 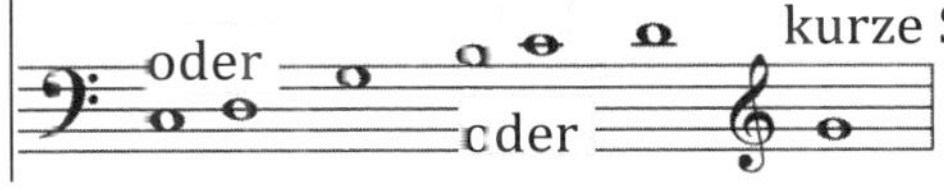 sind verschiedene Stimmungen üblich			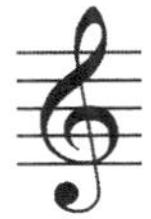	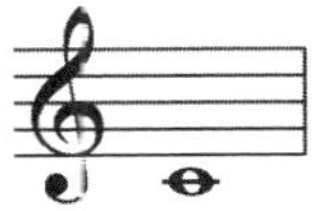 je nach Ausführung 17-24 Bünde	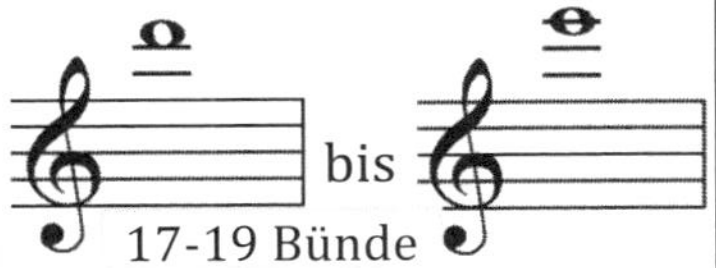 bis 17-19 Bünde je nach Ausführung 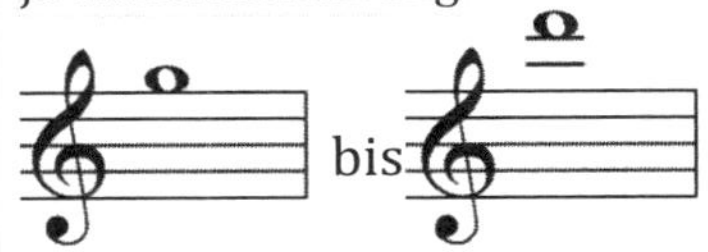 bis
Mandoline 490	***mand.*** Saiten	nein 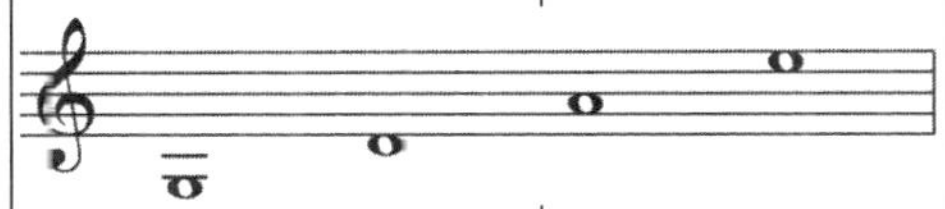			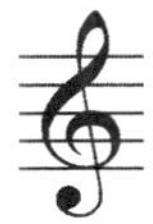	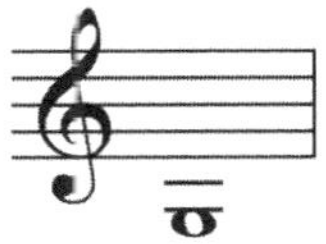	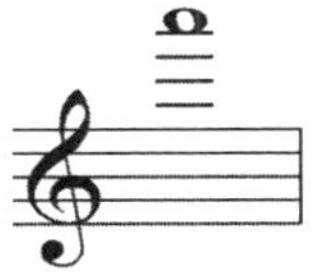 Fort-geschritten
Zither	***Konzert-zither*** Melodie-saiten dazu unter-schiedlich viele Begleit-, Bass- und Kontrasaiten (insgesamt 32-42)	nein 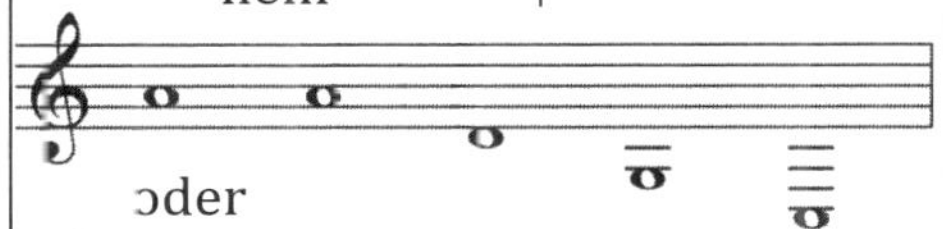 oder 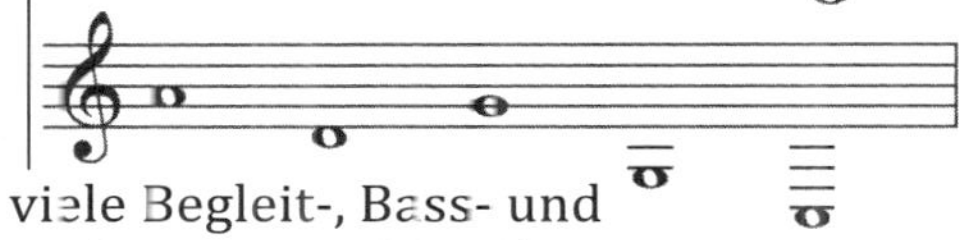			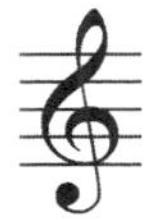 und 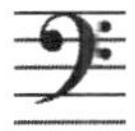	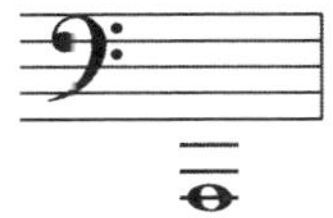 bis 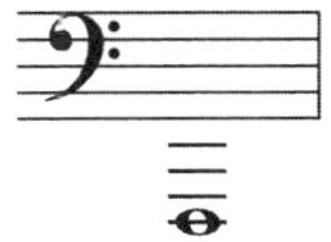	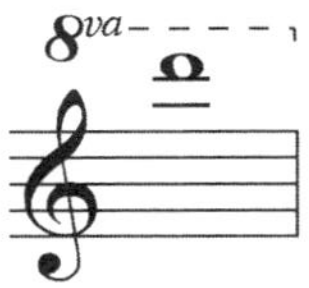 In der Regel 29 Bünde bei den Melodiesaiten
	Akkord-zither	Kombination aus Melodie- und Akkordsaiten				nur 5-9 Akkorde möglich	Die Melodiesaiten gehen (fast) chromatisch von c^1-c^3

bj.

mand.

Mandola

[489] Alternativ wird auch die Stimmung einen Ganzton höher verwendet (a^1, d^1, fis^1, h^1).

[490] Jede Saite kommt doppelt vor – die Mandoline hat also 8 Saiten. Der größere Bruder der Mandoline ist die ***Mandola***.

Name	Ab-kürzung	transponierend?	Klang		Notation	tiefster (notierter) Ton	höchster (notierter) Ton
Klavier	***Kl.*** oder ***Klav.*** ***p.***[491]	nein			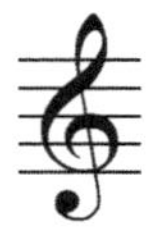 und 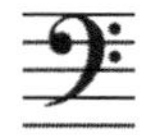	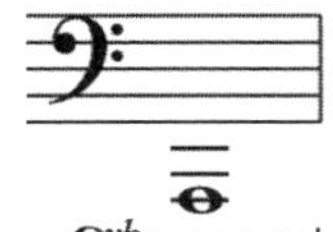 8vb [492]	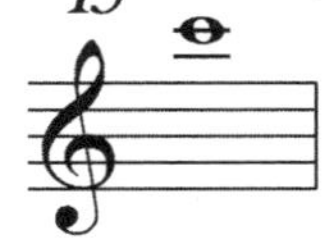 15ma
Cembalo	***cemb.*** ***hrp.***[493] ***hrps.***	nein, durch unterschiedliche Register (⇨ S. 102) kann der Klang oktavweise nach oben oder nach unten verändert werden			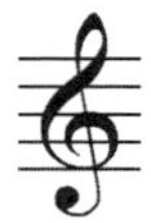 und 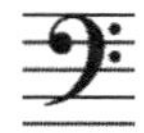	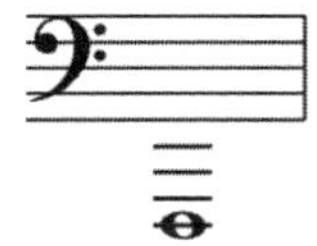 manchmal auch weniger tief	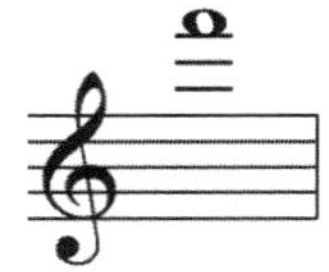 manchmal auch weniger hoch
Harfe	***hrf.*** ***harp***[494]	nein, jedoch lautet die Grundstimmung (ohne getretene Pedale) C♭-Dur[495]			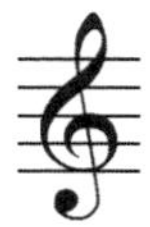 und 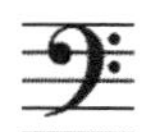	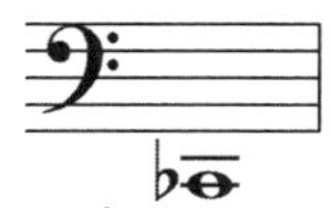 8vb	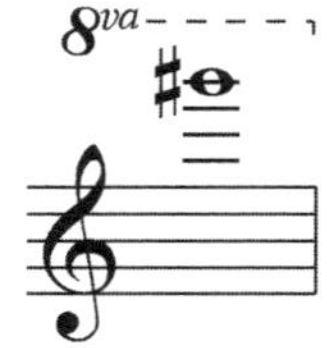 8va
Zymbal		nein			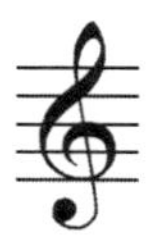 und 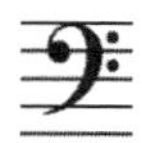 (Hackbrett nur Violinschlüssel)	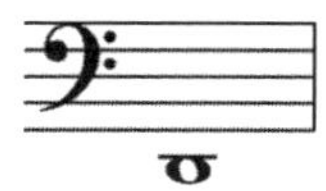	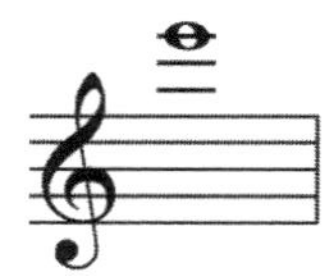 manchmal auch bis 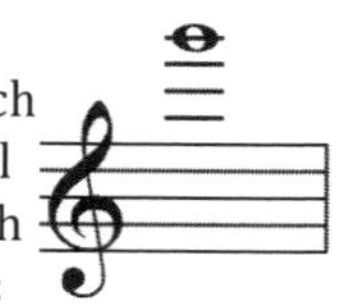

Kl., Klav., p.

cemb., hrp., hrps.

hrf., harp

[491] Im Englischen lautet die Abkürzung *p.* für Piano.

[492] Ganz selten (bei einem Bösendorfer-Flügel) kann es auch mal bis zum F_2 hinuntergehen.

[493] Der Gebrauch der Abkürzungen für Cembalo (englisch: *harpsichord*) und Harfe (englisch: *harp*) sind z.T. sehr missverständlich, weil sehr ähnlich.

[494] *Harp* ist das englische Wort für Harfe und eigentlich keine Abkürzung.

[495] Werden alle Pedale eine Stufe nach unten getreten, erhöht sich die Grundstimmung auf C-Dur, werden alle Pedale auch die zweite Stufe nach unten getreten, lautet die Stimmung in C♯-Dur.

Name	Ab-kürzung	transponierend?	Klang		Notation	tiefster (notierter) Ton	höchster (notierter) Ton
Sopran-blockflöte wird oft auch nur ***Blockflöte*** genannt[496]	- [497]	nein, wird jedoch eine Oktave tiefer notiert als sie klingt (man beachte die „8“ oberhalb des Notenschlüssels)	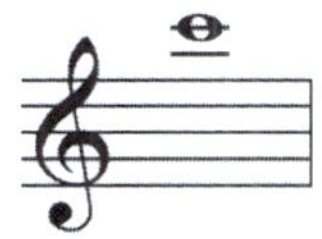		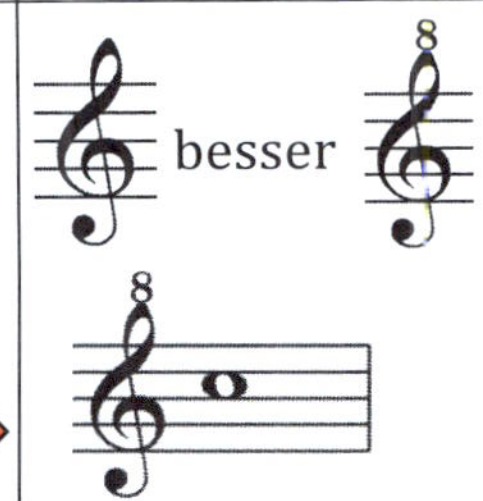	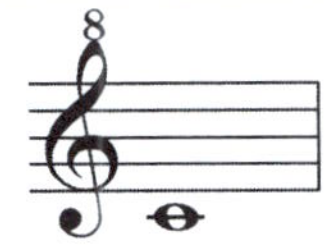	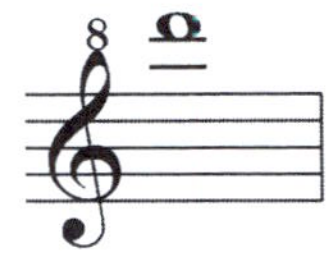 manchmal auch bis 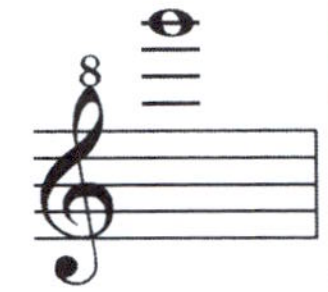
Alt-blockflöte	-	nein, wird in Ensemblenoten oft 1 Oktave tiefer notiert als sie klingt[498]		499	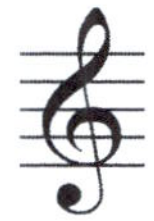	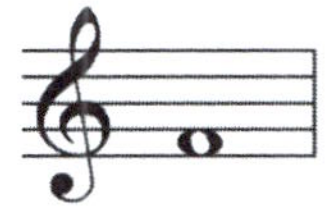	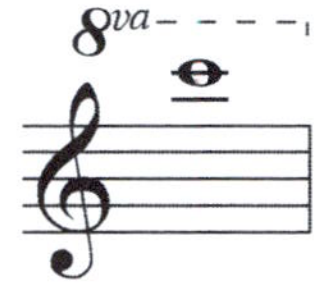
Tenor-blockflöte	-	nein			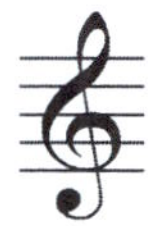	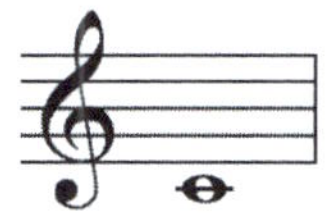	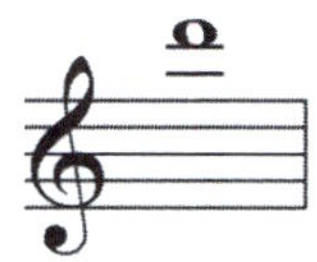 manchmal auch bis 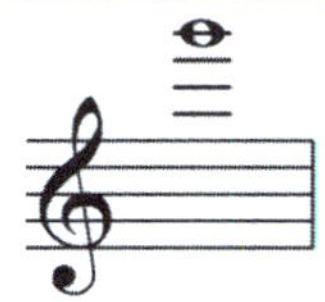
Bass-blockflöte	-	nein, wird jedoch eine Oktave tiefer notiert (man beachte die „8“ oberhalb des Notenschlüssels)	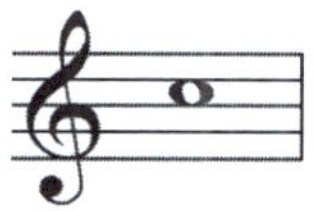		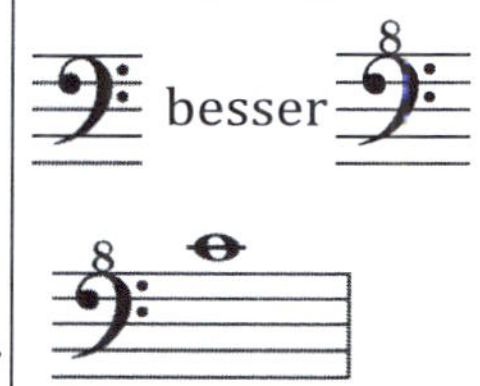	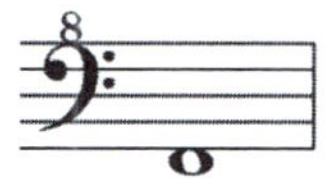	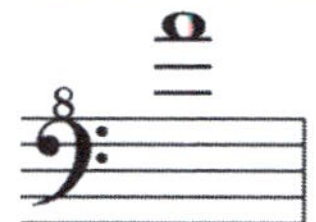

Blockflöte

Sopran-blockflöte, Alt-blockflöte, Tenor-blockflöte, Bass-blockflöte

Sopranino-blockflöte

Blfl.

[496] Darüber hinaus gibt es noch die ***Sopraninoblockflöte***, die 1 Oktave höher als die Altblockflöte klingt sowie weitere Bassblockflötenarten.
[497] Eine unspezifische Abkürzung wäre ***Blfl.***
[498] Dies hat damit zu tun, dass Sopran- und Altblockflöte im 4stimmigen Satz manchmal in *einem gemeinsamen* Notensystem notiert werden. Deshalb musste man einen Ausgleich zwischen den beiden (unterschiedlichen) Notationen finden.
[499] Man beachte, dass die *Altblockflöte* im Gegensatz zur *Altflöte* kein transponierendes Instrument ist.

Name	Ab-kürzung	transponierend?	Klang		Notation	tiefster (notierter) Ton	höchster (notierter) Ton
Kleine Flöte[500] *oder* ***Piccolo-Flöte***	***picc.***	nein, wird jedoch eine Oktave tiefer notiert	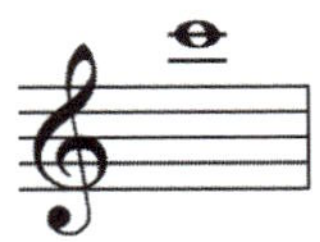		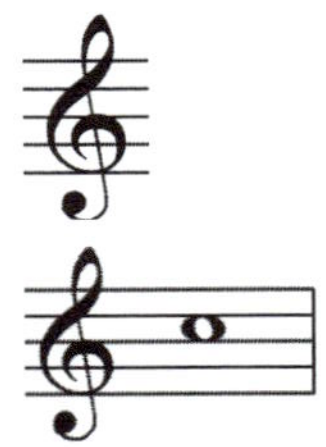	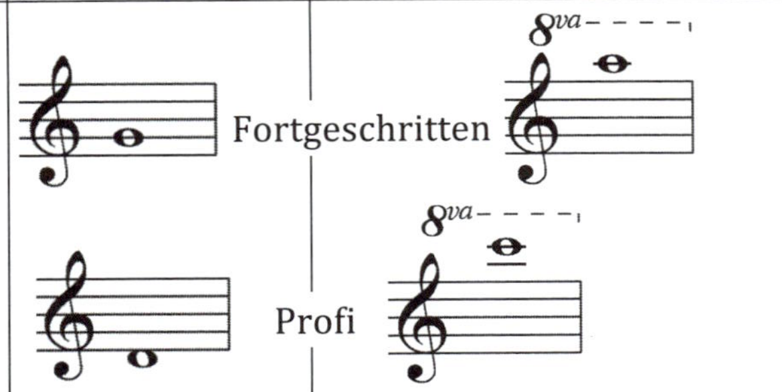	
Große Flöte wird normalerweise nur als ***Querflöte*** bezeichnet	***fl.***	nein			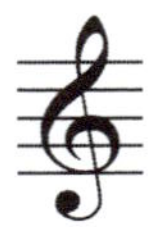	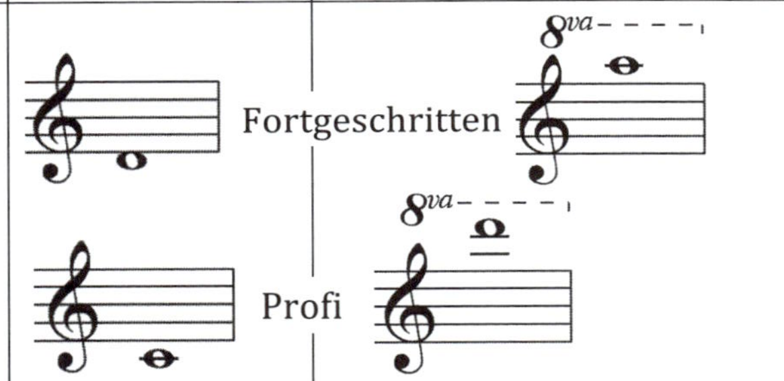	
Altflöte[501] in G	***A.-Fl.***	r4 ⇩	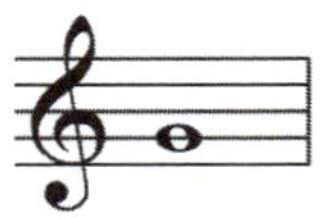		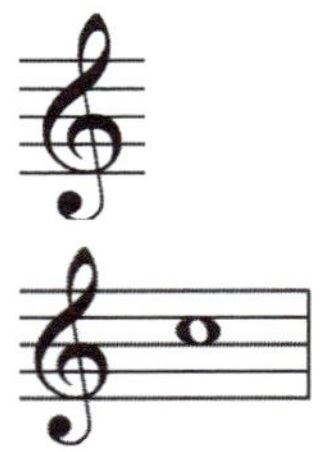	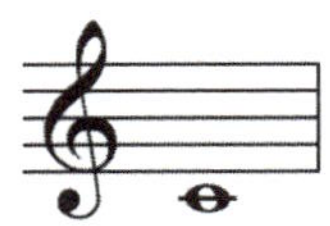 502	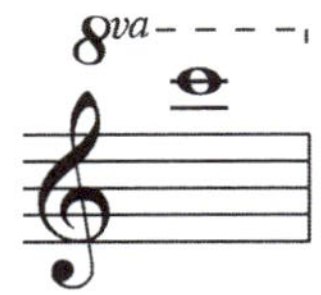

picc.

fl.

A.-Fl.

[500] Die *Kleine Flöte* hat nichts mit der Blockflöte zu tun, sondern gehört zu den Querflöten.
[501] Dieses Instrument ist nicht mit der Altblockflöte zu verwechseln.
[502] Im nichtprofessionellen Bereich wird die Altflöte normalerweise nicht eingesetzt.

Name	Ab-kürzung	transponierend?	Klang		Notation	tiefster (notierter) Ton	höchster (notierter) Ton
Oboe	***ob.***	nein			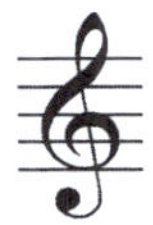	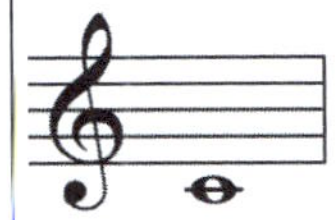 Fortgeschritten 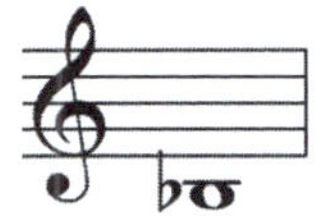 Profi	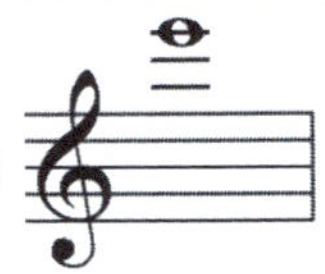 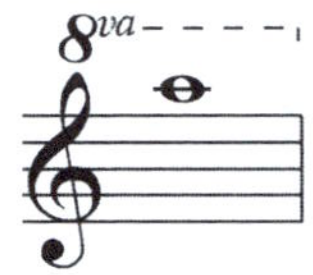
Englisch-horn in F	***eh.***	r5 ⇩	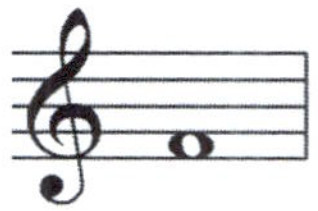		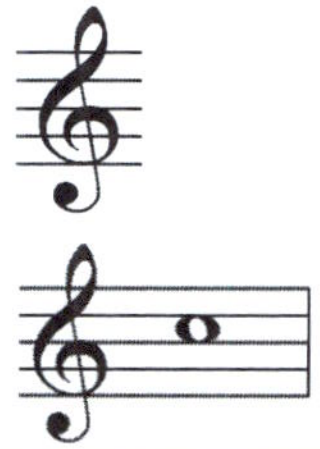	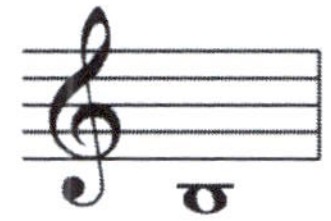 [503]	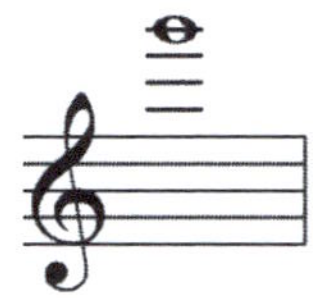
Klarinette in B♭	***cl.*** in B♭	g2 ⇩	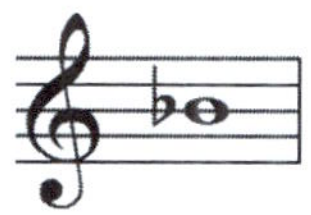		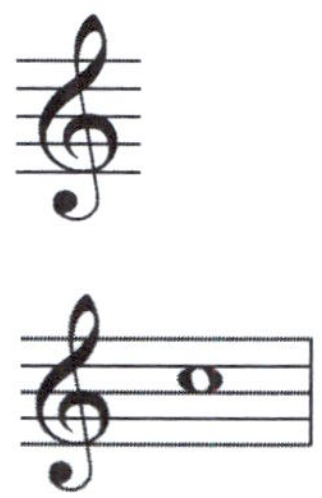	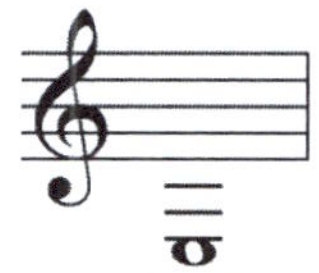 mit cis-Klappe: 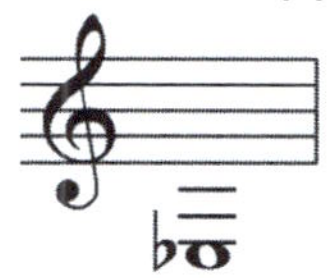	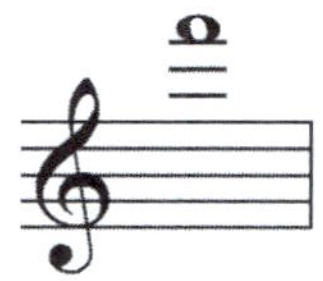 Fort-geschritten 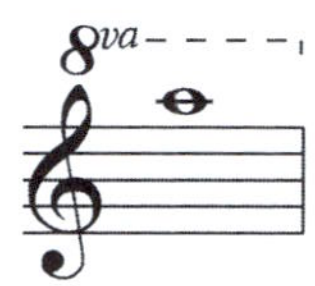 Profi
Bass-klarinette in B♭	***bcl.***	g9 ⇩	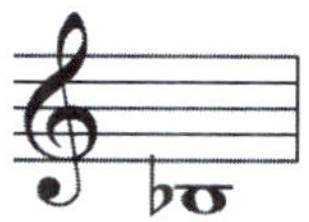		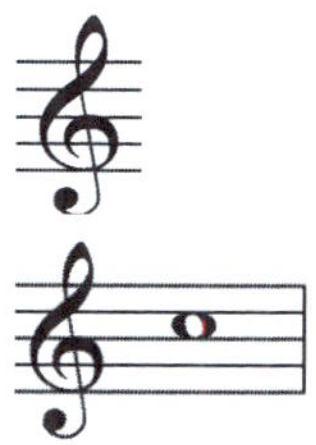	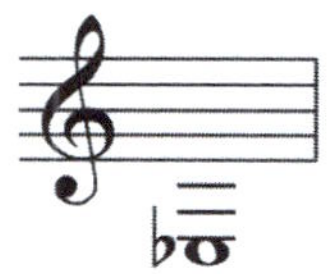	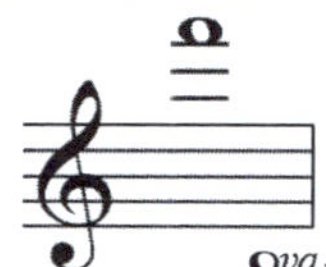 Fort-geschritten 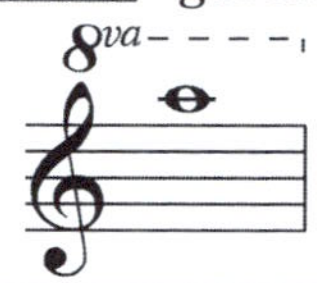 Profi

[503] Auch das Englischhorn findet im nichtprofessionellen Bereich normalerweise keine Verwendung.

ob.

eh.

cl.

bcl.

Name	Ab-kürzung	transponierend?	Klang		Notation	tiefster (notierter) Ton	höchster (notierter) Ton
Klarinette in A[504]	cl. in A	k3 ⇩	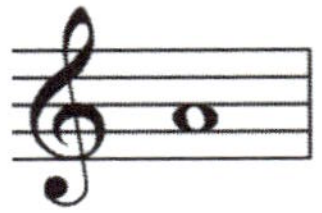		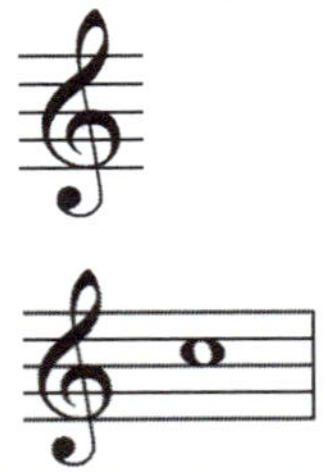	Diese Tonumfänge gelten auch für die anderen Klarinetten * bis eine Quarte höher möglich 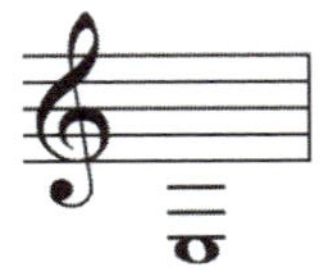	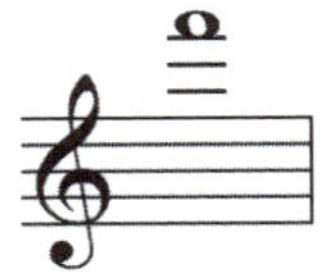 Fort-geschritten 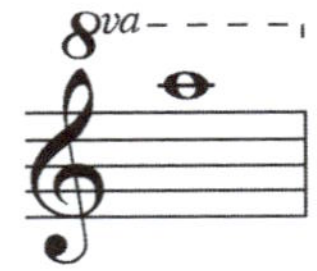 Profi
Klarinette in E♭	cl. in E♭	k3 ⇧	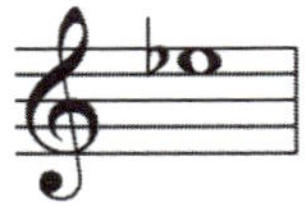		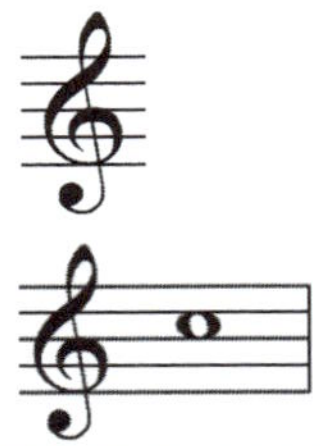		
Alt-klarinette in E♭[505]	***a-cl.*** in E♭	g6 ⇩	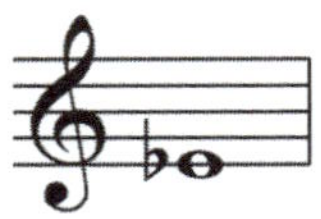		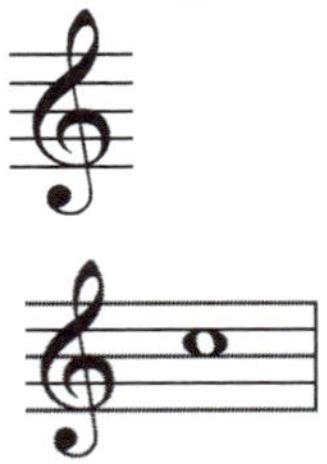		

[504] Darüber hinaus gibt es noch (deutlich seltener) die ***Klarinette in G*** (r4 tiefer) und die ***Klarinette in D*** (g2 höher).
[505] Die Altklarinette klingt insgesamt eine ganze Oktave tiefer als die Klarinette in E♭.

cl.

a-cl.

Klarinette in G, Klarinette in D

Name	Ab-kürzung	transponierend?	Klang		Notation	tiefster (notierter) Ton	höchster (notierter) Ton
***Fagott* /** bassoon[506]	***fg.***	nein			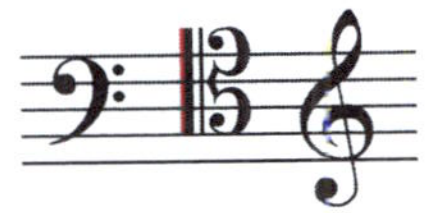	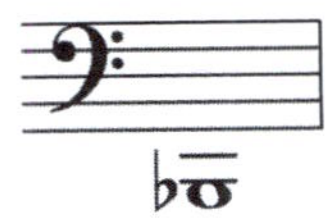 mit A-Klappe 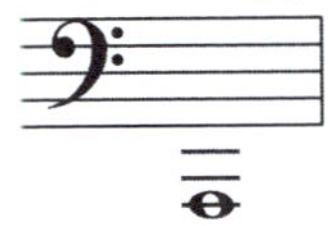	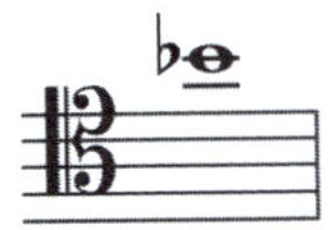 Fort-geschritten 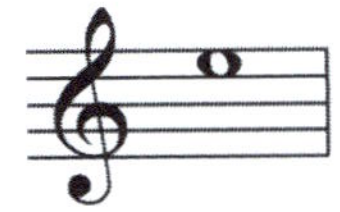 Profi
Kontra-fagott	***kfg.***	nein, klingt jedoch eine Oktave tiefer als notiert	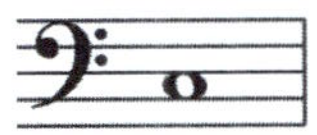		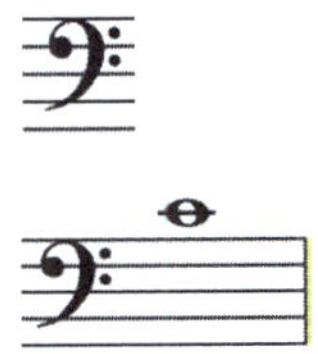	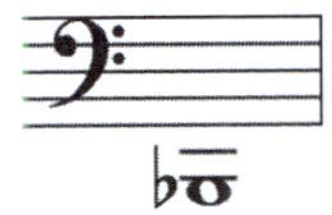 mit A-Klappe 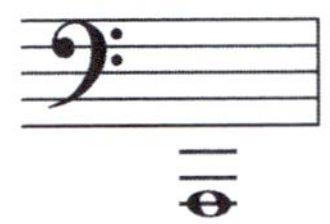 507	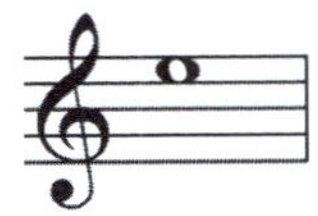

fg., bassoon

kfg.

[506] Dies ist das englische Wort für *Fagott*.
[507] Das Kontrafagott findet im nichtprofessionellen Bereich keine Verwendung.

Name	Ab-kürzung	transponierend?	Klang		Notation	tiefster (notierter) Ton	höchster (notierter) Ton
Sopran-saxophon in B♭	***ss.*** Saxophone werden generell mit ***sax.*** abgekürzt	g2 ⇩	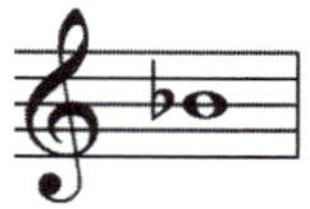	↙	Alle Saxophone werden im Violin-schlüssel notiert 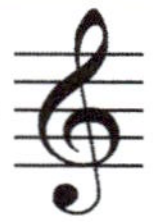 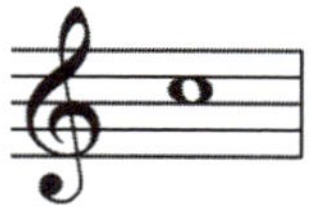	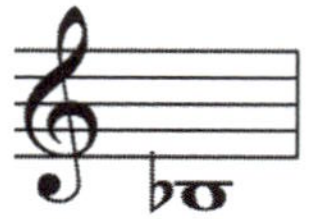	In der Regel schreibt man die Saxophone bis 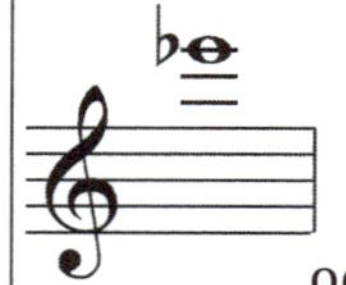 oder 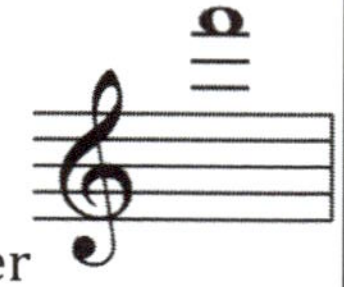 [508]
Alt-saxophon in E♭	***as.***	g6 ⇩	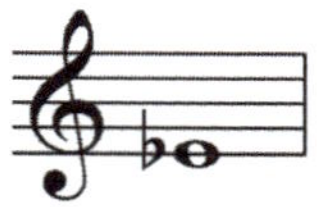	↙	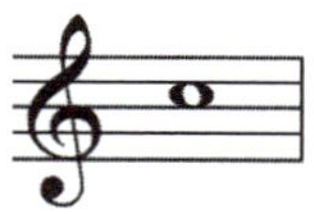	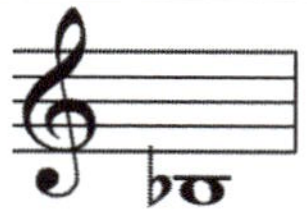	
Tenor-saxophon in B♭	***ts.***	g9 ⇩ bzw. g2 ⇩ + 1 Oktave ⇩	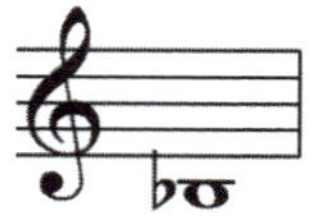	↙	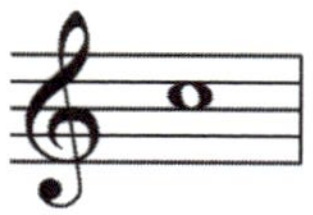	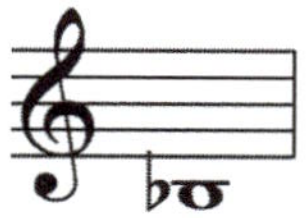 [509]	
Bariton-saxophon in E♭	***bar.***	g6 ⇩ + 1 Oktave ⇩	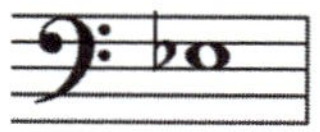	↙	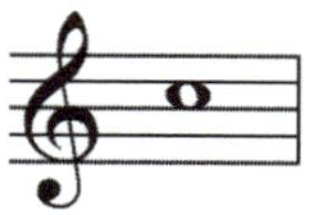	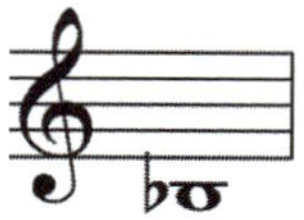 mit A-Klappe 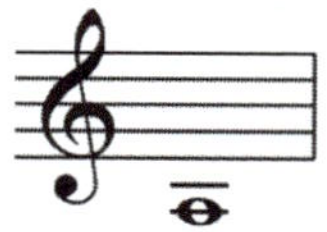	
Bass-saxophon in B♭	***bs.*** oder ***bss.***	g2 ⇩ + 2 Oktaven ⇩	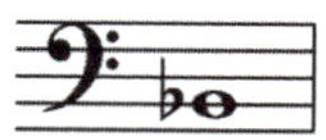	↙	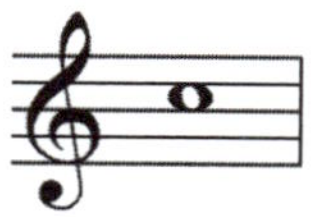	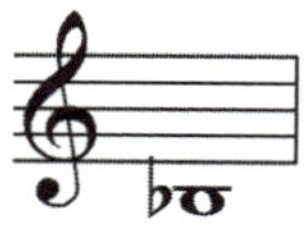	

ss.

as.

ts.

bar.

bs.,
bss.

[508] Mit der ***Altissimo*** (italienisch für *sehr hoch*) genannten Spielweise kann man bei allen Saxophonen noch deutlich höhere Töne spielen.
[509] Wenn man mit dem Knie die Stürze (⇨ S. 196) verschließt, kann auch ein tiefes (notiertes) *a* gespielt werden.

Name	Ab-kürzung	transponierend?	Klang		Notation	tiefster (notierter) Ton	höchster (notierter) Ton
Horn in F[510]	***hrn.*** oder ***cor***[511]	r5 ⇩[512]	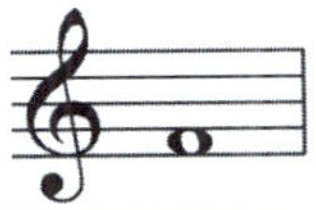		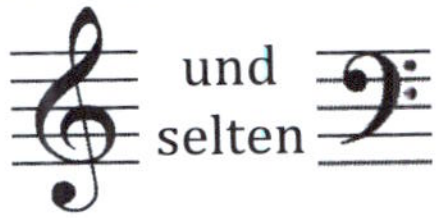 und selten 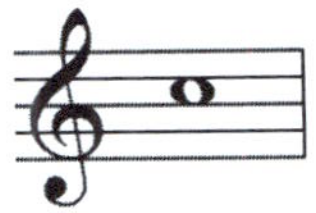	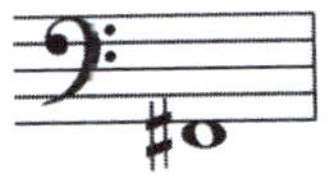	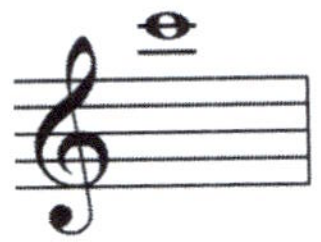
Durch das so genannte *Stopfen* (das Einführen der Hand in die Stürze, ⇨ S. 196) verändert sich nicht nur der Klang, sondern auch die Tonhöhe wird – je nach Ausführung – erhöht oder erniedrigt.							
Kleine Trompete *oder* ***Piccolo-Trompete*** 513	***picc.-tp.***				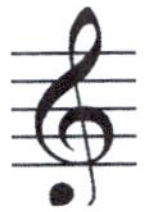	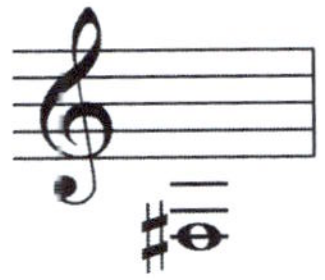	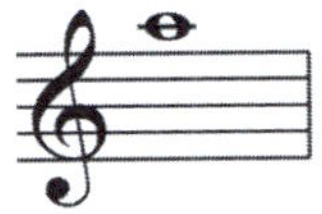
	in B♭	k7 ⇧ bzw. g2 ⇩ + 1 Oktave ⇧	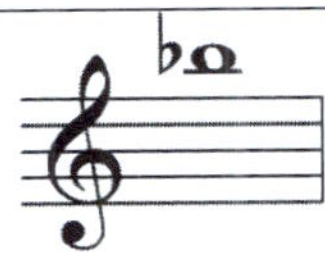		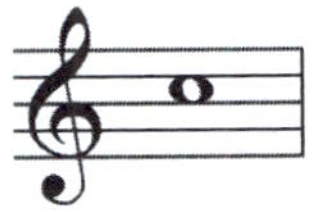		
	in D	g2 ⇧	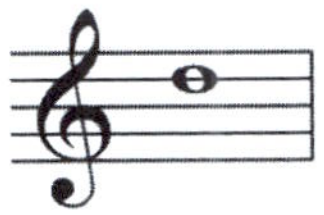		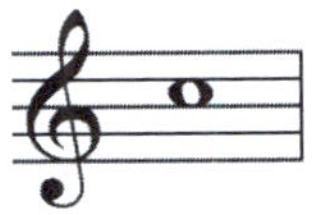		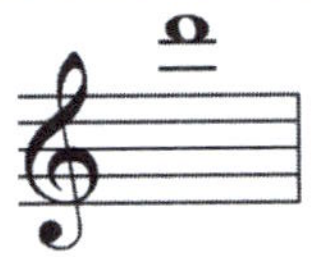
(Große) ***Trompete*** 514	***tp.*** ***trp.***				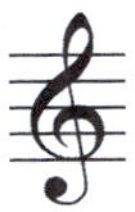	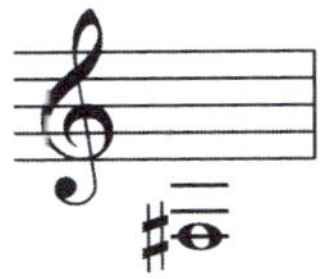 515	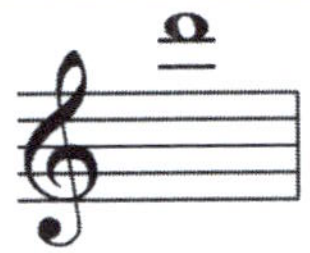 * es sind – je nach Spieler – noch deutlich höhere Töne möglich
	in B♭	g2 ⇩	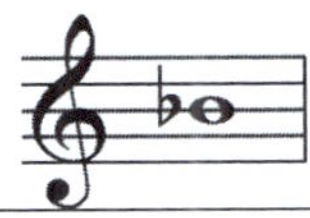		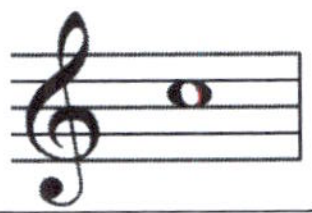		
	in C	nein					

510 Darüber hinaus gibt es noch das Horn in Bb und in Eb. Weitere, früher gebräuchliche Hörner (in G, in A usw.) werden heute nicht mehr benutzt.

511 *Corno* ist das italienische Wort für Horn. Bei der Notation für das Horn lässt man meist die Vorzeichnung (⇨ S. 62) weg und notiert dafür sämtliche Vorzeichen direkt vor den Noten.

512 In älterer Literatur (19. Jh.) wird das Horn – allerdings nur, wenn es im Bassschlüssel notiert ist – eine r4 höher notiert! Ob alte oder neue Schreibweise zutrifft, lässt sich meist nur aus dem Zusammenhang ersehen.

513 Die Kleine Trompete gibt es auch in der Stimmung E^b (k3 höher klingend).

514 Der italienische Name hierfür: ***tromba*** sollte nicht mit der ebenfalls italienischen Bezeichnung ***trombone*** für Posaune verwechselt werden.

515 Ein tiefes *f* wäre noch möglich, aber sollte immer separat verwendet werden, da dazu der Hauptzug ausgezogen werden muss.

hrn.

picc.-tp.

tp., trp.

tromba

trombone

Name	Ab-kürzung	transponierend?	Klang		Notation	tiefster (notierter) Ton	höchster (notierter) Ton
Altposaune	***a-pos. a-trb.***	nein			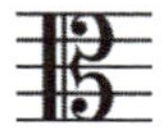 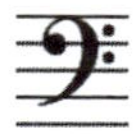 Nur für die tiefsten 7 Töne	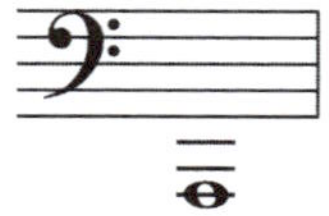 516	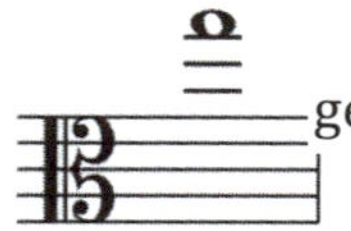 Fort-geschritten 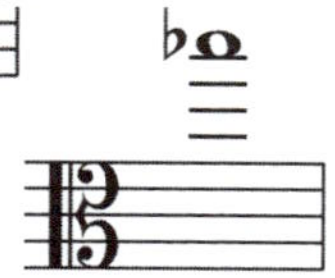 Profi
Tenor-posaune wird oft auch nur als ***Posaune***[517] bezeichnet	***pos. t-pos. trb.***[518] ***t-trb.***	nein			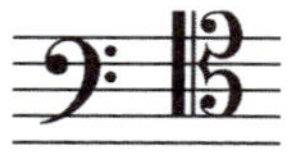	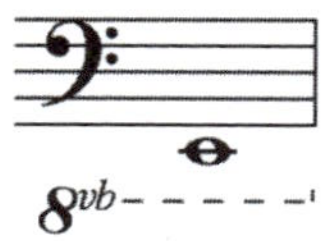 519	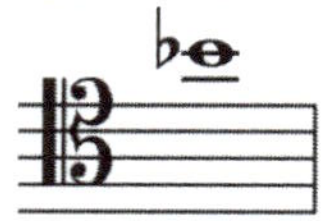 Fort-geschritten 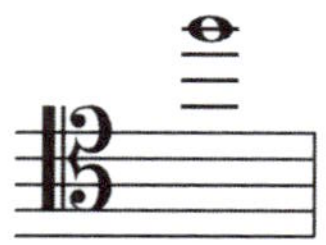 Profi
Tenorbass-posaune wird meist als ***Bass-posaune***[520] bezeichnet	***b-pos. b-trb.***	nein			Wie Tenorposaune[521], aufgrund einer etwas anderen Bauform (und einem anderen Mundstück) mit deutlich dunklerem und weicherem Klang. Vorrangig im tiefen Bereich einzusetzen.		
Kontra-bass-Posaune[522]	***kb-pos.***	nein			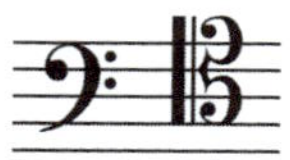	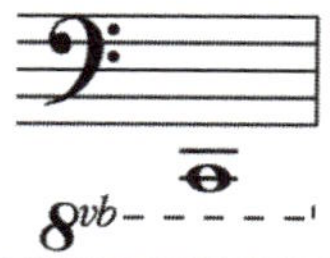 8vb *	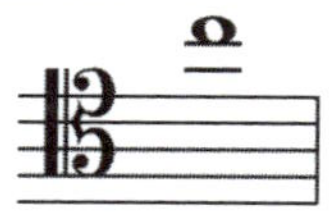 vorrangig für tiefe Töne geeignet

a-pos., a-trb.

pos., t-pos., trb., t-trb.

b-pos., b-trb.

kb-pos.

516 Ohne das sogenannte Quartventil sind die Töne *E* bis *As* nicht spielbar. Der Naturton der Altposaune ist das E^b. Die Altposaune gibt es auch in *F*.

517 Zur Posaunenfamilie gehört noch die (seltene) ***Sopranposaune***, die auch als ***Diskantposaune*** bezeichnet wird.

518 Das italienische Wort für Posaune lautet *trombone*.

519 Ohne das sogenannte Quartventil sind die Töne H_1 bis *Es* nicht spielbar. Der Naturton der Tenorposaune ist das *Kontra-*B^b.

520 Es handelt sich jedoch um *zwei verschiedene*, allerdings recht ähnlich funktionierende Instrumente. Darüber hinaus gibt es unterschiedliche bauliche Ergänzungen, die den Tonumfang beeinflussen. Leider besteht auch oft eine große Ungenauigkeit bei der korrekten Instrumenten-Bezeichnung.

521 Je nach Ausführung sind mit Quart- und Quintventil Töne bis Des_1 möglich.

522 Grundstimmung in F, kann mittels weiterer Ventile je nach Ausführung nach E^b, C, B^b oder A^b in die Tiefe verändert werden. Aufgrund der besonders großen Rohrlängen der tiefen Töne stehen nur noch maximal 6 der sonst 7 Zug-Positionen zur Verfügung (in A^b-Stimmung sind es nur noch 4).

Sopran-posaune, Diskant-posaune

Kontrabass-posaune

Name	Ab-kürzung	transponierend?	Klang		Notation	tiefster (notierter) Ton	höchster (notierter) Ton
Tuba	***tba.*** [523]	nein[524]			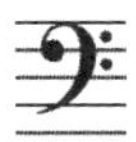	[525] 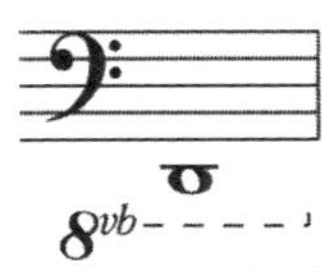	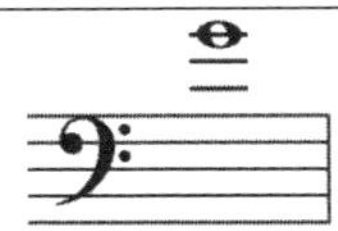 * bis eine Quarte höher möglich
Orgel	***org.***	nein, durch viele, unterschiedliche Register kann der Klang oktavweise stark nach oben und nach unten verändert werden			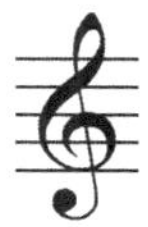 und 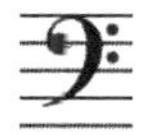	Manuale und Pedal: 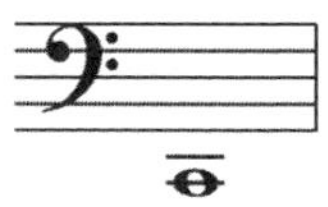	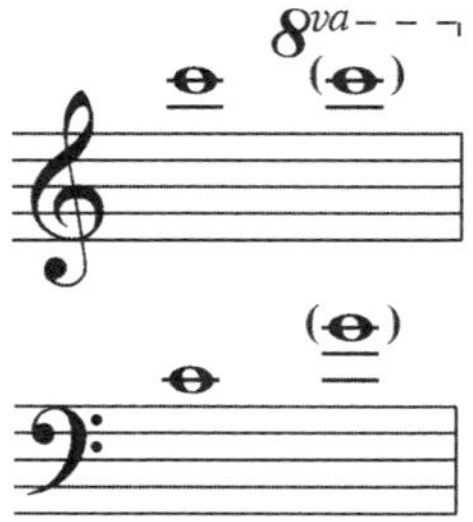 Manual / Pedal
Akkordeon [526]	***acc.***	nein			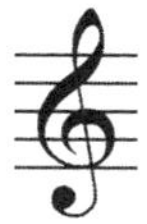 und 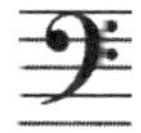	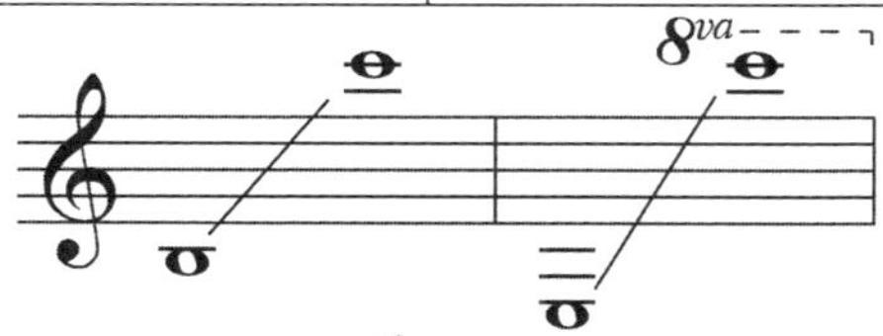 [527] je nach Aus-führung 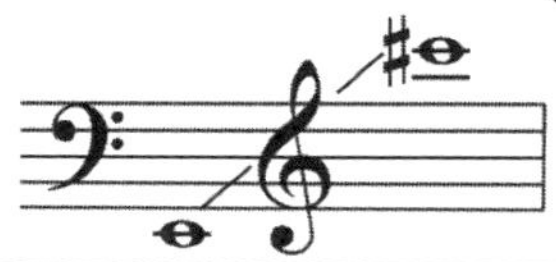 Umfang nur für Melodie-Bass	
Mund-harmonika	***harm.***	nein			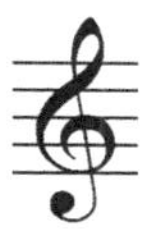	Zwei verschiedene Systeme (diatonisch oder chromatisch) in vielen unterschiedlichen Ausführungen und Stimmungen / Tonarten. Umfang 2-3 Oktaven.	

[523] Manchmal findet sich auch die Abkürzung **tb.**; sie ist jedoch missverständlich, weil *tb.* auch gern als Abkürzung für die Posaune verwendet wird.

[524] In manchen Ländern wird die Tuba transponierend notiert (es gibt sie in *C*, B^b, E^b und *F*-Stimmung). Auch findet sich gelegentlich eine Notation im Violinschlüssel mit entsprechender Oktavierung nach unten.

[525] Im nichtprofessionellen Bereich nur bis F_I. Durch unterschiedliche Konstruktion (3-6 Ventile) sind auch abweichende Töne möglich.

[526] Akkordeons gibt es mit *Knöpfen* auf *beiden* Seiten oder auf *einer* Seite mit *Tastatur*. Akkordeons mit bis zu 48 Bässen können *nicht alle* Bass-Töne spielen.

[527] Die Standard-Sortierung der *Basstöne* (Stradella) bietet die Möglichkeit, *Akkorde* und *Einzeltöne* zu spielen, jedoch keine (beliebigen) Melodien.

Name	Abkürzung[528]	transponierend?	Klang		Notation	tiefster (notierter) Ton	höchster (notierter) Ton
Gesang[529] ***Vokal***[530]	***voc.***	nein					
	S	Die (tiefe) Bruststimme endet in der Höhe in der Regel[531] etwa bei g^1 bis a^1. Darüber schließt sich die (hohe) Kopfstimme[532] an. Als Zwischenstufe existiert das sogenannte „Einmischen", eine Mischform aus Brust- und Kopfregister, auch Mittelstimme genannt.	Die Zuordnung der Stimme zu einer Gruppe (S oder A bzw. T oder B) sagt *nichts* über den singbaren Tonbereich aus, sondern gibt lediglich zu erkennen, *in welchem Bereich* die Stimme *besonders gut* klingt.		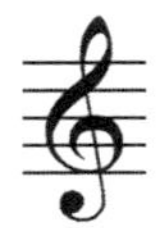	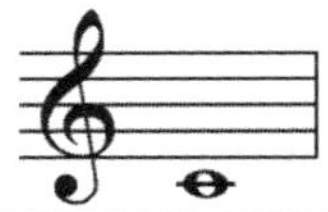	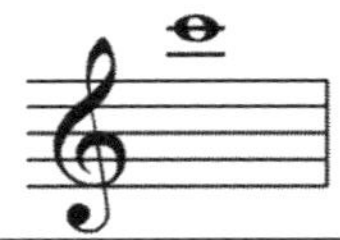 * bis eine Quarte höher möglich
	Mezzosopran				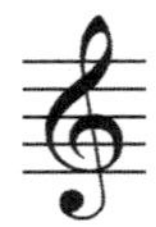	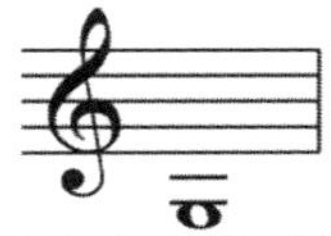	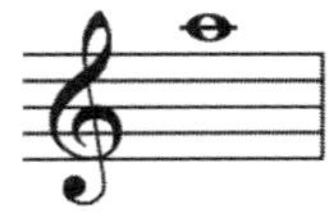
	A				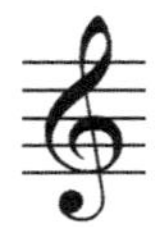	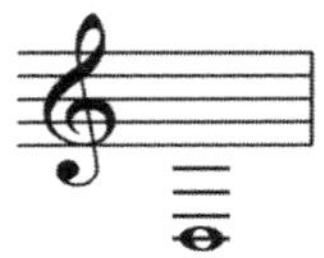	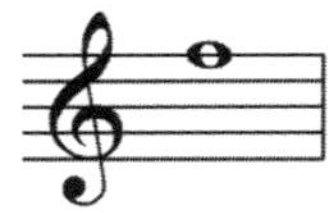
	T				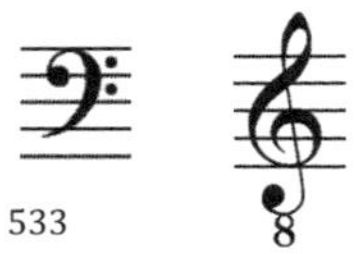 533	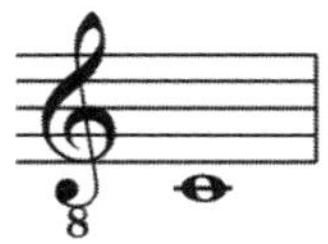	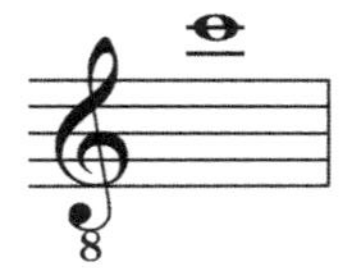
	Bar				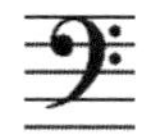	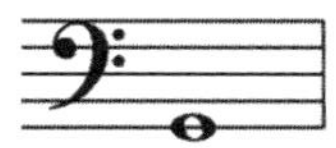	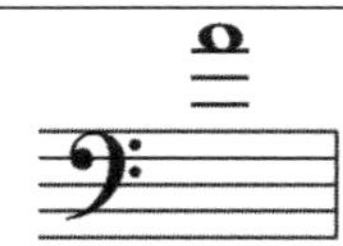
	B				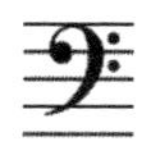	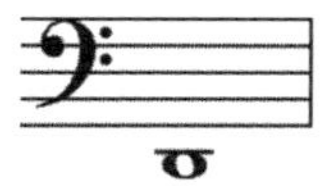	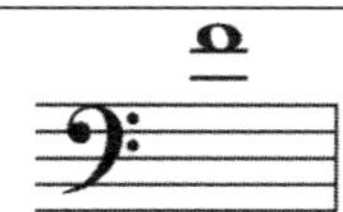

voc.

S, A, T, Bar, B

[528] Die Abkürzungen bedeuten (jeweils ohne Punkt): Frauenstimmen S für Sopran, A für Alt, die mittlere Stimmlage (***Mezzosopran***) besitzt keine reguläre Abkürzung (meist wird sie als S2 bezeichnet); Männerstimmen T für Tenor, B für Bass und die mittlere Männerlage bzw. die hohen Bässe Bar für ***Bariton***.

[529] Der Gesang verfügt – ähnlich wie die Orgel, aber auch alle anderen Instrumente – über verschiedene Register (⇨ S. 102). Die beiden wichtigsten sind das Brustregister (die ***Bruststimme***) für die tieferen Töne sowie das Kopfregister (die ***Kopfstimme***) für die hohen Töne.

[530] Dies ist der Fachbegriff für Gesang.

[531] Diese Angaben sind zwar wissenschaftlich belegt, können aber von Sänger zu Sänger variieren.

[532] Auch hier ist die Wahrheit wieder komplizierter: auf die korrekte Unterscheidung zwischen Kopf- und ***Falsettregister*** wird der Einfachheit halber verzichtet.

[533] Werden Bass und Tenor in ein Notensystem geschrieben, verwendet man den Bassschlüssel, ansonsten benutzt der Tenor den oktavierenden Violinschlüssel. In hohen Lagen manchmal auch den Tenorschlüssel.

Schlz., drums

Sehr häufig anzutreffen (vor allem in der populären Musik) ist das ***Schlagzeug*** (Abkürzung: ***Schlz.***, englisch: ***drums***, abgekürzt: ***dr.***). Es besteht aus *mindestens* einer großen und einer kleinen Trommel sowie einer ***Hi-Hat***[534]. In der Regel kommen noch mehrere Toms dazu (davon eines ein Stand-Tom, welches selbständig steht, während die anderen an der großen Trommel befestigt sind) und meist zwei, unterschiedlich klingende (Hänge)-Becken. Das eine Becken nennt man ***Ride-Becken***[535], das andere ***Crash-Becken***[536]. Darüber hinaus kann die Zahl der Toms und Becken noch mit verschiedenen anderen Klängen erweitert werden.

Hi-Hat, Ride-Becken, Crash-Becken

Name	Abkürzung	transponierend?	tiefster (notierter) Ton	höchster (notierter) Ton
Bongos	***bong.***	keine definierte Tonhöhe		
Congas	-	keine definierte Tonhöhe		
Tamburin	***tamb.***	keine definierte Tonhöhe		
Große Trommel	***gr.Tr.***	keine definierte Tonhöhe		
Kleine Trommel[537]	***kl.Tr.*** oder ***s-dr.***	keine definierte Tonhöhe		
Tenortrommel	***t.-dr.***	keine definierte Tonhöhe		
Tom-Tom (Kurzform *Tom*)	***tom***	keine *klar* definierte Tonhöhe[538]		
Pauke	***pk.*** oder ***timp.***[539]	nein	je nach Durchmesser der Pauke: 1. *D* 2. *F* 3. *A* oder *Bb* 4. *c* oder *d* 5. *e* oder *f*	Umfang jeweils eine Sexte, die beiden hohen Pauken meist nur eine Quinte

Die Schlaginstrumente (Membranophone und Idiophone) werden zur Gruppe der Perkussionsinstrumente[540] zusammengefasst. In Noten findet man dafür auch die Bezeichnung ***Perkussion*** (abgekürzt ***perk.*** oder die englische Abkürzung ***perc.***).

Perkussion, perk., perc.

[534] Das ist ein sehr bildhafter (englischer) Ausdruck: zwei aufeinanderliegende Becken, bei dem man das obere mittels einer Fußbedienung (wie einen Hut, englisch *hat*) nach oben, in die Höhe (umgangssprachliches Englisch *hi*) bewegen kann.

[535] Ride: aus dem Englischen für *Ritt* oder *Fahrt*. Es hat einen eher unaufdringlichen Klang und kann dadurch auch längere Zeit gespielt werden.

[536] Crash: aus dem Englischen für *Krach*. Wie der Name es sagt, ist es sehr laut und wird (meist) nur an besonderen Stellen eingesetzt.

[537] An der Unterseite befinden sich mehrere Metallsaiten, die gegen das untere Fell schwingen können. Bewegt man sie mit einem Hebel an das Fell, verändert sich der Klang von einem etwas dumpferen hin zu einem sehr hellen und im Vordergrund stehenden Ton. Diese Metallsaiten heißen ***Schnarrsaiten***, englisch: **snare**. Die Abkürzung *s-dr.* steht für *snare drum*.

snare

[538] Man kann Tom-Toms zwar der Höhe nach stimmen, aber der Geräuschanteil ist so groß, dass sich andere Instrumente mit *ihren* Tonhöhen demgegenüber problemlos durchsetzen.

[539] Die Abkürzung steht für das italienische Wort ***timpani***, die Pauken.

timpani

WEITERE SCHLAGINSTRUMENTE / IDIOPHONE

Name	Abkürzung	transponierend?	tiefster (notierter) Ton	höchster (notierter) Ton
Becken[541]	***cymb.***[542]	keine definierte Tonhöhe		
Hi-Hat	-	keine definierte Tonhöhe		
Röhrenglocke[543]	***R.-Gl.*** oder ***chm.***	nein	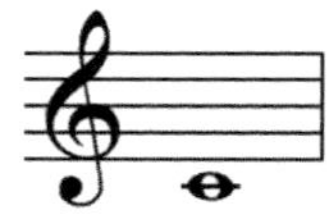	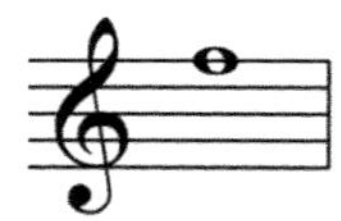
Triangel	***trgl.***	keine definierte Tonhöhe		
Gong	-	je nach Größe unterschiedliche (nichtdefinierte) Tonhöhe		
Klanghölzer, Claves	-	keine definierte Tonhöhe		
Maracas, Rassel	***mrcs.***	keine Tonhöhe		
Kastagnetten	***cast.***	keine definierte Tonhöhe		
Holzblock[544]	***Holzbl.*** oder ***w-bl.***	meist 2 (manchmal mehr) Holzblöcke unterschiedlicher (nichtdefinierter) Tonhöhe		
Maultrommel (⇨ *Fußnote 309*, S. 105)		nein	von Grundstimmung abhängig	nur Naturtonreihe möglich, spielbar etwa 1 Oktave
Xylophon[545]	***xyl.***	nein, klingt jedoch (meist) 1 Oktave höher als notiert	[546] 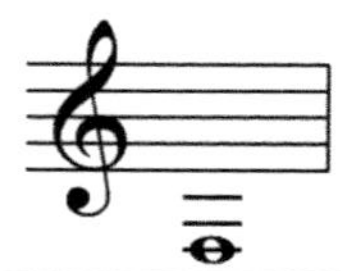	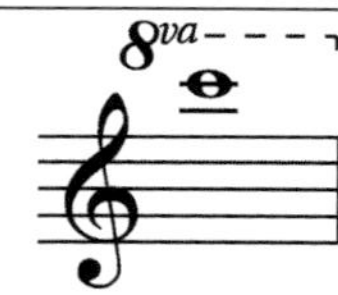
Marimba / Marimbaphon	***mba.*** ***mar.***	nein	[547] 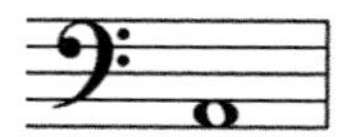	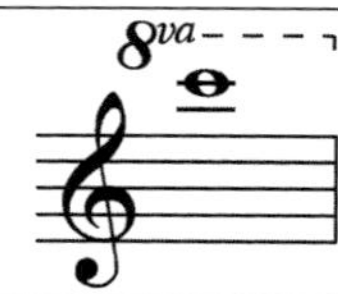

cymb.

R.-Gl., chm.

trgl.

mrcs.

cast.

xyl.

mba.

vib.

a2

[540] Aus dem Lateinischen: *percussio* für *Schlagen*. In diese Gruppe zählen *alle* Schlaginstrumente, die entweder ein Membranophon *oder* ein Idiophon sind. Wenn man Instrumente aus der nichteuropäischen Musikkultur dazu nimmt, ist dies eine unüberschaubare Anzahl.

[541] Unter diesem Namen existieren zwei verschiedene Arten von Becken: das sogenannte Hängebecken, welches mittig auf einer weichen Unterlage beweglich befestigt ist und mit einem Schlägel aus unterschiedlichem Material am Rand des Beckens gespielt wird; und das Orchesterbecken, welches *paarweise* an Lederriemen gehalten und gegeneinander geschlagen wird (als Unterscheidung findet sich in den Noten dann bei der paarweisen Variante der Hinweis ***a2***) .

[542] Das englische Wort für Becken lautet: ***Cymbal***. Das hängende Becken heißt *suspended Cymbal*.

[543] Englisch: *chimes*. Auch oft mit dem (ebenfalls englischen) Namen ***tubular bells*** bezeichnet.

[544] Englisch: *woodblock*.

[545] Xylophone für den professionellen Bereich sind zu unterscheiden von Xylophonen z.B. für den Schulgebrauch (deutlich kleinerer Tonumfang).

[546] Teilweise bis zum *C* in die Tiefe gehend.

[547] Manche Marimba geht auch bis *C* in die Tiefe.

Name	Abkürzung	transponierend?	tiefster (notierter) Ton	höchster (notierter) Ton
Glockenspiel[548]	***glsp.***	nein, klingt jedoch 2 Oktaven höher als notiert	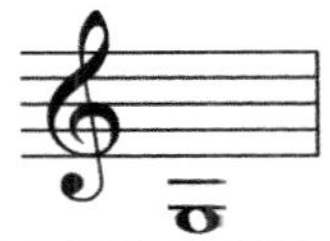	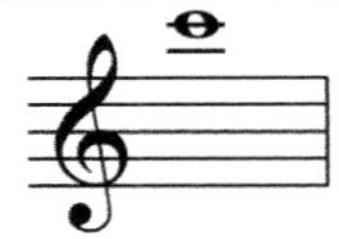
Vibraphon	***vib.***	nein	549 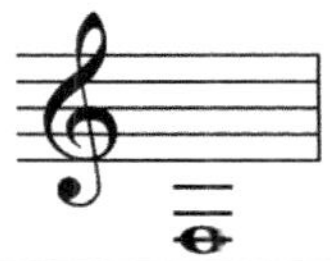	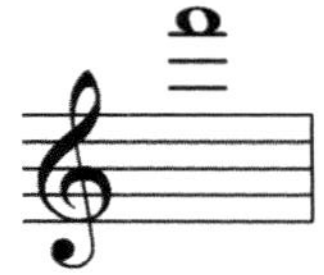

ELEKTRONISCHE UND ELEKTRISCHE MUSIKINSTRUMENTE

Name	Abkürzung	transponierend?	tiefster (notierter) Ton	höchster (notierter) Ton
Synthesizer	***synth.***	möglich	Der gesamte Hörbereich kann damit abgedeckt werden.	
Sampler	-	möglich	Der gesamte Hörbereich kann damit abgedeckt werden.	
Drum-Computer	-	möglich[550]	Normalerweise keine definierten Tonhöhen, kann aber auch mit unterschiedlichen Tonhöhen belegt werden.	
Keyboard	***key.*** oder ***keyb.***	möglich	Je nach Ausführung kann damit der gesamte Hörbereich abgedeckt werden, ansonsten meist $C - c^4$.	
E-Piano	***e-p.***	nein, kann aber mit der Transpose-Funktion chromatisch (meist) bis zu 1 Oktave höher oder tiefer klingen	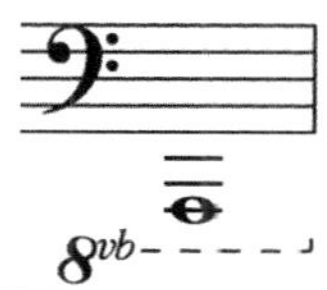	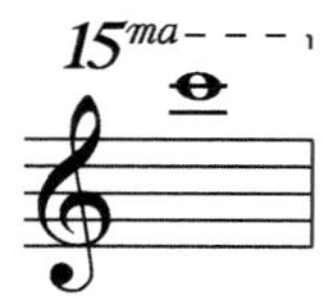
Fender-Piano	***e-p.***	nein	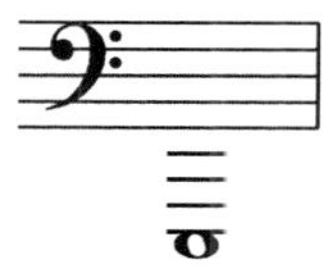	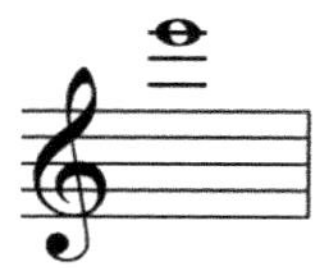

548 Glockenspiele für den professionellen Bereich sind zu unterscheiden von Glockenspielen z.B. für den Schulgebrauch (deutlich kleinerer Tonumfang).
549 Tonumfang auch (selten) von *c* bis c^4.
550 Auch wenn keine *konkreten* Tonhöhen vorhanden sind, kann der Klang *insgesamt* nach oben oder unten verschoben werden.

synth.

key.,
keyb.

e-p.

Name	Abkürzung	transponierend?	tiefster (notierter) Ton	höchster (notierter) Ton
Wurlitzer-Piano	***e-p.***	nein	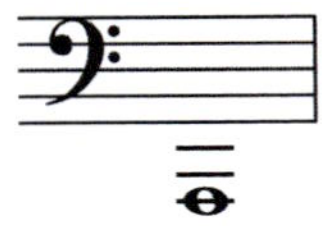	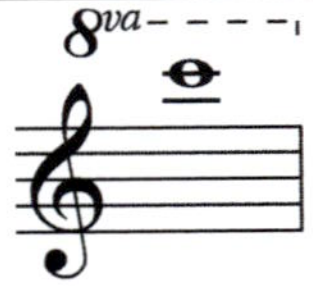
Hohner Clavinet	***clav.***	nein	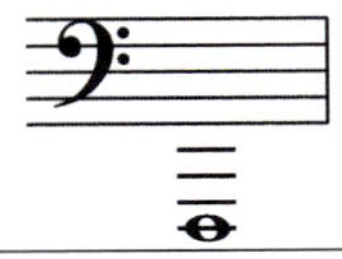	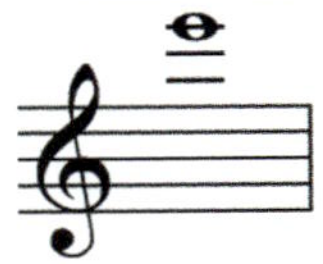
Hammond-Orgel	***h-org.***	nein	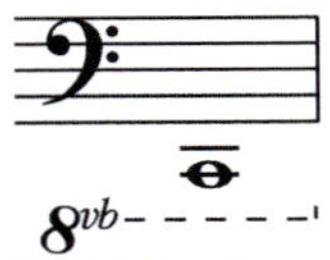	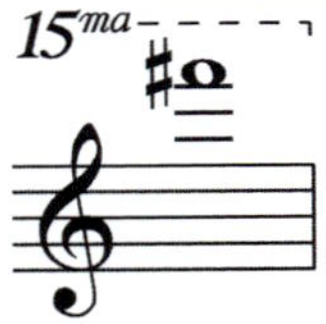

clav.

h-org.

Aufgaben Nr. 41 und 42

Wie unter *Die Instrumente (1)* auf S. 99 erwähnt gibt es neben der Einteilung der vorhergehenden Seiten noch unterschiedliche Möglichkeiten, Instrumente in Gruppen einzuteilen. Z.B. danach, *auf welche Art* das Instrument gespielt wird (z.B. geschlagen - Schlaginstrument) oder danach, *wodurch* der Klang entsteht (z.B. durch eine Saite - Saiteninstrument) oder gar *womit* (also mit welchem Mittel) der Klang produziert wird (z.B. mittels Tasten - Tasteninstrument). Interessanterweise treffen *alle drei* Beispiele auf das Klavier zu: es ist sowohl ein Schlaginstrument (ein Hammer *schlägt* an eine Saite), ein Saiteninstrument (der Hammer bringt die *Saite* zum Schwingen und erzeugt so den Ton) als auch ein Tasteninstrument (der Hammer wird durch das *Niederbewegen einer Taste* in Bewegung gesetzt).

Allein an diesem Beispiel ist zu sehen, dass es bei unterschiedlichen Einteilungen auch zu Problemen kommen kann[551]. Eine Einteilung nach der *Spielweise* wäre bei Zupf-, Schlag-, Streich- und Blasinstrumenten zwar auf dem ersten Blick noch einfach, vernachlässigt aber - ebenso wie die Tabelle -, dass viele Instrumente *nicht nur eine* Spielweise anwenden[552].

So kommt es dann, dass *gleichartig wirkende* Instrumente durchaus in *verschiedenen* Gruppen auftauchen können (Klavier und Cembalo z.B. sind zwar beides Tasten- *und* Saiteninstrumente, jedoch ist das Klavier ein Schlaginstrument und das Cembalo ein Zupfinstrument).

Die Tabelle (S. 167 bis 184) entspricht der heute üblichen Einteilung nach zwei Kriterien: erstens der Tonerzeugung (Punkte 1-5 auf S. 99) und zweitens der Spielweise (⇨ die entsprechenden Unterpunkte dazu)[553].

[551] Wie im Übrigen auch die vorstehende Tabelle einige Streitfälle übergeht.

[552] So wird aus dem Streichinstrument *Violine* beim pizzicato (⇨ S. 100) ein Zupfinstrument. Und das Schlaginstrument *Becken* „verwandelt sich" – wenn man es mit einem Kontrabassbogen spielt – in ein Streichinstrument.

[553] Diese Einteilung geht auf *Erich Moritz von Hornbostel* (1877-1935) und *Curt Sachs* (1881-1959) zurück.

In der Musik ist es manchmal notwendig, einen (Stamm-)Ton nicht nur *einmal* in eine Richtung zu verändern, sondern diese Veränderung auch noch ein zweites Mal vorzunehmen. In einem solchen Fall wird der Ton noch ein *zweites* Mal erhöht bzw. erniedrigt[554].

Doppelkreuz

𝄪

Die zweifache *Erhöhung* erhält ein extra Zeichen, das ***Doppelkreuz***:

𝄪

Wie schon beim (einfachen) Kreuz erhält der Stammton eine Endsilbe, diesmal ein zweifaches –is, also ein –isis.

Aus dem „c“ wird mit dem 𝄪 davor ein „cisis“ (gesprochen: *cississ*),
aus dem „d“ wird mit dem 𝄪 davor ein „disis“,
aus dem „e“ wird mit dem 𝄪 davor ein „eisis“ („*e-ississ*“ gesprochen),
aus dem „f“ wird mit dem 𝄪 davor ein „fisis“,
aus dem „g“ wird mit dem 𝄪 davor ein „gisis“,
aus dem „a“ wird mit dem 𝄪 davor ein „aisis“ („*a-ississ*“ gesprochen),
aus dem „h“ wird mit dem 𝄪 davor ein „hisis“.

Doppel-b

𝄫

Die zweifache *Erniedrigung* besteht aus zwei der bekannten *be*s, dem ***Doppel-b***:

𝄫

Aus dem „c“ wird mit dem 𝄫 davor ein „ceses“ (gesprochen: *cessess*),
aus dem „d“ wird mit dem 𝄫 davor ein „deses“,
aus dem „e“ wird mit dem 𝄫 davor ein „eses“,
aus dem „f“ wird mit dem 𝄫 davor ein „feses“,
aus dem „g“ wird mit dem 𝄫 davor ein „geses“,
aus dem „a“ wird mit dem 𝄫 davor ein „asas“ (der besseren Sprechbarkeit geschuldet ist die Umwandlung des Buchstaben *e* in ein *a*)[555],
aus dem „h“ wird mit dem 𝄫 davor ein „heses“. (Hier wird der Name „b“ nicht mehr zur Grundlage des neuen Namens, sondern die ursprüngliche Bezeichnung *hes* wird weiter verwendet.)

Taucht ein solches Vorzeichen im Notentext auf, ist zu beachten, dass eine evtl. bereits bestehende Vorzeichnung *nicht* noch *hinzugezählt* wird. Steht also in einem Stück in G-Dur vor einem Stammton *f* ein Doppelkreuz, wird der Stammton *f* nur *zweimal* erhöht (nämlich durch das Doppelkreuz) und nicht noch ein weiteres Mal (durch die Vorzeichnung *fis*). **Ein Doppelvorzeichen *ersetzt* die Vorzeichnung!**

---

[554] Auf dem Klavier also noch einmal zu der nächstgelegenen Taste nach rechts bzw. links verschoben

[555] Wobei der Name *ases* durchaus auch gebräuchlich ist.

Bei so vielen Veränderungsmöglichkeiten muss also *eine* Taste auf dem Klavier *mehrere* verschiedene Namen haben[556]. Hier eine Übersicht über die möglichen Namen – einige Möglichkeiten tauchen nicht auf, da sie völlig ungebräuchlich sind[557].

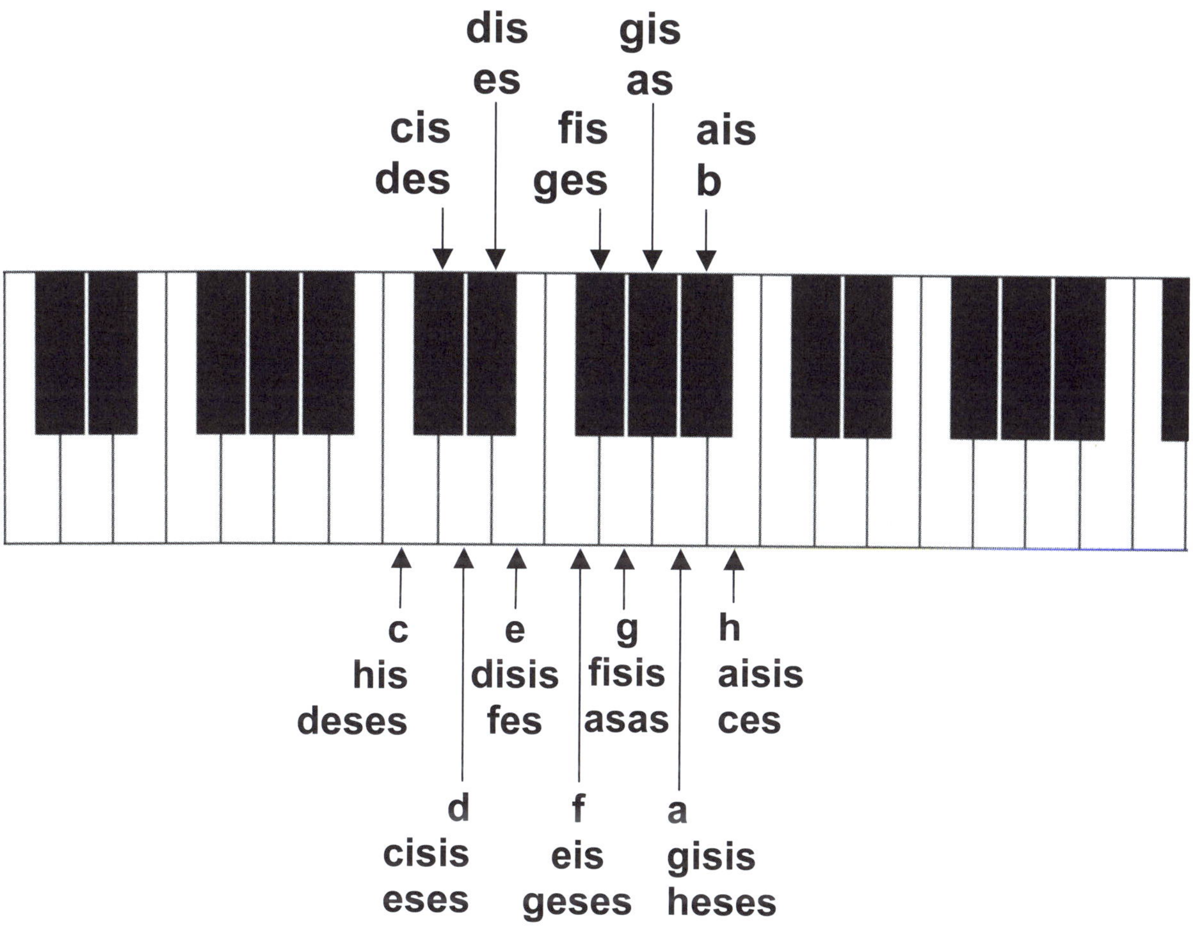

Aufgabe Nr. 43

[558]Es gibt tatsächlich eine Vielzahl von Tönen innerhalb einer Oktave[559], die zu insgesamt 12 Tönen zusammengefasst werden. Welche *tatsächliche* Tonhöhe dann für den *jeweils notierten* Ton verwendet wird, ist eine schwer zu beantwortende Frage, denn *alle* Intervalle beziehen sich auf einen *Grundton*. D.h. bezogen auf den *Grundton c* ist die große Sekunde von *c* nach *d* eine *andere* große Sekunde als die von *d* nach *e*. Wenn nämlich die große Terz (*c-e*) das Frequenzverhältnis 5:4 besitzt, dann muss *eines* der (Unter-)Verhältnisse 10:9 sein und das *andere* 9:8.

[556] Die Töne mit verschiedenem Namen, aber ein und derselben Taste auf dem Klavier sind jedoch *nicht wirklich* gleich. Sie unterscheiden sich voneinander durchaus, wenn auch manchmal nur sehr, sehr wenig (⇨ das zu den unterschiedlichen Frequenzverhältnissen ab S. 64 Gesagte). Man hat – über Jahrtausende hinweg (mindestens seit *Pythagoras*, um 570 vor unserer Zeitrechnung) – versucht, eine stimmige Anordnung aller Töne unseres Tonsystems zu finden. Dabei hat man mehrere verschiedene, aber ähnliche Töne zusammengefasst und ausprobiert, bei *welcher* Tonhöhe jedes einzelnen Tones eine Melodie gut klingt bzw. Akkorde einen schönen Klang besitzen.

[557] Zum einen das *hisis*, dann das *feses*, das *eisis* und das *ceses*.

[558] Die folgenden beiden Absätze muss man nicht wissen.

[559] Insgesamt mehr als 50!

Nur dann ergibt sich bei der Addition das Verhältnis 5:4. Auf einfache Zahlen übertragen hieße das: 100 Hz : 80 Hz wäre die große Terz, dann läge die große Sekunde bei 90 Hz. Was im ersten Moment so gleichmäßig aussieht (der *Abstand* beträgt jeweils 10 Hz) ist *klanglich* aber etwas ganz anderes: je höher die Töne werden, desto größer *müssen* die Abstände zwischen den einzelnen Tönen werden, damit wir sie als *gleiche* Abstände *wahrnehmen*.

Nimmt man hingegen den Ton *d* als Grundton und betreibt das gleiche Spiel wie oben (große Terz 5:4, darin enthalten: große große Sekunde 10:9, kleine große Sekunde 9:8) entdeckt man den Unterschied. Auf unsere einfachen Zahlen übertragen: wir müssen jetzt von 90 Hz ausgehen (die große große Sekunde aus unserem obigen Beispiel). Beim Verhältnis 10:9 ergibt sich jetzt eine Frequenz von 81 Hz statt wie vorher 80 Hz. Die große Sekunde über *d* (*e*) muss demnach tatsächlich ein *anderer* Ton sein als die große Terz über *c* (ebenfalls *e*).

Stimmung

reine Stimmung

temperierte Stimmung

gleichstufige Stimmung

Das Zusammenfassen verschiedener Töne pro Oktave zu (nur) 12 Tönen mit festgelegten Frequenzen nennt man ***Stimmung***. Es gibt zahlreiche Stimmungen, die man im Laufe der Jahrhunderte ausprobiert hat. *Die* Stimmung, bei der jeder einzelne Ton *genau seine*, ihm durch die Intervallverhältnisse zustehende Tonhöhe besitzt, nennt man die ***reine Stimmung***. Diese funktioniert jedoch – wie wir oben gesehen haben – im Prinzip nur für den *einen* Grundton, auf den sich die reine Stimmung bezieht, richtig gut – ist also im Wesentlichen an *eine Tonart*[560] gebunden. Jede *Änderung* an der Korrektheit der Intervalle bezeichnet man als Temperatur[561] und nennt dies dann ***temperierte Stimmung***. *Die* temperierte Stimmung, die wir heute verwenden, ist die ***gleichstufige Stimmung***, auch *gleichschwebende* Stimmung genannt, bei der zwischen *allen* Intervallen der *gleiche* Abstand besteht[562].

Nun haben wir viel über das *Verhältnis* der einzelnen Töne/Intervalle zueinander gesprochen, aber noch nicht darüber, *auf welchen Ton* sich all diese Intervalle beziehen.

Kammerton

Man nimmt den Ton a^1 als Ausgangspunkt für alle weiteren Töne und bezeichnet ihn als ***Kammerton***[563]. Dieser Kammerton ist einfach nur eine *Festlegung*. Die genaue Frequenz (⇨ S. 4) wird heute (offiziell) mit 440 Hz angegeben, liegt aber in Orchestern in der Regel eher bei 443 Hz, weil die Instrumente durch die höhere Stimmung etwas schärfer und damit auch durchsetzungsfähiger klingen. Früher lag die Stimmung für das a^1 durchaus auch bei 430 Hz und (zum Teil deutlich) darunter, in einigen Fällen auch darüber.

---

[560] Für das Musizieren mit Instrumenten, die ihre Tonhöhe beeinflussen können, ist die reine Stimmung dennoch anzustreben, da hier die Lebendigkeit der Schwingungen in ihren Beziehungen untereinander besonders ausgeprägt ist.

[561] Vom Lateinischen *temperāre* für *richtig mischen.*

[562] Dafür gibt es auch eine Formel. Der Abstand von einem Ton zum nächst höheren (Halb-)Ton beträgt $\sqrt[12]{2} \approx 1{,}059463$. Dadurch entfällt das oben genannte Problem mit der großen großen Sekunde 10:9 und der kleinen großen Sekunde 9:8. Allerdings klingt die gesamte Tonleiter dann auch nicht mehr so interessant. Man erkauft sich das Spielen in *allen* Tonarten also damit, dass diese Tonarten dadurch ihren jeweils besonderen Klangcharakter verlieren. Ehrlicherweise muss man aber dazu sagen, dass z.B. Stimmungen auf dem Klavier *darüber hinaus* trotzdem noch einige Abweichungen enthalten.

[563] Nach den fürstlichen Privatgemächern („Kammern") bezeichnet, in denen früher vornehmlich musiziert wurde. Im Gegensatz dazu gab und gibt es auch den so genannten *Kirchenton* oder *Orgelton* oder auch *Chorton*. Dieser fand (und findet) Verwendung in der Kirche. Er ist zumeist tiefer; dann müssen die Sänger für einen hohen Ton nicht so sehr hoch singen. Auch hat man dadurch in früheren Zeiten an den Orgeln (⇨ S. 179) gern die tiefste (und damit auch teuerste) Orgelpfeife eingespart.

Die weiter oben behandelten Stimmführungsregeln (⇨ S. 153) werden in den meisten Chorstücken, den Chor*sätzen*, sehr sorgfältig angewendet, weil beim Singen *ungewöhnliche* Bewegungen in den einzelnen Stimmen deutlich schwerer auszuführen sind als *naheliegende* Bewegungen. Die Stimmführungsregeln erleichtern also die Sangbarkeit erheblich, weil sie das Liegenbleiben (Regel 1) und das Naheliegende (Regel 2) in den Mittelpunkt stellen.

Trotzdem ist ein guter Klang beim Singen nicht immer leicht zu erreichen, da man dabei – wie im vorherigen Kapitel beschrieben – noch auf die vielen, *verschiedenen* Tonhöhenmöglichkeiten achten sollte. Auch wenn diese Töne auf dem Klavier zu nur 12 verschiedenen Tönen pro Oktave zusammengefasst sind, existieren sie in unserem Tonsystem *trotzdem*. Und sie sollten auch – soweit es geht – beachtet werden[564]. Das heißt, dass man *manche* Intervalle *etwas größer* singen oder spielen sollte, als sie auf dem Klavier zu finden sind und *manche etwas kleiner*[565]. Diese *feinen Veränderungen der Tonhöhe* nennt man ***Intonation***. Bei der Intonation werden die verschiedenen Intervalle in ihr *korrektes*[566] Verhältnis gesetzt und damit gegenüber der (gleichstufigen) Stimmung minimal höher oder tiefer gesungen oder gespielt.

Intonation

In *welche* Richtung man einen Ton verändern muss – also ob höher oder tiefer – und *wie groß* das Höher- oder Tiefer-Singen ausfällt, ist sehr, sehr kompliziert. Man kann dazu Mathematik studieren, um es ganz genau zu wissen, aber eigentlich reicht es aus, genau *hinzuhören*.

Nimmt man sich beim Singen[567] einer Melodie Zeit und hört dieser Melodie[568] zu, dann kann man einzelne Töne etwas höher bzw. etwas tiefer[569] singen und dabei die leichten Veränderungen im Klangcharakter beobachten. Das Zuhören geht auch, wenn man selbst singt!

Bei einem Akkord, bei dem diese Änderungen eigentlich *besonders* deutlich werden könnten, wird die Überprüfung allerdings schwierig. Wir müssen ja *mehrere* Töne gleichzeitig zum Klingen bringen, und da fallen das Singen und das Blasen als Einzelner schon mal weg. Mit Mehreren wäre es zwar möglich, aber da jeder Einzelne beim Singen oder Blasen seine Tonhöhe nicht immer beständig halten kann, wird es schwierig, seine *eigenen* Veränderungen beurteilen zu können. Hier hilft uns wieder das Klavier: wenn wir die Auswirkungen *eines* Tones auf den Akkordklang herausfinden wollen, spielen wir alle *anderen* Töne auf dem Klavier[570] und singen den *einen* fehlenden Ton und probieren dabei verschiedene Tonhöhenänderungen und deren Auswirkungen auf den Gesamtklang aus.

[564] Auf dem Klavier und der Gitarre geht das zwar nicht, aber auf der Geige, bei den Blasinstrumenten und vor allem beim Singen kann man dies beachten – und *sollte* es auch tun.

[565] Der Unterschied hierbei („etwas") ist tatsächlich oft sehr, sehr gering, aber vor allem bei Akkorden kann man diese Veränderung in Form eines *richtig* schönen Klanges hören.

[566] *Korrekt* ist dabei gar nicht so einfach zu definieren: besser als das *Wissen* um das „richtige" Intervall ist es hier, zu hören, welcher *Klang* sich daraus ergibt. Manchmal wird ein Klang „schärfer", wenn man das Intervall etwas größer singt, manchmal „strahlt" er. Manchmal klingt ein Intervall „cool" und entspannt, wenn man es etwas kleiner nimmt oder es wirkt „wärmer".

[567] Die Melodie zu singen – oder auf einem Streich- oder Blasinstrument zu spielen – ist wichtig, da das in diesem Kapitel Geschriebene eben *nicht* auf das Klavier und die Gitarre zutrifft.

[568] Diese Melodie sollte hierzu *langsam* erklingen, damit man eine Chance hat, *bewusst* zu hören.

[569] Höher bedeutet dabei, etwas mehr Spannung aufzubauen, tiefer etwas weniger Spannung (⇨ auch das zum Kehlkopf Gesagte auf S. 4).

[570] Vorzugsweise sollte man auf dem Klavier relativ klare Intervalle bevorzugen, die keine zu große Abweichung von der reinen Stimmung besitzen wie z. B. die reine Quinte.

Nun noch eine Reihe von Zeichen, die *manchmal* in Noten zu finden sind:

Arpeggio, gebrochener Akkord

Dieses Symbol steht manchmal *vor* mehreren übereinanderstehenden Noten, also vor Akkorden[571]. Das Zeichen bedeutet ***Arpeggio***[572] und ist vom italienischen *arpeggiare*: *Harfe spielen* abgeleitet und meint das für die Harfe typische *nacheinander Abspielen* der einzelnen Töne – man nennt diese Akkorde auch ***gebrochene Akkorde***. Bei einem Arpeggio werden alle notierten Töne von unten nach oben kurz *nacheinander* gespielt. Dies klingt wie das „Abrollen" dieser Folge von Tönen.

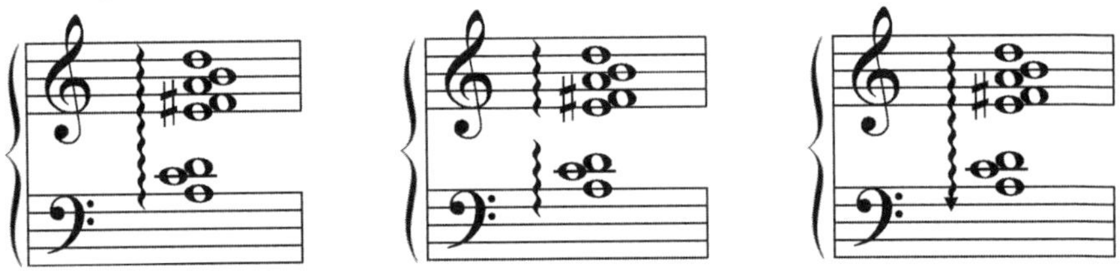

In den Beispielen sieht man die unterschiedlichen Notationsformen, die eine jeweils andere Ausführung erfordern. Das erste Bild zeigt das *durchgehende* Arpeggio; hier spielt man alle Töne gleichmäßig vom tiefsten bis zum höchsten (8 Töne nacheinander). Im zweiten Bild sieht man das *getrennte* Arpeggio, bei dem in der linken Hand die Töne von unten nach oben arpeggiert werden und *gleichzeitig* auch in der rechten Hand (maximal 5 Töne hintereinander zu hören)[573]. Das dritte Bild zeigt die seltene Variante eines Arpeggios von oben nach unten (zu erkennen am Pfeil)[574].

Es gibt zwei Arten ein Arpeggio umzusetzen: Der *letzte* Ton des Arpeggios ist die Hauptnote[575] und kommt *auf der Zählzeit* – alle anderen Töne erklingen nacheinander *kurz davor*. Bei der zweiten Art *beginnt* das Arpeggio *auf der Hauptnote* und alle andern Töne folgen *danach*. Es gibt unterschiedliche Ansichten, wann welche Ausführung angebracht ist – am Häufigsten ist auf alle Fälle das Hinspielen zur Zählzeit.

Ganz ähnlich, aber mit einer anderen Bedeutung, sieht dieses bzw. dieses Zeichen aus.

glissando, gliss.

Hierbei handelt es sich um ein so genanntes ***glissando*** (abgekürzt: ***gliss.***)[576]. Der Ausgangston soll dabei *stufenlos* zum Zielton hingleiten[577]. Beim Singen geht das noch recht einfach – es klingt dann wie bei einer Sirene. Bei einer Gitarre „gleitet" man durch alle 12 Halbtöne[578]; bei einem Klavier geht ein Glissando in der Regel

[571] Vor allem zu finden beim Klavier, aber auch bei anderen Instrumenten, die *mehrere* Töne *gleichzeitig* spielen können.

[572] Gesprochen: *aarpedschio*.

[573] Die tatsächliche Ausführung ist dann einfacher, als die Beschreibung es vermuten lässt, *wenn* man sich auf die Hauptnote als gemeinsamen Anfangs- bzw. Endpunkt konzentriert.

[574] Theoretisch gäbe es das auch als getrennte Variante.

[575] Das wäre *der* Ton, zu dem man *hin*spielt.

[576] Kleingeschrieben, wenn das Adverb gemeint ist („er spielt glissando"), großgeschrieben, wenn das Substantiv gemeint ist („sie spielt ein Glissando").

[577] Vom französischen *glisser* für *gleiten* abgeleitet.

[578] Wenn man genau hinhört, wird man bemerken, dass es von Bund zu Bund (⇨ S. 168) immer einen kleinen Tonsprung – nämlich hin zur nächsten Frequenz – gibt. Also ganz stufenlos ist das schon nicht mehr.

über die weißen Tasten[579].

In manchen Noten wird das Glissando auch so / oder so \ notiert. Andere Formen sind Gliss. Glissando Gliss. Glissando. Alle diese Zeichen meinen dasselbe.

Pedal

Ein Klavier besitzt außer den Tasten noch ***Pedale***[580]. Das rechte[581] Pedal dient dazu, die Töne, die man gerade spielt, *länger klingen* zu lassen als man die Tasten niederdrückt. Das Niederdrücken dieses Pedals – *Treten* genannt – hebt *alle* Dämpfer, die normalerweise dafür sorgen, dass nach dem Loslassen einer Taste die Saite nicht mehr weiter schwingt, an, so dass die soeben gespielten Töne *weiter klingen*. Durch diese Eigenschaft können zwei aufeinanderfolgende Klänge miteinander *verbunden* werden, auch wenn dies von der Spieltechnik her nicht möglich wäre[582]. Das zweite – ebenfalls sehr wichtige – Einsatzgebiet besteht darin, dass beim Heben *aller Dämpfer* auch *alle Saiten* mitschwingen können. Und tatsächlich, wenn man einen Ton – bei getretenem rechten Pedal – spielt, schwingen mehr oder weniger stark auch *die* Saiten mit, deren Frequenzen in einem Verwandtschaftsverhältnis dazu stehen[583]. Durch diesen Effekt wirkt der Klang des Klavieres deutlich „größer".

Pedalisieren

Es gibt heutzutage zwei verschiedene Möglichkeiten, das Pedaltreten (auch ***Pedalisieren*** genannt) in Noten kenntlich zu machen.

---

[579] Immer mit dem Fingernagel spielen! *Stufenlos* ist dieses Glissando natürlich überhaupt nicht mehr – von 12 Halbtönen werden gerade einmal 7 Töne verwendet. Noch weniger, nämlich nur 5, sind es, wenn man das (deutlich schwierigere) Glissando auf den schwarzen Tasten ausführt.

[580] Meist 2, manchmal 3 Pedale. *Pedal* stammt aus dem Lateinischen und bezieht sich auf den *Fuß*.

[581] Das linke Pedal dient dazu, – und das ist oft auch an „echten" Klavieren zu sehen – die Tastatur etwas zur Seite zu bewegen. Dadurch trifft der Hammer nicht mehr auf *alle* Saiten (2 statt 3, 1 statt 2 Saiten). Außerdem trifft der Hammer (⇨ S. 101) nicht mehr an der *gewohnten* Stelle auf die Saite nämlich mit dem gehärteten Filz, sondern etwas daneben mit einer *weicheren* Filzstelle. Die Saiten werden dadurch nicht mehr so stark in Schwingung versetzt und man hört die Töne leiser, wobei viel bei diesem Eindruck damit zu tun hat, dass nicht mehr so viele *hohe* Frequenzen in der gewohnten Lautstärke enthalten sind und es dadurch „wärmer" wirkt.
Manchmal findet sich auch noch ein drittes Pedal am Klavier oder Flügel (⇨ S. 101). Bei neueren Instrumenten handelt es sich oft um ein Pedal, welches die gesamte Lautstärke extrem absenkt. Dies ermöglicht ein Üben, ohne Andere zu stören.

Sostenuto-Pedal

Die *ursprüngliche* Funktion dieses Pedals ist aber eine ganz andere: das mittlere Pedal heißt ***Sostenuto-Pedal*** und wird nur von erfahrenen Klavierspielern benötigt – weshalb es auch oft fehlt. Es sorgt dafür, dass *nur bei den* Tönen, die man *im Moment des Pedaltretens* angeschlagen hat, die Dämpfer angehoben bleiben. Alle *danach angeschlagenen* Töne können wie ohne (rechtes) Pedal gespielt werden. Man kann also – und das ist die häufigste Verwendung – im Bass eine Oktave spielen, das Sostenuto-Pedal treten und anschließend andere Akkorde über diese weiterklingende Oktave spielen, ohne dass diese Akkorde ineinander klingen. Zur Bedeutung des Namens *sostenuto* ⇨ S. 52.

[582] Weil man z.B. einen dreistimmigen Akkord mit einem anderen dreistimmigen Akkord verbinden möchte und nur 5 Finger an der Hand hat.

[583] ⇨ dazu das zum Teilton Gesagte auf S. 98. Überprüfen kann man das daran, dass man eine Taste so langsam niederdrückt, dass *kein Ton* zu hören ist. Wenn man dann – bei gedrückter Taste – an das Gehäuse des Klavieres schlägt, hört man eine Reihe verschiedener, aber *nicht gedrückter* Töne, die alle eine Beziehung zum gespielten Ton haben. Dies funktioniert bei einem E-Piano (*E* steht für *elektrisches*, ⇨ S. 183) leider nicht, weil es keine Saiten besitzt.

Traditionelle Schreibweise: Das Niederdrücken (Treten) des Pedals wird durch die Buchstaben „Ped." in einer alten Schrift angezeigt. Das *Ende* des Pedalklangs durch einen Stern.

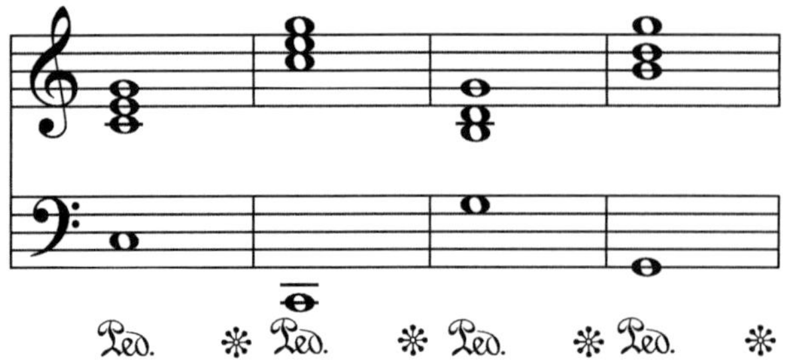

Es gibt bei dieser traditionellen Schreibweise einen Nachteil, nämlich dass das Zeichen für das *Loslassen* des Pedals (meist) am *Ende* eines Taktes steht. Vom Aussehen her würde das bedeuten, dass man *vor* der nächsten Zählzeit das Pedal loslassen soll. Dies entspricht aber nicht dem, was man erreichen möchte, nämlich einen *nahtlosen* Übergang von einem Klang zum nächsten.

Moderne Schreibweise: Hier wird das Gedrücktsein des Pedals durch eine waagerechte Linie kenntlich gemacht und mit dem Haken das Treten bzw. Loslassen des Pedals angezeigt (am Anfang und am Ende des Beispiels) bzw. durch die nach oben zeigende Spitze das Loslassen und sofortige Wiederdrücken des Pedals.

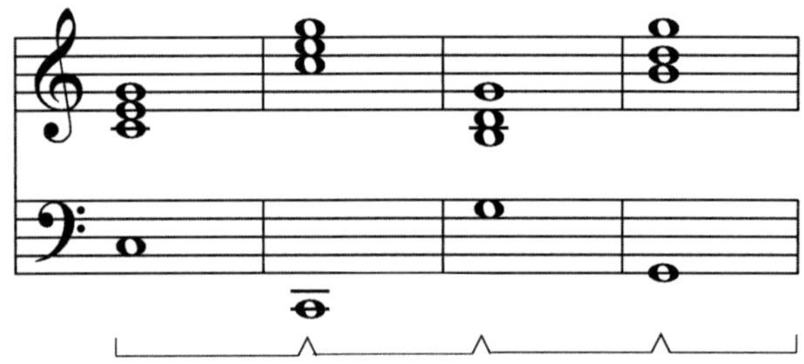

Die moderne Schreibweise bringt zwar einen deutlich größeren Schreibaufwand mit sich, andererseits – und dies ist vor allem wichtig, wenn man das Pedalspiel erst lernt – kann man viel klarer erkennen, *wann* was zu tun ist.

∧

Die Orgel verfügt ebenfalls über Pedale, diese werden jedoch wie normale Tasten – aber eben mit den Füßen – gespielt. Als Information dafür, *welchen* Fuß man verwenden soll, gibt es ein Zeichen, welches ähnlich aussieht, wie ein uns bereits bekanntes Zeichen: das *marcato*-Zeichen das wir auf S. 165 kennengelernt haben. Allerdings ist es nicht dasselbe: ∧ . Es wird als Anweisung für den linken Fuß *unter* die Note geschrieben und für den rechten Fuß *darüber*[584].

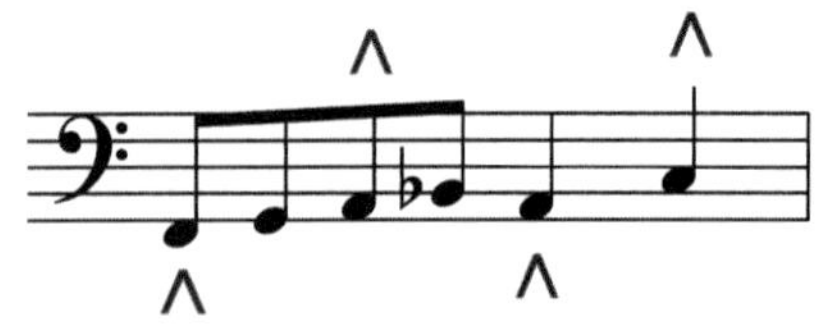

[584] Ein Verwechseln mit dem *marcato*-Zeichen ist nicht möglich, da man auf der Orgel nur in *einer* Lautstärke spielen kann, nämlich jeweils mit der Lautstärke, die gerade registriert wurde (also welche Register eingestellt sind).

Nun besitzt auch die Harfe (⇨ S. 100 und 170) Pedale. Allerdings haben diese eine komplett andere Funktion: sie dienen dazu, die *Tonhöhe* der Harfensaiten zu verändern. Das Pedal *erhöht* dabei den Klang der Saite um einen Halbton[585]. Diese Tonhöhenveränderungen und *welche* Pedale dabei wie zu treten sind, wird durch eine kleine Tabelle angezeigt, dem ***Salzedo-Zeichen***[586]. Drei Pedale befinden sich bei der Harfe auf der linken Seite (die Töne D, C und H), vier auf der rechten (die Töne E, F, G und A) – zu erkennen an den senkrechten Strichen im Bild. Der kleine Strich oben bedeutet, das Pedal ist oben (Grundstimmung=C^{b}-Dur[587]), der lange Strich bedeutet Normalposition (das Pedal ist eine Position tiefer eingestellt = ein Halbton höher) und der kleine unten sagt, dass das Pedal um zwei Halbtöne erhöht ist (das Pedal ist ganz unten).

Salzedo-Zeichen

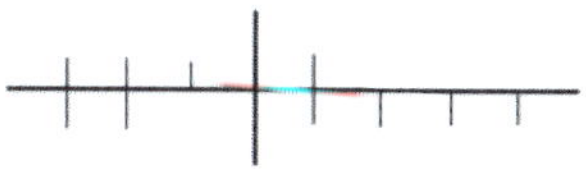

Dieses Bild besagt, dass auf der Harfe die Töne
D, C, B^{b}, E, $F^{\#}$, $G^{\#}$ und $A^{\#}$
gegriffen werden können.

Dann gibt es noch *Noten*, die „merkwürdig" aussehen: manchmal sieht man Halbe Noten, die mit einem Achtel- oder sogar mit einem Sechzehntel-Balken miteinander verbunden sind. Dies ist in Noten – vor allem in (klassischen) Orchesternoten – eine Kurzschreibweise für *ganz viele* Achtel oder Sechzehntelnoten. Und zwar genau so viele wie man für den eigentlichen Notenwert – die Halbe – spielen würde.

Halbe mit 8tel-Balken

Halbe mit 16tel-Balken

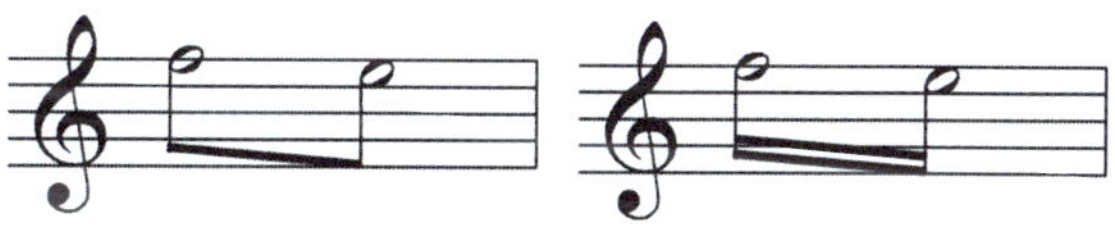

Dies wird folgendermaßen gespielt:

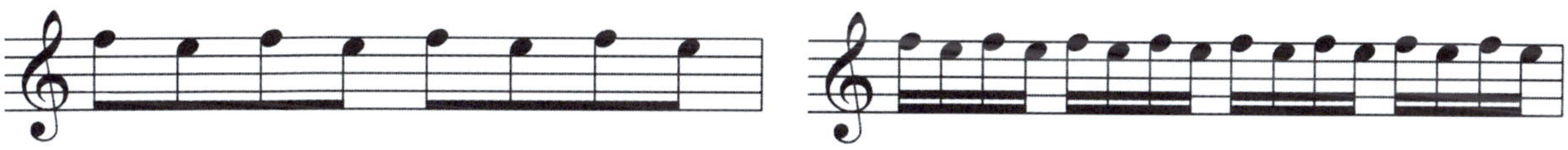

---

[585] Bei der heute oft üblichen ***Doppelharfe*** kann man mit dem Pedal noch ein *zweites* Mal um einen Halbton erhöhen.

[586] Nach dem französischen Harfenisten *Carlos Salzedo* (1885-1961) benannt.

[587] Zur Stimmung der Harfe ⇨ S. 170.

Doppelharfe

Tremolo

Auch das nächte Zeichen ist öfters in der Orchesterliteratur zu finden: hierbei handelt es sich um das ***Tremolo***. Wieder italienisch; es steht für *zitternd*. Gemeint ist eine sich rasch wiederholende Folge von einem oder mehreren (meist zwei) Tönen. Erkennen kann man das Tremolo an *einem*, *zwei* oder *drei* leicht schräg stehenden, dicken Strichen.

Bei *drei* Strichen geht es darum, die Töne so schnell wie möglich[588] aufeinander folgen zu lassen.

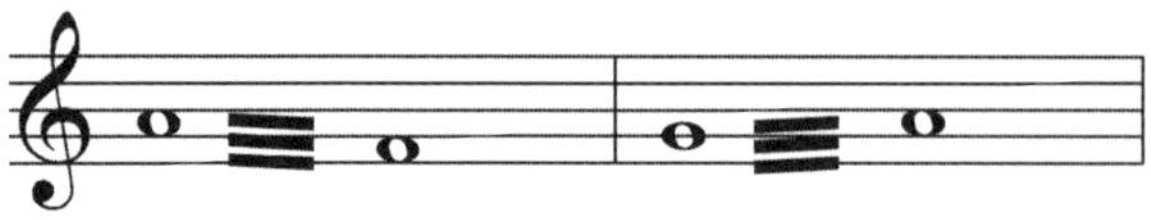

Bei *zwei* Strichen sollte man normalerweise auf eine 16tel-Bewegung gehen. Oft wird aber auch hier sehr schnell tremoliert[589], so dass es kaum einen Unterschied zu den drei Strichen gibt – korrekt wären aber die 16tel[590].

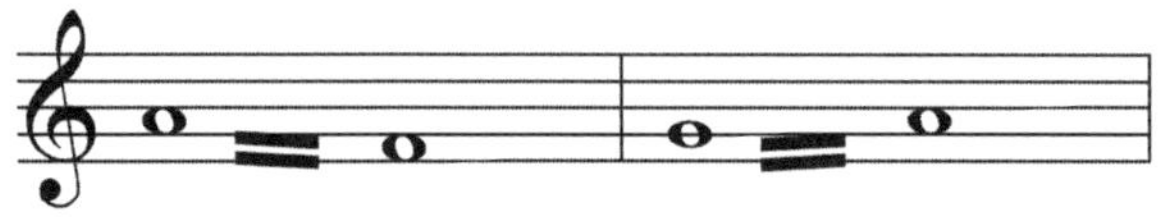

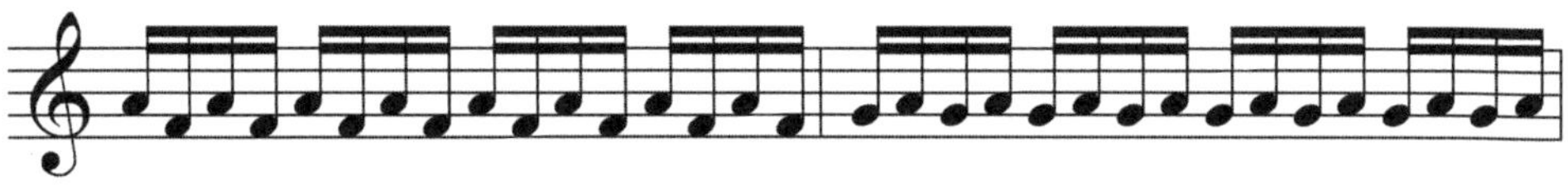

Zu finden ist das Tremolo-Zeichen auch bei *einzelnen* Noten. Es hat – wenn es sich um *drei* Striche handelt – ebenfalls die Bedeutung, so schnell wie möglich. Bei zwei Strichen sollten 16tel gespielt werden und bei einem Strich gibt es eine Bewegung in Achteln.

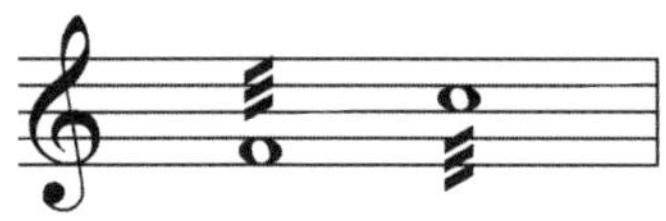

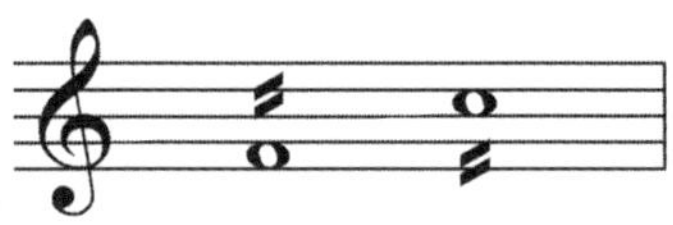

Das Tremolo mit zwei Strichen sollte so ausgeführt werden

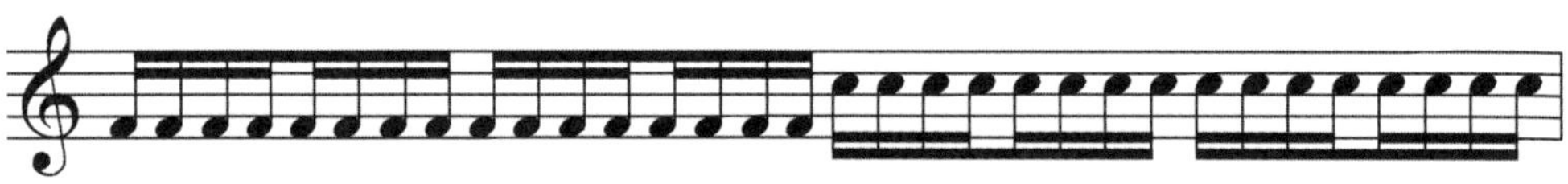

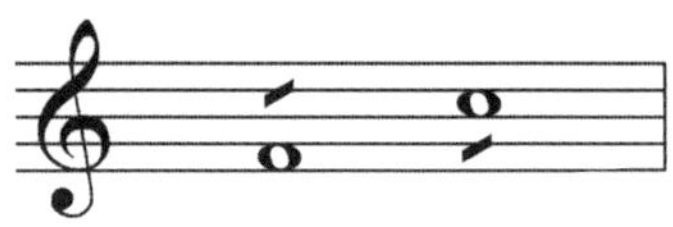

Das Tremolo mit einem Strich sollte so ausgeführt werden

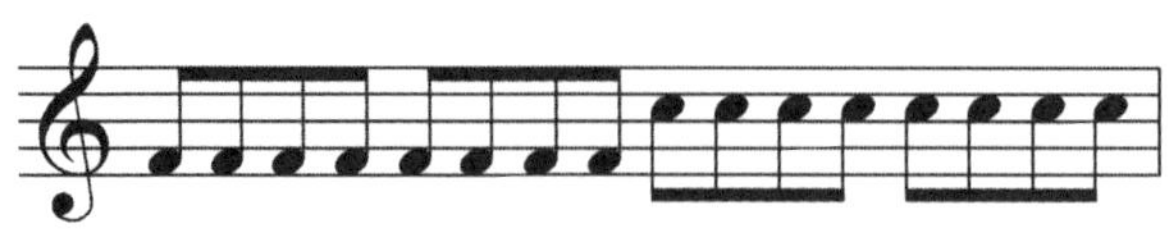

[588] Allerdings ohne dabei die nötige musikalische Ruhe zu verlieren.

[589] tremolieren ist das dazugehörende Verb.

[590] Manchmal gibt einem das (schnelle) Tempo gar keine andere Möglichkeit als es *so schnell wie möglich* zu spielen.

Es gibt nicht nur eine Vielzahl an Besonderheiten, die die Noten betreffen, sondern auch eine ganze Menge *Worte*, die einem bei den verschiedensten Gelegenheiten begegnen können. Eine kleine Auswahl:

Eine „merkwürdige" Eintragung in manchen (Klavier-)Noten ist das ***m.d.*** sowie ***m.s.*** Beides ist wieder italienisch und steht als Abkürzung für *mano destra* (rechte Hand) sowie *mano sinistra* (linke Hand)[591].

m.d.
m.s.

Die meisten Instrumente können ihre Tonhöhe trotz eines eindeutig gegriffenen Tones noch etwas verändern. Diese Veränderung kann man nicht nur dazu nutzen, die korrekten Anpassungen der Tonhöhe entsprechend der zu spielenden Melodie vorzunehmen (⇨ Die Intonation, S.189), sondern auch, um die Tonhöhe *beständig* um eine *mittlere* Tonhöhe herum *schwingen* zu lassen. Dieser schnelle und sehr kleine Wechsel in der Tonhöhe nennt man ***Vibrato***.

Vibrato

Bestehen Stücke aus verschiedenen Teilen, findet man manchmal das Wort ***attacca*** am Ende eines Teiles[592]. Auch hier handelt es sich wieder um ein italienisches Wort mit der Bedeutung: *sofort anschließend*[593] und meint, dass es *ohne jegliche Verzögerung* gleich weitergeht.

attacca

Die Bezeichnung ***v.s.*** meint etwas Ähnliches. Die Abkürzung der italienischen Worte *volti subito* steht für *sofort wenden, umblättern*. Gemeint ist damit ein *schnelles* Umblättern.

v.s.

Auch die Bezeichnung ***segue*** (italienisch: *folgt*) gehört hierhin, kann aber auch in anderer Hinsicht vorkommen. Einmal hat es die Bedeutung, es geht *weiter*, der nächste Teil folgt gleich anschließend, jedoch nicht in der Bedeutung des *attacca*, dass es *schnell* weitergeht, sondern, dass es *noch nicht zu Ende* ist. Zum Anderen steht ***segue*** auch manchmal bei rhythmischen und/oder melodischen Figuren, die gleichbleibend, *hintereinander folgend*, laufend fortgesetzt werden sollen. Dies wird heutzutage hauptsächlich mit dem (ebenfalls italienischen) Wort ***simile*** ausgedrückt. Es bedeutet *ähnlich* und steht für: *eine Phrase auf die Art spielen wie vorher angegeben*.

segue

simile

Steht in einer Stimme das Wort ***unisono***, ist damit gemeint, dass man mit jemand Anderem dieselbe Melodie zu spielen hat und entsprechend darauf achten soll, dass es *wie eine Stimme* klingt[594]. Unisono ist das Zusammenspiel zweier oder mehrerer Stimmen mit denselben Tonhöhen, quasi im Einklang zu spielen.

unisono

---

[591] In französischen Noten finden sich die entsprechenden Angaben ***m.d.*** (main droite – rechte Hand) und ***m.g.*** (main gauche – linke Hand).

m.d.
m.g.

[592] Jedoch nicht des *letzten* Teiles.

[593] Von *attaccare* für *anbinden*. Auch im Sinne von *attacco*, übersetzt: Angriff, (sofort) zum Angriff übergehen.

[594] Italienisch für *einstimmig*.

Solo

In Partituren (⇨ S. 163) und dementsprechend auch in den Stimmen (⇨ S. 86) der einzelnen Musiker findet sich bisweilen die Bezeichnung ***Solo***. Diese Angabe fordert, dass nur noch *ein* Musiker spielt[595]. Als Solo wird das In-den-Vordergrund-Treten eines einzelnen Musikers bezeichnet. Das bedeutet also Zweierlei: es handelt sich nur um *einen* Musiker und dieser eine Musiker tritt *in den Vordergrund*.

Der folgende Erklärungsversuch hierfür sollte wohlwollend betrachtet werden; man kann ihn - wie fast alles - missverstehen. Man kann ihn aber auch im Sinne der Sache betrachten: Ein Solist - also derjenige, der ein Solo spielt - trägt die Töne seiner Stimme mit einem *anderen* Selbstbewusstsein vor als derjenige, der diesen Solisten „lediglich" begleitet. Der Solist steht im Vordergrund[596] und „teilt das Wesentliche" mit. Alle anderen Musiker *unterstützen* ihn dabei, sind aber selbst *nicht direkt* an der *wesentlichen* musikalischen Botschaft beteiligt; sie bilden aber das Fundament dafür, ohne das es nicht geht.

Tutti

Das Gegenteil von einem Solo ist es, wenn *alle* Musiker spielen. Tatsächlich findet sich *nach* der Eintragung *Solo* in Noten oft die Bezeichnung *Tutti*. Ein ***Tutti*** fordert dazu auf, dass (wieder) *alle* Musiker mitspielen.

Sordino
sord.

Stürze

Eine Bezeichnung, die sich vor allem bei Streich- und Blechblasinstrumenten aber auch bei Schlaginstrumenten findet, ist ***Sordino***[597] (abgekürzt: ***sord.***). Der Dämpfer ruft eine andere Klangwirkung hervor: bei Streichern vermindert ein kleiner, aufgesetzter Kamm die Schallübertragung zum Resonanzkörper, bei Blechblasinstrumenten ein in die Schallöffnung - die sogenannte ***Stürze*** - eingesteckter Kegel[598], bei Schlaginstrumenten ein aufgelegtes Tuch oder eine Hand. Benutzt wird dieses Wort in Verbindung mit *con* und *senza* (⇨ S. 139), also *con sord.* oder *senza sordino*.

---

una corda

Bei Saiteninstrumenten gelegentlich anzutreffen ist die Bezeichnung ***una corda***. Es ist wieder italienisch, bedeutet: *eine Saite* und meint, dass *alle* folgenden Töne auf *einer* Saite gespielt werden sollen. Normalerweise wechselt man die Saite, wenn Töne zu weit vom Ausgangspunkt weggehen. Durch diese Anweisung möchte man jedoch genau *den* Effekt erreichen, der sonst durch das Wechseln der Saiten vermieden wird: dass es zwischen den einzelnen Tönen einen Glissando-Effekt (⇨ S. 190) gibt, also ein (hörbares) Rutschen von einem Ton zum Anderen. Dazu steht dann oft auch gleich die konkrete Angabe der Saite, auf der man spielen soll, z.B. ***sul***[599] ***G***.

sul

---

[595] Diese Angabe ist natürlich nur dort zu finden, wo auch *mehrere* Musiker das Gleiche spielen, z.B. bei den zahlreichen Geigen eines Orchesters.

[596] Besonders gut zu sehen bei der Besetzung (⇨ S. 163) Gesang und Klavier. Der Sänger steht – schon aufgrund der Tatsache, dass er sich mit Worten, die oft auch einen *konkreten* Sinninhalt besitzen, an den Zuhörer wendet – für den Zuhörer im Mittelpunkt der musikalischen Darbietung. Das Klavier *begleitet* den Sänger, unterstützt ihn also in der musikalischen Aussage. Dies bedeutet jedoch nicht, dass das Klavier, weil es „nur" der Begleiter ist, unwichtig wäre. Man stelle sich einen solchen Gesangsvortrag nur einmal ohne Klavier vor, dann weiß man, dass der Solist – auch wenn er den führenden Part ausübt – immer von allen anderen Musikern *getragen werden* muss. Der Solist *ruht* auf dem musikalischen Fundament!

[597] Wieder aus dem Italienischen: *Sordina* mit der Bedeutung *Dämpfer*.

[598] Hierbei gibt es eine Tonhöhenänderung unterschiedlichen Ausmaßes.

[599] *sul* – wieder italienisch – bedeutet: *auf* und meint also *auf der G-Saite*.

Ossia

Selten findet man beim Klavier (aber auch bei Harfe oder Violine u.a.) das Wort: ***Ossia*** (italienisch: *oder* mit der Bedeutung von *auch*). Es ist die Bezeichnung für ein spezielles, *kleines* Notensystem *über* oder *unter* dem normalen Notensystem, in dem eine *alternative* (meist eine leichtere, vereinfachte) Spielweise notiert wird. Dieses kleine Notensystem erscheint nur über (oder unter) *den* Takten, in denen auch eine alternative Spielweise angeboten wird.

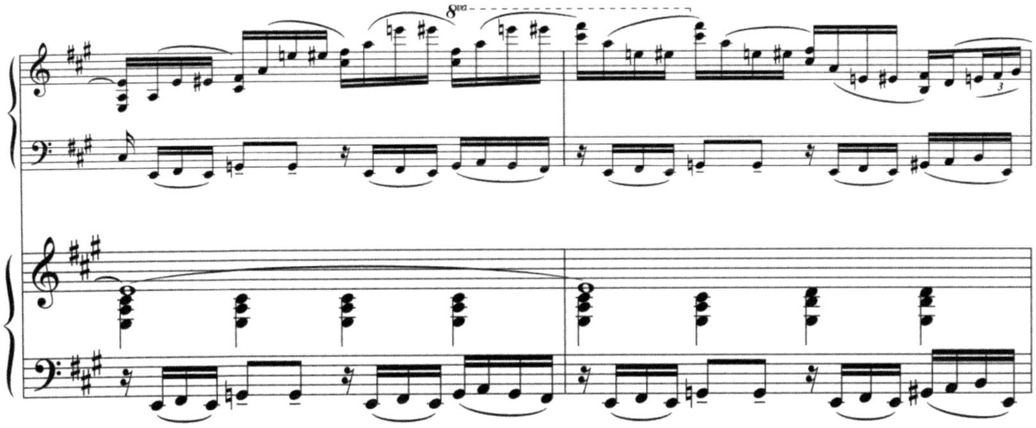

Ausschnitt aus: George Gershwin „Rhapsody in Blue", Klavier-Solo-Fassung, Takte 41/42. Hier ein (seltenes) Beispiel dafür, dass in den Ossia-Takten auch die schwierigere Fassung stehen kann.

---

shuffled, shuffled 16th

Shuffle

In Noten der populären Musik (⇨ S. 226) findet sich zu Beginn eines Liedes, dort wo eine mögliche Tempovortragsangabe stünde, gelegentlich die Bezeichnung ***shuffled*** oder ***shuffled 16th***. Beides bezeichnet dasselbe, nämlich dass das, was wir auf S. 142 als Swing kennengelernt haben – und was sich beim Swing auf die Spielweise der *Achtel* bezieht – hier auf das Verhältnis der *16tel* untereinander zutrifft. Da die Einheit, auf die sich das Metrum bei dieser Form bezieht, mit der 16tel sehr klein ist, sind die verwendeten Tempi entsprechend eher langsamer (⇨ dazu das Notenbeispiel in der Fußnote 684, S. 226).

Vom obigen Begriff zu trennen ist die Bezeichnung ***Shuffle***, welche ebenfalls manchmal anzutreffen ist. *Shuffle* meint einen *Swing*-Rhythmus, der (auf Achtelbasis) *exakt triolisch* gespielt wird.

---

tacet

Eine Bezeichnung, die vereinzelt beim Ensemblespiel, also beim Zusammenspiel mit anderen Musikern, auftaucht ist: ***tacet*** (lateinisch für *er/sie/es schweigt*). Hierbei handelt es sich um eine Anweisung für den Musiker, dass seine Stimme in diesem Teil oder Satz einer Komposition *nicht* spielen braucht. Spielen z.B. mehrere Musiker ein Stück zusammen und ein Teil wird wiederholt, findet sich bei einzelnen Musikern mitunter die Angabe *1.x tacet*, was bedeutet, dass dieser Musiker diesen (sich wiederholenden) Teil *beim ersten Mal nicht spielen* soll, sondern nur beim nächsten Mal[600].

[600] Das ist z.B. dann sehr sinnvoll, wenn der Komponist möchte, dass der Klang beim ersten Mal ein anderer sein soll als beim zweiten Mal. So kann man sich mit einer kurzen Angabe im Notentext viele geschriebene Noten sparen, da es sich hier im eigentlichen Sinne ja gar nicht um eine *vollständige*, sonder lediglich um eine *teilweise* Wiederholung handelt.
Zu finden ist diese Bezeichnung auch, wenn man nur unter *bestimmten* Bedingungen spielen soll. Z.B. wenn *ein* Instrument fehlt, soll man die Noten spielen, ansonsten gilt *tacet*.

Nach einer Angabe, dass man „schweigen" soll, muss natürlich auch irgendwann eine Information kommen, wann man wieder mitspielen darf. Steht in den Noten *1.x tacet* ist das Weiterspielen ab dem 2. Mal bereits in der Anweisung enthalten. Findet sich jedoch nur *tacet* in der Stimme, muss dieses *tacet* auch aufgehoben werden. Interessanterweise verwendet man in der Praxis dafür das englische Wort ***play*** (spiel).

play

DAS METRUM (3)

Das, was jetzt kommt, gehört nicht nur in das Kapitel Metrum hinein, sondern es ist auch eine besondere Form der Artikulation. Vor allem beim Singen oder wenn man ein Blasinstrument spielt, fällt auf, dass man manchmal *etwas mehr* Zeit für den nächsten Ton benötigt, als es ein gleichmäßiges Tempo erlauben würde: man muss nämlich ab und zu Luft holen. Die Zeit, die man fürs Lufthohlen benötigt, verändert nicht nur das Tempo, sondern auch die Spielweise – also die Artikulation. Als Zuhörer wird man meist bemerken, dass an einer solchen Stelle die Zeit (scheinbar) etwas langsamer fließt. Dieses *Atemholen* wird in der Musik auch manchmal notiert. Das „Komma"-Zeichen **,** heißt ***Atemzeichen*** und steht für ein „Atemholen" – und dies auch wenn man gar nicht singt oder ein Blasinstrument spielt.

Atemzeichen
,

Nun haben wir schon viel darüber gehört, dass der Musiker ganz viel auch an persönlichen Eigenheiten mit in das Spiel einfließen lassen kann (und muss[601]). Diese persönliche Note führt dazu, dass bei zwei verschiedenen Musikern ein und dasselbe Stück durchaus komplett unterschiedlich klingen kann, obwohl es sich um dieselben Noten handelt, weil die *Vorstellungen* dieser beiden Musiker von der Musik durchaus sehr weit auseinanderliegen können. Diese unterschiedliche, individuelle Ausgestaltung von musikalischen Vorgaben nennt man ***Interpretation***. Wenn man etwas interpretiert – und in der Musik tut man dies *immer* – kann man die Dinge also *so* oder *anders* betrachten.

Interpretation

[601] Das Metrum dazustellen ohne eine persönliche Position dazu zu beziehen, geht nicht.

Unter *Die Intervalle (3)* (⇨ S. 72) haben wir gesehen, dass man auch reine Intervalle – die Quarte und die Quinte – erhöhen oder erniedrigen kann oder wie man noch sagt: alterieren kann (⇨ S. 94). Nun geht das aber auch mit der *Prime* und der *Oktave*, so dass wir noch mehr Töne mit verschiedenen Namen erhalten (die auf dem Klavier jedoch dieselbe Taste verwenden).

Eine (reine)Prime, die erniedrigt wird,	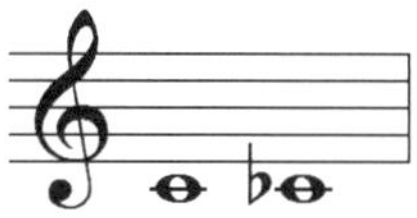	(der Abstand ist hier sogar „-1"-Halbtonschritt[602]) nennt man	*verminderte Prime*
Eine (reine)Prime, die erhöht wird,	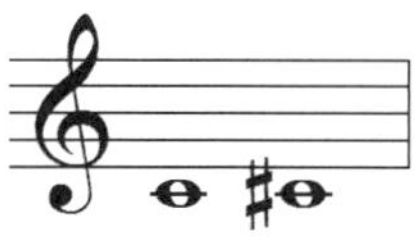	(als Abstand wären das 2 Halbtöne oder 1 Halbtonschritt) nennt man	*übermäßige Prime*
Eine (reine)Quarte, die erniedrigt wird,	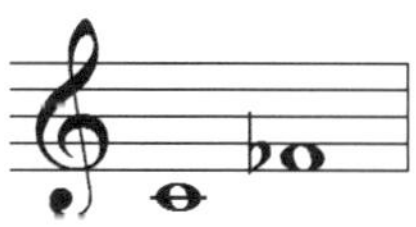	(als Abstand wären das 5 Halbtöne oder 4 Halbtonschritte) nennt man	*verminderte Quarte*
Eine (reine)Quarte, die erhöht wird,	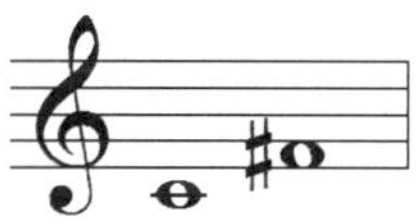	(als Abstand wären das 7 Halbtöne oder 6 Halbtonschritte) nennt man	*übermäßige Quarte*
Eine (reine)Quinte, die erniedrigt wird,	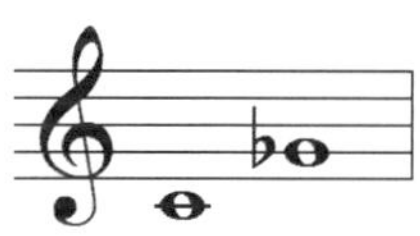	(als Abstand wären das 7 Halbtöne oder 6 Halbtonschritte) nennt man	*verminderte Quinte*
Eine (reine)Quinte, die erhöht wird,	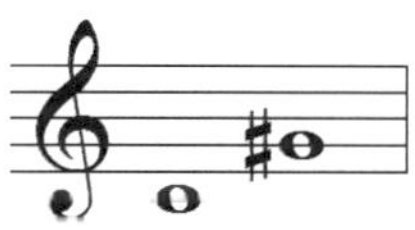	(als Abstand wären das 9 Halbtöne oder 8 Halbtonschritte) nennt man	*übermäßige Quinte*
Eine (reine)Oktave, die erniedrigt wird,	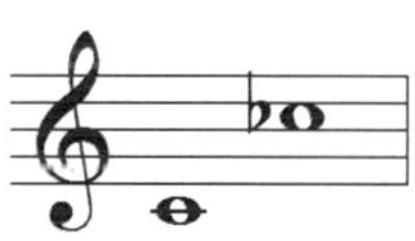	(als Abstand wären das 12 Halbtöne oder 11 Halbtonschritte) nennt man	*verminderte Oktave*
Eine (reine)Oktave, die erhöht wird,	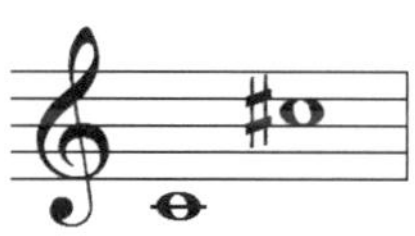	(als Abstand wären das 14 Halbtöne oder 13 Halbtonschritte) nennt man	*übermäßige Oktave*

[602] Dieses Intervall in Halbtönen – statt in Halbton*schritten* – zu bezeichnen, geht nicht.

Es wird aber noch verrückter: auch die *großen* und die *kleinen* Intervalle kann man noch weiter entweder erhöhen[603] oder aber erniedrigen. Haben wir eine große Sekunde und erhöhen sie durch ein Kreuz, dann entsteht daraus die *übermäßige* Sekunde. Würden wir die große Sekunde erniedrigen (durch ein ♭), dann wird daraus erst einmal eine kleine Sekunde. Erniedrigt man dann noch einmal, entsteht eine verminderte Sekunde. Wenn wir alles zusammenfassen, kommt eine ganze Menge an Intervallen zusammen.

Eine kleine Sekunde, die erniedrigt wird,	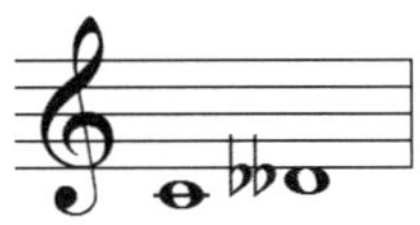	(als Abstand wäre das 1 Halbton oder 0 Halbtonschritte) nennt man	*verminderte Sekunde*
Eine große Sekunde, die erhöht wird,	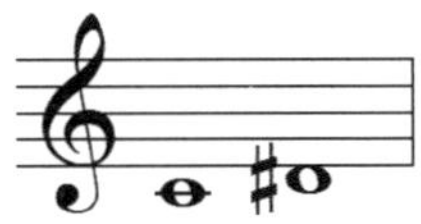	(als Abstand wären das 4 Halbtöne oder 3 Halbtonschritte) nennt man	*übermäßige Sekunde*
Eine kleine Terz, die erniedrigt wird,	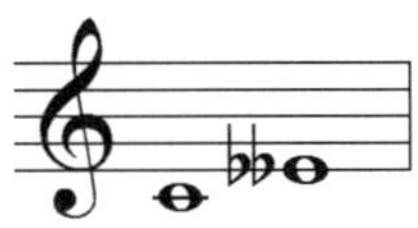	(als Abstand wären das 3 Halbtöne oder 2 Halbtonschritte) nennt man	*verminderte Terz*
Eine große Terz, die erhöht wird,	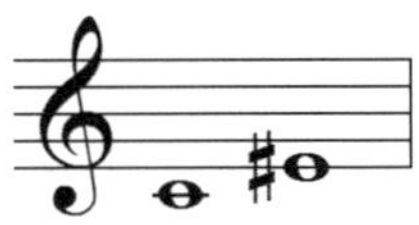	(als Abstand wären das 6 Halbtöne oder 5 Halbtonschritte) nennt man	*übermäßige Terz*
Eine kleine Sexte, die erniedrigt wird,	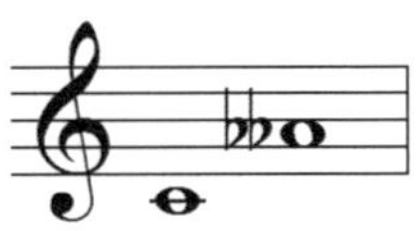	(als Abstand wären das 8 Halbtöne oder 7 Halbtonschritte) nennt man	*verminderte Sexte*
Eine große Sexte, die erhöht wird,	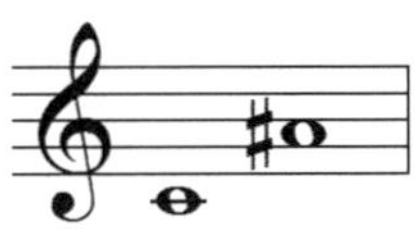	(als Abstand wären das 10 Halbtöne oder 9 Halbtonschritte) nennt man	*übermäßige Sexte*
Eine kleine Septime, die erniedrigt wird,	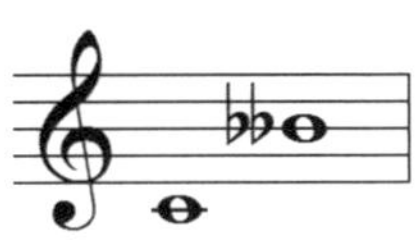	(als Abstand wären das 9 Halbtöne oder 8 Halbtonschritte) nennt man	*verminderte Septime*
Eine große Septime, die erhöht wird,	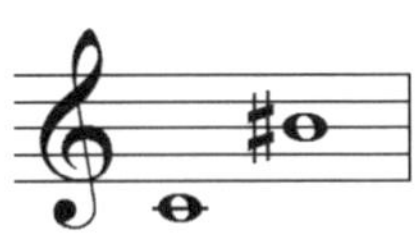	(als Abstand wären das 13 Halbtöne oder 12 Halbtonschritte) nennt man	*übermäßige Septime*

[603] Eines davon haben wir schon bei der harmonischen Moll-Tonleiter (⇨ S. 76) kennen gelernt: die übermäßige Sekunde.

Wem das noch nicht reicht; es geht noch besser. Man kann auch bereits verminderte Intervalle noch einmal vermindern, sowie übermäßige Intervalle noch einmal vergrößern. Manchmal ist dies auch gar nicht so leicht zu erkennen, daher die Beispiele einmal von einem *anderen* Ton aus[604].

Eine verminderte Quarte, die erniedrigt wird	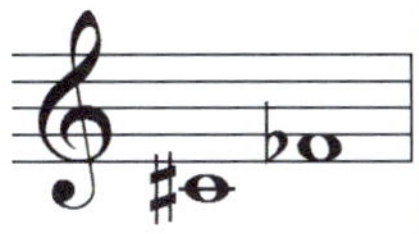	(als Abstand wären das 4 Halbtöne oder 3 Halbtonschritte) nennt man	*doppelt verminderte Quarte*
Eine übermäßige Quarte, die erhöht wird	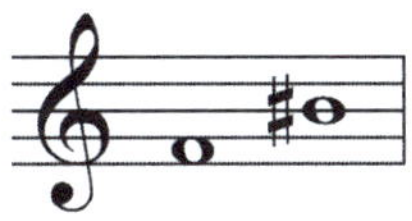	(als Abstand wären das 8 Halbtöne oder 7 Halbtonschritte) nennt man	*doppelt übermäßige Quarte*
Eine verminderte Quinte, die erniedrigt wird	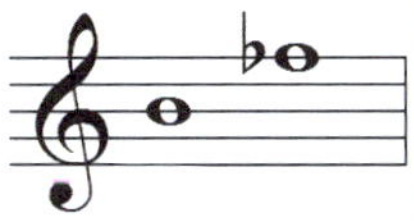	(als Abstand wären das 6 Halbtöne oder 5 Halbtonschritte) nennt man	*doppelt verminderte Quinte*
Eine übermäßige Quinte, die erhöht wird	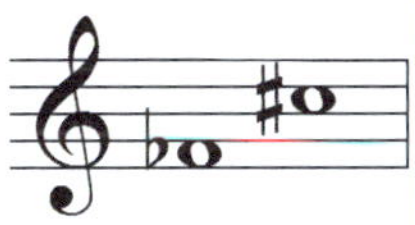	(als Abstand wären das 10 Halbtöne oder 9 Halbtonschritte) nennt man	*doppelt übermäßige Quinte*
Eine verminderte Oktave, die erniedrigt wird	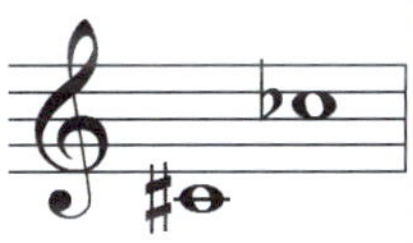	(als Abstand wären das 11 Halbtöne oder 10 Halbtonschritte) nennt man	*doppelt verminderte Oktave*
Eine übermäßige Oktave, die erhöht wird	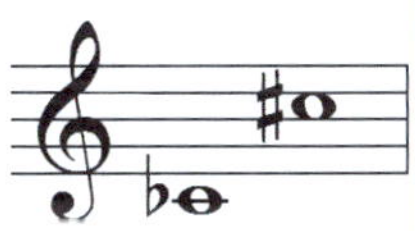	(als Abstand wären das 15 Halbtöne oder 14 Halbtonschritte) nennt man	*doppelt übermäßige Oktave*

Hier nun alle gebräuchlichen Abkürzungen für Intervalle:

rein	***r***
groß	***g***
klein	***k***
übermäßig	***ü***
vermindert	***v***

doppelt übermäßig	***dü***
doppelt vermindert	***dv***

Aufgaben Nr. 44, 45, 46 und 47

[604] Wir beschränken uns hier auf Quarte, Quinte und Oktave. Dasselbe gilt natürlich – zumindest theoretisch – auch für die Prime.

Unter *Die Dynamik (1)* auf S. 30 haben wir die Lautstärkeangaben kennengelernt, die man am häufigsten verwendet. Es gibt aber auch noch einige *extreme* Lautstärkeangaben. Hier sind sie:

forte-fortissimo ***fff***

4faches forte ***ffff***

piano-pianissimo ***ppp***

4faches piano ***pppp***

Wenn es noch lauter als fortissimo wird, schreibt man	***fff***	*forte-fortissimo* oder *3faches forte*
Will man die größtmögliche Lautstärke haben, dann schreibt man	***ffff***	*fortissimo-fortissimo* oder besser *4faches forte*
Wenn es noch leiser als pianissimo wird, verwendet man	***ppp***	*piano-pianissimo* oder *3faches piano*
Will man die geringstmögliche Lautstärke haben, so schreibt man	***pppp***	*pianissimo-pianissimo* oder besser *4faches piano*

Diese Festlegungen der Lautstärke geben jedoch nur einen Vergleichswert an, also ***ffff*** ist lauter als ***fff***. Wie laut es *tatsächlich* ist, entscheidet der Spieler nach seinem Empfinden und der Zuhörer wiederum nach seinem Empfinden[605]. Darüber hinaus wird man mit dieser Lautstärke nicht nur die *notierten* Angaben für die Lautstärke umsetzen, sondern automatisch noch andere, individuelle – und damit nicht notierbare – Veränderungen vornehmen. Dieses Unvorhersehbare –, dass also jedes erneute Spielen anders sein *kann* und auch anders sein *wird* – macht den besonderen Reiz von Musik aus.

[605] Da kann es also durchaus Unterschiede geben!

Nun gibt es auch noch *ganz schnelle*, festgelegte Dynamik-*Wechsel*. Dies geschieht *immer* von laut nach leise.

Es gibt ein Zeichen für den Wechsel von laut nach leise

Nach einem lauten Beginn (*forte*) wechselt der Ton sofort zum *piano*	***fp***	*fortepiano*

fortepiano
fp

und mehrere Zeichen für einen vorangestellten Akzent; aber eigentlich meinen alle dasselbe: Nach einem *lauten* Beginn wechselt der Ton *sehr schnell* zu einem leisen bzw. leiseren Ton.

Will man den Ton mit einem Akzent beginnen lassen, verwendet man	***sf***	*sforzato*[606]
oder	***sfz***	*sforzato*
oder	***fz***	*forzato*[607]
Soll der Akzent ganz besonders laut sein, nimmt man	***sffz***	*sforzatissimo*
Soll es nach dem Akzent gleich *sehr* leise werden, verwendet man	***sfp***	*sforzato-piano*
Wenn es nach dem *forte* ganz besonders leise werden soll, schreibt man	***sfpp***	*sforzato-pianissimo*

sforzato
sf
sfz

forzato
fz

sforza-tissimo
sffz

sforzato-piano
sfp

sforzato-pianissimo
sfpp

[606] Manchmal wird dieses Zeichen auch mit ***sforzando*** bezeichnet. Beides ist italienisch und bedeutet *verstärkend* bzw. *verstärken*.
[607] Auch hier wird dieses Zeichen manchmal mit ***forzando*** bezeichnet.

sforzando

forzando

Eine besondere Erscheinung sei hier noch erwähnt, die von den Meisten als eine *rhythmische* Angelegenheit betrachtet wird, die jedoch meist darüber hinaus geht.

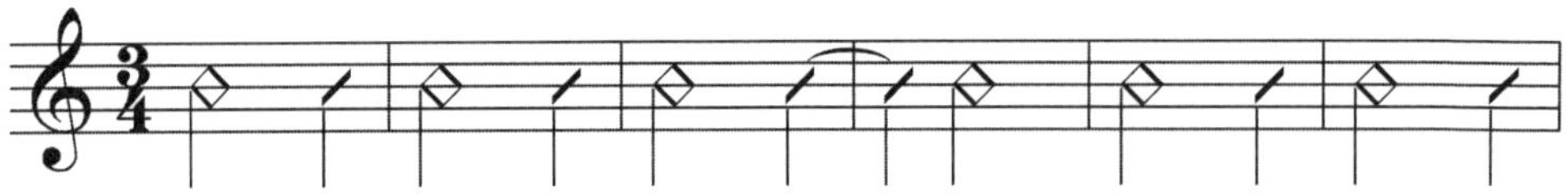

Die Besonderheit ist in Takt 3 und 4 zu finden. Diese (rhythmische) Erscheinung kann auf mindestens zwei verschiedene Arten gedeutet werden:

Zum einen – und dazu neigen viele Musiktheoretiker – handelt es sich im Takt 3 auf der Zählzeit „3" um eine vorgezogene Note[608]. In dem Fall würde diese Zählzeit mit dem Gewicht der ihr eigentlich zustehenden (nachfolgenden) „1" gespielt werden – und man hätte beim Hören das Gefühl, dass es an dieser Stelle etwas „ruckelt". Jedoch bleibt das Metrum (3/4-Takt) *erhalten.*

Zum anderen *ändert* sich in Takt 3 und 4 kurzzeitig *das Metrum* von Vierteln auf Halbe. Hierbei gäbe es für diesen Moment ein Gefühl von Langsamkeit gegenüber dem Vorhergehenden (und Nachfolgendem). Verdeutlichen kann man sich das vielleicht damit, dass man einmal[609] folgendes Beispiel spricht (*kurz* wird kurz gesprochen und *lang* lang):

kurz, kurz, kurz, kurz, kurz, kurz,
laaang, laaang, laaang, kurz, kurz, kurz,kurz, kurz, kurz.

Hemiole

Ein solcher – kurzzeitiger – Wechsel des Metrums ist sehr anregend und schafft auch viel Aufmerksamkeit[610]. Diese rhythmisch/metrische Form nennt man eine ***Hemiole.*** In vielen Büchern wird dazu lediglich erklärt, dass es sich um „eine rhythmische Gliederung von 2 Dreiertakten in 3 Zeitwerte" handelt, aber das eigentlich Interessante liegt im *Wechsel des Metrums.*

Diese metrischen Wechsel werden im Jazz (⇨ S. 226) sehr gern benutzt. Bei einem 3er-Metrum nimmt man dafür oft eine Duole (⇨ S. 113), um zu einem 4er-Metrum zu wechseln. Auch wenn hier im Notentext optisch keine Duole zu sehen ist, so kann man die jeweils 2. punktierte Viertel sowohl als vorgezogene Zählzeit „3" auffassen, als auch als Duole[611]. Die Duole besitzt ein *gleichmäßiges* Metrum. Im Gegensatz zu einer vorgezogenen Note empfindet man *keinen* „Ruck".

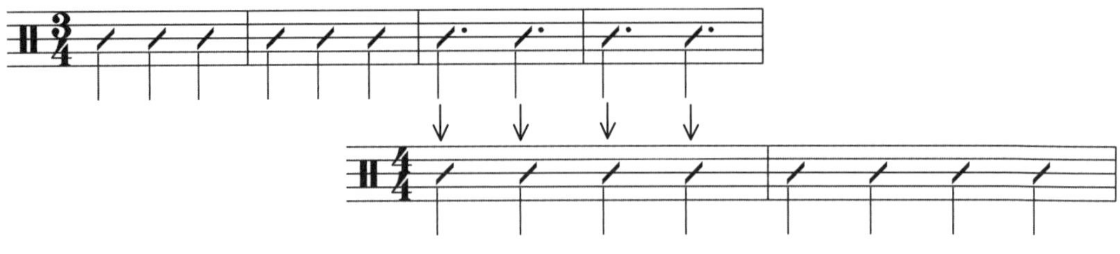

[608] Die oft fälschlicherweise als Synkope bezeichnet wird. Eine Synkope *enthält* zwar eine vorgezogene Note, was aber nicht heißt, dass *jede* vorgezogene Note automatisch eine Synkope wäre.

[609] Unter Beachtung der durch die Unterstreichung hervorzuhebenden Gewichtung.

[610] Aufgrund des Gegensatzes (⇨ S. 131) zum Bisherigen.

[611] Diese muss aufgrund des 3er-Metrums mit Achtelunterteilung (also 6 Einheiten) nicht gesondert mit einer „2" gekennzeichnet werden (denn zwei 3er-Einheiten lassen sich auch so darstellen).

Gerade im Orchester finden sich oft Noten, in denen sehr vieles wiederholt wird. Wenn in vielen Takten die *gleichen* Noten stehen, kann man sich vorstellen, dass das Auge schnell müde wird, genau hinzusehen und dann übersieht man manchmal die wichtige *Änderung* in den Noten. Um dem vorzubeugen – und um nicht zu viele Noten auf dem Notenpapier zu haben[612] – gibt es die so genannten ***Faulenzer***.

Faulenzer

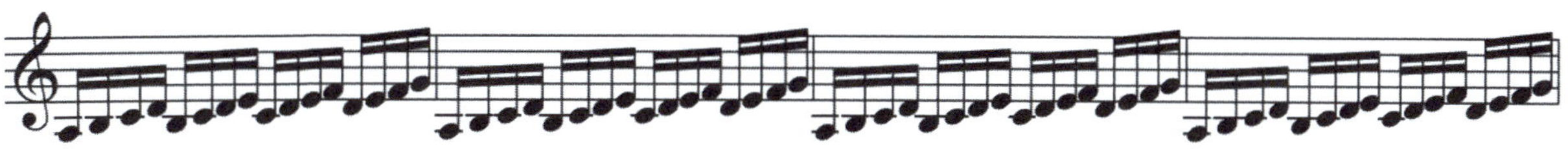

Der Faulenzer zeigt an, dass die gerade eben notierten Noten erneut gespielt werden sollen. Dies kann auf drei verschiedene Art geschehen:

eintaktiger Faulenzer

1. Möchte man *einen* ganzen Takt wiederholen, verwendet man den ***eintaktige***n ***Faulenzer***.

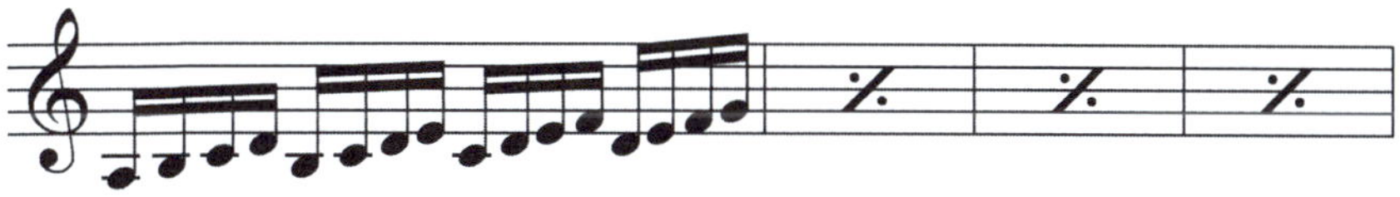

Man kann am obigen Beispiel gut sehen, dass die zu spielenden Noten besser zu sehen sind, weil sie nicht so gedrängt geschrieben wurde, die Lesbarkeit durch die Faulenzer deutlich größer ist, d.h. man sieht, wenn wieder etwas Anderes zu spielen ist, und insgesamt verbraucht man auch nicht so viel Platz für die ausgeschriebene Fassung.

Bei *vielen* Wiederholungen schreibt man die Anzahl der gespielten Takte als fortlaufende Zahl über den jeweiligen Takt[613]:

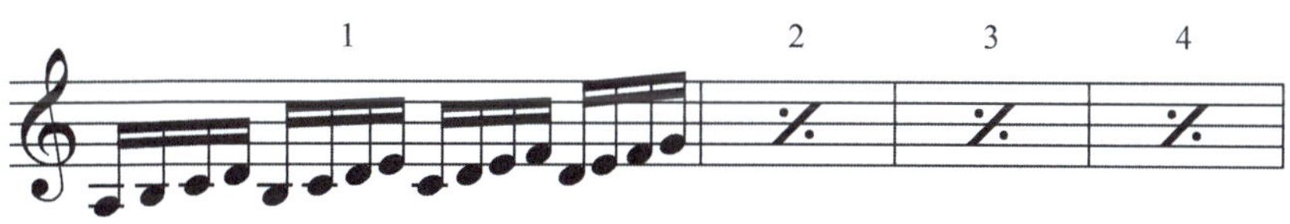

zwei-taktiger Faulenzer

2. Möchte man *zwei* ganze Takte wiederholen, verwendet man den ***zweitaktige***n ***Faulenzer***. Dieser sieht ähnlich aus wie der eintaktige, besteht aber aus *zwei* schrägen Strichen, geht über den Taktstrich hinaus und enthält noch die Zahl „2" als unmissverständlichen Hinweis. Damit wird aus dieser Zeile:

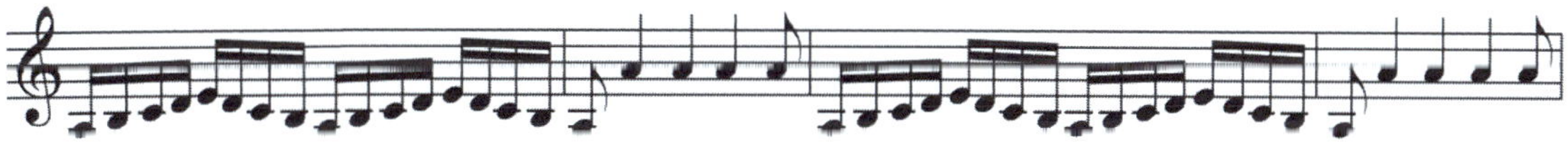

eine viel besser lesbare Zeile.

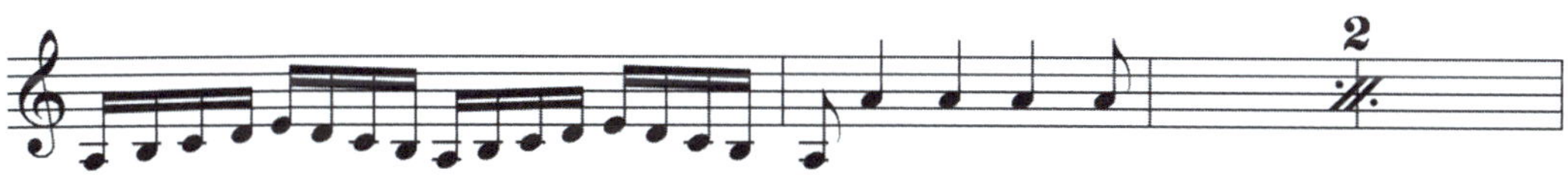

[612] In früheren Zeiten, wo es noch keine Computer gab, die Noten ausdruckten, wurde *jede einzelne Note* in jeder einzelnen Orchesterstimme von Notenkopisten mit Hand geschrieben.

[613] Es ist günstig, die Anzahl der *zu spielenden* Takte zu zählen und nicht die Anzahl der *Wiederholungen* (dies ist ja immer eine weniger).

Teiltakt-Faulenzer

3. Möchte man nur *einen Teil* eines Taktes wiederholen, kann man ebenfalls den eintaktigen Faulenzer verwenden. Er wird dann zum ***Teiltakt-Faulenzer***. Dieses Zeichen sollte immer so eingesetzt werden, dass auf dem *ersten* Blick klar wird, was gemeint ist.

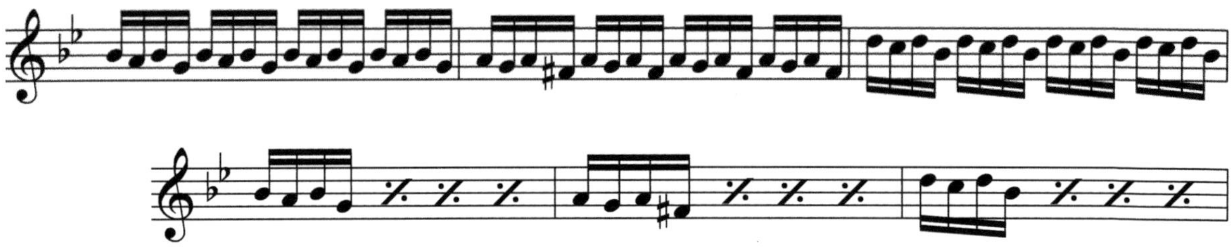

---

col

In Partituren, die *von Hand* geschrieben werden[614], findet sich in manchen Stimmen die Bemerkung ***col*** ... gefolgt von einer Wellenlinie. Das italienische Wort *col* bedeutet *wie*. Bei dieser Angabe soll ein Instrument das Gleiche spielen, *wie* bei ... (meist steht hier die Angabe eines bestimmten Teiles, z.B. Teil „C" oder ein Hinweis auf ein anderes Instrument aus dieser Partitur). Durch diese Angabe wird dem Dirigenten klar, *was* das Instrument für die Dauer der Wellenlinie zu spielen hat – nämlich etwas, was es oder ein anderes Instrument bereits schon einmal in diesem Stück gespielt hat. In der jeweiligen Stimme des Musikers stehen jedoch *immer* die korrekten Noten[615].

[614] Und nicht – wie heute meist üblich – mit dem Computer.

[615] Mit dieser Methode kann man per Hand recht schnell Partituren erstellen, da sich in den einzelnen Stimmen tatsächlich sehr viele Passagen wiederholen.

Mittlerweile können wir schon ziemlich komplizierte Akkorde erkennen. Slash-Akkorde (⇨ S. 123) bieten dabei eine gute Möglichkeit, *unübersichtliche* Zusammenhänge auf einfache Weise darzustellen. Aber manchmal ist es gar nicht so einfach, einen „normalen“ Akkord von einem Slash-Akkord zu unterscheiden. Ein Beispiel: beim nachfolgenden Akkord *könnten* mehrere Möglichkeiten der Bezeichnung in Betracht kommen.

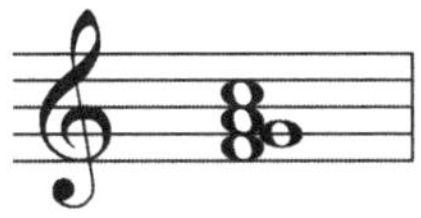

4. Zum einen die traditionelle Bezeichnung als *Fadd2*. (Die Bezeichnung als *Fadd9* kommt hier nicht in Frage, da das *g* zwischen Grundton und Terz steht und *nicht außerhalb* des Dreiklangs.)

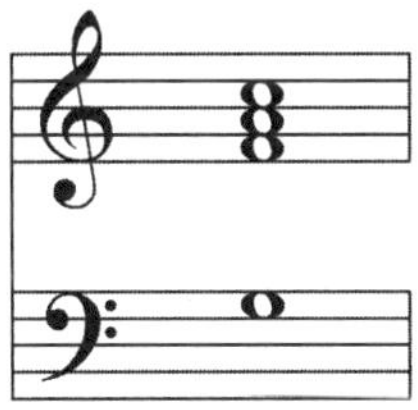

5. Zum anderen eine Bezeichnung mittels Bruchstrich-Schreibweise als *F/G.*

Hört man sich jedoch den ersten Akkord im Vergleich zum zweiten an, wird man feststellen, dass beide doch ziemlich unterschiedlich klingen. Eine Deutung als *F/G* ist bei dem ersten Akkord also nicht zutreffend.

Hier die verschiedenen Möglichkeiten des Auftretens unserer Tonzusammenstellung mit der jeweils korrekten Bezeichnung:

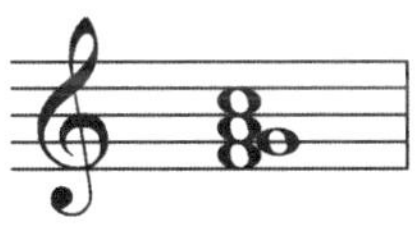

Fadd2

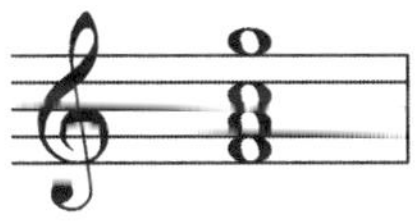

Fadd9

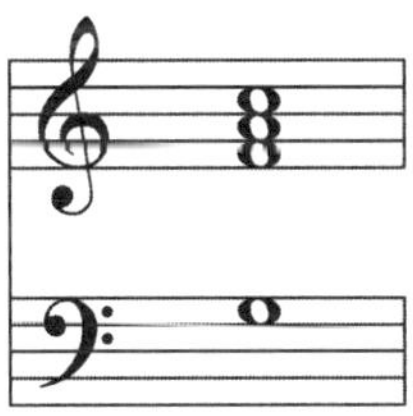

F/G

Seltener – und auch nur dann, wenn es notwendig ist – findet man bei Slash-Akkorden eine Schreibweise, bei der der *untere* Akkord nicht nur aus *einem* Ton besteht.

Z. B. kann man den Akkord $D^{7/\flat 9/\sharp 11}$

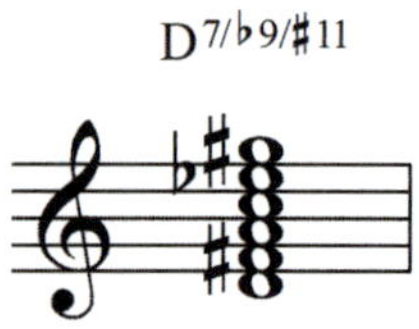

auch viel übersichtlicher – und damit auch leichter spielbar – so darstellen: $A^{\flat}/D7$.

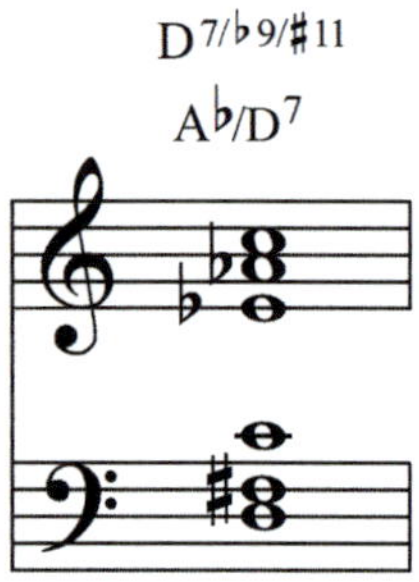

Hier würde unter dem Ab-Dur-Dreiklang[616] (*as, c, es*) ein Akkord gespielt werden, der neben dem Grundton *d* auch die Septime *c* (diese wird ja insbesondere verlangt) enthalten soll. Darüber hinaus wird oft noch die Terz *fis* mitgespielt. Bei der Quinte *a* wird es dann schon schwieriger mit dem Klang[617] – man *kann* die Quinte mitspielen, aber man *muss* nicht.

Welche Schreibweise verwendet werden sollte, richtet sich nach der Lesbarkeit. Akkorde sollten immer so geschrieben werden, dass man sie leicht lesen, aber gleichzeitig auch (möglichst) den funktionalen Zusammenhang erkennen kann[618].

Aufgabe Nr. 48

[616] In der Wahl der Umkehrung ist man dabei völlig frei.
[617] Wegen der k9 zwischen *a* und *as*.
[618] Leider ist dies jedoch nicht immer der Fall, wenn man sich Noten kauft.

Natürlich gibt es auch manchmal Akkorde, da kommt man mit seinen Regeln nicht wirklich weiter. Bei dem nächsten Beispiel kann einem nur das Ohr helfen, um herauszufinden, welche Akkordbezeichnung hier die zutreffende ist.

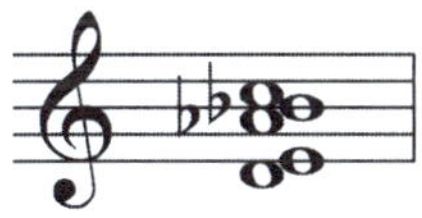

Alle Töne dieses Akkordes entstammen der Ganztonleiter. Und bei der Ganztonleiter gibt es – genau wie bei der chromatischen Tonleiter, aber auch der HTGT- und der GTHT-Skala (alle ⇨ S. 93) – ein generelles Problem: man kann den *Grundton* dieser Tonleitern sehr schlecht – ja eigentlich gar nicht – bestimmen.

Allen diesen Tonleitern ist gemeinsam, dass sie eine *gleichmäßige* Abfolge von Tönen besitzen. Diese Gleichmäßigkeit stellt für das Hören ein Problem dar. Denn nur das *unterschiedliche* Verhältnis in der Abfolge von Ganztönen und Halbtönen macht es bei einer Tonart überhaupt erst möglich, zu erkennen, *welcher* Ton der Tonleiter denn der ***Grundton*** ist[619].

Grundton erkennen

Und genau das ist bei der Ganztonleiter nicht möglich!

Die Töne des o.g. Beispiels lassen sich verschieden ordnen. Im ersten Takt finden wir eine komplette Terzschichtung[620] – der Name des Akkordes wäre $C^{9(\sharp 5)}$ (gesprochen: *C-Neun-Kreuz-Fünf*). Auch der zweite Takt bietet eine komplette Terzschichtung an – allerdings von einem ganz anderen Grundton aus (hier hieße der Akkord $B^{\flat 9(\flat 5)}$, gesprochen: *Be-Neun-Be-Fünf*). Im dritten und vierten Takt finden wir Sortierungen, die eine nicht ganz vollständige Terzschichtung beinhalten – es fehlt jeweils ein (möglicher) Ton. Im dritten Takt hieße der Akkord $B^{\flat 11\sharp}$ (*Be-Kreuz-Elf*) und im vierten Takt $A^{\flat 5\sharp/add9/11\sharp}$ (*As-Kreuz-Fünf mit hinzugefügter None und Kreuz-Elf*). Man merkt schon an der Kompliziertheit der Akkordnamen, dass unsere gewohnten Akkordbezeichnungen für ein Gebiet, welches nicht aus den traditionellen siebenstufigen Tonleitern besteht, nicht mehr gut funktionieren.

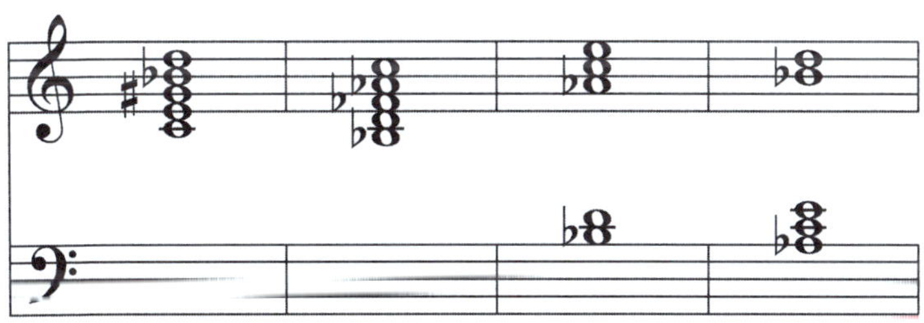

Tatsächlich gelten Regeln immer nur in einer begrenzten und (im besten Falle) in einer klar festgelegten Umgebung!

[619] Wobei man sich darin – z. B. durch bewusstes Irreführen – auch noch täuschen kann (⇨ S. 19).

[620] Da alle Töne des Beispiels als Töne der Ganztonleiter angesehen werden können, gibt es auch keine Schwierigkeiten, einzelne Töne enharmonisch umzudeuten (zur Schreibproblematik bei Skalen mit *mehr* oder *weniger* als sieben Tönen ⇨ S. 93).

Doppeldominante

Zwischendominante

Mehrfachdominante

Dominantkette

Doppelsubdominante

Zwischensubdominante

Mehrfachsubdominante

Subdominantkette

Wie weiter vorn erwähnt (⇨ S. 148), kann man zu einer Tonika nicht nur *eine* Dominante bilden, sondern von dieser aus noch *weitere* Dominanten. Dies kommt sogar recht häufig vor. Man bezeichnet diese „Dominante der Dominante" auch als ***Doppeldominante***. Dieses Spiel kann man auch mehrmals durchführen, so dass ***Dreifachdominante**n* oder ***Vierfachdominante**n* entstehen oder wie man der Einfachheit halber sagt: ***Zwischendominante**n*[621], manchmal auch als ***Mehrfachdominante**n* bezeichnet. Nur die *letzte* Dominante (vor der Tonika) behält immer den Namen Dominante.

Spielt man *mehrere* Dominanten hintereinander, entsteht eine ***Dominantkette***. Dieses Verfahren funktioniert natürlich auch mit Subdominanten. Auch hier gibt es ***Doppelsubdominante**n*, ***Dreifachsubdominante**n* usw., kurz gesagt ***Zwischensubdominante**n* bzw. ***Mehrfachsubdominante**n*[622]. Man spricht dann auch von ***Subdominantkette**n*.

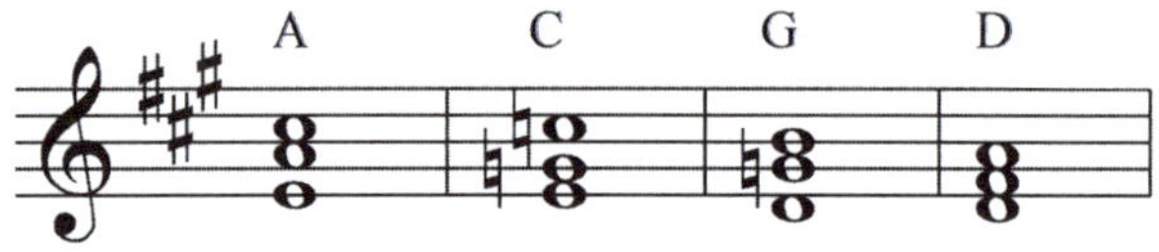

(alleinige) Harmoniefolge des Titels „Fly away" von Lenny Kravitz. Musik: Lenny Kravitz

Dies ist ein typisches Beispiel für eine Subdominantkette. Nach der Tonika (A-Dur) folgt ein Sprung klanglich weit weg nach C-Dur, welches sich nach und nach als Dreifachsubdominante entpuppt (C-Dur Subdominante von G-Dur; dieses Subdominante von D-Dur, welches selbst die Subdominante der Tonika A-Dur ist). Das Lied besteht ausschließlich aus diesen sich beständig wiederholenden 4 Takten.

Derartige Harmoniefolgen kommen vorrangig in Liedern des Soul (⇨ 226) vor, der aufgrund seiner Herkunft aus dem Blues (⇨ S. 221) prinzipiell die Subdominanten bevorzugt.

Nun schauen wir uns zwei Beispiele einer *Dominant*kette etwas genauer an:

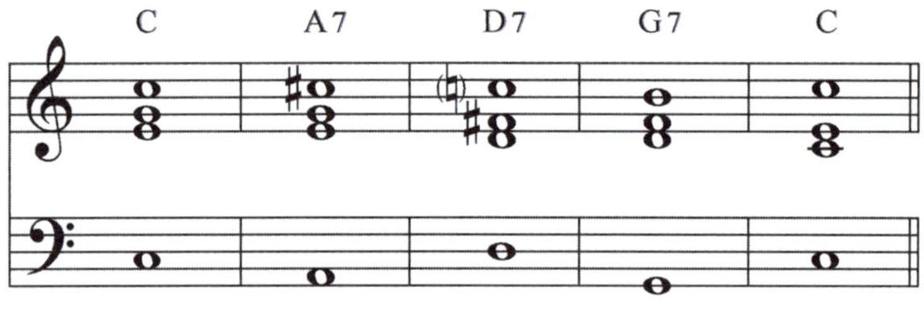

Klammerdominante

Klammersubdominante

[621] Manchmal werden sie auch ***Klammerdominante**n* genannt. Hintergrund hierfür ist die herkömmliche Bezeichnungsweise der Musiktheorie für *Funktionen* (*T* für Tonika in Dur, *D* für Dominante in Dur und *S* für Subdominante in Dur; darüber hinaus *t* für Tonika in Moll, *d* für Dominante in Moll und *s* für Subdominante in Moll). Verwendete man nun mehrere Dominanten, wurde die „Dominante der Dominante" jeweils in Klammern gesetzt und mit einem Bogen hin zu ihrem Bezugspunkt versehen (im Beispiel stehen oben die Namen der Akkorde und unten die entsprechende Funktionsbezeichnung).

F	G	C
T	(D)	D

[622] Dementsprechend gibt es auch ***Klammersubdominante**n*.

Em	G	D	A	Em
t	(S)	(S)	S	t

Wenn wir obiges Notenbeispiel betrachten, sehen wir im zweiten Takt ein *cis*, welches in *C-Dur* nicht vorkommt. Im dritten Takt kommt ein *fis* vor und entstammt ebenfalls *nicht* der Tonleiter der Tonika. Wollte man in diesem Beispiel lediglich die Töne der *C-Dur*-Tonleiter verwenden, würde die Harmoniefolge so aussehen:

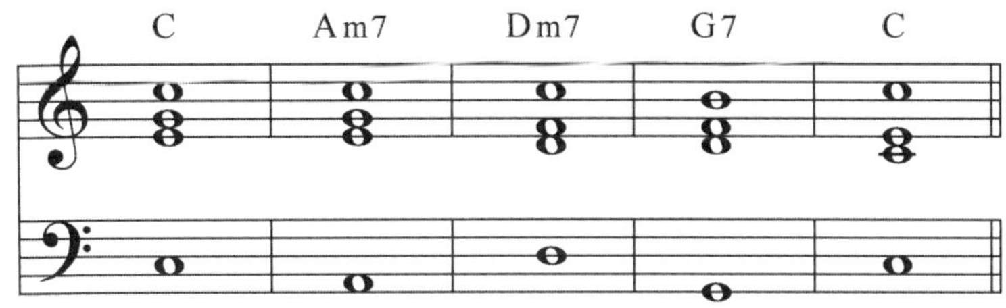

Aus den ursprünglich in Dur stehenden Akkorden im zweiten und dritten Takt sind Moll-Akkorde geworden. Die Harmoniefolge klingt dennoch logisch und auch ziemlich bekannt – wenn auch nicht mehr so *aufregend* wie mit den *fremden* Tönen[623]. Auch hier handelt es sich um Zwischendominanten. Tatsächlich ist es bei ***Zwischendominanten*** völlig egal, ob sie in Dur oder Moll stehen. Nur bei der *letzten* Dominante verwendet man *immer* einen Dur-Akkord. Das hat folgende Bewandtnis:

Zwischen-dominante

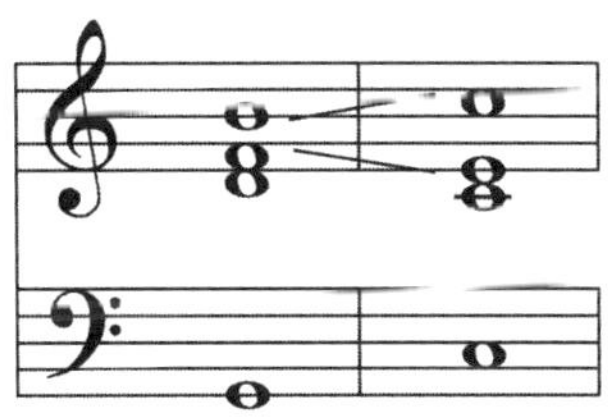

Wie bereits erwähnt (S. 147), strebt das *h* als große Terz[624] der Dominante (*G-Dur*) nach oben (außen), hin zum Grundton der Tonika und ist damit Leitton. Das *f* als k7 der Dominante fällt nach unten (innen), hin zur Terz der Tonika und bildet den zweiten Leitton. Es gibt durch das *Dur* von G7 und der *kleinen Septime* also sogar *zwei* klare Hinweise darauf, dass der *folgende* Akkord deutlich weniger Spannung besitzen wird und daher auch die Tonika sein könnte. So betrachtet unterstützen die *Moll*akkorde in der obigen Kadenz sogar die deutlich klarere Strebewirkung des *G^7*-Akkordes hin zur Tonika *C-Dur*[625].

---

[623] Die hier verwendeten Akkorde sind diatonische Akkorde (⇨ S. 95).

[624] Auch wenn das *h* natürlich *weiter* als eine g3 vom gespielten Grundton entfernt ist und auch noch *über* der k7 gespielt wird, verliert es nicht den *klanglichen Charakter* der g3. Daher bezeichnet man diese Intervalle – egal in welchem Oktavbereich sie anzutreffen sind und in welcher Lage sie auftreten – mit dem Namen, den sie in der Terzschichtung besitzen.

[625] Solche diatonischen Kadenzen, in denen die Zwischendominanten mehr oder weniger häufig auch in Moll auftreten, sind seit Jahrhunderten im Gebrauch, z. B. bei *J. S. Bach*.

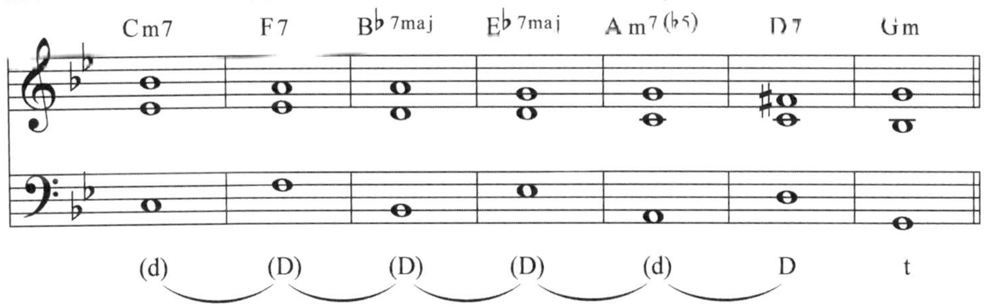

Beim Wechsel von E♭7maj nach Am7(♭5) gibt es eine Besonderheit, nämlich einen Abstand von einer v5 (Tritonus). Dieser Abstand ist unvermeidbar, will man sich diatonisch – wie in diesem Beispiel – durch *alle* möglichen Akkorde der Skala bewegen. Dennoch klingt die Harmonie-

Bei so vielen Dominanten halten wir noch einmal fest: die *letzte* Dominante vor der Tonika – also die „echte" Dominante – steht *immer* in Dur[626]. Das gilt auch, wenn es sich bei der Tonika um Moll handelt. In *Am* zum Beispiel muss die Dominante dann *E* bzw. E^7 heißen. Dann leitet die Dominante auch klar und deutlich zur Tonika über, weil sie wieder *zwei* Leittöne besitzt.

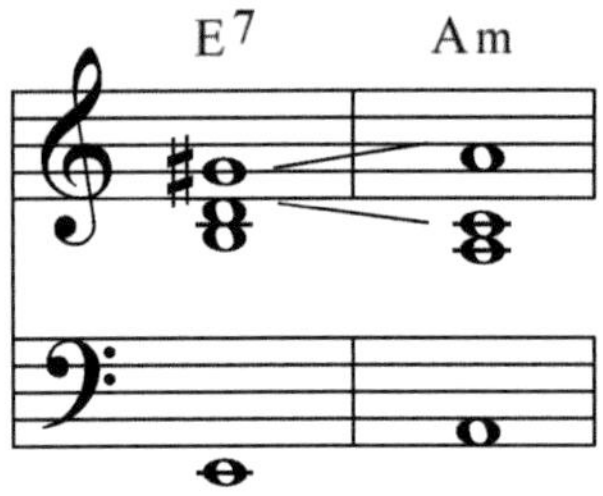

Lautet die Dominante in *Am* jedoch *E* bzw. E^7, dann muss in der *Am*-Tonleiter auch ein *gis* vorkommen (denn wie wir gesehen haben [⇨ S. 147], verwendet die Dominante die Töne der Tonika-Tonleiter). Aus unserer vormals reinen Moll-Tonleiter ist die ***harmonische Moll-Tonleiter*** geworden.

harmonisch Moll

melodisch Moll

Wenn man bei Verwendung der harmonischen Moll-Tonleiter den übermäßigen Sekundschritt als zu auffällig empfindet, kann man auch zur ***melodischen*n *Moll-Tonleiter*** wechseln. Diese bietet die interessante Möglichkeit, die Subdominante (eigentlich *Dm*) *auch* als Durakkord zu verwenden.

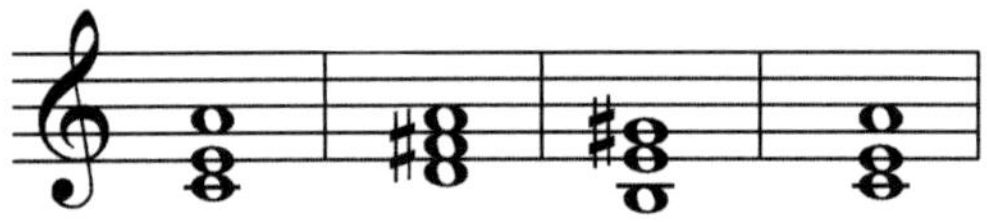

Je nachdem, welche beabsichtigte Wirkung man erreichen möchte, kann man hier die Subdominante als *D-Moll* oder als *D-Dur* spielen; aber man kann natürlich auch die Dominante sowohl als *E-Dur* als auch als *E-Moll* spielen[627].

Modulation

Ausweichung

Bei derartig vielen Möglichkeiten, z. B. Dominanten übereinander zu schichten oder in ihrem Tongeschlecht zu ändern, kann es durchaus vorkommen, dass man nicht mehr genau weiß (hört), welcher Akkord denn eigentlich die Tonika ist. Dann kann es auch passieren, dass man plötzlich eine *ganz andere* Harmonie als Tonika identifiziert, als es bisher der Fall war. Man hat das Gefühl, sich in einer anderen, in einer *neuen* Tonart zu befinden. Einen solchen Wechsel in der Wahrnehmung der Tonika nennt man ***Modulation***[628]. Ist dieser Eindruck jedoch nur von *kurzer* Dauer und es geht danach wieder zum alten Tonika-„Gefühl" zurück, spricht man hingegen von einer ***Ausweichung***.

---

folge logisch. Wir hören auch die v5 dominantisch (also als Quinte). Deshalb funktioniert auch die Tritonussubstitution (S. 152) als Akkordbeziehung.

[626] Auch gegen diese Regel kann man – klanglich interessant – verstoßen.

[627] Zwar gibt man damit die klare Leittonwirkung der Dominante hin zur Tonika auf, aber man kann bekanntlich nicht alles *gleichzeitig* haben.

[628] Der Begriff besitzt auf dem Gebiet der Akustik noch eine weitere Bedeutung.

Wenn sich jedoch eine Akkordbeziehung *nicht* auf die zu erwartende Weise auflöst – also sich z.B. ein Dominantseptakkord *nicht eine Quinte tiefer* auflöst[629], egal ob nach Dur oder Moll –, sondern ein unvorhergesehener, überraschender Akkord auftritt, spricht man von einem ***Trugschluss***. Die meisten Trugschlüsse sind auf der 6. Stufe (⇨ S. 235) zu finden (in Moll wie in Dur), jedoch lässt sich daraus kein *Muss* ableiten.

Trugschluss

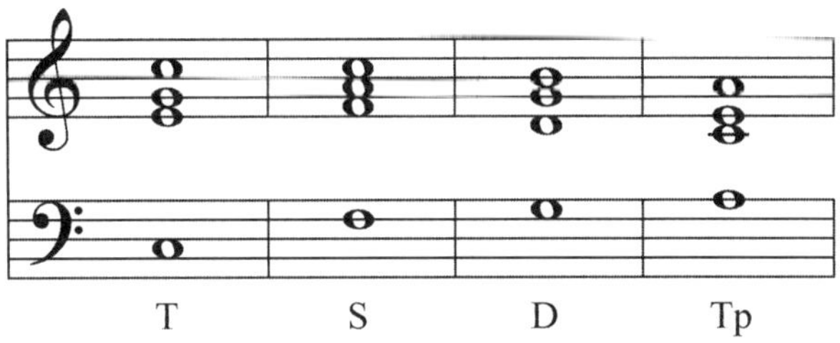

Standard-Trugschluss-Kadenz (in Dur). Statt der Tonika erscheint deren Parallele.

Vor allem der verminderte Septakkord – der Nullakkord – ist für einen Trugschluss hervorragend geeignet, da er in irgendeiner Form *immer* einen oder mehrere (chromatische) *Leittöne* bietet. Im folgenden Beispiel taucht er gleich zweimal auf: einmal als Hinführung zum Dominant-Quart-Sext-Akkord[630] (⇨ S. 160) und dann – nach der Dominante mit der Septime im Bass – als Trugschluss-Akkord[631]. Dieses chromatisch „durch die Töne gleiten" war in der Romantik sehr beliebt und führte später dann zum Verwischen harmonischer Beziehungen bis hin zum Verlust des Tonika-Empfindens.

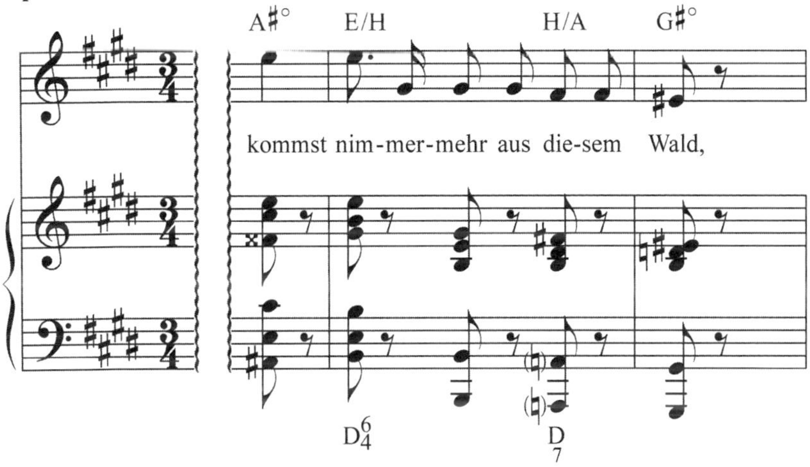

Musik: Robert Schumann, aus dem "Liederkreis", op. 39, Nr. 3, „Waldesgespräch", Takte 59-61

---

629 Im eigentlichen Sinne liegt der Trugschluss vor, wenn sich der *Leitton* nicht zur Tonika auflöst.

630 Man kann diesen Nullakkord nach F♯7(♭9) deuten (ohne Grundton), dann wäre es eine Doppeldominante, oder aber als eine Ansammlung von Leittönen (*ais* zum *h*, *fisis* zum *gis*, *cis* zum *h*). Dass diese (funktionsfreie, weil lediglich auf eine *Verschiebung* [⇨ S. 151] reflektierende) Leitton-These zutreffend sein kann, hört man, wenn obendrein der letzte Leitton chromatisch gewählt wird. Auch mit *c* zum *h* würde das Ganze funktionieren und klingen (wobei dieses Klangbild für die Romantik nicht typisch wäre).

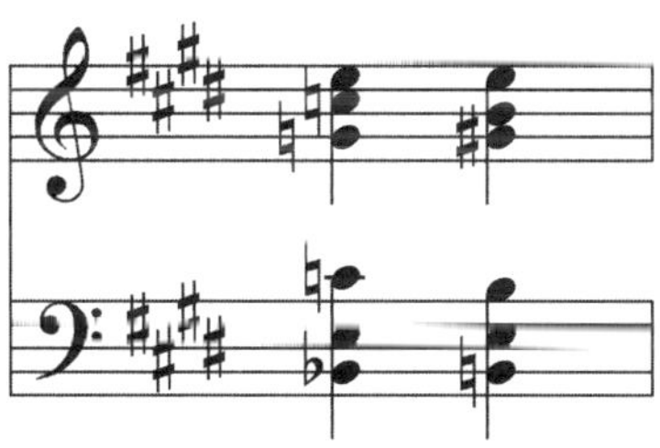

631 Dessen Deutung ist eher zweitrangig, weil die starke Leittonwirkung der Chromatik (zwei Töne bleiben liegen, zwei gehen chromatisch nach unten) einen evtl. bestehenden funktionalen Zusammenhang ohne Weiteres überlagern kann.

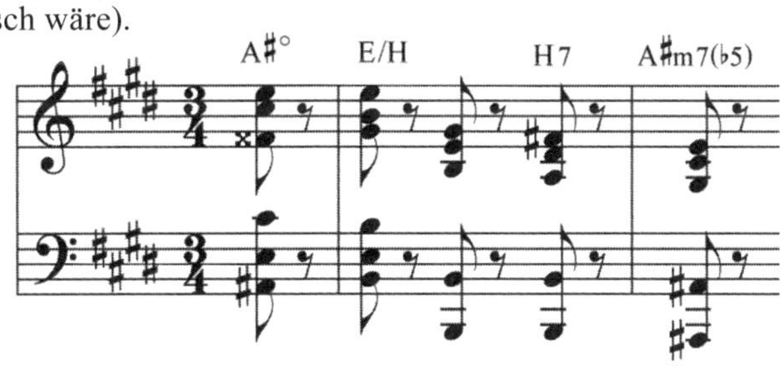

Modulation

Von einer ***Modulation*** spricht man normalerweise nur dann, wenn es einen *Weg* von einer Tonart zur nächsten gibt. Auf diesem *Weg* werden dann eine oder mehrere *andere* Harmonien verwendet. Es gibt also einen *Übergang*[632]. Jedoch besitzt diese Sichtweise einen Schönheitsfehler. Niemand erklärt, *wo* ein solcher Übergang *beginnt.*

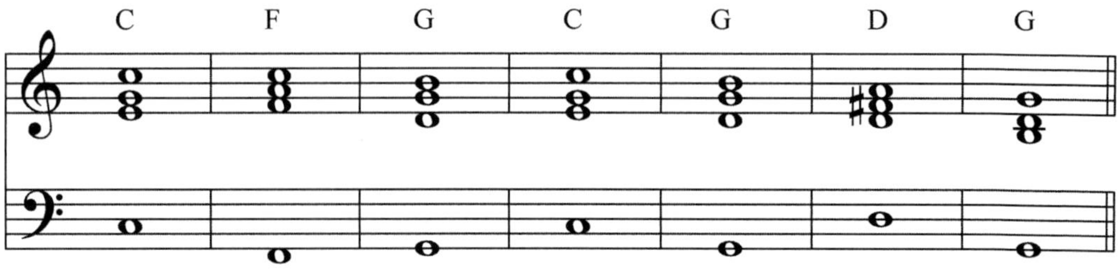

Bei dieser einfachen Harmoniefolge kann man zwar am Ende durchaus das Gefühl haben, sich in einer neuen Tonart zu befinden (*G-Dur*), aber man wird schwer einen Modulations*weg* finden können. Bis zum vierten Takt handelt es sich ganz klar um die „alte" Tonart (einfache Kadenz ⇨ S. 156). Danach jedoch befindet man sich bereits schon in der „neuen" Tonart. Den fünften Takt als *Wechsel* in der Tonarten-Zuordnung zu betrachten, wäre kühn, denn wer legt fest, dass *dieses* G-Dur (neue Tonika) ein *anderes* G-Dur ist, als noch im dritten Takt (da war es Dominante)? Die Lösung ist auch hier wieder beim Hören zu suchen.

Der *Weg* bei einer Modulation ist ein Weg des *Hörens* und *Empfindens.* Nicht theoretische Erklärungen umreißen eine Modulation – z. B. welcher Akkord welche Bedeutung zu haben *hat* –, sondern die Modulation ist ein *Hörprozess*, bei dem das „In die Irre führen" im Mittelpunkt steht. Die *Länge* dieses „In die Irre-Führens" spielt dabei keine Rolle. Das heißt, dass es – gerade bei einer Modulation – nicht die *eine* richtige Erklärung gibt, sondern dass alles unter Umständen auch ganz anders sein kann, *ganz anders* aufgefasst werden kann.

Selbst wenn man ohne Übergang einfach nur in einer neuen Tonart weiterspielte, stellt dieser plötzliche Wechsel in der Tonart *ebenfalls* eine *Beziehung* zur „alten" Tonart her und eröffnet dem Hören damit einen *Weg*, einen *Übergang*[633] – auch wenn diese Veränderung erst im *Nachhinein* bemerkt und verarbeitet werden kann[634].

Ändert sich die Tonart, muss (meist) auch die Vorzeichnung (⇨ S. 62) geändert werden. Im neuen Takt werden *zuerst* eventuell nicht mehr gültige, alte Vorzeichen aufgelöst[635], *dann* werden die neuen Vorzeichen vermerkt[636]. Zur besseren Lesbarkeit sollte der Taktstrich dabei immer ein Doppelstrich (⇨ S. 78) sein. Tonartwechsel am *Zeilenende* schließt man *nach den neuen* Vorzeichen *nicht* mit einem Taktstrich ab.

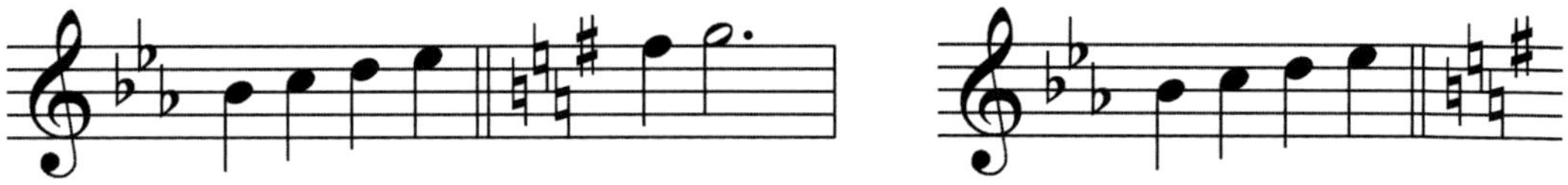

[632] Man könnte dies eine Modulation im engeren Sinne nennen.

[633] Man könnte dies eine Modulation im weiteren Sinne nennen.

[634] Das trifft jedoch auf *jede* Form von Modulation zu.

[635] Früher wurden oft *nur die neuen* Vorzeichen notiert ohne die alten aufzulösen. Auflösungszeichen standen nur dann da, wenn z.B. aus E^b-Dur C-Dur wurde.

[636] Und zwar so, dass es *kein* Missverständnis mit den folgenden Noten geben kann. Es ist auf ausreichend Abstand zur nächsten Note zu achten (damit klar wird, dass das Kreuz im Beispiel nicht *einmalig* für das *f* gilt, sondern ein *General*vorzeichen (⇨ S. 62) ist.

Nun ein paar Beispiele für Modulationen. Zuerst eine „klassische“ Modulation (von *D-Moll* nach *Bb-Dur*), bei der die neue Tonart durch das zusätzliche, zweimalige Erscheinen der (Grund-)Kadenz dieser neuen Tonart gefestigt wird[637].

Beethoven Sonate, op. 31 Nr. 2, 3. Satz

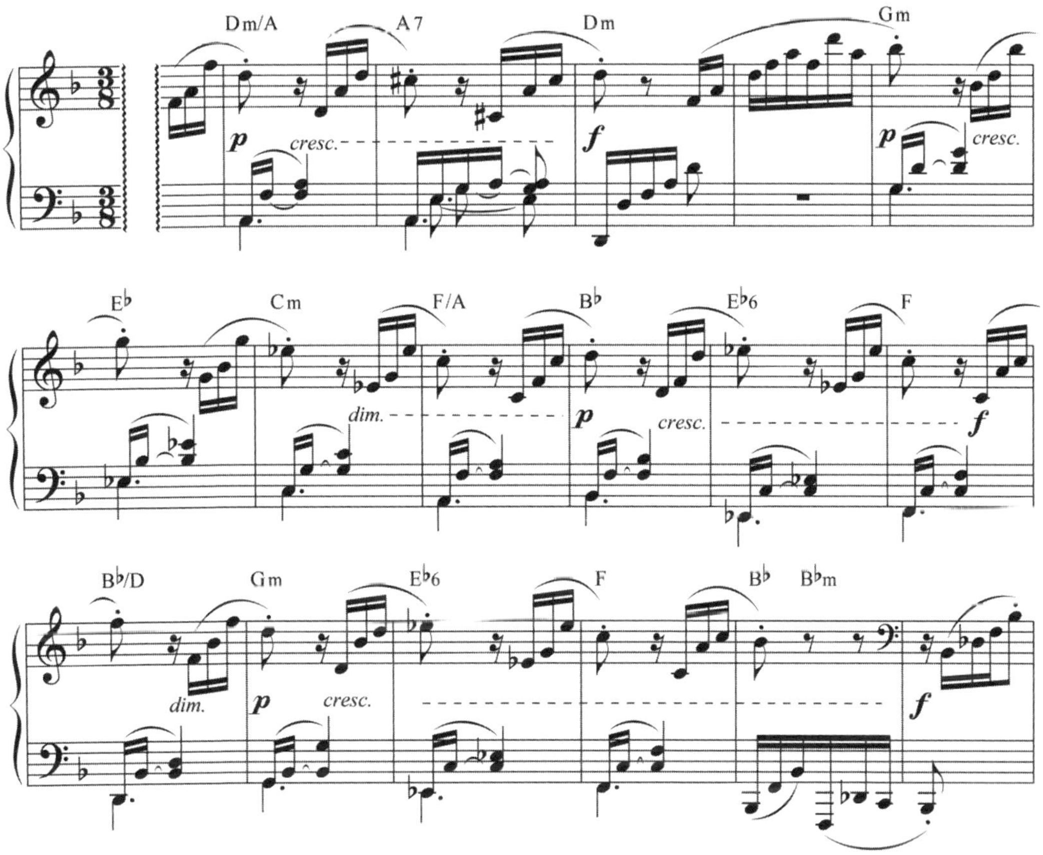

Musik: Ludwig van Beethoven, Sonate op. 31 Nr. 2, 3. Satz, ab Takt 226

In den ersten drei Takten sehen wir die Schluss-Kadenz der „originalen“ Tonart *D-Moll*. Das anschließende *G-Moll* als Subdominante von *D-Moll* wird hier schon umgedeutet als neue Tonika-Parallele (von *Bb-Dur*) und führt über den zunächst etwas überraschend klingenden Akkord *Eb-Dur* weiter zu dessen Parallele (*C-Moll*) und mit einem traditionellen ***Quintfall***[638] (*Cm-F-Bb*) zur neuen Tonika *Bb-Dur*. Diese wird aber vom Ohr noch nicht als neue Tonika akzeptiert und deshalb erfolgt noch ein *zweimaliger* Durchgang durch die (ungewohnte) Kadenz, bis Bb-Dur als neue Tonika endgültig anerkannt ist. Dieses „immer wieder durch eine Kadenzfolge[639] gehen“ nennt man auch einen ***Turn-around*** (englisch für *Kehrtwendung, immer wieder aufs Neue*).

Quintfall

Turn-around

Interessant ist der Schluss der Modulation: Beethoven fährt nämlich gar nicht in *Bb-Dur* fort, sondern wechselt – ohne Modulation – einfach nach *Bb-Moll* in die Varianttonart (⇨ S. 151).

---

637 Nicht immer traut man als Zuhörer dem, was der Komponist einem da als Modulation vorschlägt. Besonders in Fällen, bei denen es *nicht sehr weit weg* von der ursprünglichen Tonart geht, muss das „Neue“ gefestigt werden – also in seiner Berechtigung als neue Tonika bestärkt werden.

638 Wenn sich eine Akkordfolge jeweils im Quintabstand nach unten bewegt – im Quintenzirkel entgegengesetzt dem Uhrzeigersinn –, spricht man auch von einem ***Quintfall***.

639 Diese Kadenz sollte nicht zu viele Akkorde umfassen.

Hier ein Beispiel für eine Modulation, bei der es ebenfalls anders weitergeht, als es im ersten Moment den Anschein hat.

We are the champions

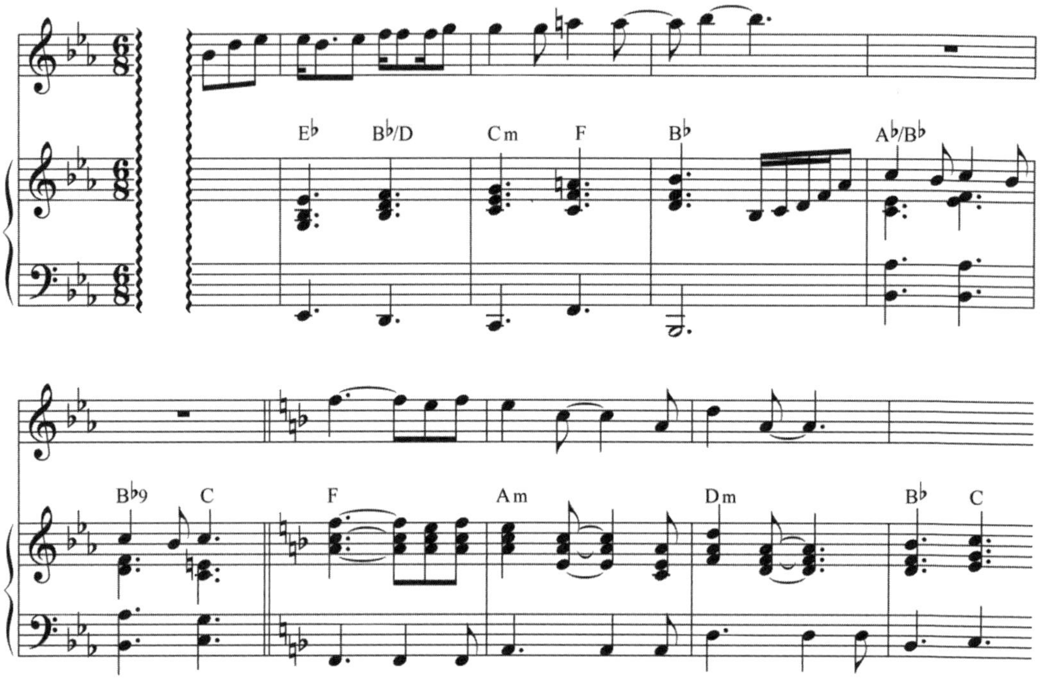

Musik: Freddy Mercury, © 1977, Queen Music Ltd.

Die Doppeldominante (*F-Dur*) führt scheinbar zu einer neuen Tonika (*Bb-Dur*) hin, welche jedoch *sofort* durch das Erscheinen einer (kleinen) Septime (*Ab/Bb)* in eine andere Richtung gelenkt wird – nämlich zurück nach *Eb-Dur*. Aber stattdessen wird *Bb-Dur* – als in Wirklichkeit neue Subdominante – nach oben zur Dominante *C-Dur*[640] *gerückt* und folgerichtig zur neuen Tonika *(F-Dur)* aufgelöst (und das ohne Zuhilfenahme einer kleinen Septime auf der Dominante).

Ein Beispiel für eine ganz kurze Modulation. Nur *ein* Akkord – die zukünftige Dominante – bereitet in Form eines Septakkordes auf die neue Tonika vor.

Dream a little dream of me

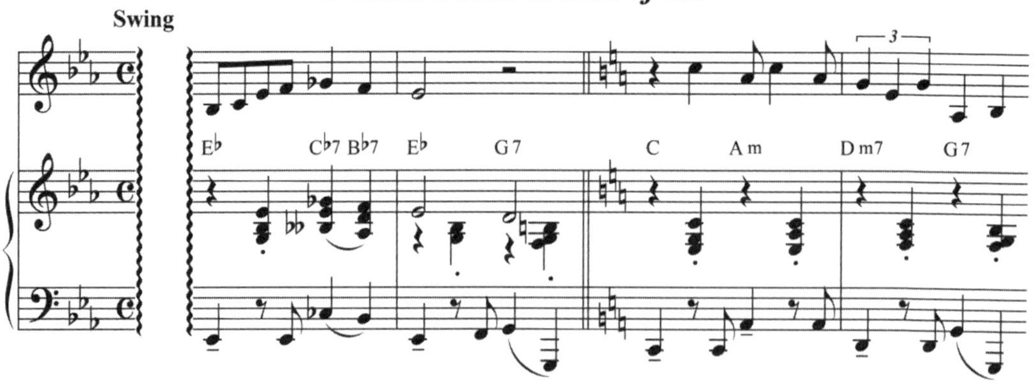

Musik: Fabian Andre / Wilbur Schwandt, © 1931, Words & Music Inc.

---

[640] So wie es auch in jeder (Grund-)Kadenz – allerdings ohne die (irreführende) kleine Septime auf der Subdominante – der Fall ist.

Ein Beispiel für eine Modulation, bei der *kein einziger* Akkord auf die veränderte Tonart vorbereitet (Modulation in die Varianttonart, ⇨ S. 151).

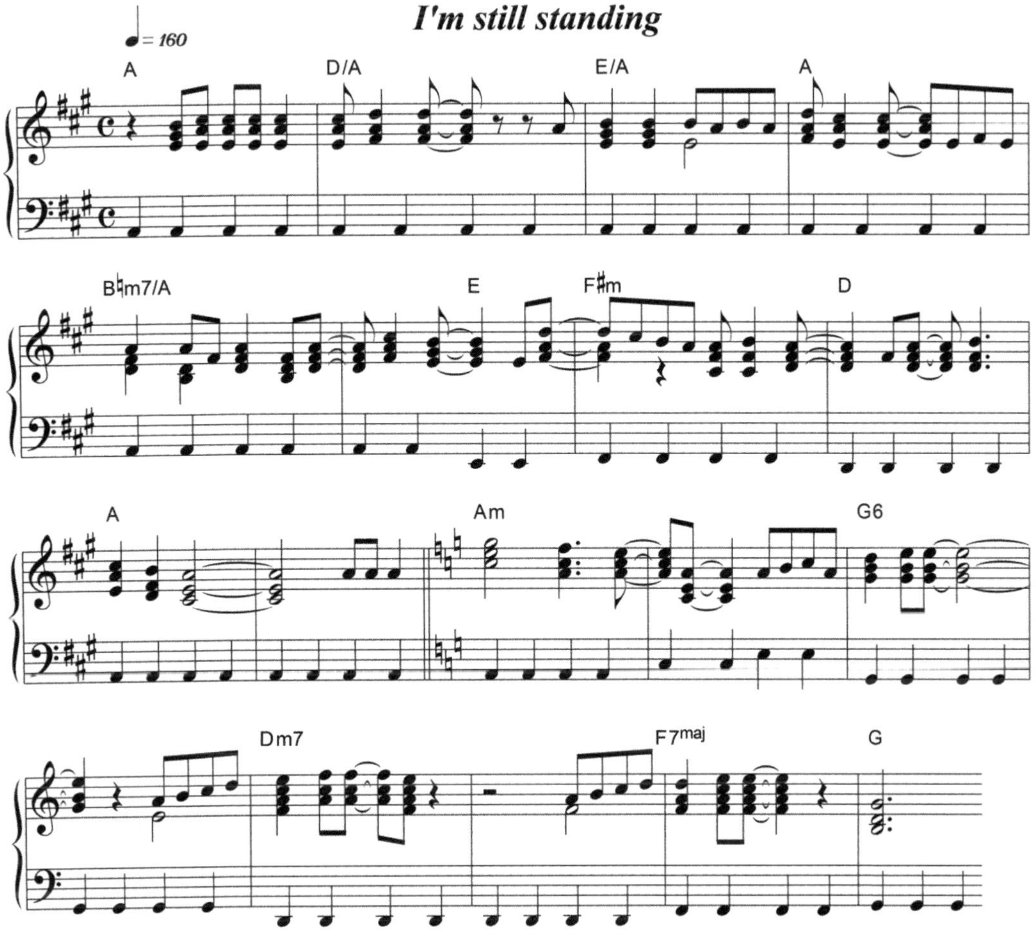

Musik: Elton John, © 1983, by Big Pig Music Ltd.

Ein ähnliches Beispiel einer Modulation in die Varianttonart – ebenfalls ohne Vorbereitung und auch von A-Dur nach A-Moll und zurück – ist im 3. Satz (alla turca[641]) von *Mozarts* A-Dur-Sonate (KV 331) zu finden. Das Ende im Beispiel der oben genannten *Beethoven*-Sonate sei ebenfalls in Erinnerung gerufen.

[641] Im Deutschen als *Türkischer Marsch* bezeichnet.

Und nun noch ein Beispiel für eine Ausweichung.

All mein Gedanken

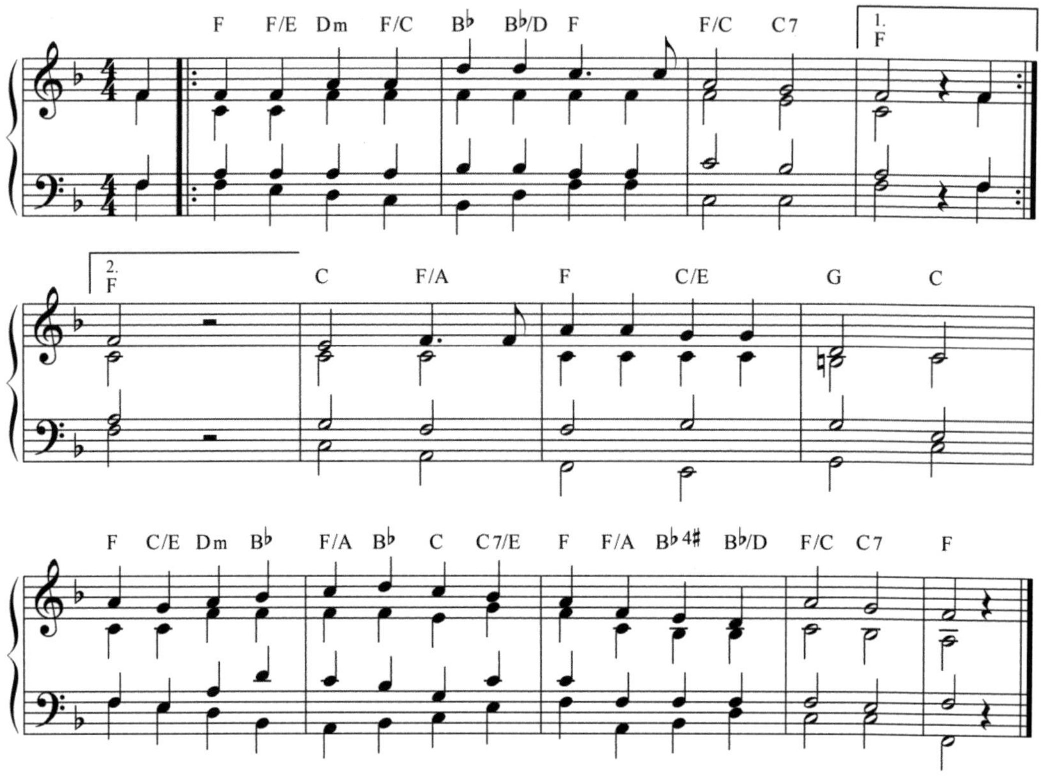

Text & Melodie: Locheimer (Lochamer) Liederbuch, ca. 1460

Das Ende der zweiten Zeile betrachtet man im Allgemeinen als eine Ausweichung. Wenn man will, kann man hier so etwas wie eine Modulation (von *F-Dur* nach *C-Dur*) empfinden. Man muss aber nicht; es kann sich vom Hören her durchaus auch lediglich um eine Doppeldominante handeln.

Spätestens jetzt kann man sich gut vorstellen, dass es in der Musik so unglaublich viele Gestaltungsmöglichkeiten gibt, dass auch nach hunderten von Jahren immer wieder Neues, noch nie Dagewesenes entstehen kann. Zum Abschluss wollen wir noch weitere Möglichkeiten auf dem Gebiet Rhythmus und Metrum kennenlernen, die die Bandbreite für die Gestaltung in der Musik noch einmal *deutlich* erweitern.

Wir sind in unserer Festlegung darüber, was *Metrum* bedeutet (⇨ S. 38) bisher stillschweigend davon ausgegangen, dass das beständig Wiederkehrende immer aus *gleich langen* Schwerpunkten besteht. Dies ist in unserer (europäischen) Kultur auch fast immer der Fall, aber es geht auch anders: In Lateinamerika verwendet man Metren[642], die aus Afrika stammen und aus verschieden langen (Unter-)Schwerpunkten bestehen. Diese Metren nennt man ***Claves***[643]

Clave

Claves (Einzahl: Clave) bestehen aus 2 verschieden langen, metrischen Einheiten, einer Zweier-Struktur (2 Achtel) und eine Dreier-Struktur (3 Achtel). Dadurch ist es möglich, *jedes* denkbare Metrum zu konstruieren.

3+3+2 2+3+3 2+3+3+3+3+2

3+3+3+3+2+2 2+3+2+3+3+2+2+3

Bei den oben aufgeführten Beispielen der Metrumbildung durch Claves, stellt sich die Frage wie man dies in der Taktartbezeichnung widergeben kann. Die Taktangabe ist für uns die *wichtigste* Information über das zu spielende Metrum[644]. Hieran ersehen wir, *welche* metrische Einheit (untere Zahl) *wie oft* in einem Takt vorkommt (obere Zahl), bis sich dann alles wiederholt (in den folgenden Takten). Die Taktangabe für die oberen zwei Metren könnte daher statt $\frac{4}{4}$ (wie es fast immer zu finden ist) $\frac{3+3+2}{8}$ bzw. $\frac{2+3+3}{8}$ heißen. Anhand dieser Angabe kann man dann nämlich ersehen, dass es sich um zu empfindende *Claves* handelt und man also beim Spielen einen Wechsel von 3er- und 2er-Metrum empfinden soll.

Auch die anderen drei Beispiele könnte man entsprechend notieren:

$\frac{2+3+3}{8}+\frac{3+3+2}{8}$ [645] $\frac{3+3+3+3+2+2}{8}$ $\frac{2+3+2+3+3+2+2+3}{8}$

Allerdings sieht man schnell, dass diese (an sich korrekte) Schreibweise schnell unübersichtlich wird bzw. beim letzten Beispiel keinerlei wirkliche Hilfe mehr bietet. Hier gilt – wie sonst auch – es geht um eine gute Lesbarkeit. Diese sollte jedoch nicht auf Kosten der Korrektheit gehen. Eine zusätzliche Information könnte da Beides miteinander verbinden.

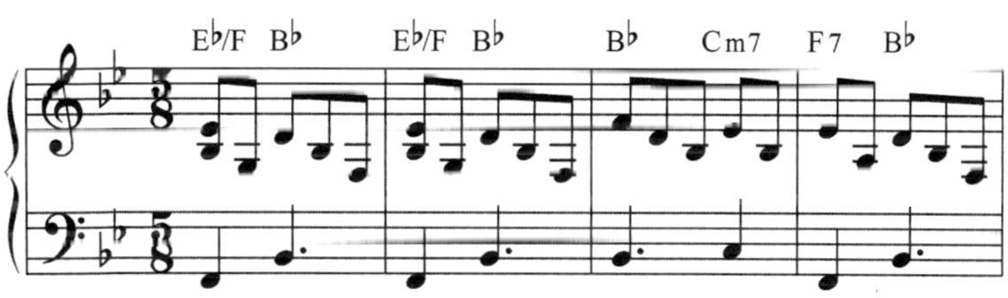

Das letzte der oben aufgeführten Claves-Beispiele (2+3+2+3+3+2+2+3) ließe sich auf diese Weise umsetzen: einmal die (hier mögliche) Zusammenfassung zu einer einfachen Gesamtstruktur (5er-Metrum) sowie die konkrete Unterteilung (2+3 oder 3+2) anhand der Balkensetzung.

642 Das ist die Mehrzahl von *Metrum*.

643 Diese Bezeichnung leitet sich von dem gleichnamigen Schlaginstrument *claves* (⇨ S. 105) ab, mit dem die (metrische) Struktur in der lateinamerikanischen Musik markiert wurde/wird.

644 Die Tempovortragsbezeichnungen sind eine weitere wichtige Angabe.

645 Bei diesem Beispiel gibt es zwar mit dem Pluszeichen in der Mitte den Hinweis, dass es sich um ein zweitaktiges Metrum handelt, aber dennoch stiftet die ausgeschriebene Angabe mehr Verwirrung als es hilft.

Und wer es metrisch noch etwas interessanter haben möchte, es geht auch so:

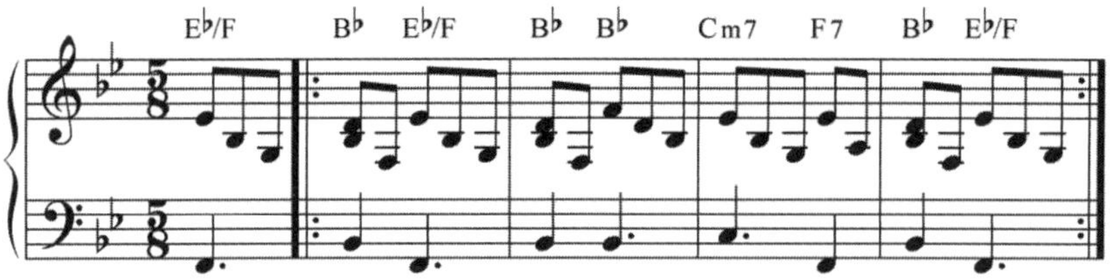

Nachfolgendes Notenbeispiel soll den Unterschied zwischen einem gleichmäßigen Metrum (4/4) und einer Clave-Struktur (3+3+2/8) verdeutlichen:

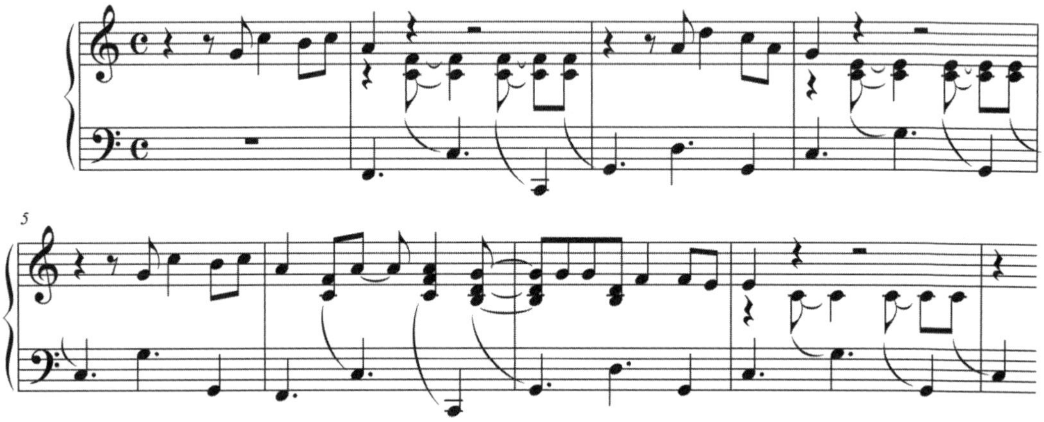

Feliz Navidad (Text & Melodie: José Feliciano)

Im unteren Notensystem gut zu erkennen – und dementsprechend korrekt notiert[646] *– die Clave.*
Im oberen System, in dem die Melodie im 4/4 steht, bewegt sich die Unterstimme ebenfalls im Clave-Metrum
(zu erkennen daran, dass immer eine Achtel *vor dem Bass gespielt wird [⇨ Bogen], quasi als Auftakt dazu).*
Empfindet man dieses Lied nur *in gleichmäßigen Vierteln, erhält es einen komplett anderen Charakter,*
als wenn man konsequent Claves und *Viertel-Metrum fühlt*[647].

Bei einer Clave „wechselt" das Metrum beständig, d.h. die Grundlage unserer musikalischen Empfindungen – die Wichtung (⇨ S. 38) – ist mal kürzer, mal länger. Das, was ziemlich gewöhnungsbedürftig klingt, ist uns im Leben jedoch ziemlich vertraut (der Herzschlag – Diastole-Systole – entspricht diesem Prinzip, so wie auch das Aus- und Einatmen). Selbst in der Aussprache der Worte *lang* und *kurz* ist dies sogar zu finden[648].

Tatsächlich reicht diese Einteilung (*lang-kurz* oder *kurz-lang*) für ein gutes Musizieren aus[649].

---

646 In einem 4/4-Takt sollte man darauf achten, dass die Takt*mitte* gut zu erkennen ist, so dass nebenstehende Schreibweise korrekt wäre. Allerdings handelt es sich der Notation nach nun *nicht mehr* um eine Clave, sondern um die vorgezogene Zählzeit „3", was aber bei unserem Metrum gar nicht gemeint ist, denn das *c* ist in der Clave ein *Schwerpunkt* und kein *vorgezogener* Schwerpunkt.

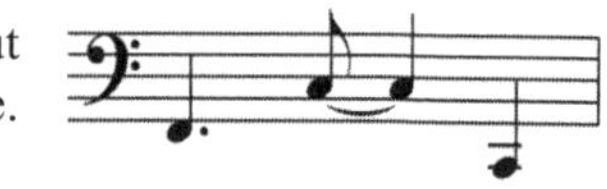

647 Bei diesem Lied ist es sogar möglich von Takt zu Takt das Metrum zu wechseln (1. Takt: 4/4, 2. Takt: Claves, 3. Takt 4/4, 4. Takt: Claves usw.). Es gibt so viele Möglichkeiten…

648 Eine gute Verdeutlichung dafür, wie man *Claves* empfinden kann, ist eine übertriebene Aussprache der Worte *lang* (laang) und *kurz* (kurtz) z.B. in der Form laang-laang-kurtz/laang-laang-kurtz. Dies entspräche 3 Achtel + 3 Achtel + 2 Achtel. Zusammen 8 Achtel = 4 Viertel. Diese Struktur findet man recht häufig in unserer (populären) europäischen Musik.

649 Es ist meist sogar besser zu handhaben als ein exaktes Auszählen der rhythmischen Einheiten (3 Achtel für *lang* sowie 2 Achtel für *kurz*), weil die persönliche Empfindung (Metrum) und damit auch die Aufteilung dessen was *lang* und was *kurz* ist, sehr unterschiedlich sein kann und auch sein darf.

Unter *Die Tonleiter (5)* ab S. 92 haben wir schon kurz etwas über den Blues gehört. Er verwendet ein *anderes Tonsystem* als unsere traditionelle europäische Musik, besitzt daher auch andere Tonleitern und verwendet eine Harmonik, die sich von unserer traditionellen, klassisch ausgerichteten Musik unterscheidet.

Musikstil

Der Blues gehört zu den ***Musikstilen***. Damit sind Teilgebiete der Musik gemeint, die mit den Möglichkeiten, die Musik bietet, *unterschiedlich* umgehen. Wenn man z.B. immer *eine* bestimmte Tonleiter verwendet, ergibt sich daraus ein *anderes* Klangbild, als wenn man eine ganz anders geartete Tonleiter nimmt[650]. Ebenso verhält es sich bei der Interpretation des Metrums, von dem wir im vorhergehenden Kapitel erfahren haben, dass es *sehr unterschiedlich* aufgefasst werden kann. Das Metrum ist ja *der* Teil in der Musik, der etwas über die *Qualität der Zeit* aussagt, in der wir die Klänge hören. Keine Musik ohne Zeit! Die Zeit spielt die *wichtigste Rolle* in der Musik. Und *wie* wir diese Zeit *empfinden* - z.B. als angenehm oder eventuell als unerträglich – ist der entscheidende Punkt bei der Musikwahrnehmung.

Will man in verschiedenen Musikstilen spielen, ist eine entsprechende Umsetzung der damit einhergehenden, *metrischen Auffassung* besonders wichtig, oft sogar bedeutsamer als die Verwendung der zutreffenden Tonleiter oder der richtigen Harmoniefolge(n). Selbst wenn man z.B. im Blues die korrekten *Töne* spielt und dazu die passenden *Harmonien* verwendet, heißt das noch lange nicht, dass es nach Blues *klingt*, denn ohne das dazu gehörende Gefühl - welches sich vorrangig in der speziellen metrischen Auffassung äußert – wird es kein Blues.

Ähnlich verhält es sich mit dem, was man im Allgemeinen als Musikepoche bezeichnet. Das Wort *Epoche* stammt aus dem Griechischen und bedeutet (u.a.) *Abschnitt*. Mit einer ***Musikepoche*** ist ein *Zeitabschnitt* gemeint, in dem eine *bestimmte Art*, mit dem Möglichkeiten der Musik umzugehen, vorherrschend war. So kann man im Laufe der Jahrhunderte neben den handwerklichen, instrumentalen und vokalen (⇨ S. 180) Veränderungen auch gesellschaftliche, wissenschaftliche aber auch philosophische Entwicklungen anhand der Musikepochen nachverfolgen.

Musik-epoche

Dementsprechend gibt es auch keinen *wesentlichen* Unterschied zwischen einem Musikstil und einer Musikepoche[651]. Verschiedene, ähnlich strukturierte und meist miteinander verbundene Musikstile bilden (im Nachhinein dann) eine Musikepoche.

Da ein näheres Eingehen auf sämtliche Musikepochen und -stile den Rahmen bei weitem sprengen würde, folgt hier nur eine kurze Übersicht[652], die auch lediglich den *europäischen* Raum berücksichtigt:

[650] Das trifft auch auf die Folge von Harmonien zu, auf die Verwendung bestimmter Melodietöne (dissonant oder konsonant, ⇨ S. 97), die Art und Weise des Spielens (z.B. die Artikulation) oder die Auswahl der Instrumente.

[651] Von der Dauer des (lebendigen) Praktizierens einmal abgesehen.

[652] Wobei ausdrücklich darauf hinzuweisen ist, dass mit einer *neuen* Musikepoche das „Alte“ nicht einfach verschwunden sein muss, sondern meist hat es – mehr oder weniger ausgeprägt – weiter existiert oder wurde später „wiederentdeckt“.

prähistorische Musik

Epoche der Antike

Schon vor vielen tausend Jahren[653] gab es Musik, über deren Ausübung allerdings kaum etwas gesichert bekannt ist – die ***prähistorische Musik***. Ab etwa 2.000 Jahren vor unserer Zeitrechnung spricht man von der ***Epoche der Antike***. Damit meint man hauptsächlich den griechischen und römischen Raum. Für den Zeitraum bis kurz vor Beginn unserer Zeitrechnung (griechische Periode) wissen wir relativ viel über die *Berechnungen* zur Musik und den Skalen. Allerdings gibt es wenig Wissen über das Musizieren an sich – dies betrifft auch die Zeit bis zum Ende der römischen Periode[654]. Musik und Theater gehörten damals zusammen. Es wurde gesungen (einzeln oder im Chor [einstimmig]), man verwendete Saiteninstrumente (gezupft oder mit Plektrum), Flöten und Trommeln. *Ein* Anspruch an Musik bestand darin, dass sie die Zustände der menschlichen Seele nachahmen und beeinflussen solle.

Gregorianik

Kunstmusik

Folklore

Die ***Gregorianik***[655] ist die Epoche, von der man ab etwa dem Jahr 600[656] spricht. Für die Zeit *davor*[657] gibt es kaum Informationen. Mit der Gregorianik begann die bis heute andauernde Tradition europäischer Musikkultur. Korrekterweise muss man sagen, dass es sich dabei *immer* um ***Kunstmusik*** handelt, also um Musik, die zu *bestimmten Zwecken* von *geschulten* Personen *extra* erschaffen wurde[658]. Demgegenüber existierte (und existiert) aber immer auch die sogenannte ***Folklore***. Dieser Begriff, der oft, aber dennoch ziemlich unzutreffend mit „Volksmusik" übersetzt wird, meint eine Musik, die zwar ebenfalls anlassorientiert entstanden ist, aber von namentlich (meist) nicht bekannten Personen, quasi als Gemeinschaftswerk Vieler, ohne eine zielgerichtete Zweckbindung, in einem für sich stehenden, kulturellen Raum. Folklore genügt sich selbst und verfolgt kein (bestimmtes oder gar höheres) Ziel, sondern sie bleibt bei der emotionalen Umsetzung bestimmter Anlässe[659]. Bei der Kunstmusik verhält es sich anders: Speziell ausgebildete Personen, nämlich die besten Musiker, erschufen Werke, die einem bestimmten Zweck dienten[660] und die mit dieser Zweckbindung einen *Abstand* schufen zu dem, was in der Masse der Bevölkerung musiziert wurde. Man kann sagen, dass die europäische Kunstmusik auch *immer* eine Musik der jeweils herrschenden Gesellschaftsschicht war (und ist) – und ihr eigentlicher (unausgesprochener) Zweck in einer *Abgrenzung* besteht.

Die Gregorianik war rein auf die Gestaltung des Gottesdienstes in Kirchen ausgerichtet und wurde mit einstimmigem Gesang ausgeführt.

Virtuosität

[653] Die ältesten Zeugnisse sind etwa 40.000 Jahre alt.

[654] Die Angaben hierfür sind unterschiedlich und reichen von 476 (dem Untergang des Weströmischen Reiches) bis zu 524 (dem Tod *Boethius'*, dem letzten großen Theoretiker der Antike).

[655] Benannt nach Papst Gregor I., der allerdings nach derzeitigem Kenntnisstand weder der Urheber noch der Initiator der nach ihm benannten Musik war.

[656] Stichhaltige Belege für diese Jahreszahl fehlen, da eine Verbindung zu Gregor I. nicht gesichert ist. Gesichert ist erst die Zeit ab Ende des 7. Jh.

[657] Je nach Sichtweise handelt es sich dabei um durchaus mehr als ein Jahrhundert.

[658] Der Begriff „Kunst" trifft hier in zweierlei Hinsicht zu: einmal wird die Musikausübung zu einer Kunst erhoben, da es nur noch wenige Menschen gibt, die z.B. die ***Virtuosität*** (das ist das meisterhafte Können) des Spielens beherrschen. Und zum Anderen spiegelt die Musik eine künstliche Lebenswelt wider, denn sie wird mit zahlreichen, festgelegten Bedeutungen versehen und damit vom realen Leben abgekoppelt. Folklore entzieht sich dieser Einengung.

[659] Sie ist z.B. auch nicht invasiv.

[660] In der Gregorianik z.B. sollte sich die Stimme des Menschen im Kirchenraum zu Gott aufschwingen und ihn ehren.

Musik des Mittelalters

Ab circa dem Jahre 900 wandelte sich die Musik hin zu weltlicher Musik. Diese Zeit bis ca. 1430 nennt man die ***Musik des Mittelalters***. Der einstimmige Gesang wurde durch Mehrstimmigkeit erweitert, welcher aber noch keine harmonische Absicht zugrunde lag. Musiziert wurde weiterhin hauptsächlich vokal, allerdings gab es den ersten *motivischen* Umgang mit dem musikalischen Material (Imitation, Augmentation und Diminution). Der Text besaß noch keinen Bezug zur Musik.

Renaissance

Von etwa 1430-1600 setzt man die Zeit der ***Renaissance***[661] an, in der es um eine Rückbesinnung auf die Leistungen der Antike ging; *der Mensch wird zum Maß aller Dinge*, er erlebt sich mit seiner Gefühlswelt. Text und Musik streben nun eine Einheit an. Dies wird mithilfe der Darstellung von ***Affekt***en[662] versucht zu erreichen. Die Musik wird nach und nach als Einheit[663] aufgefasst, die Harmonik beginnt sich zu entwickeln. Die Imitation (⇨ S. 133) wird wichtigste Kompositionstechnik. Die Mehrstimmigkeit erweitert sich zu einer Summe kontrapunktisch gestalteter Einzelstimmen[664]. Der Takt besitzt noch keine metrische Bedeutung, er ist nur Ordnungsmittel. Nach wie vor existiert ein großer Anteil an Vokalmusik, jedoch findet allmählich eine Verlagerung hin zur Instrumentalmusik statt, in deren Folge die Herausbildung der ***Oper***[665] am Ende der Renaissance steht.

Barock

Von 1600 bis etwa 1750 spricht man vom Zeitalter des ***Barock***. Der Mensch erlebt sich immer mehr als *Fühlender* in seinen Leidenschaften. Jedoch werden keine *persönlichen* Gefühle dargestellt, sondern stilisierte. Dies geschieht durch eine immer ausgefeiltere Darstellung von Affekten[666]. Der Akkord wird zu einem wichtigen Baustein der Musik, es entsteht der ***Generalbass***[667]. Vormals als „niedere" Gattung betrachtete *Tänze* werden übernommen (***Suite***[668]), wodurch der Takt seine metrische Bedeutung erhält. Durch die harmonische Begleitung lediglich *einer* Melodiestimme wird Text verständlicher[669].

---

661 Aus dem Französischen *renaissance*: Wiedergeburt. Die Renaissance sowie die nachfolgenden Begriffe für die Epochen sind nicht mehr unumstritten; jedoch hat auch eine alternative Einteilung in Jahrhunderte ihre Grenzen.

Affekt

662 Mit ***Affekt*** ist eine Gemütserregung gemeint. Einem Gefühl wird eine klare musikalische Struktur zugeordnet und man ging davon aus, dass sich dieses (geplante) Gefühl auch im Zuhörer einstellt. Mit Affekten wurde bereits in der Antike gearbeitet.

663 Und nicht mehr als Aneinanderreihung.

Polyphonie

664 Man spricht bei der Mehrstimmigkeit auch von ***Polyphonie*** (griechisch *polýs* für *viel* und *phõnos* für *Klang*).

Oper

665 Die ***Oper*** ist ein großes – oft mehrere Stunden dauerndes – Musikwerk, welches mit oft großem Aufwand als Theaterstück aufgeführt wird (Musik und Theater zusammen wie in der Antike)

666 Z.B. Freude ist Dur, schnell und Konsonanz; Trauer ist Moll, langsam und enge Intervalle.

Generalbass, Basso continuo, b.c.

667 Bereits in der Renaissance fand aufgrund der Mehrstimmigkeit eine zunehmende Orientierung hin zu den Außenstimmen statt. Mit ***Generalbass*** ist die einer Bassstimme zugeordnete harmonische Strukturierung des musikalischen Geschehens gemeint. *Unter* der Bassmelodie wurden Zahlen notiert, deren konkrete und regelgerechte Ausführung als Akkorde dem Musiker überlassen wurde. Der Generalbass wird auch als ***Basso continuo*** bezeichnet, abgekürzt ***b.c.***

Suite

668 Bei einer ***Suite*** handelt es sich um eine *Folge von Tänzen*, denen jeweils ein Affekt zugeordnet war. Es fand in der Barockmusik noch keine musikalische *Entwicklung* innerhalb eines Stückes statt.

Homophonie

669 Diese Technik nennt man auch ***Homophonie*** (griechisch *homós* für *gleichartig* und *phõnos* für *Klang*). Zur Homophonie zählt auch eine rhythmisch (fast) gleiche Aneinanderreihung von Akkorden.

Klassik

Ab ca. 1730 spricht man von der Epoche der ***Klassik***. Oft gibt man sie bis 1827 (dem Todesjahr Beethovens) an, aber natürlich war der Übergang – wie bei allen Epochen – auch hier fließend. In der Klassik wandelte sich das Bild des Menschen erneut: von den Affekten hin zu einem *subjektiven* Ausdruck von Gefühlen; vom Pathos[670] hin zum Ethos[671]. Die Musikausübung verlagert sich zunehmend in den bürgerlichen Raum. Die Harmonik wird nicht mehr vom Bass, sondern von der Melodielinie bestimmt. Die thematische Arbeit tritt stärker in den Vordergrund (Konzert[672] und Sinfonie[673] wandeln ihren Charakter).

Romantik

Ab etwa 1850 (1827) bis zu Beginn des 20. Jahrhunderts veränderte sich die Musik immer mehr zu dem hin, was wir heute mit ***Romantik*** bezeichnen. Die musikalischen Formen wurden umfangreicher (Konzert, Sinfonie), die Harmonik ging mehr und mehr Wege abseits der traditionellen Kadenz; Modulationen, Alterationen, komplexe Rhythmen nahmen zu. Die Musik war auf dem Weg zum Gesamtkunstwerk[674]. Das Leitmotiv[675], welches uns bis heute – vor allem in der Filmmusik[676] begleitet – wurde von Wagner konsequent eingesetzt. Man kann in der romantischen Musik durchaus einen Wandel vom *Ausdruck* von Gefühlen hin zum *Erleben* von Gefühlen erkennen. Die alles überragende Fähigkeit von Musik, nämlich den Menschen aus der Wirklichkeit zu entführen, hat – in der Romantik zum Höhepunkt geführt – bis heute ihren Reiz nicht verloren.

Klassik und Romantik werden allgemein als *eine* zusammengehörige Epoche betrachtet.

Impressionismus

Den ***Impressionismus*** (etwa 1890-1920) kann man als Spätstadium der klassisch-romantischen Epoche betrachten. Die traditionelle Tonalität (7-tönige Tonleiter, Funktionsbeziehungen der Akkorde untereinander, melodische Logik) wurde infrage gestellt. Stattdessen trat die *Klangfarbe*[677] als zentrales sinnliches Ausdrucksmittel in den Vordergrund[678].

---

[670] Pathos meint eine feierliche Ergriffenheit im Sinne einer *übertriebenen* Gefühlsäußerung.

[671] Ethos meint dagegen die *inneren* Maßstäbe eines Menschen, die sein Wollen und Handeln bestimmen.

Konzert

[672] Das ***Konzert*** (lateinisch *concentus* für *zusammenwirken*) bezeichnete ursprünglich die *Gruppe* der „Zusammenspielenden", bald das von ihnen *Gespielte* und später (entsprechend dem eigentlichen Wortsinn von *concertare: wetteifern*) ein abwechselndes Musizieren (meist zwischen Solist ⇨ S. 196 und Orchester).

Sinfonie

[673] Mit ***Sinfonie*** war ursprünglich nur ein (noch recht kurzes, instrumentales) *Klangstück* gemeint. Erst mit der Klassik entwickelte sie sich zu dem heutigen, umfangreichen, vielschichtigen und eine musikalische Entwicklung durchlaufenden Werk.

[674] Nicht nur durch die großen Opernkomplexe von *Richard Wagner* (1813-1883), der Text, Musik, Schauspiel und Philosophie miteinander verband, sondern auch durch rein musikalische Werke, wie z.B. die *Sinfonischen Dichtungen* von *Franz Liszt* (1811-1886).

Leitmotiv

[675] ⇨ das zum Motiv Gesagte, S. 132. Ein ***Leitmotiv*** zieht sich wie ein „roter Faden" durch ein Musikwerk und kann so Entwicklungen – auch im Hinblick auf weitere Leitmotive – viel deutlicher darstellen.

[676] Filmmusik kann zum überwiegenden Teil in die spätromantische Musik eingeordnet werden.

[677] Damit sind *alle*, den *Klang beeinflussenden* Elemente gemeint. Begriffe wie Tonleiter, Akkord, Rhythmus haben – im traditionellen Sinne verwendet – darauf nur bedingten Einfluss. Größere Wirkung erzielt man hingegen mit dem Einsatz *unterschiedlicher* Tonleitern, *komplexer* Akkordstrukturen, rhythmisch-metrischer *Nuancen*, verschiedener Spiel*techniken*, besonderer Instrumenten*zusammenstellungen* sowie einer ganz auf das Atmosphärische ausgerichteten *Interpretation*.

[678] Hier deckt sich die Musik mit der Malerei, von der sie auch den Namen *Impressionismus* hat.

Ab etwa 1920 spricht man von der so genannten ***Neue**n **Musik***[679], deren Wesensmerkmal - beeinflusst durch mehrere Kriegserfahrungen - vor allem in der Absage an das bisherige Regelwerk besteht. *Arnold Schönberg* (1874-1951) als ein zentraler Vertreter dieser Musik formulierte - neben anderen - ein *gleichberechtigtes* Prinzip *aller Töne* untereinander: die ***Zwölftontechnik***, bei der *sämtliche* möglichen Töne *nacheinander* auftreten und wo jeglicher Anklang an traditionelle Klänge durch das Regelwerk vermieden werden soll. Daneben gab es aber auch Tendenzen, sich auf Altbewährtes zu besinnen - dem Ideal der Klassik. Bis zum Ende des 20. Jh. hat sich - neben einzelnen, neuen Strömungen - in der Kunstmusik keine wirklich neue Traditionslinie durchsetzen können.

Neue Musik

Zwölftontechnik

Ein Wesenszug, der fast allen Musikepochen gemeinsam ist, stellt der Umstand dar, dass es nach einer gewissen Zeit des *produktiven* Umgangs mit den jeweiligen Stilmitteln zu einem Ausufern bestimmter Einzelelemente kommt. Dieses Übertreiben stellt nicht nur eine musikalische Sackgasse dar, sondern führt oft dazu, dass sich Neues *entwickeln* und *durchsetzen* kann. Dieses Neue orientiert sich dann - im Gegensatz zum Alten - wieder eher an den *tatsächlichen* Bedingungen und Möglichkeiten der jeweiligen Zeit und wird so zum Abbild dieser (neuen) Zeit. *Wahrhaftig* klingende Musik zu spielen, bedeutet damit auch, sich in die zu dieser Musik gehörende Zeit hineinversetzen zu können. Wenn man heutzutage Barockmusik spielt, dann entspricht dieses Musizieren keinem *derzeitigen* Lebensgefühl, sondern man begibt sich zurück in die Zeit und die Gefühlswelt des Barock[680].

[679] Der Begriff *Neue Musik* stellt an sich keine Bezeichnung für eine Epoche dar, da *jede* Musik zum Zeitpunkt ihres Entstehens neu war. Heutige Begriffe für Musikepochen entstanden zum Teil erst *viele* Jahre nach ihrem Ende, wie z.B. sich *Barock* als Bezeichnung für die Musik des 17. und 18. Jh. zum ersten Mal erst etwa 100 Jahre später etablierte.

[680] Soweit dies einem möglich ist.

Neben der „offiziellen", schriftlich überlieferten Musikkultur, gab es – wie schon erwähnt – die Folklore als Musik einer breiten Masse, die bis heute in der Regel mündlich überliefert wird. *Eine* dieser Folkloren[681] hat einen besonderen Weg genommen: die Sklaven, die zu Millionen von Afrika nach Amerika verschifft wurden, brachten ihre Musikkultur(en) mit und diese vermischte(n) sich im Laufe der Zeit mit der (vornehmlich kirchlichen) Musikkultur der Herrschenden Europäer. Hieraus entstand über weitere Zwischenschritte im 19. Jh. in Nordamerika[682] der ***Blues***. In ihm ist die starke Gewichtung des Rhythmus' sowie die Tonalität afrikanischer Musik mit der plagal (⇨ S. 156) orientierten Harmonik und der Formgebung europäischer Musik miteinander verschmolzen. Der Blues wurde Ausgangspunkt für weitere Stile:

Blues

Jazz

Zum einen entstand aus ihm der ***Jazz***, der eine Verbindung des Blues' mit Formen europäischer Kunstmusik darstellt. Von den ersten Spielarten des Jazz' abgesehen – die noch sehr der emotionalen Ursprünglichkeit von Folklore verpflichtet waren – entwickelte sich der Jazz, vor allem durch die Möglichkeit massenhafter Verbreitung mittels Schallplatte und Radio schnell zu weiteren Jazzstilen.

Rhythm & Blues

Rockmusik

Zum anderen entstand aus dem Blues in Verbindung mit der Folklore der amerikanischen Einwanderer der ***Rhythm & Blues***[683] Der Rhythm & Blues bildet die Basis der ***Rockmusik*** mit ihren zahlreichen Erscheinungsformen.

populäre Musik, Popmusik

Seit der Möglichkeit, massenhafter Verbreitung von Musik mittels Tonträgern gibt es die so genannte ***populäre Musik*** oder auch ***Popmusik***. Ihr Kennzeichen ist zuerst einmal eine reine Mengenangabe – *viele* Menschen hören diese Musik. Jedoch wird dieser Begriff im eigentlichen Sinne nur auf Musik angewandt, die im weitesten Sinne der Rockmusik zugeordnet wird.

Soul, Folk Rock, Country Rock, Reggae, Rock'n'Roll, Funk Rock, Hard Rock, Heavy Metal, Punk Rock, Electronic Rock, Classic Rock, Jazz Rock, Art Rock, Hip-Hop, Techno

Tatsächlich sind die Musikstile, die zur Rockmusik gehören, sehr vielfältig: dazu gehören der *Rhythm & Blues* mit seinem Ableger ***Soul***, der ***Folk Rock***, ***Country Rock*** und ***Reggae***[684] mit ihren regionalen musikalischen Wurzeln, ***Rock'n'Roll*** als „weiße" Interpretation von Rhythm & Blues (ohne Swing), ***Funk Rock*** eine Weiterentwicklung des Soul (16tel-Basis des Metrums statt 8tel-Basis), ***Hard Rock*** und ***Heavy Metal*** als unterschiedlich aggressive Ausdrucksformen von Musik, ***Punk Rock*** ebenfalls aggressiv, jedoch gegen das Gesellschaftssystem gerichtet; darüber hinaus exotische Stile wie ***Electronic Rock*** mit dem Schwergewicht auf elektronische Klänge, ***Classic Rock***, welcher den Gestus der klassischen Musik mit Mitteln der Rockmusik umsetzen will, ***Jazz Rock***, der Jazz und Rock verbindet, ***Art Rock***, eine nur dem künstlerischen Ausdruck verpflichtete Form der Rockmusik, aber auch so populäre Strömungen wie der ***Hip-Hop*** (aus dem Funk Rock entstanden) und dem ***Techno*** (aus dem Electronic Rock entstanden).

lateinamerikanische Musik

---

[681] Wobei es sich in Wirklichkeit um *viele* verschiedene *Folkloren* – weil viele unterschiedliche Völker – handelt, die wir alle unter dem Begriff *Afrika* zusammenfassen.

[682] In Mittel- und Südamerika nahm die Entwicklung einen etwas anderen Weg: die ***lateinamerikanische Musik*** verbindet die für afrikanische Musik typische Kombination von 2er- und 3er-Metren (⇨ Claves S. 219) mit einem ausgeprägten Anteil europäischer Harmonik.

[683] gesprochen: *Rhism änd Bluhs*.

[684] Ein Kennzeichen des Reggaes besteht im außergewöhnlichen Zusammenwirken von (empfundenem) Metrum und (gespieltem) Rhythmus. Am Reggae kann man gut erkennen, dass man die Zählzeit „1" nicht unbedingt *spielen* muss, um sie *empfinden* zu können! (*shuffled* ⇨ S. 197)

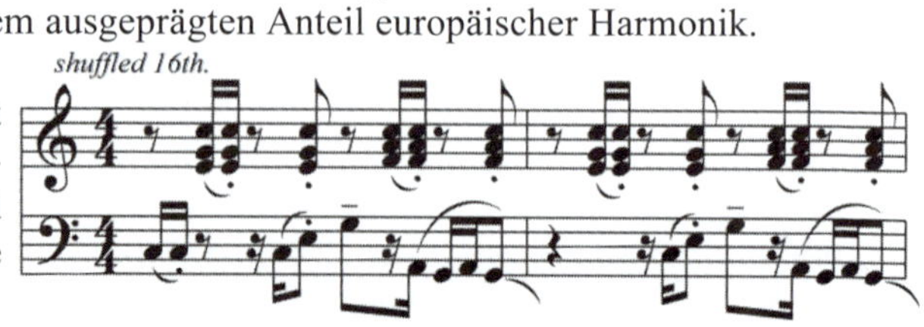

Um wieder zum Ausgangspunkt – dem Blues – zurückzukommen, folgen nun zunächst die auf Seite 95 angekündigten 3 Tonleitern, die es in *unserem* Tonsystem gibt, um die *eine* Blues-Tonleiter nachzuempfinden[685].

1. 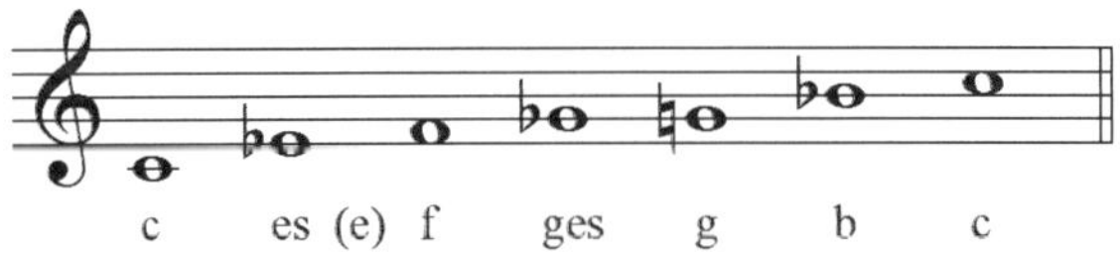

Zu dieser Tonleiter ein paar Erklärungen: ein wichtiges Kennzeichen der Blues-Tonleiter besteht darin, dass es keine Leittöne (⇨ S. 147) gibt. Ein weiteres Merkmal besteht in einer *tiefere*n Auffassung der *Quinte*. Unser Tonsystem geht vom Verhältnis 2:3 für eine Quinte aus. Jedoch ergibt sich bei entsprechender Umsetzung ein – bereits bei den Griechen bekanntes – Problem[686]. Die *„wirkliche"* Quinte liegt also etwas tiefer als *unsere* (reine) Quinte. Aus diesem Grunde wird im Blues auch immer

---

[685] Nun ist es gar nicht mehr so einfach, von *einer* Blues-Tonleiter zu sprechen, denn im Laufe der Zeit haben sich die „Ersatz"-Tonleitern hierfür schon so mit ihrem *eigenen* Klangcharakter verselbstständigt, dass sie aus unserer Musik nicht mehr wegzudenken sind und daher auch ihre Berechtigung als eigenständige Skalen haben.

[686] Als Beispiel mag der Ton „a" dienen. Zwischen dem *a* mit 220 Hz und dem a^1 mit 440 Hz liegt in der Mitte das e^1 mit 330 Hz. Tatsächlich kann diese Frequenz aber *so* nicht stimmen. Nimmt man die Festlegung für die Quinte auf Seite 64, nämlich das Verhältnis zum unteren Ton von 2:3 und schichtet jetzt 12 Quinten übereinander (das entspräche dem kompletten Quintenzirkel) müsste man – um mehrere Oktaven versetzt – wieder beim Ausgangspunkt ankommen. Wir rechnen (der Einfachheit halber nicht entsprechend dem Quintenzirkel, sondern der klareren Zahlen wegen vom „a" aus):

A_2	27,5 Hz
E_1	41,25 Hz
H_1	61,875 Hz
F#	92,8125 Hz
c#	139,21875 Hz
g#	208,828125 Hz
d#^{1}	313,2421875 Hz
a#^{1}	469,86328125 Hz
e#^{2}	704,794921875 Hz
h#^{2}	1057,1923828125 Hz
f##^{3}	1585,78857421875 Hz
c##^{4}	2378,682861328125 Hz
g##^{4}	3568,0242919921875 Hz

Das gisis^4 müsste theoretisch dem a^4 entsprechen. Das lässt sich jetzt leicht überprüfen: Vom Ausgangspunkt aus gehen wir 7 Oktaven nach oben (bei der Oktave verdoppelt sich die Frequenz immer, ⇨ S. 64).

A_2	27,5 Hz
A_1	55 Hz
A	110 Hz
a	220 Hz
a^1	440 Hz
a^2	880 Hz
a^3	1760 Hz
a^4	3520 Hz

Leider sehen wir, dass es doch eine deutliche Abweichung gibt. Die Quinte mit dem Verhältnis 2:3 kann also nicht ganz korrekt sein – wenn die Oktave das Verhältnis 1:2 besitzt –, denn die übereinandergeschichteten Quinten liegen deutlich höher als es sein dürfte. Diese Abweichung nennt man das ***Pythagoreische Komma*** (*Pythagoras*, 6. Jh. vor unserer Zeitrechnung, war ein griechischer Mathematiker; unter einem *Komma* versteht man einen *Einschnitt* im Sinne einer *Differenz*). Es gibt darüber hinaus noch eine ganze Reihe weiterer Unstimmigkeiten.

Pythagoreisches Komma

ein etwas tieferer Ton als die reine Quinte verwendet. Wir haben dafür in unserem Tonsystem – auf *c* bezogen – nur das *ges* als Möglichkeit. Dieses ist natürlich *viel* zu tief[687], so dass man – je nach konkreter Situation – auf dem Klavier mal den *einen* oder den *anderen* Ton verwendet[688]. In der Praxis taucht dieses Problem im Prinzip auch nur auf dem Klavier auf. Alle Blas- und Streichinstrumente (⇨ S 101 sowie S. 100) können die etwas tiefer liegende (nun nicht mehr so reine) Quinte dem Gefühl nach finden, indem sie etwas tiefer intonieren (⇨ S. 189). Nimmt man das *g* und das *ges* in der Beispieltonleiter als eigentlich nur *einen* Ton, dann erkennt man deutlich, dass es sich dem Wesen nach um einen pentatonische Tonleiter (⇨ S. 91) handelt.

Das *e*, welches in Klammern notiert ist, wird beim Melodiespielen selbst nicht verwendet, allerdings ist es oft in den Akkorden des Blues' zu finden. Denn ein ähnliches Problem wie bei der Quinte findet sich auch bei der Terz *c-es*. Im Blues wäre *unsere* kleine Terz etwas zu tief, andererseits unsere große Terz deutlich zu hoch. Aus dem Grunde entscheidet man sich – mit Ausnahme beim Dur-Blues – für die kleine Terz, nimmt aber in Akkorden die Möglichkeit wahr, die der alterierte Akkord bietet (nämlich das *gleichzeitige* Vorhandensein einer kleinen und großen Terz). Wichtig ist, dass sich im Akkord immer die kleine Terz *über* der großen befindet[689].

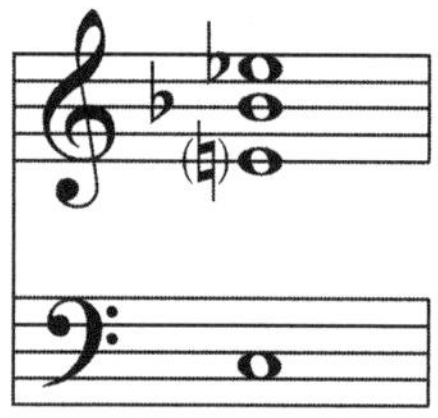

In diesem Akkordaufbau findet sich alles für den Blues Wichtige: neben dem Grundton die k3 *und* die g3, die durch ihren Abstand zueinander den (möglichen) Höreindruck einer „etwas zu kleinen Oktave" sowie einen leicht „engen" Eindruck vermitteln und die (kleine) Septime, die diesen „engen" Eindruck unterstützt. Da die kleine Septime bereits auf der Tonika erscheint, verwischt sich schnell der Wunsch, diese k7 als Leitton nach unten aufzufassen[690]. Dadurch wird es möglich, im Blues Harmoniefolgen zu spielen, ohne Rücksicht auf einen Leitton nehmen zu müssen.

Bei der zweiten Blues-Tonleiter handelt es sich um den so genannten Dur-Blues.

2. 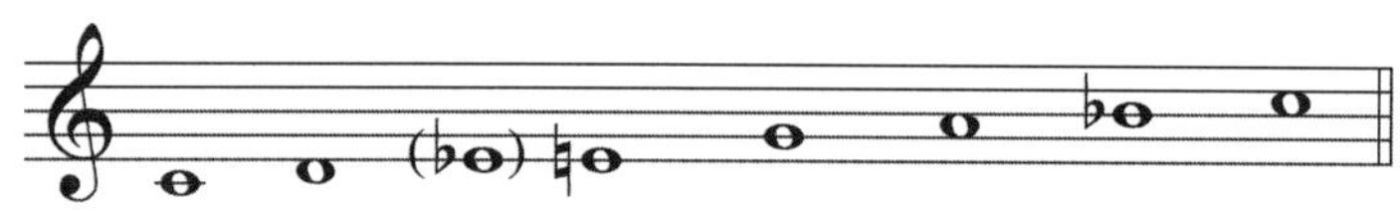

Auch hier einige Erklärungen: Gegenüber der Blues-Skale ist die k3 (*es*) zugunsten der g3 (*e*) ausgetauscht und wird nur noch *gemeinsam* mit dem *e* als Vorhaltston verwendet. Mit dem Einfügen des zusätzlichen Tones *d* entsteht am Anfang ein klarer Dur-Eindruck. Durch das zusätzliche *a* erhält die Skala den Klang einer

687 Die höchstmögliche Variante von ü4, v5 und Tritonus liegt bei 314,29 Hz (Verhältnis der v5 [7:10] in Bezug auf 220 Hz). Immer noch deutlich zu tief für die gesuchte Quinte.

688 So komisch es klingt, es hat sehr viel mit genauem Hinhören zu tun, um ein Gespür für „das Passende", also die richtige Entscheidung zu finden. Warum die meisten Musiker mal das Eine und mal das Andere tun, können sie selbst oft nur damit erklären, dass sie sagen: „weil es klingt".

689 Die Hintergründe dafür sind auch wieder sehr interessant, würden den Rahmen dieses Buches jedoch sprengen.

690 Denn die Tonika ist ja das (stabile) Zentrum der Harmonik.

anderen Pentatonik als bei der Blues-Skale 1 (*c, d, e, g, a*)[691]. Nun müssen noch die „fehlerhaften" Tonhöhen angepasst werden: das *fis* korrigiert die Quinte *g* nach unten und das *gis* gibt dem *a* als Vorschlagsnote (⇨ S. 110) einen etwas tieferen Tonhöheneindruck. Selbst das gelegentlich als Durchgangs- oder Wechselnote zu findende *f* wird gern mittels des Tones *e* noch etwas nach unten verbessert. Blues mit den Mitteln *unseres* Tonsystems zu spielen, ist nicht so einfach.

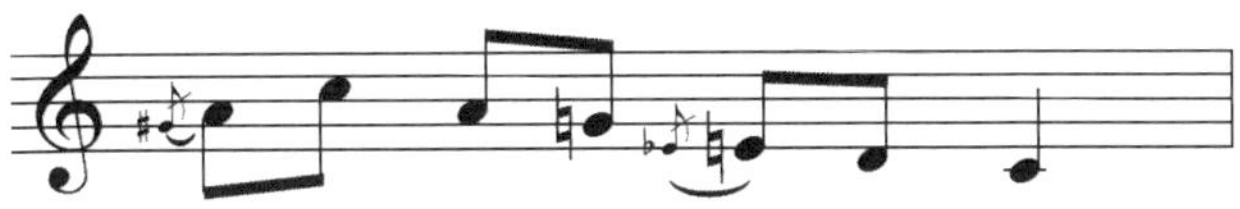

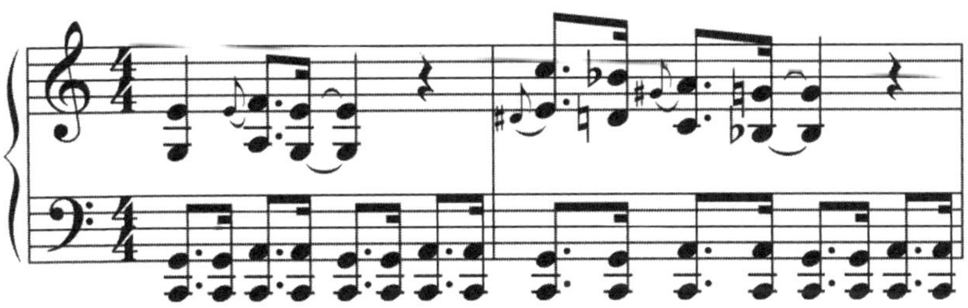

In der *aufwärts* gespielten Skale wird die kleine Septime übrigens *nicht* verwendet, da dies dem Dur-Charakter widerspräche, *abwärts* findet sie jedoch Gebrauch; innerhalb von Akkorden wird die kleine Septime *immer* eingesetzt.

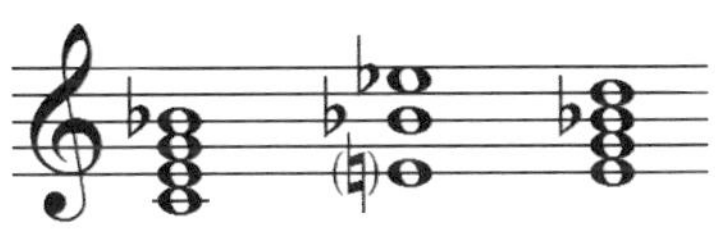

Erscheinungsformen eines auf dem Grundton „c" aufbauenden Akkordes im Blues

3.

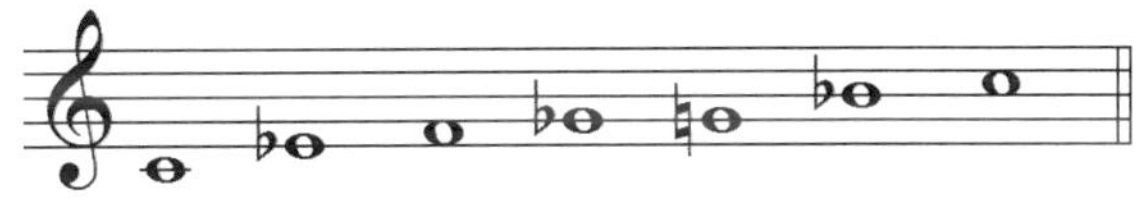

Die dritte Blues-Skale wird auch oft als Moll-Blues bezeichnet, wobei es auf dem ersten Blick kaum einen Unterschied zur (eigentlichen) Blues-Tonleiter zu geben scheint. Durch die *ausschließliche* Verwendung der keinen Terz verschiebt sich auch der „korrekte" Platz der Quinte nach unten, so dass in Melodiewendungen häufig *nur* die verminderte Quinte verwendet wird bzw., wenn die reine Quinte gespielt wird, dann in Verbindung mit der verminderten Quinte als Vorschlag.

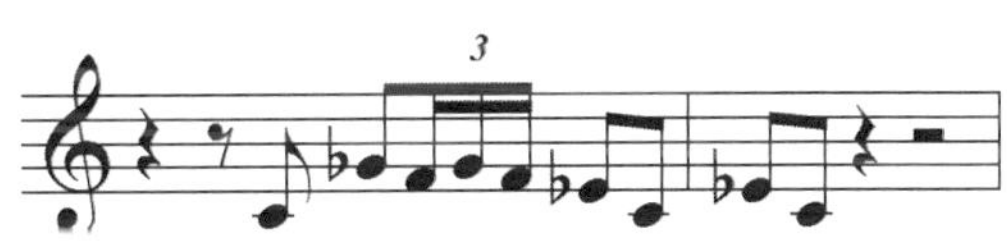

Zum Abschluss sei noch kurz erwähnt, dass außerhalb Europas noch eine unglaubliche Vielfalt an Skalen existiert, die *alle* ihre musikalische Berechtigung haben.

[691] Eine enge Verwandtschaft der Blues-Tonleiter mit der Pentatonik ist aufgrund der afrikanischen Wurzeln des Blues' nicht von der Hand zu weisen, auch wenn es in Afrika darüber hinaus noch viele weitere Skalen gibt.

Vi-de, Vi-de-Sprung

Im Ablauf eines Liedes kann es auch manchmal dazu kommen, dass man bei der Wiederholung eines Teiles einige Takte *auslassen* möchte – also *nicht* wiederholen möchte. So etwas mit den bisherigen Möglichkeiten darzustellen, ist relativ schwierig. Deshalb verwendet man dafür eine extra Anweisung zum Springen, den so genannten ***Vi-de-Sprung***[692]. Vide ist ein lateinisches Wort und bedeutet „Sieh!“ und wird in dem Sinne gebraucht, dass man am *Ende* des Taktes, von dem aus man wegspringen will, der erste Teil des Wortes steht („Vi-„) und am *Beginn* des Taktes, in dem es weitergehen soll, der zweite Teil des Wortes („-de“).

Mit dieser „Sprunganweisung“ kann man ohne größere Probleme in einem Lied etwas auslassen, ohne dabei das Gesamtgefüge durcheinander zu bringen[693].

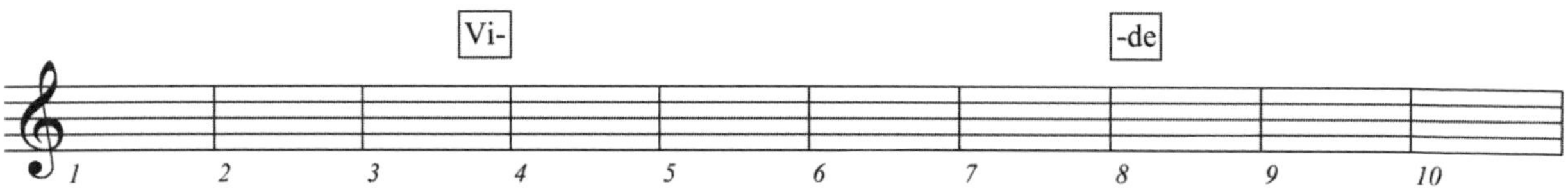

Je nach Wunsch können die Takte 4-7 gespielt oder weggelassen werden.

Der Vi-de-Sprung wird ebenfalls gern von Musikern verwendet, wenn man an den Noten Änderungen vornehmen möchte, weil z. B. das Musikstück für den Zweck, den es erfüllen soll, zu lang ist und deshalb gekürzt werden muss. Mit dieser einfachen Einzeichnung kann man dann für Klarheit sorgen.

Folge

Selten taucht in manchen – vor allem älteren – Noten innerhalb einer Klammer (normalerweise als Klammer 1 bzw. Kasten 1 bezeichnet) das Wort ***Folge*** auf. Und dies, ohne das am Ende dieser Klammer ein Wiederholungszeichen steht[694]. Im Anschluss findet man *immer* eine weitere Klammer, in der ebenfalls eine Anweisung steht[695]. Mit dem Wort *Folge* ist gemeint, dass man nach dieser Klammer weitergehen soll – ohne die *anschließende* Klammer zu beachten. Man „folgt“ also dem weiteren Geschehen. Die Anweisung, die in der zweiten Klammer steht, wird erst beim nächsten Mal – und anstelle der ersten Klammer – beachtet.

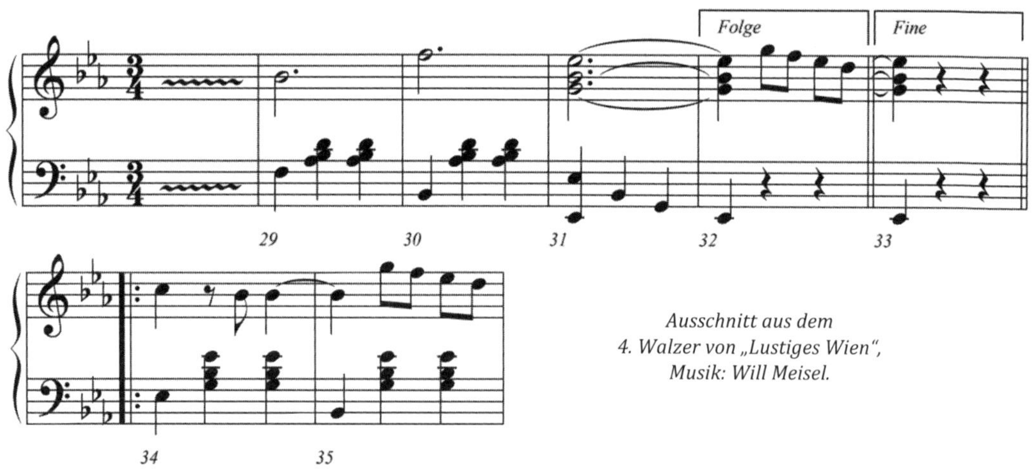

Ausschnitt aus dem 4. Walzer von „Lustiges Wien“, Musik: Will Meisel.

[692] Gesprochen: *Wie-dee*.

[693] Benutzt wird dies bei längeren Wiederholungen, bei denen *nicht alles* wiederholt werden soll (dies muss jedoch näher erklärt sein) oder aber, wenn *ein* Lied *zwei verschiedenen Zwecken* dient z.B. weil man *nach* einem Lied dieses noch einmal in einer Kurzfassung spielen möchte.

[694] In der Regel finden wir dort einen Doppelstrich.

[695] Meist handelt es sich dabei um *Fine*.

Unter *Der Rhythmus (4)* auf S. 79 haben wir die Triole kennengelernt, die einen Notenwert in drei gleich lange Teile unterteilt und unter *Die Noten (5)* auf S. 106 die Duole, die einen dreigeteilten Notenwert in zwei gleich lange Teile zerlegt. Nun könnte man eigentlich einen Notenwert auch in beliebig viele, gleich lange Teile unterteilen z. B. in 5 oder 6 oder noch mehr (gleich lange) Teile. Tatsächlich gibt es das[696] und in manchen Liedern sogar recht häufig[697]. Hier einige Beispiele:

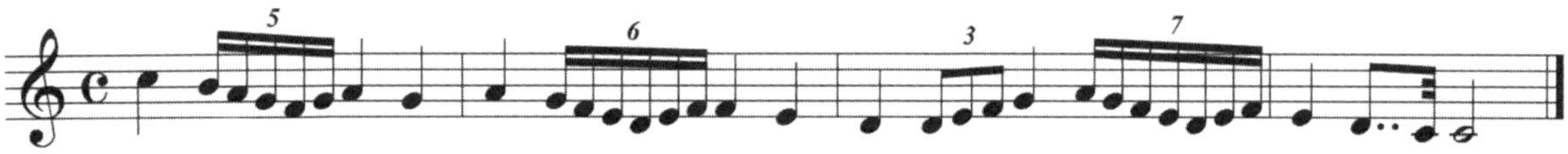

Septole, Ottemole, Novemole, Dezimole

Die Zahl *über* den Noten – bzw. *darunter*, wenn die Notenhälse nach unten gehen – zeigt an, wie viele gleich lange Noten sich auf *einen Notenwert* verteilen. Bei 5 Noten spricht man von einer 5tole (***Quintole*** gesprochen); bei 6 Noten von einer 6tole (***Sextole***). 7 Noten heißen 7tole (***Septole***, früher auch als *Septimole* bezeichnet). Dabei gibt es keine Festlegung – wie in manchen Büchern zu finden –, dass z.B. eine 7tole für 6 Noten steht. Sie *kann* (wie im Beispiel) auch den Wert von *vier* 16tel ergeben. Wichtig ist lediglich, dass man an der Größe des Notenwertes (8tel, 16tel usw.) erkennen kann, *wofür* die Figur stehen soll.

Quartole, Quintole, Sextole usw.

Werden 4 Noten anstelle von dreien gespielt, spricht man von einer 4tole (***Quartole*** gesprochen). Bei größeren Zahlen verwendet man heutzutage meist die deutsche anstelle der (in Klammern stehenden) Bezeichnung[698], also: Achtole (*Ottemole*), Neuntole (*Novemole*), Zehntole (*Dezimole*) usw.

Oft werden die zusammengehörenden Noten noch durch zusätzliche Zeichen kenntlich gemacht:

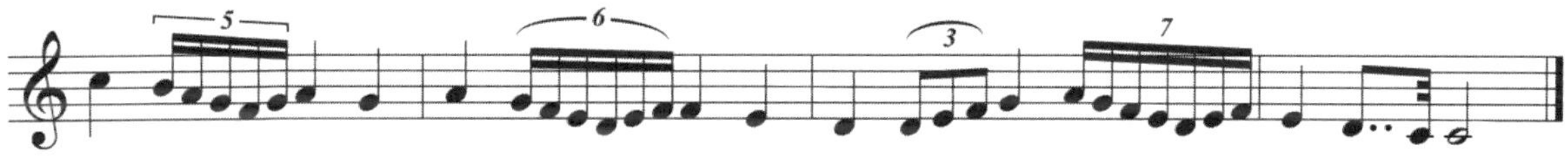

Entweder durch eine Klammer (Takt 1) oder durch einen Bogen (Takt 2 und 3). Dabei können Klammer und Bogen durch die Zahl unterbrochen werden (Takt 1 und 2) oder aber über die Zahl hinweg führen (Takt 3).

[696] Und mit den 6er-Unterteilungen, den Sextolen, sogar ziemlich oft.

[697] Herausragendes Beispiel sind die Kompositionen von *Frederic Chopin* (1810-1849), in denen auch 11tolen (gespr. Elftolen bzw. [unüblich] Undezimolen) und 13tolen (gespr. Dreizehntolen bzw. [unüblich] Tredezimolen) vorkommen.

[698] Diese Namen werden gern als *italienisch* ausgegeben, stellen aber lediglich italienisch *klingende* Worte dar, welche aus dem lateinischen Zahlwort und dessen Verniedlichungsform (*-olus*, im Deutschen etwa wie *-chen* oder *-lein*) bestehen – das gilt auch für Triole und Duole.

Um zu wissen, welche *Notenwerte* (also ob Achtel oder 16tel) man verwendet bzw. welche Notenlänge z. B. die 7 im o.g. Beispiel verkörpert, eine kleine Hilfe:

Eine *3* steht *normalerweise* für 2 Noten der verwendeten Notenlänge (in unserem Beispiel: 3 Achtel anstelle von 2 Achteln)[699].

Eine *4* steht *immer* für 3 Noten der verwendeten Notenlänge (z. B.: 4 Achtel anstelle von 3 Achteln in einem 6/8-Takt).

Eine *5* steht *normalerweise* für 4 Noten der verwendeten Notenlänge (in unserem Beispiel: 5 Sechzehntel anstelle von 4 Sechzehnteln). Bei metrischer 3er-Unterteilung steht die 5 natürlich für 3 Noten.

Eine *6* steht *immer* für 4 Noten der verwendeten Notenlänge (in unserem Beispiel: 6 Sechzehntel anstelle von 4 Sechzehnteln).

Ähnliches gilt für die *7*. Hier spielt man 7 anstelle von 4 Noten[700].

Und 8 anstelle von 9 oder 6 Noten (wie z.B. in einem 9/8- oder 6/8-Takt).

Und 9 anstelle von 8 Noten. Sowie 10 anstelle von 8 Noten.

Immer der nächst kleinere, durch 2 (3) oder 4 (6) oder 8 teilbare Wert bildet die Basis für die verschiedenen, gleich langen Unterteilungen eines Notenwertes (in Klammern stehen die Werte, die bei einer 3er-Unterteilung des Metrums gelten).

Aber Achtung! Manchmal muss man doch aufpassen.

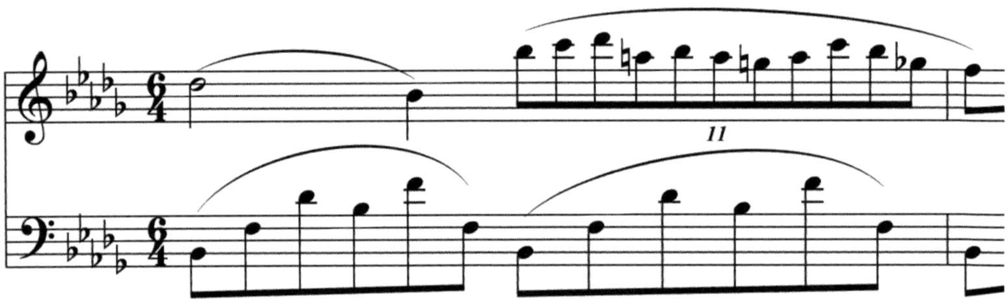

Der zweite Takt in Chopins Nocturne op. 9, Nr. 1 sieht so aus.

Solche rhythmischen Strukturen werden nicht mehr in der Form gezählt, wie wir es bisher besprochen haben, sondern auf eine andere – im eigentlichen Sinne musikalische – Art und Weise: man zählt die *Anzahl* der musikalischen Ereignisse[701] bis zu ihren *Zielpunkt* hin – in unserem Beispiel also 12 Noten (inklusive des Zieltones).

Auf dem Weg von einem Punkt (der Zählzeit „4") zum nächsten (Zählzeit „1" des folgenden Taktes) geht man über 11 *mehr oder weniger gleichmäßig* verteilte Zwischenstationen hin zum Ziel (⇨ die Agogik auf S. 238).

---

[699] Natürlich gäbe es auch die Möglichkeit *drei* 16tel anstelle von *vier* 16teln zu spielen.

[700] Liegt als metrische Einheit eine 6er-Struktur vor (z.B. in einem 3/8-Takt), dann steht die 7 auch anstelle von 6 Noten (der Zusammenhang des konkreten Stückes ist hier maßgebend).

[701] Also die Anzahl der zu spielenden Noten.

Man kann sich vorstellen, dass es ziemlich kompliziert wäre, sich eine Zählweise für z. B. eine 5er-Notenunterteilung auszudenken[702], also macht man es sich einfach. Wir zählen:

1, 2, 3, 4, 5, „1"

Das, wo wir *hin*wollen (die „1"), wird mit einem Schwerpunkt versehen[703] und die (beliebige) Anzahl der davor liegenden Noten dient dazu, zu diesem Schwerpunkt hinzuführen[704]. Hat man z. B. 7 Noten vor einem Schwerpunkt zählt man:

1, 2, 3, 4, 5, 6, 7, „1"

Entscheidend für das musikalische Gefühl ist dabei, dass das Zählen der „Einsen" immer *im Metrum* geschieht.

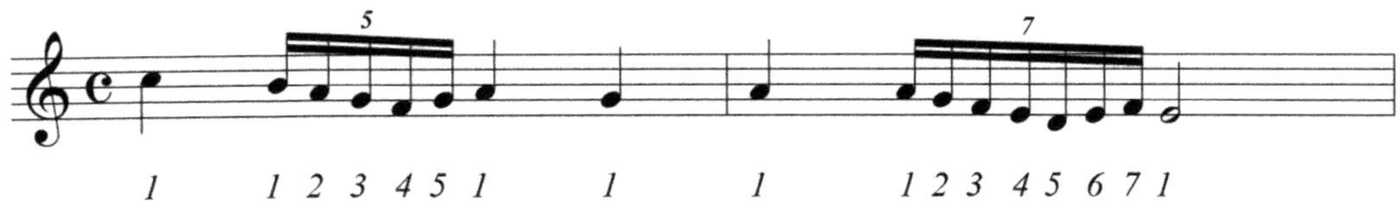

Meist versucht man, dabei die „1" in einem gleichbleibenden Tempo zu zählen. Aber selbst *das* ist nicht notwendig, wenn man der „1" *immer* ihren *Schwerpunkt* gibt.

Wenn man so zählt, kann man dann auch mit solchen Noten klar kommen:

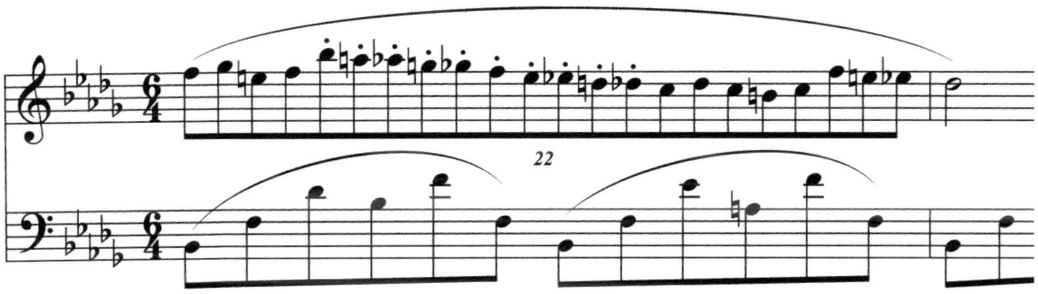

Der dritte Takt in Chopins Nocturne op. 9, Nr. 1 sieht so aus[705].

---

[702] Und dann gäbe es ja noch die vielen weiteren Möglichkeiten!

[703] Allgemein verwendet man dafür das Wort „betont", obwohl es falsch ist, denn die „1" *muss* nicht betont werden, sie *kann*. Wichtig ist nur, dass die „1" ein *Schwer*punkt ist, also eine Zählzeit, bei der sich etwas *entspannt*.

[704] Wir zählen die Zahlen davor (1, 2, 3, 4, 5) in einem *Bogen*, zuerst mit *zunehmender* Spannung (die Stimme hebt sich dabei), danach – *etwa* ab der Hälfte – mit abnehmender Spannung (die Stimme senkt sich wieder). Die zunehmende Spannung ist deshalb so wichtig, damit die *Entspannung* auf der „1" (die Stimme sinkt auf die tiefste Tonhöhe) umso deutlicher zu spüren ist.

[705] Es ist hier Ansichtssache, ob man den Bogen tatsächlich über 23 (!) Noten – die „1" des nächsten Taktes ist ja das eigentliche Ziel dieses Bogens – führt, oder ob man auf halbem Wege – bei Note Nummer 12 *„es"* – eine Zwischen-Entspannung einlegt und damit also zuerst *diesen* Ziel-Punkt anstrebt, um danach weiter zu gehen. Der Notation entsprechen – und auch schöner klingen – würde die erste Variante. Dabei ist es auch völlig nebensächlich, ob die Note Nummer 12, das *„es"*, mit dem *„b"* der linken Hand zusammen erklingt, denn es geht ja nur darum, den gemeinsamen *Zielpunkt* – die nächste „1" – zu erreichen. Und selbst darin kann der Spieler sich die Freiheit herausnehmen, das Ziel mit der rechten Hand etwas später zu erreichen – also quasi etwas zu „trödeln". Das ist dann ziemlich romantisch und passt wunderbar zur Musik.

Bisher sind wir in der Betrachtung von Melodien immer von einem *konkreten* Grundton ausgegangen – also z.B. wenn die Melodie mit der Terz beginnt und wir uns in D-Dur befinden, dass es sich dann um das *fis* handelt. Man kann diese Beziehungen auch darstellen, *ohne konkrete Töne oder Funktionen* zu verwenden. Der große Vorteil dieser Methode besteht darin, dass man sich dann um *keinerlei Tonarten und Vorzeichen* mehr kümmern muss, weil eine große Terz über dem Grundton in *jeder* Tonart eine große Terz über den jeweiligen Grundton ist und man daher diese konkrete Tonart durchaus auch weglassen kann[706].

Solmisation

- *Bei Melodien* nennt man diese Verfahrensweise ***Solmisation***. Jeder Ton der Tonleiter bekommt dabei einen Namen[707], der seine Beziehung zum Grundton bezeichnet. Dadurch wird es möglich, Melodien nur in ihren *Verhältnissen* zueinander zu beschreiben und zu singen und nicht mehr in Bezug auf einen konkreten Ton.

Diese Namen sind[708]:

Intervall zum Grundton	*Name des Stammtons*	Erhöhung[709]	Erniedrigung	Bemerkung
reine Prime	*do*	*di*		hieß früher *ut*
große Sekunde	*re*	*ri*		
große Terz	*mi*	- [710]	*ma* (oder *mu*)	
reine Quarte	*fa*	*fi*		
reine Quinte	*so*	*si*		ursprünglich: *sol*
große Sexte	*la*	-	*lo* (oder *lu*)	
große Septime	*ti*	-	*ta* (oder *tu*)	hieß früher *si*
reine Oktave	*do*	*di*		

Zusätzlich zu den Namen gibt es für jeden Ton noch ein ganz bestimmtes, eindeutiges Handzeichen. Die Solmisation ist nicht nur ein Verfahren, welches unabhängig von Tonarten funktioniert, sondern auch ein Singen ohne Notenkenntnisse ermöglicht.

Für Moll beginnt man einfach bei *la*.

Stufe

[706] Dieser Vorteil führt dazu, dass man eine Melodie, die nicht mit konkreten Tönen, sondern nur mit ihren Intervallen beschrieben wird, in *jeder* Tonart verwendet werden kann, ohne sich Gedanken über Tonart und Vorzeichen machen zu müssen.

[707] Dieser Name könnte natürlich auch *große Terz* oder *reine Quinte* heißen. Dies wäre aber zu lang, sodass man sich kürzere Namen ausgedacht hat.

[708] Man benennt hier nur den *Standort* innerhalb eines Tonleitergefüges. Man sagt dazu die ***Stufe***. Im französischen und italienischen Raum werden diese Namen allerdings wieder auf *konkrete Töne* bezogen (do ist das *c*), was den eigentlichen Sinn dieser Methode – die Unabhängigkeit von konkreten Tönen – jedoch aufhebt.

[709] Es gibt leider eine Vielzahl an verschiedenen Solmisationsmethoden. Man konnte sich auch nicht auf ein einheitliches System verständigen, so dass in (fast) jedem Land ein anderes System verwendet wird und manchmal sogar mehrere. Die angegebenen Beispiele entstammen der Methode von *Zoltán Kodály* (1882-1967).

[710] Als große Terz wird dieser Ton nicht erhöht – weil bereits groß. Dies gilt auch für die Sexte und die Septime. Ebenso verhält es sich bei der Erniedrigung der kleinen Intervalle.

Stufentheorie

- Auf *Funktionen* bezogen heißt das Ganze: ***Stufentheorie***[711]. Hierbei wird nicht mehr die funktionale Beziehung zueinander benannt (z.B. Dominante), sondern man zeigt nur noch den *Standort über dem Grundton* an. Zur klaren Abtrennung von der Akkordsymbolschrift (z.B. *G*) und der Funktionsschrift (z.B. *(D)*) verwendet man bei der Stufentheorie *römische* Zahlzeichen. Der Grundton selbst ist immer die I. Stufe, die Dominante die V und die Subdominante die IV. Stufe[712]. Alle Stufenbezeichnungen beziehen sich auf die *diatonischen* Akkorde (⇨ S. 95). Tiefalterierungen werden mit einem ♭ vor der römischen Ziffer ausgedrückt, Hochalterierungen mit einem ♯ und Auflösungen entsprechend. Ansonsten werden die Akkordzusatzbezeichnungen exakt so verwendet, wie bei der regulären Akkordsymbolschrift.

Dass in der Stufentheorie lediglich die Position des Akkordes[713] im Verhältnis zum Grundton ausgedrückt wird, ermöglicht einem Musiker, diese Akkorde – bei entsprechenden technischen Fähigkeiten – *in jeder Tonart* spielen zu können.

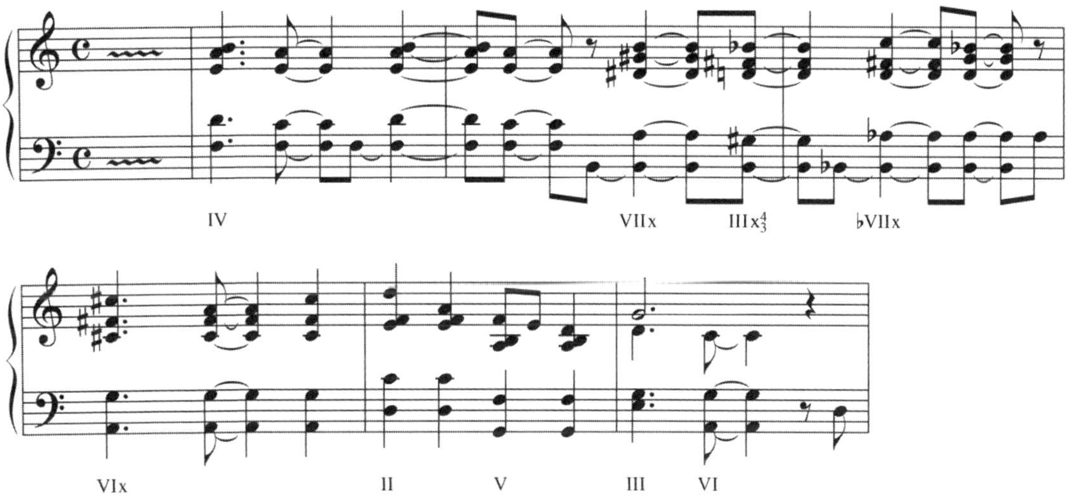

Die Takte 13-18 aus „Peri's Scope", Musik: Bill Evans.

Dieses Beispiel zeigt, dass sich mit den Stufen auch durchaus komplexe Akkordzusammenhänge darstellen lassen. Das „x" steht für den Dur-Akkord (das „m" stünde für einen Moll-Akkord sowie ø für den halbverminderten und ∘ für den verminderten Akkord).

Die III., VI. und VII. Stufe wären in diesem Fall ja alle in Moll; durch das „x" weiß der Musiker, dass sie in Dur gespielt werden sollen. Das vorangestellte ♭ vor der VII signalisiert, dass es sich nicht mehr um h *handelt, sondern um* be. *Die $^4_3$ gibt an, dass der Akkord in der entsprechenden Umkehrung auftritt. Im Jazz werden nur* besondere *Optionstöne vermerkt, die Septime gehört in* jedem *Fall zur „Grundausstattung" des Akkordes – das Meiste wird dem Musiker überlassen.*

<u>Um genau zu sein</u>: Natürlich ist auch die Bezeichnung *Dominante* bereits eine Beziehung zum Grundton und würde es – theoretisch – ermöglichen, in jeder beliebigen Tonart spielen zu können. Es gibt auch Musiker, die diese Art bevorzugen. Jedoch ist hierfür ein sehr fundiertes Wissen über die Zusammenhänge der Akkorde untereinander vonnöten. Bei der Stufentheorie kann man die (notierte) Stufe lesen und sofort spielen, ohne auch nur annähernd zu verstehen bzw. verstehen zu müssen, *welche musikalische Beziehung*[714] gerade stattfindet.

---

[711] Diese Betrachtungsweise von Akkorden gibt es bereits seit Anfang des 19. Jhs.

[712] Beide Sprechweisen sind gebräuchlich: als Kardinalzahl (Fünf) oder als Ordinalzahl (Fünfte Stufe).

[713] Zum besseren Verständnis: die Stufentheorie bezieht sich auf Akkorde.

[714] Darüber hinaus ist es oftmals gar nicht möglich, eine *eindeutige* Beziehung zu benennen.

Bisher sind wir bei Akkorden immer davon ausgegangen, dass es sich um übereinandergeschichtete Terzen handelt. Nun kann man sich fragen, wie es wäre, wenn man Akkorde als Anordnung von Quarten oder anderen Intervallen auffasste? Der Jazz (⇨ S. 226) macht das tatsächlich, indem er (oft) Akkorde in Quarten schichtet[715].

Ein Akkord wie $C^{9(13)}$ besteht aus 6 verschiedenen Tönen, die man – mit einer Unterbrechung – als Schichtung von Terzen interpretieren kann. Demnach wäre der Akkord so zu spielen[716]:

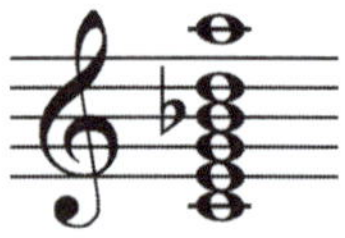

Fasst man diesen Akkord jedoch als Schichtung von Quarten auf, dann wäre er so zu spielen:

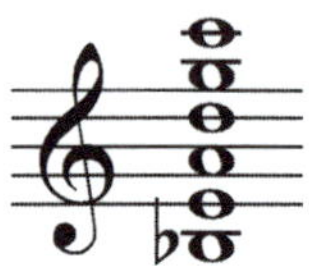

Es ergibt sich – wohlgemerkt mit denselben Tönen – ein ganz anderer, besonderer Klang[717]. Diese Art, Akkorde zu notieren bzw. zu spielen nennt man ***Quartakkord***e[718].

Quartakkord

An der *Schreibweise* eines Akkordes kann man meist *nicht* erkennen, ob er als in Terzen oder in Quarten geschichtet aufgefasst werden soll. Generell wird diese Art Akkorde als Quartschichtung aufzufassen – von wenigen Ausnahmen abgesehen – nur im Jazz verwendet.

Ein typischer Hinweis auf einen (möglichen) Quartakkord findet man bei der gleichzeitigen Verwendung der Sexte[719] und None (z.B. bei $C^{6/9}$). Diese bilden für sich schon eine Quarte. Die Terz des Akkordes befindet sich dann immer eine Quarte *unterhalb* der ^{6} und die Quinte eine Quarte *oberhalb* der ^{9}, so dass der Akkord dann so zu spielen wäre[720]:

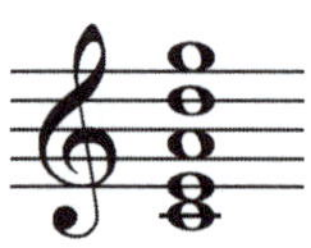

---

[715] Meist nimmt man jedoch „normale" Akkorde in Terzschichtung und ordnet diese dann nur in Quarten an.

[716] Oder in einer Umkehrung.

[717] Als kleine Hilfestellung für das Schichten in Quarten bietet es sich oft an, den Grundton nach oben zu nehmen und die Quarten *darunter* anzuordnen. Allerdings gibt es bei den so genannten Quartakkorden ziemlich viele Gestaltungsmöglichkeiten, die hier aus Platzgründen nicht behandelt werden können.

[718] Man beachte den sprachlich kleinen aber inhaltlich großen Unterschied zwischen *Quartakkord* und *Quart-Sext-Akkord* (⇨ S. 88).

[719] Meistens wird in diesem Zusammenhang die 6 gleichbedeutend mit der 13 behandelt. Das wäre bei einem Quartakkord auch problemlos möglich, da es sich hier *nicht* um die *korrekte Position* innerhalb geschichteter Terzen handelt, sondern um die der Quarten. Und dabei funktioniert unser bisheriges System nicht mehr, da die *Bezeichnung* unserer Akkorde die *Terz* als Grundlage hat.

[720] Dass der Grundton *c* im Terzabstand erscheint ist ein deutlicher Hinweis darauf, dass es sich im Grunde genommen um eine Terzschichtung handelt, die *so tut* als wäre sie eine Quartschichtung.

Die Akkorde, so wie wir sie heute kennen und verwenden, haben sich im Laufe einiger Jahrhunderte entwickelt. Ursprünglich[721] hat man Akkorde nicht als *Ausschnitte von Tonleitern* aufgefasst, sondern das Zusammentreffen mehrerer, einzelner Melodiestimmen ergab einen Klang aus mehreren Tönen (*Mehrklang*). Dass man diese „Akkorde" auch in eine bestimmte Beziehung (Funktion) zueinander setzen könnte, spielte damals noch keine Rolle.

In der Barockzeit war es vor allem für den Spieler des Cembalos[722] sehr wichtig, die verschiedenen Töne, die er gleichzeitig zu spielen hatte, schnell und übersichtlich lesen zu können. Wir haben heute dafür unsere Akkordsymbole, die sich *immer* auf den *Grundton eines Akkordes* beziehen. Damals ist man dafür vom tiefsten *gespielten* Ton – dem ***Fundament*** – ausgegangen und hat dazu den Abstand der anderen Töne *darüber* notiert. Eine Terz darüber war eine 3; eine Quinte darüber eine 5; eine Sexte darüber eine 6 usw. Wurden Töne erhöht (hochalteriert), erhielten sie ein extra Zeichen[723], ebenso bei einer Tiefalterierung. Da die Terz über dem tiefsten Ton eigentlich immer gespielt wurde, ließ man diese Bezeichnung in der Regel weg.

Fundament

Es wurde nur *eine Bass*-Melodie aufgeschrieben, die dann von *allen* zur Verfügung stehenden Bass- bzw. Begleitinstrumenten gespielt wurde (dadurch war man unabhängig von der Anzahl und Art der zur Verfügung stehenden Instrumente). *Unter* den Noten standen jeweils eine oder mehrere Zahlen, die Informationen zu den zu spielenden Tönen gaben. Stand nichts da, wurden Grundton, (diatonische) Terz und (diatonische) Quinte gespielt. Da *generell* für *alle* diese Begleitinstrumente nur *eine Bass*linie zur Verfügung stand, nannte man diese Art der Begleitung auch ***Generalbass***.

Generalbass

Der Generalbass bzw. die Generalbass-Notation wird heutzutage nicht mehr verwendet, da wir zum einen Akkorde in ihrer Gesamtgestalt (also aufgebaut über einem *Grundton*) wahrnehmen und zum anderen diese Akkorde auch in ihren *Bezügen* zueinander (Funktionen) hören. Will man jedoch alte Musik richtig lesen und spielen, sollte man sich auch mit *dieser* Form der Akkordschreibweise vertraut machen.

[721] Dies war in der Musik der Renaissance der Fall und reichte bis weit in die Zeit des Barock hinein (⇨ S. 223)
[722] Dem Vorläufer des Klavieres (⇨ auch S. 170).
[723] Dafür verwendete man nicht nur die heute *üblichen* Vorzeichen, sondern auch andere Symbole.

Wenn man sich die Erläuterung zum letzten Notenbeispiel auf Seite 233 in Ruhe durchliest, wird man feststellen, dass man beim Musizieren doch ziemlich viel Freiheit im Umgang mit der Musik besitzen kann, wenn man in der Lage ist, die *kleinen* Möglichkeiten *groß* auszunutzen.

Betrachtet man das Tempo - auch das vorgegebene - nicht als starr und unveränderbar, sondern nimmt sich die Freiheit, es mehr oder weniger stark in die eine wie auch die andere Richtung[724] zu verändern, wird man seine ganz persönlichen Vorstellungen über das, was einem das gespielte Musikstück bedeutet, viel klarer ausdrücken können. Denn auch die persönlichen Bewegungen unterliegen einer gewissen, mehr oder weniger starken Schwankung.

Agogik

Die Gesamtheit der Möglichkeiten, das Tempo[725] zu beeinflussen - diese Tempo-Schwankungen - in kleinstem, kleinem, aber auch in größerem Rahmen nennt man ***Agogik***.

Rubato, Frei im Vortrag

Man kann mit der Einflussnahme auf das Tempo sogar so weit gehen, dass man das Tempo (scheinbar[726]) *beliebig* verändert. Zu *jedem* Zeitpunkt ist es in der Musik möglich, das Tempo - und damit also die fließende Zeit - zu verändern, bis hin zum Stillstand (⇨ Fermate auf S. 52). Geht man mit dem Tempo ganz frei um, gestaltet also seinen eigenen Zeitverlauf mit einer mal schnelleren, mal langsameren Geschwindigkeit und den damit verbundenen Beschleunigungen unterschiedlichster Art, dann nennt man diese Spielweise ***Rubato***[727]. Manchmal findet man auch die deutsche Bezeichnung ***Frei im Vortrag***. Sie meint dasselbe.

Tempoänderungen finden aber nicht nur statt, wenn man es *will*, sondern selbst wenn man versucht, sein Grundtempo so *konstant* wie möglich umzusetzen, führt man dabei auf dem Weg von einem Takt zum nächsten - also von einer „1“ bis zur nächsten „1“ - *kleinste* Tempo-Abweichungen aus. Das sind Veränderungen, die nicht wirklich mit *Absicht* vollzogen werden, sondern dem momentanen *Gefühl* unterliegen - und damit zutiefst musikalisch sind.

Sie entsprechen in etwa dem, was man sich unter einem *Bogen* vorstellen kann. Unterteilt man eine *gerade Strecke* gleichmäßig, entsteht ein gleichmäßiges Tempo. Unterteilt man jedoch einen *Bogen* in gleich lange Abschnitte, entstehen, projiziert auf die gerade Strecke[728], kleine Abweichungen zum konstanten Tempo. Und je nachdem, welche Bogenform man wählt[729], fallen die Abweichungen unterschiedlich

[724] Schneller oder langsamer.

[725] Und mit dem Tempo auch die daran gekoppelte Veränderung der Artikulation, der Dynamik, der Phrasierung (⇨ S. 32).

[726] So ganz beliebig sind die Veränderungen natürlich nicht: Alle, tatsächlich *alle* Tempoveränderungen *bleiben an die metrische Ordnung gekoppelt*, so dass eine Zählzeit „1“ – egal wie lange man braucht bis man zu ihr gelangt – mit der ihr zustehenden Gewichtung versehen und *dadurch* auch erkennbar bleibt.

[727] Von italienisch *rubare* für *stehlen*.

[728] Die gerade Strecke entspricht dabei unserem beständigen Zeitablauf (auch als lineare Zeit oder gemessene Zeit bezeichnet). Der Bogen entspricht der empfundenen Zeit (das ist die tatsächliche [subjektive] Zeit, die persönliche Zeit).

[729] Also welche Höhe der Bogen besitzt bzw. ob er gleichmäßig steigt und fällt.

aus. Genau in dieser Unterschiedlichkeit kann man als Zuhörer das Persönliche, Individuelle am Musizieren erkennen[730].

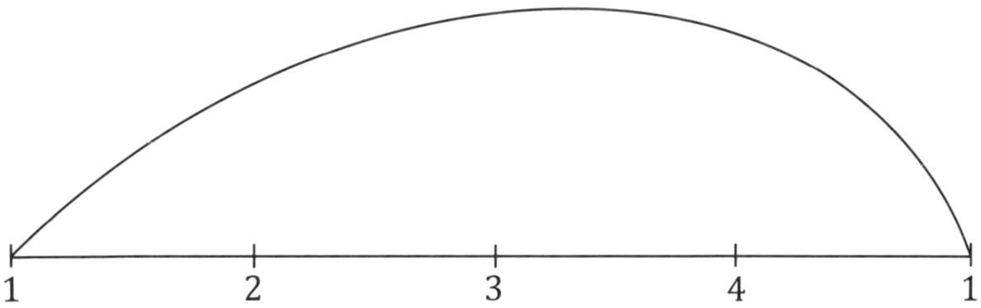

Hier ein Beispiel für einen typischen Bogen: der erste Teil des Taktes scheint gedehnt, während der zweite Teil gestaucht wirkt. Dementsprechend verschieben sich auch die „korrekten" Zählzeiten etwas in die zweite Hälfte des Taktes.

Der Bogen kann natürlich auch zuerst mit der Stauchung beginnen und am Ende gedehnt sein – wie es z. B. beim Wiener Walzer der Fall ist.

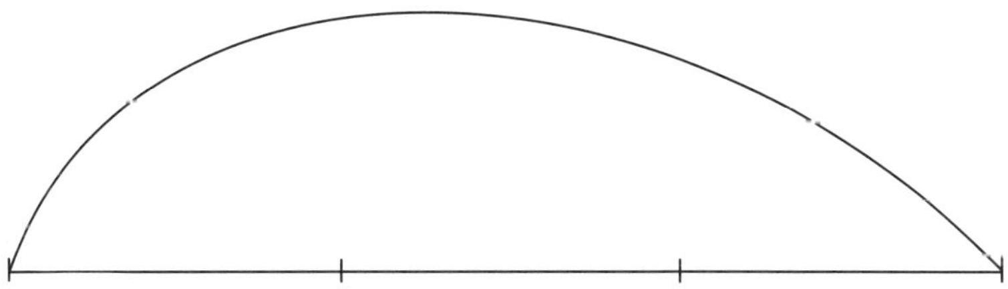

In der Musik kann man sich nicht nur die Freiheit nehmen, innerhalb eines *Taktes* agogisch zu arbeiten, sondern man kann die Agogik auch mehr oder weniger stark auf Phrasen oder ganze Musik-Teile ausdehnen. In der Musikepoche der Romantik[731] hat man sehr stark davon Gebrauch gemacht, sich diese Freiheit zu nehmen. Und diese Freiheit sollte man sich auch heute nehmen – je nach seinem persönlichen Geschmack.

[730] Übrigens etwas, das kein Computer oder eine andere Maschine der Welt nachahmen kann, da dazu die Fähigkeit des *Empfindens* notwendig ist.

[731] Zu der auch die Beispiele von *Chopin* gehören.

1. Benenne die Position der folgenden Noten im Notensystem.

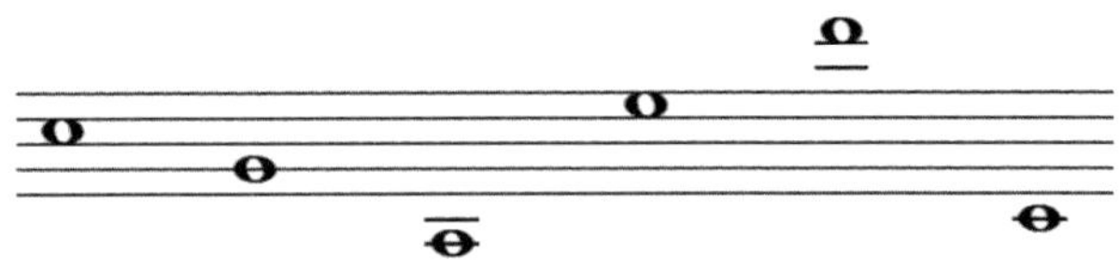

2. Beschreibe mit Worten – und ohne dabei den Ton zu zeigen – wie man auf dem Klavier folgende Töne finden kann: (Beispiel: „c“ liegt links neben den zwei schwarzen Tasten.)

   e, f, h, d, g und a

3. Notiere in jedem Notenschlüssel einmal die Töne „c^1“, „f“ und „g^1“.

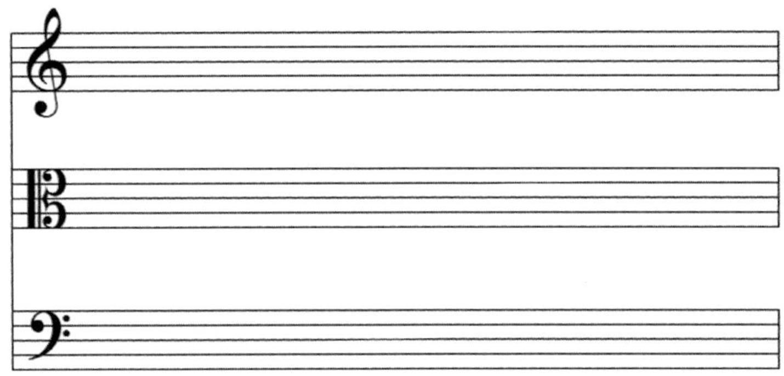

4. Schreibe unter jede Note ihren Notennamen mit dem richtigen Oktavbereich.

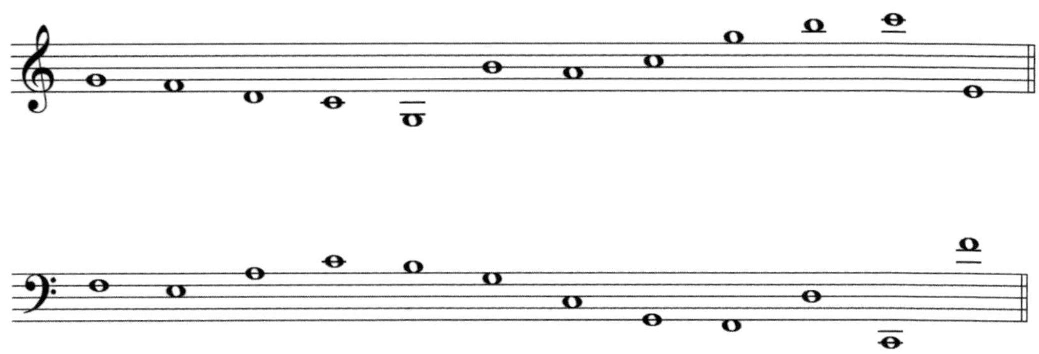

5. Schreibe zwischen jeweils zwei Töne das richtige Intervall.

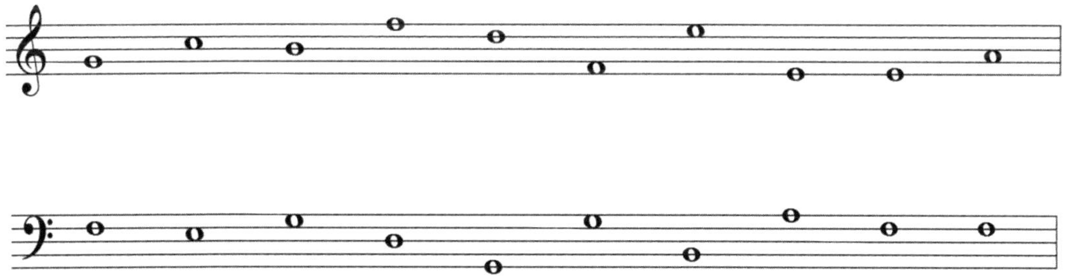

6. Die Namen der Noten ergeben Wörter. Finde diese Wörter heraus.

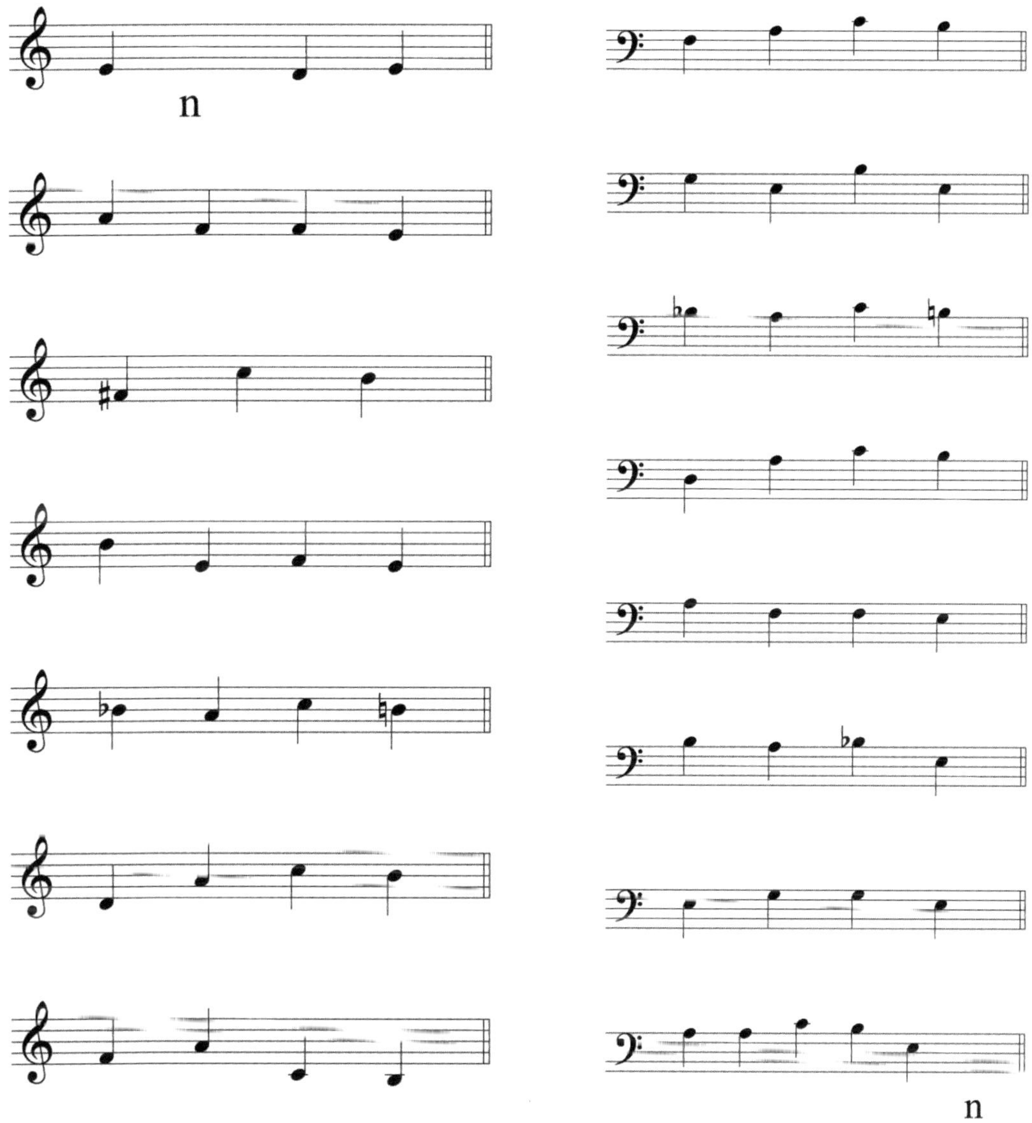

7. Schreibe unter jede Note ihren Namen (ohne Oktavbereich).

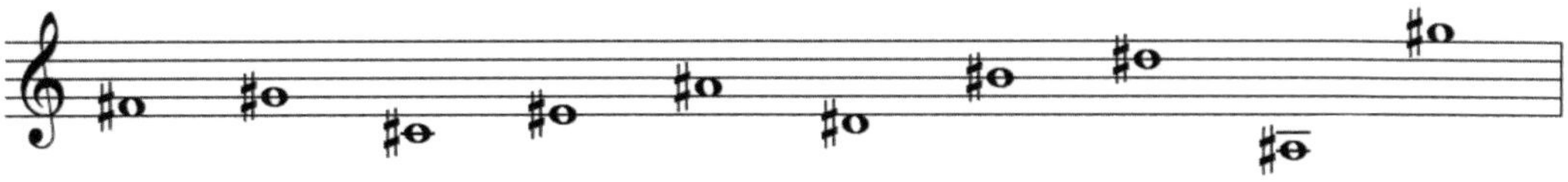

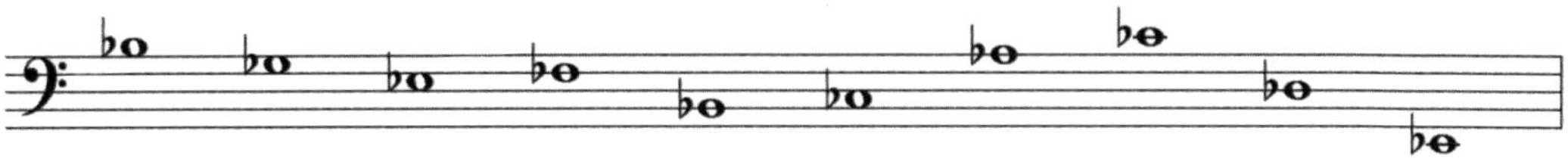

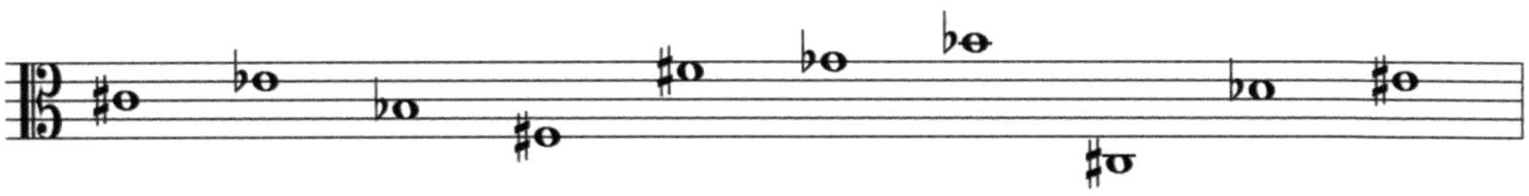

8. Notiere unter jeder Note/Pause oder Notengruppe ihren Notenwert (Notenlänge).

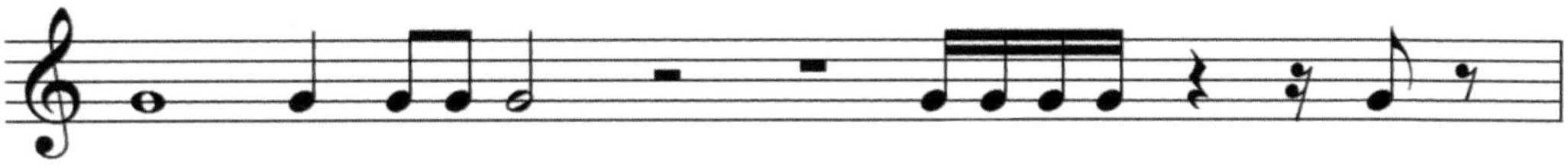

9. Beschreibe einmal mit italienischen Worten und danach mit deutschen Worten den Lautstärkeverlauf.

mf ***pp*** < ***ff*** *decresc.* ***p*** *cresc.* ***mp*** *cresc.* ***mf*** ***f*** > ***mf***

10. Beschreibe den Verlauf der verschiedenen Artikulationen in diesem Stück.

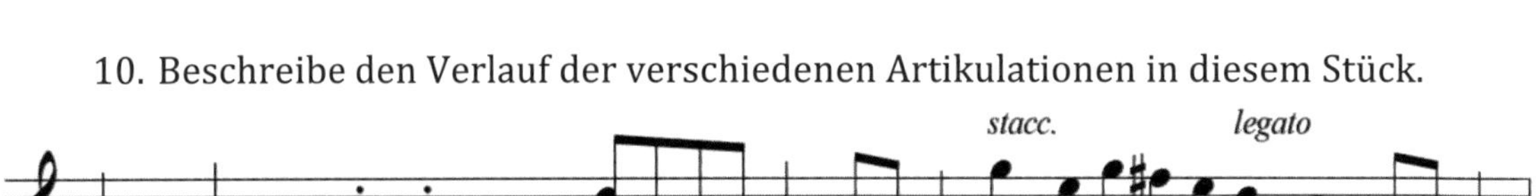

11. Benenne die Länge der folgenden Noten.

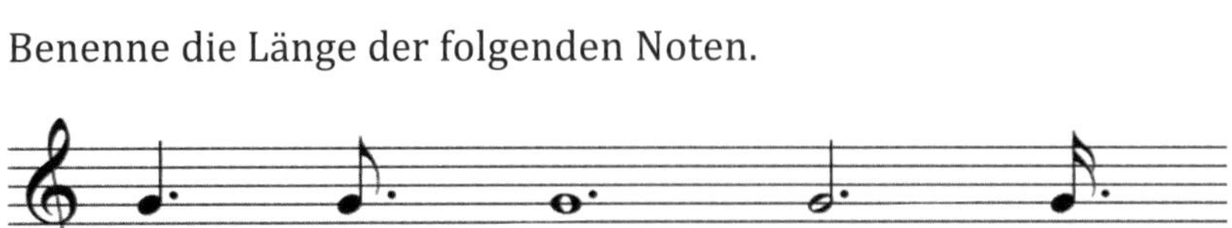

12. Setze an der richtigen Stelle die Taktstriche.

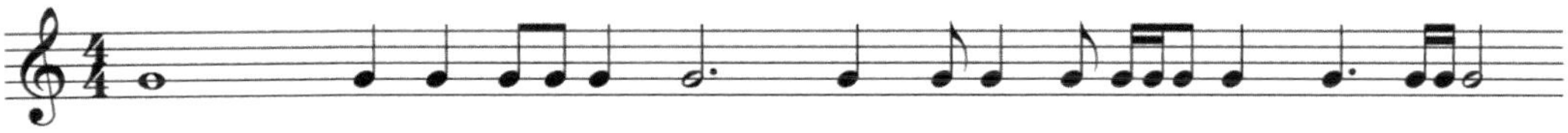

13. Schreibe unter die Noten die richtigen Zählzeiten.

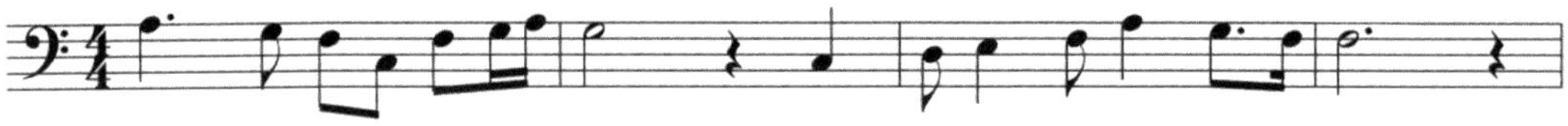

14. Wie lange werden die jeweils mit einem Haltebogen versehenen Noten ausgehalten?

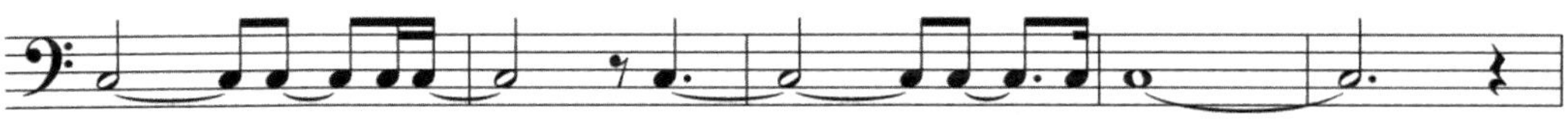

15. Nenne bei den folgenden Tonarten Anzahl und Art der Vorzeichen und zähle die durch die Vorzeichen veränderten Töne in der richtigen Reihenfolge auf.

	Anzahl und Art der Vorzeichen	veränderte Töne
F-Dur		
D-Dur		
A-Dur		
Bb-Dur		
Ab-Dur		
H-Dur		
Db-Dur		
F#-Dur		

16. Zwischen welchen Tönen der Dur-Tonleiter befinden sich die Halbtonschritte?

17. Wie heißen die gespielten Töne (ohne Angabe des Oktavbereichs)?

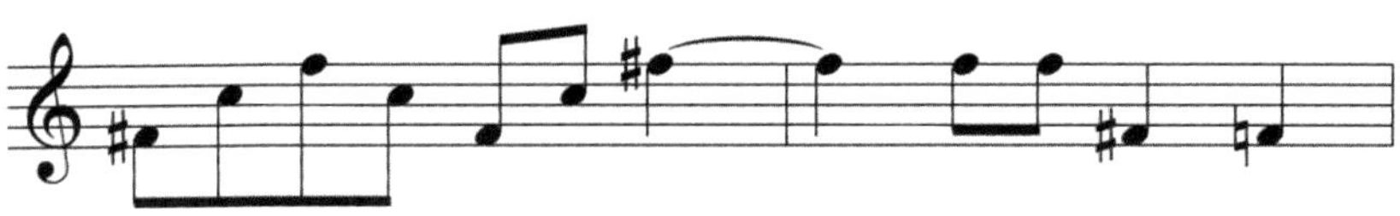

18. Wie heißen die gespielten Töne (ohne Angabe des Oktavbereichs)?

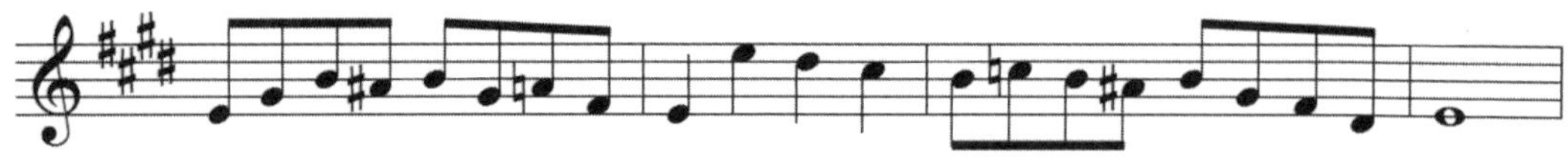

19. Nenne die Intervalle mit den dazu gehörenden Angaben (rein oder klein oder groß).

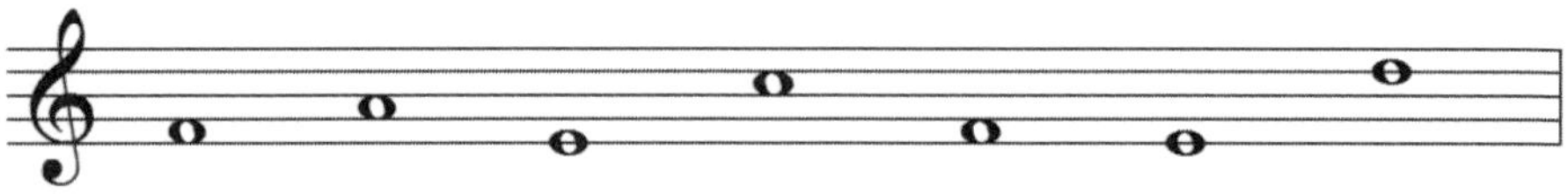

20. Nenne die Intervalle mit den dazu gehörenden Angaben (rein oder klein oder groß).

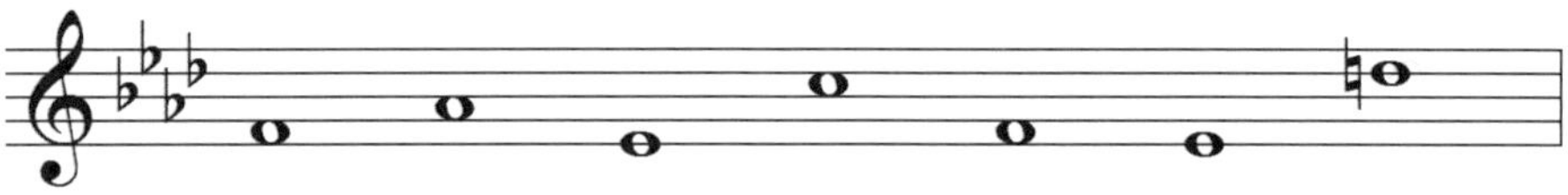

21. Nenne die Intervalle mit den dazu gehörenden Angaben (rein oder klein oder groß).

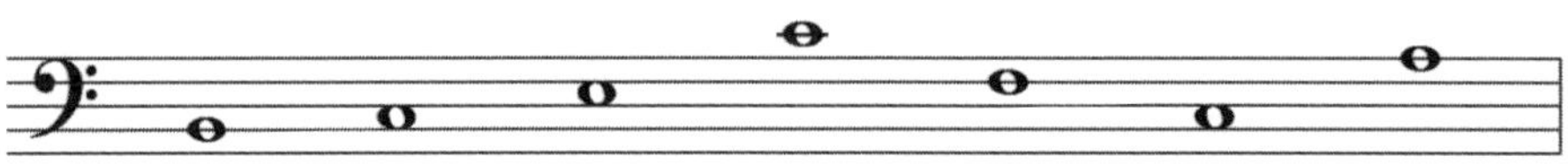

22. Nenne die Intervalle mit den dazu gehörenden Angaben (rein oder klein oder groß).

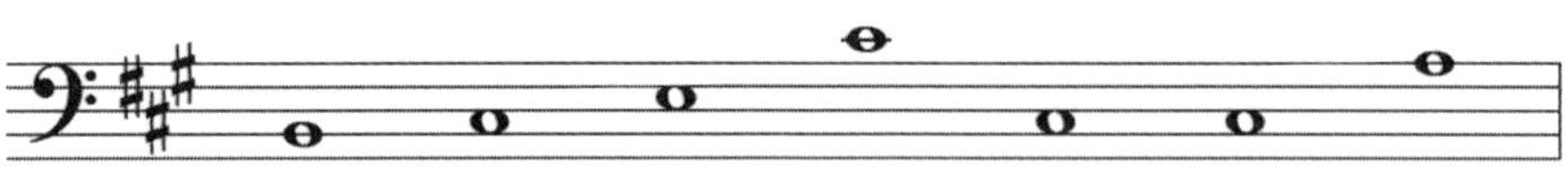

23. Markiere im Beispiel die kleinen Sekunden (⎵) sowie die großen Terzen (‿).

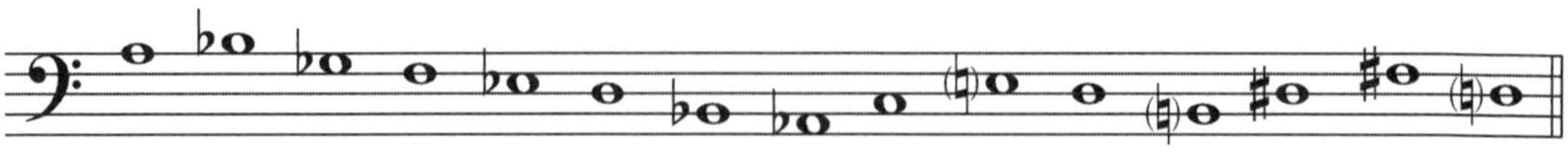

24. Nenne bei den folgenden Tonarten Anzahl und Art der Vorzeichen und zähle die durch die Vorzeichen veränderten Töne in der richtigen Reihenfolge auf.

	Anzahl und Art der Vorzeichen	veränderte Töne
D-Moll		
H-Moll		
F#-Moll		
Bb-Moll		
A-Moll		
G#-Moll		
F-Moll		
G-Moll		

25. Wie heißen die jeweils parallelen Tonarten?

F-Dur -

C-Moll -

H-Dur -

Eb-Dur -

A-Dur -

G-Moll -

Ab-Dur -

26. Bestimme die Zählzeiten des Auftaktes.

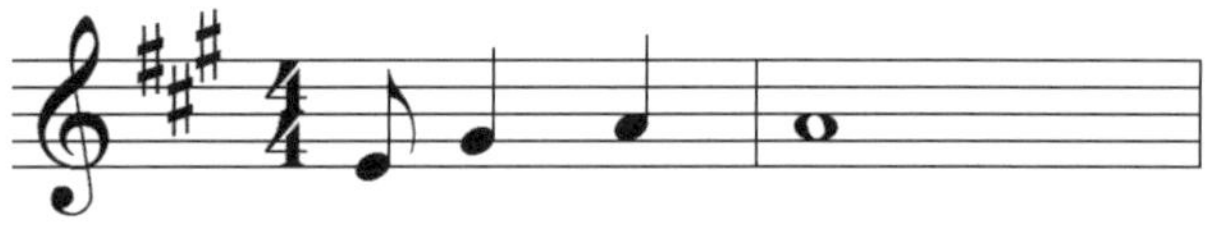

27. Notiere die Zählzeiten unter den Noten.

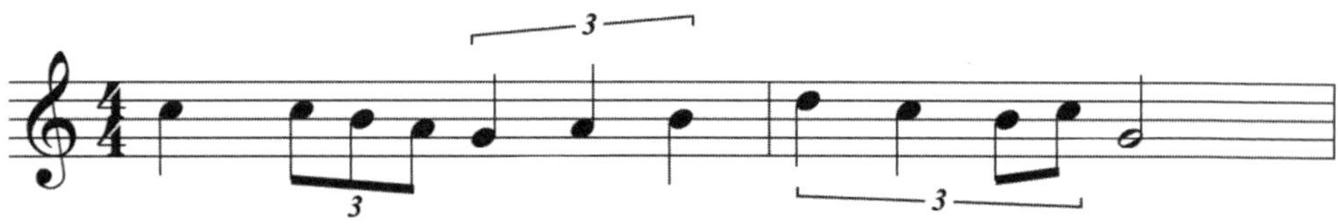

28. Kennzeichne die synkopierten Noten mit einem Kreuz und notiere die Zählzeiten unter alle Noten.

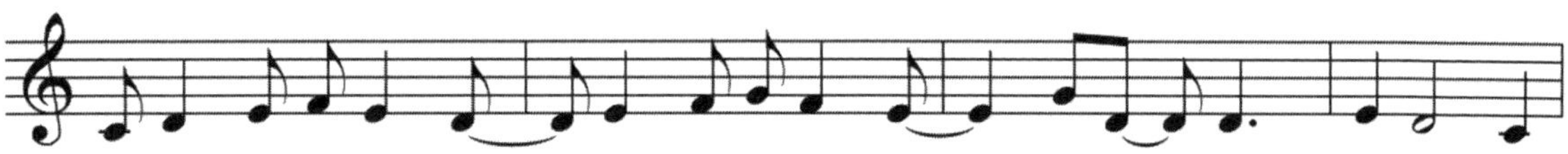

29. Benenne die Umkehrungen der dreistimmigen Akkorde. Verwende dazu einmal den Namen der (gebräuchlichen) Intervallschichtung und zum anderen die Lagen-Bezeichnung.

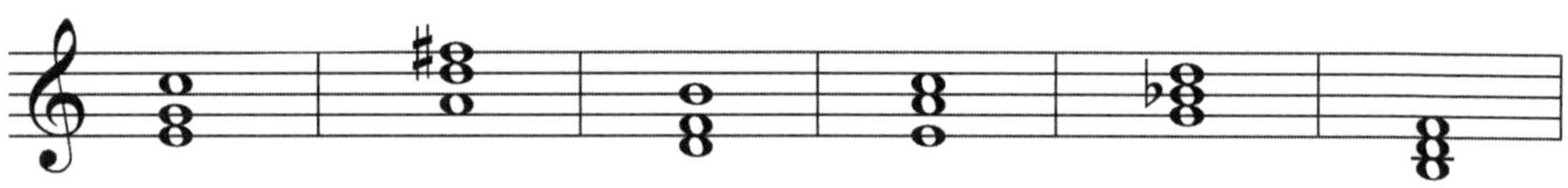

30. Benenne die Umkehrungen der Sept-Akkorde mit dem Namen der (gebräuchlichen) Intervallschichtung.

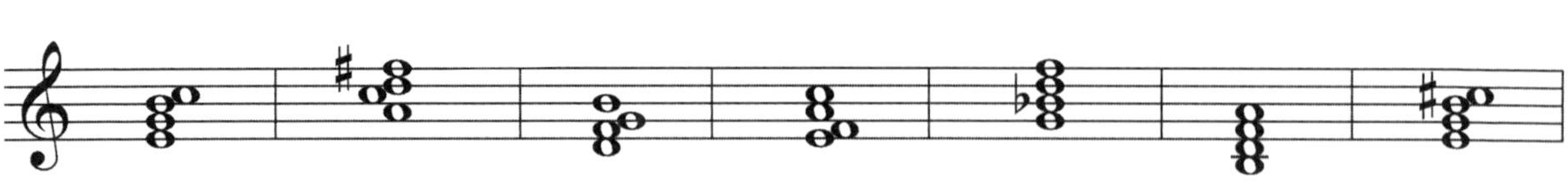

31. Notiere folgende Akkorde in ihrer Grundstellung. Bei den beiden breiteren Takten gibt es noch eine weitere Möglichkeit der Notation (durch enharmonische Verwechslung).

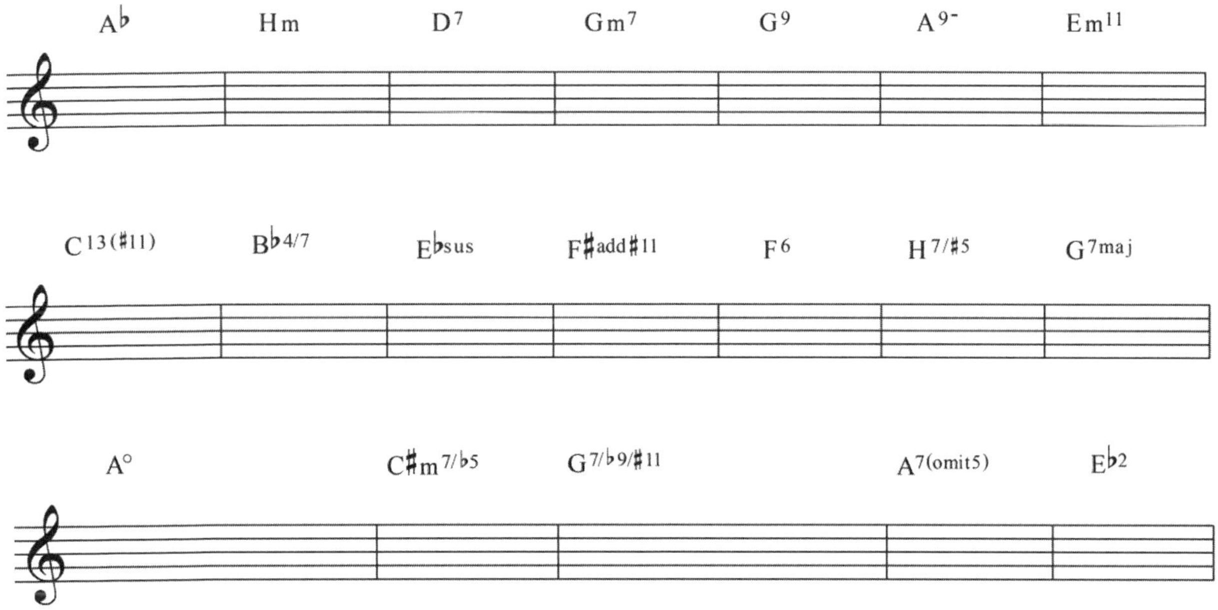

32. Finde die zutreffenden Akkordbezeichnungen (alle Akkorde stehen in der Grundstellung).

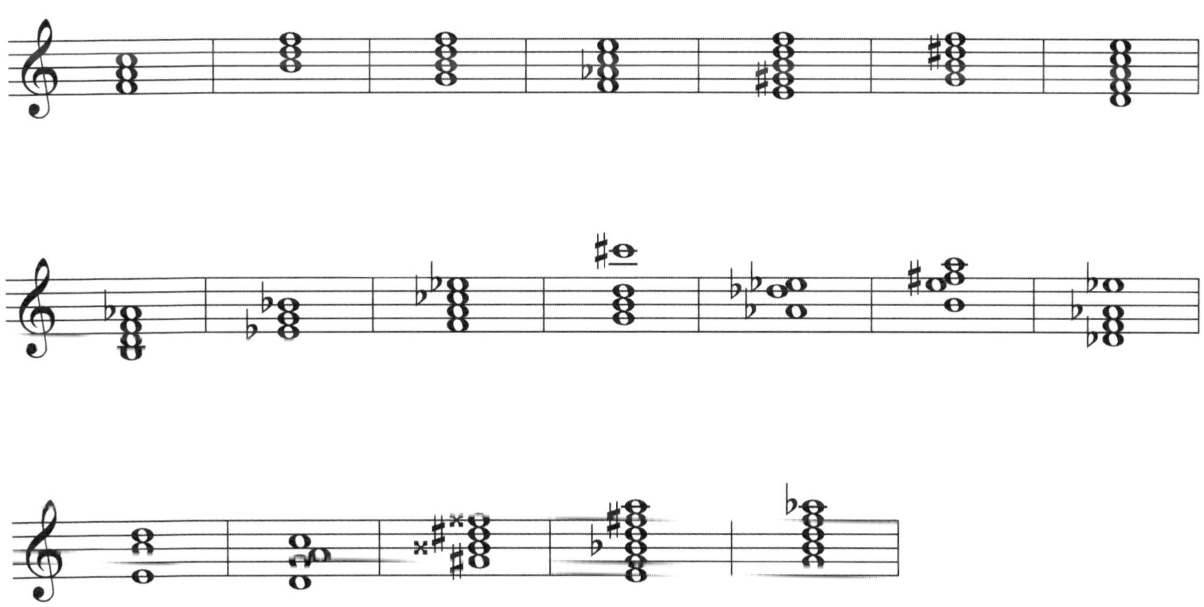

33. In welcher Reihenfolge werden die mit Buchstaben versehenen Teile in diesem Stück gespielt?

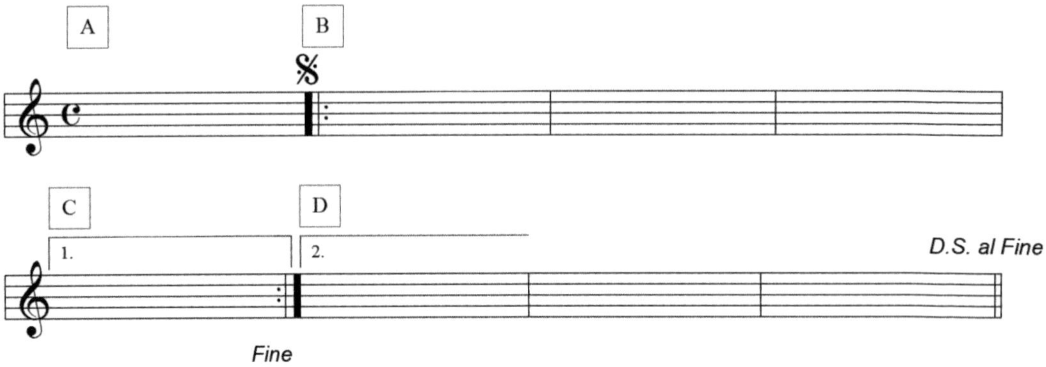

34. In welcher Reihenfolge werden die mit Buchstaben versehenen Teile in diesem Stück gespielt?

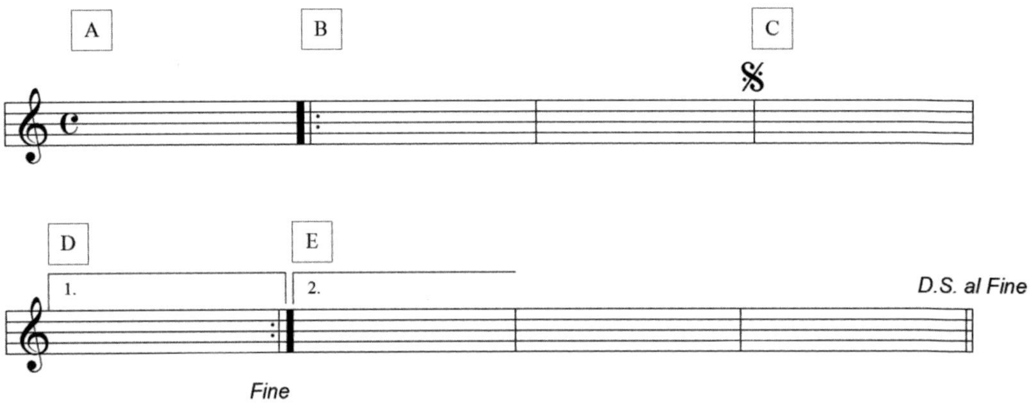

35. In welcher Reihenfolge werden die mit Buchstaben versehenen Teile in diesem Stück gespielt?

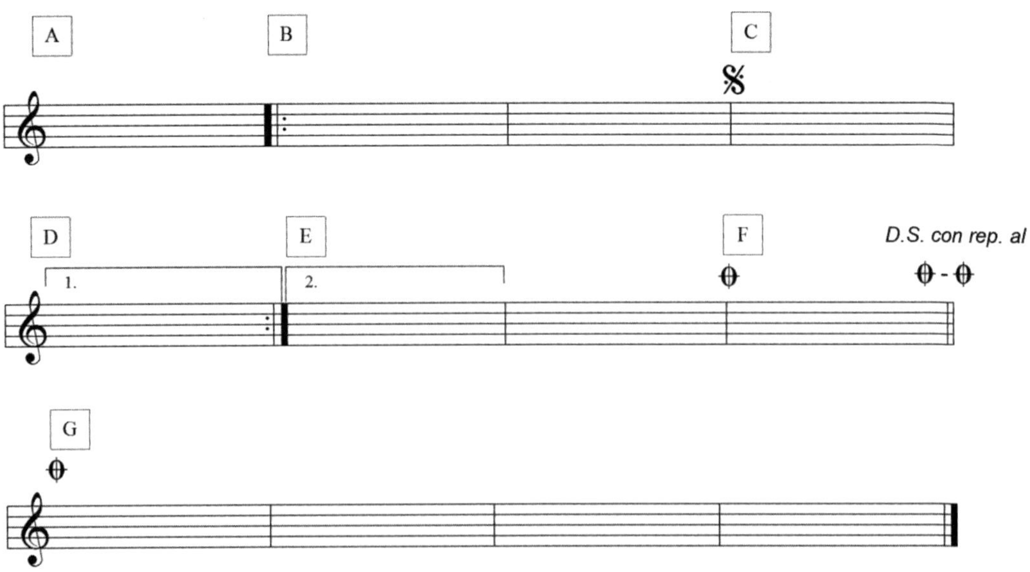

36. Schreibe die Noten – rhythmisch korrekt – so auf, wie sie im Swing gespielt werden.

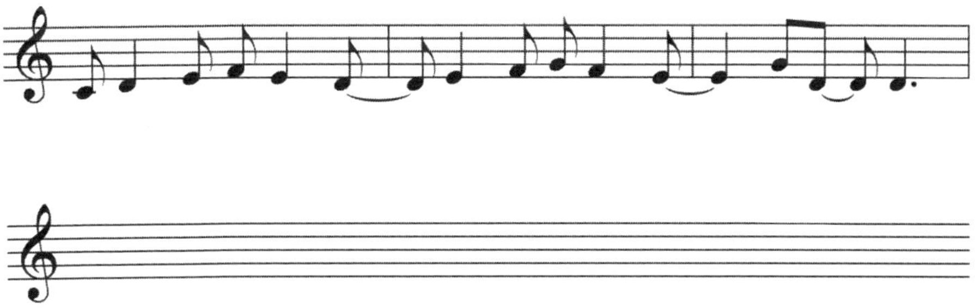

37. Notiere die Töne der Akkorde aufbauend auf dem Grundton und benenne die Akkorde.

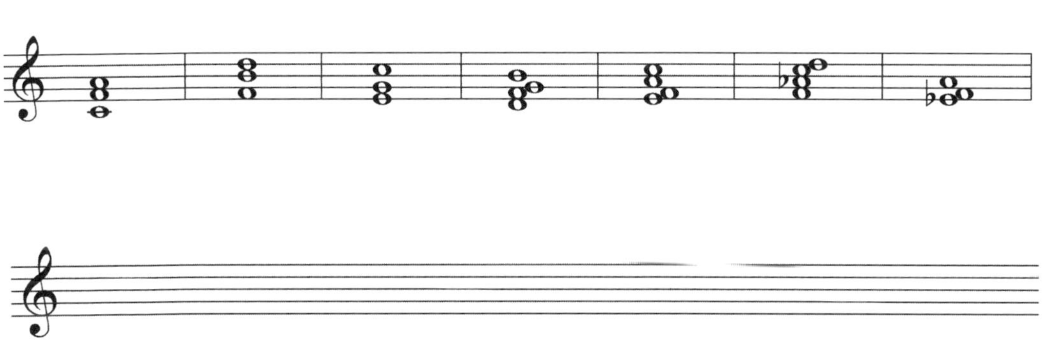

38. Finde die zutreffenden Akkordbezeichnungen (alle Akkorde treten als Umkehrungen auf).

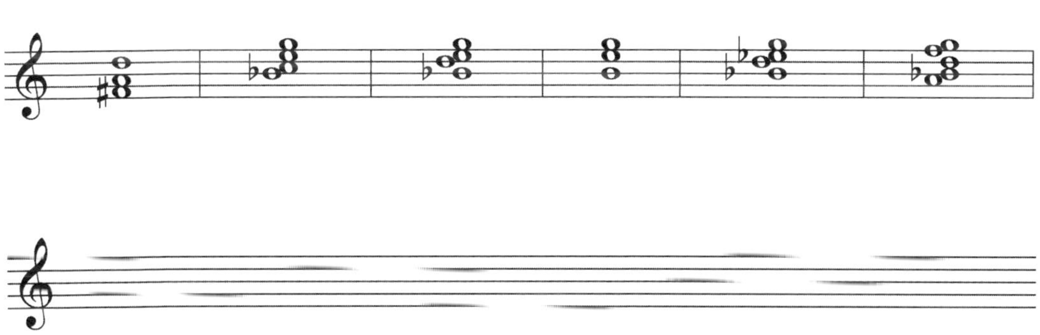

39. Der erste Akkord stellt immer die Tonika dar. Finde die Beziehung des jeweils zweiten Akkordes zum ersten heraus.

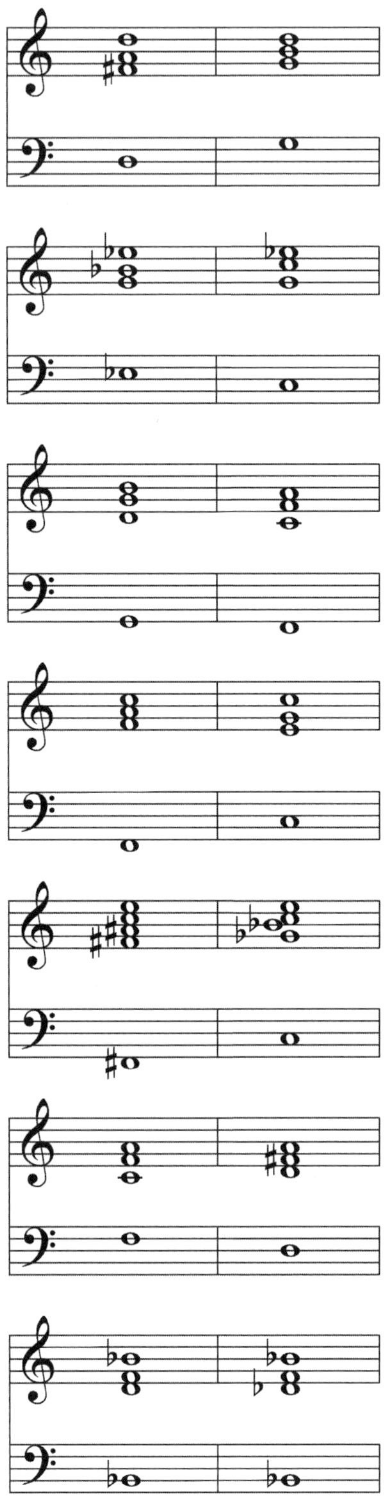

40. Führe im jeweils leeren Takt die Stimmen des davorliegenden Taktes entsprechend den Stimmführungsregeln weiter.

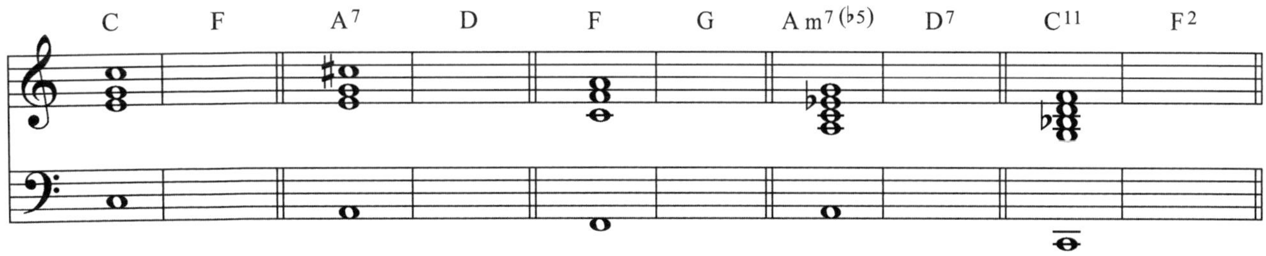

Zusatzaufgabe:

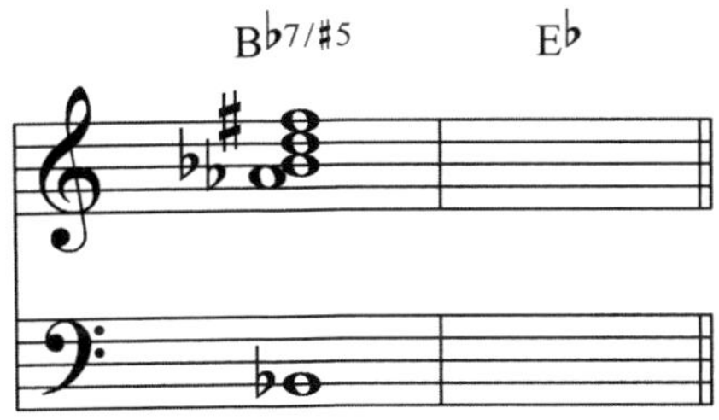

41. In den Noten der folgenden (transponierenden) Instrumente steht diese Melodie. Notiere die Töne, die zu hören sind, wenn das Altsaxophon, die Klarinette in A, das Horn in F, die Piccolo-Flöte und die Bass-Klarinette sie spielen.

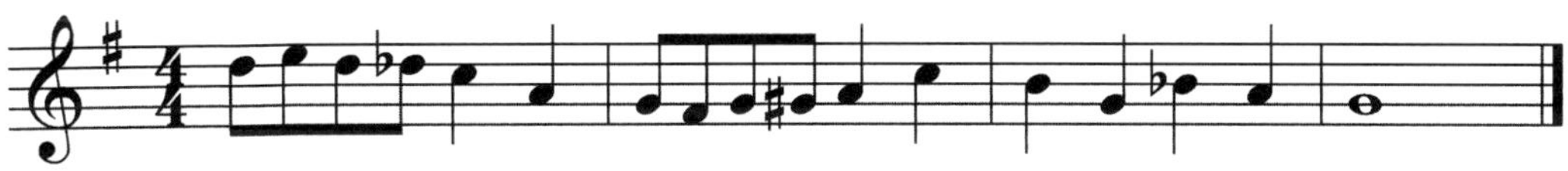

42. Wir wollen, dass von jedem dieser Instrumente genau die nachstehend notierten Töne zu hören sind. Was muss folglich in den Noten stehen bei der Trompete in B♭, beim Englischhorn, beim Bariton-Saxophon (das darf eine Oktave tiefer klingen) und bei der Klarinette in E♭?

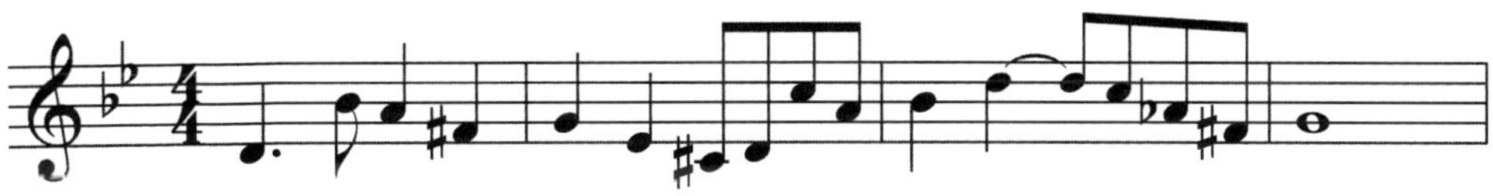

43. Schreibe unter jede Note ihren Namen.

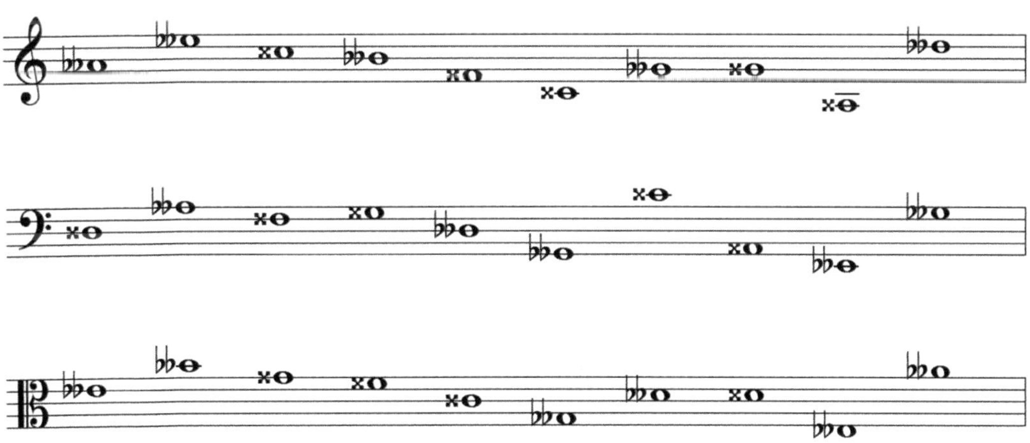

44. Nenne die Intervalle mit den dazu gehörenden Angaben (rein, vermindert, übermäßig bzw. groß oder klein).

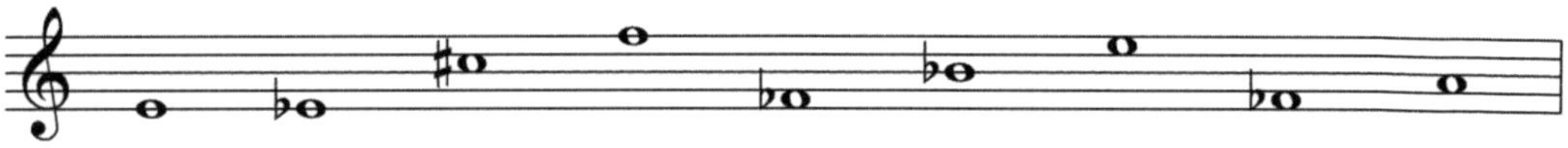

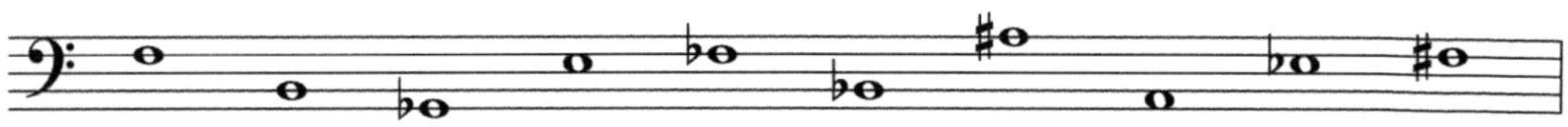

45. Nenne die Intervalle mit den dazu gehörenden Angaben (rein, vermindert, übermäßig bzw. doppelt vermindert oder doppelt übermäßig).

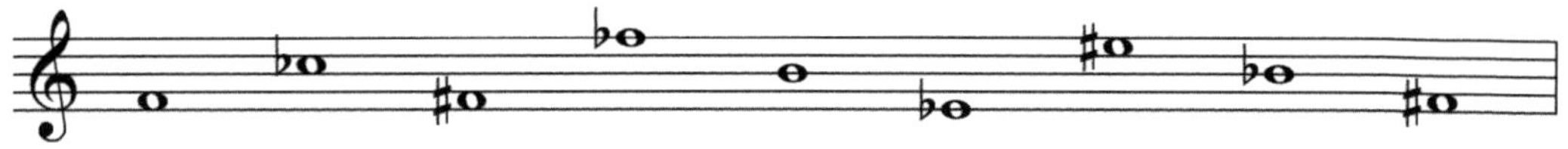

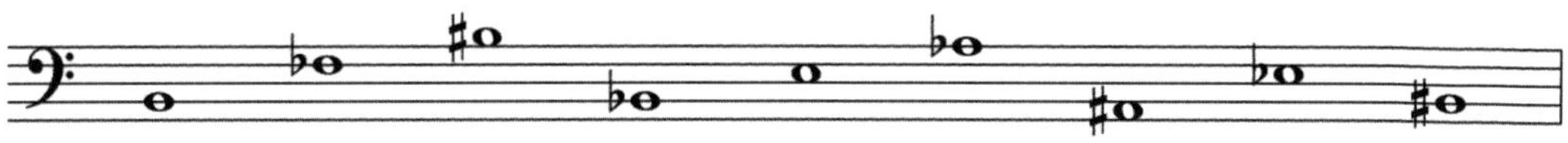

46. Nenne die Intervalle mit den dazu gehörenden Angaben (rein, vermindert, übermäßig bzw. groß oder klein).

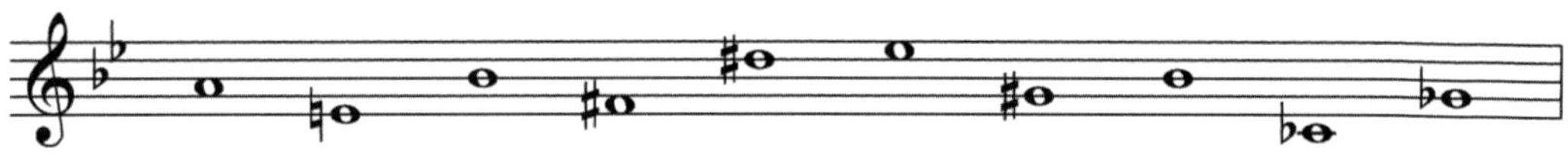

47. Nenne die Intervalle mit den dazu gehörenden Angaben (rein, vermindert, übermäßig bzw. doppelt vermindert oder doppelt übermäßig).

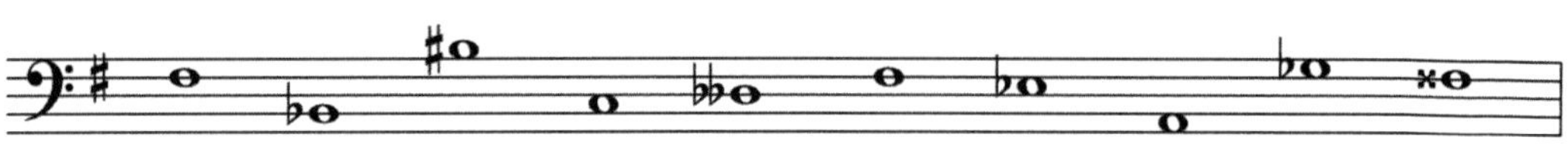

48. Finde die zutreffenden Akkordbezeichnungen. Benutze dazu die Bruchstrich-Schreibweise (Slash-Akkorde).

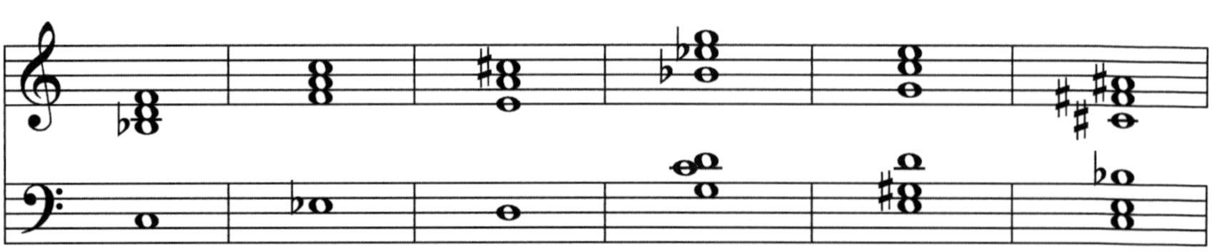

Zu 1. Benenne die Position der folgenden Noten im Notensystem.

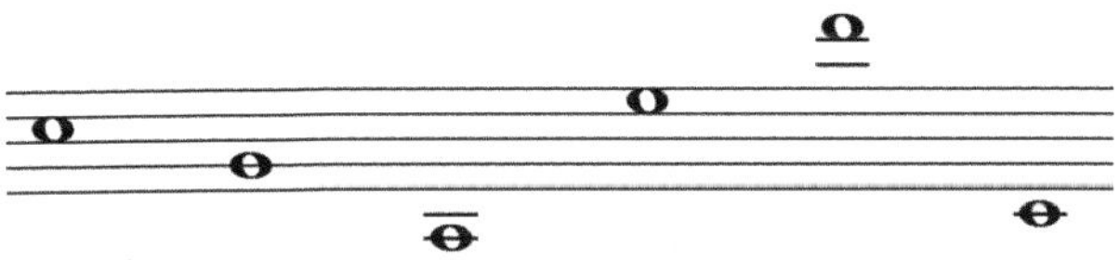

(Im dritten Zwischenraum, auf der zweiten Linie, auf der zweiten Hilfslinie unter dem Notensystem, im vierten Zwischenraum, über der zweiten Hilfslinie über dem Notensystem, auf der ersten Hilfslinie unter dem Notensystem)

Zu 2. Beschreibe mit Worten – und ohne dabei den Ton zu zeigen – wie man auf dem Klavier folgende Töne finden kann: (Beispiel: „c“ liegt links von den zwei schwarzen Tasten.)

e, f, h, d, g und a (Mögliche) Antworten:

„e“ liegt rechts von den zwei schwarzen Tasten
„f“ liegt links von den drei schwarzen Tasten.
„h“ liegt rechts von den drei schwarzen Tasten.
„d“ liegt zwischen den zwei schwarzen Tasten.
„g“ liegt links von der Mitte bei den drei schwarzen Tasten.
„a“ liegt rechts von der Mitte bei den drei schwarzen Tasten.

Zu 3. Notiere in jedem Notenschlüssel einmal die Töne „c^1“, „f“ und „g^1“.

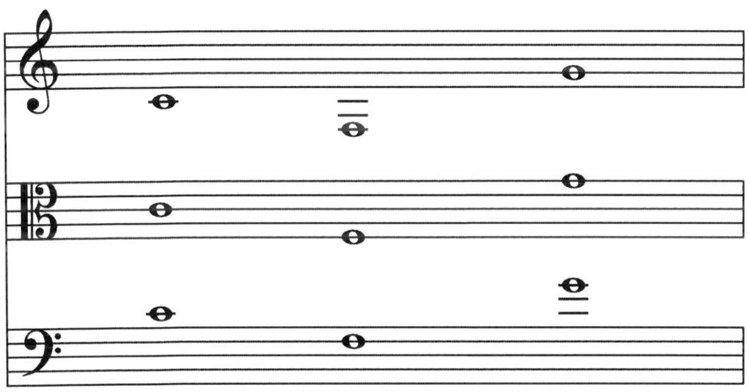

Zu 4. Schreibe unter jede Note ihren Notennamen mit dem richtigen Oktavbereich

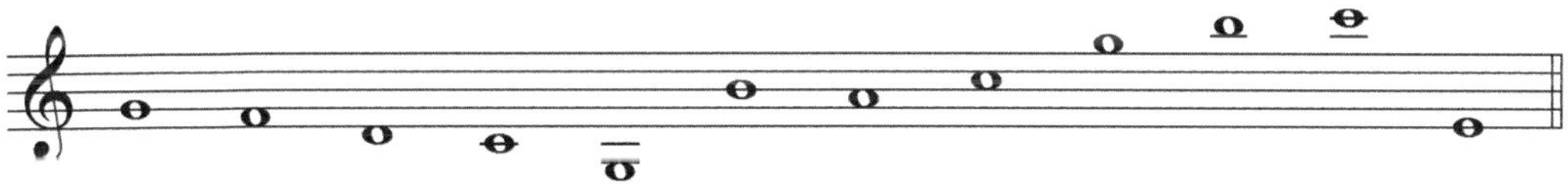

g^1 f^1 d^1 c^1 g[klein] h^1 a^1 c^2 g^2 h^2 c^3 e^1

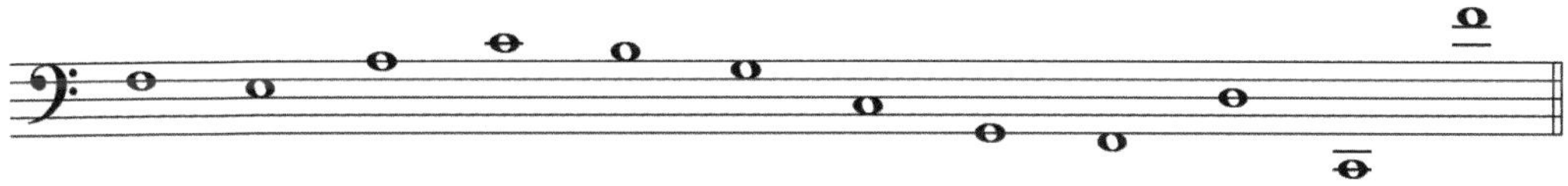

f e a c^1 h g c G F d C f^1

Zu 5. Schreibe zwischen jeweils zwei Töne das richtige Intervall.

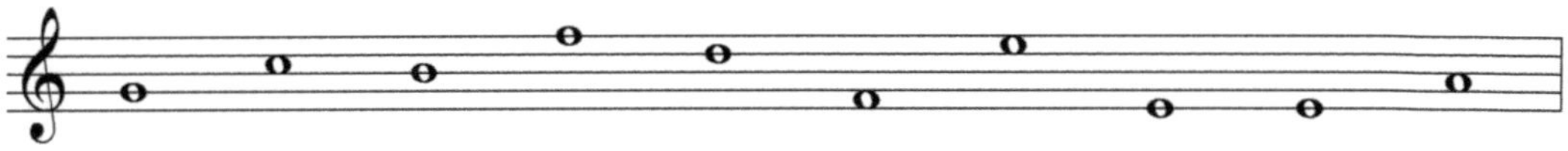

Quarte Sekunde Quinte Terz Sexte Septime Oktave Prime Quarte

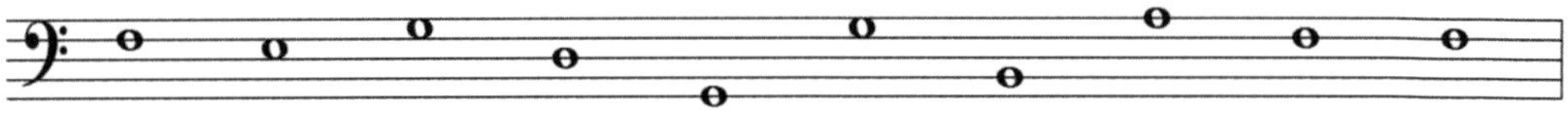

Sekunde Terz Quarte Quinte Oktave Sexte Septime Terz Prime

Zu 6. Die Namen der Noten ergeben Wörter. Finde diese Wörter heraus.

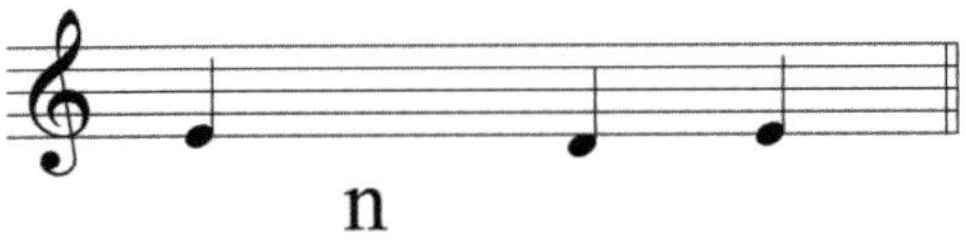

Ende

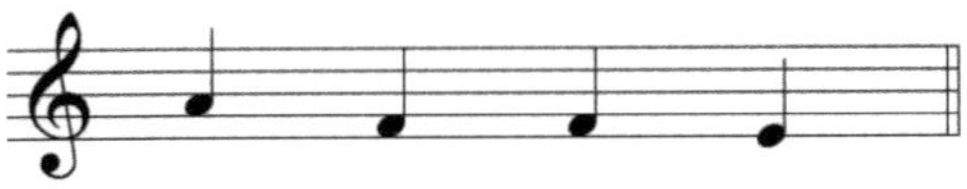

Affe

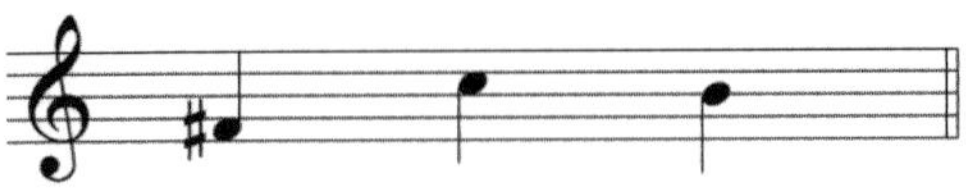

Fisch

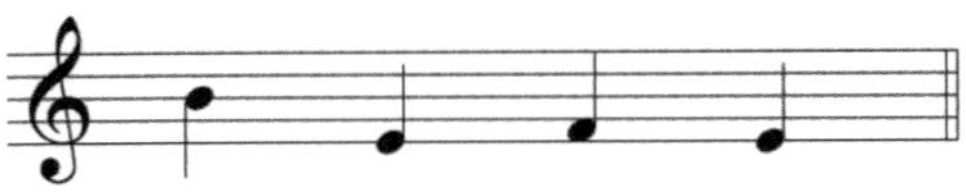

Hefe

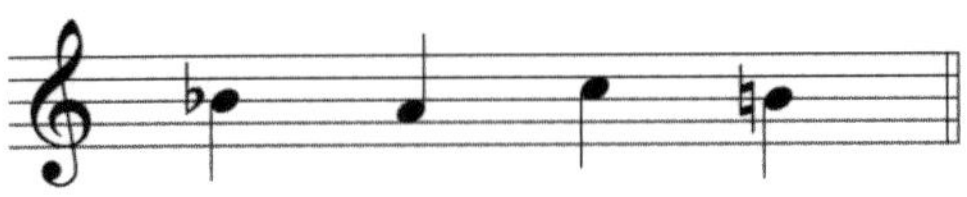

Bach

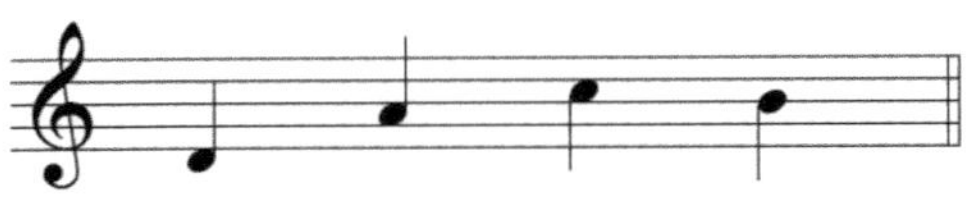

Dach

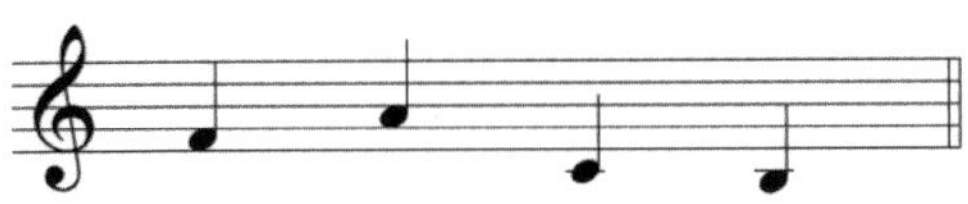

Fach

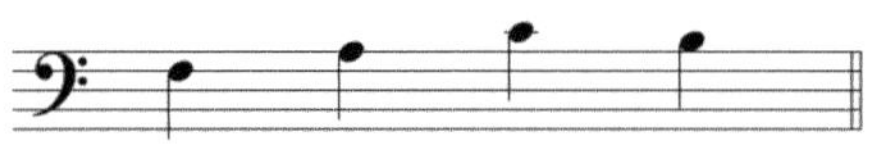

Fach

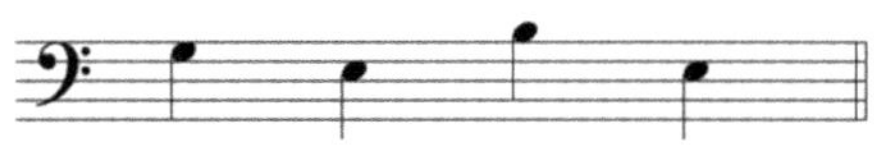

Gehe

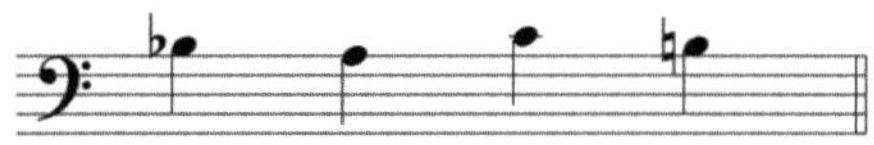

Bach

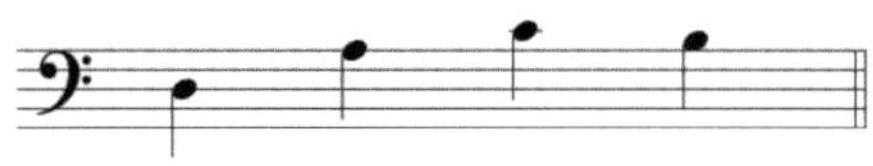

Dach

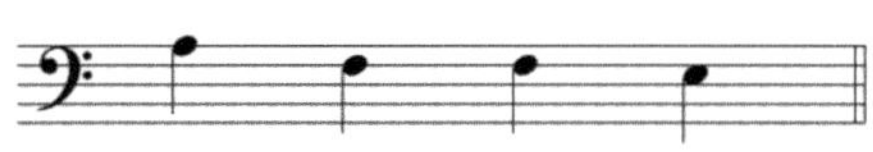

Affe

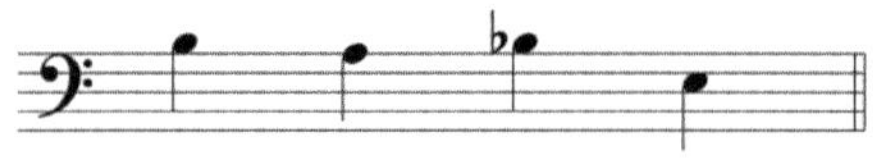

Habe

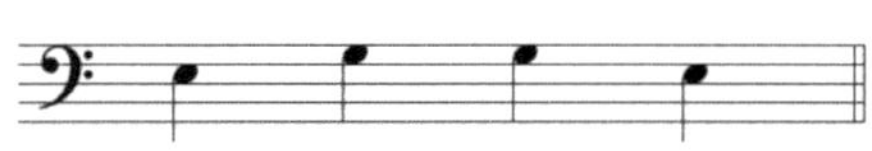

Egge

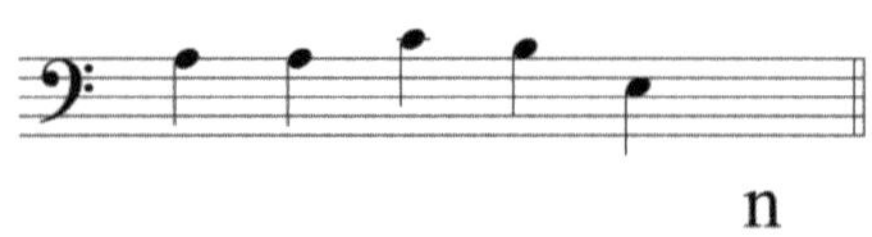

Aachen

Zu 7. Schreibe unter jede Note ihren Namen (ohne Oktavbereich).

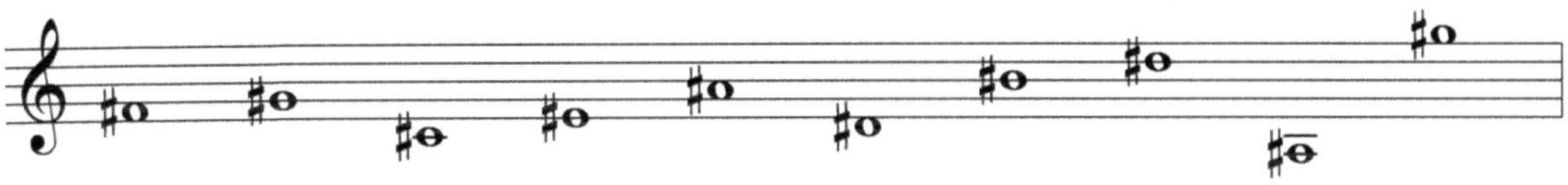

fis gis cis eis ais dis his dis ais gis

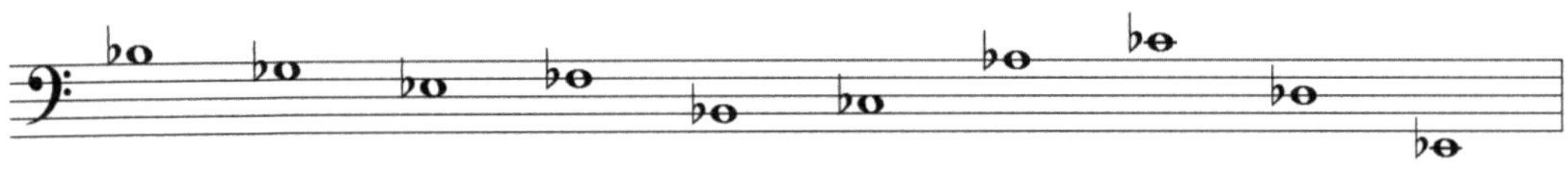

b ges es fes b ces as ces des es

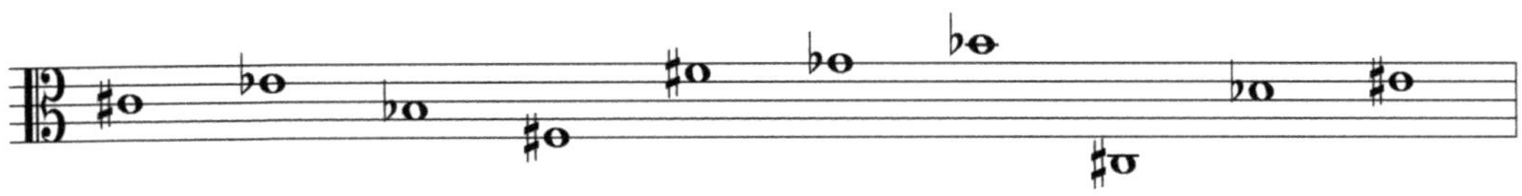

cis es b fis fis ges b cis des eis

Zu 8. Notiere unter jeder Note/Pause oder Notengruppe ihren Notenwert (Notenlänge).

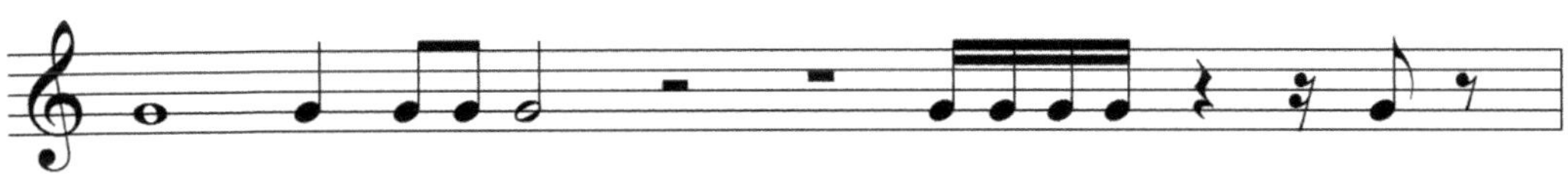

(ganze Note, Viertelnote, 2 Achtelnoten [mit Balken], halbe Note, halbe Pause, ganze Pause, 4 Sechzehntelnoten [mit Balken], Viertelpause, Sechzehntelpause, Achtelnote, Achtelpause)

Zu 9. Beschreibe einmal mit italienischen Worten und danach mit deutschen Worten den Lautstärkeverlauf.

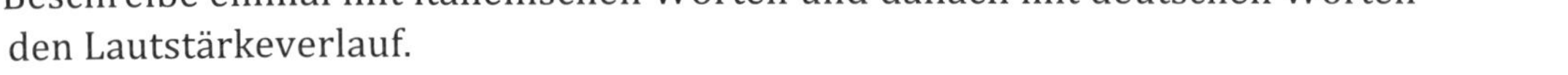

(mezzoforte, pianissimo, crescendo, fortissimo, decrescendo, piano, crescendo, mezzopiano crescendo, mezzoforte, forte, decrescendo, mezzoforte)

(mittellaut, plötzlich sehr leise, dann lauter werden bis zu sehr laut, dann leiser werden bis leise, dann lauter werden bis mittelleise, weiter lauter werden bis mittellaut, dann plötzlich laut und zum Schluss leiser werden bis mittellaut)

Zu 10. Beschreibe den Verlauf der verschiedenen Artikulationen in diesem Stück.

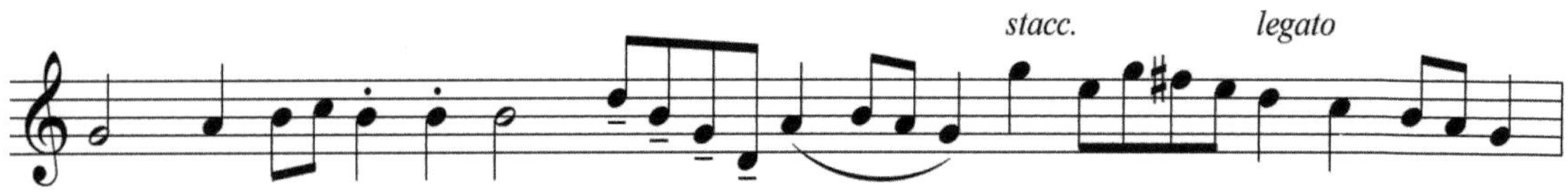

(Die ersten vier Noten werden miteinander verbunden, danach folgen zwei kurze Noten [staccato] sowie eine halbe, gebundene Note [und zwar an die *nächste* Note gebunden], gefolgt von vier abgesetzten Achteln [portato]. Die nächsten vier Noten werden miteinander verbunden [hier – da unter dem Phrasierungsbogen keine andere Artikulation zu sehen ist – im legato], die Angabe *stacc.* zeigt an, dass die folgenden Noten kurz gespielt werden und die Angabe *legato* meint, dass die letzten Noten wieder miteinander verbunden werden.)

Zu 11. Benenne die Länge der folgenden Noten.

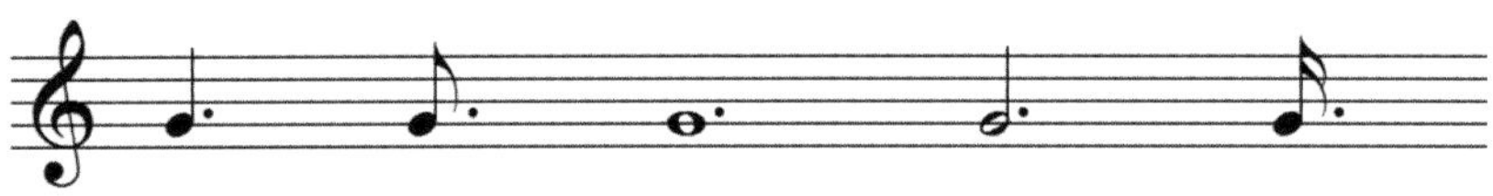

(punktierte Viertel [Drei-Achtel-Note],
punktierte Achtel [Drei-Sechzehntel-Note],
punktierte Ganze [Drei-Halbe-Note],
punktierte Halbe [Drei-Viertel-Note],
punktierte Sechzehntel [Drei-Zweiunddreißigstel-Note])

Zu 12. Setze an der richtigen Stelle die Taktstriche.

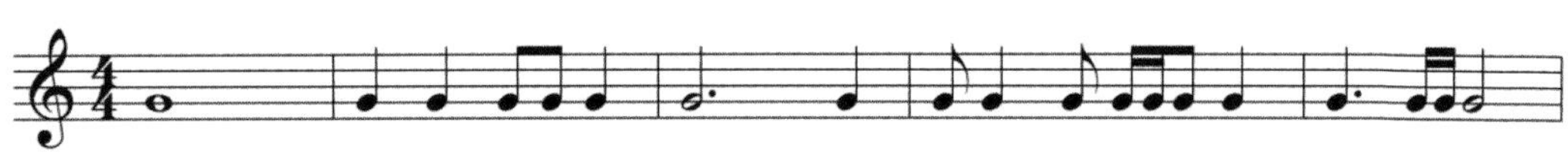

Zu 13. Schreibe unter die Noten die richtigen Zählzeiten.

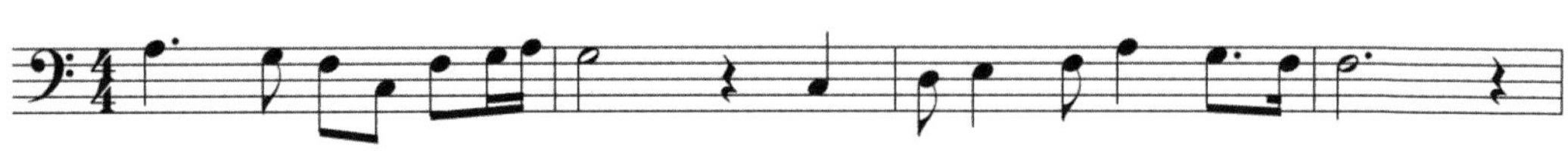

(1, 2und, 3, und, 4, un-, -te / 1, 3[Pausenbeginn], 4 / 1, und, 2und, 3, 4, un-te / 1, 4[Pausenbeginn], Ende der Pause auf 1)

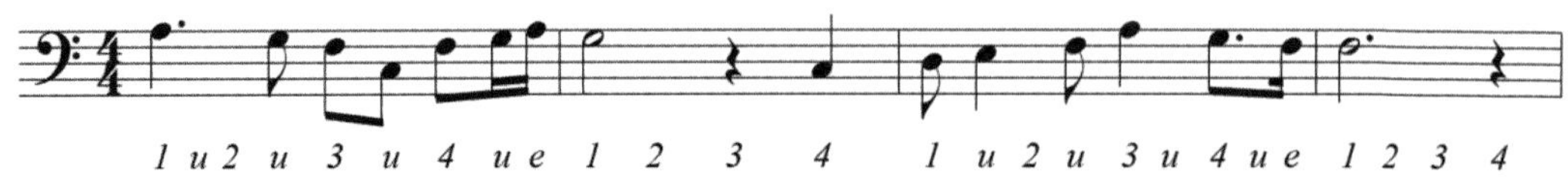

Zu 14. Wie lange werden die jeweils mit einem Haltebogen versehenen Noten ausgehalten?

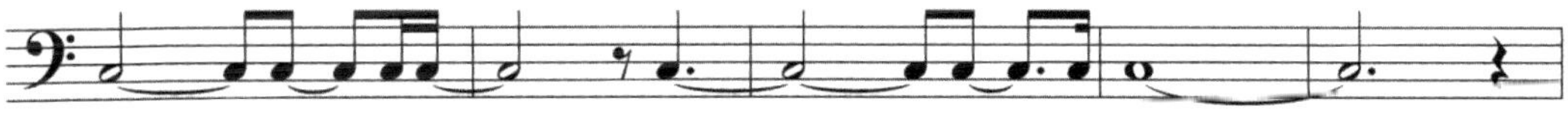

5/8tel-Note,
2/8tel-Note (Viertelnote),
9/16tel-Note,
8/8tel-Note (Ganze Note),
5/16tel-Note,
7/4-Note

Zu 15. Nenne bei den folgenden Tonarten Anzahl und Art der Vorzeichen und zähle die durch die Vorzeichen veränderten Töne in der richtigen Reihenfolge auf.

F-Dur	1 ♭, b
D-Dur	2 ♯, fis, cis
A-Dur	3 ♯, fis, cis, gis
B♭-Dur	2 ♭, b, es
A♭-Dur	4 ♭, b, es, as, des
H-Dur	5 ♯, fis, cis, gis, dis, ais
D♭-Dur	5 ♭, b, es, as, des, ges
F♯-Dur	6 ♯, fis, cis, gis, dis, ais, eis

Zu 16. Zwischen welchen Tönen der Dur-Tonleiter befinden sich die Halbtonschritte?

Zwischen dem 3. und 4. sowie dem 7. und 8. Ton.

Zu 17. Wie heißen die gespielten Töne (ohne Angabe des Oktavbereichs)?

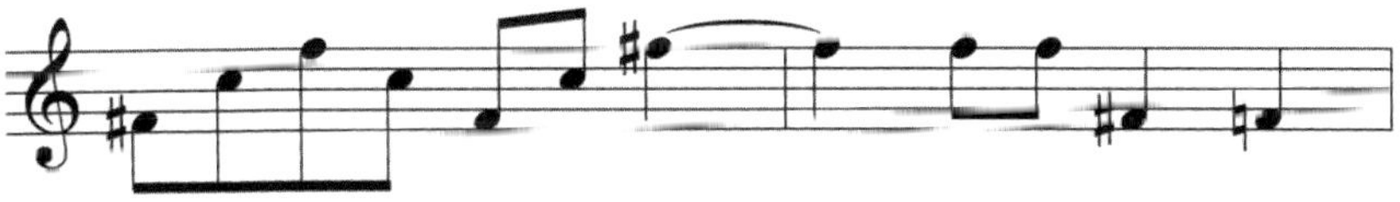

fis c f c fis c fis f f fis f

Zu 18. Wie heißen die gespielten Töne (ohne Angabe des Oktavbereichs)?

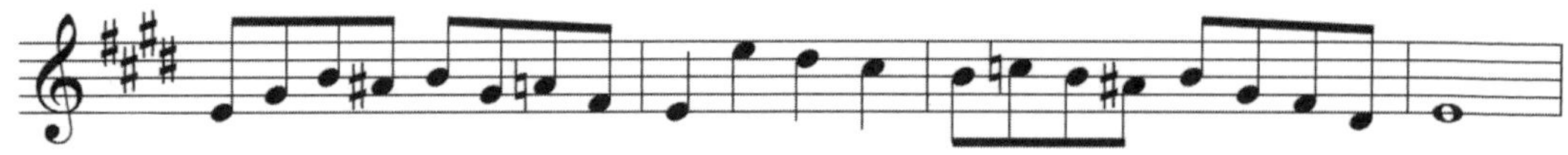

e gis h ais h gis a fis e e dis cis h c h ais h gis fis dis e

Zu 19. Nenne die Intervalle mit den dazu gehörenden Angaben (rein oder klein oder groß).

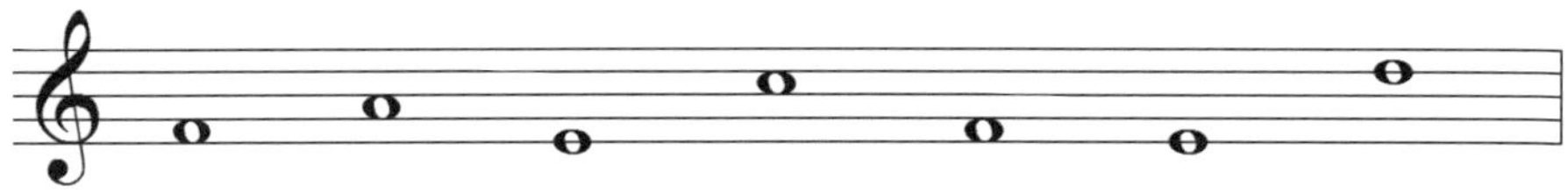

g3 r4 k6 r5 k2 k7

Zu 20. Nenne die Intervalle mit den dazu gehörenden Angaben (rein oder klein oder groß).

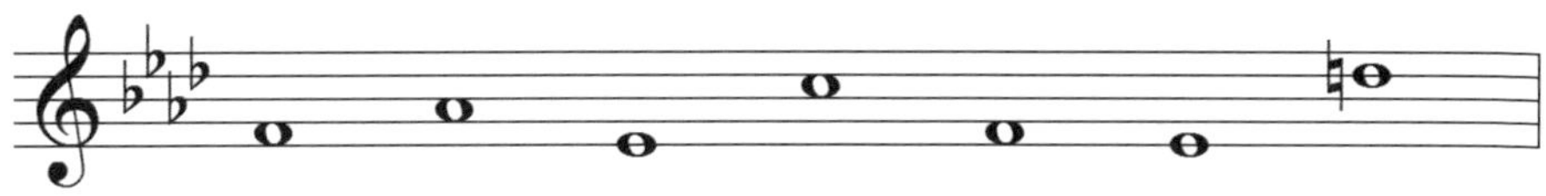

k3 r4 g6 r5 g2 g7

Zu 21. Nenne die Intervalle mit den dazu gehörenden Angaben (rein oder klein oder groß).

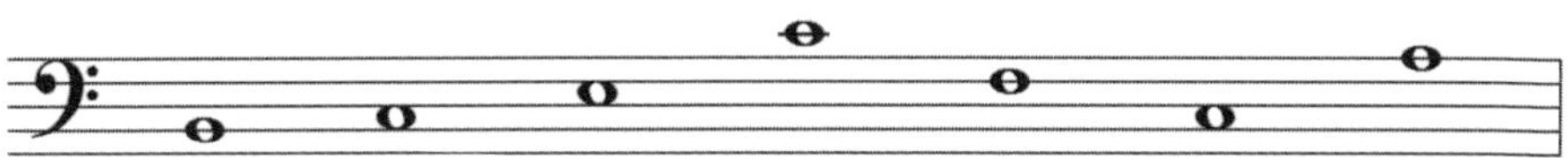

k2 g3 k6 r5 r4 g6

Zu 22. Nenne die Intervalle mit den dazu gehörenden Angaben (rein oder klein oder groß).

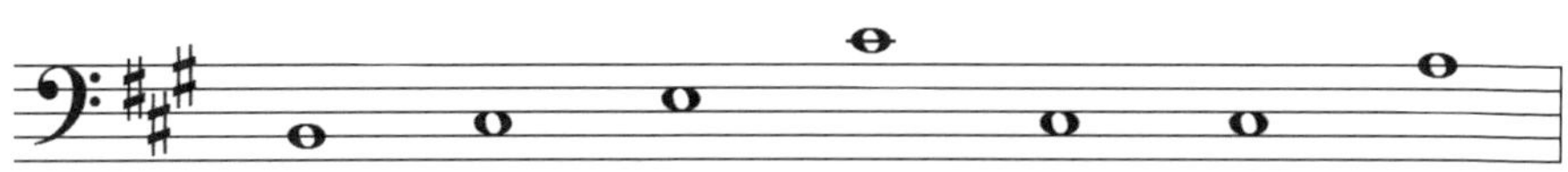

g2 k3 g6 r8 r1 k6

Zu 23. Markiere im Beispiel die kleinen Sekunden (⎵) sowie die großen Terzen (‿).

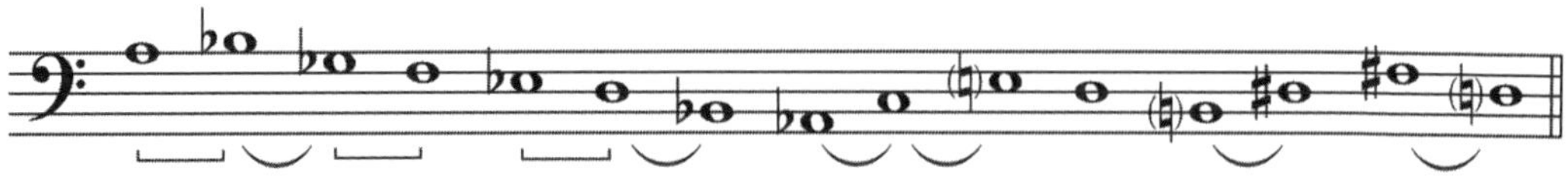

Zu 24. Nenne bei den folgenden Tonarten Anzahl und Art der Vorzeichen und zähle die durch die Vorzeichen veränderten Töne in der richtigen Reihenfolge auf.

D-Moll	1 ♭, b
H-Moll	2 ♯, fis, cis
F♯-Moll	3 ♯ , fis, cis, gis
B♭-Moll	5 ♭ , b, es, as, des, ges
A-Moll	keine Vorzeichen
G♯-Moll	5 ♯ , fis, cis, gis, dis, ais
F-Moll	4 ♭ , b, es, as, des
G-Moll	2 ♭ , b, es

Zu 25. Wie heißen die jeweils parallelen Tonarten?

F-Dur	D-Moll
C-Moll	E♭-Dur
H-Dur	G♯-Moll
E♭-Dur	C-Moll
A-Dur	F♯-Moll
G-Moll	B♭-Dur
A♭-Dur	F-Moll

Zu 26. Bestimme die Zählzeiten des Auftaktes.

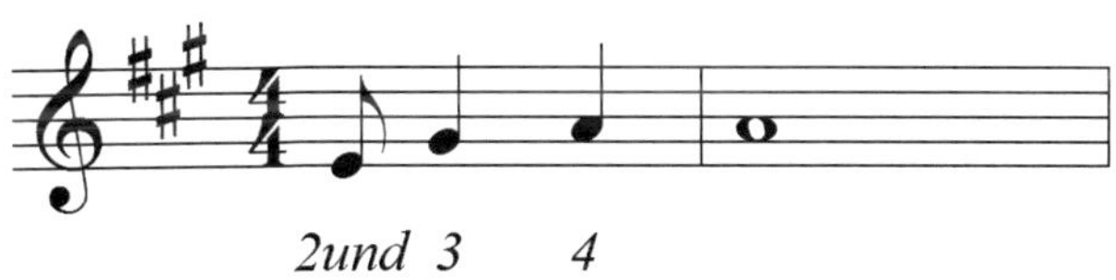

Zu 27. Notiere die Zählzeiten unter den Noten.

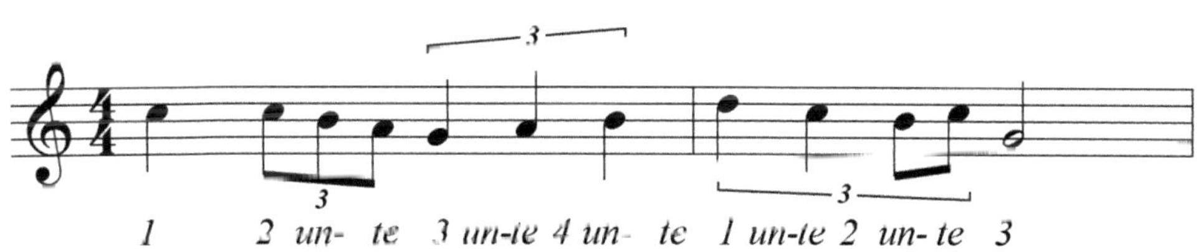

Zu 28. Kennzeichne die synkopierten Noten mit einem Kreuz und notiere die Zählzeiten unter alle Noten.

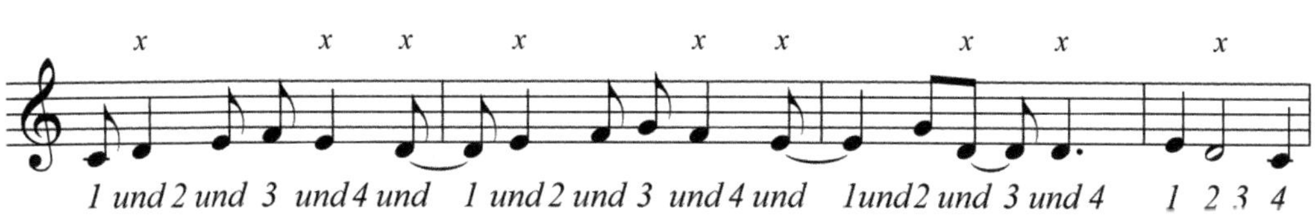

Zu 29. Benenne die Umkehrungen der dreistimmigen Akkorde. Verwende dazu einmal den Namen der (gebräuchlichen) Intervallschichtung und zum anderen die Lagen-Bezeichnung.

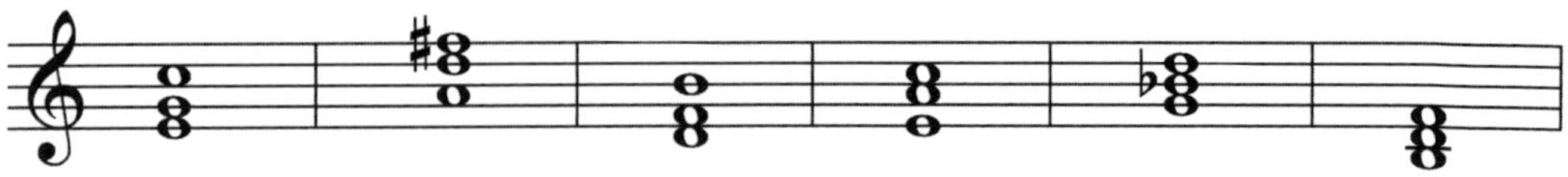

Sext-Akkord	Quart-Sext-Akkord	Sext-Akkord	Quart-Sext-Akkord	Grund-stellung	Grund-stellung
Oktavlage	Terzlage	Oktavlage	Terzlage	Quintlage	Quintlage

Zu 30. Benenne die Umkehrungen der Sept-Akkorde mit dem Namen der (gebräuchlichen) Intervallschichtung.

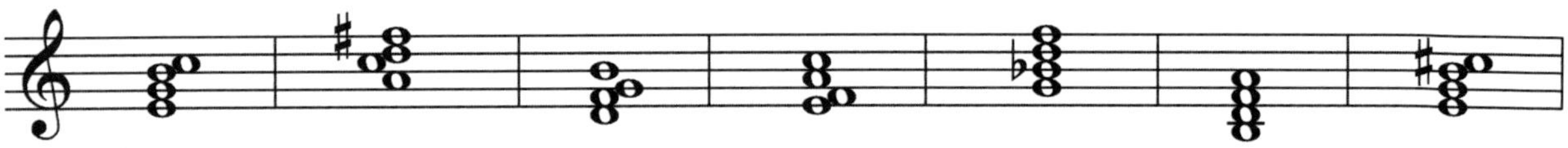

Quint-Sext-Akkord	Terz-Quart-Akkord	Terz-Quart-Akkord	Sekund-Akkord	Grund-stellung	Grund-stellung	Quint-Sext-Akkord

Zu 31. Notiere folgende Akkorde in ihrer Grundstellung. Bei den beiden breiteren Takten gibt es noch eine weitere Möglichkeit der Notation (durch enharmonische Verwechslung).

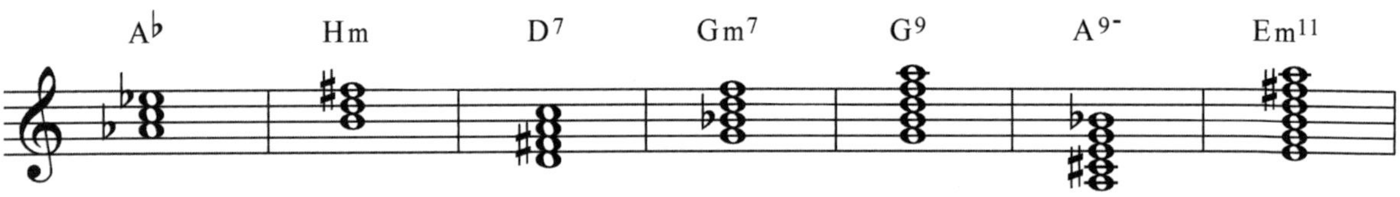

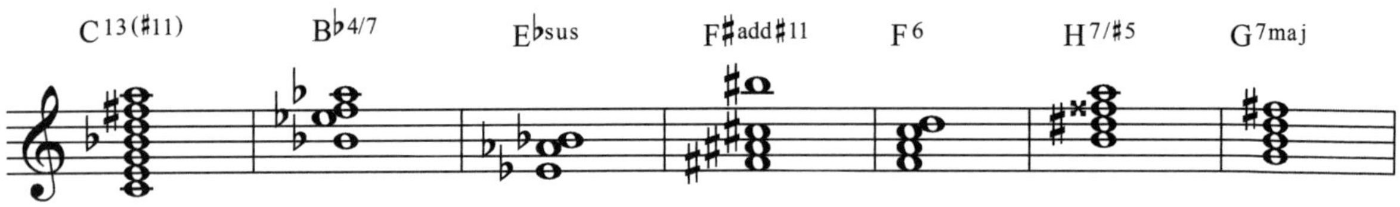

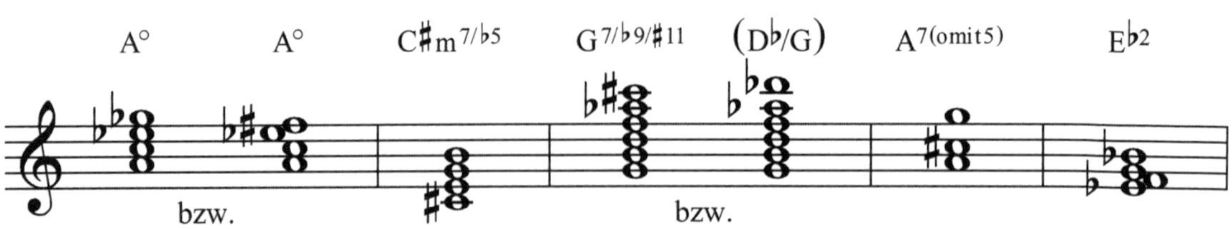

Zu 32. Finde die zutreffenden Akkordbezeichnungen (alle Akkorde stehen in der Grundstellung).

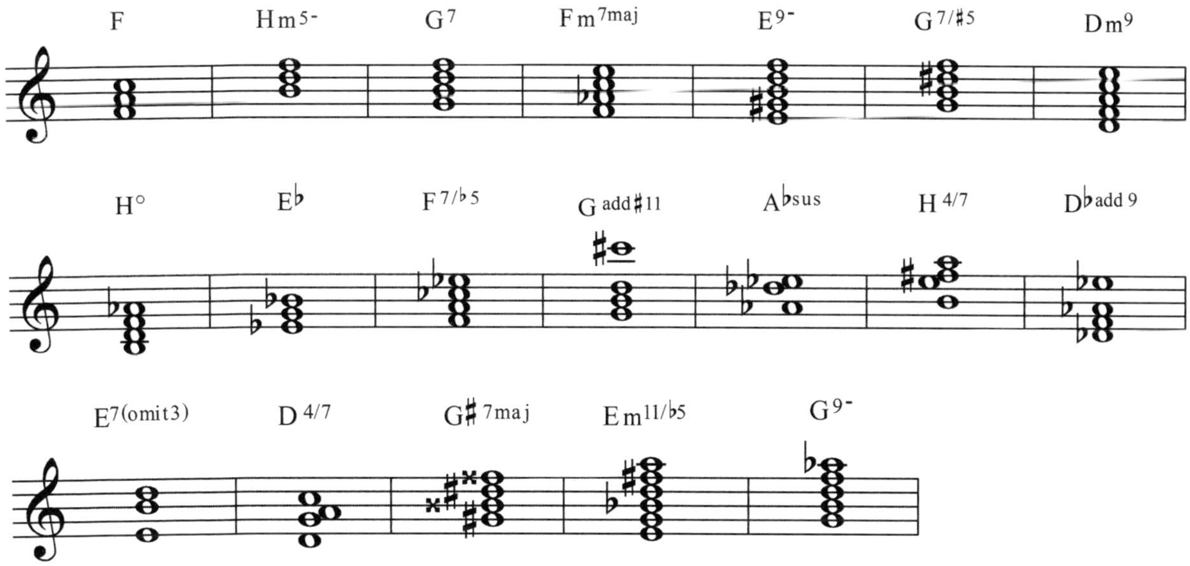

Zu 33. In welcher Reihenfolge werden die mit Buchstaben versehenen Teile in diesem Stück gespielt?

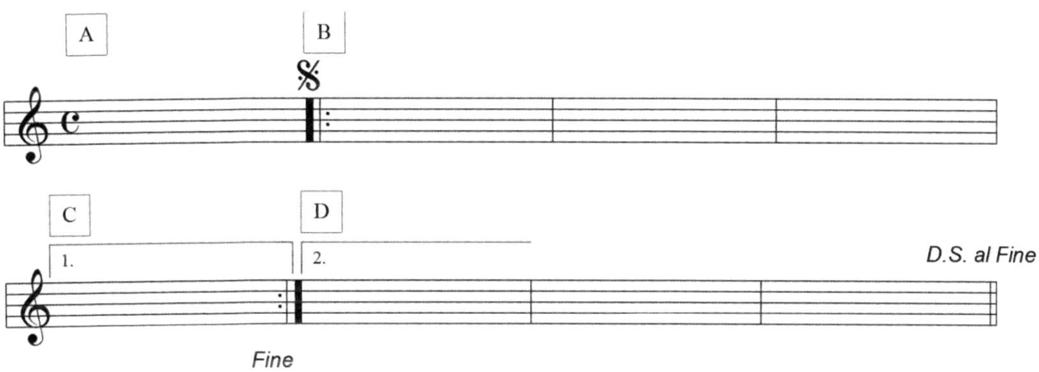

A, B, C, B, D, B, C

Zu 34. In welcher Reihenfolge werden die mit Buchstaben versehenen Teile in diesem Stück gespielt?

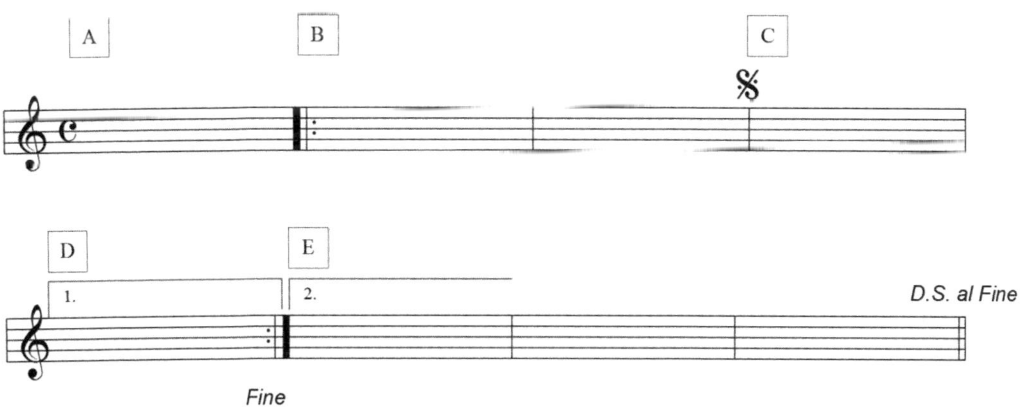

A, B, C, D, B, C, E, C, D

Zu 35. In welcher Reihenfolge werden die mit Buchstaben versehenen Teile in diesem Stück gespielt?

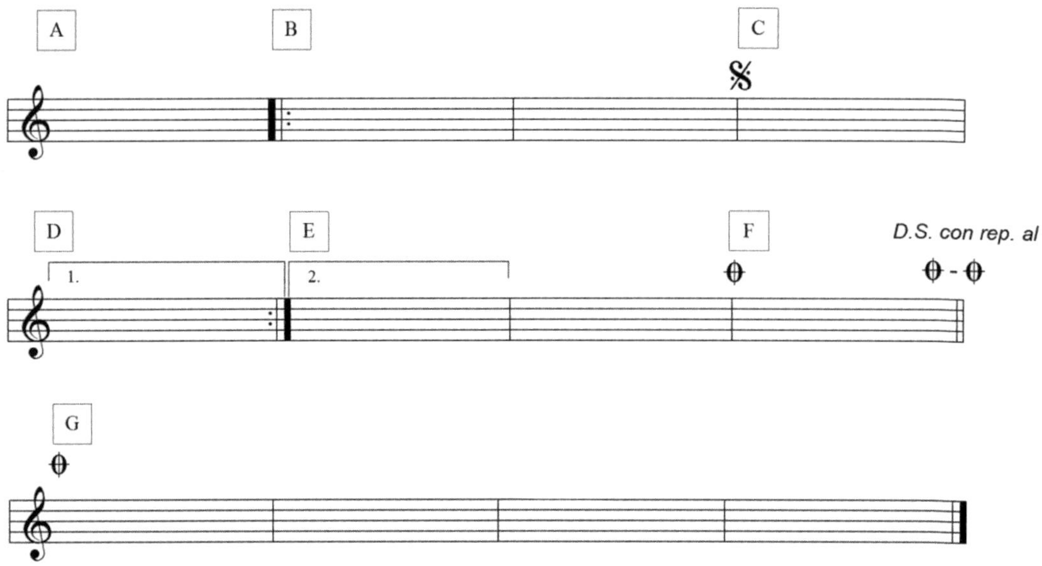

A, B, C, D, B, C, E, F, C, D, B, C, E, G

Zu 36. Schreibe die Noten – rhythmisch korrekt – so auf, wie sie im Swing gespielt werden.

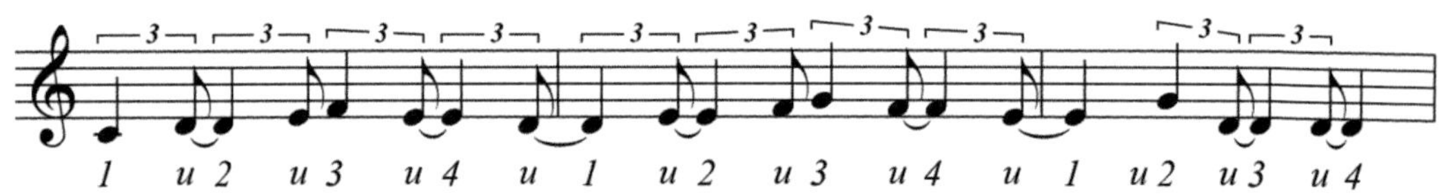

Zu 37. Notiere die Töne der Akkorde aufbauend auf dem Grundton und benenne die Akkorde.

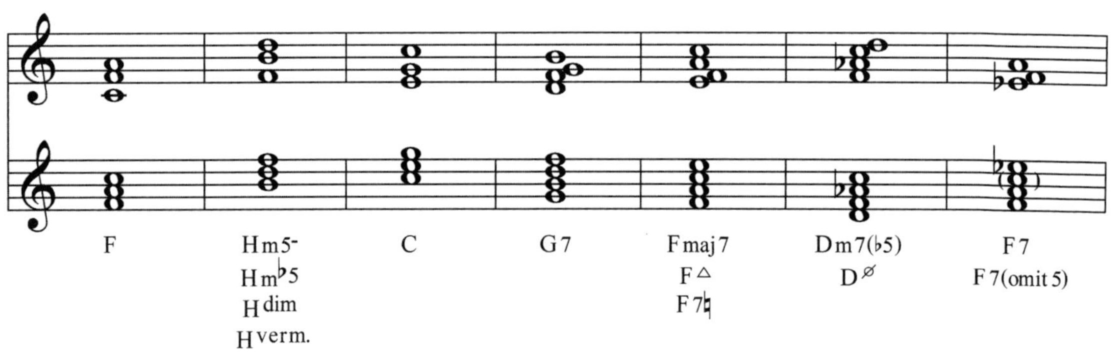

Zu 38. Finde die zutreffenden Akkordbezeichnungen (alle Akkorde treten als Umkehrungen auf).

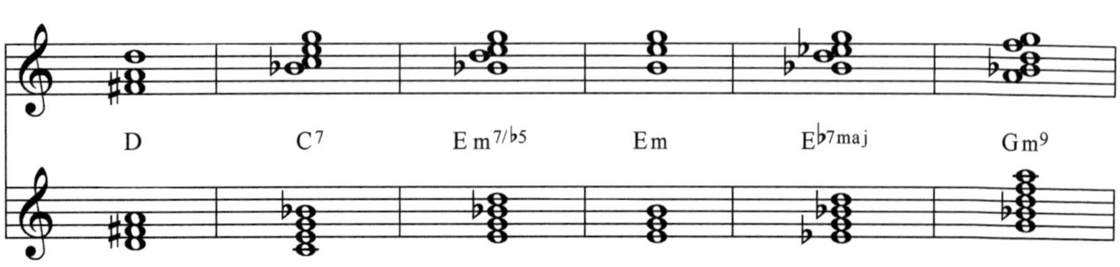

Zu 39. Der erste Akkord stellt immer die Tonika dar. Finde die Beziehung des jeweils zweiten Akkordes zum ersten heraus.

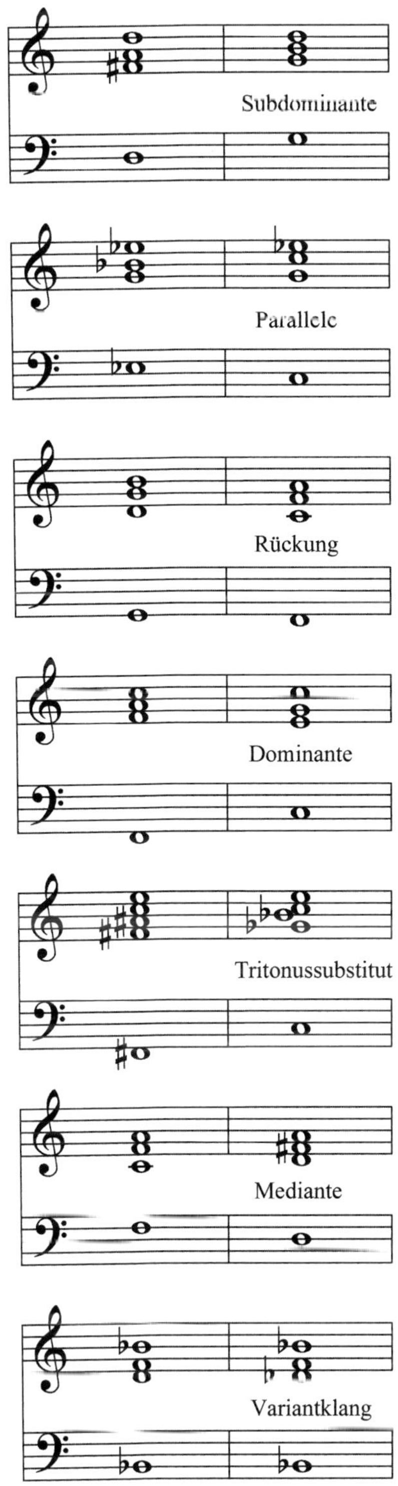

Zu 40. Führe im jeweils leeren Takt die Stimmen des davorliegenden Taktes entsprechend den Stimmführungsregeln weiter.

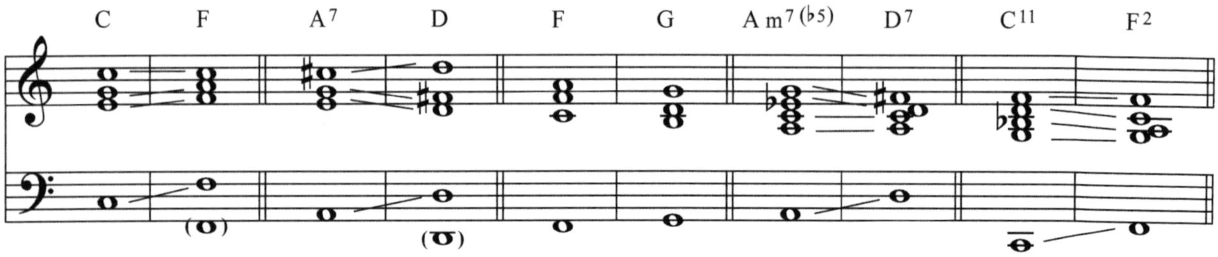

Zusatzaufgabe:

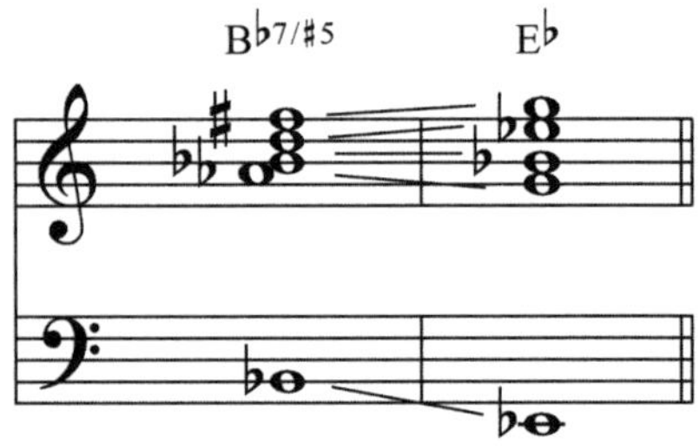

Zu 41. In den Noten der folgenden (transponierenden) Instrumente steht diese Melodie.

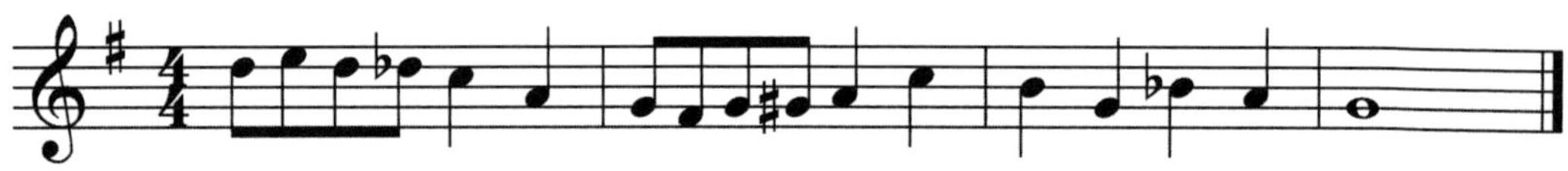

Notiere die Töne, die zu hören sind, wenn das Altsaxophon, die Klarinette in A, das Horn in F, die Piccolo-Flöte und die Bass-Klarinette sie spielen.

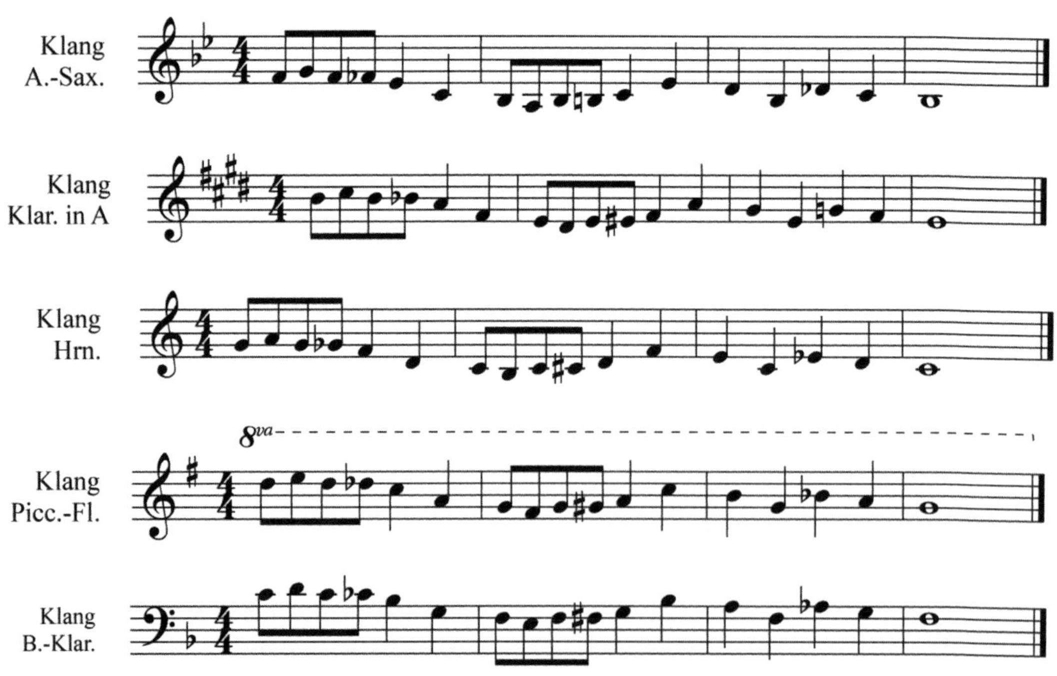

Zu 42. Wir wollen, dass von jedem dieser Instrumente genau die nachstehend notierten Töne zu hören sind. Was muss folglich in den Noten stehen bei der Trompete in B♭, beim Englischhorn, beim Bariton-Saxophon (das darf eine Oktave tiefer klingen) und bei der Klarinette in E♭?

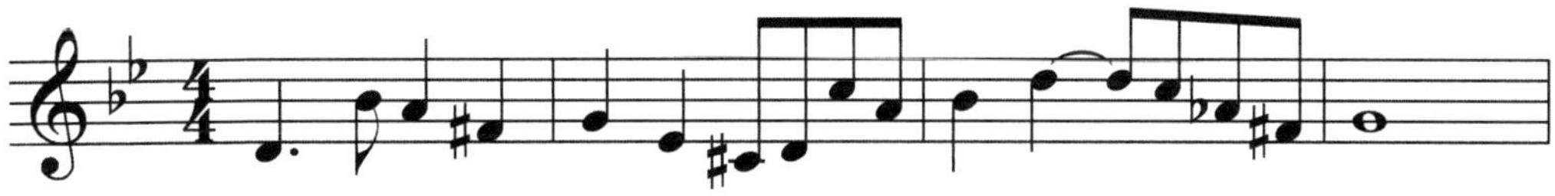

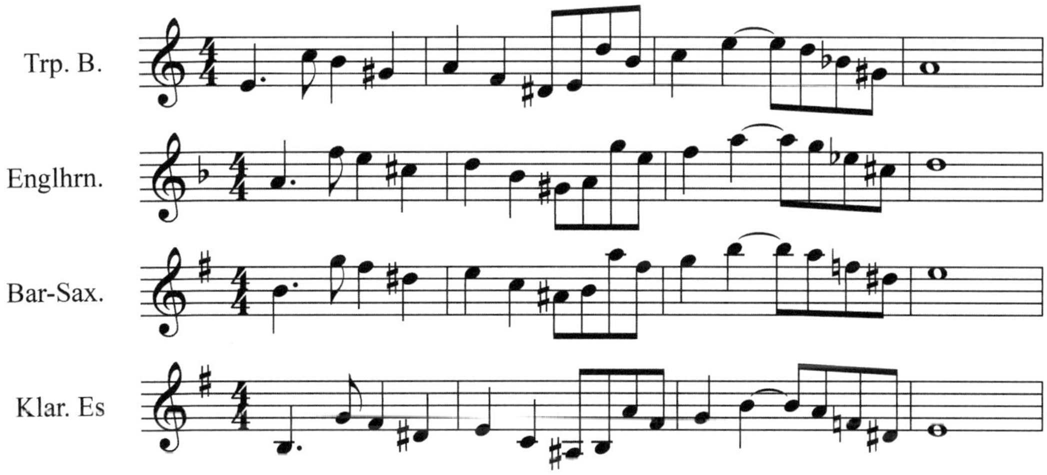

Zu 43. Schreibe unter jede Note ihren Namen.

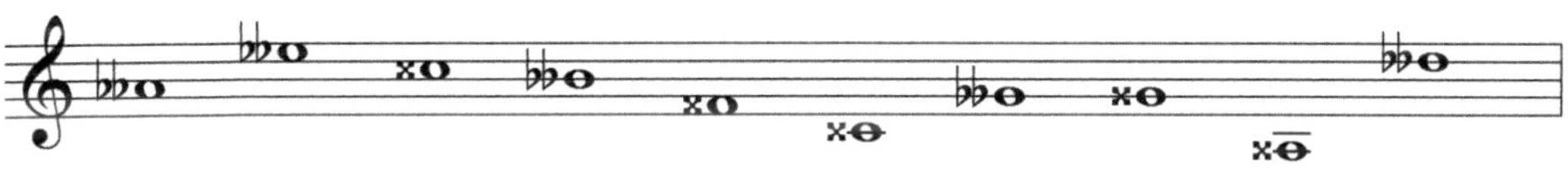

asas eses cisis heses fisis cisis geses gisis aisis deses

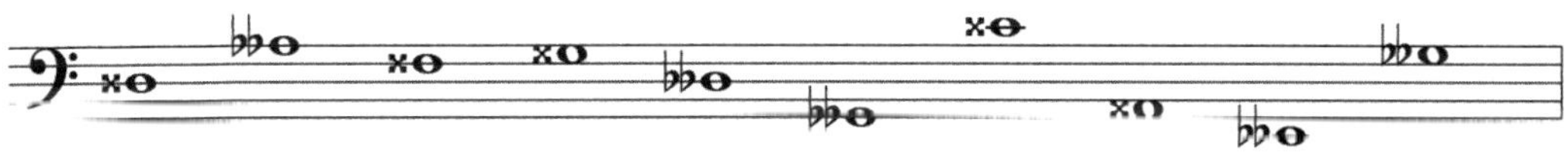

disis asas fisis gisis deses geses cisis aisis eses geses

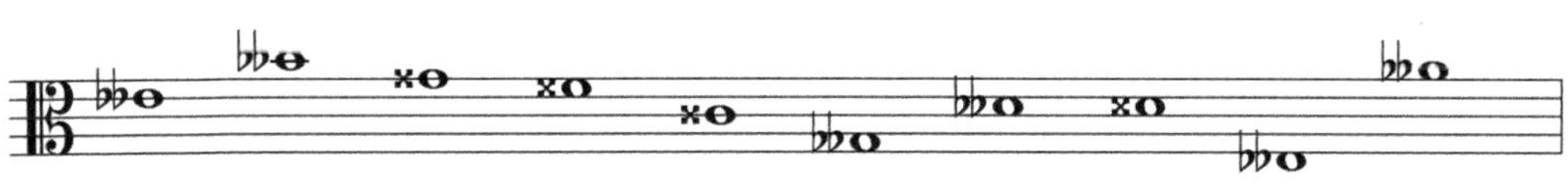

eses heses gisis fisis cisis geses deses disis eses asas

Zu 44. Nenne die Intervalle mit den dazu gehörenden Angaben (rein, vermindert, übermäßig bzw. groß oder klein).

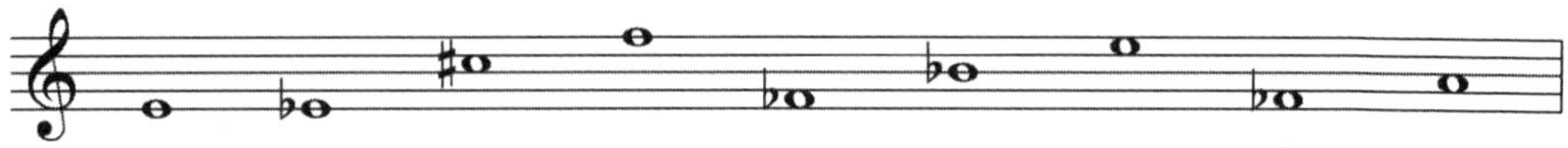

v1 ü6 v4 ü8 ü4 ü4 ü7 ü3

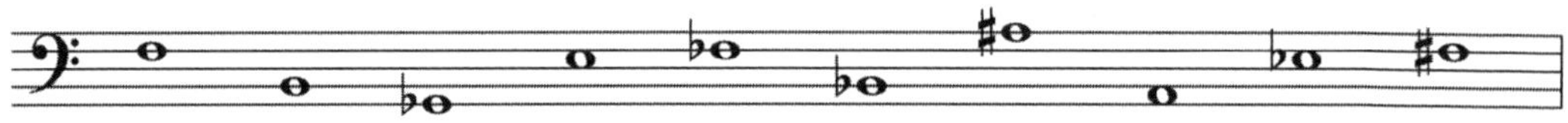

v5 ü3 ü6 v2 v5 ü7 ü8 v5 ü2

Zu 45. Nenne die Intervalle mit den dazu gehörenden Angaben (rein, vermindert, übermäßig bzw. doppelt vermindert oder doppelt übermäßig).

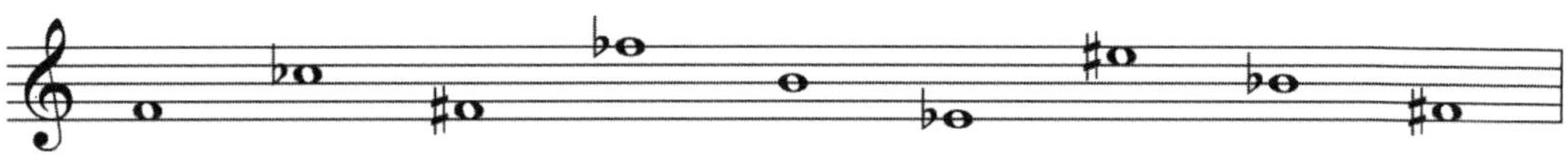

v5 dv5 dv8 dv5 ü5 dü8 dü4 v4

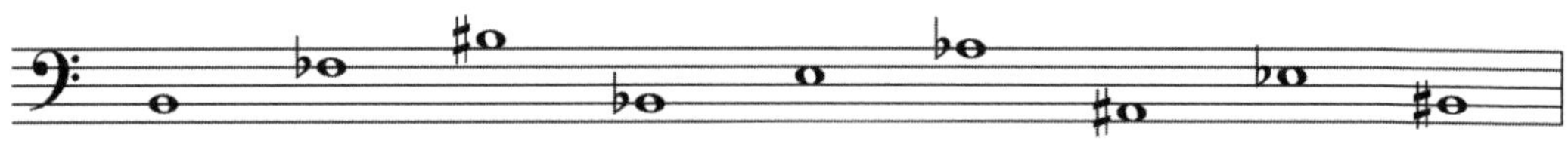

dv5 dreifach übermäßige Quarte dü8 ü4 v4 dv8 dv5 dv4

Zu 46. Nenne die Intervalle mit den dazu gehörenden Angaben (rein, vermindert, übermäßig bzw. groß oder klein).

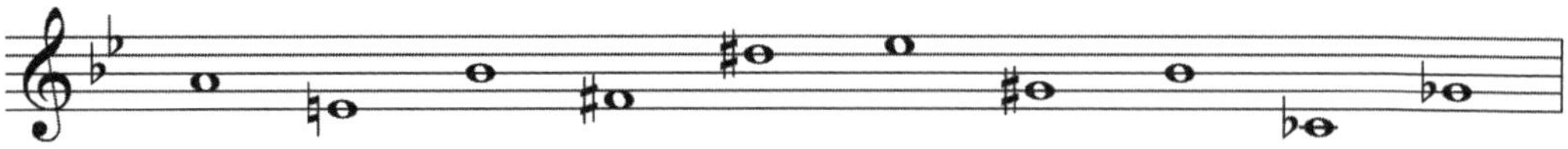

r4 v5 v4 g6 v2 v6 v3 g7 r5

Zu 47. Nenne die Intervalle mit den dazu gehörenden Angaben (rein, vermindert, übermäßig bzw. doppelt vermindert oder doppelt übermäßig).

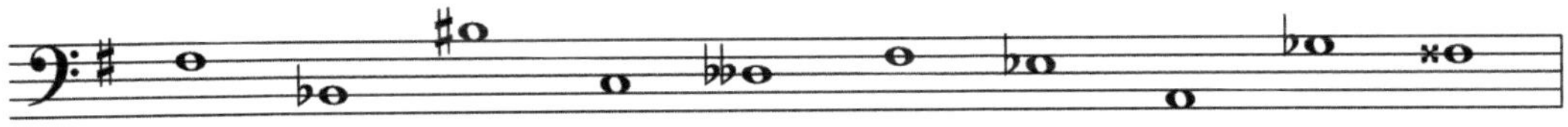

ü5 düß8 ü7 v2 dü3 ü2 v5 v7 dv2

Zu 48. Finde die zutreffenden Akkordbezeichnungen. Benutze dazu die Bruchstrich-Schreibweise (Slash-Akkorde).

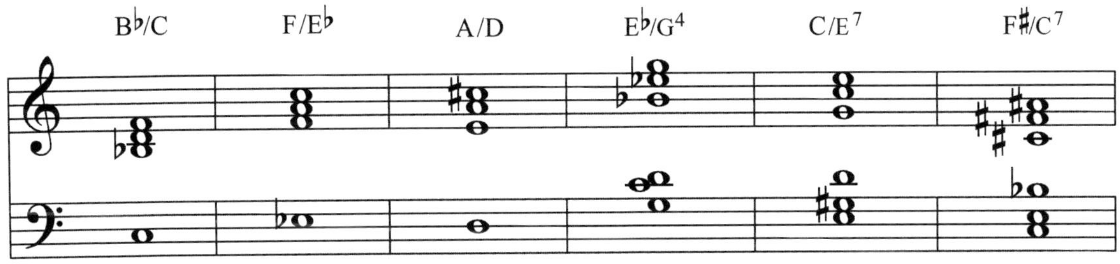

QUELLENANGABEN

S. 26: G.F. Händel, *Feuerwerksmusik*, Partitur, Handschriftliches Manuskript, S. 23, R. M. 20.g.7 aus The British Library

S. 62: J.S. Bach, *Das wohltemperierte Klavier Bd. 1*, Präludium Nr. 3, C#-Dur, Handschrift zwischen 1760 und 1787, Sächsische Landesbibliothek – Staats- und Universitätsbibliothek Dresden, Mus.2405-T-7,1, S. 6

Komponist	Titel	Seite
-	ABC – die Katze lief im Schnee	158
Andre, Fabian / Schwandt, Wilbur	Dream a little dream of me	216
Bach, Johann Sebastian	Fuge Nr. 22 aus dem Wohltemperierten Klavier Band 1	108
Beethoven, Ludwig van	5. Sinfonie, 1 Satz	132
Beethoven, Ludwig van	Sonate op. 31, Nr. 2, 3. Satz	215
Chopin, Frederic	Nocturne, op. 9 Nr. 1	232
Evans, Bill	Peri's Scope	235
Feliciano, José	Feliz Navidad	220
Gershwin, George	Rhapsody in Blue, Klavier-Solo-Fassung	197
Gurlitt, Cornelius	Impromptu op. 140	160
Händel, Georg Friedrich	Feuerwerksmusik	26
John, Elton	I'm still standing	217
Karas, Anton	Harry-Lime-Theme	136
Kravitz, Lenny	Fly away	210
Lochamer Liederbuch	All mein Gedanken	218
Meisel, Will	Lustiges Wien, Walzer Nr. 4	230
Mercury, Freddy	We are the champions	216
Mozart, Wolfgang Amadeus	Eine kleine Nachtmusik	132
Norman, Monty	James-Bond-Motiv	124
Rimski-Korsakow, Nikolai	Hummelflug	159
Schulz, Johann Abraham Peter	Ihr Kinderlein, kommet	135
Schumann, Robert	Waldesgespräch, aus "Liederkreis" op. 39, Nr. 3	213
Tiersen, Yann	Comptine d'un autre été: l'après-midi	159
Williams, John	Star Wars (Hauptthema)	152